順治 — 嘉慶朝

清實錄經濟史資料

國家財政編·肆

《〈清實錄〉經濟史資料》課題組成員：

陳振漢　熊正文　蕭國亮

李　湛　殷漢章　葉明勇

武玉梅　羅熙寧

北京大学出版社
PEKING UNIVERSITY PRESS

7. 山東

（**康熙四、四、庚申**）命山東總督祖澤溥發常平倉粟給濟南、兗州二府被災貧民，并諭地方官捐輸賑濟。(聖祖一五、二)

（**康熙一三、二、戊戌**）發山東濟南倉積穀，賑給濟南府地方饑民。(聖祖四六、三)

（**康熙二四、九、丙戌**）戶部議覆：山東巡撫張鵬題報，兗州、青州二府屬州縣被水災處，應委員踏勘。得旨：朕去歲巡行，經高唐、濟寧等處，見小民生業艱難，今又值水災，恐致流離失所，著速遣才能官員踏勘，俟其到時詳議蠲賑之法，奏聞。(聖祖一二二、一五)

（**康熙二五、二、丙午**）賑濟山東郯城等五州縣饑民。(聖祖一二四、一九)

（**康熙三七、二、乙丑**）戶部議覆：廣西道御史張泰交疏言，山東濟南、兗州、青州三府屬、泰安等州縣，連歲災荒，巡撫李煒並未奏聞，請敕該撫速行賑恤。應如所請。得旨：此事情爾部保舉賢能司官二員，前往會同該撫賑濟。(聖祖一八七、一一)

（**雍正三、八、甲申**）諭山東巡撫陳世倌：據奏，歷城、聊城等州縣，秋禾被淹，農民失望，已飭各地方官撫恤等語。該撫務須督率有司，加意經理，毋使窮民失所。(世宗三五、一六)

（**雍正四、二、庚寅**）諭戶部：朕軫念東省被水窮黎，粒食維艱。特允山東巡撫陳世倌之請，於大清河興工疏濬，令乏食小民得力役之資，為餬口之計。今天氣和暖，土脈鬆潤，正施畚插之時，去秋該撫奏請設廠煮賑，目下赴工者衆，粥廠可以停止。但念此就食小民，其中豈無老弱殘疾不能赴工者？煮賑既停，麥秋之期尚遠，此輩窮無所歸之民，或仍至失所，朕心深為惻然。應行文山東巡撫陳世倌，將不能赴工之窮民，查明若干，每日仍給與升合之資，俟至麥收後停止。所用銀兩，俱作正項開銷。該撫嚴飭各州縣官，務期實心奉行，以副朕養育百姓之至意。爾部速遵諭行。(世宗四一、二三)

（**雍正八、七、甲午**）河東總督田文鏡疏報：山東兗州、曹州等各府州屬，於六月二十一等日，風雨連綿，山水暴發，臨河窪下之地，田禾、室廬多被淹沒。被水之民，請動用存倉穀石，大口每月給穀三斗，小口每月給穀一斗五升，各給兩月口糧；其房屋倒塌無力修理者，於藩庫存公銀兩內，每戶酌給銀兩，以為葺屋之費。得旨：前據總河嵇曾筠奏報南河水溢情形，知山東地方有發水被淹之州縣，已諭令該撫，率同有司，就近加意賑恤。今覽該督所奏，朕心深爲軫念。著照所請，轉飭司道府等官，仰體朕心，按戶速行散賑，務令均沾恩澤。其無力修理房屋者，著賞給銀兩，速行修葺，俾得安堵棲身，勿使一夫失所。至於賞給口糧，著於兩月之外增添一月；其應免錢糧之處，即曉諭停徵。著該督撫將如何蠲免之處，確查定議，奏聞請旨。（世宗九六、二四）

（**雍正八、八、己亥**）又諭：據河東總督田文鏡奏報，山東被水各州縣，朕已降旨，諭令動支銀穀，加意賑恤。茲聞萊州府屬之昌邑、壽光、濰縣，青州府屬之益都、沂水、博興、高苑、臨朐，濟南府屬之鄒平等縣，俱被水患，民舍田禾，不無傷損。著該督撫委員查勘，應否與從前所報州縣，一體加恩之處，一面辦理，一面奏聞。儻再有續報被水者，亦著遵照前旨，速行料理，毋使稽遲。（世宗九七、二）

（**雍正九、一〇、乙卯**）賑山東濱州、新城等八州縣水災饑民。（世宗一一一、二四）

（**雍正一一、一〇、己巳**）賑山東德州、恩縣等十州縣水災饑民。（世宗一三六、一二）

（**乾隆二、七、戊子**）又諭〔總理事務王大臣〕：今年春夏之交，直隸、山東兩省雨澤愆期，二麥歉收，朕已多方籌畫，接濟民食，且令直隸總督李衛查有應興工作，俾小民得藉營繕，以餬其口。今思山東民人，多仗二麥度日，今歲麥秋，收穫既薄，雖屢降諭旨，蠲賑平糶，仍恐閭閻尚有艱食之虞。著巡撫法敏悉心計議，如開渠築堤、修葺城垣等事，酌量舉行，使貧民傭工就食，兼贍家口，庶可免於流離失所矣。再年歲豐歉，難以懸定，而工程之應修理者，必先有成局，然後可以隨時興舉。一省之中，工程之大者，莫如城郭；而地方以何處爲最要，要地又以何處爲當先，應令各省督撫一一確查，分別緩急，預爲估計，造册報部。將來如有水旱不齊之時，欲以工代賑者，即可按籍而稽，速爲辦理，不致遲滯，於民生殊有裨益。並將此諭通行各省督撫知之。（高宗四六、四）

（**乾隆二、七、丙申**）戶部議覆山東巡撫法敏疏報：德平、齊河、長清、肥城、濟南衛、商河、曲阜、寧陽、鄒縣、泗水、滕縣、嶧縣、金鄉、魚臺、濟寧、嘉祥、濟寧衛、單縣、城武、曹縣、定陶、鉅野、鄆城、范縣、觀城、朝城、蘭山、郯城、費縣、聊城、博平、荏平、清平、莘縣、武城、東昌衛、臨清衛、昌樂等州縣衛本年旱災；又續報陽穀、壽張、朝

城、莘縣雹災，動支存倉穀石，分別賑卹。得旨：依議速行。(高宗四六、一三)

(**乾隆三、一、壬午**)山東布政使黃叔琳奏：東省上年歉收，今歲正、二兩月已蒙加賑，惟三、四兩月，尚無接濟；請將極貧之戶，更廣貸粟之條。一、查實在無力貧民，酌動常平等倉穀，借給兩月口糧；願少借者聽便。一、貧民願借穀者，分定四鄉日期，令各執門牌親領，該州縣查明給發，毋令守候。一、今次借給口糧，非平時貸穀可比，遵例免其加息，於秋成後催徵，十月內全完。一、現在借糶兼行，或本地倉穀不敷，於鄰府州縣撥借者，應豫行酌定各廠穀數，查明道里遠近，即由撥發之處，徑運到廠，以省腳價。得旨：所議數條，頗爲詳悉。與撫臣和衷共酌，若意見相同，一面辦理，一面奏聞。(高宗六一、一六)

(**乾隆三、三、辛未**)貸山東上年兩次被災之齊河、濟陽、禹城、臨邑、陵縣、德州、平原、德平、高唐、恩縣、聊城、清平、陽穀、壽張、朝城等十五州縣貧民。(高宗六五、一一)

(**乾隆三、五、己未**)賑恤山東章邱、鄒平、長山、新城、齊東、德州、泰安、萊蕪、寧陽、鄒、泗水、濟寧、沂水、高苑、壽光等州縣衛被雹災民。(高宗六八、八)

(**乾隆三、六、辛卯**)賑恤山東東平、掖縣、萊陽、招遠四州縣被雹災民。(高宗七〇、二一)

(**乾隆三、六、癸卯**)賑貸山東鄒平、新城、齊東、寧陽、鄒縣、泗水、濟寧、高苑八州縣被雹災民。(高宗七一、一三)

(**乾隆三、九、丙辰**)賑山東招遠縣本年雹災飢民。(高宗七六、九)

(**乾隆四、四、乙巳**)山東布政使黃叔琳奏：濟南等十府州縣衛被旱地畝，麥收歉薄，請預籌接濟。一、飭令地方官減價多糶，不必拘定糶三之數。一、借給籽種銀兩，秋收徵完。一、歉收地畝，分別緩徵。一、勘明實在貧戶，酌借倉穀及興修城垣河道，以工代賑。得旨：所奏俱悉。與撫臣竭力修省，和衷妥辦可也。(高宗九一、二二)

(**乾隆四、六、庚辰**)[戶部]又議覆：山東巡撫法敏疏稱，歷城、海豐、樂陵、濱州、利津、霑化、蒲臺、泗水八州縣被旱成災，應令該撫按照大小戶口，量給一月口糧，並按畝借給籽種銀兩。得旨：依議速行。(高宗九四、一〇)

(**乾隆四、七、庚午**)護理山東巡撫布政使黃叔琳題報：歷城、海豐、樂陵、蒲臺、濱州、泗水等州縣被災外，結報遲延之利津、霑化二縣二麥被旱，遵旨加恩，請將二縣照依歷城等州縣加賑之案，極次貧俱加賑一個月。得旨：下部速議具奏。尋議，應如所請，並將結報遲延之知縣議處。從之。（高宗九七、一五）

（乾隆四、七、甲戌）護理山東巡撫布政使黃叔琳奏菏澤等六州縣衛，被水發賑情形。並稱，佃種之戶，因田主力能照管，是以例不予賑，今被水戶口，佃戶居多，田主自顧不暇，勢難瞻及佃人。茲值災黎望救之時，似應查明田主無力、乏食之佃戶，一體賑濟。得旨：所見甚是。但須查察明確，使災黎得受實惠，雖費千萬朕亦不惜，若不能使民受賑恤之益，而徒飽吏胥，則升斗亦不可耳。（高宗九七、二六）

（乾隆四、九、庚申）戶部議覆：護理山東巡撫布政使黃叔琳續報臨邑、陵縣、滕縣、蘭山、郯城、日照、金鄉等縣，秋禾被水。應如所題，照歷城等六十六州縣之例，加意撫恤，分別賑濟。得旨：依議速行。（高宗一○一、二）

（乾隆四、一○、乙酉）戶部議覆：護理山東巡撫布政使黃叔琳疏稱，歷城、章邱、鄒平、長山、新城、齊東、齊河、禹城、長清、德州、德平、平原、德州衛、泰安、肥城、東平、東阿、平陰、惠民、青城、陽信、海豐、商河、濱州、利津、霑化、蒲臺、滋陽、魚臺、濟寧、嘉祥、汶上、陽穀、壽張、濟寧衛、東平所、菏澤、曹縣、定陶、鉅野、單縣、城武、鄆城、濮州、范縣、觀城、朝城、聊城、堂邑、清平、館陶、冠縣、臨清、邱縣、高唐、恩縣、夏津、博平、茌平、莘縣、武城、東昌衛、臨清衛、博興、高苑、樂安六十六州縣衛所，秋禾被水成災，查明衝塌房屋，分別極次貧戶，給銀修葺，併賑給口糧，借給籽種銀兩等語。應如所請。得旨：依議速行。（高宗一○二、一四）

（乾隆五、三、庚午）山東巡撫碩色奏：東省上年偶被偏災，奏明以工代賑。查乾隆二年，東省雨澤愆期，蒙恩旨命前撫臣法敏酌行，使貧民傭工就食，兼瞻家口。乾隆三年，河南撫臣尹會一奏請每土一方，給銀四分，則每夫一名，每日止得銀一分有零，安能瞻及家口？臣懇恩每挑河土一方，准給銀七分二釐；築堤土一方，准給銀九分六釐，以資養瞻。得旨：此係法敏錯辦者，朕若降旨允行，是豫省舊歲被災，較之東省尤甚，而受惠反輕，其可乎？（高宗一一三、二○）

（乾隆五、九、丁酉）山東巡撫朱定元奏：撫恤蘭、郯二縣回籍流民事宜。得旨：如此辦理甚妥。知道了。（高宗一二七、三三）

（乾隆五、九、丁酉）[山東巡撫朱定元]又奏：濟寧、魚臺、滕縣等處被水，雖勘不成災，恐貧民不無拮据，現飭借給社穀接濟民食，至被水田

畝，有缺籽種者，亦飭地方官每畝給銀，督令廣行播種，豐收還項。得旨：如此諸凡留心民瘼，方副朕望也。（高宗一二七、三三）

（**乾隆六、九、辛卯**）山東巡撫朱定元奏報得雨情形。得旨：賑恤之事，不可因武場而稍緩也。（高宗一五一、二三）

（**乾隆七、一〇、壬子**）賑山東鄒縣續被水災飢民。（高宗一七七、一六）

（**乾隆七、一二、丙戌朔**）加賑山東濟寧、滕縣、嶧縣、金鄉、魚臺、鄒縣、臨清衛等七州縣衛水災饑民。（高宗一八〇、二）

（**乾隆七、一二、乙卯**）山東巡撫晏斯盛奏：安插江南流民，俱各妥協，但時已歲底，將屆春耕，現留養者，尚應送回。無如方來者猶紛紛不絕，未必非江省已賑之民，又思冒濫鄰省之養。若不定以限制，非惟糜濫賑資，抑且有誤東作。請以來歲正月為始，到境者悉資送還鄉，交原籍地方官；查明已未領賑，並借給種糧，俾勤力作。其現在留養者，以二月底為止，盡資送回籍；其不願回者，聽自行謀食。並咨明江省，一體查辦。得旨：所見甚是。知道了。（高宗一八一、三五）

（**乾隆八、一、甲申**）山東巡撫晏斯盛奏：東省收養江南饑民甚衆，今資送回籍。應豫定章程。現飭屬分起資送，仍委員稽查，俾無滋事。或本境正當資送，又值鄰邑送到災口，及衝衢數起同到者，亦酌量先後而行。其停待境內者，照留養之例，日給口糧。至資送路費，照例給發。年老有疾者，酌給腳力銀三分；水程減半。俱令州縣動支庫貯，事竣報銷。至無產游民，在東傭作，令僱主具保。其自行營業者，令地方牌甲等，留心查察。得旨：所奏俱悉。仍當實力稽查，毋使屬員欺朦也。（高宗一八三、一四）

（**乾隆八、三、戊午**）[戶部] 又議覆：山東巡撫晏斯盛疏稱，上年被水地畝，惟鄒縣地已全涸，堪種春麥；其滕縣、魚臺、濟寧、金鄉、嶧縣、臨清六縣衛，泥淖難耕，別無補種地畝。請於例賑外，自本年三月為始，極貧加賑三個月，次貧加賑兩個月。應如所請，於本處倉糧動給；不敷，於鄰屬協撥。從之。（高宗一八六、五）

（**乾隆八、閏四、壬午**）署山東巡撫、布政使包括奏：東省雨澤愆期，除報齊勘實，循例借貸外，有收成六分，於例不應成災，而計其所穫，與成災之五分同者，請動常平等穀出借，並予免息還倉。得旨：著照所請行。（高宗一九一、一五）

（**乾隆八、五、辛丑**）賑山東歷城、章邱、鄒平、長山、新城、齊河、齊東、濟陽、長清、青城、蒲臺、博平、茌平、高苑、濟南、肥城、東阿、平陰十八州縣衛旱災飢民。（高宗一九三、七）

(乾隆八、一一、己酉) 山東巡撫喀爾吉善奏辦理賑務情形。得旨：山東流民至京師者頗多，此必賑卹有不遍給者耳。尚應飭屬員加意妥辦，不應存爲國家惜費之小見也。(高宗二〇五、二四)

　　(乾隆九、三、乙巳) 諭：山東德州、海豐、樂陵、陽信、德州衛五州縣衛，上年遭值旱災，聞今春又復少雨，麥收失望，窮民艱於謀食。著該撫酌量各處情形，加賑四月一個月，毋令窮民失所。該部即速傳諭該撫知之。(高宗二一三、一七)

　　(乾隆九、四、丁丑) [山東巡撫喀爾吉善] 又奏：東省曹、沂、兖、泰等府屬，雨澤調匀；惟濟、武所屬，被旱成災，除奉旨將德州等五州縣衛，加賑四月一個月外，其餘被旱之處，賑、糶、借三者，急需兼行。現擬於本省豐收之曹、沂等府，廣爲採買。已密飭各該州縣，先期密辦。至糶數不拘多寡，即運送濟、武災屬應用。得旨：此甚善之舉也。(高宗二一五、二八)

　　(乾隆九、六、甲寅) 卹山東濟南府屬之歷城、章邱、鄒平、齊河、齊東、濟陽、禹城、臨邑、長清、陵縣、德州、德平、平原、德州衛並歷城、齊河、濟陽、長清四縣收併濟南衛；泰安府屬之肥城、平陰，並肥城縣收併濟南衛；武定府屬之惠民、青城、陽信、海豐、樂陵、商河、濱州、利津、霑化、蒲臺，並商河縣收併濟南衛；東昌府屬之博平、高唐州、恩縣；青州府屬之博興、高苑、樂安等三十二州縣衛，被旱災民。又沂州府屬之蘭山、蒙陰、沂水三縣，東昌府屬之博平、臨清、館陶三州縣被雹災民。(高宗二一八、八)

　　(乾隆九、七、壬寅) 户部議覆：山東巡撫喀爾吉善奏報，山東二麥被旱之歷城、章邱、鄒平、齊河、齊東、濟陽、禹城、長清、平陰、肥城、青城、蒲臺、蒙陰、沂水、博平、臨清、恩縣、博興、高苑、樂安、陵縣、德州、德州衛、德平、平原、惠民、陽信、海豐、樂陵、商河、濱州、利津、霑化、臨邑、高唐三十五州縣衛，應請一體借給籽種、口糧。得旨：依議速行。(高宗二二一、二三)

　　(乾隆一〇、一〇、丁卯) 山東巡撫喀爾吉善奏報：安頓江南因災流至東省貧民，願回籍就賑者，資送回籍；願留養者，照例留養。得旨：好。知道了。(高宗二五一、二一)

　　(乾隆一〇、一二、丁巳) 豁免山東濟寧州乾隆五、六兩年因災借給貧民未完籽種銀一百七十兩有奇，社倉穀五百三十石有奇，豆一千九石有奇。(高宗二五五、一七)

　　(乾隆一一、八、戊辰) 諭：山東省今夏被水各州縣，據巡撫喀爾吉善先後題報，查勘分別辦理。除勘實成災各屬已加恩蠲賑外，其勘不成災州縣，雖被淹稍輕，晚禾收成究屬歉薄，朕心軫念。著喀爾吉善查明各州縣實在無力貧民，按戶酌借口糧，按畝酌借麥本，俾得及時播種秋麥。所有借給麥本銀兩，於來歲麥熟後徵還；出借口糧，於來歲秋收後免息徵還。此等被淹地畝，本年應徵錢糧，著緩至來歲啓徵，以紓民力。該部即遵諭行。（高宗二七二、八）

（乾隆一一、九、辛酉）諭：山東武定府屬海豐縣，上年秋禾被旱，經該撫奏准，於例賑之外，借給本年四月分一月口糧，並酌借籽種。又樂陵縣今夏二麥被旱成災，照例借給籽種、口糧。海豐、霑化、陽信三縣，麥收歉薄，復加恩一體借貸接濟。此項出借籽種，均應於秋收後照數徵還。但念此四縣今歲秋禾雖屬有收，究係積歉之後，且均有新舊錢糧漕項應行輸納，若再將前項借欠，同時並徵，民力未免拮据。著將海豐等四縣，本年麥後因災出借籽種、口糧銀穀，並海豐縣所借四月分口糧、籽種銀兩，一併緩至來歲麥秋後，徵收還項，以紓民力。再德州、德州衛、陵縣、德平、武城、清平、長清、高唐八州縣衛，亦曾出借籽種，此內或有似此，難以併催全完者，著新任巡撫塞楞額，察看情形，酌量分別緩徵，造册報部。該部即傳諭該撫知之。（高宗二七五、一二）

（乾隆一一、一一、丙申）諭：今歲山東被災州縣，朕已加恩賑恤，又經分別加賑，以濟民食。但聞壽光、樂安、博興、金鄉、魚臺、汶上、濟寧、東平八州縣，被災較重，歲内支領賑糧，尚可餬口，來春去麥收尚遠，食用未免艱難。著於例賑之外，極貧再加賑兩個月，次貧再加賑一個月，於來歲二三月間，按月給發，務使貧民均霑實惠。該部遵諭速行。（高宗二七八、三）

（乾隆一一、一一、己酉）又諭：今歲山東被災州縣，朕經疊次加恩賑卹，復念沂州府屬之郯城縣，本年被水成災，亦至八九分，且該縣地瘠民貧，來春未免拮据。著照壽光等八州縣之例，極貧再加賑兩個月，次貧再加賑一個月，俾得均霑實惠。該部遵諭速行。（高宗二七九、七）

（乾隆一二、一、丁未）諭：山東被災州縣，朕已疊次施恩，加展賑卹月分，即春月青黃不接之時，災黎均得餬口。惟是被災六分之次貧，上年雖薄有收穫，而春來勢漸艱窘。但格於定例，不在加賑之内，不無向隅之苦。著將壽光、樂安、博興、金鄉、魚臺、汶上、濟寧、東平、郯城等九州縣内被災六分之次貧，加恩給賑一月，以資接濟。（高宗二八三、一）

（乾隆一二、一、己酉）諭：上年山東被水地方，已於例賑之外，分別加賑。今朕思萊州府屬之平度、昌邑、濰縣、高密四州縣，被災雖止六七分不等，然當此東作方興，一經停賑，恐災黎或致失所。著將平度等四州縣，無論極次貧民，再加賑一個月，於二月內給發，以資接濟。該部即遵諭行。（高宗二八三、四）

（**乾隆一二、二、庚辰**）諭：東省蘭山縣去秋被災，雖止五分，而入春以來尚未得雨，小民艱於粒食，若僅酌借口糧，恐未足以資接濟。著該撫阿里袞查明實在乏食貧民，加恩賑濟一月，俾耕作有資，毋致失所。該部遵諭速行。（高宗二八五、三）

（**乾隆一二、四、甲子**）諭：山東東平、聊城、莘縣、東昌衛上年被水成災，業已加恩賑卹，但目下正值青黃不接之時，民食難免拮据。著將此四州縣衛被災貧民，再行加賑一月，俾得餬口有資。該部即遵諭速行。（高宗二八八、六）

（**乾隆一二、四、癸酉**）又諭：據阿里袞奏稱，前因敘奏不明，將東平一州與聊城、莘縣、東昌衛三處災民，並請加賑一月口糧，已蒙恩旨允准，勅部頒發到臣。今查東平州上年被災七分，已節次題請分別賑卹，今春復荷恩加展賑月，該處貧民現在足資餬口，毋庸再議加賑；惟有被災未入賑冊之貧民，上年未得一體賑卹，此時轉覺貧苦艱難，請與聊城、莘縣、東昌衛三處，一併加賑，已飭各該處速行遵照辦理，俾得早霑惠澤等語。是東平州被災戶口，已經加賑者，可以毋庸再行加展；其未入賑冊之貧民，據奏與聊城等處一例，待澤甚殷，現已飭屬速行查辦。著傳諭阿里袞，即照伊所奏辦理，使貧民均霑實惠。……（高宗二八八、三一）

（**乾隆一二、五、辛卯**）諭軍機大臣等：山東沂州府蘭山縣，上年被災之後，朕已加恩借給口糧，今春又加賑一月；目今賑期已過，聞該處雖得雨，而牛具、籽種俱力有不能，此際即官為借給，亦已過時，誠恐秋成無望，朕心深為軫念。可傳諭阿里袞，察看現在情形，應如何加恩撫卹接濟，俾窮民得霑實惠，不致失所之處，速行詳悉查辦，一面料理，一面奏聞。尋奏：蘭山縣現在連得雨澤，麥收實有八分，秋禾亦俱暢茂，間有被雹之處，並無損傷，民情寧怗，無庸再行撫卹。得旨：覽奏稍慰。（高宗二九〇、一）

（**乾隆一二、五、丙申**）諭：上年山東被水各府州縣衛，屢降諭旨，分別賑卹；朕又念歉收之後，宜加撫綏，復經降旨，令該撫將被水州縣於現在賑卹之外，酌量加賑，以資接濟。今據阿里袞奏稱，安邱、諸城二縣，原報被災五分之各村莊，例不加賑，但今春雨水短少，米價昂貴，小民謀食艱難；其餘原未報災之各村莊，雖稍有收穫，歷今半載有餘，窮乏戶口，未免拮据，請加賑一個月等語。安邱、諸城二縣，無論已未成災，俱著加賑一個月，俾貧民餬口有資，勿致失所。該部即遵諭行。（高宗二九〇、九）

（**乾隆一二、五、乙巳**）又諭：山東沂州府蘭山縣上年被災歉收，民人乏食。朕已降旨令阿里衮察看本地情形，應如何加恩接濟，即行辦理。又登、萊、青三府亦有被旱歉收之處，前據阿里衮祇報安邱、諸城二縣，朕聞不止於此，不知近日麥收如何？民間情形如何？若有應須酌量籌畫接濟者，一面奏聞，即一面速行辦理，務使貧民不致失所。因目前時日已迫，不可再遲。尋奏：查益都等處，接續被災，其中安邱、諸城二縣，已蒙賑給一月口糧。現在麥禾失收，仍須賑給。再查諸城縣並安東等衛被旱，請一例辦理。得旨：著照所請速行。該部知道。（高宗二九一、四）

（**乾隆一二、六、壬申**）山東巡撫阿里衮奏：東省雨澤愆期，德州鄒縣等三十二州縣衛，照例借給籽種、口糧外，其青州府屬之益都、博興、高苑、安邱、諸城，萊州府屬之平度、昌邑等七州縣，上年秋禾被水，今歲二麥旱災，民情益增拮据，照例借給籽種、口糧外，再請按戶計口，賑給一月口糧。得旨：著照所請行。該部知道。（高宗二九二、二三）

（**乾隆一二、七、庚寅**）諭軍機大臣等：山東沂州府屬之蘭山縣，上年收成，祇有五分，雖不成災，而已歉薄可念。今年春又復被旱，近又被水。該縣連年災歉，與他州縣不同，所有一應撫卹安輯之處，著阿里衮加意籌畫辦理，於伊奏摺之便寄去。（高宗二九四、三）

（**乾隆一三、二、癸酉**）諭：山東上年被災州縣頗多，雖屢加恩賑濟，期災民不至失所。今清蹕巡歷，深用惻然。損上益下，厥有明訓；以休以助，是謂常經。其再加恩，將經過被災州縣，無論極貧次貧，於現賑外普行加賑一月；其不經過處所，被災七分以上者，極貧之民亦加賑一月，以示優卹。該部即遵諭行。（高宗三〇九、九）

（**乾隆一三、三、己酉**）諭：山東興修沂河兩岸隄埝工程，該部議照以工代賑之例，土方工價，准給一半，乃係向來成例，自應照此給發。惟是東省被災甚重，其民情之艱窘，實非他處可比，若拘常例給發，恐赴工之民，仍不足以餬口。著加恩將此項土方工價，按數全給，俾其食用有資。該部即遵諭行。（高宗三一一、二三）

（**乾隆一三、七、癸卯**）賑恤山東歷城、淄川、長山、新城、長清、德州、泰安、樂陵、鄒縣、汶上、費縣、益都、臨朐、樂安、昌樂、鄒平、青城、商河、泗水、滕縣、嶧縣、單縣、曹縣、臨淄、高苑、掖縣、金鄉、城

武、寧陽等二十九州縣被旱、被水、被雹、被蟲、被坍貧民。(高宗三一九、一六)

（乾隆一三、一〇、己丑）賑卹山東鄒平、長山、新城、濟陽、滋陽、寧陽、鄒縣、金鄉、魚臺、濟寧、汶上、博興、樂安、壽光、平度、昌邑、濰縣、膠州、高密及濟寧衛二十州縣衛水災貧民。(高宗三二六、二三)

（乾隆一三、一一、戊午）諭：山東今歲應徵之因災出借各穀七十六萬餘石，春借穀四十六萬石，又本年帶徵之穀十數萬石，及麥本、耔種、漕倉項下應徵積欠錢糧，為數甚多，一時銀穀並徵，即屬大豐，以一年而完積年之欠，民力未免拮据。著加恩於今歲歲底截數，所有未完穀石內，將春借一項，於明年麥熟後徵收一半，秋成徵收一半，留其餘力，以輸該年正供；其歷年因災出借之常、監等穀，概寬至庚午年起，分作五年帶徵，俾小民紓徐完納，以示優卹窮黎之意。該部即遵諭速行。(高宗三二八、二三)

（乾隆一四、一、乙卯）諭：山東鄒平等二十州縣衛，上年被水偏災，而萊州府屬之平度、膠州等處為獨重，雖經降旨多方賑卹，但按月計算，此時賑務將次告竣，去麥秋尚遠，積歉之區，青黃不接，朕心深為厪念。著將最重之平度、膠州、高密、昌邑四州縣，無論極次貧民，概行加賑一個月。被災稍重之新城、金鄉、魚臺、濟寧、博興、樂安六州縣極貧之戶，加賑一個月。仍照前例，銀穀兼賑。其餘災輕之處，及時借糶，以濟民食。該撫準泰其督率屬員，實心辦理，務俾窮黎安居力作，以待麥收，慰朕軫恤之意。(高宗三三二、二一)

（乾隆一四、一一、甲戌）[山東巡撫準泰]又奏：前山左偏災，已奉恩旨，民欠常平倉穀，自庚午年起，分五年帶徵。其節年出借商社等穀，及乾隆十三年出借耔種，俱自己巳年起，分三年帶徵。今據益都、臨朐二縣稟稱，除遵照辦理外，內有商社穀及耔種銀，均係借給零星之戶，數本無多，各花戶因豐收糧賤，有願一併完納者，應聽民便。各屬如有類此者，一體辦理。報聞。(高宗三五三、一八)

（乾隆一五、九、甲寅）諭：據山東巡撫準泰奏稱，沂河南北兩岸隄埝，原係民築民修，但當成災之後，責其趲築，不無拮据。援照向例，借給食米，又各戶牛隻冬月草枯，無力飼餧，亦請援例借給牧費，統俟來年徵還等語。今歲山東所在豐稔，惟蘭山、郯城夏秋被水，其諸借項，著加恩賞給，免其徵還，以恤災黎。該撫加意辦理，查冒開侵溢之弊，俾小民均霑實惠。該部即遵諭行。(高宗三七二、一四)

（乾隆一五、一一、癸丑）加賑山東嶧縣、蘭山、郯城、平度、昌邑、

膠州、高密等七州縣本年分水災飢民有差。(高宗三七六、三二)

（**乾隆一六、二、辛未**）諭：上年東省雖獲有秋，而蘭山等七州縣，偶被偏災。加恩賑恤，民食固不至缺乏。但農事方興，麥秋尚早。清蹕所經，見蘭山、郯城二縣，民氣似遜他處，深爲軫念。著將蘭山、郯城二縣極次貧民，俱加賑一月。其未經過之嶧縣、平度州、膠州、高密、昌邑五處，被災稍輕。著將極貧之民，加賑一月。令該撫準泰查明辦理。務使均霑實惠。該部遵諭速行。(高宗三八二、三)

（**乾隆一六、九、丙寅**）又諭：東省所屬州縣，前據準泰先後奏報被水者七十餘處，其間成災不成災尚須分別確勘，而爲地甚廣。看來今歲外省偏災，浙江最重，其次即係山左。該省積歉之餘，上年秋成稍豐，而元氣未復，今復被潦，亟宜加意撫綏。準泰摺奏，請留秋撥案內存庫地丁銀兩，以備賑卹。第民食所需，米糧爲急，如使升斗維艱，即得現銀，何從告糴？但今歲各省漕糧，截留已多，東省賑務，著鄂容安盡心籌畫，亦不必拘泥。其商販可通，易於購買之州縣，自可給予米折；其艱於購買之區，或應向隣省採買，或應動撥倉儲。均令通盤計算，妥協辦理，務俾災黎得所。再，運河一帶隄工並東平決口疎防實在情形，據實嚴查，秉公究擬，速行奏聞。(高宗三九八、五)

（**乾隆一六、一二、庚子**）加賑山東鄒平、長山、新城、長清、禹城、泰安、肥城、萊蕪、東平、東阿、平陰及收併濟南衛、青城、陽信、海豐、樂陵、濱州、利津、霑化、滋陽、曲阜、寧陽、金鄉、魚臺、濟寧、嘉祥、汶上、陽穀、壽張、濟寧衛、東平所、菏澤、曹縣、定陶、鉅野、濮州、范縣、觀城、聊城、茌平、莘縣、朝城、冠縣、館陶、夏津、東昌衛、臨清衛、博興、高苑、樂安、壽光、高密、即墨及收併大嵩、浮山二衛所等五十五州縣衛所本年水災貧民，并貸麥本牧費。(高宗四〇四、九)

（**乾隆一八、一二、庚寅**）加賑山東蘭山、郯城二縣本年水災飢民。(高宗四五二、一八)

（**乾隆一九、八、丙子**）署山東巡撫郭一裕奏：東省節年民借倉穀，請兼收雜糧，以一麥抵二穀，高梁、黃豆照數徵收。所收高梁麥豆，明春平糶之時，先行出糶，秋後易穀還倉。得旨：如所議行。(高宗四七一、二〇)

（**乾隆二一、二、壬戌**）諭：上年東省沂州府等屬州縣，秋禾被災，業已降旨照例賑卹，並增給折賑銀兩，令該撫加意撫綏。但念麥收之期尚遠，當此青黃不接，災黎餬口艱難，深爲軫念。著查明被災州縣內，分別加恩，最重者加賑兩個月，次重者加賑一個月。該撫務督率有司，實心經理，俾窮

民均霑愷澤。（高宗五〇七、一一）

（**乾隆二一、三、辛未**）加賑山東鄒縣、滕縣、嶧縣、濟寧、金鄉、嘉祥、魚臺、蘭山、郯城、費縣、城武、鉅野、臨清、壽光、樂安、濰縣十七州縣衛秋禾被災貧民。（高宗五〇八、一一）

（**乾隆二一、三、己卯**）署山東巡撫白鍾山奏：上年被災鄒縣、滕縣、嶧縣、濟寧、金鄉、嘉祥、魚臺、蘭山、郯城、費縣、城武、鉅野、臨清、壽光、樂安、濰縣十七州縣衛，已蒙恩賑，請將竈地貧民，亦歸於坐落州縣，一體加恩。從之。（高宗五〇八、二二）

（**乾隆二一、一二、辛巳**）加賑山東濟寧、金鄉、魚臺、滕、嶧等五州縣本年水災饑民。（高宗五二九、五）

（**乾隆二二、一、壬子**）諭：山東之濟寧、金鄉、魚臺、滕、嶧等五州縣衛，上年偶被水災，已降旨於加恩賑卹之外，加賑兩個月，以資接濟。今翠華經臨，念閭閻春作方殷，麥秋有待，著再加賑一個月。該撫其董率屬員，實力查辦，以副朕軫恤災黎至意。（高宗五三一、七）

（**乾隆二二、七、庚子**）諭曰：鶴年所奏查勘各州縣被水成災並續報河流漫溢情形一摺，前因漳河暴漲，驟注衛河，館陶等縣衛被水成災，而濟寧、魚臺、金鄉等處已涸之地，又復淹浸，即經降旨令該撫鶴年加意撫卹。今據該撫親往查勘及據各屬續報，此次被水成災者，有館陶、武城、臨清州、臨清衛、冠縣、夏津、朝城、堂邑、邱縣、單縣、恩縣、范縣、德州衛、濮州衛、曹縣、壽張等十七州縣衛。嘉禾偏隴，轉瞬秋成，猝被水災，農民失望，室廬蕩析，棲息無所，朕心深爲軫念。所有被水各屬，俱著該撫遵照前旨一體加意撫卹，並各賞給急賑銀兩，毋拘秋災成例。其房屋坍塌者，即速給價修葺，毋令久處苦舍，致滋疾病，以慰朕懷保小民至意。至館陶隄埝，向例雖係民修，但今被災已重，生計拮据，何忍復責以工役之事？著即遴委道府大員，星速動帑估修，捍禦來路，期令速涸；若水退之後有可補種菽麥者，即酌借籽種，勸諭乘時補種，接濟口食。該撫鶴年，其善體朕意，妥協經理，務俾災黎不致稍有失所。該部即遵諭行。（高宗五四二、二四）

（**乾隆二二、七、丙午**）又諭曰：鶴年奏報東平等州縣續被水災一摺。東省館陶等州縣衛，猝被水成災，業經屢降諭旨加恩撫卹，俾無失所。其續報泰安府屬之東平州、東阿，沂州府屬之蘭山、郯城等州縣，即著該撫鶴年遵照前旨，一體查辦，並各賞給急賑銀兩，以資接濟，俱不得拘泥成例，俟十月後方行給賑。該部遵諭速行。（高宗五四三、二）

（**乾隆二三、二、乙丑**）加賑山東德州、東平、東河、滋陽、鄒縣、滕縣、嶧縣、金鄉、魚臺、濟寧、汶上、陽穀、壽張、菏澤、單縣、城武、曹縣、濮州、范縣、觀城、朝城、蘭山、郯城、費縣、堂邑、冠縣、臨清、邱縣、館陶、恩縣、夏津、武城、德州衛、濟寧衛、東昌衛、臨清衛、東平所等州縣衛所水災軍民。（高宗五五六、一三）

（**乾隆二三、一二、丁丑**）又諭：東省乾隆二十、二十一兩年加賑補給折穀銀兩，著加恩照該撫所請，一體准其報銷。其該省從前十二、十三兩年例外補給之項，念係因災賑卹，且事逾十餘年，所有原辦錯誤之地方各官，及未經覈駮之戶部堂司官，均免其分賠議處。（高宗五七七、二五）

（**乾隆二四、一二、甲午**）加賑山東海豐、利津、霑化、樂安、平度、膠州、高密、即墨、德州衛、冠縣、臨清、館陶、夏津、武城、恩縣、臨清衛等十六州縣衛，永阜、永利、王家岡等三場本年被水被潮貧民。（高宗六〇三、一一）

（**乾隆二五、四、戊戌**）山東巡撫阿爾泰奏：查節年民欠米穀，例應麥後徵還，但民間糶麥買穀還倉，麥多價減，穀少價增，折納未免竭蹶。除原借之麥照常交收外，其應還米穀者，請以麥抵穀。細察現在情形，以麥六斗抵穀一石，聽民交納，倘有情願以穀交倉者，仍聽其便。俟新穀登場，令該州縣照例易穀，遇平糶之時，儘麥先行借糶，俾無久貯。得旨：甚妥。（高宗六一一、八）

（**乾隆二六、七、丙寅**）又諭：……阿爾泰奏：漳、衛異漲，致臨清衛大營西隄，及館陶縣之漳河北安隄，間有漫溢。現在興工修築，並委員分赴被水村莊查勘撫卹。報聞。（高宗六四一、二三）

（**乾隆二六、九、乙丑**）賑貸山東齊河、濟陽、禹城、臨邑、長清、德州、平原、德州衛、惠民、陽信、海豐、樂陵、商河、霑化、金鄉、魚臺、濟寧、嘉祥、陽穀、濟寧衛、菏澤、城武、定陶、鉅野、聊城、冠縣、臨清、恩縣、夏津、武城、東昌衛、臨清衛、東平、汶上、曹縣、單縣、濮州、范縣、壽張、東阿、德平、東平所、陵縣、館陶、邱縣等四十五州縣衛所本年水災貧民，並予葺屋銀兩。（高宗六四五、二三）

（**乾隆二七、一、甲寅**）諭：去秋山東被水偏災各屬，雖不至如豫省之重，但現在時當青黃不接，例賑又應停止，小民生計未免拮据。因傳諭該撫阿爾泰，令將各處被災分數，查明具奏。今據奏到，被災較重之曹縣、城武、德州、濟寧、魚臺等五州縣，著加恩無論極貧、次貧俱行加賑一個月；其濱河次重之齊河、金鄉、嘉祥、菏澤、單縣、定陶、鉅野、濮州、范縣、臨清、邱縣、館陶、恩縣、夏津、武城等十五州縣，成災在八分以上，所有貧民及衛地貧軍，亦著加恩展賑一個月，以資接濟。該撫其董率屬員，妥協經理，務俾閭閻均霑實惠，副朕軫念窮黎至意。(高宗六五三、三)

（乾隆二七、一、戊午）諭：東省去秋被水偏災各屬，已疊降恩旨，多方撫卹，茲朕鑾輿臨幸，體察民依，雖閭閻氣象和樂，而災黎元氣始復，深爲廑懷。該省尚有歷年未完民欠常平商輸等穀，及籽種麥本牛具等銀，例應照數徵收還項，著再加恩，將惠民、商河、霑化、金鄉、魚臺、濟寧州、濟寧衛、菏澤、單縣、城武、曹縣、定陶、范縣、館陶、臨清衛等十五州縣衛，自乾隆十年至二十四年民欠常平商輸等穀三萬七千餘石；又金鄉、魚臺、濟寧等三州縣，二十二、三、四等年民欠籽種麥本牛具等銀一萬四千九百餘兩，概予豁免，俾民力益加寬裕，足資耕作，副朕嘉惠災黎至意。該部遵諭速行。(高宗六五三、九)

（乾隆二七、一二、壬辰）諭軍機大臣等：阿爾泰奏覆東省災屬情形一摺，所有被災極貧之齊河等三十州縣衛概予加賑一月之處，俟新正有旨諭部。但歲内賑期已滿，若俟降旨後始行加賑，貧民口食，恐不能及時接濟。著傳諭該撫，於臘底春初，即按所加之數，一面先行散給，俾小民餬口有資，均霑實惠，副朕軫念至意。(高宗六七六、七)

（乾隆二七、一二、戊戌）諭軍機大臣等：前經降旨，令該撫將被災之齊河、濟陽等三十州縣衛極貧之户，再行加賑一月，恐俟新正恩旨，行文稍遲，因傳諭該撫一面於歲内先行散給，接濟口食。復念德州等處，毗連直隸，被災稍重，著將極貧各户，前旨加賑一月者，再加恩展賑一月。其次貧各户，亦著格外加賑一月，以普惠澤。至明春東作時，有應行借糶兼施，以資力作者，仍照例查辦。至此次極貧、次貧普加一月賑糧，或於新正奉到諭旨後散給，或於年内豫行接濟之處，著阿爾泰循照前旨，酌量情形，妥協經理。將此再行傳諭知之。(高宗六七六、一六)(高宗六七六、一五)

（乾隆二八、一、庚申）又諭：上年山東濟南、武定等屬，間被偏災，疊經降旨，令該撫等加意撫綏，俾小民毋致失所。第念時屆春初，賑期已滿，而田間東作未興，猶不免艱於覓食，朕心深爲軫念。著加恩將被災之齊河、濟陽、禹城、臨邑、長清、陵縣、德州、德平、平原、德州衛、惠民、陽信、海豐、樂陵、商河、霑化、壽張、聊城、堂邑、博平、茌平、清平、冠縣、臨清、邱縣、高唐、恩縣、夏津、武城、東昌衛等三十州縣衛内，所有極貧之户，再行加賑一月，以資接濟。該撫其董率屬員，實心經理，務令均霑實惠，稱朕軫恤貧黎至意。該部遵諭速行。(高宗六七八、二)

（乾隆二八、一、壬戌）又諭：上年山東濟南、武定等屬被水災黎，業經降旨將齊河等三十州縣衛極貧之戶，加賑一月，以資接濟。更思該省與直隸、天津、河間災地毗連，被水稍重，當此東作未興之前，閭閻生計，自多拮据。著格外加恩，將齊河等三十州縣衛內所有極貧戶口，除前加賑一月外，再予加賑一月。其餘次貧各戶，並著通行加賑一月，以溥惠澤。該撫阿爾泰妥協經理，毋致一夫失所，副朕軫恤災黎、有加無已至意。該部遵諭速行。（高宗六七八、六）

（**乾隆二八、一二、辛卯**）賑貸山東濟寧、魚臺、金鄉、嘉祥、城武、鉅野、濟寧衛、臨清衛等八縣衛水災飢民。（高宗七〇〇、一〇）

（**乾隆二九、一、甲寅**）諭：上年東省秋收，俱屬豐稔，惟濟寧等七州縣衛，自六、七月間，河湖並漲，低窪地畝，間有被淹，雖經加恩撫賑，第時當春月，例賑將停，而東作方興，麥秋尚遠，農民生計，仍恐未免拮据。著再加恩，將濟寧、魚臺、金鄉、城武、鉅野、濟寧衛、臨清衛等七州縣衛成災地方，無論極次貧民，俱各展賑一個月。該撫董率有司，實心經理，用副朕體恤貧黎有加無已至意。該部遵諭速行。（高宗七〇二、二）

（**乾隆二九、四、甲申**）又諭：前以山東濟寧等七州縣衛瀕河地畝，上年間有被淹之處，業經降旨展賑，其出借籽種等項，應於本年麥熟後徵還。現在該省春雨霑足，二麥可望豐收，但念民氣初復，正資麥熟接濟，著加恩將濟寧等州縣衛，所有借給籽種，俱緩至本年秋後，再行徵收，以紓民力。該部即遵諭行。（高宗七〇八、四）

（**乾隆三〇、一〇、己未**）又諭：前據崔應階奏，濟南、武定等屬，間有被水地畝，或勘不成災，或分數輕減，現將無力貧民，照例借給麥本等語。該省被災窪地，雖僅屬一隅，且業已分別撫綏，小民自不致失所。惟是被水之餘，秋收分數既減，明春青黃不接之時，窮黎生計或不免拮据。著傳諭崔應階，將偶被偏災之各州縣，應否加恩賑卹之處，即行查明，據實覆奏，候朕酌量降旨。（高宗七四七、五）

（**乾隆三〇、一二、丙辰**）諭：前因山東濟南、武定等屬間有被水地畝，經該撫題請分別賑濟，兼令借給麥本。現在時屆隆冬，賑期已滿，而屈指麥秋尚遠，民食未免拮据。著加恩將被災稍重之濟南府屬齊河、濟陽、長清、臨邑、德平，武定府屬惠民、樂陵、青城、商河、濱州、陽信、利津、霑化、蒲臺，青州府屬高苑等十五州縣極次貧民，概予加賑一月。該撫其董率所屬，實心經理，務俾窮黎均霑實惠，副朕加惠元元至意。該部遵諭速行。（高宗七五〇、一一）

（**乾隆三一、七、甲午**）諭曰：崔應階奏，東省七月初旬，雨水稍多，運河宣洩不及，汶河亦一時漲發，致有漫溢。濟南、東昌、泰安、武定、兗州、曹州等府屬州縣內，低窪邨莊，俱有被水之處，穀豆間至損傷，民房亦不無衝塌等語。看來該省被水情形較重，朕心深爲廑念。著該撫即速前往查勘，有應行撫卹者，即照例撫卹。有已經成災處所，並著查明分數，按其輕重，分別悉心妥辦，俾閭閻不致失所。該部即遵諭行。（高宗七六五、一四）

（乾隆三二、一、丁卯）諭：昨秋東省武定、濟南、東昌、泰安、兗州、曹州等府屬瀕臨運河之處，偶被水災，業經飭令該撫加意撫卹，蠲賑兼施，俾無失所。但念新春東作方興，距麥秋尚遠，無力貧民口食尚未免拮据。著加恩將被災較重之惠民、陽信、海豐、樂陵、商河、濱州、利津、霑化、蒲臺、禹城、聊城、堂邑、博平、茌平、莘縣、高唐、東昌衛等十七屬，及被災次重之齊河、濟陽、臨邑、長清、陵縣、德州、德平、平原、德州衛、東平、東阿、東平所、金鄉、魚臺、濟寧、嘉祥、汶上、壽張、濟寧衛、武城、定陶、鉅野、鄆城、濮州、范縣、觀城、朝城、清平、臨清衛等二十九屬，無論極次貧民，再行加賑一月，俾春初力作之時，得資接濟。該撫其董率所屬，實力奉行，務使窮黎均霑實惠。該部遵諭速行。（高宗七七六、二）

（乾隆三四、九、丁亥）賑卹山東東平州、東平所二處本年被水貧民。（高宗八四二、一二）

（乾隆三四、五、庚戌）山東巡撫富明安奏：本年麥收豐稔，各屬民借未還倉穀，請照六斗抵穀一石之例交倉。得旨：如所議行。（高宗八三五、一九）

（乾隆三四、一一、壬辰）加賑山東東平州、東平所本年水災飢民。（高宗八四六、二二）

（乾隆三五、一一、甲辰）加賑山東齊河、濟陽、禹城、陽穀、壽張、范縣、觀城、朝城、聊城、堂邑、博平、茌平、清平、莘縣、高唐、濟南衛、東昌衛十七州縣衛本年水災貧民，緩徵舊欠錢糧；並予章邱、鄒平、新城、臨邑、長清、陵縣、德州、平原、商河、利津、高苑、博興、樂安等十三州縣葺屋銀兩有差。（高宗八七二、四）

（乾隆三六、二、戊子）諭：朕恭奉安輿，時巡齊魯，省方問俗，念切民依，所有經過地方本年正賦，業經降旨酌定分數蠲免。至上年間有被水之濟陽等十三州縣衛，據該撫富明安奏稱，現在民食均無缺乏，農作有資，惟齊河、禹城、茌平、莘縣民力稍覺拮据，請每畝酌借籽種銀一錢、牛具銀一錢等語。目下春疇融潤，耕種屆期，該四縣上年被水較重之地，尤須及時接濟，按畝貸以籽具，體卹常例宜然。但借項仍應徵完，尚非格外施惠之意。

著加恩，將齊河等四縣上年被水地畝，應借籽種牛具銀兩，即行賞給，免其徵還，俾農民得資耕作。該撫其董率所屬，悉心經理，務使閭閻均霑實惠。該部遵諭速行。（高宗八七九、二）

（乾隆三六、一〇、辛巳）賑卹山東館陶縣本年水災貧民。（高宗八九四、四六）

（乾隆三七、一、庚申）諭：山東省上年秋禾，間被偏災，經該撫題報，業已照例撫賑。嗣於冬間，復經降旨，令該撫將有無應行加恩之處，確覈情形具奏。當經護撫海成奏覆：查明民食無虞，止須於春間酌借籽種，毋庸加賑。今據該撫徐績奏稱，時值青黃不接，糧價漸昂，所有被災較重之歷城等十九州縣所，並王家岡場，民情較他處更爲拮据等語。著加恩，將歷城、齊河、齊東、濟陽、禹城、臨邑、陵縣、德平、平原、東平州、東平所、海豐、利津、霑化、魚臺、濟寧、高苑、博興、樂安等州縣所，并王家岡場極次貧民，概予加賑一月，以資口食。該撫其董率所屬，悉心經理，務俾閭閻得霑實惠，以副朕軫念災黎至意。該部即遵諭行。（高宗九〇一、一一）

（乾隆三七、一、乙丑）［山東巡撫徐績］又奏：東省上年歷城等州縣衛所，秋禾被水，雖經分別賑卹，現屆春耕，請每畝借籽種銀一錢，秋熟徵還。得旨：如所議行。（高宗九〇一、二四）

（乾隆三九、九、庚午）又諭曰：徐績奏，據壽光縣稟稱，該縣單家莊等一十七莊，於八月二十八、九及九月初一等日，颶風潮漫，各莊地內豆麥被淹，房屋間有衝坍等語。該縣村莊，地處海濱，陡遇風潮，田廬俱被淹浸。著傳諭該撫，速飭該地方官，查明被災戶口，先給一月口糧。其衝坍房屋，給發修費，以資安頓。所有應行加恩賑卹之處，即照例奏聞辦理。該撫其董飭有司，實力妥辦，毋使群黎稍有失所。該部即遵諭行。（高宗九六七、二〇）

（乾隆三九、一〇、癸未）諭：此次逆賊王倫攻擾臨清，其新城居民，隨同地方文武盡力守禦，得以保護無恙，甚屬可嘉。且攖城固守半月餘，作息經營，不無荒廢，生計未免拮据。前已傳諭該撫查明入告，酌量加恩。今逆匪現已勦除，自應即敷惠澤。所有臨清新城居民本年應徵錢糧，已納若干，未納若干，從前有無借欠未完之項，並著楊景素查明奏聞，再降諭旨。至舊城居民，有甘心從賊，抗拒官兵者，自應同賊駢誅；其爲賊供役之人，即未拒敵，亦當分遣新疆烟瘴，以示懲儆；其與賊混處日久，見官兵一到，即行投歸者，准照脅從罔治，已屬寬典，自未便復令邀恩。惟據楊景素奏，現在居民紛紛挈眷回鄉。此等自係舊城百姓，聞賊至即攜家逃避者，皆係守分善良，事平後復還故土，而舊居闤闠，或爲賊匪焚燒，或因攻賊殘燬，生業蕭條，室廬蕩析，殊堪憫惻，自應一體加恩，量爲蠲復。又壽張、堂邑、陽穀三縣，經賊擾害，除現仍安居之戶，無庸查卹外，其賊匪入城，或人被賊戕，或屋被賊燬，及家計爲賊搶掠者，亦爲可憫。其應如何分別撫綏之處，並著楊景素妥速查明具奏，候朕另降恩旨，以示軫恤。該部即遵諭行。（高宗九六八、一六）

（乾隆四二、一一、甲戌）又諭：據國泰奏，東省七、八月間，有因雨澤稀少秋禾減收之處，若徵買並行，恐市價日昂，有妨民食。所有收成六、七分各屬，應買各項倉穀，請概行停緩，以平市價；並請將收成少歉之區，即查明將春借倉穀，於今歲冬底即行出借，俾資接濟等語。所奏是，自應如此辦理。看來東省今歲秋間雨少，秋收大局不及直隸，自當體察情形，量爲調劑。著傳諭國泰，悉心確查，此等收成減少州縣，如止須豫借倉糧，民食即不致拮据者，自可無庸另辦；若有應另籌借緩以裕民食者，即速妥酌奏聞，候朕於新春降旨。尋奏：東省秋收少歉，已蒙停買平糶倉穀，又豫爲出借，民食有資。現在完納本年地丁錢糧，下欠尾數，懇緩至來歲麥後徵收。得旨：屆時有旨。（高宗一〇四四、一五）

（乾隆四六、九、丁卯）諭：據國泰奏，山東金鄉縣地方，於九月初五、六等日，大風蕩激漫水入隄，浸至城根，居民移入城內，現將各城門外圈築小月隄，以資防護等語。該處猝遇水溢，所有城外關廂居民雖先已移入城中，未致傷損，但口食不免拮据，著加恩酌給口糧，按例賑卹。該撫等務須飭屬妥辦，加意撫綏，俾災黎均沾實惠，毋致一夫失所。該部知道。（高宗一一四一、二一）

（乾隆四六、十、丁丑）賑卹山東鄒平、新城、齊東、惠民、青城、陽信、海豐、商河、濱州、利津、霑化、蒲臺、汶上、滕縣、嶧縣、菏澤、單縣、城武、曹縣、定陶、濮州、范縣、高苑、博興、樂安、壽光、濟寧、金鄉、魚臺等二十九州縣並濟寧、東昌、臨清三衛、永阜、官臺、王家岡三場，本年被水災民竈戶。（高宗一一四二、一九）

（乾隆四六、一二、丙子）加賑山東鄒平、齊東、惠民、青城、陽信、海豐、商河、濱州、利津、霑化、蒲臺、滕縣、汶上、嶧縣、菏澤、單縣、城武、曹縣、定陶、博興、高苑、樂安、壽光、濟寧、金鄉、魚臺等二十六州縣，濟南、濟寧、臨清三衛、官臺、王家岡、永阜三場，本年被水災民竈戶。（高宗一一四六、一七）

（乾隆四七、一、己亥）又諭：上年山東曹縣、金鄉等縣，因豫省漫口，黃水泛注,俱被水災。屢經降旨,令該撫董率所屬,切實查勘,照例給賑,俾無失所。第念今春正賑已畢,民食不無拮据。著再加恩將菏澤、曹縣、單縣、定陶、城武、金鄉、魚臺等縣,暨坐落金鄉、魚臺境內之臨清衛,成災八分以上貧民,概行加賑一個月。該撫務率各屬,實力妥辦,俾窮黎均霑實惠,以副朕軫恤無已之至意。該部遵諭速行。(高宗一一四八、三)

(乾隆四七、五、己亥)諭:豫省青龍岡堵築漫口,合龍尚須時日,其下游一帶居民,經黃水淹浸,力食維艱。現在該省另籌開挖引河、改建隄岸,江南、山東兩省附近災黎踴躍赴工,目前計功授食,即可以工代賑,小民或不至失所。但念本年夏秋之交,工竣蕆事,其被水地畝,未必即能涸出可以耕種,而正賑、加賑已畢,際此青黃不接之時,民力尤為拮据,朕心深為廑念。著再加恩將山東曹州、兗州、濟寧等府州及江南徐州豐、沛等縣被災各屬,無論極次貧民,俱著展賑三個月。該督撫務各董率所屬,實力撫卹,俾窮簷均霑實惠,以副朕軫念災氓,格外加恩之至意。(高宗一一五六、八)

(乾隆四七、五、己酉)諭軍機大臣等:據明興奏,查勘各屬被水地畝,開單具奏一摺。東省被災各屬,業經明降諭旨,無論極次貧民,一體加賑三個月,以示軫卹。想該撫發摺時,尚未接奉此旨,故夾片內仍有仰懇聖恩酌借口糧,以資接濟之語。但朕軫念災黎,無時稍釋,該撫接到加賑諭旨,務須董率各屬,實力妥辦,使貧民得霑實惠,毋致一夫失所。至該省經黃水淹浸,下游一帶未經涸出地,不能乘時播種,其單內所開現經涸出地畝,應即酌借籽種,俾及早趕插,尚可望其有收。該撫於接奉此旨後,即速飭屬一面開賑,一面酌借,以副朕有加無已之意。惟是計算賑期,早則七月,遲則八月,俱已賑畢,其時被水居民仍為拮据,即使附近豫省災黎中之少壯者可以赴工力作,藉資餬口,其老弱婦女,冬春之際,口食維艱,應如何酌量加恩,著明興臨期查察實在情形,再行奏聞請旨。又據奏,東昌、兗州等屬,望雨稍殷,現在諭令地方官虔誠祈禱等語。近京亦稍覺缺雨,然田苗似尚無礙,該省日內曾否得有透雨,及各屬災賑如何辦理之處,一併據實覆奏,以慰廑注。將此傳諭知之。尋奏:臣現在遵旨開賑,一面將涸出處所,酌借籽種,俾災民得資趕插。再東昌、兗州等屬,已於本月十一日得有透雨,可望秋成。得旨:實心妥為之。(高宗一一五六、二七)

(乾隆四七、六、戊寅)又諭:據韓鑅、富勒渾奏,豫工築隄挑河,需用人夫甚多,現在設法酌辦緣由一摺,覽奏俱悉。豫省工程所用人夫既多,自不得不借資鄰省,但山東與豫省境壤毗連,較為切近,且該省附近之曹州等府屬,被水居民,現在覓食維艱,急需以工代賑,況將來曲家樓漫口合龍，俾下游居民早就奠安，斷無不踴躍從事之理，自應多爲僱覓。至直省迤南各屬，雖亦與該省相連，但較之東省，稍爲迢隔，且去年直隸省南各屬，尚屬豐收，小民似不藉力作餬口，若官爲僱備，驅令赴工，恐愚民非所樂從。設工所人夫既足，仍令裹糧而回，往返跋涉，動有數日之程，於閭閻生計轉爲無益。著傳諭鄭大進、富勒渾、明興公同籌酌，若東省協濟之人夫既足，即不必派撥直省；倘有不足，再於京南附近、豫省一帶地方酌量幫僱。鄭大進等彼此速行商酌，時時通知，一面辦理，一面奏聞，務須秉公籌辦，無分畛域，以期大功速集。而貧民以工代賑，其豐收之處又不至勞民動衆，方爲妥善。著將此傳諭鄭大進、李奉翰、韓鑅、富勒渾、明興等，並諭阿桂知之。（高宗一一五八、一四）

（乾隆四七、八、癸巳）諭：據明興奏，查勘兗州、曹州二府及濟寧州各所屬州縣衛，續報被水地畝，先行撫卹一月口糧，再行確覈輕重情形，分別加賑。此外水占地畝，俟豫省新河開放，一經涸出，應行籌借籽種口糧，臨期奏明，請旨辦理等語。已於摺內詳悉批示矣。豫省開挑引河，須俟明春桃汛開放，被淹地畝即使全行涸出，不但不能補種秋麥，即春麥亦不能趕種，止可播種大田，若彼時始行借給籽種口糧，恐緩不濟急，災氓未免拮据，朕心甚爲軫念。著該撫督率所屬即速查明，如有應行賑卹酌借籽種者，一面辦理，一面奏聞，毋使一夫失所，副朕惠愛黎元，有加無已之至意。該部即遵諭行。（高宗一一六三、三三）

（乾隆四七、八、癸巳）又諭：前據明興奏，利津、昌邑等縣猝被海潮，田禾房屋多有淹損，隨降旨令其詳晰查勘，一面奏聞，一面妥爲撫卹。今據明興查奏，被水較重者係利津、壽光、樂安三處，其次則霑化、昌邑、濰縣三處。至海豐縣被水後消洩甚速，情形較輕等語。利津、壽光等縣猝被風潮，以致田畝被淹，房屋衝塌，濱海窮民殊堪軫念，著明興即將勘明被災各縣，遵照前旨，督率妥員，實力賑卹。其房屋被水衝塌者，即照例散給修費，毋使一夫失所，以副朕軫卹災黎至意。該部知道。（高宗一一六三、三四）

（乾隆四七、九、己酉）諭：前因江南淮、徐二府屬經豫省漫水下注，降旨將被淹最重之沛縣、豐縣、銅山、邳州四處，加恩常予賑卹，不論月分，俟水涸補種時再行停止。今思山東兗、曹二府及濟寧州各屬州縣衛，俱當豫省下游，雖節經降旨，令該撫詳晰查明分別撫綏，但豫省挑挖引河，須俟明春桃汛始行開放，爲期尚久，恐一時未能全行涸出，災民仍未免拮据。所有山東被水最重之各州縣衛，著該撫明興速行據實查明，即照江南豐、沛等州縣之例，不必論月，常予賑卹，統俟漫水消退，再行停止。該撫務實力

查明，一面奏聞，一面妥辦，以副朕軫念災黎，有加無已之至意。該部遵諭速行。（高宗一一六四、四二）

（**乾隆四八、一、甲午**）又諭：上年山東兗州、曹州二府屬暨濟寧州所屬，因漫水經行，連年淹浸，不能耕作，屢經降旨加恩展賑，並令將被災最重之各州縣衛，加恩不論月分，常予賑恤，俟漫水消退，再行停止。惟是一縣之中，地勢高低不等，被災分數，亦輕重不齊。除成災九分、十分者，應給予常賑外，其成災七、八分不在常賑之內者，今春正賑已畢，青黃不接，民食未免拮据，著再加恩將兗州、曹州二府暨濟寧所屬各州縣衛，被災七、八分者，無論極次貧民，概行加賑一個月，俾災黎均資接濟。其成災五、六分並上年新淹之鉅野、嘉祥與猝被風潮之利津、壽光、樂安、昌邑、濰縣、霑化等各縣場，並著該撫察看情形，於方春播種之時，一體酌借籽種口糧，以副朕軫恤窮簷，有加無已之至意。該部即遵諭行。（高宗一一七二、二）

（**乾隆四八、二、庚辰**）加賑山東鄒縣、滕縣、嶧縣、菏澤、單縣、城武、曹縣、定陶、鉅野、濟寧、金鄉、魚臺、嘉祥十三州縣，濟寧、臨清二衛乾隆四十七年分水災飢民。（高宗一一七五、四）

（**乾隆四八、三、戊申**）又諭：上年山東兗、漕二府暨濟寧所屬，又江蘇淮安、徐、沛等處，俱因漫水經行，田禾淹浸，屢經降旨展賑，並令將被災最重之各州縣衛常予賑恤，俟漫口合龍後，再行停止。現在豫省河工已經奏報合龍，雖下游地畝漸次涸出，可以耕種，但當此青黃不接之時，地畝甫經涸出，恐地方官拘泥前旨，即行停賑，窮民覓食維艱，朕心深為廑念。著加恩再行展賑至六月停止，以副朕軫念窮簷，有加無已之至意。該部即遵諭行。（高宗一一七七、四）

（**乾隆四八、三、己酉**）諭軍機大臣等：昨據阿桂等奏報，漫口合龍，黃流順軌一摺。已明降諭旨，將山東兗、曹二府暨濟寧所屬被災最重之各州縣衛，加恩再行展賑至六月；並傳諭明興，查明金鄉、魚臺被水災黎，借給籽種，以資耕作矣。濟寧以南，為漫水下游，頻年淹浸，該處民人，屢經蕩析，自必遷徙以圖口食。今漫工合龍，積水暢消，民田自必涸出，可以耕種；況現又加恩展賑，被水災黎，一聞此信，自當踴躍陸續歸耕，各安本業。著傳諭明興查明現在涸出地畝，該處民人聞信回鄉，乘時播種情形若何，逐一妥協經理，詳悉具奏。至黃流既經歸海，則濟寧以下河湖水勢即可消落，運河兩岸縴道，早經涸出，即應遵照前降諭旨，將隄堰土石各工及橋梁縴道趕緊興修，一律完整，以利漕運，方為妥善。著再傳諭明興，即將該處情形若何，現在作何辦理之處，一併迅速具奏。將此由六百里諭令知之。

仍著由六百里速行覆奏。尋奏：隄工合龍，來源已斷，民田可漸次涸出；又遵旨展賑，遷徙災黎，皆必歸圖耕作。現飭州縣循行安頓，並將按月常賑及酌借籽種銀，委員監放。再查微山湖水，仍深一丈八尺餘，係由紙坊、白茅等處所消之水均歸此湖。所有運道土石工程，未能即修。現與陸燿、沈啓震確勘，其應照舊補還土隄，或應用碎石坦坡及大石補築，均插竿標識。其單閘斗門涵洞，現於水中探其塌卸，至底者拆修，數層者按層覈估，尚完整者只估鉤挶。並催趲料物，臨時無誤。得旨：覽奏俱悉。（高宗一一七七、一〇）

（**乾隆四八、三、甲寅**）又諭：據明興覆奏：接奉諭旨加恩展賑，遵照辦理一摺，所辦均屬妥協。至前降諭旨，將東省所屬災重各州縣展賑至六月，原因其被災最重，地畝頻年淹浸，是以特沛恩施；其餘被災較輕處所，自不在此內。著傳諭明興查明災重處所，督飭所屬，按戶散給，務使貧民均霑實惠。至被災較輕地畝，此時自已漸次涸出，並著明興查明，遵照前旨酌借籽糧，俾資耕作，咸慶西成，副朕軫念窮簷，有加無已至意。將此由五百里諭令知之。（高宗一一七七、一九）

（**乾隆四八、七、庚寅朔**）加賑山東利津、霑化、樂安、壽光、昌邑、濰縣等六縣，永阜、永利、官臺、王家岡、富國等五場，乾隆四十七年秋禾被水災民口糧。（高宗一一八四、三）

（**乾隆五〇、二、丁未**）山東巡撫明興奏：東省去年麥收雖薄，秋成實係豐稔。臣因通省動缺倉穀共有九十餘萬石，為數甚多，是以酌量採買。嗣緣入冬雨雪稀少，春雨又未能普徧，糧價漸增，貧民餬口維艱，農民亦需酌借口糧，以助耕作。現已飭司按照地方情形，減價出糶；有應借口糧者，照例先動社穀，次及常平雜糧穀石，覈實給領。至東省雨雪情形，登、萊、青三府較為霑足，省城及兗、沂、曹、濟一帶尚未普徧深透。至各屬糧價，正月較冬月稍昂。臣具奏單內，雖經聲明，而總條內仍填價平字樣，實屬拘泥糊塗。得旨：以後戒之慎之。（高宗一二二五、一六）

（**乾隆五〇、五、乙亥**）又諭：本年山東省曹州、東昌等府屬，雨澤愆期，麥收歉薄，屢經降旨借給口糧籽種，緩徵錢糧，並截留南漕二十萬石分貯賑貸，以紓民力。但現在缺雨州縣，大田尚有未能播種者，民間口食未免拮据，此時急需量為接濟。所有濟南府屬之陵縣、平原，泰安府屬之東平州、萊蕪，東昌府屬之堂邑、茌平、清平、莘縣、冠縣、館陶、恩縣，兗州府屬之曲阜、泗水、陽穀、壽張，曹州府屬之荷澤、濮州、范縣、觀城、朝城、鄆城、城武、定陶、鉅野，濟寧州屬之嘉祥、魚臺，臨清州及所屬之武城、夏津、邱縣等三十州縣，又播種未能齊全之德州、嶧縣、滕縣、曹縣、單縣、聊城、博平、新泰、平陰、東阿等十州縣，俱即加恩賞給兩個月口糧，俾無力窮民藉資生計。該撫其督率所屬實力妥協辦理，以副朕軫念災黎有加無已之至意。該部遵諭速行。（高宗一二三一、二六）

（乾隆五〇、一一、壬戌）賑卹山東嶧縣、菏澤、定陶、濮州、范縣、觀城、朝城、聊城、莘縣等九州縣本年旱災貧民。（高宗一二四三、二）

（乾隆五〇、一二、丁酉）山東巡撫明興奏：東省嶧縣等九州縣災民，奉旨加賑兩月，本折各半給發。除十一月先放折色外，十二月應賑本色米十四萬餘石。查各該處倉穀無多，應於截存漕米內支放；但思來春借糶兼行，需用正多，現在司庫貯存買補虧空倉穀價銀，請動支與漕糧各半兼放。得旨：事屬可行，知道了。（高宗一二四五、九）

（乾隆五一、一、辛亥）又諭：上年山東兗、曹、濟寧等府州屬，雨澤愆期，被旱成災，業經降旨賑卹緩徵，俾窮黎口食有資，不致失所。第念今春正賑已畢，青黃不接之時，誠恐民食不免拮据。著再加恩將嶧縣、定陶、濮州、范縣、觀城、朝城、菏澤、聊城、莘縣九州縣，並坐落衛地被災七八分之極貧次貧，於例賑外，再展賑一月，以濟民食；其六分災之貧民，及勘不成災之德州、長清、新泰、萊蕪、東阿、東平、平陰、泗水、滕縣、陽穀、壽張、鉅野、鄆城、蘭山、郯城、費縣、蒙陰、沂水、堂邑、茌平、恩縣、益都、昌樂、壽光、昌邑、濰縣、金鄉、魚臺、嘉祥等二十九州縣，並坐落衛地，著該撫查明，實在無力農民，酌借一月口糧，以資接濟。至該省散賑，需用米石甚多，即勘不成災各州縣，亦須借糶兼行。所有截留南漕三十萬一千餘石，尚恐不敷給發；又豆石一項，亦為民間口食所必需，著再加恩，將東省本年應行運通米豆，儘數截留。……（高宗一二四六、八）

（乾隆五一、一〇、丙午）諭：上年山東被旱成災，節次降旨，將舊欠銀兩穀石，並五十年分緩徵漕糧，准再予分限二年帶徵，以紓民力。茲據明興奏稱，截留東漕，又計有二十餘萬石，若將糶借二項，全行徵收買補，而賑濟動用者，復一併動項採買，恐同時並徵，小民力有不逮。請將出借米石，分作二年帶徵，其賑濟動用米石，請俟明年秋收再行買補等語。東省本年雨澤應時，秋收豐稔，所有舊欠漕糧，自應買補歸款。第念該處積歉之後，民力未臻充餘，著照該撫所請，將出借米一十一萬一千餘石，加恩分作二年帶徵。至賑濟動用米八萬二千餘石，著緩至明歲秋收，再行買補起運。俾民間蓋藏，益資饒裕，以示朕體恤閭閻，有加無已至意。（高宗一二六六、二三）

（乾隆五二、六、乙丑）山東巡撫覺羅長麟奏：濟南府屬之歷城、章邱、齊河、禹城、齊東、鄒平、新城、陵縣、臨邑，東昌府屬之聊城、清平、高唐、莘縣、茌平、博平，青州府屬之益都、昌樂、高苑、博興、樂安、壽光、臨淄、臨朐，泰安府屬之泰安、肥城、東阿、平陰、萊蕪，武定府屬之濱州、利津、霑化、惠民、青城、蒲臺、海豐、陽信，曹州府屬之濮州、鄆城、范縣、觀城、朝城，兗州府屬之陽穀、壽張等四十三州縣，本年得雨稍遲，請借給兩月口糧。得旨允行。下部知之。(高宗一二八三、二七)

(乾隆五三、七、甲子) 又諭：據長麟奏，查勘膠州、壽光二處被水情形。摺內稱，膠州被水農民，蓋藏漂失，迨至禾稼登場，尚需時日，雖已給與一月口糧，恐不足以資接濟，請於存倉穀內再行借給一月口糧；壽光無力農民，亦照膠州辦理章程，再行加借一月口糧等語。膠州因河水漲發，淹浸田廬，雖據該撫查明，現在地畝全行涸出，每畝借給籽種，並已補種蕎麥，可望秋收。但該處民人猝被偏災，蓋藏漂失，前次所給口糧，既不足以資接濟，自應再行酌給，但於秋成後仍需徵收歸款，恐被災貧民，無力清還，未免拮据。所有此次膠州加借一月口糧，竟著加恩賞給；其壽光一處，亦經該撫委令藩司查明，即照膠州章程辦理，並再行加借一月口糧，亦即加恩賞給，以示朕軫卹災黎，有加無已至意。該部即遵諭行。(高宗一三〇八、九)

(乾隆五四、四、己亥) 賑卹山東膠州、壽光二州縣被水災戶，並給修葺房屋銀。(高宗一三二六、二一)

(乾隆五四、六、甲戌) 諭軍機大臣曰：長麟奏，沂州府屬之蒙陰縣地方，於六月十一、十二等日，大雨連宵，山水驟發，沂河水長頂阻，宣洩不及，浸塌民房四百餘間，壓斃男婦十三名口；現赴該處查勘、分別被水輕重、照例妥爲撫卹等語。東省本年收成豐稔，蒙陰一縣，猝被水患，淹及田廬、傷斃人口，殊堪憫惻。長麟既親往查勘，著傳諭該撫務宜詳悉確查，善爲撫卹；其有應行接濟者，亦即查明分別辦理，毋使一夫失所，以副朕軫念災黎至意。(高宗一三三三、一〇)

(乾隆五五、七、丙申) 諭軍機大臣曰：長麟奏平原、禹城等縣自六月二十四日起至七月初七、八日，雨水連綿，馬頰等河水勢盛漲，漫溢田禾，房舍間被淹浸，臨邑、陵縣等處低窪地面，田禾亦有浸傷，長麟現在馳赴各處查勘等語。本年東省雨水調勻，田禾暢茂，可望收成豐稔。今因六月二十四至七月初七、八等日陰雨較多，平原、禹城及臨邑、陵縣等處村莊田禾間被淹損，殊爲可惜。長麟聞稟即親往各處查勘，務須妥爲撫卹，俾災黎均霑實惠。其被淹田禾，將來或至成災，不可稍有諱飾。至坍塌房屋，無力貧民，俱應酌給修費，積水處所，亦應設法疏消。著該撫詳確履勘，實力妥

辦，毋使一夫失所，以副朕軫念災黎至意。……（高宗一三五九、四）

（乾隆五五、七、丁未）又諭曰：長麟奏，濟南、東昌等府屬因雨水過多，田禾被淹者，共計四十一州縣。現在率同道府等分投查勘，經理災賑事宜。又據運河道沈啓震報稱衛河水漲致臨清州屬之姜家莊，漫隄過水，汕刷隄頂三十餘丈，現亦加料搶鑲追壓，月內即可趕築完固等語。此次東省被災地方較爲寬廣，長麟既往各處履勘，務須督飭所屬，實力詳查，妥爲撫卹，俾災黎均霑實惠，不可稍有靳惜，致有向隅。……（高宗一三五九、二八）

（乾隆五五、七、丁未）又諭曰：……又據奏稱，武定、濟南二府舊有徒駭、馬頰等河，因河身淺狹，復經積雨彙注，必致停淤淺塞，請於查看後，照例確估土方，借帑興挑，分年徵還等語。本年春間，朕巡幸東省，道經該處，見馬頰等河俱係乾涸，何以此時致有漲溢停淤之處，或因各處雨水過多，彙流該處，以致泥沙壅塞，自當亟爲疏濬。且災黎等亦可以工代賑，自屬兩有裨益，著傳諭長麟即照所奏妥協辦理。其有去工較遠，及被災較重、老弱殘廢等戶未能赴工傭食者，仍分別給予賑濟，並酌量借給耔種，俾得無誤春耕。該撫總須相度被災輕重，悉心籌辦，毋致一夫失所，以副朕軫念災黎至意。並將現在查勘情形，及衛河水勢，曾否全行消落之處，據實迅速覆奏。（高宗一三五九、二八）

（乾隆五六、一、己卯）又諭：上年山東省平原、禹城、齊河、德州等各州縣，因夏秋雨水較多，河流漲發，田禾被淹，致成偏災。節經降旨，令該撫實力撫卹，分別蠲緩，並撥帑截漕，一體賑濟，毋使一夫失所。第念今春正賑已畢，青黃不接之時，小民生計維艱，口食恐不無拮据。著再加恩將平原、禹城、齊河、德州、長清、德平、濟陽、臨邑、陵縣、聊城、茌平、高唐、堂邑、館陶、清平、莘縣、冠縣、恩縣、博平、范縣、臨清、邱縣、夏津、武城、商河、濱州、樂陵等二十七州縣，並坐落衛地，被災九分極次貧民，於正賑之外，加賑兩個月，其七分、八分極次貧民，俱展賑一月，以資接濟。至被災五分、六分及勘不成災之區，仍著該撫察看情形，或酌借口糧、耔種，或減價平糶，分別酌辦。該撫務須督飭所屬，實心經理，俾災黎均霑渥澤，以副朕惠愛閭閻，敷錫春祺至意。該部即遵諭行。（高宗一三七〇、五）

（乾隆五七、一〇、己卯）山東巡撫覺羅吉慶奏：查山東驛路濠溝，向係民間按畝出夫挑挖。本年德州一帶被旱，民食稍艱，請將濟南、東昌二府屬，中路自長清縣起，由齊河、禹城、平原至德州，東路自茌平縣起，由高唐、恩縣至德州，所有大路濠溝，僱覓貧民，挑寬四尺，加深二尺。每土一

方，照直隸奏定之例，給米一升，銀一分，以工代賑。所需銀兩，即於司庫貯存工程銀撥支。報聞。（高宗一四一四、二七）

（乾隆五七、一一、丙午）諭：本年山東省被旱地方，節經降旨加恩緩徵，並賞給貧民一月口糧，以資接濟。但念直隸河間、天津一帶，均經截留漕糧，動撥銀米，分別賑卹，而山東德州一帶，與河間、景州等處，境壤毗連，其被旱情形，大略相仿，冬春之交，民力不無拮据。若不一律給賑，災黎未免向隅。著加恩將德州、平原、禹城、高唐、恩縣、濮州、臨清、邱縣、夏津、武城，及歷城、齊河、臨邑、博平、茌平、清平、館陶、海豐、樂陵、霑化共二十州縣，於本年十二月放賑一月，俾得均霑愷澤。至來春尚需展賑，候朕新正酌量，再降恩旨。該撫務督飭所屬，實心經理，使窮黎普霑實惠，以副朕軫念民艱至意。（高宗一四一六、一四）

（乾隆五七、四、壬戌）豁免河南省歷年民欠籽種牛具口糧銀四十九萬九千九百五十兩有奇，穀四萬一百六十石有奇。（高宗一四〇一、二〇）

（乾隆五八、一、己亥）又諭：上年山東德州、濟南一帶，間有被旱成災地方，收成未免歉薄。節經降旨，將應徵銀米及帶徵等項，分別蠲緩停展，並特降旨於十二月内給賑一月，以資口食，小民自可不致失所。第念散賑已畢，青黄不接之時，貧民餬口無資。著再加恩，將被旱較重之德州、平原、禹城、高唐、恩縣、濮州、臨清、邱縣、夏津、武城十州縣，無分極次貧民，概予賞給兩個月口糧。其被旱較輕之歷城、齊河、臨邑、博平、茌平、清平、館陶、海豐、樂陵、霑化等十州縣，及各該處坐落衛地，著賞給一月口糧，以資接濟。至勘不成災及附近災區各州縣，仍著該撫察看情形，或酌借籽種，或減價平糶，分別籌辦。該撫務董率所屬，實心經理，俾災黎均霑愷澤，以副朕軫念窮簷，普惠春膏至意。該部即遵諭行。（高宗一四二〇、四）

（乾隆五九、五、丙申）諭軍機大臣曰：福寧奏二麥約收分數一摺，據奏沂州、萊州等府，約收六、七、八、九分不等，其濟南、東昌等府，惟低窪近水處所，約收二分有餘。是該省迤南迤東各屬，麥收較稔，民食尚當充裕，而迤西一帶被旱歉收，急需通融協濟，該撫當勸諭沂州等府所屬百姓，令將多餘麥石，公平出糶，以濟迤西各府之不足。即遇直省商販赴彼糶買麥石，亦當平價出售，不可遏糶。小民等既可糶售得錢，而歉收地方亦可得食，豈不兩便？並著行知所經關口，將應徵稅課量為寬減，俾商販聞風踵至，麥石流通，更足以資接濟。但須妥為勸諭，使之踴躍樂從，不可官為經理，以致吏胥等藉端抑勒，糧價增昂，欲求利民，而轉以病民，此為最要。

其缺雨各屬,如有成災者,該撫惟當盡心察辦,酌量接濟,毋使一夫失所,以副朕軫念民依至意。將此諭令知之。(高宗一四五二、一三)

(乾隆五九、七、丙申) 又諭曰:福寧奏,衛河水勢驟長,臨清、夏津、冠縣地方,俱有漫溢被淹處所,現即馳赴督率搶築防護等語。東省因雨水稍多,汶、衛兩河,伏汛較旺,以致臨清、夏津、冠縣地方,隄身間有漫溢,低窪地畝,亦被淹浸。該撫現已馳赴該處查勘,務須督率員弁,趕緊搶築,並將積水設法疏消,實力防護,以期鞏固無虞。至濱河低窪地畝,間有被淹之處,居民廬舍,自必有被水衝塌者,著傳諭福寧,即行詳悉查明,按例加兩倍給予修費,俾窮黎得資棲止。如有應行撫卹之處,並著該撫實力查察,妥爲撫卹。務使小民均霑實惠,毋致一夫失所。仍即將到彼查勘情形,迅速具奏,以慰廑念。將此由六百里傳諭知之。(高宗一四五六、二五)

(乾隆五九、七、丙午) 又諭曰:福寧奏查勘館陶、冠縣、邱縣被水情形,督率道府等實力撫卹,並疏消積水,趕堵漫口一摺。館陶城內,水未灌入,居民得以安堵,尚爲深幸。其村莊地畝,多有被淹,田禾受損,旁注之水,漫入邱縣村莊,晚禾亦難望有收,實爲可惜。惟冠縣被水較館陶爲輕。此皆由不能調燮,以致被此水災,皆我君臣之咎,若不盡心賑救,於心何忍?現經福寧親赴該處,往來查看,搭篷濟渡,散給饘餅。其艱於買食之處,即給以米穀,俾災民得資存活。所辦俱好。所有坍塌房屋、淹斃人口,俱著按例加兩倍賞卹。如有應行賑濟者,即一面奏聞,一面辦理,不可存惜費之見。其德州地方,因運河漫溢,驛路受淹,已經該撫委員確勘,趕緊宣洩,俾郵傳不致遲滯。所辦亦好。……至姜家莊及夏津漫口,現已趕緊鑲築。福寧務須實力督率堵築完竣,並將各處積水,一律疏導分消,早見涸復,俾得安輯寧居。除被災之外,該省秋收究得幾分,即速奏聞,以慰廑注。將此由五百里傳諭知之。(高宗一四五七、二五)

(乾隆五九、八、辛酉) 又諭:據福寧奏,館陶等縣被水地方,現在查明十畝以下無力之戶,每畝豫借麥本銀五分,以便乘時買種耩播,俟明歲麥收後,徵還歸款等語。又據吳璥奏,查勘衛輝府屬之延津縣地方,察看無力貧民,借給一月口糧,其安陽、臨漳、內黃、湯陰四縣,現經撫臣派員查勘,被淹較重之無力貧民,亦借給口糧,仍俟查明災分,彙覈給賑各等語。山東館陶、河南延津等縣,本年被水成災,業經蠲賑兼施,加倍賞卹。現在各該處水勢雖已漸就消涸,正可趕種,而無力貧民,或買種無貲,或口食維艱,朕心深爲軫念。所有山東館陶等縣借給麥本銀兩,及河南延津等縣借給口糧,俱著加恩一體賞給,毋庸徵還歸款,俾災黎得以乘時播種,生計有

資，不致一夫失所，以副朕施惠災區，有加無已至意。(一四五八、二二)

（嘉慶一、八、己卯）給山東濟寧、魚臺二州縣被水災民一月口糧。(仁宗八、七)

（嘉慶二、二、壬午）加賑山東濟寧、單、魚臺、臨清四州縣衛元年被水災民。(仁宗一四、八)

（嘉慶三、八、丁酉）復加賑山東曹、單、城武、濟寧、魚臺、金鄉、嘉祥、鄒、滕、嶧十州縣，臨清、濟寧二衛被水災民有差。(仁宗三三、六)

（嘉慶四、一、庚申朔）賑山東曹、單、城武、濟寧、金鄉、魚臺、嘉祥、鄒、滕、嶧十州縣及臨清、濟寧二衛被水災民，並貸口糧有差。(仁宗三七、二)

（嘉慶九、一、甲午）展賑山東荷澤、濮、范、壽張、東阿、齊東、濱、利津、霑化九州縣並東昌衛被水災民；貸陽穀、平陰、東平、鄆城、肥城、蒲臺六州縣並東平所籽種口糧。(仁宗一二五、三)

（嘉慶一六、一、甲寅）貸山東章邱、鄒平、新城、東平、聊城、莘、陽穀、汶上、平度、昌邑、濰、膠、高密、濟寧、招遠十五州縣，及東昌衛上年被水災民籽種。(仁宗二三八、二)

（嘉慶一六、閏三、庚寅）以山東登州、萊州、青州三府屬糧價漸增，平糶倉穀。(仁宗二四一、七)

（嘉慶一六、一二、甲子）又諭：奉天復州、寧海、岫巖一帶地方，本年秋收歉薄，飢民遷徙者甚多。該處皆係濱海之區，與山東對岸，或窮黎覓食，有搭坐海船前往登萊一帶者，著該撫飭知該府縣加意安輯，妥為撫卹，勿令失所。(仁宗二五二、一三)

（嘉慶一七、一、丙子）貸山東章邱、東平、東阿、汶上、濟寧、新城、鄒平、平度、昌邑、濰、膠、高密、招遠、博興、壽光、堂邑、莘、館陶、臨清、邱、夏津、武城、歷城、濟陽、平原、臨邑、朝城、壽張、陽穀、聊城、博平、茌平、清平、冠、高唐、恩、魚臺三十七州縣，及東昌、臨清二衛，東平所，上年被水被蟲災民籽種，並借糶登州、萊州、青州三府屬州縣倉穀。(仁宗二五三、五)

（嘉慶一七、五、辛巳）給山東登州、萊州二府屬貧民一月口糧。(仁宗二五七、一五)

（嘉慶一八、一〇、乙卯）諭軍機大臣等：東省賊匪，經同興督兵勦辦，悉數殲除，地方寧謐，辦理俱妥。惟聞東省因年歲歉收，兼遭賊匪焚掠，災民逃避四出；現聞本境安靜，有由河南、江南、直隸轉回者，沿途甚多。該民人等蕩析離居，情殊可憫，著同興飭知地方官認真撫卹，務使餬口有資，不致轉徙失所；事定後各歸本業，用副朕軫恤災民至意。（仁宗二七七、一二）

（嘉慶一七、一一、丙戌）給山東禹城、齊河、濮、鄆城、東平、汶上、壽張、荷澤八州縣，濟寧、東昌、臨清、德州、東平五衛所，被旱災民一月口糧。（仁宗二六三、二四）

（嘉慶一八、一、庚午）加賑山東禹城、齊河、濮、鄆城、東平、汶上、壽張、菏澤、聊城、茌平、博平、莘、范、觀城、朝城、平原十六州縣上年被旱、被水災民，並貸歷城、章邱、齊東、濟陽、臨邑、長清、陵、德、平陰、陽穀、堂邑、清平、冠、恩、高唐、文登、壽光、安邱十八州縣貧民籽種，及德州、濟寧、東昌、臨清四衛、東平所災民口糧。（仁宗二六五、二）

（嘉慶一八、二、乙丑）賑山東聊城、堂邑、博平、茌平、清平、莘、冠、東平、東阿、滋陽、寧陽、汶上、陽穀、壽張、菏澤、鉅野、鄆城、濮、范、觀城、朝城、濟寧二十二州縣被旱災民。（仁宗二六六、二七）

（嘉慶一八、一一、乙酉）賑山東曹州、濟寧二府州屬被賊難民。（仁宗二七九、一四）

（嘉慶二二、二、辛卯）給山東濟寧、魚臺二州縣上年被水災民一月口糧，並貸籽種有差。（仁宗三二七、一三）

（嘉慶二三、四、庚寅）諭內閣：本月初八日酉刻都城風霾之警，朕心震惕，降旨於近畿一帶徧行查訪，總未得悉風所自起。本日據陳預奏，山東海豐濱海地方於四月初八日申刻東北風大作，晝夜無息。初九日海潮驟至，漫淹灘地鹽場，沿海居民人口、房屋多有損傷等語。海豐在京城之東，是日申刻海風暴起，瞬息千里，至酉刻適至京師，是以沙塵蔽空，竟同晝晦。該處沿海居民猝被風災，深堪憫惻，業經陳預飭令藩司廣慶前往查勘。著和舜武於到任後，督飭該藩司迅速確勘，據實奏明，妥為撫卹，毋使災民失所，用副朕惠愛黎元至意。（仁宗三四一、三一）

（嘉慶二三、五、己亥）給山東海豐、霑化、利津三縣被水災民並竈丁一月口糧。（仁宗三四二、四）

8. 山西

（康熙二、五、癸酉）山西巡撫楊熙疏請發常平倉穀，賑恤孤貧。從之。（聖祖九、六）

（康熙四、七、己酉）吏部題：康熙三年分，山西省額徵錢糧，一年內全完，請議敘巡撫等官。得旨：先以山西太原等處地方，人民饑饉，不預行奏請賑濟，將督撫各官從重治罪，時值頒赦，從寬留任，豈可仍以饑饉地方錢糧全完爲功？巡撫、布政使俱不准加級；太原等處饑饉地方官員，亦不准紀録。其未曾饑饉地方官員，仍照例紀録。（聖祖一六、七）

（康熙二〇、二、癸卯）山西巡撫穆爾賽疏言，請發帑銀二十萬賑濟饑民，户部議給其半。上曰：聞太原、大同等處百姓甚饑，朕心深爲憫惻，亟宜賑濟，俾各得所。著照該撫所請，發銀二十萬兩，遣郎中明額禮等速往分行賑給。（聖祖九四、一九）

（康熙二二、一二、己酉）差往山西查勘地震工部尚書薩穆哈等疏言：崞縣、忻州、定襄、五臺、代州五州縣，振武衛一衛，被災人民，共賑過銀九千八百六十五兩，下所司知之。（聖祖一一三、一七）

（康熙二八、一二、辛卯）命山西巡撫葉穆濟親往蔚州、廣昌等處被災地方，動支存庫銀兩並附近存貯米穀，賑給饑民。（聖祖一四三、二一）

（康熙二九、一、癸丑）命發山西大有倉米穀，賑濟太原、大同二府屬饑民。（聖祖一四四、九）

（康熙三一、二、癸未）命山西巡撫葉穆濟賑濟浮山等十三州縣飢民。（聖祖一五四、一一）

（康熙三四、五、壬戌朔）奉差山西平陽等處賑濟户部尚書馬齊請訓旨。上諭之曰：爾傳諭巡撫噶爾圖，平陽等處地震，房舍倒壞、人民壓斃，伊應親身於彼處設廠居住，將被災百姓救護，候朕諭旨，乃遽回省城，殊屬不合。除噶爾圖所奏外，有地震重處，爾可詳察閲視，加恩賑給。本年應徵錢糧停其徵收。爾到彼處，即曉諭衆民，皇上爲爾百姓，深切軫念，特遣大臣賑救，爾衆民毋妄遷徙離散。且恐因地震，地方不良之人及鎮標兵丁，借端搶奪，擾害生民。傳諭總兵官周復興親身率領官兵，將此一帶地方善爲防護。其平陽府洪洞縣被災百姓，爾會同巡撫噶爾圖親身往彼處賑濟，務令均沾實惠。（聖祖一六七、一）

（康熙三六、四、甲戌）諭大學士伊桑阿：前山西巡撫倭倫以去歲山西數州縣歉收，今米價甚貴奏聞。頃噶爾丹殲滅，天下悉已無事，唯愛養兵民爲要務。山西米價騰貴，民生困苦，朕聞之中懷軫惻。扈從前來大臣、侍衛、官員、執事人自船站坐來之船，見有水手，若至湖灘河朔後，將自船逆流牽挽，回至寧夏甚難。前亦曾諭總督吴赫，就此船將湖灘河朔積貯米，或五千石，或再加多，量行裝載，交巡撫倭倫派賢能屬員轉運，順流而下，至保德州，比時價減糶，於民大有裨益。著學士黄茂率同部院司官二員前往，侍郎安布録留此監發米石。（聖祖一八三、一二）

（康熙六〇、六、甲寅）户部等衙門議覆：奉差賑濟山西飢民都察院左都御史朱軾條奏，一、被參司道以下貪劣官員，請從寬留任，仍令養活飢民，以責後效。一、請令富户出銀，協同商人往南省販運糧食。其淮安、鳳陽等關，米船課税，請停徵半年。至地方紳士願賑者，按其多寡，從優議敘。一、各省驛站之夫役，大半虛名侵冒，請確查實數，召募壯丁按補。一人受募，即可全活一家。一、飢民流往覓食之處，請令所在地方官隨在安插；其有地方官捐貲養贍者，督撫核實題薦。一、飢民群聚，易生癘疫，請交所在地方官設廠醫治。俱應如所請。從之。（聖祖二九三、七）

（雍正一、八、丙辰）免山西霍州、靈石等九州縣借賑銀六萬五千六百兩有奇。（世宗一〇、八）

（乾隆二、七、丙辰）山西巡撫覺羅石麟奏：萬泉、臨晉、榮河等三縣被旱，榆次、平定、壽陽、盂縣、和順等五州縣被雹，鳳臺縣被水，飭屬查明賑恤。得旨：知道了。查賑一事，須當極力拯救，務使災黎不致流離失所，方爲稱職也。（高宗四七、三二）

（乾隆二、九、丁未）山西巡撫覺羅石麟疏報：晉省今夏雨澤未普，至七月中疊沛甘霖。惟興縣、襄陵等十三州縣雨水不足。隨經委員查勘，據報襄陵等八縣旋得透雨，可望收成；惟興縣、臨縣、永寧、臨晉、榮河等五州縣，秋收自二分至五分不等。現在分別賑濟。得旨：朕聞山西地方有秋禾被旱之處，米價騰貴，民食維艱，已諭令該撫加意賑卹。今據奏稱，現在委員查勘，辦理散賑等語。但被災州縣恐不止此，災賑關係民生，必須周詳迅速，方有裨益，絲毫不可輕忽。著侍郎孫國璽速行前往，會同巡撫石麟，督率所屬官員，實心經理。務使貧民均霑實惠，毋使一夫失所。如有州縣官匿災不報、賑濟不周者，即行嚴參；倘有不實心辦理，經朕訪聞，或科道官參奏，必將孫國璽、石麟從重治罪。其平糶、緩徵、蠲免各事宜，該撫照舊例速議，奏聞請旨。該部知道。（高宗五一、九）

（乾隆二、九、乙卯）山西巡撫覺羅石麟疏報：晉省於七、八兩月，得有透雨，查勘通省，惟興縣、永寧、臨縣、臨晉、榮河等五州縣，雨澤未徧，難望收成，所有被災貧民，現經分別極次，酌定賑濟。得旨：晉省得雨，較直隸爲尤遲，且聞米價日貴，此奏不稍涉粉飾乎？至被災州縣，加意賑恤之，毋致失所。（高宗五一、二八）

（乾隆二、一〇、丙戌）賑恤山西永濟、猗氏、萬泉三縣秋禾被霜災民。（高宗五四、六）

（乾隆二、一〇、甲午）諭總理事務王大臣：昨據孫國璽、石麟等奏稱，晉省被災五州縣，請銀米兼賑，隨經部駁，令其動撥鄰縣穀石分別散給，如不得已而銀米兼賑，令該撫等酌定價值報部，已降旨允行。朕思積貯之設，所以裕民食也。當荒歉之歲，地方米穀，必致缺乏，發粟散賑，既可令無食貧民，藉以餬口，而奸商之囤積者，亦不得借以居奇，此救荒之常理也。且米石出入，眾目共睹，上司亦易於稽查；若以銀分給，殊非周濟民食之本義，而貪官猾吏，浮冒侵蝕，更弊端百出矣。但恐晉省倉糧，平日原未必充裕，而今年被災之處，或尚不止五州縣，儻或倉儲無幾，輓運需時，則災民之迫不及待者，不得即沾升斗，又非朕軫恤窮民之至意。用是再頒諭旨，著孫國璽、石麟等詳查地方實在情行，如果鄰邑米多易運，即照部議撥給；若糧少運難，著暫行銀米兼賑，仍酌定價值報部。一面辦理，一面奏聞。總在多方稽察，務使官吏無所容奸，窮黎均沾實惠。（高宗五四、九）

（乾隆二、一〇、甲辰）又諭：前據孫國璽、石麟奏稱，晉省被災州縣，懇請銀米兼賑。朕以賑濟之道，在於發粟，若以銀分給，恐官吏易生弊端，難於查察，應詳酌地方情形，如果鄰邑米多易運，仍令撥給穀石，以濟民食，若糧少運難，著暫行銀米兼賑之法。已於本月初十日降旨，諭孫國璽、石麟矣。今據孫國璽、石麟奏稱，晉省數州縣，今年被旱，乃一隅偏災，方今收穫已畢，所在村莊市集，皆有粟米、雜糧販賣，貧民咸稱雜糧之價較減，而食之易飽，情願半折領銀，俾得兼買攙和，更可節省；至於散賑之法，現委道員督率辦理，不敢有侵蝕、冒銷之弊。查晉省倉儲，雖敷撥用，然乘此雜糧湊集之時，散銀糴買，而留有餘之儲，於明年青黃不接之時爲借糴之用，於小民實有裨益等語。孫國璽、石麟身在晉省，目覩地方情形，既稱銀米兼賑於窮民有益，即照所奏行。但拯災恤困，乃國家第一要務，倘司其事者，經理不善，查察不周，或致不肖官吏，侵蝕中飽，使恩澤不能下逮，則欽差大臣、該省巡撫，難辭其咎，朕必嚴加處分。（高宗五五、五）

（乾隆二、一〇、癸丑）是月，欽差兵部左侍郎孫國璽等奏查明山西各屬豐歉情形。得旨：知道了。如此辦理甚是。第汝等銀米兼賑之議，朕不以爲然。何則？因饑荒而賑米，則民無菜色，未聞因饑而賑銀者也。若有米穀之可買，則無庸官爲賑濟矣。且貪官蠹役，從未有冒銷米穀者也；若聽其銀米兼施，則取之甚易，而查之甚難，徒見百姓少一半之穀，而貪官蠹役得一半之銀，非計之得也。若倉中米穀缺少，或可另爲通融，而汝等又奏稱倉穀儘敷賑恤之用，豈汝等未之思乎，抑別有難辦之情節乎？此事部議亦不准矣。汝等其速爲明白回奏。（高宗五五、一二）

（乾隆二、一〇、癸丑）又孫國璽等續奏：銀米兼賑，實與晉省民俗，因地制宜。得旨：知道了。有旨諭部。（高宗五五、一二）

（乾隆四、九、癸亥）山西巡撫覺羅石麟題報榆次縣之楊梁等一百一十五村，徐溝縣之集義等一十八村，祁縣之鄭家莊等三十一村，秋禾被旱。請將極貧賑濟六個月，次貧賑五個月，又次貧賑三個月。得旨：下部速議。尋議：應如所請。從之。（高宗一〇一、八）

（乾隆五、九、丁酉）[山西巡撫喀爾吉善]又奏：徐溝縣被水饑民，已開倉散賑；其勘不成災州縣，有無力貧民，酌借社穀。得旨：知道了。賑恤一事，最爲要緊，必當極力查察，無遺無濫，使民皆受實惠，方不愧父母斯民之任也。（高宗一二七、三三）

（乾隆九、一〇、己酉）賑卹山西文水、陵川二縣被水災民。（高宗二二六、七）

（乾隆一〇、七、己亥）山西巡撫阿里袞奏：晉屬大同、陽高、天鎮、馬邑、忻州、定襄等六州縣，夏麥被旱傷損。現酌借貧民籽種、口糧，並行緩徵。得旨：所奏俱悉。其缺雨之處，秋禾情形如何？若有旱形，可速爲料理。即具奏以聞。（高宗二四五、二八）

（乾隆一〇、八、己巳）山西巡撫阿里袞奏：晉屬曲沃、翼城、猗氏、萬全、虞鄉、解州、安邑、夏縣、絳州、聞喜、垣曲、絳縣等十二州縣，被水成災。現將乏食貧民，先賑一月口糧，其房屋衝塌、人口淹斃者，並酌給修葺、殯理銀兩。得旨：覽。所奏賑恤之數，尚覺過少，不無失所之慮耶？仍應加意辦理。（高宗二四七、一九）

（乾隆一一、二、戊戌）諭：山西大同等州縣，去年偶被秋災，經該撫查明，分別題請賑恤，朕已降旨允行。今思大、朔等屬，地瘠民貧，近處邊陲，較之他處，更爲寒苦。其被災各屬賑期，俱至三月爲止。今歲適逢閏月，恐停賑之後，正值青黃不接之時，貧民糊口無資。朕心軫念。著將大同、懷仁、廣靈、應州、渾源、山陰、靈邱、陽高、天鎮、朔州、馬邑、定襄等十二州縣極次貧民，俱於閏三月再各加賑一月。俾小民不致失所。該部即遵諭速行。（高宗二五八、二）

（乾隆一一、閏三、丙辰）又諭：山西大、朔等屬上年被災，朕已特降諭旨，於賑恤之外加賑一個月。又據阿里袞奏稱，請興修城垣，以工代賑，朕又降旨，令其察看本地情形，有應行籌畫辦理之處，隨時具奏。朕思該地方，因上年被災較輕於宣化，是以將二府州縣分別加賑。但彼地與宣府接壤，土瘠民貧，又當歉收之後，今春雨復愆期。著傳諭阿里袞遴選妥員，速

赴被災地方，察看此時實在情形，即行奏聞。其應作何籌畫之處，仍遵前旨辦理。（高宗二六三、五）

（乾隆一一、閏三、乙丑）山西巡撫阿里袞奏：大、朔兩府，今春雨澤愆期，二麥不甚發生，秋禾亦未播種，現飭地方官借給口糧，並修理城垣，以工代賑。如終乏甘霖，有應行接濟事宜，一面辦理，一面奏聞。得旨：是。勤求民瘼，乃爲政第一要務，汝日侍左右之人，當深悉朕意也。京師向甚望雨，今則四野霑足，朕憂大釋，獨尚爲汝省厪念耳。（高宗二六三、二二）

（乾隆一一、一〇、甲子）賑卹山西陽曲、太原二縣本年被水災民。（高宗二七六、二）

（乾隆一一、四、甲申）大學士等議准，巡視歸化城等處郎中伍寧奏稱，上年口內歉收，貧民就食歸化，無力回籍。請勅下山西巡撫，飭令該道，查明酌給口糧，委員護送至朔平，交該州縣照例安插，毋致失所。從之。（高宗二六五、一三）

（乾隆一一、一一、癸丑）又諭：山西大同、朔平二府，上年被災州縣，前經降旨令該撫加意撫綏。隨經調任巡撫阿里袞奏請動撥司庫銀二萬六千七百餘兩，借給貧民，撫卹老弱。此內借給之項，例應於秋收後照數催還。朕思大、朔二府，今年雖屬有秋，但災歉之後，民力未紓，又現有應還借過米穀十萬餘石，若再追前項，窮黎未免拮据。著將借給銀兩通行豁免。該部即遵諭行。（高宗二七九、一二）

（乾隆一三、七、乙未）諭：山西蒲州府屬之永濟、臨晉、虞鄉、猗氏四縣，絳州所屬之垣曲縣，因上年冬雪稀少，今春得雨稍遲，麥收未能豐稔，現據該撫奏明，借糶兼施。惟是今年遇閏，節候稍遲，去秋成尚遠，且該縣等去歲收成歉薄，今復二麥失收，民食未免艱難。著將此五縣麥收五分以下村莊內乏食窮民，咸予撫恤一月口糧，折給銀兩，俾得接濟，其本年所借籽種倉糧，緩至明歲秋成，免息還倉，以紓民力。該部即遵諭行。（高宗三一八、三八）

（乾隆一三、七、甲辰）貸山西永濟、臨晉、虞鄉、猗氏四縣二麥歉收貧民口糧、籽種。（高宗三一九、一六）

（乾隆一三、閏七、辛巳）欽差左都御史劉統勳、山東巡撫阿里袞奏報，高密、平度、膠州三州縣偏災撫卹情形。得旨：是。不可以通省有收，而使此有向隅之歎也。況災饉之餘，亟應加意賑恤。（高宗三二一、四二）

（乾隆一三、一〇、甲午）賑卹山西陽曲、太原二縣水災，大同、應州、

懷仁、馬邑、五寨、鳳臺、崞縣七州縣雹災，陽高、永濟、臨晉、虞鄉、猗氏、解州六州縣旱災貧民。（高宗三二六、三七）

（乾隆一六、六、癸丑）諭：山西澤州府屬之鳳台、高平二縣，五月中山水驟發，漂損田莊，該撫阿思哈現經照例撫卹，水退業多補種。但秋成之期尚遠，被水窮黎，未免拮据。著加恩於常例撫卹一月外，再給一月口糧，以資接濟。該撫即督率該地方官，實力經理，務令窮民均霑實惠。該部即遵諭速行。（高宗三九三、二）

（乾隆一七、九、甲戌）河東鹽政薩哈岱奏：解州、安邑、運城等處附近鹽池，地多硝鹻，即豐年所產米麥，亦不敷民食，全賴鄰省運販接濟；本年夏秋被旱，收成無幾。臣諭令運鹽各商，於就近豐收之地，採買米麥，分發解、安、運城三處平糶。得旨：好。（高宗四二三、六）

（乾隆一七、一一、戊辰）諭：今年山西蒲、解等屬，秋禾被旱，其勘明成災僅止五分者，定例不在賑恤之列。但距麥收已踰數月，時屆隆冬，小民謀食，未免拮据。著格外加恩，將聞喜、榮河、解州、萬泉、芮城各州縣被災五分之處，一體撫恤一月口糧，於十二月初旬開賑，俾度歲不致乏食，以示軫念貧黎之意。該部遵諭速行。（高宗四二六、一四）

（乾隆二〇、一二、己未）加賑山西岢嵐州本年霜災飢民有差。（高宗五〇三、一二）

（乾隆二一、九、癸巳）諭：晉省岢嵐州等處，因上年收成歉薄，先後借出常平倉穀三十三萬二千餘石，今歲秋成豐稔，例應徵收還項。但念該處承上年歉收之後，若與各項錢糧一時並徵，民力不無拮据。著將岢嵐州並嵐縣等十四州縣所有借出常平倉穀，分作兩年徵還，以紓民力。該部即遵諭行。（高宗五二一、一二）

（乾隆二二、四、甲申）豁免托克托城並清水河二協廳屬民欠籽種。（高宗五三七、二三）

（乾隆二二、八、乙亥）卹山西汾陽縣水災飢民。（高宗五四五、一）

（乾隆二二、九、甲辰）賑卹山西介休縣水災飢民。（高宗五四六、二九）

（乾隆二二、一一、丙辰）諭：山西交城等四十州縣，秋成稍覺歉薄，所有民欠未完常平倉穀，雖應徵收還倉，但念各該處商販稀少，本地所產僅供民食，若令依限徵輸，閭閻未免拮据。著加恩將交城等四十州縣未完二十年分民借八萬九千餘石，緩至明年麥熟後交納。其本年民借常平倉穀九萬九千餘石，緩至明歲秋成後交納，以紓民力。該部即遵諭行。（高宗五五一、二三）

（**乾隆二二、一二、甲子**）賑卹山西介休縣被災貧民。（高宗五五二、一九）

　　（**乾隆二三、二、庚午**）諭：山西交城等四十州縣，上年秋成稍歉，已降旨將民欠常平倉穀，分別緩徵。其借出社倉、義倉穀石，雖係民捐，例亦官爲催納。該處商販稀少，本地產穀僅供民食，若依限責令還倉，小民仍未免拮据。著將該四十州縣社、義二倉借出乾隆二十一年分穀石，緩至今歲麥熟後徵收；二十二年分穀石，緩至今歲秋成後徵收，以紓民力。再此四十州縣外，尚有陽曲、太原、汾陽、渾源、應州、沁州、代州、崞縣等八州縣，去秋亦屬歉收，所有二十一年、二十二年借出社、義二倉穀石，亦著照此一體分別緩徵，用示體卹至意。（高宗五五六、一八）

　　（**乾隆二三、七、戊戌**）賑卹山西静樂、文水、平遥、介休、樂平、長子、陽曲、交城、興縣、寧武、沁源、平定、代州、蒲縣等州縣水旱雹災飢民口糧、籽種。（高宗五六六、二九）

　　（**乾隆二三、一〇、乙卯**）諭：山西今歲收成至七、八分以上不等，但夏秋間有雨澤缺少之處，雖不成災，而秋收歉薄，朕心甚爲軫念。如太原、汾州、平定及大同、朔平、寧武、忻、代、保所屬之清源、榆次等四十二州縣，所有舊欠常平、社、義三倉穀石，例應徵還，若按限輸納，民力未免拮据。著將各府州屬借欠穀石，如乾隆二十一、二十二兩年内均有舊欠者，先徵二十一年未完之項，其餘緩至明歲麥熟後起徵；如止一年者，即於本年先徵舊欠，其新借穀石，概緩至明歲秋成後起徵，以紓民力。該撫查明分別妥協辦理。該部即遵諭行。（高宗五七二、二）

　　（**乾隆二五、二、乙酉**）諭：上年晉省所屬州縣内，夏秋有偶被偏災之處，俱經分別蠲緩賑卹。但念時屆二月，例賑將停，即麥收尚遠，小民際此青黃不接，餬口未免拮据。著再加恩將成災六分以上之陽曲等三十州縣，無論極次貧民，再行加賑一個月。仍照例折給，俾得買食充裕，以資接濟。該部遵諭速行。（高宗六〇六、一九）

　　（**乾隆二六、一二、甲戌**）賑貸山西文水、榆次、徐溝、太原、汾陽、孝義、臨汾、猗氏、虞鄉、解州、安邑、夏縣、絳州等十三州縣，被災貧民口糧、籽種。（高宗六五〇、一七）

　　（**乾隆二七、一〇、戊戌**）貸綏遠城保安、拒門二口本年霜災莊頭口糧。（高宗六七二、一四）

　　（**乾隆三八、九、戊午**）賑卹山西歸化城、薩拉齊二廳草廠本年水災貧民。（高宗九四二、四）

（乾隆四二、九、壬辰）山西巡撫覺羅巴延三奏：烏喇特公恭格喇布坦等，因不能養贍屬人，蒙准借俸，交地方官買米給領，自應於就近薩拉齊廳地方辦交，以資賑卹。查晉省本年各處秋收豐稔，統計九分，惟薩拉齊廳毗連烏喇特地方，約收分數，現僅六分有餘，恐民間米穀未能充盈。今該烏喇特公等，所需米數，若驟向該廳採買，勢必米價頓昂。在蒙古既不能多得糧石，而本處亦虞市糴維艱。查薩拉齊廳現貯常平倉穀三萬石，原以備平糶之需，即借動該廳倉穀碾給，行知恭格喇布坦等就近領取，分給蒙古人等，急資餬口。仍將交到米價，存貯歸綏道庫，將來買補還倉。得旨：嘉獎。（高宗一○四一、二三）

（乾隆五○、五、乙丑）諭軍機大臣等：前因奎林自京回至烏嚕木齊經由山西一帶，隨降旨令將該處情形具奏。茲據奏到，山西平定州至介休一帶，得雨二次，由介休至汾州、霍州、平陽、絳州、蒲州，均未得雨，百姓多有刨挖野菜，採取榆錢充食等語。所奏情形，與梁敦書前奏相符。是農起竟係有心諱飾。前已節經降旨令該撫親往查勘，據實具奏，即未致成災，亦應速即妥爲撫卹，或借籽種，或與緩徵。乃農起前次奏報起程後，迄今已逾半月，何以尚未覆奏？著傳諭農起即將所勘實在情形及如何辦理撫卹之處迅速陳奏。若再心存迴護，始終諱飾，一經查出，必將農起從重治罪，恐該撫不能當其咎也。並著將奎林原摺發寄閱看。將此由六百里諭令速奏。（高宗一二三一、三）

（乾隆五○、七、辛未）又諭：據農起奏，勘明代州、崞縣、忻州、定襄、五臺、繁峙六州縣，因滹沱河水暴漲，濱河兩岸田廬、禾稼，間段淹浸，居民搶護家資，衝斃男婦四十三名口，請先行撫卹，以資安頓，其因沙壓雨衝及雹傷地畝，俟秋成後查明被災輕重，再行給賑等語。代州等六州縣，地處滹沱之濱，猝因河水盛漲，河槽不能容納，兩岸田廬屋舍，間被倒灌淹浸，且有衝斃人口。雖屬一隅偏災，但該處地勢高寒，節候較早，現在被水村莊即經涸退，恐難播種晚秋，閭閻生計，必形拮据。農起現在親赴查勘，著將坍塌房屋、淹斃人口查明確數，先行撫卹；其沙壓水浸雹傷地畝，不能補種秋糧者，仍著該撫確查被災輕重情形，酌給賑卹，俾災黎均霑實惠，毋致一夫失所，以副厪念偏災之至意。將此傳諭知之。仍著將如何撫卹之處，據實覆奏。（高宗一二三五、二四）

（乾隆五二、六、甲子）又諭曰：勒保奏大同府大同、豐鎮、天鎮、陽高、山陰、懷仁等六廳縣，六月以來，未得雨澤，頗形亢旱，現在出穀平糶，委霍州知州前往查勘，俟查覆到日，再行妥辦等語。大同等各廳縣，均係關外地方，土瘠民貧，況本年麥收較歉，現又雨澤愆期，農民不無失望。該撫業已將倉穀出借平糶，委員查勘。著傳諭鄭源璹，俟查覆到日，務將大同等屬受旱輕重情形，是否成災，應須酌量緩徵賑卹之處，妥協辦理，據實具奏，毋致一夫失所，以副朕厪念民依之意。（高宗一二八三、二六）

（**乾隆五三、一、庚午**）又諭：上年山西省大同府屬各廳州縣，被旱成災。節經降旨，令該撫實力撫恤，分別賑濟，毋使一夫失所。第念今春正賑已畢，青黃不接之時，民食不無拮据。著再加恩將豐鎮廳、渾源州、應州、大同、天鎮、懷仁、山陰、陽高、廣靈等九廳州縣被災七八九分之極次貧民，再行加賑一個月；其被災六分及勘不成災村莊，並被霜較早收成稍歉之左雲、右玉二縣貧民，酌借一月口糧，以資接濟。該撫務須督飭所屬，實心經理，俾災黎均霑愷澤，以副朕惠愛閭閻，用普春祺至意。該部即遵諭行。（高宗一二九六、一二）

（**乾隆五七、七、丙寅**）山西巡撫覺羅長麟奏：現在設廠平糶，每日每口以一升、二升爲率，則所撥倉穀，即可多延時日。官廠多設一日，貧民即多霑一日之惠。得旨嘉獎。（高宗一四〇九、三〇）

（**乾隆五九、七、癸卯**）諭：據蔣兆奎奏，山西代州及所屬之五臺、繁峙等縣，自六月二十三、四至七月初七、八等日，大雨連綿，山水陡發，多有衝塌房屋，淹刷地畝，損傷人口，現在馳赴該處，督率履勘等語。夏間雨水稍多，各處山水，多有漲發。今山西代州及所屬二縣，居民田廬，亦因被水淹浸，人口致有損傷，情殊可憫。現據該撫奏稱，攜帶銀兩，親身前往督率撫卹。著即詳細查明該處所有衝塌房屋，淹斃人口，均按例加兩倍給予賞卹銀兩，俾資口食棲止。該撫務當督飭妥辦，勿任胥吏侵漁爲要，以期災黎共霑實惠，副朕軫念民依至意。（高宗一四五七、七）

（**乾隆五九、一二、乙卯**）賑山西代州、五臺、繁峙三州縣本年水災貧民。（高宗一四六六、六）

（**嘉慶一〇、一、辛卯**）貸山西永濟、臨晉、猗氏、萬泉、榮河、虞鄉、解、安邑、夏、臨汾、襄陵、洪洞、浮山、太平、岳陽、曲沃、翼城、汾西、吉、鄉寧、絳州、稷山、河津、聞喜、絳縣、垣曲二十六州縣被旱災民籽種口糧，並平糶常平倉穀。（仁宗一三九、二）

（**嘉慶一〇、一、壬子**）平糶山西太原、潞安、汾州、大同、朔平、寧武、澤州、遼、沁、平定、忻、代、保德、霍、隰十五府州所屬各州縣廳，存貯倉穀。（仁宗一三九、一九）

（**嘉慶一一、三、辛酉**）貸山西浮山、岳陽、汾西、鄉寧、吉、隰、大宁、永和、蒲、阳曲、太原、榆次、太谷、祁、徐沟、交城、文水、岢岚、岚、兴、长治、长子、屯留、襄垣、潞城、壶关、黎城、汾阳、孝义、平遥、介休、石楼、临、永宁、宁乡、凤台、高平、阳城、陵川、沁水四十州县上年歉收贫民仓谷。(仁宗一五八、一七)

（嘉庆一一、三、戊辰）展赈山西临汾、洪洞、浮山、岳阳、曲沃、翼城、太平、襄陵、汾西、乡宁、吉、赵城、灵石、永济、临晋、虞乡、荣河、万泉、猗氏、安邑、夏、平陆、芮城、垣曲、闻喜、绛、稷山、河津二十八州县上年被旱灾民。(仁宗一五八、二四)

（嘉庆一一、四、己亥）复展赈山西襄陵、太平、临汾、洪洞四县被旱灾民。(仁宗一五九、二七)

（嘉庆一七、一、丙子）贷山西保德、代、岢岚、兴、岚、静乐、河曲、五寨、潞城、万泉十州县上年水旱霜雹灾民籽种。(仁宗二五三、五)

（嘉庆一九、闰二、戊寅）平粜山西交城、文水、岢岚、翼城、乡宁、长子、屯留、壶关、介休、临、大同、高平、陵川、辽、和顺、沁、沁源、武乡、平定、寿阳、盂、忻、定襄、静乐、保德、河曲、解、安邑、夏、平陆、闻喜、隰、大宁、蒲、永和、和林格尔、岚、兴、襄陵、洪洞、曲沃、黎城、平鲁、阳城、沁水、临晋、猗氏、荣河、万泉、虞乡、芮城、河津五十二厅州县及乐平乡巡检所属仓谷。(仁宗二八六、二四)

（嘉庆一九、一二、庚午）又谕：本日据韩鼎晋奏榆绥地方情形一摺。据称，该学政由宁夏接考榆林等属，路经边墙内外，得悉本年内地及蒙古地方荒歉情形，询问仓中积贮。据该州县俱称，从前因公动用，俱有案据，现在皆属空虚，该处土瘠民贫，向无采买之例，兼连年歉收，无可筹补等语。边防以积贮为先，民食兵糈，胥关紧要。榆绥界处北边，闻近年流民甚众，各属仓贮空虚，缓急之间，恃何接济？此项仓谷，该州县既称因公动用，并非亏缺，自有案据，何得日久因循，不设法补足？著朱勋即查明各州县缺谷实数，酌量情形，次第筹补，务令仓储充实，有备无患。又据称榆绥一带被灾较重，虽经加恩赈恤，缘沿边地方向来尚有蒙古粮食接济，本年蒙古地方荒歉情形与内地相似，故市集粮食甚少。所有口外种地民人，现俱闻赈归来，其蒙古乏食贫民亦均逃入内地，必须分别办理，妥为安置等语。榆绥地方连年荒歉，向赖蒙古粮食接济；今蒙古亦遭荒歉，民食愈艰，该处现在办理赈恤，但本年从口外闻赈归来者较多，且蒙古民人亦纷纷因逃荒而至。该抚当加意经理，俾穷黎口食有资，或酌给路费，资遣出口，务令流离安集，地方宁静，不可心存玩视，稍有贻误。将此谕令知之。(仁宗三〇〇、二四)

（嘉慶二〇、一、丁亥朔）貸山西保德、苛嵐、嵐、興、静樂、臨、河曲、五寨、偏關、托克托城十廳州縣上年被旱、被霜災民籽種，並緩徵托克托城舊欠米石。(仁宗三〇二、三)

（嘉慶二〇、三、甲寅）貸山西陽曲、臨汾、屯留、孝義、霍、隰、豐鎮七廳州縣貧民倉穀。(仁宗三〇四、二五)

（嘉慶二〇、一〇、甲子）命欽差刑部侍郎那彦寶查賑蒲州、解二府州地震災民。(仁宗三一一、八)

（嘉慶二一、一、甲申）貸山西保德、苛嵐、嵐、興、臨、偏關、河曲、虞鄉、解、平陸、芮城、安邑、永濟、臨晉、猗氏、榮河、夏、聞喜十八州縣上年地震災民倉穀，並緩徵苛嵐、興、臨、保德、托克托城五廳州縣舊欠穀石。(仁宗三一五、三)

（嘉慶二二、一、丙午）貸山西苛嵐、平陸、代、五臺四州縣被霜、被雹災民倉穀。(仁宗三二六、二)

（嘉慶二四、四、丁丑）平糶山西臨汾、吉、潞城、壺關、孝義、寧鄉、大同、豐鎮；五寨、高平、陽城、遼、榆社、和順、沁、武鄉、忻、河曲、解、夏、垣曲、絳、永和、清水河、托克托城二十五廳州縣倉穀。(仁宗三五六、六)

（嘉慶二四、一、丁酉）貸山西隰、苛嵐、平魯、盂、陽曲、太原、榆次、徐溝、静樂九州縣上年被雹災民倉穀；緩徵苛嵐、平魯二州縣歷年借欠倉穀。(仁宗三五三、六)

（嘉慶二四、五、辛未）緩徵山西陽曲、長治、汾陽、朔、趙城、隰六州縣上年歉收民欠倉穀。(仁宗三五八、八)

（嘉慶二五、一、戊午朔）貸山西保德州上年被水災民倉穀。(仁宗三六六、二)

9. 陝西

（康熙三一、二、辛卯）四川陝西總督葛思泰等疏言：西、鳳二府被災飢民，皇上發銀二十萬兩賑濟，又遣部臣阿山等親行驗給，飢民均沾實惠。正月初旬，屢降雨雪，麥苗將槁復甦，災黎俱已得所。得旨：督撫係封疆大臣，凡地方事宜，俱應預行籌畫，早爲區處，方有裨益。去年西安、鳳翔等處旱災，若先有積貯米穀，早行奏明賑濟，小民必不至於饑荒流散。葛思泰等既不能先事預防，積穀備賑，又不即行奏明，及朕聞知，遣官察看被災情行，特諭蠲免錢糧，復頒發帑金，遣官賑濟。近聞飢民尚有流至襄陽等處者甚多，葛思泰等不據實陳奏，乃屢稱災黎俱已得甦，不至失所，過於粉飾，具奏殊屬不合。總督葛思泰著革職留任，巡撫薩弼圖著革職。（聖祖一五四、一五）

（康熙三一、四、丁酉）諭大學士等：陝西西安、鳳翔饑荒，朕夙夜軫念，有從陝西往來人員，必親加詢問。頃四川巡撫噶爾圖來京陛見，問所過陝西州縣情形，噶爾圖奏稱西、鳳二府百姓流亡者多，朕聞之不勝惻然。應作何賑濟，使飢民即徧沾實惠，爾等與九卿詳加確議，即日具奏。尋大學士、九卿等遵諭議覆：陝西賑濟事宜，應再遣大臣，會同該督撫，不論撥解銀兩及運送米石於被災州縣，酌量人民多寡，作速通行給散，事後奏銷，務使均沾實惠。隨命戶部尚書王騭、工部尚書沙穆哈前往賑濟。（聖祖一五五、三）

（康熙五四、一一、乙未）賑陝西延安府屬龍州堡等九處霜災窮民米穀有差。（聖祖二六六、二）

（康熙五七、閏八、壬子）刑部侍郎李華之等疏報：陝西平涼府屬靜寧等州縣地震，臣等遵旨賑恤。今總督鄂海續報鞏昌府屬秦州等五州縣地震，臣等往勘，如果災重，亦應賑恤。得旨：此續報秦州等五處地震，亦著察明散賑。（聖祖二八一、三）

（康熙六〇、四、己酉）命奉差陝西賑濟漕運總督施世綸確查甘肅所屬窮民，量給穀種，俾得及時耕種。（聖祖二九二、一一）

（雍正五、七、壬戌）賑陝西固原州水災饑民。（世宗五九、一〇）

（雍正一三、一一、乙丑）蘭州巡撫許容奏：甘省固環本地無業之民，及移就鄰封隨地安插之民，請發社倉糧石，賑給三個月口糧。得旨：覽奏，知道了。從來爲治之道，莫先於愛民，況秦省自用兵以來，百姓急公踴躍，甚屬可嘉；今年又值收成歉薄，更爲可憫，此當加恩賑卹於常格之外者。

摺内奏稱散賑三個月口糧，汝未聞從前皇考加賑江南、山東等處之恩旨乎？汝辦事實心，而理財過刻。國家救濟窮民，非較量錙銖也，但須實惠及民，可一切寬裕爲之。並將此旨傳諭查郎阿、劉於義、碩色知之。(高宗七、四三)

(乾隆一、二、己丑) 免追陝西三清灣屯田被淹耔種二百二十石有奇。從署陝西總督劉於義請也。(高宗一三、二二)

(乾隆一、一一、壬辰) 賑貸陝西定邊縣被雹災民。(高宗三〇、四)

(乾隆二、六、辛未) 户部議奏：署陝西巡撫崔紀疏報商南、山陽、雒南、膚施等縣，冰雹損傷田禾。應令該署撫飭知各縣，將被災地方逐户查明，借動倉粟，加意撫恤。得旨：依議速行。(高宗四四、二二)

(乾隆二、九、戊子) 諭總理事務王大臣：據大學士管川陝總督事務查郎阿奏稱，陝西西安等府，今年夏秋，雨澤稀少，米糧價值，漸次昂貴，幸於七月二十七、八等日，得雨霑足，民心慰悅；不意八月初一日以後，晝夜淫雨，河水泛溢，咸寧、長安、臨潼等縣，被水村莊，田廬淹没，人口亦傷數名。現在飛飭西安布政使，查明賑恤等語。西安等屬，從前雨澤愆期，朕恐民食維艱，已諭令該撫等豫爲籌畫。今咸寧等處，又因雨多苦潦，村舍被淹，朕心深爲厪念。著巡撫崔紀，遴委賢員，逐一查勘，撫綏安插，俾有屋可以棲身，有糧可以餬口，無使一夫失所。其收成歉薄之地方，本年應納錢糧，或應緩徵，或應蠲免，亦著確查定議具奏。(高宗五〇、二)

(乾隆二、九、丁未) 户部議覆：署陝西巡撫崔紀疏報，府谷、神木二縣，本年被雹成災，現經查勘分數，於今冬明春，分別借給口糧。應如所請。得旨：依議速行。(高宗五一、八)

(乾隆二、一二、壬辰) 賑貸陝西府谷、神木、安定三縣被雹災民。(高宗五八、一〇)

(乾隆三、五、癸丑) 賑恤陝西蒲城、長安、鄠縣、華州、渭南、邠州、同官、臨潼、富平、藍田等十州縣被雹災民。(高宗六八、四)

(乾隆三、五、庚申) 賑恤陝西雒南、商州、隴州、鳳翔、汧陽、宜君、白水、郃陽八州縣被雹災民。(高宗六八、一一)

(乾隆三、五、庚午) 諭：朕聞陝西今歲二麥收成豐稔，惟西安府屬之咸寧、長安、臨潼、藍田、渭南、富平、鄠縣、同官，同州府屬之郃陽、蒲城、華州、白水，鳳翔府屬之鳳翔、隴州、汧陽，直隸商州並所屬之雒南，直隸邠州暨直隸鄜州屬之宜君等共十九州縣，於三四月間，各有被雹成災之處。向來被雹人等，俱係有借無賑。朕思陝省上年秋成歉薄，又遇偏災，小民生計，未免艱難，殊可憫念。著該督撫委員確實查明，照上年賑恤延榆、綏德之例，將被災十分者，賑四個月；九分者，賑三個月；八分者，賑兩個月。俾民食寬裕，得盡力田畝，以冀有秋，以昭朕加恩秦民之至意。（高宗六九、八）

（乾隆三、五、辛巳）賑陝西延安、榆林、綏德三府州屬之靖邊、安定、神木、府谷、葭州、吳堡、米脂八州縣被旱災民。（高宗六九、三〇）

（乾隆三、六、辛卯）賑恤陝西隴州、咸寧、山陽、襃城、城固、商南六州縣被雹災民。（高宗七〇、二一）

（乾隆三、一〇、庚辰朔）諭：朕聞陝省各屬，今年俱屬有秋，惟延安府屬之安定、保安二縣，榆林府屬之榆林、綏德、清澗、米脂四州縣，於七八月間，曾被冰雹，有損禾稼。雖被雹地方，舊例有借無賑，朕念邊地寒苦，近年徹兵之後，更宜加意休養。著格外加恩，將此六州縣照上年咸寧等處之例，分別被災輕重，發粟賑恤，後不爲例。該督撫等可督率有司，實力奉行，毋使奸胥、土棍侵蝕中飽。（高宗七八、二）

（乾隆三、一〇、壬午）貸陝西綏德、米脂、延川三州縣本年續被雹災貧民口糧。（高宗七八、八）

（乾隆四、三、丙子）［陝西巡撫張楷］又奏：綏德州去年被旱，除有地而乏食者業已賑卹外，尚有賃種佃戶與傭作工人，覓食尤難。因照他省首查無業窮民之例，按名散賑。得旨：辦理甚妥。知道了。（高宗八九、二二）

（乾隆四、一二、庚辰）諭：陝西榆林一帶地土寒薄，居民貧乏，向來百姓所借倉糧，因歲歉力不能完者，俱蒙皇考施恩寬免。自雍正十二年至乾隆二年，榆林、神木、葭州、懷遠、府谷、綏德、清澗、米脂、吳堡、定邊、靖邊十一州縣，民借未完常平倉穀四萬四千三百七石零，米五千六百一十二石零，應於近年徵收還項；朕思今年西安等處雖屬有秋，而榆林等十一州縣未見豐稔，該處地既瘠薄，又有本年應徵之正賦，邊民難以一併輸將，深可軫念。著將此十一州縣民借未完之常平米穀，悉行寬免，以昭格外之恩。著該督撫即速出示曉諭，俾小民均霑實惠，毋使奸胥、土棍，侵蝕中飽。（高宗一〇六、一七）

（乾隆五、九、癸巳）賑恤陝西葭州、神木、延川等州縣本年分雹災饑民。（高宗一二七、一五）

（乾隆五、一一、乙酉）［户部］又議覆陝西巡撫張楷疏報：葭州、懷遠、綏德、米脂、吳堡、榆林等六州縣，本年被災歉收，應准其改穀給銀，即行散賑；至所請酌增糧價之處，仍令照定例辦理。得旨：依議速行。其加增賑濟銀數，著照該撫所請行。（高宗一三一、六）

（乾隆六、七、壬辰）［川陝總督尹繼善］又奏報三省禾苗雨澤情形。得旨：欣慰覽之。其被災之處，雖屬偏災，彼被災之人，無偏全之分也。所當加意賑恤之，毋致失所也。（高宗一四七、三〇）

（乾隆七、一一、乙酉）署川陝總督馬爾泰奏：歲暮民多拮据，核計咸、長二縣常平倉糧，來春共應平糶三萬九千九百餘石，應豫爲酌糶，以平市價，俟來歲麥收後，再行買貯還倉，糧價亦不致有絀。再延安府並直隸綏德州沿邊一帶豐收，前後發銀五千兩採買；榆林府所屬，除葭州、榆林縣間被雹傷外，俱各豐收，酌量如果糧多價賤，即動項買貯；其餘各府州屬，俟查明豐歉另籌。得旨：因地制宜，辦理甚妥。（高宗一七九、三三）

（乾隆八、二、甲寅）陝西巡撫塞楞額奏：陝省上年收成在七分上下，民間蓋藏甚少，入春未免拮据。今酌議於去秋收成較好者，准借倉糧十分之一；稍次者，准借十分之二；減薄者，准借十分之三。至糶賣價值，收成在七分以上者，准每石減時價五分；收成六分以下者，准每石減時價一錢。委員稽查糶借。得旨：所奏俱悉。甚屬妥協也。（高宗一八五、三〇）

（乾隆八、九、甲申）賑恤陝西商州水災飢民。（高宗二〇〇、六）

（乾隆一〇、九、戊戌）［川陝總督公慶復］又奏：陝屬寶雞等十二縣被水情形，前經奏報在案，續據咸寧、咸陽、臨潼、鳳翔、華州、華陰、朝邑七州縣，亦報有被淹村莊，俱經委員確勘。內惟興平、長安、寶雞、扶風、郿縣、武功等六縣被災較重，分別極次貧民賑恤；鳳翔、咸寧、臨潼三縣被災田地無多，止照例請豁錢糧；其餘各州縣，勘不成災，無庸給賑。得旨：所奏俱悉。仍應督率屬員，使無濫無遺可耳。（高宗二四九、三一）

（乾隆一二、八、乙酉）賑卹陝西朝邑縣本年分水災飢民。（高宗二九七、一五）

（乾隆一三、三、丙戌）又諭：上年陝省耀州等處，雨澤未敷，雖成災不及分數，收成究屬歉薄，照例借糶倉糧，恐不足以資接濟。著加恩將耀州、渭南、臨潼、涇陽、三原、高陵、富平、咸陽、醴泉、大荔、蒲城、韓城、白水、郃陽、朝邑、澄城等十六州縣實在乏食貧民，令該撫查明，賞給一月口糧銀兩，仍令借糶兼行，以資日食。各該州縣應徵地丁尾欠一半，著一併緩至秋熟徵收，俾民力不致拮据。該部即遵諭行。(高宗三一〇、七)

(**乾隆一三、七、甲子**) 陝西布政使武柱奏報雨澤，並西、鳳、同、乾等處州縣，夏禾被災，撫恤情形。得旨：覽奏俱悉。此等奏報，理應據實，不可粉飾也。(高宗三一九、三八)

(**乾隆一三、一〇、乙巳**) 賑卹陝西耀州、富平、三原、咸陽、高陵、臨潼、渭南、興平、醴泉、涇陽、咸寧、長安、同官、扶風、岐山、大荔、蒲城、白水、韓城、朝邑、澄城、郃陽、華陰、乾州、武功二十五州縣旱災貧民。(高宗三二七、一八)

(**乾隆一三、一一、庚辰**) [陝西巡撫陳宏謀] 又奏：耀州等處被災七分、八分者，加賑一個月；九分、十分者，加賑兩個月。得旨：覽奏俱悉。(高宗三二九、六七)

(**乾隆一四、三、甲寅**) 諭：上年陝省西、同、鳳、乾、耀州等二十五州縣，秋禾被旱成災，業經多方賑卹，小民餬口有資。惟是目前已屆停賑，而距麥收之期，尚有月餘。該處積歉之後，又經大兵過往，軍需供億，民力未免拮据。著將西、同、鳳、乾、耀州等二十五州縣上年成災之區，查明極貧乏食災民，加賑一個月口糧，折給銀兩，俾得接濟，以待麥秋，副朕軫恤災黎之意。該部即遵諭行。(高宗三三六、一三)

(**乾隆一六、九、戊辰**) 戶部議覆：調任陝西巡撫陳宏謀疏報，大荔縣被水衝塌民房，請動項修葺；朝巴縣秋水被淹，沿河貧戶，請賑一月口糧。應如所請。并飭將前報被水之蒲城、澄城、鰲屋、興平、長安、隴州、略陽、寧羌、武功等九州縣，確勘是否成災，應行賑卹蠲緩事宜具奏。再，華陰、涇陽、安塞三縣衝損渠隄石湃等工程，亦飭確勘辦理。得旨：依議速行。(高宗三九八、一二)

(**乾隆一六、一二、壬戌**) [陝甘總督黃廷桂] 又奏：西安冬月煮賑，或撥閒項，或出公捐，米無定款。查糧道倉每年收糧十四萬餘石，支駐防兵餉，贏餘三四百石。請以此項充粥廠之用。報聞。(高宗四〇五、一八)

(**乾隆一八、一、戊午**) 諭：陝省西、同等屬之耀州等三十七州縣，晉省蒲、解等屬之永濟等十一州縣，上年夏秋被旱，業令該督撫等加意撫卹，照例蠲賑，以期被災窮黎，不致失所。今時屆春和，東作方興，距麥秋之期尚遠，小民餬口維艱，朕心深為厪念。著加恩將陝、晉二省被災州縣內勘明成災六分以上者，無論極貧、次貧，概行加賑一個月，以資接濟。該督撫其董率屬員，妥協經理，務俾閭閻均霑實惠，以副朕愛養黎元之意。該部遵諭速行。（高宗四三〇、二）

（**乾隆二一、二、壬寅**）諭曰：陝省延安府屬之靖邊、定邊二縣，榆林府屬之榆林、懷遠、葭州、神木、府谷五州縣，上年收成歉薄，業經該撫等，分別借給口糧銀穀，以資接濟。第念邊地沙瘠之區，當此歉歲，所借銀穀若照例於今年秋成後徵還，小民生計未免拮据。著加恩將此七州縣有業農民所借常社穀石及糶價銀兩，均緩至丁丑年徵還，以紓民力；其無業窮民所借口糧，即概行賞給，以示朕懷保至意。該部即遵諭行。（高宗五〇六、一一）

（**乾隆二一、八、乙丑**）署陝西巡撫盧焯奏：長安、醴泉、興平、鄠縣、大荔、朝邑、華州、華陰、蒲城、潼關廳、安定、邠州、長武等十三廳、州、縣被水被雹，衝坍房屋，淹傷秋禾，均屬一隅之災。應先行撫卹一月口糧，並給銀葺屋，俟勘定分數，奏請加賑。得旨：覽奏俱悉。賑卹之事妥協辦理，毋致失所。（高宗五一九、二一）

（**乾隆二一、閏九、丁巳**）豁免陝西耀州、長安、醴泉、三原、武功等五州縣十年、十三、十五等年因災出借民欠未完穀四千三百八石一斗有奇，麥五百六十六石有奇。（高宗五二三、一一）

（**乾隆二三、一、癸巳**）又諭：陝西米脂、吳堡、清澗、綏德、鄜州、洛川、延川、武功等八州縣，民欠新舊常平倉糧共八萬二千餘石。若照常例徵半緩半，此時正屆徵收之期，但該處去歲收成歉薄，雖勘不成災，而閭閻究屬拮据。所有米脂等八州縣，應徵一半之常平倉糧四萬一千餘石，著加恩緩至本年秋成後徵收，以紓民力。其現在已徵在倉者，仍照例入於奏銷，不得令官吏中飽。（高宗五五四、一六）

（**乾隆二三、二、癸亥**）諭：陝省榆林府屬之葭州、榆林、懷遠、神木、府谷，延安府屬之靖邊、定邊，鄜州府屬之宜君等八州縣，上年秋禾被災，業經降旨蠲賑。但現在例賑已經告竣，而麥收之期尚遠，災民未免謀食維艱，尚須接濟。著加恩將該八州縣內，被災八分之極貧與九分之極次貧民，再行加賑兩月，仍每石折給銀一兩二錢，以資買食，用示優卹至意。該部即遵諭行。（高宗五五六、八）

（**乾隆二三、六、辛未**）諭：陝西延、榆所屬八州縣，地處沿邊，土瘠民貧，而積年被災，糧價昂貴，所有歷年借欠牛具、倉穀等項，若仍照例新舊並徵，邊氓生計，愈滋拮据，朕心深爲軫念。所有榆林府屬之榆林、葭州、懷遠、神木、府谷，延安府屬之靖邊、定邊及宜君等八州縣，乾隆十八年至二十一年積欠常平倉穀及二十一年借支牛具折還穀石，共一十八萬二千二百餘石，俱著加恩豁免。其乾隆二十二、三兩年借欠及自十三年以後積欠社穀，並二十一年緩徵兵米、二十三年春借牛具折還穀石，共二十七萬三千餘石，俱緩至明歲秋成起，分作五年帶徵還倉，以紓民力。至榆林、延安、綏德三府州屬，雨澤愆期，麥收歉薄，閭閻口食恐不足以資接濟。所有一切撫卹事宜，該督撫等務即速爲妥協經理，毋致失所，以副朕念切痌瘝之意。該部遵諭速行。（高宗五六五、三）

（乾隆二三、六、辛未）諭軍機大臣等：榆林、延安、綏德等三府州屬，雨澤愆期，麥收歉薄，已降諭旨令該督撫等妥協經理，毋致邊民失所。著再傳諭該督撫，速即酌量情形，應行借糶者，即行借糶；應行蠲緩者，即請蠲緩，務俾邊地貧民，得資接濟。至該三府州屬，二麥雖被旱災，現在曾否得有透雨，並得雨之後可否補種秋禾及雜糧菽豆之屬，以續饔飧，亦宜作速勸諭，及時補種。即貧民無力，原有借給籽種之例也。再榆林、葭州、懷遠、神木、府谷、靖邊、定邊及宜君等八州縣，歷年借欠牛具倉穀四十餘萬石，業已加恩分別豁免緩帶矣。著一併傳諭知之。（高宗五六五、四）

（乾隆二四、五、丁酉）諭：陝西西安府屬之咸寧、長安、咸陽、臨潼、盩厔、鄠縣、興平、高陵、三原、涇陽、醴泉、富平、耀州、同官，同州府屬之潼關廳暨大荔、朝邑、華陰、郃陽、韓城、蒲城、白水，商州屬之雒南、邠州、長武、三水、淳化、乾州、永壽、武功等三十廳州縣，入夏以來，雖連得雨澤，未爲透足，其沿邊一帶之延、榆二府，鄜、綏二州所屬，去歲被災之各州縣，雨水亦未能霑潤。該州縣等夏麥既已歉收，民力未免拮据，朕心深爲軫念，自應分別重輕，酌量接濟。著鐘音即於各屬倉儲內動撥米石，或應平糶，或應借給籽種。其上年被災而今歲夏收又復歉薄之處，則酌量情形，即於寧夏及晉省運到糧石內量加賑卹，務使貧民均沾實惠，不致失所，以副朕體卹邊氓之至意。（高宗五八七、五）

（乾隆二四、六、戊午）又諭：前因陝省榆林、葭州等處頻年被災，加恩賑濟。嗣以麥收尚早，而例賑已竣，復經降旨加賑，現在邊地雨澤未能霑足，麥收歉薄，計距秋收之期尚遠，民食未免拮据，深堪軫念。著再加恩將榆、葭等十一州縣被災七八分之極貧與被災九分之極次貧民，再行加賑兩月。酌量地方情形，銀糧兼給，以資餬口。其榆、延等屬去秋未經被災州縣二麥歉收之處，亦准照例酌借籽種、口糧，俾編氓盡力南畝，以待秋成。該

部速遵諭行。(高宗五八八、一三)

(乾隆二四、一〇、丙午) 陝西布政使方世儁奏：延、榆各屬，連年歉收，本年兼被霜雹，定邊、葭州尤重。臣現往勘辦賑卹。得旨：既已親往，更當留心，實力妥辦，俾災黎得受實惠。不可虛應往查之名，苟且塞責，若家人吏役更生事其間，則大不可。(高宗五九九、五四)

(乾隆二五、三、己未) 諭：上年陝省沿邊一帶，偶被偏災，業已加恩撫賑。現屆青黃不接之際，麥秋未至，而例賑已停，農民口食未免仍有拮据。著再加恩，將被災五分以上之定邊、榆林、葭州、神木、府谷、懷遠等六州縣，無論極次貧民，俱加賑兩月。被災五分之安定、延川、宜川等三縣俱加賑一月。照例折給，以資接濟。該部遵諭速行。(高宗六〇八、二一)

(乾隆三〇、九、壬寅) ［陝西巡撫和其衷］又奏：延、榆二府屬之膚施、保安、甘泉、安塞、安定、榆林、神木、府谷、懷遠、葭州及鄜州並所屬之洛川、中部、宜君等州縣，夏秋得雨既遲，今又被霜，收成更歉。現確查無力貧民，緩徵積欠；九月中借給社糧，俾得播種冬麥；再俟冬春，酌借常平倉儲，以資口食。得旨：是。(高宗七四五、二三)

(乾隆三六、八、庚寅) 賑卹陝西汧陽、華陰、朝邑三縣本年水災飢民。(高宗八九一、一八)

(乾隆三八、八、甲辰) 又諭：據畢沅奏，七月十八日商南縣地方連日大雨，山水驟發，將東關一帶並黨家店沿河傍溝村莊田廬衝淹，人口亦間有漂散。現委道府大員，前往查勘撫卹等語。商南山僻窪下之地，猝遇大雨水發，以致一隅被災，小民生計維艱，深為軫念。著加恩照本年朝邑縣被水之例，一體撫卹，賞給口糧，並房價等銀，俾災民不致失所。其村莊戶口，極貧次貧，應如何分別查辦，及成災地畝應如何酌量蠲緩之處，並著該護撫飭屬實力確查，速行妥覈，照例題報，以副朕加惠窮黎之至意。該部即遵諭行。(高宗九四一、八)

(乾隆三九、一、戊午) 諭：昨秋陝省……普獲豐登，獨朝邑、商南二處被有偏災，自宜再沛恩膏，用溥春澤。著加恩將朝邑被災較重之河東、大慶關等處十一村堡，暨商南災重之東關、韓家山等處十二村莊，無論極次貧民，再行展賑一月，俾資接濟。其被災較輕各處，並著酌借籽種、口糧，以示體卹。該撫其董率所屬，悉心經理，務使茆簷均霑實惠，用副朕軫念窮黎至意。該部即遵諭行。(高宗九五〇、八)

(乾隆四〇、五、戊申) 給陝西寶雞、鳳縣、留壩廳、褒城、沔縣、寧

羌等六廳州縣水衝房屋修費銀四千九百九十兩有奇。(高宗九八二、二)

（乾隆四二、九、壬辰）陝西巡撫畢沅奏：請將咸寧等二十九廳州縣收成四、五分各地戶，查明實係無力貧民，按大小口數，在常平倉內，極貧者借給兩月口糧，次貧者借給一月口糧。所借糧石，明歲秋收後還倉。仍俟冬末春初，青黃不接時，寬爲借給倉糧，照歉年例減二平糶。並請將咸寧等二十九廳州縣應徵本年未完錢糧，一併緩至來年麥熟後徵收。得旨：著照所請行。(高宗一○四一、二四)

（乾隆四三、九、己酉）撫卹陝西商州、山陽二州縣本年水災貧民，並緩歷年積欠，并本年應徵常社等糧石有差。(高宗一○六七、二八)

（乾隆四四、八、乙亥）豁免陝西西安、延安、鳳翔、漢中、榆林、同州、興安等府州屬節年民欠社倉穀七千四百四十石有奇。(高宗一○八九、一九)

（乾隆四四、一○、壬戌）諭：前經降旨，將陝西省延安、榆林、綏德等三府州屬，自乾隆二十六年起至三十七年止，民欠常平倉穀若干，令該撫查明實數，奏聞豁免。茲據畢沅奏稱，延、榆、綏三府州所屬膚施等十四州縣，自乾隆二十六年起至三十七年止，民欠常平倉共京斗糧一十二萬三千七百六十八石零，係實欠在民確數等語，著加恩概予豁免。又延、榆、綏三府州各屬，尚有乾隆二十年起至三十七年止，民欠社倉京斗糧一萬三千一百二十五石零，亦著加恩一並豁免。俾邊地閭閻永享盈寧之慶。該部即遵諭行。(高宗一○九二、一二)

（乾隆四六、七、庚午）諭：據畢沅奏，同州府屬朝邑縣地方，黃河驟漲，衝入縣城，瀕河村莊多被淹浸，現將各戶災民先行撫卹一月口糧等語。此次朝邑遇河水夜漲，被災較重貧民生計未免拮据，著加恩於撫卹一月口糧之外，先行再借一月口糧，以資接濟，仍令該撫照例題明加賑，毋致一夫失所。該撫務督率所屬實力撫綏，以副朕軫恤災黎之至意。(高宗一一三七、四四)

（乾隆四六、一○、辛巳）加賑陝西朝邑縣本年被水災民，並借給籽種。(高宗一一四二、二八)

（乾隆四七、一、癸卯）諭：上年陝西朝邑縣河水夜漲，村莊多被淹浸，屢經降旨令該撫切實查勘，照例給賑，毋使失所。但今春正賑已畢，尚屆青黃不接之時，民食不無拮据。著加恩將該縣被災較重之極貧戶口，再行展賑一個月，以資接濟。其次貧及被災較輕民戶，於常平倉春借案內，按戶一體借給倉糧。該撫其董率所屬，妥協辦理，以副朕軫念窮黎至意。該部即遵諭

行。(高宗一一四八、一一)

　　(乾隆四七、七、庚申)豁免陝西涇陽縣積年民欠社倉糧二千九十九石有奇。(高宗一一六一、一三)

　　(乾隆四八、一一、庚寅)又諭：據畢沅奏延安府屬之定邊、膚施、延川、安塞、保安、安定等六縣，本年秋禾被霜較早，收成實止五分，與清澗、靖邊二縣情形相同，請將應徵各項銀糧緩至來年徵收等語。定邊等六縣秋收歉薄，民食不無拮据，所有本年額徵各項新舊銀糧草束，及各年借欠常社倉糧，俱緩至來年秋後徵收，以紓民力，仍於冬春酌量借糶倉糧，用資接濟，以副朕軫卹邊黎，有加無已之至意。(高宗一一九二、四)

　　(乾隆四八、一二、庚申)諭本年陝西榆林、綏德二屬秋禾歉收，業經降旨令該撫加意撫卹。茲據奏到，各處倉儲不敷散給，所有撫卹加賑全予折色，聽民間自行買食等語。即著照所請行。至向來普賑定例，大口日給銀六釐，小口減半，仍恐邊地貧民不敷食用。著加恩查照乾隆二十四年該省散給折色之例，大口日給銀一分，小口減半。該撫即督飭所屬妥協經理，以副朕軫念邊氓有加無已之至意。該部知道。(高宗一一九四、四)

　　(乾隆四九、一、戊子)又諭：上年陝西榆林、綏德二屬，秋禾歉收，節經降旨令該撫加意撫卹，並加恩照乾隆二十四年散給折色之例，優予賑銀，災黎自可不致失所。第念今春正賑已畢，沿邊地氣寒冷，並無冬麥，大田收穫較遲，民食仍未免拮据。著再加恩將榆林府屬之榆林、葭州、懷遠、府谷、神木，綏德州並所屬之米脂、吳堡所有被災極貧戶口，著展賑四個月；次貧戶口展賑兩個月，以資接濟；至被災較輕地方，有需酌借口糧、籽種者，並著該撫察看情形，分別酌量辦理。該撫務督飭所屬，實心經理，俾邊地災黎，均霑實惠，副朕惠普春祺，有加無已至意。該部即遵諭行。(高宗一一九六、二)

　　(乾隆四九、閏三、己巳)又諭：據圖薩布奏，陝西省榆、綏等八州縣內葭州、神木有被災五分貧民共一萬一千八百餘口，隨稟報督撫，附入次貧展賑兩月之內，一體散給等語。沿邊州縣，既有被災戶口，自應量加撫卹。圖薩布即稟明該督撫一體散給賑濟，俾災黎餬口有資，所辦甚好，已於摺內批示矣。至此外各州縣有無此等貧民，著傳諭畢沅詳晰查明。如有被災五分，例不加賑者，亦即加恩按照戶口，一體給予賑卹，毋得拘泥成例。以副朕格外加恩邊氓，有加無已之至意。(高宗一二〇二、二六)

（乾隆五〇、八、庚子）諭：據何裕城奏，同州府屬朝邑縣，因河水漲發，衝入縣城，瀕河村莊多被淹没，業經散給乏食貧民一月口糧，請照上屆之例，再借一月口糧；又華陰、富平二縣，亦因被水，田廬間有損傷，現在查明散給銀糧，並酌借籽本口糧，分別撫卹等語。朝邑城鄉被水，田禾房屋多有淹損，貧民口食無資，殊屬可憫。著加恩於撫卹一月口糧之外，再賞給一月口糧，仍照例分別加賑，以資接濟。其華陰、富平二縣被水村莊，現已散給銀糧，並借給籽本口糧，仍確查成災重輕，一體照例辦理。該撫務督飭所屬實力撫卹，俾災黎均霑實惠，以副朕軫念民艱，有加無已至意。該部遵諭速行。（高宗一二三七、一七）

（乾隆五〇、一二、庚寅）賑貸陝西朝邑、華陰、富平等三縣本年水災貧民。（高宗一二四四、一六）

（乾隆五一、一、己酉）又諭：上年陝西朝邑等州縣，因河水漲發，田畝村莊被淹。業經降旨，分別蠲賑。令該撫實力撫卹，毋致失所。第念該處被災地方，今春正賑已畢，正屆青黃不接之時，民食恐不無拮据。所有被災較重之朝邑、富平二縣極次貧民，著加恩於正賑後再行展賑一月，俾資口食；其被災較輕之華陰縣，並勘不成災各縣，秋收既稍歉薄，現屆青黃不接，所有拮据貧民，亦著加恩酌借口糧，以待春田成熟。……（高宗一二四六、六）

（乾隆五一、三、甲子）加賑陝西朝邑、華陰、富平等三縣乾隆五十年水災飢民。（高宗一二五一、八）

（乾隆五三、一、丁卯）諭：上年陝西省華州、華陰、潼關三屬，秋禾被水成災。節經降旨，令該撫實力撫卹，分別賑濟，毋使一夫失所。第念今春正賑已畢，青黃不接之時，小民生計維艱，口食恐不無拮据，著再加恩將華州、華陰、潼關三屬被災七八分之極次貧民，普行加賑一個月；其被災六分及勘不成災之咸寧、長安、咸陽、興平、大荔等五縣，著該撫察看情形，酌借籽種、口糧，以資接濟。該撫務督飭所屬，實心經理，俾小民均霑渥澤，以副朕軫念窮簷，普惠春祺至意。該部即遵諭行。（高宗一二九六、四）

（乾隆五六、七、辛丑）蠲免陝西朝邑、華陰二縣乾隆四十六、五十並五十二等年分水災，貸欠未完籽種口糧穀三千四百石有奇，麥七百八十石有奇。（高宗一三八三、三三）

（乾隆五七、八、庚辰）諭軍機大臣等：據秦承恩奏，查勘涇陽等四縣，秋禾被旱較重，現在各處均得有雨澤，正可及時播種。現經飭屬查明，實係無力農民，即日開倉出借。並飛飭蒲城、韓城等屬，如果農民望借甚急，亦即確查一體辦理等語。所辦好。陝省涇陽等四縣，本年秋穀被旱較重，現屆秋分種麥之期，各該處既得有雨澤，自當及時趕種。但該處當被旱之後，民力不無拮据。著傳諭秦承恩，即飭所過各地方官確切查明。如有應行賑濟者，即一面具奏，一面飭令各屬，即日開倉出糶。其有無力農民，應須借給籽種者，亦即酌量借給，俾得及時佈種。其蒲城、韓城等屬，並著查明，分別辦理。該撫務須督飭所屬，盡心妥辦，俾小民均霑實惠，毋任不肖官吏從中侵剋，以副朕軫念災黎，有加無已至意。（高宗一四一〇、二九）

（乾隆五八、一、丙申）又諭：上年陝西咸寧、長安等州縣，夏秋被旱成災，收成歉薄，業經降旨，令該撫實力撫卹，分別賑濟，俾無一夫失所。第念今春正賑已畢，青黃不接之時，小民生計維艱，口食恐不無拮据。著再加恩，將成災八分之醴泉極次貧民，展賑兩個月。其成災六分之咸寧、長安、乾州三州縣極貧，並成災七分之興平、涇陽、三原、高陵、韓城、蒲城、武功七縣極次貧民，俱展賑一個月。至被災較輕及勘不成災地方，仍著該撫察看情形，酌借口糧、籽種，以資接濟。該撫務嚴飭所屬，實心經理，毋任吏胥侵冒滋弊。俾蔀屋茅簷，均霑惠澤，以副朕軫念災區，有加無已至意。該部即遵諭行。（高宗一四二〇、二）

（嘉慶一、一〇、丙申）賑陝西膚施、安塞、靖邊、定邊、懷遠、綏德、米脂七州縣被旱災民。（仁宗一〇、一八）

（嘉慶一、一二、癸酉）加賑陝西膚施、定邊、靖邊、甘泉、安塞、懷遠、米脂七縣旱災貧民有差。（仁宗一二、二）

（嘉慶二、二、辛卯）給陝西被賊滋擾之興安府屬難民三月口糧，并房屋修費，貸予籽種牛具。（仁宗一四、一三）

（嘉慶二、九、癸酉）戶部議覆：陝西巡撫秦承恩奏請，截留難民，搭棚棲止，散給口糧；被害良民，大口給銀二兩，小口減半。均應如所請。從之。（仁宗二二、八）

（嘉慶五、四、丙午）貸陝西被賊滋擾之盩厔、孝義、五郎、山陽、鎮安、安康、洵陽、石泉、平利、紫陽、漢陰、寧羌、沔、西鄉、洋、留壩、鳳、寶雞、岐山、郿、隴二十一廳州縣籽種。（仁宗六四、一八）

（嘉慶六、一、己卯）賑陝西咸寧、長安、三原、涇陽、臨潼、咸陽、興平、藍田、乾、武功十州縣被旱災民，並貸渭南、同官、耀、孝義、高陵、寧陝、富平、華、大荔、澄城、白水、鳳翔、扶風、南鄭、沔、留壩、

褒城、略陽、漢陰、石泉、鎮安、商南二十二廳州縣貧民倉穀。(仁宗七八、二)

(嘉慶七、一、丙子）展賑陝西興平、武功、醴泉、乾四州縣……上年旱災貧民。(仁宗九三、四)

(嘉慶八、一、庚午）加賑陝西渭南、華、華陰、潼關四廳州縣被水災民,並貸朝邑、大荔、留壩、沔、漢陰、安康、石泉、榆林八廳縣常社倉糧。(仁宗一〇七、三)

(嘉慶八、四、乙亥）賑陝西渭南、華、潼關、華陰、朝邑、大荔六廳州縣上年被水災民,並貸榆林縣被雹災民籽種。(仁宗一一一、一九)

(嘉慶八、三、壬寅）免陝西民欠鹽課;貸漢中、興安、商三府州屬貧民折色口糧。(仁宗一一〇、八)

(嘉慶八、五、丙午）加賑陝西渭南、華、潼關、華陰四廳州縣上年被水災民。(仁宗一一三、一三)

(嘉慶九、一、甲午）貸陝西朝邑、華陰二縣被水災民常平倉穀。(仁宗一二五、三)

(嘉慶九、四、癸未）賑陝西涇陽、大荔、蒲城、郃陽、白水、永壽、淳化、中部、洛川九縣蟲災及鳳翔縣被雹災民;並貸蟲傷較輕之咸寧、長安、耀、咸陽、興平、臨潼、高陵、藍田、三原、富平、渭南、同官、醴泉、鄠、潼關、澄城、華、韓城、朝邑、華陰、岐山、扶風、隴、寶雞、郿、商、邠、長武、三水、鄜、宜君、宜川三十二廳州縣常社倉穀。(仁宗一二八、二四)

(嘉慶九、九、庚寅）賑陝西澄城、韓城二縣被旱災民。(仁宗一三四、三)

(嘉慶一一、一、壬子）貸陝西三水、澄城、蒲城、郃陽、耀、高陵、延長、淳化、乾、武功、三原、白水、邠、涇陽、同官、醴泉、鳳翔、岐山、扶風、潼關、華陰、咸陽、永壽、長武、興平、膚施、宜川、吳堡、安定、延川三十廳州縣被旱災民倉糧。(仁宗一五六、七)

(嘉慶一一、二、癸卯）貸陝西附近災區之甘泉、保安、安塞、定邊、靖邊、榆林、神木、葭、府谷、懷遠、綏德、米脂、清澗、中部、宜君十五州縣貧民倉糧。(仁宗一五七、二二)

(嘉慶一一、四、戊戌）貸陝西留壩、鳳二廳縣被水災民一月口糧,並修理房屋銀。(仁宗一五九、二六)

(嘉慶一二、一、丙午）貸陝西寧陝、洋、城固、孝義、鄠、盩厔、郿、留壩、石泉、鎮安、寶雞、岐山、西鄉、鳳、褒城十五廳縣上年被水災民籽種口糧有差，並貸膚施、安塞、甘泉、保安、安定、宜川、延長、延川、靖邊、榆林、葭、神木、府谷、懷遠、綏德、米脂、清澗、吳堡、鄜、宜君、洛川、中部、咸寧、長安二十四州縣常社倉穀。（仁宗一七三、四）

（嘉慶一二、二、**辛卯**）貸陝西定邊縣民倉穀。（仁宗一七五、七）

（嘉慶一三、一、**己亥**）貸陝西鳳翔、汧陽、洛川、咸寧、長安、鄠、藍田、盩厔八縣雹災、蟲災貧民口糧。（仁宗一九一、四）

（嘉慶一四、二、**壬寅**）給陝西漢陰、安康、平利、洵陽、白河、紫陽、石泉、商、鎮安、雒南、山陽、商南、寧陝、孝義、定遠、西鄉十六廳州縣上年歉收地方，並就食留壩、鳳、寶雞三廳縣貧民一月口糧。（仁宗二〇七、一六）

（嘉慶一五、一、**己未**）貸陝西醴泉、高陵、涇陽、三原、邠、長武六州縣上年被旱災民倉穀。（仁宗二二四、五）

（嘉慶一六、二、**乙巳**）貸陝西榆林、延安兩府屬沿邊州縣歉收貧民牛具銀，並安定、清澗、延川、甘泉、延長、安康、洵陽七縣籽種有差。（仁宗二三九、二五）

（嘉慶一七、一、**丙子**）展賑陝西神木、府谷二縣上年被水被雹災民，並貸籽種口糧；貸朝邑、大荔、潼關、華、華陰、渭南、寧陝、延川、鳳翔、漢陰、榆林、葭、懷遠十三廳州縣災民口糧，並寧羌、南鄭、略陽、鳳、沔、定遠、留壩、石泉、米脂九廳州縣常社倉糧。（仁宗二五三、四）

（嘉慶一七、一、**辛卯**）給陝西留壩、定遠、寧羌、鳳、略陽、沔、褒城、洋、寶雞、盩厔、寧陝、孝義十二廳州縣山內貧民兩月口糧。（仁宗二五三、一二）

（嘉慶一八、三、**戊子**）貸陝西潼關、榆林、懷遠、神木、府谷、靖邊、定邊、延川、延長、安塞、安定、綏德、吳堡、米脂、清澗十五廳州縣被旱災民糧銀。（仁宗二六七、二〇）

（嘉慶一八、一二、**癸丑**）給陝西孝義、寧陝、藍田、盩厔、鄠、郿、岐山、寶雞、定遠、鳳、略陽、沔、商、鎮安、山陽、商南、雒南、安康、平利、紫陽、白河、漢陰、洵陽、石泉二十四廳州縣被水災民口糧，貸南鄭、城固、洋、西鄉、寧羌、留壩、褒城七廳州縣倉糧有差，並平糶安康、平利、白河、紫陽、洵陽、石泉、漢陰、鄜、洛川、中部、宜君十一廳州縣倉穀。（仁宗二八一、一四）

（嘉慶一九、一、**庚午**）貸陝西西安、鳳翔、同州、邠、乾五府州屬，並榆林、葭、懷遠、神木、府谷、米脂、潼關、華、華陰、大荔、渭南十一廳州縣上年被水、被旱、被霜災民口糧。(仁宗二八二、一一)

(嘉慶一九、一二、己巳)賑陝西神木、府谷、懷遠、榆林四縣被霜災民。(仁宗三〇〇、二三)

(嘉慶二〇、一、丁亥朔)貸陝西寶雞、寧陝、孝義、藍田、雒南、盩厔、鳳、褒城、大荔、蒲城、朝邑、華陰、華、潼關十四廳州縣上年被水、被雹災民口糧；展賑榆林、懷遠、葭、神木、府谷、綏德、米脂七州縣災民。(仁宗三〇二、三)

(嘉慶二〇、一、己亥)貸陝西定遠、寧羌、略陽、褒城四廳州縣上年歉收貧民倉糧，吳堡、清澗、延長、保安、延川、安定、定邊、靖邊八縣貧民口糧。(仁宗三〇二、一三)

(嘉慶二一、一、甲申)給陝西乾、鄜、洋、城固、沔、南鄭、定遠、寧陝、寧羌、留壩、西鄉、鎮安、潼關、華陰、寶雞、長武、臨潼十七廳州縣上年被雹、被水災民口糧，並貸安塞、盩厔、定邊、榆林、懷遠、神木六縣倉穀。(仁宗三一五、三)

(嘉慶二二、一〇、戊戌)貸陝西靖邊縣被雹災民一月口糧。(仁宗三三五、二六)

(嘉慶二三、一、丙午)貸陝西潼關、華、華陰、大荔、朝邑、渭南、吳堡、靖邊、安康、洵陽、紫陽、白河十二廳州縣上年被水被雹災民籽種、倉糧。(仁宗三三八、六)

(嘉慶二五、一、戊午朔)貸陝西留壩、略陽、潼關、華、華陰、朝邑、大荔、榆林、懷遠九廳州縣上年被水被雹災民籽種口糧。(仁宗三六六、三)

10. 甘肅

(康熙七、二、庚午)甘肅巡撫劉斗疏言：平、慶、臨、鞏四府屬，去歲夏旱秋潦，人民饑饉，請賜賑濟。得旨：平涼等四府人民饑饉至極，殊爲可憫。著該督撫擇賢能官員驗賑，務令窮黎得沾實惠。(聖祖二五、一二)

(康熙二九、四、庚寅)命發甘肅靖遠衛倉糧，賑濟靖遠衛旱災饑民。(聖祖一四五、二一)

(康熙五三、三、乙巳)戶部議覆：四川陝西總督鄂海等疏言，甘肅所屬靖遠等處被災窮民，當青黃不接之時，應大口給糧三合，小口二合，以爲養贍。其有田地缺乏籽粒者，每畝給糧五升，作爲籽粒，令其竭力耕種；其未回籍者，令該地方官送回。到籍之日，房屋倒壞無棲身者，臣等酌量安

插。應如所請。從之。(聖祖二五八、一二)

（**康熙五三、一〇、壬辰**）甘肅巡撫綽奇疏言：甘肅寧夏等處今歲被災窮民，請計口散賑，至明年夏收時停止。得旨：著九卿、詹事、科道會議具奏。又諭曰：甘肅地方被災，流移各處就食之民，見今招回本處，但時尚沍寒，本處並無糧米，招回無益。俟來年春耕時送回，方有益也。(聖祖二六〇、一九)

（**康熙五三、一一、戊申**）九卿等遵旨議覆：甘肅巡撫綽奇疏請，今歲甘肅寧夏等處被災窮民，應計口散賑，俟明年夏收時停止，應如所請。但窮民有流移別州縣者，若令回本處就賑，衝寒往來，不無有累。應將流移百姓，令所到州縣地方，動倉糧發賑。倘不敷用，於附近州縣倉糧內，作速輓運接濟。從之。(聖祖二六一、三)

（**康熙五四、六、壬辰**）戶部等衙門遵旨議覆：蘭州等十八處被災飢民，應將甘肅所屬州縣及附近甘肅之州縣所有倉糧散賑，至明年麥秋之後停止。現今巡撫綽奇往邊地料理軍需，應遣大臣一員前往監賑。得旨：著左副都御史明安去，餘依議。(聖祖二六四、一二)

（**康熙五五、二、乙亥**）以陝西蘭州等處連歲被災，命散給飢民口糧外，每畝再給籽粒五升。(聖祖二六七、九)

（**雍正六、七、戊寅**）賑甘肅蘭州雹災飢民。(世宗七一、三〇)

（**雍正一〇、六、癸未**）署陝西總督查郎阿、甘肅巡撫許容奏言，閏五月間，臨、鞏、平涼、西寧所屬州縣，暴雨冰雹，傷損田禾，西、碾二縣，麥豆生蟲，已委員查勘，加意撫綏。得旨：甘省預備軍需，而州縣中又有被災歉收之處，該督撫須多方賑卹，毋使貧民失所。至於西寧，乃滿漢官兵駐劄之所，口糧草料，需用更多，尤宜詳審情形，悉心籌畫作何料理之法，期於軍需民食，兩有裨益。(世宗一二〇、一六)

（**乾隆一、一、丁酉**）諭甘肅巡撫許容：據劉於義奏，汝賑濟固環等處貧民，大口日給米三合、小口日給米二合，不敷度日，難以充飢，目下窮民，尚復逃散四出等語。汝爲地方大員，既不能先事豫防於前，又不能竭力賑救於後，而且一經奏報，遂謂了事，恐甘省之災荒二字，再入朕耳。如此輕視民命，爲民父母之謂何？汝意固爲國家惜費乎？夫民之元氣，乃國家之根本也。傳曰：百姓足，君孰與不足。豈汝未之聞乎？(高宗一〇、二)

（**乾隆一、一、癸丑**）又諭：[總理事務王大臣] 甘省百姓，連年承辦軍需，急公踴躍，甚屬可嘉。皇考屢沛恩膏，朕亦深加體恤。上年聞有缺雨歉收之州縣，已諭該督撫加意撫綏，務令貧民得所。除散賑米穀外，所有借給口糧、籽種之類，例應秋收徵還者，著悉行賞給，免其還項。該督撫可通行曉諭，並飭有司實力奉行，毋使胥吏、土棍，侵蝕中飽。（高宗一一、六）

（**乾隆一、一、甲子**）署川陝總督劉於義奏報，固原、環縣歉收。有業貧民，供給口糧；無業貧民，分別給賑。得旨：覽汝所辦理，頗屬妥協。……（高宗一一、二六）

（**乾隆一、三、己酉**）又諭：肅州威虜堡回民，自遷移內地以來，我皇考世宗憲皇帝格外加恩，撫綏安插。查雍正七、八年間，伊等曾借倉糧一千二百餘石，以作籽種。年來收穫之糧，止敷日用，未能還補公項。朕思內地民間舊欠，既已豁免，回民亦應一體加恩。著將七、八兩年所借小麥一千二百九十九石二斗，悉行寬免。該督撫可轉飭有司，實力奉行。毋使胥吏中飽，俾回民均霑實惠。（高宗一四、二九）

（**乾隆一、五、庚申**）又諭：據尚書署陝甘督撫事劉於義奏稱，上年固原等處歉收，蒙恩軫恤窮民，訓諭諄切，比據許容奏稱，於散賑三個月之外，再加賑兩個月，是前後共應賑給五個月口糧矣。乃臣查目前待賑之固原州共四千五百二戶，其賑過五個月者，僅有一百三十六戶；固原廳共一萬四十一戶，其賑過五個月者，僅有二百八戶。其餘俱不過一月或三月不等，並不遵照奉旨之數給發。此固許容用財過刻、待下過嚴，而固原同知張夢水、固原州知州鄭炳，惟恐拂許容意指，一味塗飾，欺隱蒙蔽，咎實難辭。除臣現在委員查賑外，請將張夢水、鄭炳革職究擬，以為膜視民瘼者之戒等語。張夢水、鄭炳俱著革職，交與該督查審。若該員實有欺隱蒙蔽情弊，即按律定擬具奏；若過在許容，該員遵奉上司指示，以致辦理不善，即將許容嚴加議處，仍將張夢水、鄭炳送部引見。（高宗一九、二六）

（**乾隆一、七、丁巳**）賑陝甘隴西、伏羌、河州、碾伯、西寧等州縣水災、雹災飢民。（高宗二三、一一）

（**乾隆一、七、辛酉**）吏部尚書署川陝總督兼甘肅巡撫劉於義奏報寧夏府各屬水災賑貸情形。得旨：知道了。被水窮民，加意撫恤，勿致失所。（高宗二三、二八）

（**乾隆一、九、庚申**）吏部尚書署川陝總督兼甘肅巡撫劉於義奏報鞏昌、秦州等屬雹災賑卹情形。得旨：覽。被災貧民，加意撫恤，毋致失所。（高宗二七、二一）

（**乾隆一、一一、辛丑**）諭總理事務王大臣：據陝西署督劉於義奏稱，寧夏府屬之寧夏、新渠、寶豐等縣，今夏雨水甚多，黃河泛漲，以致衝決隄岸，淹浸民田。臣已動支社倉公用銀糧，加意賑卹。念此被災民人，今冬明春，口糧或有缺乏。准布政司詳議，寧夏縣之河忠堡，新渠縣之通吉、通義、通昶、清水等堡，被災偏重，酌借六個月口糧；寧夏縣之王鈜堡及寶豐縣之紅崗、永潤等堡，被災較輕，酌借三個月口糧。俟來年收成之後，催徵還項等語。朕子惠元元，一夫不獲，實如己溺己飢；而於甘肅民人，歷年奉公，尤深軫念。茲覽劉於義奏報，寧夏被水等堡，秋成歉薄，民食艱難，所當加意撫綏者。著將各該處額徵糧石，確查豁免；所借六個月、三個月口糧，俱准抵作賑給之項，免其來歲交還。該督撫可出示通行曉諭，並飭有司實力奉行，務令小民均沾實惠。（高宗三〇、一二）

（乾隆二、八、甲申）賑甘肅會寧縣被旱災民。（高宗四九、一一）

（乾隆二、九、辛亥）戶部議覆：陞任甘肅巡撫宗室德沛疏報，寧夏縣屬河忠堡、張口堰本年河水衝決，淹沒田禾，所有被災男婦，無論大小，每名給與社倉糧三斗。應如所請。得旨：依議速行。（高宗五一、二〇）

（乾隆二、一二、丙申）借給甘肅張掖縣拋荒復業地畝籽種口糧一萬五千石，牛具人工銀三千兩。從甘肅巡撫元展成請也。（高宗五八、一七）

（乾隆三、一、庚申）甘肅巡撫元展成奏：甘州府屬之張掖縣，自軍興之後，田地拋荒者多，貧民一時未能復業。請將該縣所存倉糧，借給籽種、口糧一萬五千石，借給牛具、人工銀三千兩，並派員分地董理。得旨：如所請行。該部知道。（高宗六〇、四）

（乾隆三、五、丙子）甘肅巡撫元展成奏：前奏准蘭城興築，寓賑於工，二月下旬，春種將畢，三、四月間，青黃不接，且甘省麥秋最遲，乘此農隙時，正可以力易食；若待造估題覆，始行興工，誠恐緩不濟急。又稱：蘭州應賑災民，共十五萬餘口，其老弱殘廢，不能力作者，止令領賑；現將年力精壯可就力役者，另冊登註，每名每日給銀六分，每二十日一更換，使事畜有資，均得受惠。下部議行。（高宗六九、二五）

（乾隆三、八、丁亥）賑甘肅武威縣本年水災飢民。（高宗七四、一五）

（乾隆三、八、丙戌）賑甘肅新渠、寶豐二縣本年水災飢民。（高宗七四、一五）

（乾隆四、七、丙午）[戶部]又議准：甘肅巡撫元展成題請，下川口堡極貧窮民加賑三月，次貧窮民加賑一月。從之。（高宗九六、三）

（乾隆四、九、癸亥）戶部議覆：甘肅巡撫元展成疏報，張掖縣屬之東樂堡，七月初九日大雨，山水陡發。請將被衝無存房屋，每間給銀一兩，泡坍牆壁房屋，給銀一錢；被淹田禾，每畝給糧一斗賑濟。得旨：依議速行。（高宗一〇一、七）

（**乾隆五、一〇、丙寅**）賑卹甘肅平羅縣本年被水偏災飢民，並予葺屋銀兩。（高宗一二九、一九）

（**乾隆六、九、甲子**）貸甘肅靖遠、會寧二縣旱災飢民口糧、籽種。（高宗一五〇、二）

（**乾隆六、一〇、己酉**）賑卹甘肅靈州中衛縣、鹽茶廳被旱災貧民。（高宗一五三、三）

（**乾隆六、一一、丁卯**）賑甘肅平番、碾伯、寧朔、真寧、皋蘭、金縣、華亭、鎮原、固原、禮縣、狄道、寧州、合水、寧夏十四州縣被雹災、水災貧民。（高宗一五四、一〇）

（**乾隆七、三、己丑**）賑甘肅平番、碾伯、寧朔、真寧、皋蘭、金縣、華亭、鎮原、固原、禮縣、狄道、寧州十二州縣乾隆六年分被水、被雹災民。（高宗一六三、一九）

（**乾隆七、五、乙酉**）免甘肅各處屯民借欠銀糧。諭：甘省涼州府屬之柳林湖，肅州所屬之三清灣、柔遠堡、毛目城、雙樹墩、九壩等處各屯民戶，舊借牛具、口糧，共銀八萬一千八百七十餘兩，原請自乾隆二年起分作五年帶徵，迄今年限已滿。除已完外，柳林湖未完銀二萬七千七百八十餘兩，三清灣、柔遠堡未完銀八千六百一十餘兩，毛目城未完銀五千八百二十餘兩，雙樹墩、九壩未完銀二百七十餘兩、粟米一十五石二斗零、白麪五千四百九十九觔，例應如數催徵完納者；又查口外之安西、柳溝、布隆吉、沙州等處屯民，原借牛具、口糧共銀五萬七百八十餘兩、糧二萬一千四百四十餘石，除已完外，安西衛未完銀一千二百六十餘兩，柳溝、布隆吉未完銀八十餘兩、糧二百七十餘石，沙州衛未完銀三萬五千五百四十餘兩，糧八千三百一十餘石，亦應如數催完者。朕思此等屯戶，原係招徠窮民，素無蓄積，自開墾以來，若遇年穀豐收，尚可完繳舊項，倘值收成歉薄，則力量維艱，應加體恤。況此借欠之項，乃屯民領借製備牛具、口糧，以爲公田之用，非小民自種地畝者可比，今歷年已久，帶徵爲難，著加恩全行豁免，以息追呼之擾。該部即傳諭該督撫知之。（高宗一六七、一八）

（**乾隆七、一一、癸亥**）賑甘肅狄道州、皋蘭縣、西寧縣雹災飢民，並賑狄道州、通渭縣水災飢民。（高宗一七八、一五）

（乾隆九、一、己丑）諭大學士等：安西道屬沙州衛，有原招户民六百五十九户，因所置牛雙，節年倒斃，不能買補，恐誤耕作，雍正十三年，經撫臣奏明，每户借給銀十五兩，購買牛騾，以資力田之用；共借給銀九千八百八十餘兩，分作五年帶徵還項。自乾隆元年起至今，止徵完銀七千二百九十餘兩，尚有未完銀二千五百九十兩零。朕念沙州地處邊外，天寒土瘠，招徠之民，力量單薄，既有本年應完之正賦，若兼顧舊欠，未免拮据可憫。著將此未完牛騾價銀，從乾隆九年起，分作三年帶徵，俾邊民從容完納。該部即遵諭行。（高宗二〇八、一一）

（乾隆九、七、甲辰）諭：甘省涼州府屬之柳林湖、肅州所屬之三清灣、柔遠堡等處及口外之安西沙州、柳溝、布隆吉等處，屯田民人，從前開墾之始，備有牛具、口食銀兩，日久未得全還。朕已於乾隆七年五月内，降旨全行豁免。惟肅州所屬之九家窰一處，當時未經議及，是以尚在帶徵。朕思此等原係窮苦之民，責令完納，不免拮据。著將九家窰未完牛具銀一千六十餘兩，一體加恩豁免，以息追呼之擾。該部即遵諭行。（高宗二二一、二七）

（乾隆一〇、四、己未）户部議覆：甘肅巡撫黄廷桂疏稱，乾隆五年，平羅縣借給歸併新、寶窮民籽種、口糧，前經臣題請豁免。嗣准部覆，口糧數目，各户因何多寡互異，有無已徵在官，捏作民欠等因。臣查借過口糧，共四千七十四石，該縣誤將籽種項下二十石，訛入户口。其借給籽種，共五千六百九十七石二斗，係按所耕田地之多寡酌借，該縣又誤遺二十石，是以不符原議。至前項借給籽種、口糧，原議三年帶徵，因黄河衝决，居民半回原籍，其無籍可歸者，寥寥數户，謀食維艱，並無完納，請仍照前奏豁免。應如所請。從之。（高宗二三九、七）

（乾隆一〇、七、辛未朔）又諭：甘肅寧夏、寧朔、平羅三縣於乾隆三年地震之後，借給牛價銀兩，以資耕種，分作四年帶徵，又經展限。其力能完納者，已如數還項，尚有未完萬餘，皆係無力貧民，若與本年額賦及帶徵之項一併輸納，未免拮据，著該部查明，加恩豁免，以紓民力。該部即遵諭行。（高宗二四四、一）

（乾隆一〇、七、己亥）甘肅巡撫黄廷桂奏：甘省階州、固原、鎮番、肅州、靈臺、山丹、碾伯、中衛、河州、秦州、清水等州縣，被雹被水，夏禾損傷，現在委員確勘，酌借籽種、口糧，暫行停徵。其淹斃人口，照例賑卹。地畝坍壓者，查明題豁。得旨：所奏俱悉。其成災之處，加意撫恤，毋致失所。斯慰朕志矣。（高宗二四五、二九）

（乾隆一〇、八、丙寅）賑貸甘肅安定、會寧、靖遠等三縣本年旱災飢

民。(高宗二四七、七)

(**乾隆一○、一○、己未**)豁免甘肅寧夏、寧朔、平羅，並已裁之新渠、寶豐等五縣乾隆三年地震前民欠籽種糧共一萬一千九百三十石有奇，平羅、新渠、寶豐三縣未完牛種、蓋房銀八萬六千一百九十九兩有奇。(高宗二五一、七)

(**乾隆一○、一二、壬子**)戶部議覆：甘肅巡撫黃廷桂疏稱，隴西、秦州等州縣，夏被水旱等地畝，成災五分以上者，按分數分別極次貧民，先賑、加賑，並將不能復種秋禾地畝，照秋災例賑恤。其隴西縣沙壓園地，借給工本墾復，緩至丁卯年分二年清還；肅州九家窰等處被災屯田，承種戶民拮据，請將傷存夏禾，免其平分，舊欠口糧緩徵，所下籽種豁免；勘不成災之狄道、金縣、渭源、隴西、西和、伏羌、通渭、平涼、崇信、華亭、涇州、靈臺、固原、鎮原、真寧、階州、山丹、鎮番、平番、西寧、碾伯等州縣之村堡，應借籽種、口糧者，酌借接濟。得旨：依議速行。(高宗二五四、二六)

(**乾隆一一、閏三、癸卯**)賑恤甘肅隴西、秦州、伏羌、華亭、靜寧、金縣、涇州、皋蘭、平涼、西寧、碾伯、肅州十二州縣水旱雹霜等災民。(高宗二六二、一八)

(**乾隆一一、八、癸巳**)甘肅巡撫黃廷桂奏覆：甘肅邊地，氣侯不齊，被災之處，每歲不免。上年靖遠、會寧、安定三屬，秋禾歉收，本年春夏之際，被水旱冰雹之處，所需口糧、籽種，臣逐戶查實，隨時貸給，統計借過糧數二十餘萬之多。窮民似可無虞缺乏。得旨：覽奏俱悉。(高宗二七三、三五)

(**乾隆一一、一二、己卯**)戶部議准甘肅巡撫黃廷桂疏稱：甘省各屬，夏秋二季疊被水雹。請將安定、狄道、平番、禮縣、中衛、靈洲、高臺、西寧八州縣屬成災村堡，先行賑恤；其勘不成災之會寧、安定、漳縣、西固、隴西、隆德、莊浪、皋蘭、狄道、河州、真寧、合水、禮縣、花馬池、中衛、山丹、永昌、高臺等十八州縣廳衛各村堡，酌量借給籽種口糧。得旨：依議速行。(高宗二八一、七)

(**乾隆一三、一二、己亥**)賑卹甘肅渭源、固原州、鹽茶廳、寧夏、寧朔、靈州、禮縣、秦安等八州縣被雹被水災地貧民，其不成災之秦州、莊浪、碾伯、真寧、河州、隴西、漳縣、平涼、涇州、靈臺、寧州、靈州、皋蘭、狄道州、金縣、隴西、寧遠、安定、漳縣、通渭、西和、渭源、靜寧、秦安、隆德、鎮原、鹽茶廳、安化、合水、環縣、徽縣、成縣、武威、平

番、寧夏、花馬池、中衛、西寧大通衛、歸化所等三十九廳州縣，借給籽種、口糧。(高宗三三一、二七)

（**乾隆一五、一、癸酉**）甘肅巡撫鄂昌奏：瓜州回民，本年春耕籽種口糧缺乏，兼之去冬嚴寒，牲畜倒斃過多，無力買補。查該處回民，耕作而外，別無生理，該扎薩克公額敏和卓請借小麥六千石，以爲接濟，當即借給如數，秋後徵還。報聞。(高宗三五七、二一)

（**乾隆一五、一、癸酉**）［甘肅巡撫鄂昌］又覆奏：上年肅州、高臺收成，均係五分以上，例不成災。山丹縣東南兩鄉，秋收止五分有餘，該縣前報六分以上，額賦例應徵納，故無力之家，皆受拮据。查各該處窮民，除已緩徵，並於去臘借給一月口糧外，應於春耕前，將口糧、籽種寬裕借給，至青黃不接時，再於極次貧民，分別借貸，無庸另賑。得旨：覽奏俱悉。(高宗三五七、二二)

（**乾隆一六、七、乙酉**）豁免甘肅高臺縣平川、毛目、雙樹等屯旱災籽種穀二百二十石有奇。(高宗三九五、一四)

（**乾隆一六、一一、丙子**）戶部議准：甘肅巡撫楊應琚疏稱，狄道、河州、渭源、靖遠、會寧、平涼、靜寧、永昌、平番、寧夏、寧朔、靈州、西寧、碾伯等十四州縣，本年水雹成災飢民，已行賑卹；其勘不成災之皋蘭、狄道、渭源、金縣、隴西、會寧、安定、岷州、伏羌、通渭、漳縣、平涼、靜寧、莊浪、華亭、隆德、鹽茶廳、寧州、合水、環縣、寧夏、靈州、平羅、擺羊戎廳、西寧、碾伯、大通衛、歸德所、禮縣、階州、成縣等三十一廳州縣衛所村莊飢民，應貸給籽種口糧。得旨：依議即行。(高宗四〇二、一四)

（**乾隆一七、五、己丑**）賑卹甘肅狄道、渭源、靖遠、會寧、平涼、靜寧、莊浪、永昌、平番、寧夏、寧朔、靈州、西寧、碾伯等十四州縣乾隆十六年水災飢民。(高宗四一五、二四)

（**乾隆一七、一二、丙辰**）甘肅巡撫鄂樂舜奏：皋蘭等十六州縣衛，本年被水旱雹災之處，除照例分別賑恤外，臣因邊地苦寒，窮民衣食不充，飭照京城冬月煮粥之例，設廠散給，其衣不蔽體者，亦爲備給。得旨：甚好。(高宗四二九、三一)

（**乾隆一九、四、丁未**）賑卹甘肅省皋蘭、狄道、河州、渭源、金縣、靖遠、環縣、鎮番、平番、寧夏、寧朔、靈州、中衛、平羅、西寧等一十五州縣乾隆十八年分被旱災戶有差。(高宗四六一、一五)

（**乾隆二一、五、丁亥**）賑甘肅皋蘭、金縣、靖遠、平涼、華亭、隆德、固原、鹽茶廳、環縣、平番、中衛、河州、渭源、靜寧、寧夏、寧朔、西寧、碾伯、高臺、鎮原等二十廳州縣乾隆二十年霜雹被災貧民。（高宗五一三、六）

（乾隆二一、八、乙丑）大學士管陝甘總督黃廷桂奏：沙克都爾曼濟等一千餘戶，大約七八千人，因值荒歉，遠來就食，自應加恩賞卹。查原辦牛二千五百五十餘頭，羊三萬七千餘隻，八月內可抵軍營，米、麵、青稞共一萬六千餘石，茶五千八百餘封，足敷賞給伊等過春之用。得旨：覽奏俱悉。（高宗五一九、二一）

（乾隆二一、一一、丁未）賑貸甘肅皋蘭、狄道、河州、渭源、靖遠、平涼、崇信、鎮原、鹽茶、撫彝、張掖、平番、中衛、碾伯、高臺、岷州、洮州、撫番、莊浪、寧州、正寧、合水、大通、歸德、禮縣、西固等二十六廳州縣，本年水雹災民籽糧有差。（高宗五二六、一六）

（乾隆二二、二、辛卯）[黃廷桂會同甘肅巡撫吳達善]又奏：肅州上年收成稍歉，兼以採辦軍糈、供支過往食用，糧價日昂。查肅州貯麥尚多，當即酌動小麥二萬石，分廠平糶，按時估酌中定價。再口外赤、靖、安、柳四衛麥值亦昂，當動赤、靖、柳倉貯小麥三千石，安西小麥五千石，減價分糶，價平即停。得旨：覽奏俱悉。（高宗五三三、三〇）

（乾隆二二、八、己巳）賑卹甘肅柳溝、安西、沙州三衛旱災饑民。（高宗五四四、二六）

（乾隆二三、六、辛未）又諭：據黃廷桂奏，甘省河東、河西各府屬，間有被旱被雹地畝，業已酌借籽種口糧，無慮失所。而吳達善奏內則稱，除有渠水可資灌溉及河東之秦州、河西之西寧等屬得雨深透，而其餘各屬，均欠霑足，並有未能播種之處等語。吳達善此奏係五月二十五日拜發，乃各屬田地尚有未能播種者，秋成豈不失望耶！所有一切撫卹事宜，該督撫等務須悉心豫爲經理，毋俟勘災已成，始議賑糶也。至現今各屬，曾否續得雨澤，得雨之後如尚可補種秋禾及糶糧菽豆之屬，亦即各按地方情形，速爲勸諭，及時補種，以資接濟。總勿致邊地貧民稍有失所。著再傳諭知之。（高宗五六五、五）

（乾隆二四、一、辛亥）甘肅巡撫明德奏：甘省河西一帶本係砂磧，所產僅供本地兵民用。自辦軍需，米糧昂貴，前督臣黃廷桂於春月照時價大減出糶。上年蘭、涼被災，省城尤重，糧價較貴，平糶照時價所減每石不過數錢，已飭司將災重之皋蘭、武威、平番、古浪先行開倉，大爲減糶。其餘如靖遠、永昌、山丹、張掖、高臺、肅州及口外各衛，均係軍需衝途，體察民

情,尚可稍緩,俟奉旨再行遵辦。得旨:如所議速行。(高宗五七九、二九)

(乾隆二四、二、丁丑) 諭曰:甘省地處偏隅,風土貧瘠,兼之去冬未得透雪,麥苗未能徧種,民力不無拮据。前經降旨,將上年被災各屬,於青黃不接時一體加賑至本年五月。但其時秋成未屆,又逢閏月,貧民糊口維艱,深堪軫念。著加恩再行加賑三個月,酌量銀穀兼賑,以資接濟。現在東作方興,各屬內有不能及時耕種者,俱應量借籽種牛具,折價給予,務俾農民早事南畝,以冀有秋。著該督吳達善詳悉查明,奏聞借給,副朕念切痌瘝至意。該部遵諭速行。(高宗五八一、二一)

(乾隆二四、三、丁酉) 諭軍機大臣等:據吳達善奏,甘省河西之永昌、古浪等州縣,相繼以牛瘟具報,若照例每隻借銀三兩,恐窮民無力添補,有失農業。現飭交地方官,每隻以五兩出借等語。現經巴爾品等在鄂爾多斯等處,已購得羊五萬三千餘隻,牛四千餘隻,可以陸續運送。其羊隻一項,合之各屬所辦,已過十萬有餘,按次趕赴軍營,已屬充裕。至所購牛隻,正可裒多益寡,令其解至河西各屬,仍以五兩作價,分給農民,以資力作,實為一舉兩得。著傳諭該督體朕軫念邊地耕農之意,妥協經理。設使巴爾品等所辦牛隻,一時不能即到,已逾耕種之期,而該督增借牛價,又已按戶給發,再行奏明停止。蓋現在牛既生瘟,即借給牛價,恐亦無從購買。此時為邊地窮黎計,不得不曲為體卹。該督固當慎重軍糈,亦不可不留心民瘼。一切調劑事宜,隨時籌畫,一面奏聞請旨,一面辦理,毋庸過拘成例,總不使有一夫失所,方足副朕委任也。可一併傳諭知之。(高宗五八三、三)

(乾隆二四、四、丙辰) 諭軍機大臣等:前據吳達善奏,甘省河西之永昌、古浪等處,相繼以牛瘟具報,窮民無力添補,降旨將巴爾品等所購牛隻,分借農民,以資力作。今據奏到,現在委員將牛隻經過少牛之處,酌其地方之大小、缺牛之多寡,隨處截留,均勻分借。其有領銀在先已經買補者,自可無庸置議,如領銀未買,情願繳價者,亦應仍予牛隻。該督等務宜妥辦,俾小民均霑實惠。至此項牛隻,原係應解軍需之用,因地方一時急需,是以通融截留,借給窮民。則羊隻一項,接濟軍需最關緊要,著傳諭吳達善等,令其嚴飭委員,沿途加意牧放,乘此青草發生之時送至軍營,以收實用。倘辦理不善,以致疲瘦倒斃,惟該督等是問。併傳諭五吉、清馥、定長等知之。(高宗五八四、一〇)

(乾隆二四、四、辛酉) 又諭:甘省上年被災各州縣疊經加恩撫卹,展賑已至七月。其河州、狄道、環縣、東樂等四處被災次重,雖已照例領賑,當此青黃不接之際,窮黎謀食維艱,朕心深為軫念。著加恩一體展賑三個

月，按月支給，俾小民餬口有資，自可力勤耕作，以待秋成。該部遵諭速行。（高宗五八四、二〇）

（**乾隆二四、四、乙丑**）賑卹甘肅狄道、河州、靖遠、隴西、岷州、安定、會寧、泯州、鹽茶廳、環縣、正寧、平番、寧朔、寧夏、中衛、平羅、靈州、花馬池、擺羊戎、西寧、大通、秦州、清水二十三廳州縣衛乾隆二十三年旱災、雹災飢民，並給葺屋銀兩。（高宗五八四、三二）

（**乾隆二四、五、己酉**）總督管理甘肅巡撫吳達善奏：甘省河東一帶，自四月初旬缺雨，如皋蘭、金縣等十二廳州縣，因上年歉收，已於例外加賑，其被災較輕之環縣、河州等處，亦應加賑三月。現在銀糧兼散，減價平糶。得旨：實屬無法。即京師亢暘情形亦甚，更添朕西顧之憂矣。今得霑足恩澤否？一切留意綢繆。勉之。（高宗五八七、三三）

（**乾隆二四、閏六、癸未**）諭：甘省附近之連城、紅城兩土司所屬地方，上年被有偏災，已加恩借給籽種。今歲雨澤未能霑足，夏收歉薄，念邊外土民餬口未免拮据，著再加恩借給口糧三個月，照例折給。該撫吳達善即委幹員前往，會同該土司等按戶散給，俾霑實惠，並著令於來歲麥熟後，同前借籽種分作三年交還，以示體恤。該部速遵諭行。（高宗五九〇、六）

（**乾隆二四、閏六、丁酉**）諭：據吳達善奏稱，甘省所屬皋蘭等三十六州縣衛，五、六月間，雨澤愆期，被旱情形輕重不一等語。甘省地處邊陲，連歲秋成歉薄，去冬雨雪稀少，今夏禾失收，糧價昂貴，閭閻必多拮据，朕心深爲軫念。該督等應悉心體察民情，勤加撫卹，各屬內有趕種秋禾，並借籽種。晚秋現在乏食之戶，即查明量借口糧銀兩，以資接濟。其被災較重，節侯已遲，不能改種秋禾，及止種一收成災之處不在現領加賑之內者，接濟尤不可緩。俱著該督等詳悉確查，速行賑卹，使窮黎不致失所。至皋蘭、金縣等處，前因被災，屢經降旨加恩，展賑已至七月。今該省現在尚未收穫，所有加賑之期，未便拘於常格，至十月始行散給。著即於八月內接續放賑，俾得源源接濟。朕嘉惠窮黎，有加無已。該督等其董率屬員，實力奉行，體朕優卹邊氓至意。該部遵諭速行。（高宗五九一、八）

（**乾隆二四、八、壬午**）賑貸甘肅皋蘭、金縣、靖遠、河州、狄道、渭源、隴西、寧遠、伏羌、會寧、安定、漳縣、岷州、平涼、崇信、静寧、泯州、靈臺、隆德、鎮原、莊浪、固原、安化、寧州、合水、環縣、山丹、武威、古浪、平番、永昌、中衛、靈州、西寧、碾伯、大通、莊浪同知、鹽同知、東樂縣丞、花馬池州同等四十廳州縣衛本年旱災飢民。（高宗五九四、七）

（乾隆二四、九、丁丑）總督管甘肅巡撫吳達善奏：蘭、鞏、平、慶等屬，現議折給賑銀，但災重之區，仍宜籌備本色。查成縣倉糧，可撥四萬石，該邑距西和縣一百九十里，雖屬山路，騾馬馱載，尚易籌辦。至由西和縣轉運災重之皋、平等邑，車輛通行，輓輸甚便。得旨：如所議行。（高宗五九七、四八）

（乾隆二五、一、戊申）又諭：甘省上年夏田秋禾均被偏災，其較重之皋蘭等十廳州縣及次重之靜寧等八州縣，已降旨分別加恩展賑，其災輕之渭源等十七廳縣，亦經照例蠲緩賑卹，並於春初借糶兼行，以資接濟。惟念勘不成災處所，夏田被旱，改種秋禾，小民已費工本，未免拮据。著再加恩將所有春借籽種牛價，緩至麥熟後徵還。仍於青黃不接之時，酌借籽種口糧，俾得盡力耕作。至該省被災等處，尚有無業貧民艱於覓食者，並著飭令地方官，或設廠煮賑，或開工備作，俾資餬口，以示體卹。該部遵諭速行。（高宗六〇四、二）

（乾隆二五、一、己酉）諭：甘省蘭、涼、平、慶一帶，上年偶被偏災，已加恩一體賑卹。但念邊氓生計拮据，春耕在即，而例賑將停，恐不足資接濟。著再加恩，無論被災分數，極次貧民將皋蘭、金縣、平番、古浪、會寧、安定、固原、靖遠、環縣、鹽茶等十廳州縣，於正賑之外，再加展賑，至麥熟後停止。靜寧、隆德、狄道三州縣，再加展賑四個月。靈州、花馬池、中衛、河州、碾伯五廳州縣，再加展賑三個月。俾小民得以餬口力耕，副朕念切痌瘝至意。該部遵諭速行。（高宗六〇四、四）

（乾隆二五、八、辛丑）總督管甘肅巡撫吳達善奏：甘肅布政使蔣炳等奏稱，甘省乾隆二十四、五兩年，各屬折借籽種口糧銀四十七萬餘兩，例應於今秋徵銀還項，但農民糶糧易銀，殊費周折。且甘省倉貯無多，明歲各營兵馬糧料，約需四五十萬石，不敷支放，採買亦見繁難。莫若乘此歲豐免賦之時，將所借折色銀改收本色，於九月內秋收已畢，即照時價折徵還倉。應如所請辦理，但甘省每歲供支兵馬糧料，大概以米麥豆為多，而民間樹藝，各相土地所宜，就該地所出糧色，按照時價折納；或遠鄉納糧不便，仍願完銀者，亦聽其便。得旨：如所議行。（高宗六一九、一八）

（乾隆二五、一〇、庚子）陝甘總督楊應琚、總督銜管理甘肅巡撫事吳達善奏：甘省乾隆二十四年各屬出借牛本銀十二萬五千餘兩，又分領鄂爾多斯牛隻，作價銀一萬四千餘兩。原請分二年徵還，內有乾隆二十四年歉收各屬民借銀兩，例得緩徵，今歲夏秋收成豐稔，例應徵收。但思民間糧石充裕，若必令糶銀還官，轉費周折。查甘省倉儲，頻年動缺，亟宜照數籌補。

莫若按照各地市價，不拘色樣，令民以所有糧石抵完借欠官項，不惟輸納稱便，兼在官多儲一石，即多一石支用之備。請覈實各該地市價，飭令地方官遵辦，其情願完銀者聽。得旨：甘省災後如此從權尚可，但不可滋弊。慎之，勉之。（高宗六二三、一五）

（乾隆二七、一、甲子）［陝甘總督楊應琚］又會同甘肅巡撫明德議覆：布政使吳紹詩奏，請將乾隆二十六年民借倉糧，各色准抵。查甘省地寒，歲止一收，民間種植，各隨土宜，必令交還原色，勢致售此易彼，輾轉虧折。應如所請，原借上色者，准以小麥粟米抵交；下色者，准以大豆青稞抵交；至豌豆一項，河西地方，皆駐重兵，需用既多，民間又皆磨麨作食，價值與米麥無異，應准與米麥併抵。河東各屬，不得援此爲例。又二十六年折借銀二萬餘兩，現歲豐，民有餘粟，亦應令願完本色者，照時價改徵。願交銀者聽。得旨：如所議行。（高宗六五三、一八）

（乾隆二七、一一、甲申）賑卹甘肅狄道、皋蘭、金縣、河州、靖遠、渭源、隴西、寧遠、會寧、通渭、平涼、鎮原、涇州、鎮番、武威、永昌、平番、中衛、擺羊戎、西寧等二十廳州縣本年冰雹霜災飢民，並借給籽種。（高宗六七五、一一）

（乾隆二八、一、辛酉）諭：甘省河西、河東各屬，去歲間被偏災，業經該督撫等照例撫卹。但念該省地土磽瘠，在被災地方，固屬收成歉薄，即其餘各屬夏秋二麥豐歉不一，所有歷年借欠各項，若概令一併徵還，民力未免拮据。著加恩將甘省河西、河東各屬歷年借欠口糧、籽種、牛本等項，均予緩至本年秋收後完納，俾小民餬口有資，得以盡力東作，稱朕惠卹編氓至意。該部遵諭速行。（高宗六七八、三）

（乾隆二八、三、癸亥）甘肅巡撫常鈞奏：玉門、敦煌二縣，耕牛因疫多斃，民間無力買補，照例借給銀糧。得旨：此蓋向來資借便民之事，以云利濟閭閻則可，若云因牛瘟而借給，則闔縣傳染，皆無牛矣。幸而存者，誰肯賣與他人，雖借給銀米，牛何由而得？必期實濟，則當於他處買牛，恐無此辦法，亦非地方官力所能爲。一切朕惟務實，空言無補，將此登答來看。諭軍機大臣等：據常鈞奏稱，安西府屬之玉門、敦煌二縣，於去年得雪稍遲，氣候溫和，與牛性非宜。臘、正兩月，新舊招插戶民所畜耕牛，瘟氣流行，每多倒斃，照例借給銀糧，救濟買補等語。向來資借銀糧等事，原因小民日用缺乏，市廛貿遷有無，以便民用，至於牛瘟，乃闔縣傳染之事，該處牛隻既已短少，即幸而存者，亦僅能自供耕作，誰肯出售他人。若云以此銀糧，盡赴他處買牛，當此東作方興之日，在在需用耕牛，又安所得此牛隻蓄息之地，足敷二縣種户購買之需。不惟小民自辦艱難，即地方官亦難爲經理。看來資借銀糧之擧，以云接濟閭閻則可，若云購買牛隻，恐係託之空言，未必實有其事。著將批諭常鈞之旨，鈔寄楊應琚看，亦令其據實具奏。（高宗六八二、一一）

（乾隆二八、一〇、癸丑）甘肅巡撫常鈞奏：甘省倉糧，向貯米麥穀豆四色，遇借給籽種口糧等項，各照原借色樣徵還。但甘省種植，又有藤子一種，民間種食者多，價與粟穀相等。而有藤無穀者，情願以藤抵穀，地方官因違例，不准抵交，民多未便。請令通融交納，除米麥豆仍各收原借本色外，其原借粟穀一種，聽民以藤抵交；至下年借出藤子，有欲以粟穀還倉者亦聽。從之。（高宗六九七、二〇）

（乾隆二八、一二、丁亥）蠲賑甘肅皐蘭、撫彝、張掖、山丹、莊浪、武威、永昌、鎮番、古浪、中衛、西寧、碾伯等十二廳縣旱災飢民。（高宗七〇〇、五）

（乾隆二九、二、辛亥）陝甘總督楊應琚奏：甘省連城、紅山、古城、渠馬莊四土司所屬地方，上年夏秋旱霜成災，土民向不輸納正賦，例無賑卹。今各該土司援乾隆二十四年特恩，請借籽種及三個月口糧。並聲明二十四年借過籽糧折色銀，緣二十八年復災，尚未全完。請將新舊借項，俱俟二十九年麥熟後，分作三年帶徵，查明實在缺乏户口，每糧一石，折銀一兩，委員會同各該土司按户散給。得旨：如所議行。（高宗七〇五、二一）

（乾隆二九、四、乙酉）諭：甘肅省續據題報，翻種秋禾，復被偏災之金縣、沙泥州判、環縣、靈州、花馬池等處，雖經該撫照例賑卹，恐民力尚不無拮据，並著加恩，照皐蘭等十九州縣之例，加賑一個月。該督撫等其各飭屬實心經理，務俾小民均霑實惠。該部遵諭速行。（高宗七〇八、五）

（乾隆二九、四、甲午）諭：前以甘肅皐蘭等屬上年偶被偏災，業經降旨展賑。復念該處貧黎，或尚有應行加恩之處，並諭令該督楊應琚查明奏聞。近又降旨，令將續報成災之金縣等處，一例加賑矣。今據楊應琚奏到，該省冬春雨雪霑足，俱已借給籽種口糧，翻犁播種。惟涼州府屬之武威縣，上年被災較重，山丹縣稍次等語。該二縣前此雖在展賑之內，足資接濟，但念其地較寒瘠，麥收尚遠，民間口食未能充裕。著加恩將武威縣再行展賑兩個月，山丹縣再行展賑一個月。該督董飭所屬，實心經理，務俾小民均霑實惠。該部遵諭速行。（高宗七〇八、一五）

（乾隆二九、一二、庚寅）諭軍機大臣等：甘省被災各州縣處，地土瘠薄，災後民貧未免拮据，業經降旨加意撫卹，並蠲免額賦。因念新春尚須特降諭旨，加恩展賑。曾傳諭該督，將現在如何賑卹情形，查明具奏。今據奏稱，災重地方十四處，稍重地方十五處，災輕者七處。其狄道、鎮原等十州縣，據稱尚未勘覆。該十州縣秋禾既偏被雹水，是否勘明成災？暨被災輕重情形如何？及災重災輕各州縣，現在作何分別撫卹加賑之處？摺內俱未經聲敘。再河州、狄道、碾伯三州縣，既稱俱已改種秋禾，續經勘不成災，而又將河州、碾伯列入夏秋偏被雹水災輕之七州縣內，狄道一州，列入尚未勘覆之十州縣內，所奏亦未甚明晰。著傳諭該督楊應琚，將以上各情節，及明春應行展賑並酌量予賑各州縣，速即查明，具摺奏聞，俟朕臨時降旨。尋奏：明春應將災重之皋蘭、金縣等十四處，展賑兩月；稍重之固原、張掖等十五處，展賑一月；至狄道等八州縣，勘不成災，惟涇州、華亭二處係一隅偏災，按例撫卹，無庸加賑。又河州、狄道、碾伯等三州縣，前奏列入災輕及未勘覆之內，另指夏秋間別有被災田畝，非即改種秋禾、勘不成災之地。得旨：屆時有旨。(高宗七二四、二三)

(乾隆三○、四、丙午朔) 賑卹甘肅河州、渭源、隴西、會寧、安定、漳縣、通渭、平涼、靜寧、華亭、隆德、涇州、靈臺、鎮原、莊浪、固原、張掖、山丹、平番、靈州、花馬池州同、巴燕戎格廳、西寧、碾伯、三岔州判、高臺等二十六廳州縣乾隆二十九年分雹、水、旱、霜災民糧一十二萬四百八十石，折賑銀二十七萬六千一百七十兩有奇。(高宗七三四、二)

(乾隆三○、四、甲戌) 大學士管陝甘總督楊應琚奏：狄道州南鄉、宗石等三莊，於三月十二日地震，計壞居民四十一戶，壓斃男婦六名口。又與狄道州連界之設鑪莊，同日地震，共壞居民三十八戶，俱未傷損人口。當即飛飭確查，妥協賑卹。茲據稟震倒土房各戶，每房一間給銀五錢，壓斃人口，每口給棺木銀一兩；壓斃牲畜，每戶給銀五錢。因銀數無多，俱經該州捐給。其餘各村，因上年收成尚好，口食不缺，現在民情安怗，毋庸復請動支正項。報聞。(高宗七三五、一七)

(乾隆三○、八、庚申) 賑卹甘肅紅水、靖遠、會寧、山丹、東樂、武威、永昌、鎮番、古浪、平番、中衛等十一縣夏旱災民，並貸皋蘭、金縣貧戶籽種。(高宗七四三、三)

(乾隆三○、九、壬午) 諭：前據楊應琚奏，鞏昌府屬之寧遠等縣，地動情形較重，朕深為軫惻。已降旨令照乾隆三年賑卹寧夏成例，分別優卹。今該督奏稱，親往查勘地動各屬，請將被災較重之寧遠、伏羌、通渭等三縣，照寧夏之例稍減辦理等語，想尚未奉到前旨。甘省素本貧瘠，此次地動，倒塌房屋，壓斃人口較多，民力未免艱窘，自當加意撫綏，俾皆得所。

若僅照寧夏例減半辦理，恐尚不足以濟民困。著該督仍遵照前旨，將賑借各項，均照優卹寧夏之例，一體籌辦，以副朕矜恤災氓至意。該部遵諭速行。（高宗七四四、九）

（乾隆三〇、九、壬寅）大學士管陝甘總督楊應琚奏：甘肅地瘠民貧，春借籽糧，秋成還款，或倉貯不敷，即借司庫銀接濟。查各屬所產，粟米、小麥爲上，豌豆爲次，大豆、青稞、藜子、大麥、青豆爲下。嗣後請毋拘原借，止分上下色，通融抵收。再河西一帶，豌豆價昂，並請即抵米麥；兼按時值，以粟抵銀，改收本色，其願照原借交還者聽。得旨允行。（高宗七四五、二三）

（乾隆三〇、一〇、己未）又諭：甘肅鞏昌等處，秋間地動，業經降旨該督，令其分別加恩，從優撫卹。昨據楊應琚奏到，河東、河西各屬，秋禾偏旱，及間被雹水風霜，係一隅偏災，與闔屬收成，尚無關礙，現經照例賑卹等語。該省今歲秋成，通計尚屬豐稔，但偏災處所，蓋藏未必充裕，明歲青黃不接之時，民力不無拮据，其或有尚須賑卹之處。著傳諭楊應琚查明現在情形，詳悉覆奏，候朕酌量加恩降旨。（高宗七四七、五）

（乾隆三一、一、癸酉）諭：前因甘肅河東、河西各屬，有秋禾偏旱及間被雹水風霜之處，業經照例賑卹。但念偏災處所，蓋藏未必充裕，特令該督再行悉心查勘具奏。今據查明奏到，所有被災較重、稍重之各州縣，於例賑完畢之後，正值青黃不接之時，民力不無拮据。著加恩將被災較重之靖遠、紅水縣丞、安定、會寧、通渭、寧遠、伏羌、鎮原、平涼、安化等縣，靜寧州、涇州、寧州等十三處，無論極次貧民，俱展賑兩個月；被災稍重之皋蘭、金縣、隴西、漳縣、華亭、莊浪、固原州、鹽茶廳、隆德、靈臺、合水、武威、鎮番、平番、中衛等十五處，無論極次貧民，俱展賑一個月，以副朕優卹邊氓至意。該部道諭速行。（高宗七五二、四）

（乾隆三三、三、庚戌）賑甘肅平涼、靈臺、莊浪、安化、合水、環縣、平羅、西寧、碾伯、大通、肅州、高臺等十二州縣乾隆三十二年水災饑民。（高宗八〇七、一〇）

（乾隆三四、三、戊申）賑恤甘肅皋蘭、金縣、狄道、渭源、靖遠、隴西、安定、會寧、通渭、平涼、華亭、靈臺、固原、鹽茶廳、安化、寧州、合水、張掖、武威、古浪、平番、寧夏、寧朔、靈州、中衛、巴燕戎格廳、西寧、碾伯、肅州等二十九州縣廳乾隆三十三年分水旱霜雹災民。（高宗八三一、一五）

（乾隆三六、九、丁卯）陝甘總督吳達善奏：甘省本年被旱，除八月銀米兼賑外，皋蘭、金縣等各廳州縣縣丞十三處，原議加賑亦兼銀米。而各該處倉儲缺乏，須別州縣撥濟，所有運腳，既較他省倍多，兼恐倉貯無餘，復須籌辦明春籽種。現在秋成頗好，糧價亦平，請將加賑一體均予折色外，並折中運腳每石七錢，即明白曉諭，算作本色散給。得旨：好。如所議行。（高宗八九三、二七）

（乾隆三七、一、戊戌）又諭：甘肅省當積歉之餘，上年春夏短雨，河東、河西各屬，成災輕重不同，業經分別加恩撫卹，曾降旨撥帑運糧，多方賑贍。前據該督查奏，被災次重及稍輕之處，今春酌借口糧，均已足資接濟。第念河東屬之安定、會寧、皋蘭、金縣、靜寧、隆德等六州縣，地止一熟，值頻年歉收之後，去歲未能補種秋禾，專待夏田餬口，當此青黃不接之際，農民未免待哺。著加恩，將此六州縣再行加賑一月。該督等其董率各屬，善為經理，務俾貧黎均霑實惠。該部即遵諭行。（高宗九〇〇、二）

（乾隆三七、四、丁卯）賑卹甘肅河州、沙泥州判、岷州、寧遠、漳縣、洮州廳、平涼、靜寧、華亭、鹽茶廳、山丹、東樂縣丞、古浪、平番、寧夏、寧朔、中衛、平羅、秦州、秦安、高臺等二十一廳州縣，乾隆三十六年夏秋水災貧民。（高宗九〇六、八）

（乾隆三七、八、丁卯）又諭：據勒爾謹奏，甘省七月中疊沛甘霖，省城及河西甘、涼、秦、階一帶，秋禾暢茂，可望豐收。惟皋蘭等縣，間有被雹處所，不能補種；又寧夏府之中衛縣，因山水衝塌溝洞，以致渠水斷流，田禾受旱；現在分飭道府查勘等語。甘省地瘠民貧，一遇歉收，閭閻生計，即多拮据，不可因通省有收，而一二州縣偶被偏災，不為實力查辦，致令獨抱向隅。著傳諭勒爾謹，即將被雹受旱各處，速飭委員詳加履勘，應作何撫卹之處，一面奏聞，即照例作速辦理，務使人皆得所，以副朕軫念邊氓至意。至甘省上年春間，雨澤短少，又當積歉之餘，窮黎頗形艱窘，幸秋成豐稔，民氣大舒。今此被有偏災各處，民間景象較昨春何如，並著查明據實具奏。尋奏：當即飭道府履勘，惟皋蘭、金縣、靖遠、狄道、渭源、安定、會寧、平涼、隆德、固原、靜寧、鹽茶廳、涇州、華亭、環縣、平番、靈州、中衛、西寧、肅州、高臺等二十一廳州縣，已成偏災。現查明被災戶口分數，其倉貯充裕，以本色給賑；不敷，酌量銀糧兼散。再查被災各處，距夏收不遠，市糧並未加長，尚無艱窘情形，較昨春實勝。得旨：欣慰覽之。（高宗九一四、一〇）

（乾隆三七、一一、癸卯）賑貸甘肅皋蘭、紅水縣丞、渭源、狄道、靖遠、隴西、安定、會寧、平涼、華亭、涇州、隆德、鎮原、固原、鹽茶廳、安化、環縣、正寧、寧夏、靈州、平羅、中衛、大通、肅州、王子莊、高臺、金縣、静寧、平番、巴燕戎格廳、西寧等三十一廳州縣，本年水旱雹災飢民。(高宗九二〇、二六)

（乾隆三七、一二、甲子）諭軍機大臣等：向來各省遇有被災地方，除隨時撫綏賑卹外，每於次年新正，降旨加恩展賑，以示體卹。今歲各直省俱年穀順成，秋田普獲豐稔，且報收十分者居多。即甘肅省奏報秋成分數，通計亦在七分以上，原可毋庸再沛恩膏。惟是皋蘭等三十一廳州縣所屬村莊，夏秋二禾，間有被雹及旱潦偏災，現經該督查明成災分數，自五分至九分不等，題請賑卹。已勅部照例辦理。第念西陲地瘠民貧，非沃壤殷饒者可比，雖成災僅屬一隅，恐民力究不免拮据，當明春青黃不接之際，或有尚須量爲接濟者，又當恩施格外。著傳諭勒爾謹，查明皋蘭等被災各處，於常賑之外，應否量予展賑。及勘不成災各屬，除照例借給籽種、口糧外，或應將本年額徵錢糧，酌令緩帶之處，即速一併詳查，據實由驛覆奏。務於歲内奏到，候朕於明年新正，量發恩旨，俾邊氓共臻饒裕。(高宗九二二、九)

（乾隆三八、一、癸巳）諭：每歲新正，豫查各省有因災予賑地方，俱降旨加恩展賑，以示體卹。昨歲各直省俱年穀順成，秋田普獲豐稔，且報收十分者居多，即甘肅省據報偏災數處，而通計收成，亦在七分以上，原毋庸再霑恩膏。第念西陲地瘠民貧，非沃壤殷饒者可比，雖成災僅屬一隅，恐民力究未免拮据。持令該督確查，如有應行加恩之處，詳悉覆奏。兹據奏到偏災各廳州縣，業經照例賑卹，窮黎已咸登衽席，若於春初酌借籽種、口糧，更足資接濟。惟河東之皋蘭暨所屬紅水縣丞、靖遠、平涼、涇州等五處，被災情形較重，入春青黃不繼之際，不無待澤等語。所有皋蘭等五州縣，俱著加恩展賑一個月；其有應酌借籽種、口糧者，仍著查明妥辦。該督其董率所屬，實心經理，毋任吏胥侵漁中飽，俾閭閻均霑實惠，以副始和布令、優卹邊氓至意。該部即遵諭行。(高宗九二四、九)

（乾隆三八、三、壬子）賑卹甘肅皋蘭、金縣、渭源、狄道州、靖遠、隴西、安定、會寧、平涼、静寧州、華亭、涇州、隆德、鎮原、固原州、鹽茶廳、安化、環縣、平番、寧夏、靈州、平羅、中衛、巴燕戎格廳、西寧、大通、肅州、高臺乾隆三十七年分被災貧民口糧有差。(高宗九二九、一五)

（乾隆三九、九、丁巳）賑甘肅皋蘭、沙泥州判、武威、鎮番、寧朔、靈州、平羅七州縣水旱風災飢民。(高宗九六六、二七)

（乾隆四〇、一、辛亥）又諭：昨歲甘肅夏秋二禾，據報通省收成，統計八分有餘，尚屬豐稔。惟皋蘭、武威等七州縣，夏禾被有偏災，而皋蘭、金縣等五處，秋禾復被霜雹。均經先後分別照例賑卹，災黎自可不至失所。第念該省土瘠民貧，其被災之夏秋二禾，收成未免歉薄，閭閻不無拮据。著加恩將皋蘭、武威二縣夏禾被災較重之處，於青黃不接時，再展賑一個月。其被災較輕之靈州、寧朔、平羅、鎮番、沙泥州判等五處，如有缺乏籽種、口糧，並著該督隨時體察，照例酌借，以資接濟。又皋蘭、金縣等五處，秋禾亦被偏災，除皋蘭一縣已於夏災案內展賑外，所有金縣、西寧、平番、肅州四州縣屬，並著一體展賑一個月，以示朕軫卹邊氓至意。該部遵諭速行。（高宗九七四、七）

（乾隆四一、一、甲戌）又諭：上年甘肅省夏秋二禾，統計收成七分有餘，惟皋蘭等三十一廳州縣，夏禾間有被旱、被雹之處，皆屬一隅偏災，業已蠲賑兼施，俾無失所。內惟皋蘭、金縣、渭源、平番、中衛、靈州、肅州七州縣，並皋蘭分駐之紅水縣丞所屬，或情形較重，或值積歉之後，民食未免拮据。著加恩於青黃不接之時，各展賑一個月。又續報秋禾偏被霜雹之隴西等十一州縣，亦經照例賑卹，內涇州、平涼二處被災稍重，並著一體展賑一個月，用敷春澤。其餘夏秋被災較輕之河州、隴西等處，今春如有缺乏籽種口糧之戶，並著該督隨時體察酌借，以資接濟。該省係瘠薄之區，災黎尤堪厪念，勒爾謹務董率所屬，實心妥爲料理，俾得均霑實惠，以副朕軫恤邊氓之至意。該部遵諭速行。（高宗一〇〇〇、六）

（乾隆四一、一、乙亥）諭：上年甘肅省皋蘭等三十七州縣，夏秋二禾，均被有偏災，業經降旨於照例賑恤外，乘春布澤，再沛恩膏，特予加賑，用資接濟。惟念皋蘭等處，尚有應徵從前因災未完民借籽種口糧折色等項，曾經疊次加恩，於原限六年之外，再展二年、四年者，其四十年分應徵之數，例應按限催徵。第念各該處上年夏秋又經被災，民力不無拮据。著勒爾謹將該年皋蘭等三十七州縣被災之處，應徵未完籽種各數，迅即詳查奏明，再予展限一年，俾荒瘠邊黎，得緩追呼，共安樂利。該部即遵諭行。（高宗一〇〇〇、一〇）

（乾隆四一、三、丙申）賑卹甘肅隴西、伏羌、會寧、漳縣、平涼、華亭、涇州、靈臺、隆德、寧夏、平羅、秦州、玉門十三州縣，乾隆四十年分雹水霜災飢民。（高宗一〇〇五、二七）

（乾隆四一、六、丙午）又諭：據畢沅奏，甘省本年入夏以後，雨澤缺少，各屬禾苗受旱，業已成災。除被旱稍輕之處，統歸秋成勘辦，其被旱較重之蘭州、鞏昌、平涼、涼州、甘州、西寧、肅州、秦州等各府州所屬，節候已遲，不能補種秋禾，現飭道府親往查勘等語。甘省盼雨已久，今雖於十

二、十四日，兩次得雨二三寸，於田禾未必有濟，看來旱象已成。被災州縣約二十餘處，所有乏食貧民，亟須及早撫卹。勒爾謹此時自已回任，善爲妥辦。著傳諭該督，即將被旱各處，切實查勘，所有應行撫卹之處，即董率各屬，實心妥協經理，務使閭閻均霑實惠，毋致稍有失所。仍將如何查辦情形，據實覆奏。並諭畢沅知之。（高宗一〇一〇、一一）

（**乾隆四一、六、壬子**）諭軍機大臣等：昨據勒爾謹奏，途次接奉諭旨，知甘省各屬被旱情形，隨即兼程馳回甘肅，率屬實力查辦。茲復據王亶望奏，皋蘭等二十九州縣，禾苗被旱，業已成災，五月二十二三至二十八九等日，各處有得雨五六寸至深透者，雖夏禾不及接濟，於秋田大有裨益等語。已於摺內批示，一切妥爲之，以救窮黎矣。勒爾謹回任，自必督同王亶望，飭屬確勘妥辦。但竭伊等心力，不過就災辦災，恃有國家帑項，董率地方官詳慎勘查，實心賑卹，嚴禁吏胥等扣剋侵肥，使災黎得以均霑實惠。此雖足卸牧民之責，何嘗通盤籌畫，計及久遠之計哉。如甘省捐監，收糧貯倉，原以備賑贍糶供之用，其法仍不離乎豐斂而歉散。現在被災之處，夏禾既已無望，其糶價自必加昂，若再令買穀交倉，則市中糧食，價必更長，閭閻日糴餬口，倍覺艱難。自應將此成災之二十九州縣廳，暫停捐監，多留市米，以供民食。其餘不被災各屬，糧充價平之地，又當多爲收捐，運至辦災處所，以資接濟，此亦酌劑盈虛、轉移利便之一法，不知勒爾謹等現係如此籌辦否？……著傳諭勒爾謹、王亶望……迅速詳悉覆奏。將此由五百里傳諭知之。（高宗一〇一〇、二三）

（**乾隆四一、一〇、甲子**）諭軍機大臣等：今年甘肅省皋蘭等二十九廳州縣，夏禾被旱成災，節經諭令該督實力賑卹。又恐明春正賑畢後，民食不無拮据，昨已諭令勒爾謹確查覆奏，候朕新正量降恩旨。因思甘省地瘠民貧，又每年常有被災之處，曾於乾隆三十六年降旨，以民間節年所借籽種、口糧、牛本等項，積欠甚多，加恩將舊欠倉糧四百餘萬石，概行豁免。其舊欠各項銀兩一百三十餘萬，分作六年帶徵，以紓民力。嗣因該省歷年均有偏災，復節次加恩，分別展限徵收，俾得從容輸納。近年該省此項積欠銀兩，究竟已完若干，未完若干，能否按限全完，抑或民力實疲，雖展限亦有難於催徵之處，著傳諭勒爾謹，即速確切查明，據實奏覆，候朕酌量降旨。將此由四百里傳諭知之。尋奏：三十五年以前，舊欠銀一百三十餘萬兩，徵完銀四十八萬餘兩，仍未完銀八十四萬餘兩。邊地災黎，於應完本年正借銀糧之外，加徵舊欠，民力實疲。緣數年來疊荷恩施，未敢冒昧陳請。得旨：新正有旨，概予豁免。（高宗一〇一九、一一）

（乾隆四一、一一、壬辰）陝甘總督勒爾謹覆奏：遵查皋蘭、金縣、安定、會寧、鹽茶廳、武威、平番、肅州八處，本年夏禾被旱成災，情形較重。現在正賑已畢，青黃不接之時，民食拮据，應再懇展賑一月。其餘河州等二十一處，已蒙賑卹，請於明春酌借籽種口糧，足資接濟，毋庸展賑。得旨：屆時有旨。（高宗一〇二一、一〇）

（乾隆四一、一二、丙午）賑卹甘肅皋蘭、金縣、狄道、河州、渭源、靖遠、沙泥州判、紅水縣丞、隴西、安定、會寧、通渭、平涼、隆德、靜寧、固原、鹽茶廳、撫彝廳、張掖、山丹、武威、永昌、平番、古浪、靈州、西寧、秦州、肅州、高臺等二十九廳、州、縣、分防州判、縣丞本年旱災貧民。（高宗一〇二二、一五）

（乾隆四二、一、己巳）諭：昨歲甘肅省夏秋二禾，統計收成七分有餘，惟皋蘭等二十九廳州縣，夏禾被旱，又有被霜被雹之處。在通省雖僅一隅，而成災究覺稍重，屢經降旨，令該督切實查勘，妥協賑卹，貧民自可不致失所。第念今春正賑已畢，尚屆青黃不接之時，民食未免拮据。著加恩將皋蘭、金縣、安定、會寧、鹽茶廳、武威、平番、肅州八處，各展賑一個月。又續報秋禾被災較重之鎮番、中衛二縣，並著一體展賑一個月，用敷春澤。其餘被災較輕之河州等二十一處，今春如有缺乏籽種、口糧之戶，並著該督隨時體察酌借，以資接濟。該省係積歉之區，災黎尤堪廑念，勒爾謹務董率所屬，實心妥爲料理，俾得均霑實惠，以副朕軫恤邊氓之至意。該部遵諭速行。（高宗一〇二四、二）

（乾隆四二、一、己巳）又諭：甘肅地處邊陲，民貧土瘠，一遇水旱偏災，即降旨蠲賑緩帶，殆無虛歲。民間節年所借籽種口糧等項，積欠甚多，曾於乾隆三十六年，降旨加恩，將舊欠倉糧四百餘萬石概行豁免。其舊欠各項銀兩一百三十餘萬，分作六年帶徵，以紓民力。嗣因該省歷年均有偏災，復經節次加恩，分別展限徵收，俾得從容輸納。近年以來，僅完銀四十八萬餘兩，仍未完銀八十四萬餘兩。地方官以欠項定有年限，自應按數催徵。第念該省係積歉之區，上年夏禾又被旱災，民力實多疲乏，況每年均有應徵地丁籽種等項，若同時新舊並徵，輸將不無拮据，朕心深爲軫念。乘春布澤，用沛恩膏，著加恩將該省自乾隆二十三年至三十五年，民借折色未完銀八十四萬餘兩，概予豁免，俾荒瘠邊黎，得免追呼，共享昇平之福。該部即遵諭行。（高宗一〇二四、二）

（乾隆四二、四、庚申）賑恤甘肅循化、皋蘭、紅水縣丞、金縣、狄道、沙泥州判、渭源、靖遠、河州、鹽茶廳、固原、安定、靈州、中衛、巴燕戎格、西寧、碾伯、大通、莊浪、武威、鎮番、永昌、古浪、平番、撫彞廳、張掖、山丹、東樂、肅州、高臺、安西三十一廳州縣乾隆四十年旱雹災飢民。（高宗一〇三一、二一）

（乾隆四二、六、戊申）又諭曰：勒爾謹奏報甘省雨水禾苗一摺。據稱：鞏昌、平涼、慶陽等各府州屬，於十二、十四等日，得有細雨，雖入土，未能深透。而甘省氣候較遲，背陰卑濕之地，所種二麥豌豆，可望有收。至高阜向陽之麥豆，乾旱已久，恐難結實。查皐蘭縣等九處受旱較重，靜寧州等八處次之等語。甘肅每年多有缺雨之處，動輒成災。今皐蘭等各處既有被旱情形，自當妥爲查辦。著傳諭勒爾謹，即速飭委該道府，認真查勘。如有成災處所，應行賑卹者，即一面據實奏聞，一面酌量輕重，分別妥辦。務使窮民均霑實惠，以副朕軫恤之至意。將此由五百里諭令知之。仍將辦理情形及曾否得有雨澤之處，迅速覆奏。尋奏：皐蘭等十七處及續報靖遠縣等十處，夏禾已成偏災。現飭該府實力督率所屬，加意妥辦。報聞。（高宗一〇三四、二〇）

（乾隆四二、一二、癸丑）賑卹甘肅皐蘭、金縣、狄道、河州、渭源、靖遠、紅水縣丞、隴西、安定、會寧、漳縣、平涼、靜寧、隆德、固原、華亭、張掖、山丹、武威、永昌、鎮番、平番、靈州、中衛、巴燕戎格、西寧、碾伯、大通、涇州、肅州、安西、玉門等三十二廳州縣，本年被旱災民。（高宗一〇四七、八）

（乾隆四二、一二、辛酉）甘肅布政使王廷贊奏：甘省被旱偏災三十二處，遵諭辦賑，飛檄各道府，率印委各員，確按成災分數，將極貧次貧戶口，造具清冊。即照冊填單散給，以作領賑之據。又將被災幾分，應賑銀糧數目，刻刷告示遍貼，如官役短發索詐，許民喊控，以憑參究。散賑後，臣即輕騎減從，取道抽查，悉令覈實。得旨：好。汝自當實力妥辦也。（高宗一〇四七、二〇）

（乾隆四三、一、癸亥）諭：昨歲甘肅省皐蘭等三十二廳州縣，因夏間雨澤愆期，以致田畝被旱成災。節經降旨令該督等切實查勘，賑卹兼施，俾毋失所。第念皐蘭、渭源、安定、會寧、平番、涇州、平涼七州縣被旱情形較重，開春正賑既畢，民食未免拮据，著加恩各展賑一月，用敷春澤。其餘被災較輕之金縣等二十五廳州縣，雖亦經照例賑卹，如今春尚有缺乏籽種口糧之户，並著該督隨時體察酌借，以資接濟。勒爾謹務董率所屬，實心料理，俾得均霑實惠，以副朕軫卹邊氓之至意。該部遵諭速行。（高宗一〇四八、一）

（乾隆四三、六、戊午）甘肅布政使王廷贊奏：通省惟寧夏等五屬夏禾有收，其得雨較遲各府州，已成偏災。得旨：凡有成災者，盡心查辦，俾窮黎均霑實惠，勉之。（高宗一○五九、二三）

（乾隆四三、七、乙巳）賑卹甘肅皋蘭、紅水縣丞、金縣、渭源、循化、隴西、寧遠、安定、會寧、通渭、漳縣、平涼、靜寧、隆德、固原、合水、武威、鎮番、平番、靈州、花馬池州同、涇州、鎮原、靈臺、清水、肅州、高臺、安西、玉門、敦煌、狄道、河州、靖遠、沙泥洲判、岷州、洮州、中衞等三十七廳州縣本年旱災飢民。（高宗一○六三、六）

（乾隆四四、一、己丑）又諭：昨歲甘肅皋蘭等三十六廳州縣，因夏間雨澤愆期，以致田畝被旱成災，節經降旨令該督等切實查勘，賑恤兼施，俾無失所。第念皋蘭、河州、靜寧、固原、平番、安定、涇州等七州縣，被旱情形較重，開春正賑既畢，民食未免拮据，著加恩各展賑一個月，用敷春澤。其餘被災較輕地方，雖亦經照例賑恤，如今春尚有缺乏籽種口糧之戶，並著該督隨時體察酌借，以資接濟。勒爾謹務董率所屬，實心料理，俾得均霑實惠，以副朕軫恤災黎至意。該部遵諭速行。（高宗一○七四、七）

（乾隆四四、四、壬申）賑甘肅莊浪縣丞、鹽茶廳、安化、正寧、環縣、撫彝廳、張掖、山丹、永昌、古浪、寧夏、寧朔、平羅、西寧、秦州、秦安、禮縣等十七州縣廳本年雹水霜災飢民。（高宗一○八一、三）

（乾隆四五、一、癸未）又諭：上年甘肅皋蘭等廳州縣，夏禾間被偏災，業經降旨分別賑恤，小民自不致失所。第念青黃不接之時，正賑已畢，窮黎未免尚形竭蹶。著加恩將皋蘭、狄道、平番、武威、肅州、安定、會寧、固原、涇州等九州縣災重貧民，加賑一個月。其餘被災較輕地方，並著查明，酌借籽種口糧，以資接濟。該部遵諭即行。（高宗一○九八、八）

（乾隆四五、一二、丙辰）賑卹甘肅皋蘭、河州、狄道、金縣、靖遠、會寧、隴西、安定、漳縣、洮州廳、華亭、山丹、武威、平番、西寧、文縣、涇州、肅州等十八廳州縣本年水災饑民。（高宗一一二○、一七）

（乾隆四六、一、丁丑）諭：昨歲甘肅皋蘭等一十八廳州縣，因夏間雨澤愆期，以致田畝被旱成災，業經降旨，令該督切實查勘，加意撫綏，俾無失所。第念皋蘭、河州、金縣、會寧、安定、武威、平番、涇州、肅州等九州縣，夏禾被災較重，開春正賑既畢，民食未免拮据，著加恩各展賑一個月；其餘被災較輕地方，如今春尚有缺乏籽種口糧之戶，並著隨時體察，酌量借給，以資接濟。該督即董率各屬，實心經理，務使窮簷均霑渥澤。該部遵諭速行。（高宗一一二二、三）

（乾隆四六、一一、戊午）賑卹甘肅隴西、寧夏、寧朔、平羅等四縣本年被水災民。（高宗一一四五、一一）

（乾隆四七、一、癸卯）又諭：上年甘肅寧朔、平羅等縣，因河水泛溢，秋禾被災，屢經降旨，令該督切實查勘，照例給賑。第念今春正賑已畢，尚屆青黃不接之時，民力未免拮据。著再加恩，將被災較重之寧朔、平羅二縣貧民展賑一個月。其隴西、寧夏二縣被災較輕，仍著該督飭令地方官留心體察，如有缺籽乏食之戶，即行酌借籽種口糧，以資接濟，務使災黎共慶安全，用敷春澤。該部遵諭速行。（高宗一一四八、一二）

（乾隆四七、三、乙卯）又諭：據李侍堯奏，查辦甘省各屬虧空錢糧案內，有節年民欠未完籽種口糧銀一項，內除歷次邀恩豁免外，尚有應徵積欠倉斗糧二百四十五萬四千八百三十餘石，折色銀三十萬七千三百二十餘兩，請分年帶徵等語。甘省地瘠民貧，朕於從前出借緩徵，用紓民力，在小民感激朕恩，自無不踴躍輸將。但念該省每遇偏災，動項賑卹，多爲劣員等侵蝕冒銷，閭閻未得普霑實惠，實非朕愛養黎元之意。今該省積弊已除，所有此項積欠銀糧，著加恩全行豁免，以示朕體卹邊氓，有加無已之至意。（高宗一一五三、三）

（乾隆四九、五、庚午）又諭：甘肅小山逆回田五等，謀興新教，煽誘匪徒，搶掠村堡，擾害良民。現在賊首雖已就斃，而夥黨尚未勦淨。其所過地方，百姓田廬牲畜被其搶掠及聞信驚避、遷徙流離者，均爲可憫。著福康安到彼，即會同該督，將該處村莊戶口，詳晰查明，酌量撫卹。其應行蠲免錢糧及給與口糧之處，一面辦理，一面據實分晰具奏，以示朕安撫良民、務期得所之至意。此旨當先到甘肅，李侍堯即謄黃普諭各屬。該部遵諭速行。（高宗一二〇七、二）

（乾隆四九、六、己酉）諭：前因甘省逆回不法，擾害地方，曾降旨令福康安查明被難良民，酌量撫卹，並將該省本年應徵錢糧，概行豁免。本日據福康安奏，現在該省市集糧價較昂，其伏羌一縣，已據該縣開倉減價出糶，其餘靜寧、隆德等州縣，曾經賊人經過處所，亦應一體覈實酌減出糶等語。向來出糶倉糧，每以年歲豐歉、照市價量爲酌減。今該省因賊人滋擾，小民糴食維艱，安可復拘常例辦理。著福康安即將應行出糶各地方，一體覈實，照例價大加酌減出糶。期於民食有濟，並著嚴飭該管道府，加意稽查，如有糶多報少侵冒情弊，即將經手之員，嚴參治罪。所有朕批閱福康安原摺，一併發鈔。（高宗一二〇九、一九）

（乾隆四九、七、壬午）諭：據福康安奏，甘省平番縣屬之連城、紅山並碾伯縣各土司地方，於乾隆四十三年因災民借籽種口糧銀兩，除歷年徵還外，尚未完銀共九千四百七十兩二錢零，請旨豁免等語。各該土民由土司管轄，奉公調遣，與編氓無異。此次逆回滋事，該土兵等或派隨營勦賊，或派防守城池，無不奮勉出力。著加恩將連城、紅山並碾伯縣各土民前欠籽種口糧銀九千四百七十兩二錢零一併豁免。(高宗一二一一、二七)

（乾隆四九、七、壬午）又諭：前以甘省逆回滋擾，百姓田廬牲畜被其劫掠及聞信驚避、遷徒流離者，均爲可憫，曾降旨令福康安查明撫卹，並將該省錢糧普行蠲免。茲據福康安奏，鹽茶等處各廳州縣所屬地方，俱有賊氛經過，其被難各戶人口及聞風驚避，事後續歸，並靖遠、伏羌、靜寧等處，被賊攻圍，比戶驚惶，不能自謀生計，均應酌量分別撫卹，現在將存貯軍糧按戶散給等語。甘省勦捕逆回，各路官兵雲集，所有需用軍糧，自應多爲籌備。現在賊匪已殲擒淨盡，官兵陸續徹回，其餘剩軍糧若仍運回本處，未免轉滋勞費，自應即於各該處就近散給被難戶口，以資口食。著福康安督飭該管道府覈實稽查，務俾災黎均霑實惠。該部知道。(高宗一二一一、二八)

（乾隆五二、六、甲子）諭軍機大臣等：據福康安奏，甘省六月初，河東、河西連得雨澤，蘭州省城初八、初十日亦獲甘霖，附近金縣、河州等屬，及稍遠之隴西等處，並俱得雨霑足。惟節候業已稍遲，前奏皋蘭等屬被旱較重地方，仍不免夏收失望，如有必須撫卹蠲緩事宜，俟該司道查勘明確，督率妥辦等語。甘省地處邊陲，當夏禾長發之際，全賴雨澤滋培。今蘭州及隴西等處，雖已節次得雨霑足，但節候業已稍遲，夏收失望，其被旱較重地方，業經福康安酌借籽種口糧，並量撥倉糧，減價平糶。但恐乏食貧民，不無拮据，著傳諭勒保於到蘭州後，一俟該司道查勘明確，如有必需撫卹蠲緩者，即一面奏聞，一面督率所屬，實力妥辦，毋致一夫失所。其各屬內間有被雹，及山水驟發，田禾被傷，並淹斃人口，衝塌房屋之處，均關民瘼，亦著飭屬查明，分別輕重，一體撫卹，以副朕惠卹邊黎至意。(高宗一二八三、二五)

（乾隆五二、一二、壬寅）賑卹甘肅皋蘭、金縣、河州、狄道、靖遠、沙泥州判、安定、會寧八州廳縣本年被旱災民。(高宗一二九四、一一)

（乾隆五六、六、己酉）豁免甘肅宜禾縣乾隆四十八、五十二兩年分民欠籽種、口糧五千七百九十石有奇，房馬價銀二百二十兩有奇。(高宗一三八〇、一二)

（嘉慶二、二、己卯）加賑甘肅狄道、河、環三州縣及莊浪縣丞所屬元年被旱、被雹災民。(仁宗一四、七)

（嘉慶二、三、辛酉）貸甘肅平番縣連城土司所屬被旱土民籽種、口糧。（仁宗一五、九）

（嘉慶三、五、壬申）免甘肅莊浪土司借給土民籽種、口糧。（仁宗三〇、四）

（嘉慶四、一二、乙酉）免甘肅循化廳撒拉爾番回未完賞借折色口糧銀。（仁宗五六、五）

（嘉慶六、一、己卯）加賑甘肅武威、鎮番、永昌三縣被旱災民。（仁宗七八、二）

（嘉慶六、九、戊子）賑甘肅宕昌番民。（仁宗八七、一四）

（嘉慶六、一二、甲寅）加賑甘肅皋蘭、狄道、渭源、金、靖遠、隴西、寧遠、伏羌、安定、會寧、通渭、岷、西和、漳、平涼、固原、隆德、靜寧、華亭、安化、寧、正寧、合水、環、山丹、東樂、永昌、鎮番、古浪、平番、秦、秦安、清水、禮、階、文、涇、崇信、靈臺、鎮原四十廳州縣，並西固州同、沙泥州判，莊浪、紅水二縣丞所屬被水被旱災民。（仁宗九二、一二）

（嘉慶七、一、丙子）展賑……甘肅皋蘭、渭源、金、靖遠、狄道、隴西、安定、會寧、岷、通渭、漳、西和、伏羌、寧遠、平涼、靜寧、華亭、隆德、固原、莊浪、安化、寧、正寧、合水、環、秦、禮、清水、秦安、階、文、涇、靈臺、崇信、鎮原、山丹、東樂、永昌、鎮番、古浪、平番四十一州縣及西固州同、沙泥州判、紅水縣丞所屬上年旱災貧民。（仁宗九三、四）

（嘉慶八、一、庚午）貸甘肅寧夏、寧朔、平羅、中衛、靈五州縣被水災民籽種、口糧。（仁宗一〇七、三）

（嘉慶八、九、癸巳朔）諭內閣：惠齡奏各州縣秋雨過多，山水漫溢情形一摺。據稱，皋蘭縣西鄉於七月二十日河水泛漲，淹沒秋禾地畝，衝塌房屋；又沙泥州於六月二十三等日，被水衝塌城角、城身及民房一百四十七間；又秦州及秦安縣被水衝刷土山傾圮，壓斃人口；寧夏府屬民田亦被黃河猛漲漫淹；此外平涼等府屬地方城垣、衙署、民房，多有被山水衝塌等語。該省因雨水過多，致各屬地方，間被山水衝刷，民廬田畝，多有淹沒，甚至傷斃人口。此係民瘼攸關，為地方緊要事件。惠齡現往西寧查辦番案，王文湧駐劄省城，接據各屬稟報，即應一面稟知總督，一面先行具奏，查勘撫綏。惠齡現駐邊境，於接到稟報後，亦應由驛馳奏，乃率用差人齎遞奏摺。試思該省被水地方，其最早者係在六月下旬，乃直至九月朔日始達朕前，寧不知朕宵旰民依，而任意遲延若此，亦太不曉事矣。惠齡在西寧得信較遲，但未經由驛馳奏，究屬非是，著傳旨申飭；王文湧身任藩司，並不即時具奏，實屬玩延，著交部議處。惠齡即馳回省城，順道將被水各屬親行履勘，加意撫卹。所有動用銀兩，均著作正開銷，毋庸捐貲辦理。其成災地方有應行蠲賑之處，亦著迅速奏明請旨，毋得再有延緩。（仁宗一二〇、一）

（嘉慶九、一、甲午）貸甘肅寧夏、平羅、秦、秦安、皐蘭、張掖、永昌、靜寧、階九州縣並沙泥州判所屬被水災民籽種口糧。（仁宗一二五、三）

（嘉慶一〇、一、辛卯）給甘肅西寧、碾伯、大通、皐蘭、金、靈、寧朔、中衛八州縣被水災民口糧有差。（仁宗一三九、三）

（嘉慶一〇、七、癸丑）……賑隴西、寧遠、伏羌、通渭、西和、靜寧、環七州縣被旱災民；給皐蘭、古浪、平番、西寧、碾伯、大通、巴燕戎格七廳縣被水災民口糧有差。（仁宗一四七、三）

（嘉慶一一、一、壬子）貸甘肅皐蘭、平番、西寧、碾伯、大通、巴燕戎格、隴西、寧遠、伏羌、通渭、西和、靜寧、環十三廳州縣及東樂縣丞所屬，被水、被旱災民籽種口糧。（仁宗一五六、八）

（嘉慶一一、四、丁未）賑甘肅漳、岷、兩當三州縣被水災民，并給房屋修費。（仁宗一五九、三七）

（嘉慶一一、七、癸丑）貸甘肅漳、岷、兩當三州縣被水災民籽種口糧。（仁宗一六四、一二）

（嘉慶一二、一、丙午）給甘肅寧夏、寧朔、平羅三縣上年水災貧民一月口糧，並貸被水各堡籽種。（仁宗一七三、五）

（嘉慶一三、二、戊子）加賑甘肅皐蘭、靖遠、安定、涇、平番五州縣被旱災民；貸河、金、鎮原、寧遠、西和、崇信六州縣貧民籽種口糧。（仁宗一九二、二一）

（嘉慶一四、一、壬戌）展賑甘肅皐蘭、金、隴西、平羅、靖遠、中衛、寧夏、西寧、巴燕戎格九廳縣上年被水、被雹災民。（仁宗二〇六、六）

（嘉慶一六、一、甲寅）展賑甘肅皐蘭、金、靖遠、隴西、會寧、安定、通渭、固原、鹽茶、靜寧、隆德、平番、靈、中衛、靈臺十五廳州縣，及花馬池州同、沙泥州判、紅水縣丞所屬上年被水、被旱災民，並貸籽種、口糧。（仁宗二三八、三）

（嘉慶一六、五、甲申）以甘肅春夏缺雨，糧價昂貴，命於省城減價平糶。（仁宗二四三、七）

（嘉慶一六、一〇、乙卯）免甘肅各屬貧民元年至十五年積欠籽種、口

糧及折色銀，並寧夏府屬未完渠夫口糧。（仁宗二四九、八）

（嘉慶二〇、一、丁亥朔）貸甘肅皐蘭、靖遠、鹽茶、靈、中衛、平羅、寧朔七廳州縣及紅水縣丞所屬上年被旱、被霜、被水災民籽種、口糧。（仁宗三〇二、三）

（嘉慶二一、一、甲申）貸甘肅皐蘭、金、靖遠、安定、隴西、平羅、西寧、鹽茶、狄道、静寧、會寧、通渭、寧遠、漳、靈臺、秦安、清水、靈、碾伯、大通、秦、兩當、平涼、寧夏、寧朔二十五廳州縣及花馬池州同所屬，上年歉收貧民籽種、口糧。（仁宗三一五、三）

（嘉慶二一、四、丙子）貸甘肅皐蘭、靖遠、隴西、安定、鹽茶、平羅、西寧、會寧、寧遠、漳、寧夏、静寧、寧朔、大通、碾伯十五廳州縣上年旱災及歉收地方貧民口糧。（仁宗三一八、一四）

（嘉慶二一、一一、丙午朔）貸甘肅皐蘭、狄道、渭源、西寧、寧朔、隴西、寧遠、安定、岷、通渭、兩當十一州縣被雹、被水災民口糧。（仁宗三二四、一）

（嘉慶二二、一、丙午）貸甘肅皐蘭、狄道、岷、隴西、伏羌、安化、寧、撫彝、武威、永昌、鎮番、古浪、大通、清水、禮、徽、兩當、安西、玉門十九廳州縣及王子莊州同所屬上年歉收貧民籽種、口糧。（仁宗三二六、二）

（嘉慶二三、一、丙午）貸甘肅靈、中衛、涇、靈台、鎮原、寧遠、武威、秦、秦安、肅、安西十一州縣上年被旱災民籽種、口糧。（仁宗三三八、六）

（嘉慶二四、一、丁酉）貸甘肅皐蘭、西和、徽、靈臺、鹽茶、武威、肅、高臺八廳州縣及肅州州同、東樂縣丞所屬上年被旱災民籽種、口糧。（仁宗三五三、七）

（嘉慶二五、一、戊午朔）貸甘肅成、鎮原、徽、秦、秦安、西寧、平涼、寧夏、伏羌、静寧、涇、靈臺、寧朔、平羅、階、狄道十六州縣及莊浪縣丞所屬上年被水、被雹災民籽種、口糧。（仁宗三六六、三）

（嘉慶二五、三、乙亥）貸甘肅皐蘭、河、隴西、岷、鹽茶、清水、禮、平羅、華亭九廳州縣及王子莊州同所屬貧民籽種、口糧。（仁宗三六八、一二）

11. 江蘇（包括江南）

（康熙九、二、癸亥）諭户部：淮安府屬海州、安東等九州縣，揚州府

屬高郵、興化等四州縣，水患頻仍，康熙八年夏秋又罹霪雨。爾部檄行督撫，即發倉粟，賑濟飢民。(聖祖三二、四)

（**康熙九、四、乙卯**）戶部議覆：貴州道御史萬泰疏言，淮揚等處，因歸仁堤決，田地被淹，災民流離，應敕該督撫設法賑濟。若賑米不敷，確查鄰近州縣常平倉所積米穀，酌量運赴淮揚，專委廉幹官員，實行賑濟。應如所請。從之。(聖祖三三、八)

（**康熙九、七、丁巳**）江南江西總督麻勒吉疏言：淮揚二府於五月終旬，淮、黃暴漲，湖水泛溢，百姓田畝、廬舍被淹，應亟行賑濟。但各屬積穀，已爲上年賑給之用，請暫那正項錢糧，俟勸輸捐納，補還正項。戶部議覆：以正項不便動支，應將鳳陽倉存貯及捐輸扣存各項銀米，交賢能官員散賑；如有不足，勸諭通省各官設法捐輸。得旨：淮揚百姓連被水災，深可憫念，著差部院廉能大臣一員，作速前往踏勘。果係被災已甚，無以爲生，即會同督撫一面將正項錢糧動用賑濟；若係次災，即照部議，將各項糧米賑濟。務使民沾實惠，以副朕軫災恤民至意。(聖祖三三、二一)

（**康熙九、一〇、甲午**）諭戶部：淮揚所屬地方，歲比不登，屢廑朕懷。今年又遭水災，黃、淮交漲，隄岸衝決，百姓室廬多被淹沒。夏麥未獲登場，秋禾播種水漾難施，民生失所。特差部臣速行踏勘，准動正項錢糧、存積銀米，將饑民賑濟。但被災之民既無耕穫，何以輸糧？如再加催科，愈不堪命。今年淮揚所屬被災地方應徵錢糧，共該若干，爾部速行酌議蠲免，以副朕恤災愛民至意。(聖祖三四、一一)

（**康熙一〇、三、己卯**）諭戶部：頃因差往江南郎中禪塔海奏事來京，朕面詢民生休戚。據奏，淮揚等處地方水患未消，人民饑饉流移，前雖行賑濟，今無以餬口，困窮至極。聞此情形，深切憫惻。民爲邦本，如斯困苦，豈可不速行拯救？今應即行差官前往賑濟，或就近截留漕米，或動支何項銀兩糴米，給散饑民，爾部作速議奏。(聖祖三五、一六)

（**康熙一〇、四、癸未**）戶部遵旨議覆：淮揚饑民，應發銀六萬兩速行賑濟。得旨：饑民待食甚迫，與銀無益。著截留漕糧六萬石，并各倉米四萬石，遣侍郎田逢吉并賢能司官二員，會同該督撫賑濟散給。務使饑民得沾實惠，以副朕軫恤民生之意。(聖祖三五、一八)

（**康熙一一、五、丙午朔**）以江南安慶等七府、滁州等三州，連歲被水淹、蝗蝻等災，兼淮安、揚州饑民流離載道，命該督撫將現存捐納米石并寧國、太平等府存貯米穀，檄令各府、州、縣，照民數多寡，速行賑濟。(聖祖三九、一)

（康熙一一、六、乙亥朔）江寧巡撫馬祐疏言：高郵、興化等州縣歷年水災，蒙皇上屢次蠲賑，保全災黎。今歲新涸田地，勸民播種，二麥將成，不意又遭清水潭隄岸衝決，田廬仍被淹没。前部覆督臣麻勒吉所請捐賑之事，令於本年四月終停止。今各州縣田地復遭衝淹，涸出無期，民生困苦，視昔愈甚，懇請照常賑濟，俟水涸可耕停止。下部議行。（聖祖三九、六）

（康熙一一、閏七、甲辰）命發淮安庫銀賑濟邳州、宿遷、桃源、清河四州縣水災饑民。（聖祖三九、二三）

（康熙二四、九、丙寅）漕運總督徐旭齡疏報淮揚等處水災，請行賑濟。户部議：賑濟事應令地方官料理。得旨：淮揚等處又罹水患，百姓甚苦，朕心深爲憫惻。若令地方官賑濟，恐災民未沾實惠，應亟爲拯救，使小民不致流離失所。著遣部院堂官一員速往踏勘，詳議具奏。（聖祖一二二、三）

（康熙二七、一〇、丁卯）賑濟江南邳州等五州縣水災饑民。（聖祖一三七、二二）

（康熙二九、二、己卯）命發常平倉穀賑濟江南邳州、睢寧等八州縣并徐州衛被水災饑民。（聖祖一四四、二〇）

（康熙三五、九、甲寅朔）户部議覆：江南江西總督範承勳疏言，淮黄秋漲，邳州等州縣衛軍民田地淹没，災民望食。除將見存穀石賑濟外，乞將見貯省城米十萬石，按災輕重賑給。應如所請。得旨：依議速行。（聖祖一七六、二）

（康熙三七、一〇、戊午）命發常平倉穀賑濟海州、鹽城等九州縣被水災饑民。（聖祖一九〇、一七）

（康熙三八、七、甲申）河道總督于成龍疏報：邵伯更樓、高郵九里等處被水衝決。上諭大學士等曰：朕慮各處閘壩俱已閉塞，大水一至必至泛溢，屢諭于成龍作速挑濬芒稻、人字兩河。今竟未挑濬，卒如朕言。著速行文巡撫宋犖，令親赴揚州、淮安收養被水百姓。江西巡撫馬如龍前奏，江西地方連年大熟，今歲亦有秋，著行文馬如龍，令速運米十萬石至揚州、淮安，交與宋犖，或煮粥或賑濟，相機行事。（聖祖一九四、四）

（康熙三九、七、癸丑）命發運江蘇等處倉穀，於淮揚二府所屬被水災海州、山陽等十五州縣，賑濟三月。（聖祖二〇〇、八）

（康熙四二、八、丙子）諭户部：邳州等處地方，屢被災傷，不減於東省，但尚有水路可通，著該督撫親往察閱，應作何速行拯濟，一面頒賑，一面奏聞，俟具題到日，將應蠲豁錢糧，另議具奏。（聖祖二一三、二）

（康熙四七、一、乙亥）大學士、九卿等遵旨會議：江南米貴，應令漕運總督將湖廣、江西起運本年漕米內，截留四十萬石，分撥江寧、蘇州、松江、常州、鎮江、揚州六府，交賢能官員，減價平糶。從之。（聖祖二三二、六）

（**康熙四七、一二、壬戌**）以江南蘇州、松江、常州、淮安四府，并徐州水災，命動支淮、徐二屬積貯穀麥七萬五千餘石賑濟；并免蘇、松、常三府白糧耗米九萬七千餘石。（聖祖二三五、三一）

（**雍正二、二、甲寅**）賑江南靖江、丹陽二縣，淮安、大河二衛旱災饑民。（世宗一六、一六）

（**雍正二、三、甲午**）戶部議覆：署江蘇巡撫何天培奏言，江蘇等屬，去歲秋禾水淹，窮黎乏食，業經題請散賑，民困未蘇。請於本年正月起，至二月止，令各州縣添設粥廠，廣爲煮賑。應如所請。從之。（世宗一七、二〇）

（**雍正二、九、甲辰**）江蘇布政使鄂爾泰摺奏：七月十八、十九兩日，颶風迅發，海塘衝決，民廬倒坍，溺死者衆；海外崇明一縣，被災尤甚。已撥存留米一萬石，又買米二千石平糶。其餘州縣並詳明督撫，量災之輕重，發銀散給。再查松江府屬之海塘土堤，衝決三千六百七丈；上海護塘，衝決九百一十丈。均應急爲搶築，以防秋潮大汛。請權動正項地丁，給發堵築，即以被災之民充役，給以工食，一舉而塘工、民命，並可兩全。奉上諭：應如是行。築堤之策，甚屬良法。去歲山東挑淺，大得其益，可核詳督撫題請舉行。（世宗二四、六）

（**雍正二、九、辛酉**）諭江南、浙江總督、巡撫等：今歲七月中，颶風大作，海潮泛溢，江南、浙江沿海州縣衛所，堤岸多被衝塌，居民田廬漂沒，朕軫念深切，已降諭旨，令江浙地方官亟行賑濟撫綏，毋使災黎失所。今被衝海塘，若不及時修築，恐鹹水灌入內河，有礙耕種。爾督撫等，著即查明各處損壞塘工，料估價值，動正項錢糧，作速興工。至沿海失業居民，度日艱難，藉此傭役，俾日得工價，以資餬口，是拯救窮民之法，即寓其中矣。將此再行飭諭，務期實心遵旨速行，以副朕憂恤元元至意。（世宗二四、一五）

（**雍正五、二、壬戌**）賑江南江寧等十九縣、淮安、大河二衛水災饑民。（世宗五三、九）

（**雍正五、二、癸酉**）賑江南福泉、陽湖二縣水災饑民。（世宗五三、二三）

（**雍正五、一二、癸未**）賑江南泰興縣水災饑民。（世宗六四、二）

（雍正五、一二、甲午）賑江南海州、清河二州縣水災饑民。（世宗六四、一八）

（雍正五、一二、辛丑）賑江南懷寧等十四縣水災饑民。（世宗六四、二四）

（雍正八、八、甲寅）諭户部：據馬爾泰等奏稱邳州、宿遷等十八州縣被水人民，已會同地方官查勘賑濟，擬給兩月口糧，其房屋倒塌者，給價安頓等語。凡此窮民，朕心深爲軫念，著將所定口糧之數，增給一半，並於兩月之外，加賑一月，務令小民得所。（世宗九七、一一）

（雍正八、九、丙子）賑江南建平縣水災饑民。（世宗九八、八）

（雍正一〇、一二、戊辰）大學士等議覆：漕運總督性桂奏言，江南蘇松等州縣潮溢爲災，内有勘不成災之處，或經風雨蟲傷，所産稻米顆粒不齊，易致霉變，請酌留漕糧四十萬石，於明年平糶。漕糧既浄，民食亦得有資。應如所請。從之。（世宗一二六、一二）

（雍正一一、一、庚寅）諭内閣：上年江南沿海被水地方，如常熟等二十二州縣，並續報之華寧等六縣，該督撫等已遵旨軫恤，定議大賑三次，每次以一月爲期。料寒冬初春以來，窮民存養有資，不致失所矣。朕念二三月間，正青黄不接之時，尚須籌畫接濟，資其力作，庶可無誤春耕。著再加賑四十。其有從前遺漏貧民並前可餬口而目下力不能支者，俱著查明，添入補賑之内。再被水之鹽場竈户，亦照貧民例加賑一月。該督撫、鹽政務須督率有司，實力奉行，使被水之家，均沾恩澤，以副朕恤災拯困之至意。（世宗一二七、五）

（雍正一一、二、戊午）諭内閣：江南濱海之州縣，上年遭值水患，貧民乏食，朕已蠲租散賑，加意撫綏；今春又頒諭旨，加賑四十日，資其耕作，務令得所。近聞有司奉行不力，吏胥作奸，竟有未霑實惠之窮民，現在嗷嗷待哺，而松江所屬爲尤甚。此雖罪在有司，而督撫等亦豈無聞見？咎實難辭。著該督撫嚴行申飭，竭力稽查，並督率郡縣官速爲料理。儻再有怠忽從事者，定將大小官員嚴加處分。（世宗一二八、二）

（雍正一一、一〇、癸酉）賑江南宿州、靈壁等四州縣水災饑民。（世宗一三六、一四）

（雍正一三、一〇、辛卯）户部議覆：蘇州巡撫高其倬疏報，阜寧、鹽城、興化、海州、贛榆五州縣，雨澤稀少，其地處最高，不通河水，以及鹹潮灌浸之區，禾豆均已枯槁，酌籌接濟。應令委員會勘，果否成災。有應行賑濟之處，即行賑濟，毋致失所。得旨：依議速行。（高宗五、三八）

（雍正一三、一二、乙未）是月，蘇州巡撫高其倬奏查勘阜、鹽等五州縣，分別成災不成災，照例蠲賑。得旨：賑濟貧民，務須殫心奉行，以防弊竇。俾閭閻均霑實惠。其餘應題請者，照例具題。（高宗九、三七）

（乾隆一、九、乙卯）加賑江蘇蕭、碭山二縣，徐州一衛水災飢民。（高宗二七、九）

（乾隆一、一一、甲午）戶部議覆：江南提督南天祥疏言，高郵等州縣被水災後，米價涌貴，請將附近州縣存倉積穀，運往協濟平糶。應如所請。從之。（高宗三〇、四）

（乾隆一、一二、乙丑）賑江蘇溧水等十二州縣被水災民。（高宗三二、七）

（乾隆二、七、丙辰）[兩江總督慶復]又奏：下江上元、江寧、句容、溧水、高淳、江浦、常熟、昭文、陽湖、武進、無錫、金匱、江陰、宜興、荊溪、靖江、丹徒、丹陽、金壇、溧陽、鹽城、泰州、興化等二十三州縣，田畝被淹，間有一二不能補種者，及各屬糧價，間有稍昂之處，照例平糶。其倉儲無多地方，酌量豫為撥備。得旨：知道了。倉儲無多，何不設法買補？（高宗四七、三〇）

（乾隆二、閏九、甲申）兩江總督慶復奏報：碭山、興化二縣，被水較重，已給賑一月，請各加賑四個月。又高淳、句容、金壇、溧陽、鹽城、安東、蕭縣、銅山等八縣，被水稍重，請普賑三個月。又上元、江寧、江浦、溧水、陽湖、無錫、宜興、荊溪、江陰、丹陽、泰州、高郵、寶應、豐縣、海州等一十五州縣，被水稍輕，請普賑兩個月。倉穀不足者，於就近州縣撥給。其貧民年力強壯者，各令前赴河工就食。得旨：知道了。如此實心辦理，庶災黎得以稍蘇矣。（高宗五三、一七）

（乾隆三、九、己卯）署蘇州巡撫許容奏：江省賑恤事宜，現已次第辦理，民情俱各安穩。得旨：所奏俱悉。料理一切，必誠必敬，庶幾默回天心，少救災黎耳。（高宗七七、二〇）

（乾隆四、四、乙巳）江蘇巡撫張渠奏：上年淮安等處被災，鹽城較重，請酌量加賑一月，以濟民食。得旨：應如是辦理者。（高宗九一、二〇）

（乾隆四、七、乙丑）蘇州巡撫張渠題報：泰州、鎮江衛四月雹災，睢寧縣四月旱災，安東、銅山、豐縣、沛縣、蕭縣、碭山、邳州、徐州衛、海州、沭陽等十州縣衛五六月內水災。現在遵旨查明，極貧之戶，先行撫恤一月，每大口給米一斗五升，小口七升五合，穀則倍之；瓦房每間給修葺銀七錢五分，草房四錢五分。極貧者以八月起，加賑四個月；次貧自九月起，普賑三個月；又次貧自十月起，普賑兩個月。少壯以工代賑。又寶應、宿遷被水，現在確勘，一並題明。得旨：下部速議具奏。尋議：應如所請。從之。（高宗九七、六）

（乾隆四、一一、辛未）又諭：今年江南淮、徐、海等屬，夏秋被水偏災，因值連歲歉收，民力艱窘，已諭令該督撫於秋冬之間加意賑濟，以濟窮困，俟冬底再降諭旨。今聞散賑之期將滿，而被災有輕重之不同，應分別加賑之期，以待來年耕種，貧民始不至於失所。其被災重者，如安東、邳州、銅山、沛縣、豐縣、碭山、蕭縣、海州、沭陽等九州縣，著將極貧之民，加賑四個月；次貧之民，加賑兩個月；又次貧民，加賑一個月。其被災稍輕者，如宿遷、睢寧、桃源、清河、贛榆、阜寧六縣，著將極貧之民，加賑兩個月，次貧之民，加賑一個月。該部可即傳諭江南督撫，董率有司，實力奉行，務令均沾實惠。倘有侵漁破冒，及胥吏、土棍中飽等弊，即行參拏，從重治罪。（高宗一〇五、一四）

（乾隆六、五、癸巳）江蘇巡撫徐士林奏報：淮、徐二府暨海州，緣大雨浹旬，湖河並漲。現據邳州稟報，迦口社被災極貧之民，勢難緩待，已飭司撥銀三千兩，先行撫恤。其銅、沛、蕭、宿、睢及海、沭七州縣，委員確勘災地極貧之民，並應先行賑恤。得旨：如此辦理，甚副朕視民如傷之念。其賑恤之際，尤應加意查察，使災黎皆受實惠可耳。（高宗一四三、二五）

（乾隆六、六、壬戌）江蘇巡撫徐士林奏：淮、海、徐等府州屬，四五月間被水，淮民不種秋糧，以麥爲天。麥秋被水，一歲生計已絕。即補種雜糧，收成已薄。或水退甚遲，則雜糧亦不及種。更有補種後，續報五月遇雨復淹者。雖在夏月被災，實已秋成絕望，不能緩待秋時勘辦賑卹。再七月前所賑，俱係極貧，請從八月起，加賑五個月。其次貧從十月起，加賑三個月。得旨：如此留心民瘼，實副朕懷保之意也。但須窮黎皆受實惠，而胥役無冒扣之弊方可。告之陳大受，令其加意查察。（高宗一四五、二二）

（乾隆六、八、癸卯）賑江蘇山陽、阜寧、清河、桃源、安東、銅山、豐縣、沛縣、蕭縣、碭山、邳州、宿遷、睢寧、海州、沭陽等十五州縣及淮安、大河、徐州等衛，莞瀆、臨洪、興莊等場水災饑民。（高宗一四八、一七）

（乾隆六、八、壬戌）吏部尚書署兩江總督楊超曾奏報兩江五十州縣衛水災撫恤情形。得旨：覽奏甚爲厪念。其被災之人，須加意賑恤，毋致失所

也。(高宗一四九、一六)

（**乾隆六、八、壬戌**）江蘇布政使安寧奏報上元等二十五州縣被水撫恤情形。得旨：如此急速辦理，甚合朕視民如傷之意。此後更當查勘詳明，務使災黎皆受實惠。(高宗一四九、一八)

（**乾隆六、八、壬戌**）［江蘇布政使安寧］又奏報溧水、通州等十五州縣衛被水撫恤情形。得旨：知道了。悉心辦理。毋濫毋遺，以慰朕南顧之憂。勉之。(高宗一四九、一八)

（**乾隆六、九、辛卯**）吏部尚書署兩江總督楊超曾奏報上下江各屬水災賑恤情形。得旨：所奏俱悉。料理賑恤事宜，頗為得法。須令屬員咸知朕視民如傷之意，以至誠惻怛之心為之，庶可稍救災黎耳。(高宗一五一、二〇)

（**乾隆六、一一、戊寅**）加賑江蘇上元、江寧、句容、溧水、江浦、六合、丹陽、溧陽、山陽、阜寧、清河、桃源、安東、鹽城、高郵、泰州、江都、甘泉、寶應、銅山、豐縣、蕭縣、沛縣、碭山、宿遷、海州、沭陽、贛榆、通州、如皋三十州縣，淮安、大河、揚州、徐州四衛水災軍民貧生。(高宗一五五、六)

（**乾隆六、一二、壬寅**）諭：江南淮、徐等屬地方，今年被災歉收，朕已諭令該督撫加意賑卹，無使窮民失所。今聞江浦、六合、海州、沭陽、清河、桃源、安東、銅山、沛縣、宿遷此十州縣，民情甚為艱窘。而其中江浦、六合、海州、沭陽為尤甚。此處飢民，明歲開春之時，非賑無以餬口。著將此四州縣極貧飢民，從來年正月起至二月止，加賑二個月，次貧者加賑一個月。其清河、桃源、安東、銅山、沛縣、宿遷六縣，將極貧飢民，加賑兩個月。該督撫可督率有司，實力奉行。務令小民均霑實惠。該部即遵諭行。(高宗一五六、二六)

（**乾隆七、二、己未**）［兩江總督那蘇圖］又奏：遵查淮、徐地方，清明節後種高粱者十居三四。春水涸處，不致荒廢。低窪之區，無從宣洩，為數無多，不納錢糧。民以葦草、魚蝦為利，涸則隨時播種。積水未消，不足礙民生計。至各屬賑借，恩已無可復加。來往飢民，或虞顛仆，煮粥接濟。飭舉應動工程，寓賑於工。俟春耕酌借籽粒，設廠平糶。得旨：覽奏，朕懷稍慰。但以朕所聞，淮、徐等處飢民，尚不無失所者。茲特差周學健前往查賑，卿與彼悉心酌議，以救災黎，以副朕如傷之念。(高宗一六一、一七)

（**乾隆七、二、己未**）［江蘇巡撫陳大受］又奏：查沛縣飢民，採食野蒿草根，多致死亡，深堪憫惻。現飭司酌動減存餘平銀兩，除極貧現在加賑外，查實難存活者，照賑數折銀酌借口糧兩月。其災重未賑次貧之銅山、宿

遷、清河、安東、桃源等處，有似此者，一體酌辦。得旨：自應如是辦理者。（高宗一六一、一八）

（乾隆七、三、戊子）欽差侍郎周學健奏：訪聞河南儀封、考城等縣，盜匪滋事。山東桃源集、南陽鎮盜風甚熾。江省饑乏，恐被鄰省匪誘。現在招徠養贍，以清盜源。得旨：周學健奏摺，可即抄錄，寄與河南巡撫雅爾圖、護理山東巡撫魏定國閱看。令其立速查辦。（高宗一六三、一六）

（乾隆七、三、己丑）［欽差侍郎周學健］又會同兩江總督那蘇圖、江蘇巡撫陳大受奏：遵旨減糶，誠恐米價太賤，商販不通；酌中定價，期濟民食。並飭各災區多設米廠，委員監買，戶限一斗以內，以杜奸民賤糴貴糶。得旨：所辦甚妥。知道了。（高宗一六三、二〇）

（乾隆七、三、己丑）［江蘇巡撫陳大受］又奏：會同欽差及督臣，分別加賑淮、徐等屬，銀穀兼放。借撥運庫，酌貸口糧。飭屬濬河洩淤。得旨：所奏俱悉。（高宗一六三、二〇）

（乾隆七、四、乙未）［戶部］又議覆：欽差侍郎周學健、調任兩江總督那蘇圖、江蘇巡撫陳大受遵旨查奏，被災州縣，徐屬銅山、沛縣、宿遷為最，淮屬清河、桃源、安東次之。此六縣極貧，現屆麥秋尚遠，應再加賑一個月；其次貧未奉加賑，較極貧無異。應將銅、沛、宿三縣之次貧，除前借口糧，抵賑一個月，應再賑一個月；至清、桃、安三縣之次貧，已酌借口糧者，免其秋還，未借者無庸補給，再普賑一月。海州、沭陽二州縣，六年被災最甚，應將極次貧再普賑一個月；徐屬之蕭縣、邳州、睢寧，淮屬之山陽、阜寧五州縣，俱未奉加賑，應將極次貧普賑一個月。再各州縣內有逃荒回籍、向未領過賑項，及現在收養流民，各賑兩個月。淮安、大河、徐州三衛，按坐落州縣，照原分極次貧辦理等語。應如所奏，速行辦理。至稱現請加賑之口糧，皆屬急需，將現在截留撥發徐、海二屬平糶未糶漕米，撥往缺米地方，散給本色。亦應如所奏。得旨：依議速行。（高宗一六四、二〇）

（乾隆七、六、丁巳）兩江總督宗室德沛奏：江浦、山陽、阜寧、清河、安東、桃源、興化、宿遷等縣，經上年成災之後，今又被水被雹，更宜竭力撫卹。得旨：是。此數處疊遭災祲，不可以常例視之。宜加意撫綏者也。（高宗一六九、二五）

（乾隆七、七、丙戌）［江蘇巡撫陳大受］又奏：徐屬連年災祲，今夏二麥甫收，因水減歉；且自六月以來，陰雨連綿，收成有限，其不能導涸者，一望汪洋。有田之民，固覺艱窘；無田者甫賴皇仁，賑至四月，得延殘喘，又將嗷嗷待哺，恐致流離失所。臣已飭道府率同州縣細查，擇極貧下戶，給一月口糧；其被水之區，有願借領籽種工本者，照給；倒坍房屋，分別給資修葺，露處之戶，令擇高阜處所，搭棚棲託。查淮北民風，麥收之後，恆多外出，若係被水人戶，例當安插，毋令流移。亦經飭令地方官，酌量料理。得旨：江南連歲水災，民多失所，我君臣不可不深自警惕。若賑卹之事，不能妥辦，是益增罪戾矣。朕既引爲己過，誠願汝等督撫大吏，體朕如傷之心，以救災黎耳。（高宗一七一、二四）

（**乾隆七、八、丙辰**）兩江總督宗室德沛奏報：今歲江、淮、揚、徐、海五府州，所屬之江浦、六合、山陽、阜寧、清河、桃源、安東、興化、銅山、沛縣、邳州、宿遷、睢寧、蕭縣、海州、沭陽，并淮安、大河二衛，計十八州縣衛，又甘泉、豐縣、碭山、鹽城、高郵、寶應、徐州衛，並江都、泰州等處被水，茲復以古溝東壩衝開，揚州一帶，水患尤重。臣與撫臣親往料理，所有淮、揚、徐、海四府州，已派委道府，督率地方官，動支銀米。自七月爲始，先撫卹兩月，其冬春開賑事宜，另行酌辦，隨時奏聞。得旨：即如汝等另摺奏，七月十七八，尚有異漲；而此番奏摺，乃八月初二日，於目前情形，總無一語道及。如此不留心民瘼，不體貼朕心，何能慰朕懷耶？覽奏，徒增朕憂耳。（高宗一七三、三二）

（**乾隆七、八、丙辰**）山東巡撫晏斯盛奏：江省被水流民，就食來東，待哺甚急；臣飭令查明，每日計口給米，總期寧濫無遺。再地方偶歉，流民轉徙，若照例入境即咨送回籍，未免徒滋道途僕僕之苦；且回籍亦難依棲，似可俱令照前一體留養。得旨：朕亦尋思到此，已降旨矣。此奏與朕意符合，嘉悅覽之。仍應辦理得宜，更爲妙耳。（高宗一七三、三九）

（**乾隆七、一〇、壬辰**）加賑江南山陽、阜寧、安東、清河、桃源、銅山、沛縣、蕭縣、邳州、宿遷、睢寧、海州、沭陽、甘泉、泰州、興化、高郵、寶應、鹽城、六合、江都、江浦、豐縣、碭山、贛榆、淮安、大河、徐州等二十八州縣衛水災飢民。（高宗一七六、一二）

（**乾隆七、一〇、癸巳**）欽差刑部侍郎周學健、直隸總督高斌奏：江南銅山、沛縣、邳州、宿遷、桃源、清河、安東、海州、沭陽等九州縣，因九月湖河並漲，續被水災。請將次貧增賞十月一個月口糧，與極貧一體賑卹。得旨：昔汲黯非查災之使臣，尚可便宜行事，況親承朕命查災賑之大臣乎？著照所請行。該部知道。（高宗一七六、一二）

（**乾隆八、一、甲申**）兩淮鹽政準泰奏：揚州附郭貧民，不符災賑之例，寒冬餬口維艱。上年九月間，奏明動用運庫銀兩，量加矜恤；應照折賑之例，每大口月給折銀一錢八分，小口減半，賑卹兩個月。今已將上年十二月

及本年正月賑銀，委員一並散給。得旨：知道了。(高宗一八三、一二)

（乾隆八、三、癸未）[江蘇巡撫陳大受]又奏：淮、揚、徐、海成災州縣，交春以後，商販流通，糴糧尚易，若於賑給米穀內，酌折銀兩，於民頗便；其勻存米石，並可稍資儲備。得旨：所奏俱悉。通融料理，原係汝等職分，豈有止賴官帑官穀，而均勻散給，即爲了事耶？(高宗一八七、一九)

（乾隆八、六、庚辰）署兩江總督尹繼善、江蘇巡撫陳大受奏賑恤事宜：銅山、沛縣極貧之户，給賑六、七兩月；次貧給賑七月一月。海州、沭陽乏食貧民，亦賑一月。阜寧情形，雖覺稍輕，然秋穫尚遥，應接濟一月。其各衛所，隨州縣坐落地方，一體分別查辦。得旨：所奏俱悉。督撫率屬員妥辦可也。(高宗一九五、二九)

（乾隆八、七、丁酉）諭：淮、揚、徐、海四府州屬，疊被水旱，朕心軫念。於賑卹之外，復借給籽種、牛草銀兩。此等借給之項，例應秋收後催還。但此四府州屬，六、七兩年，水災尤重，借給更多。有已借冬種，旋因無收，又借春種者；有春種無收，復借秋種者。數年之積欠，一時恐難全完。著該督撫轉飭地方官酌量情形，其力能清償者，自應照例交納；若實屬艱窘無力，不能完繳者，著於來歲麥收後，再行分限催還。以示朕軫恤積欠災黎之至意。(高宗一九七、二)

（乾隆八、七、庚戌）賑卹江蘇銅山、沛縣、海州、沭陽、阜寧五州縣，大河、徐州二衛旱災、蟲災飢民。(高宗一九七、二〇)

（乾隆一〇、七、己亥）署兩江總督、協辦河務尹繼善奏：上江之宿州、壽州、鳳陽、臨淮、懷遠、虹縣、靈璧、鳳臺、潁上、阜陽、泗州、五河及鳳陽、鳳中、宿州三衛，下江之安東、桃源、清河、阜寧、沛縣、銅山、蕭縣、睢寧、邳州、宿遷、海州、贛榆、沭陽及大河衛，本年四月間，雨多水長，麥田被淹。業經借給籽種、口糧在案。嗣因五月底至六月中旬，雨水連綿，復有續報被水者。現飭各州縣，查明被災輕重之處，先賑卹一月。得旨：是。據準泰奏，情形相同。應加意撫卹。(高宗二四五、二二)

（乾隆一〇、八、癸亥）諭軍機大臣等：朕聞江南徐州一帶，被水歉收，現在貧民，多有行至河南之商邱、虞城，山東之曹、單等縣地方謀食者。從前尹繼善奏，下江之淮、徐、海所屬各州縣，低窪地土被淹，現今確查撫恤等語。經朕批諭，被災之處，加意撫恤，毋致小民失所。今該處乏食貧民，流移四出，尹繼善身任地方，何未據實奏聞？可寄信詢問，令其將該處實在情形，及如何辦理安輯之處，即速具奏。尋奏：徐州一帶，自七月望後，續因豫、東等省上游水發，黃河驟漲，以致銅山、蕭縣、碭山等縣，同時被淹。臣即飛飭府縣，將被水貧民，先行撫恤安頓。但地方猝遭水災，民居衝塌，遂有行至附近之商邱、虞城、曹、單等縣謀食者。現聞本地加意撫綏，陸續回里。其有未回者，並咨豫、東二省，送令回籍，一體入賑。再上下江被水各屬，輕重不等，臣與兩撫臣，悉心籌辦。先將被災較重之處，賑一月口糧；再酌定加賑月分多寡。衝塌房屋，照例給銀修葺。目下正當種麥之期，其涸出地畝，並借給籽種。得旨：果如此實力辦理，可以稍救災黎矣。（高宗二四七、四）

（**乾隆一〇、八、己巳**）江蘇巡撫陳大受奏：下江淮、徐、海三屬，因六七月間雨大水漲，各州縣秋禾被淹。現在撫恤貧民，酌借籽種，並設法宣洩，以便佈種二麥。其有夏災地畝，復被秋災者，除夏災已經撫恤外，今再撫恤一月。得旨：此事早應奏聞，何遲至今日耶？一切料理，須加意爲之，務期妥協無虞，汝方可起身來京陛見。至今年被災光景，較之七年究竟如何，速奏以慰朕懷。（高宗二四七、一三）

（**乾隆一〇、一二、丁卯**）兩江總督尹繼善奏查賑徐、鳳、泗等屬，並分別資送被災流民。得旨：古云救荒無善策，惟在實心辦理耳。（高宗二五五、二六）

（**乾隆一〇、一二、丁卯**）江蘇巡撫陳大受奏：銅山縣呂梁莊一帶，秋間被災最重。今復因冰凌阻塞，黃水陡長三四尺，淹及已涸麥地，漂没民房，所領賑糧，又成烏有。已查明被凌人户，不分極次貧民，俱補給一月口糧。俟水涸，再借給籽種補種。目下天氣晴暖，積凌已消，河水漸落，民情寧帖。得旨：是。應加意撫綏者。（高宗二五五、二七）

（**乾隆一一、一、辛卯**）諭：去年上下江被災州縣，經朕降旨加恩賑恤，並截留漕米以資接濟，閭閻諒不至於失所。惟是各屬賑期，俱至正月而止，今春逢閏，計去麥熟尚遠，恐災重州縣百姓，難免拮据。著加恩將被災較重之宿州、靈璧、虹縣、亳州、蒙城、阜寧、安東、清河、桃源、銅山、邳州、睢寧、海州等州縣極貧加賑兩個月，次貧加賑一個月；被災次重之泗州、盱眙、鳳臺、懷遠、太和、宿遷、蕭縣、沛縣、沭陽等州縣，無論極次貧民，俱加賑一個月。其各衛隨坐落州縣，一體加給。俾窮黎不致乏食。該部即遵諭速行。（高宗二五七、七）

（**乾隆一一、閏三、庚子**）諭：上年淮、徐等屬被災州縣，經朕屢降諭旨，加恩賑恤，今春因麥熟尚遠，亦已再行分別加賑，俾閭閻不致失所。但思阜寧縣鄰近海濱，地勢窪下，被災較重，非他處可比。聞上年被淹之後，至今潦深數尺，尚難耕種，麥收已復無望。著將被災民户竈户，無論極貧次

貧，於停賑之後，再行普賑一個月。俾窮黎接濟有資，不致乏食。該部遵諭速行。（高宗二六二、一〇）

（乾隆一一、四、丁卯）諭軍機大臣等：據巡撫陳大受奏稱，江南阜寧縣水涸之後，陸續種麥，今春凍傷，不能暢發等語。朕從前因阜寧地方鄰近海濱，上年被災較重，已於閏三月初四日降旨加賑一個月，想陳大受具奏之日，尚未接到此旨。著傳諭陳大受於加賑之外，或借給籽種，趕種秋禾；或減價平糶，以資民食。令其悉心體察，善爲辦理。其餘被災州縣，現在情形若何？有應須接濟之處，一體照此撫恤，速行奏聞。尋奏：阜寧被災較重，已遵旨加賑一月，足資接濟；至于種二麥凍損之低田及未種續涸地畝、無力乏種者，約計四千四百餘頃，均經借給籽種，趕種秋禾。又縣境放生、橫溝二河，正在興工挑濬，飭令多僱本邑民夫，以工代賑。其存倉米穀，不拘常例，減價出糶，並於鄰邑協撥穀石濟糶。又徐州府屬銅山、豐縣、睢寧，雨雹間損二麥，貧戶借給籽種。其餘上年被災州縣，並無應照阜邑辦理之處。得旨：覽奏稍慰朕懷。（高宗二六四、一）

（乾隆一一、五、戊午）又諭：據尹繼善奏稱，江南上江之靈璧，下江之銅山、沛縣、睢寧、沭陽、蕭縣，於四月初八、十三等日，間有被雹之處，打傷二麥秋禾。已委員確勘，照例出借口糧，並借給籽種，令其及時補種，以望有秋等語。朕思靈璧等六縣，皆係上年成災之處，今復被雹，實堪憫惻。若所借口糧，秋收後仍令完納，民力未免艱難。著將現今出借一月口糧，作爲撫恤，免其償還。該部即傳諭該督撫知之。（高宗二六七、一二）

（乾隆一一、八、癸酉）諭：今年下江之淮、徐、海，上江之鳳、潁、泗所屬州縣，多被水災，朕心軫念，已命督撫等設法加意賑卹；其居民房舍被水衝塌之處，向例給資修葺。七年被災最重，朕於定例之外，曾加賞銀兩；今當積歉之餘，百姓生計，已屬艱窘，今又遭值水患，民力自多拮据。著將上下江被水之地，於定例外照七年之例加賞，俾坍塌房屋及時繕葺，早得寧居。該部即遵諭行。（高宗二七二、一七）

（乾隆一一、九、甲寅）賑江南徐州府屬之豐縣、蕭縣、睢寧三縣被雹災民。（高宗二七五、六）

（乾隆一一、一〇、辛卯）署江蘇巡撫安寧奏：本年淮、揚、徐、海被災各州縣衛，業予撫卹口糧及葺屋銀兩在案。其歲內明春接賑加展銀糧，約計不下二百二十餘萬，現已撥運熟地常平倉米、鹽義倉穀，並採買截留各項及撥運司府庫銀、兩淮鹽課存銀共銀糧二百二十萬，可以敷抵賑需。再查災地積水之區，現多方疏導，均漸消退，無誤春耕，俟冬底春初，查察已未盡涸，再行奏聞。得旨：所奏俱悉。爲督撫者第一應戒諱災之念，旁觀者清，及至身任其事，無不蹈此弊者，汝其常常提撕警省可也。（高宗二七七、二五）

（**乾隆一一、一一、辛酉**）是月，兩江總督尹繼善等奏：遵旨加展賑期。請將被災之邳州、宿遷、桃源、沭陽、沛縣、睢寧、清河、安東、阜寧、海州十州縣其十分九分者，極貧加展三月，次貧加展二月；八分、七分者，無分極次，加展二月；六分者，極貧亦加展一月。至貧生、飢軍各隨坐落地方，分別照辦。得旨：著照所請行。該部知道。（高宗二七九、一六）

（**乾隆一一、一二、丁卯**）諭：今歲江南邳州等十屬被災黎民，朕已令該督撫查明應賑月分，分晰加展賑卹。今思山陽、高郵、寶應、甘泉、銅山、蕭縣、贛榆七州縣被災雖爲次重，而與災重之邳州等屬，邑界毗聯，其困苦情形，應亦不甚懸殊。著將此七州縣被災十分、九分者，無分極次貧民，概行加賑兩個月；被災八分、七分者，亦無分極次貧民，同被災六分之極貧，概行加賑一個月，俾災黎得資接濟。該部即遵諭速行。（高宗二八〇、九）

（**乾隆一二、二、庚寅**）兩江總督尹繼善、署江蘇巡撫安寧奏：淮、徐、海等屬，上年被水，疊蒙賑濟，災黎安帖。惟查被災五分之貧民，與被災六分之次貧，向不在賑卹之內，而五分貧民，有酌借口糧之例，六分之次貧，例內未經開載。竊思五分災民，因無賑而借給，其六分災之次貧，亦係無賑之民，雖次於極貧，然較五分災者，尚多被一分之災，殊覺向隅。應請將五分貧民，六分次貧，其中稍可支持者，酌借一月口糧；如實屬無力者，酌借兩月口糧；俟秋收免息還倉。得旨：覽奏俱悉。（高宗二八五、一九）

（**乾隆一二、五、己未**）兩江總督尹繼善奏報：各屬雨水調勻，二麥豐稔，惟徐州府屬之銅山、沛縣被雹傷麥，現飭查勘，一面照例資給口糧，借給籽種。得旨：覽奏欣慰。其被雹雖屬一隅，亦當加意撫卹。（高宗二九一、二七）

（**乾隆一二、六、丁丑**）諭：江南沛縣、銅山二邑，於本年夏初禾麥被雹，間有損傷之處，該督撫借給一月口糧，以資補種。朕念銅、沛二邑，連歲歉收，若照例於秋後繳還，民力未免拮据。著加恩將現在借給口糧，作爲撫卹之資，免其秋後還項。（高宗二九三、四）

（**乾隆一三、一、戊子**）諭：上年江蘇潮災，惟崇明爲最重。朕已於例賑之外，又加恩展賑至今年三月，俾小民餬口有資。今思賑畢之後，去麥秋猶有月餘，或尚需接濟。著該督撫臨期查看情形，其有應行加賑之處，即行具摺奏請。該部速行文該督撫知之。（高宗三〇六、八）

（乾隆一三、一、壬辰）諭：上年江南被潮、被水州縣，崇明等處已分別加展賑卹，至下江之阜寧、蕭縣，上江之宿州、靈壁、虹縣，雖成災情形稍輕，但地當連歲積歉，恐正賑之後，麥秋以前，小民仍不免有失所之虞。著將宿州、靈壁、虹縣、蕭縣、阜寧五州縣成災七分以上之貧民及衛所軍丁，無分極次，概行加展賑糧一月，以資接濟。該部即遵諭速行。（高宗三〇六、一一）

（乾隆一三、一〇、己亥）諭：江蘇從前被災地方，所貸籽種、牛草等項銀米，節經該督撫題明分年緩帶，今秋既獲豐登，自應按限催徵。但朕念該處連歲歉收，帶徵之項，遞年積累，爲數孔多。若應徵銀米，併集一時，小民既須措辦本年正供及積欠地漕銀兩，又應交還帶徵欠項，恐力有拮据。著加恩將淮安府屬之山陽、阜寧、清河、桃源、安東、大河、淮安二衛，徐州府屬之銅山、沛縣、邳州、睢寧，揚州府屬之寶應，海州並所屬之沭陽、贛榆，自乾隆五年起，至乾隆十三年，未完籽種、牛草、米麥等項，共三十九萬餘，統於己巳年麥熟後起限，分作四年帶徵。其太倉州屬之崇明縣，上年潮災頗重，本年二麥復被雹傷，情形亦與他邑不同，所有乾隆十二年並本年借給籽種、口糧，亦寬予二年之限，於來歲麥熟後起徵。如此，則民力既得寬紓，災區元氣漸復。該部即遵諭速行。（高宗三二七、三）

（乾隆一三、一一、甲寅）賑卹江蘇銅山縣被水災民。……（高宗三二八、一二）

（乾隆一五、七、庚午）[江南河道總督高斌、協辦河務侍郎張師載]又奏邳、宿湖河異漲情形。得旨：覽奏俱悉。異漲既比雍正八年爲甚，其成災較雍正八年爲如何，速行詳查具奏。尋奏：查雍正八年，因黃河隄工十餘處過水，又洪澤湖天然壩啓放，故被災較多。本年黃河隄岸鞏固，天然壩堅閉未啓，是以水勢雖大，而成災處，較雍正八年，僅十之二三。現在該督撫委員查勘分數，酌量撫卹，民情安帖。得旨：覽奏稍慰。（高宗三六九、二五）

（乾隆一六、一、壬寅）諭：據黃廷桂摺奏，上下兩江，去年被水。成災最重之宿州、靈壁、虹縣、五河、宿遷、邳州、睢寧、海州、沭陽等處，次重之鳳陽、臨淮、懷遠、鳳臺、壽州、霍邱、清河、桃源、安東等處，三冬已普霑存濟。而冬末春初，賑期已畢，青黃不接，民力猶恐難支等語。著再加恩將被災最重之州縣，極貧加賑三個月，次貧加賑兩個月。次重之州縣，無論極貧次貧，俱加賑兩個月。其貧生飢軍等，隨所在地方，一體賑給。該督撫等董率有司，實力查辦，務使災黎均霑實惠。該部遵諭速行。（高宗三八〇、六）

（乾隆一六、二、癸酉）諭：朕車駕南巡，乘時布澤，蠲除積欠，疊沛恩施。更念江蘇之宿遷等州縣，上年被水稍重，雖經格外加賑，可以接至麥秋，該督撫等自督率地方官，按期散給，災黎均霑實惠。而清蹕所經，倍深軫恤。著再加恩，將經過之宿遷、清河、桃源三縣被災貧民，上年借出籽種銀兩，悉行免其徵還，以紓民力。該部遵諭速行。（高宗三八二、五）

（乾隆一六、二、戊寅）諭：上下兩江上年有被災稍重之處，曾經加恩將極重之宿州、靈璧、虹縣、五河、宿遷、邳州、睢寧、海州、沭陽等處，次重之鳳陽、臨淮、懷遠、鳳臺、壽州、霍邱、清河、桃源、安東等處，分別加賑。朕車駕南巡，所有經過之宿遷、桃源、清河三縣，見其民氣遠遜他處；並將所借籽種銀兩，全行豁免。今聞該地方官展賑之事，尚未開期。朕省方問俗，念切民依，若地方官借辦差之名，致窮黎嗷嗷待哺，殊非仰體朕痌瘝在己之意。著布政使永寧星速親往，督率該府州縣等，即日按戶開賑；並傳諭黃廷桂，飭令該州縣正印官，不必辦差，即回本任，專心辦理散賑。務俾均霑實惠。朕回鑾時，或尚有不能妥協之處，惟永寧是問。（高宗三八二、一三）

（乾隆一六、閏五、丁丑）又諭：前經高斌摺奏江北淮、揚等屬二麥情形。朕慮其中或有雨水過多之處，批令據實具奏。今據奏稱，淮北一帶，二麥收成實有六七分等語。東南麥收分數，至六七分以上，在尋常州縣，即不爲甚歉。至桃源、宿遷一路，積年屢被偏災，元氣未復。目前收成如祇獲六七分，實不足以蘇民困。該督撫黃廷桂、王師何以未經詳悉奏聞。著將高斌原摺，抄寄該督等閱看。即今日武進陞所奏地方晴雨情形，據稱松江地方，五月十三等日，得需時雨。則未雨以前，似不無稍旱。該督撫等，亦應隨時入告，以慰朕懷。雖朕回鑾以後，該督撫等於地方事務，應辦者甚衆，然歲事豐歉爲閭閻生計攸關，封疆之責，孰有急於此者。前月二十九日，該督黃廷桂彙奏兩江栽插摺內，已將所聞淮上麥收頗歉之處，批令速奏。此時自應查辦。著一併傳諭黃廷桂、王師，令其即行詳查奏聞。如有應行借給口糧，酌量撫綏之處，即著一面奏聞，一面辦理。尋奏：淮北各屬，麥收較上年略減，民情尚不至拮据。桃源、宿遷一路，雖積年被災，元氣未復，然今春於正賑外，加賑數月。現又登穫未久，民間尚有蓋藏。惟淮上清江一帶，向藉資於豫省客米。近因豫商鮮至，米價漸貴。現令開廠平糶，并諭該府，視市價平減停止。再松江一府，自五月十三等日，遍獲雨澤。芒種以前，尚不慮旱。得旨：覽奏俱悉。（高宗三九〇、二一）

（乾隆一六、閏五、己卯）又諭：昨據高斌覆奏，淮北一帶二麥收成，實有六七分等語。是雖不爲甚歉，但桃源、宿遷等縣，積年屢被偏災，元氣未復，麥收如祇六七分，恐不足以蘇民困。當即傳諭黃廷桂、王師，令其詳查奏聞。酌量借給口糧，以示撫綏。今黃廷桂調任陝甘，兩江總督事務，已著高斌暫行兼管。若俟交代後接辦，未免稍遲。且桃、宿等縣，皆其巡視河工、不時往來之處，所有地方實在情形，知之必悉。可再傳諭高斌，令其就近速行確查。如有應行酌借口糧之處，即著一面辦理，一面奏聞。俾貧民得資接濟，可以待至秋成，以慰軫念。并將傳諭黃廷桂等諭旨鈔寄。尋奏：臣查淮安府之山陽、鹽城、阜寧等縣，上年本未被災，今年麥收七分以上，毋庸酌借口糧。其桃源、清河、安東俱係被災地方。臣即就近傳諭，於二十二日起，動支府庫銀七千兩，分給三縣。並諭各該縣，如有實在無力貧民，即一面量行借給，一面報明。俟秋收還項。至淮北小民，多食大麥雜糧，現今大麥足資餬口，而高粱早豆，六月中旬亦可收穫。其酌借口糧，俟六月下旬再查情形，隨宜辦理。得旨：欣慰覽之。（高宗三九〇、二六）

（乾隆一六、六、壬子）賑江蘇靖江東鄉、斜橋鎮等處本年雹災飢民。（高宗三九三、二）

（乾隆一六、一二、壬戌）是月，江蘇巡撫莊有恭奏：蘇城向例歲底煮賑一月，歉則加賑。今歲雖豐稔，因浙省偏災，轉運者多，米價頓昂。加以糧艘減運，水手游食更繁。本地貧民，明春謀食維艱，請加賑一月。得旨：好，如所議行。（高宗四〇五、一五）

（乾隆一八、九、庚午）欽差尚書策楞、劉統勳，署兩江總督江西巡撫鄂容安、江蘇巡撫莊有恭，議奏籌辦賑卹事宜。一、勘災查賑，責成道府大員，督率稽查。一、成災扁圖，應賑户口，宜覈對順莊烟户各冊，以杜捏冒。一、撫卹修費，分別緩急酌給。一、今冬普賑，應遵旨全以銀折。一、淮、徐、海歷年帶徵漕米，懇酌留湊用。一、隆冬寒沍，酌量設廠煮粥。一、積水宜急籌宣洩，貧民宜酌給工本。一、民間圩岸隄埝，宜飭及時修整。一、越境謀食貧民，應聽自便。得旨：著照所請行。（高宗四四七、七）

（乾隆一九、四、癸卯）諭：上下兩江被災州縣，已疊次加恩。前因今年遇閏，恐青黃不接之日，民食拮据，傳諭該督撫查明，酌量再加賑恤。今據鄂容安按照各屬輕重情形，奏請分別加賑平糶。著照所請，將上江之宿州、鳳陽、臨淮、懷遠、虹縣、靈壁、泗州、盱眙、五河等九州縣，長淮、鳳陽、泗州等三衛，下江之阜寧、鹽城、興化、海州、沭陽、山陽、清河、桃源、安東、高郵、泰州、甘泉、寶應、銅山、沛縣、邳州、宿遷、睢寧等十八州縣，鎮江、淮安、大河、揚州、徐州等五衛，無論極次貧户，俱再加賑一月。其餘災輕州縣，仍及時平糶，以資接濟。該督撫等其督率所屬，加意拯恤，務使災黎均霑實惠，毋致向隅。該部遵諭速行。(高宗四六一、八)

（乾隆一九、六、乙丑）諭：據莊有恭等奏，沛縣之千三千六等里，因下游淤墊，積水未消，窮黎糶食維艱。仰懇再借給兩月口糧；俟來歲秋收後，照例免息徵還等語。該處災黎麥秋無獲，雖屢經賑卹，而待哺情殷，殊屬可憫。著照所請，查明該地未涸村莊，將各里貧民再加借兩月口糧，以資接濟。該部即遵諭行。(高宗四六七、三)

（乾隆一九、一一、壬辰）諭：今歲夏秋積雨，淮、揚下河等處，復被水災。所有災地戶口，現已加恩撫賑。而在城無業貧民，以及鰥寡孤獨之人，當此歉歲寒冬，餬口維艱，實堪憫惻。著交與該署督尹繼善、該撫莊有恭，查明被災較重州縣，在於各城設廠煮賑。所需米石即照上年之例，於截漕項下不給丁五米內動支。該督撫等其董率屬員，加意經理，務俾窮黎均霑實惠。該部遵諭速行。(高宗四七七、四)

（乾隆二〇、二、己巳）加賑江南高郵、寶應、興化、鹽城、阜寧、清河、桃源、安東、泰州、沛縣、海州、沭陽等州縣及各衛所上年被災兵民口糧。(高宗四八三、二〇)

（乾隆二〇、八、丙午）賑卹江蘇海州、贛榆、沭陽、沛縣、邳州、宿遷、睢寧七州縣本年被水被雹貧民。(高宗四九四、五)

（乾隆二〇、一〇、辛亥）諭：江蘇等各府屬，今年被水成災，朕心深爲軫念，已屢經降旨，截漕撥粟，俾賑糶所需，務從寬裕。其應賑戶口，俱令銀米兼賑。但念該處現在糧價，不無稍昂，著加恩每米一石，給銀二錢，以敷買食。至本年應運漕糧，除已截留外，現屆開徵。該省既經被水，米色顆粒，自當稍減。所有交倉米石，並著不論紅白秈粳，地方官酌量可收，一體准予收兌。此等米石，兌運抵通，即先行撥放俸餉。該部遵諭速行。(高宗四九八、一八)

（乾隆二〇、一一、丁丑）諭：江蘇被災各屬，現已加恩賑卹，而例不給賑之在城無業貧民，當此歉歲寒冬，餬口維艱，實堪憫惻。除淮、揚二處業據該鹽政普福奏稱，現據商捐煮賑外，其餘被災各屬，著交與尹繼善、莊有恭分別災地重輕，在於各城設廠煮賑。所需米石，照乾隆十八、十九兩年之例，於截漕項下不給丁五米內動支。該督撫等其董率屬員，加意經理，務俾窮黎均霑實惠。該部遵諭速行。(高宗五〇〇、一七)

（乾隆二一、一、辛巳）諭：上年江省被災各屬，雖屢經降旨，多方撫卹，但恐將來青黃不接之時，閭閻餬口維艱，實深憫惻。向來以工代賑，亦救荒之一策。現在下河及芒稻河等處並他項工程，有應行疏濬修築者，隨宜興舉，俾小民得趁工覓食，而水利隄防，均有利賴，洵爲一舉兩得。著交與尹繼善、莊有恭、富勒赫悉心相度，籌議奏聞。尋奏：查被災地方，如山陽縣市河、寶應縣黃浦河，久淤應濬；安東縣平旺河兩岸，本無隄防，水長爲患，應築子堰；沛縣逼近昭陽等湖，地窪受水，支河沙淤，除水占處，俟涸時施工，應先挑下段乾地；邳、睢屬峰山閘下舊引河，黃水淤溢，應濬；桃源、清河兩縣六塘河隄堰，原係民修，災黎無力，應借帑修築，分年徵還。以上汛前急工，皆足資小民口食。得旨：如所議行。（高宗五〇四、二二）

（乾隆二一、一、癸未）諭：上年上下兩江被災各屬，雖屢經降旨，截漕撥粟，撫賑兼施。但念麥收之期爲時尚遠，當青黃不接之候，小民餬口維艱，殊堪憫惻。著加恩將被災最重、次重之州縣，極貧各加賑三個月，次貧加賑兩個月；被災較輕等處，極貧各加賑兩個月，次貧加賑一個月。各衛軍隨坐落州縣一體加給。其勘不成災，例無賑卹之吳江等州縣，並酌借口糧一月，以資接濟，於秋收後免息催還。所需賑糧，酌量倉貯多寡，銀米兼放；折賑銀兩仍照加增之數折給。該督撫其詳悉查明，分別輕重，督率屬員，善爲經理，務俾災黎均霑實惠。該部即遵諭速行。（高宗五〇四、二四）

（乾隆二二、一、乙未）又諭：上年江南淮、徐、海等屬被水偏災，業經加恩賑卹。但念該處連年積歉，現屆停賑之期，而東作方興，麥秋尚遠，閭閻口食未免拮据。著再加恩將下江被災較重之清河、桃源、銅山、蕭縣、沛縣、邳州、宿遷、睢寧、海州、沭陽、徐州、大河等十二州縣衛，極貧加賑三個月，次貧加賑兩個月。被災較輕之安東、豐縣、碭山三縣同上江被災之宿州、靈璧、虹縣、長淮等四縣衛，極貧加賑兩個月，次貧加賑一個月。其貧生災軍兵屬，各隨坐落州縣一體加賑，以資接濟。該督撫等其董率屬員，妥協經理，無遺無濫，以副朕軫卹災黎之意。該部即遵諭行。（高宗五三〇、六）

（乾隆二二、七、丙午）又諭：江南徐州府屬之沛縣，連年積歉，今夏雨水過多，城鄉各處又被漫淹。前經有旨，令尹繼善親往查勘，妥協經理，被災窮黎幸免流離失所。但現今積水未消，麥秋兩收全行失望，雖已先行撫卹一月口糧，而循例給賑當以孟冬爲期，何能嗷嗷以待？茲據該督奏請，分別極貧、次貧，再行酌借口糧，以資接濟等語。著加恩將此所借口糧，即作加賑之項，將來不必徵還；其坍塌房屋，併即查明給以修費，俾災民有所棲止，副朕痌瘝一體之至意。該部即遵諭行。（高宗五四三、一）

（乾隆二三、一、辛卯）諭：上年兩江災地，業經截漕蠲緩、賑借兼施，恩膏疊沛矣。但賑竣後距麥收之期尚遠，貧民難以支持，朕心深爲惻然。著將下江被災最重之清河、桃源、銅山、沛縣、邳州、宿遷、睢寧、海州、沭陽等九州縣，極貧各加賑三個月，次貧各加賑兩個月。其次重之豐縣、蕭縣、贛榆及山陽、安東、高郵、興化、寶應、碭山九州縣，並上江之宿州、靈璧、虹縣、鳳臺、懷遠、鳳陽、太和、泗州、盱眙、五河等十州縣，極貧各加賑兩個月，次貧各加賑一個月。又下江被災較輕之甘泉、阜寧二縣，上江之壽州、阜陽、潁上、亳州、蒙城等五州縣，無論極次，各加賑一個月。所需賑糧，酌倉貯多寡，銀米兼放，折賑銀兩，仍照加增之數折給。該督撫務督率屬員，實心妥辦，使災民均霑實惠，以副朕軫念黎元至意。（高宗五五四、一〇）

（**乾隆二三、二、壬午**）江蘇巡撫託恩多奏：上年淮、揚、徐、海等府州災屬，截漕蠲緩，賑借兼施，復奉旨分別加賑，並令酌量倉儲，銀米兼放。查各屬倉貯，俱因賑糶撥空。加賑口糧，請通放折色，於淮、滸、揚各關暨兩淮鹽運庫等款內撥濟。飢軍、貧生及兵屬，隨坐落州縣一體辦理。得旨：如所議行。（高宗五五七、二二）

（**乾隆二六、一、甲辰**）諭：上年淮、揚、徐、海等處，偶被水災，業經加恩陸續賑卹，諭令地方有司，實力查辦，務使窮黎得所。茲當東作方興，例賑將停，而麥收尚遠，農民生計，恐不無拮据。著再加恩將被災較重之阜寧、安東、桃源、高郵、泰州、興化、寶應等七州縣，無論極次貧民，俱加賑兩個月。其被災次重之清河、鹽城、甘泉、睢寧、海州、沭陽等六州縣，無論極次貧民，俱加賑一個月，以資接濟。該部即遵諭速行。（高宗六二八、三）

（**乾隆二六、七、丙寅**）又諭曰：高晉等奏，七月十九、二十等日，風雨驟猛，高郵、甘泉等六汛堤工，石面衝卸，漫溢過水，請交部治罪等語。該處既因風水被災，所有衝卸堤工，及淹浸田畝，著交與尹繼善、高晉、陳宏謀速行會同妥辦。應修築者即相機督率經理，以資捍禦。應撫卹者，加意撫卹，毋致災黎失所。（高宗六四一、二〇）

（**乾隆二六、八、己巳**）又諭曰：高晉等奏，徐城黃河兩岸漫灘現已斷流，鎮洋等縣海潮消退，各工搶護平穩，所有被淹低窪田畝，照例撫卹一摺。現今河南各屬被水較重，黃河漫口於賈魯河奪溜，則淮、徐一帶地處下游，黃河水勢自平，工程俱無妨礙。此朕之所憂不在江南而在河南也。但高晉等亦不可不董率屬員加意防護。其高郵、甘泉漫口，昨已降旨，令尹繼善會同高晉等妥協籌辦，應即上緊堵閉，以利運道。所有下河各屬被水災民，應行撫卹者，並即善爲撫卹，毋致失所。至豫省黃河，堵築疏濬工程較多，已令尹繼善會同高晉，於南河熟諳樁埽弁兵，選撥協助。著再傳諭高晉，即速調往，以濟急需。想該督仰體朕意，斷不稍分畛域也。（高宗六四二、四）

（乾隆二七、二、戊辰）又諭：宿遷一帶州縣地方，濱臨大河，向來歲收率多歉薄，現在巡行省視，見閭閻氣象，較前似覺稍舒，而生計未能優裕。時值春和，農功肇舉，尚需加恩接濟。著該督等從優酌借耔種，俾從容東作，以冀有秋。該部遵諭速行。（高宗六五四、三）

（乾隆三二、一、丁卯）又諭：去歲上下江濱河各州縣，因徐州黃水漫溢，偶被偏災。業於例賑撫卹外，並酌借耔種，以資耕作。惟念新春正賑已竣，尚當青黃不接之時，貧民口食未免拮据。著加恩將下江所屬之銅山、蕭縣、睢寧、宿遷并銅山縣之徐州衛，上江所屬之宿州、靈壁、虹縣、泗州，共九州縣衛內被災七、八、九、十分者，極貧加賑兩個月，次貧加賑一個月，用資接濟。該督撫等其董率各屬，實心經理，俾得均霑惠澤，以副朕軫卹窮黎至意。該部遵諭速行。（高宗七七六、二）

（乾隆三三、一、壬辰）諭：上年上下兩江沿江各州縣，因江水稍大，間有淹浸，業經疊降諭旨，撫賑兼施。惟念賑竣之後，去麥秋尚遠，貧民口食未免拮据。著加恩將下江所屬之上元、江寧、江浦、六合、句容、溧水、高淳、丹徒、金壇、溧陽、儀徵等十一縣並揚州衛，上江所屬之懷寧、桐城、宿松、望江、貴池、東流、銅陵、當塗、蕪湖、繁昌、無爲、和州、含山十三州縣，並安慶、建陽、廬州三衛，被災七、八分者，無論極次貧民，均加賑一個月；其被災九分、十分者，極貧加賑兩個月，次貧加賑一個月，用資接濟。該督撫等其董率各屬，實心經理，俾得均霑惠澤，以副朕軫念窮黎至意。該部遵諭速行。（高宗八〇二、六）

（乾隆三四、一、丁亥）諭：江蘇各屬上年得雨稍遲，收成不無歉薄，業經分別躅賑。第念被災稍重之區，際此青黃不接，民力尚多拮据。著再加恩將鹽城、泰州、東臺、興化四州縣被災九十分之極貧，各加賑一個月。該督撫等其董率屬員，妥協經理，俾窮黎均霑實惠，不致稍有失所。該部遵諭速行。（高宗八二六、三）

（乾隆三五、一、壬午）諭：江蘇各府屬州縣內，上年因雨水過多，間有被災之處，即經飭令各督撫，加意撫卹，躅賑兼施，俾無失所。現在春初展賑將停，距麥秋爲期尚遠，當此青黃不接，民食猶恐稍艱。著再加恩，將高淳、溧水、江浦、六合、宜興、荊溪、金壇、溧陽、海州九州縣被災九、十分之極貧，加賑兩月；九、十分之次貧，八分之極貧，均加賑一月。如有尚需官借牛具籽糧，並著酌量借給，令農民得以乘時播種。該督撫等務體朕加惠黎元之意，飭屬實力奉行，毋令吏胥少有侵冒。該部即遵諭行。（高宗八五〇、七）

（乾隆三五、一〇、壬寅）是月，護理江蘇巡撫布政使李湖奏：江浦、丹陽、山陽、阜寧、海州等五州縣，今年歉收各戶，明春青黃不接之時，民食或有拮据。請於正、二月間，各戶計口借給一月口糧，秋收後徵還。得旨：如所議行。（高宗八七一、三六）

（乾隆三六、八、丁酉）是月，大學士管兩江總督高晉奏：沿河被水清河、安東二處，沿海被潮崇明、靖江、丹徒、丹陽、海門廳五屬，情形稍重，臣已飭行撫卹。並各該處衛地場竈，亦一體辦理。得旨：覽奏俱悉。（高宗八九一、二八）

（乾隆三七、一、己亥）諭：江蘇省瀕臨江海河湖各屬，上年七八月間，偶被偏災，業經蠲賑兼施，俾閭閻口食無乏。第念方春青黃不接，適屆正賑將停，災重貧黎，未免情殷待哺。著加恩，將清河、安東、桃源、淮安、大河二衛、海門廳、通州、泰興、崇明等九廳州縣衛，勘實成災八分、九分者，無論極次貧民，概行加賑一月。其餘被災較輕，毋庸加賑各屬，際兹東作方興，或有需酌借口糧，俾資耕種之處，該撫其率屬善爲經理，務使閭閻共臻康阜。該部即遵諭行。（高宗九〇〇、六）

（乾隆三八、四、丙辰）諭：前據高晉等奏，黃河北岸安東縣十堡汛地方，因湖水盛漲，會黃下注，致堤工坐蟄漫水，當經搶築斷流，因念開放王營減壩漫下之水，瀕河田畝被淹，春收恐不免稍減，隨諭令高晉等確查漫水村莊，有無成災之處，即照例妥辦奏覆。兹據高晉等奏到，自漫口斷流之後，天氣久晴，漫水漸次涸出，高田仍各有收，村民不致失所；惟被水低田，春收未免失望，廬舍移徙，不無稍形拮据等語。著加恩將清河、桃源、安東三縣及大河、淮安二衛被淹之戶，撫卹一月口糧，以資接濟；仍與被水較輕之山陽、阜寧、海州三州縣，查明無力衣民，酌借口糧籽種，俾資補種。所有被水各州縣應徵新舊錢糧，並著緩至秋成後，分別催徵，以紓民力。該督等其董率所屬，實力辦理，務令均霑實惠，以副朕軫念災黎之至意。該部即遵諭行。（高宗九三三、二八）

（乾隆三九、一、丁巳）諭：……據高晉等奏，安東等八州縣衛，先被夏災，秋收又復失望。查明成災至八九分者，情形均爲較重。目下按月給賑，不虞乏食。其被水涸復之區，亦已播種豆麥，可冀有收。但當新春青黃不接之時，口食未免拮据等語。安東等處，上年春夏，疊被偏災，新春正賑已畢，貧民待哺方殷，殊堪軫念。著加恩，將安東、清河、桃源三縣，淮安、大河二衛，山陽、阜寧、海州三州縣，勘實成災八九分者，無論極次貧民，一體加賑一個月，以資接濟。其成災七分以下，同沭陽、鹽城二縣，雖照例蠲緩賑卹，均已口食有資，將來東作屆期，或須酌借籽種、口糧之處，並著該督撫臨時察看妥辦，據實奏聞，以副朕加惠窮黎至意。該部即遵諭行。（高宗九五〇、六）

（**乾隆四〇、一、庚戌**）又諭：昨歲江蘇淮安一帶，八月間因黃水驟長，漫決外河老壩口，以致山陽、清河等縣，猝被水災。業經降旨賑卹，並將乾隆四十年應徵錢糧，全行豁免，及乙未年漕糧、漕項同節年舊欠錢糧漕米，悉予緩徵，災黎自可不致失所。第念該處此次被災情形較重，今春正賑已畢，貧民待哺猶殷。著加恩，將山陽、清河、鹽城、阜寧等四縣，坐落山阜等縣之淮安、大河二衛，勘實成災十分之貧民，無分極次，再加賑兩個月。成災八九分者，無分極次，加賑一個月，以資接濟。其下游之東臺、泰州、興化等屬，先經被旱，勘明成災，自五分至七八分不等。皆係一隅偏災，與山陽等處，情形不同，照例賑濟，均已口食有資。但轉瞬東作屆期，或應酌借籽種口糧之處，並著該督撫察看確情，妥協酌辦，用普春澤。……（高宗九七四、二）

（**乾隆四一、一、甲戌**）又諭：昨歲安徽、江蘇地方，七、八月間，偶有雨澤愆期之處，以致上江之廬鳳等屬，下江之句容等屬，高阜田畝，間被偏災。業經該督撫題報，照例分別撫恤，蠲賑兼施，貧民已不致失所。第念新春正賑已畢，麥收尚早，青黃不接之時，口食或恐拮据，……江蘇被旱較重之句容、江浦、六合、宜興、荊溪、丹陽、金壇、溧陽、甘泉、東臺等十縣，及次重之上元、江寧、溧水、高淳、武進、陽湖、無錫、金匱、江陰、丹徒、阜寧、鹽城、高郵、泰州、江都、儀徵、興化、寶應十八州縣，並鎮江、揚州二衛，均勘實成災七、八分之極貧戶口，各加賑一個月，以資接濟。其餘較輕貧戶，有應行酌借籽種口糧之處，並著各該督撫體察情形，分別妥辦，務俾窮黎普霑渥澤。該部遵諭速行。（高宗一〇〇〇、五）

（**乾隆四四、一、己丑**）又諭：上年江蘇上元等州縣衛夏間雨澤愆期，高阜地畝，被旱成災。而高、寶一帶，因湖河水勢盛長，開壩宣洩，下河低田被淹，致成偏災。業經降旨令該督撫撫卹蠲緩，俾災民不致失所。第念東作將興，青黃不接，茹簷口食，未免拮据。著再加恩，將江浦、六合、清河、高郵、甘泉、東臺、泰州、海州、沭陽、上元、江寧、句容、丹陽、金壇、山陽、阜寧、桃源、安東、鹽城、江都、興化、寶應、蕭縣、宿遷、吳縣、溧陽等二十六州縣，又鎮江、淮安、大河、揚州、徐州五衛，八、九分災之極次貧及七分災之極貧，各加賑一個月，俾資接濟。其餘無庸展賑各州縣衛，今春亦有應行酌借籽種口糧牛具之處，並著該督撫察看情形，分別妥辦，務俾均霑實惠，以普開韶恩澤，該部即遵諭行。(高宗一〇七四、六)

（**乾隆四五、一、癸未**）諭：上年江蘇阜寧、清河等處，因夏雨稍多，洪湖水漲，兼之上游沂蒙諸水下注，致成一隅偏災。節經降旨，令該撫實力查勘，蠲賑兼施，災黎自可不致失所。第念東作將興，當青黃不接之時，正賑將停，災民口食維艱。著再加恩，將災重之阜寧、清河、桃源、安東、鹽城、宿遷、海州、沭陽、大河等九州縣衛七分災以上極次貧民，俱加賑一個月；其無庸加賑之五六分災貧民，有應行酌借口糧籽種之處，並著該撫察看情形，分別妥協辦理。俾災黎均霑實惠。該部即遵諭行。(高宗一〇九八、六)

（**乾隆四六、一、丁丑**）又諭：上年江蘇淮安、徐州等處，因郭家渡黃水漫溢且雨水稍多，下游處所田禾被淹，業經降旨，令該督撫等加意撫綏，照例給賑，以示優恤。第念今春正賑已畢，正屆青黃不接之時，民食不無拮据，著再加恩，將睢寧、邳州、宿遷、蕭縣、桃源、清河六州縣及徐州、大河二衛九分、十分災之極次貧民，概行加賑一個月，以資接濟。該督撫等董率各屬，實力妥辦，務俾窮簷均霑實惠。該部即遵諭行。(高宗一一二二、三)

（**乾隆四六、七、壬寅**）諭：據閔鶚元奏，南河魏家莊漫口，距睢寧縣城三十餘里，大溜從城北下注，致該縣之陶河等二十七社均被淹沒，民房多有倒坍，現在設法安頓，民情寧怗，其邳州、宿遷境內亦被黃流旁及，一體先行撫卹等語。此次黃水漫決，睢寧被災較重，邳州、宿遷，亦間有淹浸，貧民拮据情形，朕心深爲軫念。所有睢寧之二十七社，並邳州營地及宿遷被水較重各處，著加恩無分極貧次貧，一體先行賑恤。其被災較輕地方及附近之桃源境內，並著查明成災分數，分別辦理。該督撫務須督率屬員，實力妥協撫綏，以副朕加惠窮黎之至意。餘著照閔鶚元所請辦理。該部遵諭速行。(高宗一一三六、一)

（**乾隆四六、八、壬辰**）諭：據薩載奏，微山湖水勢日增，沛縣護城隄外各村莊有被淹之處。豐縣、銅山等縣附近微山湖各村，亦因窪地被淹，田廬間有塌没等語。豐、沛等三縣俱被水災，居民不無失所，雖據稱水勢由漸而來，人民先已遷移，非猝被水災可比。但秋糧全没，廬舍倒塌，勢難緩待賑期，著加恩先行賞給一月口糧。該督即飭屬確查飢口，照例撫綏，俾得均

受實惠，以副朕軫恤災黎之至意。(高宗一一三九、二一)

(乾隆四六、九、庚戌) 諭：據薩載奏，查勘昭陽、微山二湖水勢，因今年底水本大，豫省漫水，來路甚遠，並未直灌入湖，現在水色澄清，竟無淤墊等語。昭陽、微山二湖俱在運河之西，該處既未停淤，則運河宣洩自為有益。至所稱漫水淹浸之豐、沛、銅山等三縣，現在遵照前旨，賞給一月口糧，自屬急須辦理之事。至災黎撫卹之後，按例大賑亦不可緩。著薩載即董率所屬，詳悉履勘被災地畝分數，實力賑卹，嚴查胥役人等，毋任絲毫侵冒。並不時派委妥幹大員嚴密查察，俾濱湖居民均霑實惠，不致稍有失所，以副朕體恤災黎之至意。(高宗一一四〇、二二)

(乾隆四七、八、壬午) 諭：據薩載奏，徐州府屬之沛縣、豐縣、銅山、邳州、睢寧、宿遷並淮安府屬之桃源縣，暨海州並所屬之沭陽等州縣，因豫省上年漫水下注被淹，驟難消涸，今歲不免成災。其中被淹最重之沛縣、豐縣、銅山、邳州四處，遵旨展賑，現在察看輕重情形，覈實辦理等語。淮、徐兩府屬，既因豫省漫水被淹，今歲仍不免成災，其沛縣、豐縣、銅山、邳州四處被淹最重。著加恩不必論月，即常予賑卹，統俟漫水消退，再行停止。薩載等務督率屬員，實力查明妥辦，以副朕軫念災黎，有加無已之至意。該部遵諭速行。(高宗一一六三、四)

(乾隆四八、一、甲午) 諭：上年江蘇淮安、徐州等處，因漫水未消、田禾淹浸，業經降旨令該督撫等加意撫綏，照例給賑，並令將被水最重之沛縣、豐縣、銅山、邳州四處，不論月分，常予賑恤外，其該四州縣上年未經被水、而夏秋猝被淹浸，以及下游之宿遷、桃源等州縣被水災田，均各照災分按月給賑，不在常賑之內。第念今春正賑已畢，青黃不接，民食不無拮据，著再加恩將邳州、銅山、豐縣三州縣不入常賑之本年猝淹地畝，以及宿遷、海州二州縣凡九十分災，不分極次貧民，概行加賑兩個月；次重之桃源、睢寧、沭陽九十分災貧民，不分極次，概行加賑一個月。其徐州、大河二衛屯田，有坐落該州縣災重區分者，一體分別加賑，以資接濟。其無需加賑各地方，並著該督撫察看情形，如有應借給籽種口糧之處，即分別酌量辦理。務使災黎均霑渥澤，用溥春祺。該部即遵諭行。(高宗一一七二、一)

(乾隆四八、一〇、壬戌) 又諭：據薩載等奏，徐州府屬之銅山、豐縣、沛縣、邳州四州縣低窪地方，未能全行涸出，現飭屬履畝確查，分別災分輕重，請旨辦理。再本年六月，江水盛漲，上元、句容、丹徒三縣，沿江低田被水之處，一併委員確勘等語。徐屬四州縣地方，被水較重。前降旨加恩展賑至六月止。今該處尚有未經涸出地畝，秋成失望。若俟查明請旨，往返需時，貧民無以餬口。所有銅山等四州縣被災較重之地，即著照山東之例，加恩展賑五個月；其災分稍輕及上元等縣被江水衝漫田畝，俱著酌借籽種口糧，俾得趕種春麥，足資接濟。該督等一面查明分別賑卹，一面奏聞，以示朕軫卹災黎，有加無已至意。該部即遵諭行。(高宗一一九○、八)

(乾隆四九、一、己丑) 諭：前因江蘇之上元、句容、丹徒三縣因六月間江水盛漲，濱江地畝被淹，致成偏災，降旨令該督撫實力撫卹，並令查明於青黃不接時，是否應需展賑躪緩。兹據薩載等奏稱，該三縣業經分別給賑躪緩，現在水淹地畝，業已涸出，佈種二麥，收成在望，毋庸再予展賑等語。該督等所奏，雖係實在情形，但念該處地畝，甫經涸出，民食究未免拮据；況新歲南巡，蹕路經臨，尤宜倍加渥澤。所有江蘇之上元、句容、丹徒三縣，毋論極次貧民，俱著加恩加賑兩個月，用昭省方行慶，加惠黎元至意。該部即遵諭行。(高宗一一九六、三)

(乾隆五一、一、己酉) 諭：上年江蘇淮安、徐州、海州所屬，雨澤愆期，夏秋二熟，均屬失收；江寧、揚州、鎮江所屬府州縣，秋成亦多歉薄。業經降旨分別給賑，並截漕平糶，以資接濟，俾災氓不至失所。第念今春正賑已畢，青黃不接之時，民食恐不無拮据。著再加恩，將被災較重之徐屬蕭縣、碭山二縣十分災極次貧民，展賑兩個月；其淮安、徐州、海州、江寧、揚州五屬之八九分災極次貧民，展賑一個月；其餘各府州縣七分災以下，及勘不成災地方，所有實在乏食農民，酌借籽種口糧，俾艱食者得資餬口，乏種者無誤翻犁。……(高宗一二四六、六)

(乾隆五一、閏七、丁丑) 又諭 [軍機大臣等]：據閔鶚元奏，查勘湖河減水匯注下河，各州縣被災情形一摺。內稱被水較重之寶應、高郵、甘泉在運河以西各村莊，先行撫卹一月口糧，以資接濟等語。該縣屬上年被旱成災，今二麥甫收，又復被水淹浸，實堪憫惻，該督撫務須仰體朕懷，督率屬員，實力撫卹，俾災黎均霑實惠。其受水較輕之寶應、高郵、甘泉運河以東村莊，與甘泉毗連之江都，及下河之興化、東臺、泰州等屬，雖據該撫勘明，無庸先行撫卹口糧，統俟秋成後，查明成災輕重，分別給賑，但恐不無向隅，仍應實力詳查，妥為辦理，毋致一夫失所。……(高宗一二六○、一九)

(乾隆五一、閏七、丁丑) 又諭 [軍機大臣等]：據閔鶚元奏查勘湖河減水匯注下河，各州縣被災情形一摺。……再上年江蘇省被旱成災，共用撫卹銀三百四十餘萬兩。現在被水高、寶一帶各屬，較之去歲通省被旱者有間，此次約用撫卹銀若干，及堵築漫口所需工料等銀合計若干，並著該督撫約略

覈算比較，據實覆奏。(高宗一二六〇、一九)

(乾隆五一、閏七、丙戌) 諭軍機大臣等：……據袁鑒奏，查勘淮、揚二府屬被水情形摺內稱：此時山盱來源未斷，下河興化、泰州等處，受淹之寬窄淺深，難以懸擬，統俟水勢大定後，按照災賑章程，屆期確勘成災輕重，分別給賑等語。淮、揚所屬各州縣，上年被旱成災，今二麥甫收，田禾又復被水淹浸，朕南望災民，實堪憫惻。著傳諭李世傑督同袁鑒務須確勘成災輕重，分別給賑，實力妥辦，並嚴禁吏胥中飽侵漁，務俾災民均霑實惠，毋致一夫失所。……(高宗一二六〇、三九)

(乾隆五二、一、辛未) 諭：上年江蘇淮、揚等處，因河水漫溢，下游安東、山陽、清河、桃源等縣，田禾被淹。業經降旨，令該督撫加意撫綏，蠲賑兼施，災民自可不致失所。第念今春正賑已畢，青黃不接之時，民食恐不無拮据，著再加恩將淮安府屬之清河、桃源、安東三縣，揚州府屬之高郵、寶應二州縣，勘明成災十分之各村莊，無分極次貧民，各加賑兩個月；又淮安府屬之山陽、清河、桃源、鹽城、阜寧五縣，揚州府屬之江都、甘泉、泰州、東臺、高郵、寶應、興化七州縣，直隸海州，勘明成災九分八分之各村莊，無分極次貧民，各加賑一個月，以資口食；其餘淮安府屬之山陽、清河、安東、桃源、鹽城、阜寧六縣，揚州府屬之江都、甘泉、高郵、泰州、東臺五州縣，直隸海州，並所屬之沭陽一縣，又江寧府屬之江寧、上元、江浦三縣，勘明七分五分及勘不成災之各村莊戶口，俱著酌借籽種口糧，以資接濟。該督撫務董飭所屬，實心經理，俾茅簷蔀屋，均霑渥澤，以副朕軫念窮黎，普錫春祺之至意。該部即遵諭行。(高宗一二七二、二)

(乾隆五四、七、己丑) 諭曰：閔鶚元奏，周家樓漫水下注，邳州等處田廬，致有淹沒坍塌；被水災民，現在散給口食，以濟貧困。其桃源、清河等處，瀕臨洪澤湖，村莊間有淹浸。又阜寧縣灘水上漾，亦有被淹之處。現在親往查勘等語。黃流漫口下注，民田廬舍間有淹浸，該撫既親往查勘，亟應妥為撫卹。所有睢寧、邳州、宿遷、桃源被水各村莊，無分極次貧民，著先行賞給一月口糧，以資接濟。並著查明成災輕重，接月給賑。其安東、清河、阜寧等處，亦著一併勘明，如有成災處所，即行分別辦理。該撫務須督率所屬實心經理，俾小民均霑實惠，毋致一夫失所，以副朕軫念災黎至意。該部即遵諭行。(高宗一三三四、一五)

(乾隆五四、九、辛卯) 又諭：據閔鶚元奏，徐州所屬之銅山、沛縣、蕭縣、碭山、豐縣並海州、沭陽七州縣，因夏間大雨時行，上游河湖漲漫，又有毛城鋪峰山四閘洩黃之水同時並注，致有淹浸。查徐、海所屬地方，本以麥收爲主，秋收稍薄之區，民力不無拮据，被水村莊無多，不過收成分數率算稍減，現已飭勘是否成災，分別辦理等語。徐、海等屬州縣，既因夏雨過多，河湖並漲，田間積水入秋以後未能消退，致有歉收。雖據該撫奏稱被水村莊無多，收成不過稍減，但徐州等屬向稱地瘠民貧，現距明春麥收之期尚早，該處貧民或致失所，是否尚須接濟？如有成災，即應實力撫卹。該撫務須董飭所屬，實力查辦，毋得稍存諱飾。至睢寧、邳州、宿遷、桃源等州縣，本年被水較重，前經降旨賞給一月口糧，現在民氣是否稍紓？如有應行續加撫卹之處，亦著一併查明，據實覆奏。尋奏：碭山縣成災八、九分不等，蕭縣成災七分，現分別撫卹給賑。其餘銅山、豐縣、沛縣、海州、沭陽，併睢寧、邳州、宿遷、桃源，不過收成稍減，應照成災五分及勘不成災分別辦理。得旨：督率屬員妥爲之，俾受實惠。（高宗一三三八、一五）

　　（乾隆五五、一、癸未）又諭：上年江蘇徐州、淮安等府屬各州縣，因黃流漫水下注，被淹成災；節經降旨，令該撫實力撫卹，分別賑濟，毋使一夫失所。第念今春正賑已畢，青黃不接之時，貧民餬口無資；著再加恩，將睢寧、宿遷、桃源、邳州、碭山五州縣，成災九分、十分村莊，無論極次貧民，均展賑一個月，以資接濟。其成災八分以下之安東、阜寧、海州等州縣，及勘不成災地方，仍著該撫察看情形，酌借口糧籽種。該撫務董率所屬，實心經理，俾窮簷均霑愷澤，以副朕軫念災黎，敷錫春祺至意，該部即遵諭行。（高宗一三四六、七）

　　（乾隆五六、一、丁丑）諭：上年江蘇徐州府屬蕭縣、碭山等縣，因毛城鋪土壩刷寬，漫水下注，民田廬舍，間被淹浸，致成偏災。業經降旨，令該督撫實力撫卹，分別蠲緩，並動撥銀兩，給予賑濟，小民自可不致失所。第念該處被災地方，今春正賑已畢，青黃不接之時，民力恐不無拮据。著再加恩將蕭縣、碭山、睢寧三縣，八九分災，無分極次貧民，概行展賑一個月；其衛所飢口及貧生、兵屬亦著照正賑之例，一體辦理。至該三縣被災五分，並勘不成災地方，及銅山、沛縣、邳州、宿遷、山陽、清河、阜寧、鹽城、安東、桃源、泰州、東臺、興化、海州、沭陽等十五州縣，並淮安、大河二衛，勘不成災之區，仍著該督撫察看情形，酌借口糧籽種，以資接濟。該督撫務須董率所屬，悉心經理，俾茅簷蔀屋，渥澤均霑，以副朕順時施惠，恩加無已至意。該部即遵諭行。（高宗一三七〇、一）

　　（乾隆五六、二、癸丑）署江蘇巡撫覺羅長麟奏：現在辦理展賑事宜，親赴徐州查勘。碭山、蕭縣、睢寧三處所種秋麥，均已長發。尚有受淤新涸地畝，未經翻種，即借給籽種，俾得趕種春麥。其實在貧窮小戶，或無牛力者，分委佐雜各員，勸諭有力鄉鄰，通融僱借，並令督催趕種。其勘不成災之銅山等十七州縣衞，上年被水本輕，復經緩帶，民力已覺從容。惟宿遷、邳州二處，地土瘠薄，間有拮据小户，亦即查照地畝，借給籽種，務俾春收普穫。得旨嘉獎。(高宗一三七二、二一)

(乾隆五六、一一、丙戌) 又諭曰：長麟覆奏，江南海州屬之沭陽縣劉家集等二十二鎮，夏間雖被水患，現已疏消罄盡，播種秋麥，民情不致拮据。惟於來年二三月間，酌借口糧，秋後照數徵還，則窮民口食，愈得從容，實可無虞失所等語。沭陽縣劉家集等處，既據該撫查明，堪不成災，亦不值特降諭旨。所有歉收各户，明春青黃不接之時，即著該撫飭屬察看情形，酌借口糧，以資接濟，務使毋濫毋遺，俾小民均霑實惠，方爲妥善。將此諭令知之。(高宗一三九〇、三二)

(乾隆五九、一一、庚戌) 又諭 [軍機大臣]：據奇豐額覆奏，本年被災之處，歉收各户，請酌借兩月口糧，並借給籽種一摺。松、太等屬本年夏秋雨水稍多，收成歉薄，前此降旨詢問，原爲明歲新正加恩，如有應行展賑及賞給口糧等項，方可謂之行慶施惠。今該撫奏稱，被災之處，祇須酌量借給口糧、籽種。此等借給之項，於秋成後，仍須徵還，又安得謂之加恩乎？奇豐額所奏，殊屬糊塗。除原摺照所請行外，將此諭令知之。(高宗一四六五、一七)

(乾隆六〇、二、壬午) 是月，浙江巡撫兼署鹽政覺羅吉慶奏：江蘇松江府屬青村等場，上年間被水災，業蒙恩准緩徵。惟查青村、袁浦及下砂頭、二、四場，現值青黃不接，稍形拮据，當飭運司酌量接濟。旋准江蘇撫臣咨會，松江歉收各縣，現經奏准借給籽種、口糧，民竈未便兩歧，應就近於奉賢、南滙二縣倉庫內，酌動銀米散給，仍由運庫撥還。下部知之。(高宗一四七一、三一)

(嘉慶二、一、癸卯) 加賑江蘇豐、沛、銅山、碭山、邳、蕭、睢寧、宿遷、桃源、海十州縣，板浦、中正、臨興三場……元年被水災民有差。(仁宗一三、二)

(嘉慶二、二、戊子) 勅諭：前因江南淮、徐、海三府州屬，有被豐汛漫水受災之處，疊經加恩分別展賑。復念賑務畢後，不足以資接濟，降旨詢問該撫，據實具奏。茲據費淳覆奏，涸出地畝，尚可補種春麥雜糧，現在小民領賑，口食有資，無須再行展賑等語。該撫所奏，雖係實在情形，但將來賑務放竣，距麥收之期尚遠，民力究恐拮据。著再加恩將該處所屬之各州縣衞，查明貧户，酌借兩月口糧，俾資接濟。又據蘇凌阿等奏，江蘇省尚有節年出借未完常社倉穀四萬有零一摺。前經降旨，將各省積年民欠錢糧，普行豁免。今此項倉穀，雖係民借之款，但各省積欠倉穀，概予蠲除，未便獨令向隅。著加恩將江蘇省淮、徐、常、海四府州屬之阜寧、安東、邳州、海州、沭陽、荊溪六州縣，淮、揚、蘇、常四府屬之山陽、清河、鹽城、泰州、昭文、宜興六州縣，節年出借未完常社倉穀四萬七百四十七石零，概行豁免。該督撫務須督率所屬，實力稽查，俾小民均霑實惠。毋任吏胥影射滋弊，以副朕惠愛黎元、有加無已至意。該部即遵諭行。（高宗一四九六、一二）

（嘉慶三、一、丁卯）加賑江蘇碭山、蕭、睢寧、豐、沛、銅山、邳七州縣，山東曹、單、濟寧、金鄉、魚臺、嘉祥、城武、鄒、滕、嶧十州縣，臨清、濟寧二衛上年被水災民有差。（仁宗二六、二）

（嘉慶四、七、丁丑）撫卹江蘇蕭、碭山、銅山、崇明四縣被水災民。（仁宗四九、一五）

（嘉慶四、一〇、乙巳）加賑江蘇崇明縣風、潮災民。（仁宗五三、二二）

（嘉慶五、一、辛酉）加賑江蘇蕭、碭山二縣被水災民。（仁宗五七、五）

（嘉慶五、四、辛卯）加賑江蘇蕭、碭山二縣被水災民有差。（仁宗六三、一四）

（嘉慶五、五、辛亥）江蘇巡撫岳起奏查徐州賑務及被災民人情形。得旨：覽奏實深憫惻，中澤哀鴻，嗷嗷待哺，皆朕不德，以致子民失所；卿須力爲撫卹，以減朕怨，寧濫無遺，以實妥辦。（仁宗六八、三三）

（嘉慶五、一一、癸卯）再加賑江蘇蕭、碭山，安徽宿、靈壁、泗五州縣被水災民。（仁宗七六、三〇）

（嘉慶六、一、己卯）加賑江蘇蕭、碭山二縣及徐州衛被水災民。（仁宗七八、二）

（嘉慶七、一〇、乙巳）給江蘇碭山、豐、沛、銅山、蕭五縣被水災民一月口糧。（仁宗一〇四、五）

（嘉慶九、一二、癸酉）給江蘇桃源縣被水災民二月口糧。（仁宗一三八、一八）

（嘉慶一〇、一、辛卯）展賑江蘇高郵、寶應二州縣被水災民。（仁宗一三九、三）

（嘉慶一〇、一一、己卯）賑江蘇清河縣被水災民。（仁宗一五三、二二）

（嘉慶一一、一、壬子）展賑江蘇山陽、阜寧、鹽城、清河、桃源、高

郵、泰、東臺、江都、甘泉、興化、寶應十二州縣被水災民。（仁宗一五六、八）

（嘉慶一一、一、乙卯）展賑江蘇長洲、元和、吴三縣歉收貧民。（仁宗一五六、九）

（嘉慶一一、七、壬戌）賑江蘇興化、東臺、鹽城、清河、高郵、寶應、海、安東、阜寧、泰、甘泉、沭陽、山陽、桃源、江都十五州縣被水災民。（仁宗一六四、二六）

（嘉慶一二、一、丙午）展賑江蘇山陽、阜寧、清河、桃源、安東、鹽城、高郵、泰、東臺、江都、甘泉、興化、寶應、邳、宿遷、睢寧、海、沭陽十八州縣上年被水災民。（仁宗一七三、四）

（嘉慶一三、一、己亥）加賑江蘇阜寧縣被水災民，並展蘇州府城煮賑。（仁宗一九一、四）

（嘉慶一四、一、壬戌）展賑江蘇山陽、阜寧、清河、桃源、安東、鹽城、高郵、泰、東臺、江都、甘泉、興化、寶應、沭陽十四州縣上年被水、被雹災民。（仁宗二〇六、六）

（嘉慶一六、七、甲申）賑江蘇清河、安東、海三州縣被水災民。（仁宗二四六、一一）

（嘉慶一七、一、丙子）展賑江蘇碭山、蕭、清河、安東、海、沭陽六州縣上年被水災民，貸桃源、邳、睢寧三州縣災民籽種口糧。（仁宗二五三、四）

（嘉慶一八、一、庚午）展賑江蘇高郵、寶應、甘泉、興化四州縣上年被水災民。（仁宗二六五、二）

（嘉慶二〇、一、丁亥朔）展賑江蘇句容縣上年被旱、被水災民。（仁宗三〇二、二）

（嘉慶二〇、六、甲戌）貸江蘇上元、江寧、桃源、華亭、奉賢、婁、金山、川沙八廳縣上年歉收貧民籽種口糧。（仁宗三〇七、二〇）

（嘉慶二一、一、甲申）展賑江蘇高郵、寶應二州縣上年被水災民，並貸上元、江寧、江浦、六合、阜寧、清河、安東、銅山、蕭、碭山、宿遷、睢寧、山陽、桃源、鹽城、泰、東臺、江都、甘泉、興化二十州縣銀穀有差。（仁宗三一五、二）

（嘉慶二二、一、癸丑）諭軍機大臣等：……兹據松筠奏，邳州窮民攔路呼號，懇請撫卹，並銅山等縣均需賞給口糧。著松筠、孫玉庭動用不拘是何款項，先行妥爲撫卹，一面會同確查。如邳州、銅山等縣災地情形，與沛縣實屬相等，應行賞給口糧，以資接濟，迅速由驛奏明撫卹，勿使窮黎失

所。……（仁宗三二六、八）

（嘉慶二二、一、戊辰）諭內閣：據松筠等奏，撫卹邳州貧民，並查明銅山等縣衛均須一體接濟一摺。邳州地方濱臨河湖，因上冬雨雪交加，低窪處所積水難消，與銅山、宿遷、豐縣、蕭縣及徐州衛被水農民均須接濟，因該府州縣衛詳報遲延，以致該撫陳奏後時。現在松筠、孫玉庭在彼會同撫卹，胡克家並已馳往查辦，除邳州貧民業經該省分別捐賞錢文、銅、蕭等縣衛該管道府分廠粥賑外，所有邳州、銅山、蕭縣、豐縣、宿遷及徐州衛被水農民，均著加恩賞給一月口糧，該督撫務督率地方官覈實散放，以期實惠及民。其詳報遲延之府州縣衛各職名，著查明咨部議處。胡克家前此僅將該府縣等嚴行申飭，並未參奏，著交部察議。（仁宗三二六、一八）

（嘉慶二三、一、丙午）展賑江蘇高郵、寶應、甘泉、沛、睢寧五州縣上年被水災民。（仁宗三三八、五）

（嘉慶二四、一、丁酉）給江蘇蕭、高郵、寶應三州縣及徐州衛上年被水、被旱災民一月口糧。（仁宗三五三、六）

（嘉慶二五、一、戊午朔）給江蘇沛、睢寧二縣上年被水被旱災民口糧。（仁宗三六六、二）

（嘉慶二五、六、庚寅）貸江蘇阜寧、鹽城二縣上年被水災民籽種、口糧。（仁宗三七二、四）

12. 安徽

（康熙四、五、辛丑）江南總督郎廷佐疏報：淮安、鳳陽二府屬各州縣旱災。……俱命速發常平倉穀，賑之。（聖祖一五、一二）

（康熙一八、一、己酉）安徽巡撫徐國相疏言鳳陽旱災，請設法賑濟，并動鳳陽倉康熙十六年存穀二萬石，就近分給。得旨：據奏鳳陽地方被旱災黎，衣食無資，深軫朕懷。該撫即速親往，督率所在賢能官賑濟，以救飢民，副朕愛民至意。（聖祖七九、四）

（康熙一八、一〇、己巳）戶部題：鳳陽、臨淮饑民乏食，多致離散。臣部司官詹布禮等察勘情形既確，應敕安徽撫臣徐國相親往鳳陽賑濟，以救災民。得旨：鳳陽、臨淮民饑，深軫朕懷，該撫不拘何項錢糧，速行動支賑濟，務令得所，毋致離散。（聖祖八五、七）

（康熙一八、一一、癸巳）命安徽巡撫徐國相親往盱眙、滁州等五州縣賑濟饑民。（聖祖八六、二）

（康熙二八、三、壬寅）賑濟江南亳州被水饑民。（聖祖一四〇、一六）

（雍正二、一、癸卯）總理事務王大臣等議覆：安徽巡撫李成龍疏奏，鳳陽府屬壽州、定遠、鳳陽等縣及安慶府屬桐城、太湖二縣歉收，請於從前截漕米内，動支四萬石，減價平糶。應如所請。從之。（世宗一五、一六）

（雍正五、二、癸亥）賑江南泗州、桐城等九州縣水災饑民。（世宗五三、一一）

（雍正六、一〇、辛丑）賑江南宿州、靈壁二州縣雹災饑民。（世宗七四、二四）

（雍正八、二、甲子）賑江南壽州、合肥二州縣、廬州衛旱災饑民。（世宗九一、一九）

（雍正八、一二、乙卯）賑江南壽州、鳳陽等十州縣，鳳陽、長淮二衛水災饑民。（世宗一〇一、一一）

（雍正一二、九、己亥）賑濟安徽宣城、鳳陽等十五州縣衛被水災民。（世宗一四七、一七）

（乾隆一、七、壬子）賑江南宿州、蕭、碭等州縣衛水災飢民。（高宗二三、六）

（乾隆一、九、壬子）賑安徽宿州、虹縣等二十州縣衛水災飢民。（高宗二七、六）

（乾隆一、九、丁巳）賑安徽泗州衛屯田水災飢民。（高宗二七、一三）

（乾隆二、七、丙辰）兩江總督慶復奏：安徽黟縣、南陵、太平、銅陵、石埭、懷寧等六縣蛟漲，及銅城、潛山、歙縣、繁昌、合肥、巢縣、舒城、滁州、全椒、和州、含山、六安、英山、霍山等十四州縣水災，酌量撫恤。得旨：知道了。被水災黎，務必加意賑恤，毋致失所。（高宗四七、三〇）

（乾隆二、一一、丙辰）蠲賑安徽壽州霍邱縣被旱災民。（高宗五六、四）

（乾隆三、一〇、辛卯）加賑安徽懷寧、桐城、潛山、太湖、望江、宣城、南陵、涇縣、寧國、太平、貴池、青陽、銅陵、東流、當塗、繁昌、無爲、合肥、舒城、廬江、巢縣、壽州、鳳陽、臨淮、懷遠、定遠、虹縣、霍邱、六安、英山、霍山、泗州、盱眙、天長、五河、滁州、金椒、來安、和州、含山、廣德、建平并新安、宣州、廬州、鳳陽、泗州、長淮、滁州、鳳陽中等五十州縣衛旱災貧民。（高宗七八、三二）

（乾隆五、一、辛未）［安慶巡撫陳大受］又奏：安省鳳陽府屬之宿州，上年被災最重，臣經過細加查察，隨飛調該府知府楊毓健就近督率。重支冒領，端不可開；而從前報賑有名，並先經遺漏及陸續聞賑歸來者，必使普被均沾。再查上江之安、寧、池、太等處，豐歉不同，必須委官平糶接濟。其懷寧、桐城之最歉薄者,現令分廠煮粥,派員賑散;至已報勘不成災之宣城、銅陵等處,亦飭令地方官分廠監糶。總在勘酌緩急,俾沾實惠,不拘存七糶三之例。得旨:辦理甚屬妥協,可嘉之至。勉力爲之。(高宗一〇九、一四)

(乾隆六、八、壬戌)署安徽布政使託庸奏報宿州、壽州等三十一州縣衛水災賑恤事宜。得旨:所奏俱悉。賑恤之事,雖應督撫察查,但汝爲布政,尤當留心,必使毋濫毋遺,不致胥役中飽,方爲能稱其任也。(高宗一四九、一八)

(乾隆六、一一、壬申)諭軍機大臣:據僉都御史彭啓豐奏稱,臣由江南入都,經過鳳陽屬之宿州,勘得地畝被水全荒。該知州許朝棟素性糊塗,恝視民瘼,於四月間匿災不報,及至散賑之時,又不實心辦理,每按飢民册籍減去口數,又聽甲長、衙役需索錢文,至於給發之際,又用輕戥,以致百姓聚閧,不能彈壓,輒加鞭扑,怨聲載道;鳳陽知府楊毓健雖身在宿州,不自到廠查看,一切委任佐雜等員,辦理亦未妥協等語。查賑災荒,乃地方第一緊要事務,今據彭啓豐所奏,何以宿州辦理不妥如此!爾等可即寄信與總督那蘇圖,令其確查,據實具奏。(高宗一五四、二一)

(乾隆七、一、甲申)諭:上江鳳、潁等屬,於上年夏秋連被水災,朕已降旨,加意賑恤,蠲、緩各項錢糧,並於定例賑濟月分之外,將災重地方,加展兩月、一月不等。項聞滁、和二屬及無爲州,係偶爾偏災,得賑之後,已足支持;惟鳳、潁、泗三屬,連年被潦,民困爲甚。今麥秋之期尚在五月,其加賑至三月止者,仍有四月一月乏食;加賑至二月止者,仍有三四兩個月乏食;賑至正月止者,仍有二三四三個月乏食。雖該州縣例有平糶倉糧,而貧民無錢糶買,深可軫念。著將鳳、潁、泗三屬已賑貧民,再借與口糧一個月;其正月止賑之處,去麥秋尚遥,應查明最貧之民,借與口糧兩個月。至五分災不賑者,定例於春月酌借口糧,應同六分災不賑之次貧,一體照例酌借,以接濟之。統於秋成交穀還倉。若近處穀石不敷,由遠處撥運,恐緩不濟急,即照上年之例,用銀折給,俾小民買食大麥、秋秋等雜糧,以餬其口。該部即速行文江南督撫知之。(高宗一五九、五)

(乾隆六、六、庚戌)賑卹安徽宿州、靈壁、虹縣、懷遠,江蘇銅山、沛縣、蕭縣、邳州、睢寧、宿遷、海州、沭陽十二州縣乾隆六年被水災民。(高宗一四五、三)

(乾隆七、八、丁酉)諭:江南上下兩江,有疊被水災之州縣,朕心深爲軫念,已命大臣前往,會同該督撫加意賑恤,以蘇民困。兹據安徽巡撫張楷奏報，連年水潦歉收，今年被災最重者，則有鳳陽、臨淮、宿州、靈壁、虹縣、懷遠、壽州、鳳臺、蒙城、泗州、五河、盱眙、天長十三州縣；次重者，則有定遠、霍邱、太和、潁上、亳州、阜陽六州縣。朕思此等地方民人，於積困之餘，又罹災患，非加恩於常格之外，不足以拯阽危。其最重者，著於定例應賑月分之外，加展三個月；其次者，著於定例應賑月分之外，加展兩個月；至於災止六分，次貧不賑者，亦俱賞賑一個月。其被災屯衛軍丁，著照坐落州縣，一體加展月分。又無業貧民、乏食生監，各隨所居鄉村，准其照例領賑。其應於何時開賑，該撫即酌量情形舉行。務派賢能有司官員，殫竭天良，實力撫卹。其下江被災等處，即著欽差大臣，會同該督撫，照此旨酌量辦理；務使災民均霑實惠。該部即遵諭速行。(高宗一七二、三一)

(乾隆七、九、乙酉) 安徽巡撫張楷奏：鳳陽、泗州二屬，自七月撫卹起，已報完竣；潁州府屬，自八月中旬撫卹起，將次完竣。臣委員查察，不許一名遺漏。實在應賑貧民，大小口共二百二十餘萬。至賑濟月分，仰蒙皇恩，將最重之鳳陽等十三州縣，於部例月分之外，加展三月；次重之定遠等六州縣，加展兩月。臣即會同督臣德沛通飭曉示，將正賑加賑共七個月者，自九月賑起；六個月者，自十月賑起；五月、四月者，於十一、十二月賑起；統賑至來年三月止。其例不應賑之六分、次貧，賞賑一月者，於年底給散。此次災口雖倍多於上年，但撫卹期早，又多加月分，賑期舒長，貧民感戴隆恩，自古未有，人人安分守法，靜領賑糧，地方極為寧謐。得旨：若果如所奏，實足稍慰矣。(高宗一七五、二九)

(乾隆七、一〇、庚子) 加賑江南鳳陽、臨淮、宿州、靈壁、虹縣、懷遠、壽州、鳳臺、定遠、蒙城、霍邱、太和、潁上、亳州、阜陽、泗州、五河、盱眙、天長等十九州縣暨鳳陽、鳳中、長淮、宿州、泗州等五衛水災飢民。(高宗一七六、二二)

(乾隆七、一一、乙酉) 安徽布政使魏定國奏：鳳、潁、泗所屬被災地方，九、十、十一等月正賑俱畢；又經撥運各屬碾米二十一萬餘石，並各處買獲十六萬餘石，通計臘春以及青黃不接之際，均足敷賑。其上江各屬，積水漸次涸出，已借給籽種，勸諭廣播。至先經流移在外百姓，俱安插撫綏。得旨：所奏俱悉。督率屬員，竭力妥協為之。(高宗一七九、二五)

(乾隆八、三、癸未) 是月，欽差大學士陳世倌等續奏刪汰上江冒賑情形。鳳陽府屬，汰大口二萬三千九百餘口，小口一萬三千三百餘口；潁州府屬，汰大口六千四百餘口，小口四千三百餘口；泗州併所屬，汰大口一千九

百餘口，小口四百餘口。得旨：知道了。(高宗一八七、一七)

（乾隆八、四、丁亥）賑江南鳳陽、淮安、潁、泗、徐、海六府州屬乾隆七年水災饑民。(高宗一八八、七)

（乾隆八、閏四、壬午）安徽巡撫范璨奏請：將鳳、潁、泗、滁、和等處災民，乾隆六年、七年分借給麥種，准於甲子、乙丑等年，分年帶徵，以紓民力。得旨：好，應如是者。(高宗一九一、一四)

（乾隆八、九、戊戌）賑貸安徽桐城、宣城、南陵、無爲、廬江、鳳陽、壽州、鳳臺、臨淮、懷遠、建平、盱眙等十二州縣水災饑民。(高宗二〇一、五)

（乾隆一〇、四、庚申）［工部等部］又議覆：前署安徽巡撫準泰疏稱，安省徽州府郡城、歙縣、休寧、婺源、績溪城、寧國府郡城、南陵、涇縣、蕪湖城，前經題請興修，今各屬俱被水災，實與以工代賑之例相符。請即於司庫修城本款匣費銀內，先給八分工料銀，及時購料興工。統限兩月內辦料。徽州府郡城、歙縣、婺源、績溪、南陵、蕪湖等六處統限四個月完竣。休寧限六個月完竣。寧國府郡城限八個月完竣。涇縣限一年完竣。應如所題。從之。(高宗二三九、一一)

（乾隆一〇、九、庚辰）諭：安徽省鳳、潁、泗等屬，乾隆六七兩年被災農民，借給籽種、口糧，朕曾降旨分年緩徵；今雖屆催納之期，第念該處當積歉之餘，今歲夏秋又復被水，若令按期輸納，小民未免拮据。著將鳳、潁、泗所屬六七兩年分，民借未完米麥銀兩，緩至丙寅、戊辰兩年麥後分完。俾民力得以紓徐，輸將不致竭蹙，以示朕軫恤閭閻之意。該部即遵諭速行。(高宗二四八、一四)

（乾隆一〇、九、乙酉）戶部議准：安徽巡撫魏定國疏稱，上江宿州、鳳陽、臨淮、懷遠、虹縣、靈璧、鳳臺、蒙城等八州縣，鳳陽、宿州二衛，本年夏麥被災。蠲賑事宜，業經分別辦理。現續被水災，請照例恤賑。有應蠲緩者，同前次彙題；其夏間借過籽種、口糧，俟下年麥熟後，免息徵收。不成災之處，亦酌借倉貯，以資接濟。得旨：依議速行。(高宗二四九、二)

（乾隆一一、五、己未）諭：據安徽巡撫魏定國奏稱，鳳、潁、泗三府屬，上年夏秋被災，去冬今春，有借給口糧、籽種等項，應於本年麥熟及秋收後歸還。但查此三府屬，尚有乾隆六七兩年借給未還各項，前奉恩旨，於丙寅、戊辰年分完。是本年已有應徵借領之項，若再加以去冬今春所借一併徵還，積困窮民，實難完納。仰懇聖恩，緩至己巳、庚午兩年分徵還項等語。著准其所請，將鳳、潁、泗三屬去冬今春借項，均緩至己巳、庚午兩年

分還，以紓民力。該部即傳諭該督撫知之。（高宗二六七、一三）

（**乾隆一一、八、癸巳**）〔安徽巡撫潘思榘〕又奏：臣接辦災務，體訪情形，惟亳、泗、懷遠、臨淮、鳳臺、五河、盱眙等州縣為最重。現查明極貧戶口，先行撫恤一月口糧。並確勘成災分數，酌量蠲賑具題。至江省近年辦賑，多奸胥土棍勾串捏冒，窮民轉致遺漏。現嚴飭屬員，實心查剔，如有此弊，即行揭報究懲。得旨：覽奏俱悉。又批：此風甚惡，亦地方官辦理不善所致也。當極力整飭之。（高宗二七三、三二）

（**乾隆一一、一二、戊辰**）諭：江南上江之鳳、潁、泗所屬被災州縣，朕已加恩賑卹。因念該州縣皆積歉之地，來年正月賑畢以後，未免度日維艱。著將宿州、靈璧、虹縣、亳州、泗州、五河六州縣被災十分、九分之極貧，加賑三個月，次貧及被災八分、七分之極貧，加賑兩個月；被災八分、七分之次貧及被災六分之極貧，加賑一個月。至鳳陽、懷遠、臨淮、鳳臺、潁上、蒙城、太和、盱眙、天長九縣，被災雖屬次重，但民間家鮮蓋藏，亦應一體加恩。著將被災十分、九分之極次貧民，均加賑兩個月；被災八分以下之極次貧民，均加賑一個月。各衛隨坐落州縣，一併加展。俾小民得資接濟。該部即遵諭行。（高宗二八〇、一一）

（**乾隆一二、九、乙未**）賑卹安徽歙縣、黟縣、績溪、宿州、靈璧、虹縣、五河等七州縣，並宿州一衛本年分水災飢民。（高宗二九八、一五）

（**乾隆一二、九、壬子**）諭：江南鳳、潁、泗三屬，頻年被災，所有借給籽種、口糧、銀米，曾經降旨，將乾隆六、七兩年借項，於丙寅、戊辰二年分還；乾隆十年借項，於己巳、庚午二年分還。但上年該處復被偏災，今歲又值蠲免停緩之年，若於戊辰年全行催輸，民力未免拮据。著加恩將從前分年帶徵之項，分作戊辰、己巳、庚午三年，按限徵還，八、九兩年借項，亦於此三年內帶納；其十一年出借之項，著緩至辛未年催徵。該督撫等務須轉飭屬員，妥協辦理，以副朕體恤災黎之意。該部遵諭速行。（高宗二九九、一六）

（**乾隆一三、一〇、丁未**）賑卹安徽阜陽、潁上、霍邱三縣秋禾被水，鳳陽、懷遠、泗州、盱眙、來安五州縣並鳳中、長淮、泗州、滁州四衛秋禾被旱，各成災貧民。（高宗三二七、二二）

（**乾隆一三、一一、乙亥**）諭：安徽從前被災地方，所貸籽種、牛草等項銀米，節經該督撫題明，分年緩帶。今秋既獲豐登，自應按限催徵。但朕念該處連歲歉收，帶徵之項，遞年積累，為數孔多。若應徵銀米，並集一時，小民既須措辦本年正供，又應交還帶徵欠項，恐力有拮据。著加恩將鳳陽府屬之宿州、鳳陽、臨淮、懷遠、虹縣、鳳臺、靈璧，潁州府屬之阜陽、潁上、霍邱、亳州、蒙城、太和，泗州並所屬之盱眙，及宿州、泗州、鳳中、長淮四衛，未完乾隆十年以前所借之籽種、口糧、銀米等項，共十九萬八千餘，寬至乾隆己巳年麥熟後起限，仍照原限分作三年帶徵。又鳳陽府屬之宿州、鳳陽、臨淮、懷遠、虹縣、鳳臺、靈璧，潁州府屬之霍邱、亳州、蒙城、太和，泗州屬之盱眙、泗州、長淮二衛，未完乾隆十一年所借之籽種、口糧、銀米，共三萬七千餘，照原降諭旨，遞緩一年徵還。再，鳳陽府屬之宿州、懷遠、虹縣、靈璧、定遠，滁州屬之來安，并宿州衛，未完乾隆十二年所借之籽種、口糧，及定遠一縣未完乾隆四年借項，共一萬八千餘，寬至己巳年麥熟後起限，分作二年帶徵。如此，則民力既得寬紓，災區元氣漸復。該部即遵諭速行。（高宗三二九、三一）

（**乾隆一四、一二、甲辰**）安徽巡撫衛哲治奏：賑濟貴池等二十州縣衛，因糧價平減，概給折色。至鳳、潁等屬，向有無業民人，於秋收種麥後，往往挈眷遠出謀生，非盡由被災而然，無庸留養資送。此外間有老幼殘廢之流，已飭屬邑查明，量予安頓。得旨：覽奏俱悉。（高宗三五五、二二）

（**乾隆一五、一〇、壬辰**）撫恤安徽省壽州、宿州、鳳陽、臨淮、懷遠、定遠、虹縣、靈璧、鳳臺、潁上、霍邱、蒙城、泗州、五河、盱眙、滁州、全椒、和州、含山、阜陽、亳州、銅陵等二十二州縣，及長淮、鳳陽、滁州等三衛，本年分水災飢民。（高宗三七五、一四）

（**乾隆一六、一、癸亥**）又諭：上年江南安徽所屬之績溪等州縣衛，江蘇所屬之江浦等州縣衛，被水被旱，致有偏災。一應賑卹事宜，已令該督等照例辦理，並經降旨加給折賑銀兩。第此內或地處深山，或民當積歉，今賑期已畢，麥秋尚遠，閭閻謀食維艱，深堪憫惻。著加恩將被災最重之歙縣、績溪、廣德、建平、銅山、沛縣六州縣極次貧民，各加賑兩個月；次重之銅陵、壽州、宿州、靈璧、虹縣、邳州、蕭縣、宿遷、睢寧九州縣極次貧民，各加賑一個月。貧生飢軍，隨所在地方一體給賑。俾災地窮黎，得資接濟，該督撫等董率有司，實力查辦，毋致遺濫。該部遵諭速行。（高宗三八一、一一）

（**乾隆一七、一〇、丙午**）賑貸安徽壽州、鳳陽、定遠、臨淮、霍邱、泗州、盱眙、天長等八州縣，鳳陽、長淮、泗州等三衛本年旱災飢民。（高宗四二五、六）

（**乾隆一八、七、壬午**）安徽巡撫張師載奏：據布政使高晉議稱，查太平、歙縣、貴池、太湖四縣，被水窮民，田土已被衝壓，廬舍人口又復漂流，現在資生無策，應改作極貧照例撫卹一月口糧，並給與殯埋修葺銀兩。至衝壓田禾，查實係貧戶，並照例酌給耔糧。又英山、旌德二縣並新安衛，被災既輕，毋庸撫卹；其衝坍房屋，壓損田禾，亦一例給發修費，借給工本。得旨：覽奏俱悉。(高宗四四三、三四)

(乾隆一八、一〇、壬辰) 諭曰：安徽巡撫衛哲治摺奏，本年九月，徐州隄工漫決，上江所屬宿州、靈璧、虹縣、泗州、盱眙一帶地方，俱經被淹。現在積水不能宣洩，二麥難以播種等語。前此上江各處，僅報偏災，今宿、靈、虹、泗等七州縣衛，被災甚重，不得仍照偏災之例辦理。著該督撫等，將被災戶口，詳悉查明，照淮、徐例銀米兼賑。所需銀兩，戶部前奏秋撥案內，雖撥四百餘萬，未經議及安徽。著另行速議酌撥，以備該處賑卹之用。其前撥安省協濟淮、徐備賑米石，本省既被重災，毋庸復撥。該督撫體朕如傷之意，無使一夫失所。該部遵諭速行。(高宗四四八、二五)

(乾隆一八、一〇、乙巳) 賑卹安徽太湖、宿松、歙縣、太平、貴池、東流、壽州、宿州、鳳陽、臨淮、懷遠、虹縣、靈璧、鳳臺、阜陽、潁上、霍邱、亳州、泗州、盱眙、天長、五河、滁州、全椒、和州、來安並長淮、宿州、泗州、滁州等衛三十州縣衛本年被水災民。(高宗四四九、二〇)

(乾隆二二、二、己卯) 諭：上江所屬之宿、靈、虹三州縣及長淮一衛，去秋被水災黎，其成災在六分以上者，業已多方撫卹，復兩經降旨加賑，自可不致失所。惟被災五分地畝，定例既不成災，不在給賑之內，而其中有積水未消，不能種麥之處及已種春麥，正月內又為毛城鋪減洩黃水淹浸者，雖可播種大田，而時距秋成尚遠，貧民生計，不無拮据。清問所及，軫念殊深。著加恩於例借一月口糧之外，再加借一月口糧，以資力作。該督撫其董率屬員，查明速辦。(高宗五三三、二)

(乾隆二九、七、己卯) 安徽巡撫託庸奏：當塗、銅陵、無為、和州、含山等沿江各州縣被淹之處，水勢漸退，及先後撫卹情形。得旨：覽奏俱悉。(高宗七一五、一七)

(乾隆三一、九、丙申) 安徽巡撫馮鈐奏：宿州、靈璧、虹縣三處河水漫漲。臣於八月二十七日，由省星馳赴勘，水已漸退，尚無損傷人口。現飭多備筏船接渡，於高阜處所，搭棚安頓乏食貧民，先給餅餌麥豆餬口，並委員查明受淹居民，分別大小口先給口糧。得旨：覽奏俱悉。賑卹事務，督率屬員妥速辦理，以救災民。(高宗七六九、二三)

(乾隆三四、一、丁亥) 又諭：安徽各屬上年因得雨稍遲，間被偏災，業經加恩緩徵並分別賑卹。現在時屆東作，距麥秋為期尚遠，際此青黃不接之候，生計尚多拮据。著再加恩將合肥、鳳陽、定遠、霍邱、泗州、盱眙、天長、滁州、來安、全椒等十州縣內，被災十分之極次貧及九分之極貧，各加賑兩個月；其被災九分之次貧及八分之極貧，各加賑一個月。廬州、鳳陽、長淮、泗州、滁州等五衛，並照屯坐州縣，一體查辦。該督撫等其董率屬員，實心經理，務俾閭閻普霑閭澤，以副朕軫念災黎至意。該部遵諭速行。（高宗八二六、三）

（乾隆三四、七、丁亥）諭：據富尼漢奏，安省被水各府屬，自六月初七以後，迄今半月晴明，節次飭屬，查勘被淹居民，量爲撫卹。無力貧農，酌借籽種，一面開倉平糶，以資接濟等語。前已降旨該撫，確查災地，加意撫綏。第念該省係積歉之區，民間元氣未復，今歲麥收，又復未能豐稔。現在已屆立秋，江潮積水或未能速消，晚秋雜糧，不能補種。閭閻生計，難免拮据。著富尼漢督率所屬，悉心經理，酌量借給籽種平糶。有應加撫卹者，即照例善爲撫卹。務使貧民均霑實惠，毋致稍有失所。該部遵諭速行。（高宗八三八、七）

（乾隆三五、一、壬午）又諭：安徽各屬上年因春夏雨多，或江湖泛漲，濱水之地，被有偏災。疊經降旨，加恩賑恤，并令該督撫等，善爲撫綏，令窮黎各得安業。第念時屆春初，賑期已畢，值此青黃不接，閭閻仍不無拮据。著再加恩，將懷寧、桐城、宿松、望江、貴池、銅陵、東流、當塗、蕪湖、繁昌、無爲、巢縣、含山、和州十四州縣，被災九、十分之極貧，加賑兩月；九、十分之次貧，八分之極貧，俱加賑一月。其安慶、建陽、廬州各衛，均隨屯坐州縣，一體加賑。其有尚需官借牛具籽種者，並著查明，酌量借給，俾農民咸及春耕之時，盡力南畝。該督撫等其董率有司，實力經理，毋任不肖吏胥從中侵蝕，以副朕軫卹災黎至意。該部即遵諭行。（高宗八五〇、八）

（乾隆三六、九、丁卯）是月，安徽巡撫裴宗錫奏：鳳陽、泗州、盱眙、五河四州縣，因湖水驟長，田廬被災，照例酌給口糧，並借籽種。報聞。（高宗八九三、二六）

（乾隆三七、一、己亥）又諭：安徽省鳳陽等屬，上年偶被偏災，業經分別加賑，其中成災較重之區，及被水村莊，甫經疏洩，並高阜缺雨之地未能趕種秋麥者，當此青黃不接時，貧民口食，仍恐不免拮据。著加恩，將鳳陽、泗州、盱眙、五河、定遠五州縣軍民，於正賑之外，所有八九分災之極次貧，並七分災之極貧，概行加賑一月。其例不給賑之災輕戶口，如需酌量借糶，并著該撫董率所屬，隨時經理，以資接濟，用副朕廑念貧黎至意。該

部即遵諭行。(高宗九〇〇、七)

　　(**乾隆三八、七、辛巳**)賑卹安徽鳳陽、泗州、盱眙、五河、壽州、懷遠、靈璧、鳳臺等八州縣，鳳陽、長淮、泗州等三衛本年水災貧民，並緩新舊額賦。(高宗九三九、四三)

　　(**乾隆三九、一、丁巳**)又諭：……嗣據裴宗錫覆奏，壽、宿二州成災皆止五、七分，以通邑計之，亦熟多災少，毋庸加賑。鳳陽、懷遠、靈璧、虹縣、鳳臺、泗州、盱眙、五河八州縣，及鳳陽、長淮、泗州三衛，夏麥秋禾，兩被災傷。當青黃不接時，民情不無拮据等語。著加恩將鳳陽等十一州縣衛，勘明八、九、十分災之極次貧戶，同七分災之極貧，各加賑一個月。其七分災以下，並毋庸加賑之壽、宿二州，並著該督撫察看情形，或須酌借牛具籽種，以資接濟之處，務董率所屬，妥協經理，俾災黎普霑實惠。該部即遵諭行。(高宗九五〇、七)

　　(**乾隆四〇、一、庚戌**)又諭：……再安徽之定遠、壽州等處，上年亦缺雨，偏被旱災，除查明零星勘不成災外，所有合肥、定遠、全椒三縣，被旱田地較廣。鳳陽、壽州、宿州、泗州、盱眙五州縣，雖被災較輕，但均係前歲災歉之區。恐今春青黃不接之時，民力不無拮据。並著加恩，將八九分極次貧民，同七分災極貧民，各加賑一個月。至廬州、鳳陽、長淮、泗州四衛災軍，各隨坐落合肥等州縣，一體加賑，以昭一視同仁之至意。其無庸加賑次貧以下，如有應行酌借籽種牛具之處，並著該督撫察看情形酌辦。俾窮黎均霑實惠。該部遵諭速行。(高宗九七四、二)

　　(**乾隆四一、一、甲戌**)又諭：昨歲安徽、江蘇地方，七八月間，偶有雨澤愆期之處，以致上江之廬鳳等屬，下江之句容等屬，高阜田畝，間被偏災。業經該督撫題報，照例分別撫卹，蠲賑兼施，貧民已不致失所。第念新春正賑已畢，麥收尚早，青黃不接之時，口食或恐拮据。且同一州縣之民，其有收之戶，共樂含哺，而高旱之處，獨形匱乏，尤堪軫惻。茲當春和布澤之初，著加恩將安徽被旱成災八、九分不等之定遠、泗州、盱眙、天長、五河、滁州、來安等七州縣，均係積歉之區，無論極次貧民，各加賑一個月。其廬州、鳳陽、長淮、泗州、滁州等五衛，被災屯戶，各隨坐落之州縣，一體賑給。……(高宗一〇〇〇、五)

　　(**乾隆四一、一一、戊子**)大學士管兩江總督高晉遵旨覆奏：江蘇省安東等七州縣，安徽省鳳陽等六州縣，均無庸加賑，止須明春借給口糧。惟泗州、盱眙並泗州衛被災較重，請加賑一月。得旨：屆時有旨。(高宗一〇二一、七)

（乾隆四二、一、辛未）諭：上年夏秋雨暘時若，京畿及各直省俱獲豐收，惟安徽泗州等七州縣秋禾間有因潦被災之處。江蘇安東等七州縣瀕水窪地，亦略有一隅偏災。業經降旨各該督撫，照例撫恤，蠲賑兼施，貧民已可不致失所。第念東作將興，青黃不接，茅簷口食未免拮据。著加恩將被災八分之泗州、盱眙縣及泗州衛，無論極次貧民，均各加賑一個月，俾資接濟。其餘無庸展賑各州縣，及泗、盱三州縣衛五、七分災貧民，今春如有應行酌借籽種、口糧、牛具之處，並著該督撫察看情形，分別妥辦，務俾均霑實惠，以普開韶恩澤。該部即遵諭行。（高宗一〇二四、四）

（乾隆四三、一〇、己巳）諭軍機大臣等：據李奉堯復奏，察看亳州、蒙城縣撫卹辦賑情形一摺。內稱蒙城縣知縣胡春熙辦理災務未愜民望，給放撫卹則又遲緩，災民嘖有煩言，當遣左營守備于作樑前往催放等語，自屬實在情形。亳州、蒙城二州縣，因黃水猝至，被災較重，撫卹甚關緊要。且災賑之事，最宜迅速，災民庶得早霑實惠。今胡春熙既辦理遲緩，不愜民心，李奉堯尚且知之，閔鶚元豈轉無聞見？即應一面參奏，一面另揀賢員，往彼妥辦，使災黎不致失所。況目下距明春尚有數月，若仍姑容該員在彼，必致貽誤賑務，閔鶚元何以竟不查辦，殊屬非是，著傳旨申飭。並著該撫即速將胡春熙承辦災務如何不行盡心之處，查明參奏，並即揀員奏明調往蒙城，加意妥爲經理，毋得稍存迴護，致干咎戾。（高宗一〇六八、三七）

（乾隆四三、一二、庚申）又諭：據李奉堯奏，因查閱鳳陽一帶營伍，體察各州縣所辦賑務，懷遠、盱眙兩縣災民，有以遺漏飢口，求籲馬前者。至五河一帶，本爲積歉之區，小民輒以本年賑次不及上屆，老幼婦女，所呈環集求增。查該縣勘定成災七、八分，其極貧初賑已經散訖，次貧一賑，例於十二月始行開放，災民未免嗷嗷，當即商之該縣，令其先行煮粥接濟等語。所辦頗好，已於摺內批示。地方遇有災務，撫藩等自應實力查辦，即或有不能周到之處，亦當以民食爲重，俾皆得所，寧濫勿遺，方足副朕惠愛黎元之念。今閔鶚元等查辦賑務後，仍有數處災民向鎮臣環籲，則原辦之未能妥實可知。今幸俱已籌辦安輯，可無他患。但閔鶚元之查辦災務，是否屬實，即難深信矣。刁民藉災控訴，其風固不可長，但災黎以待哺情急，向巡閱營伍之鎮臣籲訴，爲民牧者聞之，能無愧乎？著將李奉堯摺鈔寄閱看，令其確查，勿使一人向隅，副朕厪念災黎之至意。仍將查辦情形，明白回奏，此旨著由四百里傳諭閔鶚元，並諭李奉堯知之。尋閔鶚元奏：懷遠、盱眙等處災民，現俱寧帖，年內尚有極貧二賑，次貧一賑，成災九、十分各屬，普賑一月。報聞。（高宗一〇七二、一〇）

（乾隆四三、一二、甲戌）賑卹安徽當塗、蕪湖、繁昌、合肥、廬江、巢縣、壽州、宿州、鳳陽、懷遠、定遠、靈璧、鳳臺、阜陽、霍邱、亳州、蒙城、六安、霍山、泗州、盱眙、天長、五河、滁州、全椒、來安、和州、含山、建陽、廬州、鳳陽、長淮、泗州、滁州等三十四州縣衛本年水旱災貧民。（高宗一○七三、九）

（乾隆四四、一、丁亥）諭：上年安徽亳州、蒙城等處，因上游黃水漲溢，田廬淹浸，被災亦重。而懷遠、宿州等十州縣，有先被旱而復被水者，節經降旨，令該撫切實查勘，蠲賑兼施，災黎自可不致失所。第念東作將興，當此青黃不接之時，例賑將停，麥秋未逮，小民口食恐尚不免拮据。著再加恩將災重之亳州、蒙城二州縣九十分災貧民，無論極次，俱各加賑兩個月，其八分災貧民及阜陽、懷遠、宿州、鳳陽、靈璧、壽州、鳳臺、泗州、盱眙、五河、天長等十一州縣，鳳陽、長淮、泗州三衛七分災以上貧民，無論極次，俱各加賑一個月。至無庸加賑各地方，有應行酌借口糧籽種之處，並著該撫察看情形，分別妥辦，務俾均霑實惠，用溥春祺。該部即遵諭行。（高宗一○七四、一）

（乾隆四四、四、戊寅）又諭：前因豫省堵築漫口，尚未蕆工，安徽亳州、蒙城等處爲黃水下游，經年淹浸，補種無由，災民難免無艱食之虞，已有旨諭閔鶚元詳悉查明，據實覆奏，候朕酌量加恩降旨。本日閔鶚元奏到地方情形摺內，稱亳州北鄉與豫省接壤武家河等處，瀕河窪地，因春水倐長倐落，間有未經種麥者，亦屬無多，現在飭令該州督令農民，設法疏洩，以期補種秋禾等語。是亳州所屬，未經涸出之地，尚屬無多，其蒙城一縣情形若何，未經奏及。著傳諭薩載、閔鶚元速遵前旨，將亳州、蒙城等處河水下注之處，曾否涸出，現在貧氓有無拮据情形，據實迅速覆奏。又據阿桂等查奏，豫省災地，現在實難豫定，統俟秋徵之前，再將實在情形查明，據實分別具奏請旨。至現在被淹戶口，俟麥收已畢，各工完竣之後，查明實在無力者，照夏災之例，借給兩月口糧，如將來工竣時，涸出之地尚可趕種，並請借給籽種，以資接濟等語，已如所議矣。亳州、蒙城所被不過偏災，現在尚可無庸辦及，設儀封漫口不能即合，其漫下之水，恐不免仍有衝溢之處，或有應仿照豫省辦理者，並著薩載等切實查明覆奏，將此由六百里諭令知之，即由驛迅速覆奏。尋奏：夏令爲水勢正長之際，上游來水尚未斷流，淹及低窪麥地者，計有亳州、蒙城、懷遠、鳳陽、宿州五處，內亳州東北二鄉被淹較廣，其四處止係河涯窪地，較亳爲輕。現飭員履勘，如有與豫省情形相似者，一體查辦。若所傷不過一隅，按照輕重，酌給籽糧。報聞。（高宗一○

八一、一四）

（**乾隆四四、七、辛丑**）諭曰：薩載、閔鶚元奏，查勘災地情形一摺。據稱，亳州渦河以北，逼近武家河之宋家集等處三十保，直接豫省，受水既早，夏麥悉被淹浸，秋禾亦難望補插。其蒙城迤北之澧河兩岸、板橋等集二十六保，亦同時受水，夏麥秋禾，均無收穫。請再行酌借一月口糧，於司庫正項內，折銀放給，俟明幾麥熟後，分作兩年帶徵等語。前因亳州、蒙城一帶，爲豫省下游，黃水漫注、被淹較重，屢經降旨加恩撫卹，並賞給川米一萬二千石，以資口食。但儀封漫口至今尚未堵合，秋禾業已無收，貧民必倍形拮据，情尤可憫。著再加恩，將亳州被災最重之宋家等集三十保、蒙城被災最重之板橋等集二十六保被水貧民，照夏災之例，於八月內再賞給一月口糧，以資接濟。該督撫即督率各屬，實力妥辦，務使窮黎均霑實惠，毋任吏胥侵漁中飽，副朕軫恤災氓，有加無已之至意。該部即遵諭行。（高宗一〇八七、六）

（**乾隆四四、九、庚戌**）安徽布政使農起奏：安省因河南儀封漫口尚未合龍，黃水下注，亳州、蒙城、懷遠、鳳陽、靈璧、鳳臺、壽州、宿州、泗州、五河、盱眙等州縣及鳳陽、長淮、泗州三衛被淹，蒙恩賞給川米一萬二千石，又八月分一月口糧，民情均極寧貼。現查覈被水重輕，分別給賑，期於無濫無遺。得旨：一切給賑之事，妥慎爲之，俾災黎均受實惠。（高宗一〇九一、二〇）

（**乾隆四五、一、癸未**）又諭：上年安徽亳州、鳳陽等處，因上游黃水漲溢，尚未斷流，以致復有偏災。節經降旨，令該撫加意撫綏，照例給賑，以示優恤。第念今春正賑已畢，青黃不接時，民食不無拮据。著再加恩，將災重之亳州、蒙城、鳳陽、懷遠、靈璧、宿州、泗州、盱眙、五河、九州縣及鳳陽、長淮、泗州等三衛成災八、九、十分之極次貧民，概行加賑一個月；其成災七分以下及勘不成災各地方，並著該撫察看情形，如有應借給籽種口糧之處，即行分別妥辦，務使窮簷均霑渥澤。該部遵諭即行。（高宗一〇九八、七）

（**乾隆四五、七、丙午**）安徽巡撫閔鶚元奏：本年睢寧漫口，黃水旁注泗州，該州西北、東北一帶被水之赤山等堡貧民，請無分極次，先行撫卹一月口糧，再勘明成災輕重，照例給賑。其東南鄉洪澤湖邊之古浪集等堡，被水甚輕，毋庸撫卹，俟水勢大定，確勘成災與否，分別辦理。至宿州、靈璧被水村堡，下游驟難消退，應查明災分給賑。得旨：等照所請速行。該部知道。（高宗一一一一、二四）

（乾隆四六、一、丁丑）又諭：上年安徽亳州等處因夏秋雨水稍多，兼之黃、淮交漲，下游各州縣未免有被淹處所，節經降旨，令該撫加意撫綏，照例給賑，以示體恤。第念今春正賑將畢，青黃不接之時，民食不無拮据。著再加恩，將災重之泗州、宿州、靈璧、亳州並泗州衛成災七、八、九分之極次貧軍民，於正賑後概行加賑一個月；成災五分之各州縣衛及勘不成災各地方，並著該撫察看情形，如有應需借給籽種口糧之處，即分別酌量辦理，務使災黎均霑渥澤。該部遵諭即行。（高宗一一二二、四）

（乾隆四六、三、癸卯）安徽巡撫農起奏：安省鳳陽、潁州、泗州三府州等屬，上年偶被水災，業經賑卹，惟屆青黃不接之時，尚資調劑，請將災屬倉穀照市價遞爲減糶，至成熟州縣，亦就現存倉糧，酌量情形，照存七糶三例分別減糶。報聞。（高宗一一二七、二五）

（乾隆四七、一、己亥）諭：上年安徽鳳陽、泗州等屬，因淮、灘各河同時泛漲，低田被淹。屢經降旨，令該督撫等勘實成災，分別給賑，俾免失所。第念今春正賑已畢，尚屆青黃不接之時，民食不無拮据。著再加恩將鳳陽、五河、宿州、靈璧、泗州等州縣被災七、八、九分極次貧民，概行加賑一個月；其鳳陽、長淮、泗州三衛被災飢口及各災地貧生，并兵屬多餘家口，俱隨坐落州縣村莊一體加賑。至七分災以下及勘不成災之區，並著察看情形，奏請分別酌借籽種口糧，以資接濟。該撫務須董率所屬實心妥辦，俾災黎均霑實惠，以普春祺。該部遵諭速行。（高宗一一四八、一）

（乾隆四八、一、丙申）諭：上年安徽鳳陽、潁州二府並泗州等屬州縣，因淮水泛漲，田畝被淹，業經降旨令該撫董率所屬，切實查勘，照例給賑，俾無失所。第念今春正賑已畢，尚屆青黃不接之時，民食不無拮据。著再加恩將壽州、鳳臺、鳳陽、懷遠、靈璧、泗州、盱眙、五河、潁上等九州縣被災八、九分貧民，無論極次，於正賑後概行加賑一個月，以資接濟；其鳳陽、長淮、泗州三衛被災飢口，各隨坐落州縣村莊一體加賑。至被災較輕，有需酌借口糧籽種者，並著該撫察看情形，分別酌量辦理。該撫務督率各屬實力妥辦，俾災黎均霑實惠，以副朕軫卹無已之至意。該部遵諭速行。（高宗一一七二、五）

（乾隆五〇、一、壬子）諭：上年安徽亳州因豫省睢州漫工，黃水下注，沿河低窪田畝間有被淹。業經降旨令該撫董率所屬，切實查勘，照例給賑，俾無失所。第念今春正賑已畢，尚屬青黃不接之時，民食不無拮据。著加恩將亳州被災八九分貧民，無論極次，於正賑後再行加賑一個月，以資接濟；其衛所被災貧民，並著循例一體加賑。至亳州七分災極次貧民及泗州等八州縣成災五分並勘不成災之區，有需酌借口糧籽種者，並著該撫察看情形，分別酌量辦理。該撫務督率各屬實力妥辦，俾閭閻均霑實惠，以副朕軫恤窮黎，有加無已之至意。該部即遵諭行。（高宗一二二二、五）

（乾隆五〇、二、己酉）安徽巡撫書麟奏：安省亳州等處自上年賑卹後，屆茲青黃不接，復奉恩旨展賑。臣現飭司查照正賑銀兩給發，委員解赴亳州，飭令陸續易換錢文，臨時按口給發；臣仍馳往亳州，督率該道府實力妥辦。其亳州七分災貧民及泗州等八州縣成災五分並勘不成災之區，亦當率同該道府察看實在情形，分別酌借籽種口糧。照例減價平糶，務俾三春口食有資。得旨：詳妥爲之，俾受實惠。（高宗一二二五、二一）

（乾隆五〇、六、癸卯）又諭：據書麟奏，通省被旱各州縣內，亳州、蒙城、太和、宿州、靈璧五州縣民力不免拮据；泗州、五河、天長、盱眙四州縣，有業之戶，僅可支持；其鳳陽、定遠、懷遠三縣，雖已得雨，民力仍屬拮据；鳳陽、泗州、長淮三衛屯軍情形，亦屬相同等語。亳州等十二州縣，因雨澤愆期，農民不能趕種大田，情形均爲拮据。著該撫即遵前旨，體察受災輕重，分別酌借籽種口糧，以資接濟。其鳳陽、泗州、長淮三衛屯軍，亦著照坐落州縣，一體辦理。亳州等八州縣無業極貧下戶，因亢旱日久，無處趕工覓食，現在糊口維艱等語。亳州、蒙城、宿州、靈璧、泗州、五河、盱眙、天長八州縣無業極貧下戶，口食無資，情形甚爲可憫。著賞給一月折色口糧，俾資生計。該撫即督率所屬，實力奉行，務使災黎均霑實惠，不致稍有失所。該部即遵諭速行。（高宗一二三三、三二）

（乾隆五〇、九、壬子）貸安徽宿州、鳳陽、靈璧、亳州、蒙城、盱眙、太和、泗州、天長、五河、壽州、懷遠、鳳台、定遠等十四州縣並鳳陽、長淮、泗州三衛本年旱災貧民籽種口糧。（高宗一二三八、一二）

（乾隆五一、四、辛丑）是月，安徽巡撫書麟奏：安省上年旱災平糶，恐奸商串役漁利，貧民轉致向隅，臣於查賑時，先令各州縣豫備米票，即於散賑之日，按戶分給。並刊刻初一至三十日木戳，於開糶時，令各戶持票赴廠，驗明糶給，盖用本日木戳，仍將原票給還。每戶每日以二三升爲率，如老弱不能日事奔馳者，併買三五日，亦於票內連用戳記。其被災稍輕例不給賑及勘不成災之區，無賑冊可稽者，亦令各持門牌赴廠給票，一體按日加戳給買。得旨：好。自係實言。（高宗一二五三、一九）

（乾隆五一、閏七、己亥）諭：據陳步瀛奏，查明安省被水各處，如定遠等九州縣，因夏間雨水過多，河湖並漲，民間田禾房舍，均被淹漫，秋收失望；其靈璧等四州縣，亦因山水陡發，田廬多有淹浸。請旨分別賞卹等語。上年安省旱災較重，該州縣俱係積歉之區，今夏復因雨水過多，河湖並張，兼之山水長發，以致民田廬舍，均被淹沒，民力實屬拮据，殊堪憫惻。所有定遠、鳳陽、懷遠、鳳臺、壽州、五河、泗州、盱眙、天長等九州縣被災較重，奏請賞給一月口糧者，著加恩賞給兩月口糧；其靈璧、滁州、來安、全椒四州縣，被災較輕，小民亦不無失所，若僅借給一月口糧，尚恐民力維艱，著加恩賞給一月口糧。並交該撫督率陳步瀛飭屬妥辦，俾災黎均霑實惠，毋任胥吏從中侵漁滋擾，以示體卹。餘著照該藩司所奏辦理，該部即遵諭速行。（高宗一二六一、四四）

（乾隆五一、八、乙巳）又諭：前據陳步瀛奏，查明鳳、泗等屬，及鳳、璧等州縣，俱被水災，請分別賞借口糧一摺，已降諭旨，將被災較重之定遠等九州縣，賞兩月口糧；其靈璧等四州縣，賞給一月口糧，並諭知該撫遵辦矣。本日又據李世傑等奏，鳳泗等屬，被淹撫卹緣由，分別辦理一摺。想此時該督等尚未接奉前旨，著傳諭李世傑等，務督同藩司，實力妥辦，俾災黎均霑實惠，毋任胥役從中侵漁滋擾，方爲妥善。至該撫夾片內稱，安徽通省秋成，可期一律有收，覽奏稍爲欣慰。但去年上下兩江，俱被旱災，今歲黃、運二河皆有漫溢，不免被淹，民力恐更拮据。著傳諭該督等將上下江秋成，通省合計，究有幾分之處，查明迅速覆奏，以慰廑注。（高宗一二六二、二一）

（乾隆五二、一、辛未）又諭：上年安徽省安慶、鳳、廬、滁、泗等府州屬，夏間雨澤過多，山水漲發，低窪地畝，間被淹浸。節經降旨，令該督撫詳晰查明，分別蠲賑，俾災黎口食有資，不致失所。第念今春正賑已畢，青黃不接之時，小民生計維艱，著再加恩將鳳陽、懷遠、定遠、靈璧、鳳臺、壽州、泗州、盱眙、天長、五河、滁州、全椒、來安、合肥、廬江等十五州縣被災八、九、十分貧民，無論極次，概行加賑一個月，以資接濟；其衛所饑口，及貧生兵屬，並著照正賑之例，一體辦理；至被災七分、五分貧民，及勘不成災之區，仍著該督撫察看情形，或借給口糧籽種，或減價平糶，分別酌辦。該督撫務須督飭所屬，實心經理，俾災黎均霑愷澤，以副朕惠愛閭閻，用普春祺至意。該部即遵諭行。（高宗一二七二、三）

（乾隆五二、七、戊寅）又諭：據陳步瀛奏勘明亳州被水情形一摺，內稱該州渦河，上接豫省商邱、鹿邑等境，因豫省漫水下注，渦河不能容納，以致該州東北、西北各鄉，田禾俱被淹沒，房屋亦多坍塌。現在委員分赴各鄉，逐一查勘等語。該處各鄉既被水淹，所有撫卹事宜，自當妥爲查辦。前已諭令書麟，由漫水下注之亳州、蒙城一帶，查勘被水情形，順赴睢州工次，商辦堵築事宜。著傳諭該撫即將亳州渦河一帶被淹各鄉，查勘是否成災，如有應行撫卹之處，一面奏聞，一面即交該藩司陳步瀛督飭所屬，實力妥爲撫卹，務俾災黎均霑實惠，毋使一夫失所。將此傳諭書麟，並陳步瀛知之。（高宗一二八四、二一）

（**乾隆五二、七、癸巳**）諭軍機大臣等：據陳步瀛奏，查明被水各州縣內，亳州、蒙城爲重，懷遠、鳳陽、靈璧、五河、泗州、盱眙次之，宿州又次之。至定遠、鳳臺、天長、全椒、無爲等州縣，因夏間雨水過多，間有積水之處，再爲分別辦理一摺。本年睢州隄工漫水，由渦河入淮，泛溢下注，以致亳州、蒙城一帶，田禾廬舍，俱被淹浸。業經該藩司勘明被災輕重情形，自應即將被災較重地方，先行照例撫卹。現在書麟已赴豫省幫辦河工，堵合約在季秋，回任尚需時日。所有亳州、蒙城等處賑卹事宜，著即交陳步瀛實心妥協經理，督率該地方官逐戶挨查，散給撫卹銀兩，毋任不肖吏胥侵漁中飽，俾災黎均霑實惠。將此傳諭李世傑、書麟，並諭陳步瀛知之。（高宗一二八五、三二）

（**乾隆五二、七、乙未**）諭軍機大臣等：本年睢州隄工漫水，由渦河入淮，泛溢下注，以致亳州、蒙城一帶，田禾廬舍，俱被淹浸。前已降旨令陳步瀛實力撫卹，以資接濟，並諭書麟知之矣。今據書麟奏，亳州、蒙城、懷遠、鳳陽、靈璧、泗州、五河、盱眙八州縣，業已先行賞給一月口糧。其定遠、鳳台等州縣，查明被水尚輕，俟委員勘覆，分別辦理。亳州、蒙城等州縣，連年被災，地方積歉，小民口食無資，殊屬可憫。書麟現在睢州工次，著飭知該藩司，務須督飭所屬，實力賑卹，俾災黎均霑實惠。其定遠等州縣，一經勘明，如有應行撫卹者，亦即迅速妥辦，毋使一夫失所。將此諭令知之。（高宗一二八五、三八）

（**乾隆五三、一、丙寅**）又諭：上年安徽省亳州、蒙城等各州縣，因黃水漫溢，田畝被淹。節經降旨，令該督撫等實力撫卹，分別蠲賑，毋使一夫失所。第念今春正賑已畢，青黃不接之時，小民生計維艱，著再加恩將亳州、蒙城、懷遠、鳳陽、靈璧、宿州、五河、泗州、盱眙、天長等十州縣被災九分十分貧民，無論極次，概行加賑一個月，以資接濟；其衛所饑口及貧生兵屬，並著照正賑之例，一體辦理；至被災五、六、七、八分貧民及勘不成災之區，仍著該督撫察看情形，或借給口糧籽種，或減價平糶，分別酌辦。該督撫務須督飭所屬，實心經理，俾災黎均霑愷澤，以副朕惠愛閭閻，用普春祺至意。該部即遵諭行。（高宗一二九六、二）

（**乾隆五三、五、戊子**）諭軍機大臣等：據陳用敷奏，徽州府屬祁門縣，蛟水漲溢，南北東三門城垣，俱被衝塌，縣監倉廒，亦多塌浸，並間有淹斃居民及衝倒房屋之處；又休寧、黟縣亦因上游蛟水下注，致被淹浸等語。徽州府屬祁門各縣，因蛟水陡發，居民猝不及防，以致衝倒房屋，淹斃人口，情殊可憫。現在陳用敷已親往該處督率各員查勘辦理，著傳諭該撫即詳悉查明，所有應行撫卹者，照例分別妥辦，毋使災民失所。其城垣監獄等處，實係被衝者，亦即確切估修，仍將查辦情形據實復奏。尋奏：祁邑水災最重，當將被浸倉穀曬乾，擇極貧民人，計口儘放。其未經領穀及休寧等邑貧民，折銀各散一月口糧。塌屋給與葺費，無力挑復田畝者，酌借籽種。其城垣、衙署、倉監、營房應行修建之處，逐一確估，分別辦理。報聞。(高宗一三〇五、二二)

（乾隆五四、八、庚辰）諭：據玉德奏，查明宿州、靈璧等處，緣碭山黃水漫注，該處灘河及南、北股二河不能容納，以致該州縣田廬俱有被淹。雖現在水已漸消，而節過秋分，未能補種，均成一隅偏災。請先行借給一月口糧，以資接濟。再泗州爲宿、靈諸河之水滙歸洪澤湖要道，前次周家樓黃水下注，田禾被淹，業已勘報成災，今復被碭山黃水漫溢，災民歸業需時，請一體借給一月口糧等語。安徽宿州、靈璧、泗州等處，俱因河水漲溢，以致低窪地畝間被淹浸，既經該藩司勘明成災，自應急爲撫卹，俾被水窮民，得資接濟。所有奏請借給一月口糧之處，著竟行賞給。並著陳用敷率同該藩司督飭所屬，實力查辦妥辦。如有應行蠲緩之處，俱即勘明辦理，毋致一夫失所，以副朕軫念災黎，有加無已至意。(高宗一三三七、二九)

（乾隆五四、九、壬子）安徽巡撫陳用敷奏：宿州等處被水，請先借給一月口糧。得旨：即行賞給。(高宗一三三九、三二)

（乾隆五五、八、辛亥）諭曰：據周樽奏，鳳陽府屬之宿州境內村莊，因上游水注，民埝漫溢。又靈璧縣係宿州下游，該縣中、北兩鄉，間有被淹等語。宿州、靈璧因近日雨水較多，該處村莊隄埝，不無淹浸，閭閻未免失所。所有被水地方，著加恩賞給一月口糧，以資接濟。該撫務須督率所屬，加意妥辦，按照被災戶口，覈實散給，使窮簷均霑實惠，以副朕軫念災黎至意。該部遵諭速行。(高宗一三六〇、七)

（乾隆五五、八、辛亥）諭軍機大臣等：據周樽奏，宿州、靈璧地方，因黃水漫溢下注，境內間被淹浸，雖夏收尚屬豐稔，但民力究不免拮据，懇請借給一月口糧，俾資生計等語。……該二處被水村莊，田廬間有淹浸，自應賞給一月口糧，以資接濟，昨已遣令鳳陽府知府谷廷珍，迅速馳回辦理撫卹諸事。並著傳諭福崧、朱珪督同周樽及該府縣實力撫卹，妥爲散給。務使

貧民均霑實惠，以副朕軫恤災區之意。（高宗一三六〇、七）

（**乾隆五五、八、甲寅**）又諭：據周樽奏，宿州、靈璧二州縣村莊間有被水，業經降旨賞給一月口糧。茲孫士毅奏報碭山一縣漫水淹浸，情形較重，小民口食未免拮据。亦著加恩，先賞給一月口糧，以資接濟。其應否再行給賑，並著該督等查明，據實具奏。該部遵諭速行。（高宗一三六〇、一一）

（**乾隆五五、八、乙未**）諭：前據周樽奏，宿州、靈璧兩州縣，因雨水較多，村莊間被淹浸，業經降旨，賞給一月口糧，以資接濟。茲復據奏稱，該處田禾被水，補種已遲，難免一隅偏災，著加恩於賞給一月口糧之外，再行酌量給賑，該督撫務須督率所屬，確查被災戶口，普行散給，俾閭閻均霑實惠，以副朕軫念民食，有加無已至意。該部即遵諭速行。（一三六〇、二一）

（**乾隆五五、八、丙寅**）又諭曰：孫士毅奏途次查勘情形摺內稱，毛城鋪減水，由碭、蕭、宿、靈等處下注，睢寧十三社地方致被淹浸，內六社被水較重，請賞給一月口糧；其餘七社為患尚輕，現已涸出，應否借給口糧、籽種之處，查明會題等語。所辦俱妥，已於摺內詳悉批示矣。所有睢寧地方，被災較重之六社，已降旨賞給一月口糧。其被災較輕之七社，田畝現經涸出，自可播種春麥，但該邑上年曾經被水，民力不無拮据，自應借給口糧、籽種，以資接濟。著該督撫等據實查明具奏。此次所發帑項寬餘，務須遵照節次所降諭旨，督率所屬，妥協辦理，毋使一夫失所，不可稍存靳惜之見，以副朕軫念災黎至意。（高宗一三六一、九）

（**乾隆五六、一、丁丑**）又諭：上年安徽省宿州、靈璧等各州縣，因毛城鋪土壩刷寬，漫水下注，民田廬舍，間被淹浸。業經降旨，令該督撫實力撫卹，分別賑濟，小民自可不致失所。第念今春正賑已畢，青黃不接之時，貧民餬口無資，著再加恩將宿州、靈璧、泗州三州縣被災八、九分貧民，無分極次，概行加賑一個月。其衛所飢口及貧生、兵屬，亦著照正賑之例，一體辦理。至宿州、靈璧、泗州、盱眙、五河被災五、六、七分貧民及勘不成災之鳳陽、懷遠、鳳臺、壽州、定遠、霍邱、天長、滁州、全椒、來安、舒城等十一州縣，仍著該撫察看情形，酌借口糧、籽種，以資接濟。該撫務須董率所屬，實心經理，俾災黎均霑愷澤，以副朕軫念窮簷，普惠春膏至意。該部即遵諭行。（高宗一三七〇、二）

（**乾隆五九、一、庚寅**）又諭：上年安徽之無為州及銅陵、繁昌二縣，因夏秋雨水稍多，低窪田地，間被漫溢，業經降旨分別賞給一月、兩月口糧，令該督撫實力查辦，妥爲撫卹。第念該州縣被水村莊，有涸出較遲，未經佈種二麥者，今春青黄不接之時，民力恐不無拮据。著再加恩，將被水稍重之無爲、銅陵、繁昌三州縣，分別賞給兩月口糧，併酌借籽種，以資接濟。該撫務嚴飭所屬，實心經理，毋任吏胥侵蝕滋弊，俾閭閻均霑渥澤，以副朕普錫春祺至意。該部即遵諭行。（高宗一四四四、二）

（嘉慶二、一、癸卯）貸安徽鳳陽、宿、靈璧、泗、盱眙、五河、壽、鳳臺、懷遠、定遠、亳、太和、天長十三州縣衛被水災民口糧有差。（仁宗一三、三）

（嘉慶三、一、戊辰）賑安徽宿、靈璧、泗、盱眙、五河、合肥、定遠七州縣上年被水被旱災民。（仁宗二六、二）

（嘉慶四、一、庚申朔）貸安徽亳、蒙城、太和、懷遠、鳳陽、五河、盱眙七州縣衛被水災民口糧。（仁宗三七、二）

（嘉慶五、一、辛酉）加賑安徽宿、靈璧、泗三州縣衛被水災民，並貸鳳陽、懷遠、盱眙、五河四縣衛貧民口糧。（仁宗五七、五）

（嘉慶五、四、戊子）加賑安徽宿、靈璧、泗三州縣衛被水災民。（仁宗六三、九）

（嘉慶五、閏四、庚午）加賑安徽宿、靈璧、泗三州縣被水災民。（仁宗六六、七）

（嘉慶六、一、己卯）加賑安徽宿、靈璧、泗三州縣衛被水災民。（仁宗七八、二）

（嘉慶七、一〇、己亥朔）賑安徽宿、靈璧、泗、盱眙、五河五州縣被水災民。（仁宗一〇四、二）

（嘉慶九、一、甲午）貸安徽鳳陽、懷遠、定遠、壽、鳳臺、泗、盱眙、五河、宿、靈璧、天長十一州縣，鳳陽、長淮、泗州三衛被水被旱災民籽種口糧。（仁宗一二五、三）

（嘉慶九、七、己丑）給安徽無爲州被水災民一月口糧，並房屋修費。（仁宗一三一、六）

（嘉慶一〇、一、辛卯）給安徽貴池、青陽、銅陵、東流、當塗、蕪湖、繁昌、無爲、廬江九州縣被水災民一月口糧。（仁宗一三九、三）

（嘉慶一〇、一二、乙酉）賑安徽鳳陽、鳳臺、五河三縣，加賑宿、南平、蒙城三廳州縣被水災民。（仁宗一五四、一六）

（嘉慶一一、一、壬子）貸安徽、鳳陽、懷遠、鳳臺、壽、泗、天長、五河、宿、南平、蒙城十廳州縣，及鳳陽、長淮、泗州三衛，被水被旱災民

秄種。(仁宗一五六、八)

（嘉慶一二、一、丙午）貸安徽宿、南平、懷遠、定遠、靈壁、鳳臺六廳州縣及鳳陽、長淮二衛上年被水災民秄種。(仁宗一七三、四)

（嘉慶一三、正、己亥）加賑安徽壽、六安、霍邱、鳳臺、鳳陽、懷遠、天長七州縣被水被旱災民，貸宿、南平、定遠、靈壁、泗、盱眙、五河、當塗、繁昌、蕪湖、全椒十一廳州縣及滁州、鳳陽、長淮、泗州、建陽五衛災民秄種。(仁宗一九一、四)

（嘉慶一四、一、壬戌）給安徽潛山、盱眙、天長、五河、全椒、和六州縣上年被水災民一月口糧。(仁宗二〇六、六)

（嘉慶一五、一、己未）展賑安徽盱眙、天長、宿、鳳臺、靈壁、泗、五河七州縣上年被水、被旱災民。(仁宗二二四、五)

（嘉慶一六、一、甲寅）展賑安徽泗、盱眙、天長、五河、靈壁五州縣，及屯坐各衛上年被水、被旱災民。(仁宗二三八、二)

（嘉慶一六、九、乙巳）賑安徽宿、泗二州水旱災民。(仁宗二四八、二七)

（嘉慶一七、一、丙子）展賑安徽宿、靈壁、泗三州縣上年被水災民，給五河、盱眙、霍邱、全椒、桐城、合肥、廬江、天長八縣被水、被旱災民一月口糧，貸鳳陽、壽、鳳臺、懷寧、太湖五州縣被旱災民秄種。(仁宗二五三、四)

（嘉慶一八、一、庚午）展賑安徽宿、泗、盱眙、天長、五河五州縣，及泗州衛上年被水、被旱災民。(仁宗二六五、二)

（嘉慶一八、一〇、乙卯）給安徽亳、蒙城、懷遠、宿、鳳陽五州縣被水災民一月口糧。(仁宗二七七、一三)

（嘉慶一八、一二、丁未）給安徽靈壁、鳳臺、盱眙、泗、五河五州縣被水、被旱災民一月口糧。(仁宗二八〇、二四)

（嘉慶一九、一、庚午）展賑安徽亳、蒙城、懷遠、鳳陽、宿五州縣上年被水、被旱災民，貸泗、盱眙、五河、靈壁四州縣及屯坐各衛貧民口糧。(仁宗二八二、一二)

（嘉慶二〇、一、丁亥朔）賑安徽蒙城、懷遠、鳳陽、盱眙、天長、五河、銅陵、合肥、廬江、巢、壽、定遠、鳳臺、霍邱、泗、桐城、全椒、來安、宿、靈壁、亳、寧國、建德、東流、貴池、懷寧、望江、宣城、涇、南陵三十州縣上年被水、被旱災民，並貸秄種。(仁宗三〇二、二)

（嘉慶二一、一、甲申）給安徽南陵縣上年水災貧民一月口糧。(仁宗三

一五、三）

（嘉慶二二、一、丙午）給安徽泗、五河、鳳陽三州縣上年被水、被旱災民一月口糧；貸宿、靈壁、懷遠、盱眙四州縣及各衛所貧民籽種。（仁宗三二六、二）

（嘉慶二三、一、丙午）給安徽五河、鳳陽、靈壁、盱眙、天長五縣及鳳陽、長淮、泗州三衛上年被水災民一月口糧。（仁宗三三八、五）

（嘉慶二四、一、丁酉）展賑安徽宿州上年被水、被旱災民；給靈壁、泗、五河、鳳陽四州縣及長淮、鳳陽、泗州三衛災民一月口糧。（仁宗三五三、六）

（嘉慶二四、九、戊子）給安徽亳、蒙城、太和、鳳臺、懷遠、鳳陽、靈壁、五河八州縣被水災民一月口糧。（仁宗三六二、二六）

（嘉慶二五、一、戊午朔）展賑安徽亳、蒙城、太和、懷遠、鳳陽、鳳臺、靈壁、泗、五河九州縣上年被水災民，給鳳陽、懷遠、靈壁、泗、盱眙、天長六州縣及鳳陽、長淮、泗州三衛軍民口糧。（仁宗三六六、二）

13. 江西

（順治四、八、癸巳）以江西水旱，發倉米三千餘石，減價糶賣，以濟饑荒。從巡撫章于天請也。（世祖三三、二一）

（康熙一一、三、丙辰）以江西九江、廣信、南康三府旱災，將康熙九年存留銀二萬八千兩有奇，令該撫速委官賑濟。（聖祖三八、一七）

（雍正七、閏七、己卯）賑江西大庾縣水災饑民。（世宗八四、六）

（雍正一一、七、丁未）賑江西大庾等十一縣被水饑民。（世宗一三三、二〇）

（雍正一二、三、丙申）賑濟江西新淦等五縣水災饑民。（世宗一四一、一〇）

（乾隆一、七、丙午）賑江西安福縣水災饑民。（高宗二二、二九）

（乾隆一、一〇、己丑）江南總督趙宏恩奏報：江西德化等三縣被水偏災，確查賑貸。得旨：應如是辦理者。（高宗二九、一七）

（乾隆七、八、丙辰）江西巡撫陳宏謀奏：南昌、饒州、九江、南康等府或沿大江，或繞鄱湖，七月以後，川楚水大，由長江而下，江水異漲，鄱湖之水，不能歸江，江水倒漾，以致沿江之德化、湖口、彭澤，沿湖之新建、南昌、進賢、鄱陽、餘干、建昌、都昌等縣，俱被淹浸。臣已委員確勘，分別輕重，加意撫卹。得旨：所奏俱悉。（高宗一七三、三五）

（乾隆七、一一、乙酉）［江西巡撫陳宏謀］又奏：南昌、新建災民，現在以工代賑，擬再加賑粥一月，俾得接濟春融；屆期再看江南流民多寡，隨地安插得所，不必強送回籍。其本地災民，春月工竣，亦可資生。得旨：覽奏俱悉，諸凡妥協爲之。（高宗一七九、二六）

（乾隆八、三、癸未）前任兩江總督宗室德沛奏報：江西贛州府城，於二月三十日，猝被狂風，雹雨交作，時值學臣按試，寧都、石城兩邑童生打傷七十餘人，壓斃四十餘人。經南贛道動關稅盈餘銀，將壓斃者，每名給棺殮銀四兩；打傷者，每名給醫藥銀二兩。得旨：覽。（高宗一八七、一八）

（乾隆八、五、庚寅）免江西永豐縣民欠社穀四百四十二石有奇。（高宗一九二、一四）

（乾隆九、八、庚戌）户部議覆：江西巡撫塞楞額疏報，江西省自五月以後，雨澤愆期。據布政使詳稱，南昌府屬之新建、豐城，臨江府屬之清江、新喻、新淦、峽江，撫州府屬之臨川、東鄉，建昌府屬之南豐，廣信府屬之玉山，饒州府屬之餘干，南康府屬之安義，九江府屬之德安等縣，早禾被旱情形，酌量撫卹。應如所請。飭該撫分別應賑應貸，加意撫綏，毋使一夫失所。得旨：依議速行。（高宗二二二、一〇）

（乾隆九、八、甲戌）江西巡撫塞楞額奏：江省蛟水陡發，廣信、饒州、撫州三府屬居民被淹；惟德興一縣，地處萬山中，水長三丈有餘，衙署、城垣、倉廒，多有衝塌，居民淹斃甚多。宜黃、玉山、樂平次之。現查明被災户口，動倉穀先賑一月口糧。得旨：所奏俱悉。加意撫恤災民，毋致失所。（高宗二二三、二六）

（乾隆一六、四、庚辰）卹江西贛縣、瑞金、雩都、廣昌、宜春、萬安、泰和、鉛山等八州縣乾隆十五年分被水災民。（高宗三八六、二二）

（乾隆一六、八、乙未）賑卹江西上饒、玉山、弋陽、貴溪、廣豐、東鄉、鄱陽等七縣旱災民户。（高宗三九六、三）

（乾隆一七、四、甲辰）諭軍機大臣等：江西巡撫鄂昌所奏查辦廣、饒等府災民一摺，內稱分別等次，賑粥賑米，五日之後，漸可聊生，十日情形大定，半月以來，皆各欣然果腹；統計用米二萬一千餘石等語。此又不無言過其實。若果兩郡各屬窮黎，嗷嗷待哺，豈二萬餘石之米，遂能使欣然果腹者。不過因伊奏請親往查辦，故爲此奏，以見其料理具有成效。而從前之民食匱乏，悉皆舒輅玩視之咎，與己無與焉。然究之所用米石，僅止此數，若非撫卹尚有未周，則必所奏言過其實；即所稱欣然果腹之語，亦不可信矣。此等處必不能逃朕洞鑒，一經指出，其更何辭以對。封疆大吏與小民同其休戚，此而不實心，誰當實心者？鄂昌所辦與其所奏，俱有外省習氣，著即傳旨申飭。至廣、饒等府乏食貧民，前經明降諭旨，令該撫妥協籌畫，毋致失所，此時情形是否實係調劑得宜，仍令據實查辦，毋再粉飾滋咎。（高宗四一二、一三）

（乾隆二一、七、丙申）江西巡撫胡寶瑔奏：龍泉縣地方，於六月大雨，蛟水驟發，溪河漫溢。勘不成災。所有衝損人口、坍塌房屋及低田間有淤壅，各給銀撫卹，均已得所。報聞。（高宗五一七、二〇）

（乾隆二九、一二、戊戌）賑卹江西南昌、新建、進賢等三縣被災貧民。（高宗七二五、一三）

（乾隆三一、九、丙申）江西巡撫吳紹詩奏：九江等府所屬縣偏被水災，一鄉之中，豐歉不等。臣親往履勘，當飭各府縣，並委派協辦之員，照依實徵冊內各災分數，務期平允的實，不使被災者稍有屈抑，有收者少有冒濫，分別應否賑卹及貧民極次，酌定條款辦理。得旨：好，可謂詳而當。（高宗七六九、二三）

（乾隆三三、一、辛卯）又諭：上年江西省南昌等一十三縣，偶被偏災，業經降旨該撫等照例賑卹。今念賑期已竣，正值青黃不接之候，貧民口食未免拮据。著加恩將南昌、新建、進賢、鄱陽、餘干、星子、建昌、德化、德安等九縣被災七八九十分之極貧，與被災九、十分之次貧，各加賑兩個月；被災七八分之次貧，加賑一個月。其湖口、彭澤、瑞昌、都昌四縣低田，偶遇偏災，情形較輕，所有被災七、八、九、十分之極貧及被災九、十分之次貧，各加賑一個月。該撫等其董率所屬，實心經理，務俾窮黎均霑實惠，毋致稍有失所。該部遵諭速行。（高宗八〇二、二）

（乾隆三四、九、己亥）賑卹江西德化、德安、瑞昌、湖口、彭澤、南昌、新建、進賢、鄱陽、餘干、星子、都昌、建昌等十三縣本年被潮貧民。（高宗八四三、六）

（乾隆三五、一、辛巳）又諭：上年江西濱臨江湖各州縣，田畝間被水災，業經加恩分別賑恤，並將應徵額賦，酌予緩徵。第念被潦稍重各屬，值此青黃不接之時，貧民未免艱於謀食，著再加恩，將南昌、新建、進賢、鄱陽、餘干、星子、建昌、都昌、德化、德安、瑞昌、湖口、彭澤十三縣，被災九分、十分之極貧，加賑兩個月，次貧加賑一個月；其被災較輕州縣，例不應賑，但當歉收之餘，蓋藏亦未能饒裕，並著酌借籽糧牛具，俾得及時播種，毋誤春耕。該督撫等其董率所屬，實力妥辦，勿使官吏侵漁，俾惠澤均霑，副朕愛養黎元至意。該部即遵諭行。（高宗八五〇、五）

（乾隆四六、七、丁卯）江西巡撫郝碩奏：南昌迤北一帶雨少，直至七月十四五等日始獲甘霖。農民中專藉晚田者，已插之禾俱已受傷，趁此補種雜糧，重施力作，工本維艱。現飭酌借倉穀，以資耕種。得旨：所奏屬遲，其有成災者，不可諱飾。慎之。（高宗一一三七、四〇）

（乾隆五〇、二、乙酉）賑江西萍鄉、永寧、安福三縣水災饑民。（高宗一二二四、六）

（乾隆五四、一、辛酉）諭：上年江西饒州、九江等府屬，秋禾被淹成災，節經降旨令該撫實力撫卹，分別賑濟，毋致一夫失所。第念今春正賑已畢，青黃不接之時，民食恐不無拮据。著再加恩將鄱陽、餘干、德興、星子、都昌、德化、德安、瑞昌、湖口、彭澤十縣中之被災九分、十分極貧災民，加賑兩個月；其九分十分災次貧、八分災極貧，及南昌、新建、進賢、建昌、四縣中之八分災極貧，均加賑一個月，以資接濟。至成災五、六、七分，及勘不成災地方，並著該撫察看情形，酌借口糧、籽種。該撫務督飭所屬，實心經理，俾災黎均霑愷澤，以副朕惠愛閭閻，普錫春祺至意。該部即遵諭行。（高宗一三二〇、七）

（乾隆五七、六、丁丑）諭：據姚棻奏，江西南豐、廣昌二縣，地居上游，因閏四月下旬雨水過多，溪河泛漲，五月初三四日，復大雨如注，山水驟發，以致被淹，業經分別撫卹等語。南豐、廣昌二縣，因雨水稍多，致被淹浸。雖經該撫查明，業已照例撫卹，並聲明水勢已退，尚可補種晚禾，不至成災。但該處民居衝塌較多，且有淹斃人口之事，朕心殊爲惻然。此當速奏，何遲至月餘，昨熱河地方，亦因山水陡發，沙陞一帶，衝塌房屋。業經降旨於和珅等奏請例賞之外，加倍賞給。所有南豐、廣昌二縣，應行賞給建蓋民房，暨淹埋銀兩，俱著照該撫所奏，加倍賞給，以示朕體恤災黎，有加無已至意。（高宗一四〇六、二〇）

（嘉慶六、一、己卯）加賑江西寧都、雩都、廣昌、南豐四州縣被水災民。（仁宗七八、二）

（嘉慶八、一、庚午）展賑江西南昌、瑞州、袁州、臨江、吉安、撫州、建昌、廣信、饒州、南康、九江十一府屬各州縣被水被旱災民。（仁宗一〇七、三）

（嘉慶一〇、一、辛卯）展賑江西德化縣桑落、赤松二鄉被水災民，貸南昌、新建、豐城、進賢、鄱陽、餘干、星子、瑞昌、宜黃、都昌、建昌、德安、湖口、彭澤、永豐十五縣災民籽種口糧。（仁宗一三九、三）

（嘉慶一四、一、壬戌）貸江西南昌、新建、豐城、進賢、鄱陽、餘干、

星子、建昌、德安九縣上年被水貧民籽種口糧。(仁宗二〇六、六)

（**嘉慶一七、一、丙子**）貸江西義寧、奉新、武寧、建昌、安義、德安、瑞昌七州縣上年被旱災民籽種。(仁宗二五三、五)

（**嘉慶一八、一、庚午**）貸江西萬安、泰和、廬陵、新淦、清江、南昌、新建、豐城八縣上年被水災民籽種口糧。(仁宗二六五、三)

（**嘉慶一九、一、庚午**）貸江西廬陵、泰和、新淦、清江、豐城五縣上年被水災民籽種。(仁宗二八二、一二)

（**嘉慶二〇、一、丁亥朔**）貸江西星子、都昌、建昌、安義、德安、瑞昌、彭澤、德化、南昌、新建、豐城十一縣上年被水、被旱災民籽種，並平糶倉穀。(仁宗三〇二、二)

（**嘉慶二二、一、丙午**）貸江西清江、廬陵二縣上年被旱災民籽種。(仁宗三二六、二)

（**嘉慶二三、一、丙午**）貸江西德化縣上年被水災民籽種、口糧。(仁宗三三八、五)

14. 浙江

（**康熙一二、一二、辛亥**）命賑恤浙江仁和、錢塘二縣被火災民二千一百餘家。(聖祖四四、一〇)

（**康熙二九、一〇、壬午**）發浙江寧紹倉米穀，賑濟二府屬被水災饑民。(聖祖一四九、一二)

（**康熙四七、一〇、庚午**）以浙江杭州、湖州等處水災，命內閣學士黃秉中前往，會同督撫，動支庫帑、倉穀，速行賑濟。(聖祖二三五、一四)

（**康熙四八、一一、庚午**）賑濟浙江餘杭等六縣水災饑民。(聖祖二四〇、一)

（**雍正一、一一、乙酉**）賑浙江富陽等二十九縣、台州一衛、嚴州一所旱災饑民。(世宗一三、八)

（**雍正五、二、甲戌**）賑浙江平湖等三縣水災饑民。(世宗五三、二三)

（**雍正七、九、乙亥**）賑浙江江山縣水災饑民。(世宗八六、三)

（**雍正一一、一〇、辛未**）賑浙江新城等四縣旱災饑民。(世宗一三六、一二)

（**乾隆一、三、甲子**）大學士管浙江總督嵇曾筠奏：各屬雨水霑足，惟金、衢、嚴、處地方，因徽州山內出蛟，間被冰雹，爲時無幾，爲地有限。俟查有稍重之處，即酌給籽種。得旨：覽。被雹處所，雖不妨礙，亦當加意

賑恤。(高宗一五、三一)

（乾隆一、八、壬戌）賑浙江蘭谿、建德等六縣水災饑民。(高宗二四、一)

（乾隆一、九、癸卯）賑貸浙江湖州府屬之安吉、德清等三州縣一所水災饑民。(高宗二六、二一)

（乾隆一、一〇、丁亥）賑貸浙江德清、武康二縣及湖州所被水災民。(高宗二九、一二)

（乾隆三、一一、癸丑）[戶部]又議准大學士前總理浙江海塘管總督事嵇曾筠疏言：歸安、烏程二縣被雹災民，現飭道府酌量輕重，動支該縣庫項，按畝資助，仍俟勘明被災分數，另支倉穀，於今冬來春分別賑濟。得旨：依議速行。(高宗八〇、九)

（乾隆四、九、己巳）戶部議覆：浙江巡撫盧焯題報，處州府屬之麗水、金華府屬之金華、永康等三縣，被旱被蟲，請按畝給賑。應如所請。得旨：依議速行。(高宗一〇一、一一)

（乾隆六、一〇、辛亥）賑卹浙江嵊縣、東陽、義烏、武義、麗水、宣平六縣旱災，安吉州、玉環廳、仁和、錢塘、海寧、餘杭、歸安、烏程、長興、德清、武康、蕭山、永嘉、樂清、瑞安、平陽十四縣及杭前右二衛、湖州所、仁和、錢塘、永嘉、下砂二三場被水、潮災貧民。(高宗一五三、四)

（乾隆六、一一、壬申）賑卹浙江錢塘、富陽二縣水災、金華縣旱災貧民。(高宗一五四、二三)

（乾隆七、八、丙辰）[浙江巡撫常安]又奏：玉環一營，瑞安、平陽二縣，因陡起颶風，沿海一帶被水，已委員加意撫卹。得旨：所奏俱悉。(高宗一七三、三七)

（乾隆九、一〇、癸酉）[浙江巡撫常安]又奏淳安縣水災加賑情形，並請修築城垣、土隄，以工代賑。得旨：應如是極力辦理，以稍贖前愆。(高宗二二七、一九)

（乾隆九、一〇、癸酉）浙江衢州鎮總兵李琨奏衢、嚴等處被水撫恤情形。得旨：所奏不無爲常安隱飾之意，且亦稍遲矣。(高宗二二七、一九)

（乾隆九、一二、壬申）浙江巡撫常安奏嚴、衢、紹興一帶查賑情形。得旨：所奏知道了。一切實心妥協爲之。(高宗二三一、一九)

（乾隆一〇、二、己酉）又諭：上年浙江嚴、衢所屬地方，被水歉收，朕已諭總督馬爾泰、巡撫常安等，加意賑恤，務使窮民不至乏食。隨據馬爾泰、常安奏稱，已將被災民人，一一確查，分別極貧、次貧，覈實散賑米糧，並加添折賑米價，窮民不致失所，朕心稍慰。但朕聞得淳安、建德、常山、開化四縣，田廬俱被衝淹，非別處被災可比，又紹興府屬之諸暨、山陰縣之天樂鄉及蕭山縣湖南一帶地方，田內現今存水，不能栽種春花，民情仍屬拮据。以上諸處，著於三月內，再加賑一月，以接濟之。該部可即速行文該督撫遵諭辦理。（高宗二三四、六）

（乾隆一二、一〇、癸亥）又諭：據常安奏稱，浙省嚴州府屬建德、淳安、壽昌、桐廬四縣並嚴州一所，近時牛疫流行，民力艱窘，請照乾隆五年之例，飭令地方官，查明牛疫人戶，每隻借銀三兩，於次年麥熟、秋收後，分作兩次徵完。共須銀三千六百餘兩，於司庫公項內借給等語。此奏著交顧琮，令其查明辦理。尋奏：請照乾隆五年借給牛本之例，動支司庫銀兩，照各地方牛疫之輕重，定借銀之多寡；並按各戶所種田數，少者借銀一二兩，多者借銀二三兩，俟來歲麥秋兩熟後歸款。報聞。（高宗三〇〇、一三）

（乾隆一二、八、壬午）諭：浙江今年被水州縣，朕已降旨，令該督撫分別撫綏。其嚴州府屬之壽昌、淳安、遂安被水尤重，將來嚴冬即屆，此等災黎，嗷嗷待哺，朕深爲軫念。著加恩將三縣內田地不能墾復之乏食貧民，於常例撫卹一月外，再賑給兩月，俾資養贍。著該撫常安督率屬員，實力查辦。其有無更須籌畫之處，亦著該撫就近相度，加意詳籌辦理，務使災黎得霑實惠。（高宗二九七、一〇）

（乾隆一二、一〇、庚辰）諭：浙江嚴州府屬之壽昌、淳安、遂安三縣，被水災黎，所有極貧戶口，已於常賑之外，加賑兩月，俾餬口有資。但思其中極貧之民，覓食維艱，殊堪軫惻。著加恩添賑一月，以資接濟。（高宗三〇一、一一）

（乾隆一五、九、己巳）署浙江巡撫永貴奏：溫、台各屬先後據報風、雨、蟲災查辦緣由。得旨：覽奏俱悉。賑卹事宜，妥協爲之，均令受實惠可也。（高宗三七三、一八）

（乾隆一五、一〇、戊寅）賑卹浙江淳安縣本年分水災飢民。（高宗三七四、一二）

（乾隆一六、五、辛酉）諭：上年浙省溫、台等屬，有偶被偏災之處，業經照例分別蠲賑。今春巡幸浙省，因翠華所未至，是以未及降旨加賑。近聞該地米價昂貴，亟令江、浙二省督撫，於稍近州縣常平倉穀內動撥，碾米運往平糶，以資接濟。並截留漕糧還倉。被災貧民，諒不致失所。但現已停賑，而今歲麥收分數，亦屬平常。去秋收之時，爲期尚遠。濱海窮黎，生計仍不無拮据，朕心深爲軫念。著該撫永貴，查明上年實在被災戶口。無論極貧、次貧，俱著加賑兩月，以示加恩撫卹之意。該撫務宜嚴率屬員，實力查

辦，無濫無遺，俾得均霑實惠。該部遵諭速行。（高宗三八九、一五）

（**乾隆一六、七、己卯**）諭：浙東各府，雨澤未徧，禾稼歉收。經該撫永貴彙疏題報者，五十餘州縣衛。前已降旨，令該撫一切撫綏，無令失所。但該省今年被災較重，若但照夏月被災之例，賑給籽本，恐不足以資接濟。著加恩將各屬勘實成災之地，概照秋災定例，分別極貧次貧，就其成災分數，均予按月加賑口糧。所有應徵各項銀米，亦照定例分別蠲緩，以紓民力。該撫董率屬員悉心查勘。一面辦理，一面奏聞。務使貧民得霑實惠。（高宗三九四、二五）

（**乾隆一七、一、甲子**）又諭：上年浙省被旱成災，所有一應蠲緩賑貸事宜，業經屢降諭旨，加恩撫恤，以期災黎不致失所。但念時當春令，東作方興，例賑既停，青黃不接。小民餬口維艱，難資力作，深可軫念。著該督喀爾吉善，該撫雅爾哈善，將金、衢等府災重之區，酌量情形，有應行展賑者，一面奏聞，一面辦理。務須詳悉查明，妥協籌辦，俾窮黎均霑實惠，以待麥秋。該部即遵諭行。尋奏：浙省被旱成災，蒙恩蠲賑並施，又復截漕撥運，以工代賑，次第舉行。臣等奉宣德意，確察民情，不特杭、嘉、湖三府屬不致失所，即金、衢等八府屬被災較重者，秋成後晚禾雜糧均有收成，兼給籽賑糧，冬間接濟，足資度歲。其尚應加賑月分，按其被災之輕重，災重者自今年正月爲始，按月遞散，至三月賑畢。災輕者，正、二等月，間月散給，至二月賑畢。至八府災地民情，均屬安靜。臣雅爾哈善巡歷寧、紹、金、衢、嚴五府所屬十七縣察看情形，與訪詢無異。惟二、三月賑畢後，災重各邑，小民糊口維艱，難資力作。查金、衢等八府屬，成災五十一廳縣內，如寧屬之鄞縣、奉化，紹屬之山陰、會稽、蕭山、上虞，溫屬之永嘉、瑞安、平陽，處屬之遂昌、宣平，此十一縣在八府屬內，被災分數原輕。其金屬之蘭谿、義烏、永康、湯溪，衢屬之西安、龍遊、江山、常山、開化，嚴屬之建德、淳安、壽昌，寧屬之鎮海、象山、定海，紹屬之諸暨、餘姚、嵊縣，台屬之天台，溫屬之玉環，處屬之麗水、青田，此二十二廳縣最輕。金屬之金華、東陽、武義、浦江，嚴屬之遂安、桐廬、分水，寧屬之慈谿，紹屬之新昌，台屬之臨海、黃嚴、太平、寧海、仙居，溫屬之樂清、泰順，處屬之縉雲、松陽，此一十八縣次重。臣等就地熟籌。極貧戶口，雖更覺拮据，然賑糧按月散給，至四月方停。次貧雖屬稍有資藉之戶，然三月已經停賑。東作方殷，必得稍資接濟，方可無誤農時，應請無分極次，均展賑一月口糧。則三四月間，青黃不接，又得餬口。延至五月內豆麥屆收，即有接濟。其衛所屯戶，鹽場竈丁，有坐落此四十廳縣境內者，亦請按原報災戶，

一體加賑。得旨：如所請行。有旨諭部。（高宗四〇六、二）

（乾隆一七、二、辛丑） 諭：朕因上年浙省被災較重，曾經降旨令該督撫等查明災重州縣有應行展賑之處，酌量奏聞辦理。今據該督撫等分別查奏。著照所請，將被災較重之蘭谿等二十二廳縣與次重之金華等十八縣極次貧户，均展賑一月口糧。再浙東之鄞縣等十一縣與浙西之仁和等十三州縣，雖被災分數較輕，而當青黄不接之時，情形自屬拮据，亦著加恩展賑一月，庶窮黎餬口有資，得以從容力作。至各該廳州縣境內衞所屯户、鹽場竈丁，並按原報災口一體展賑。該督撫董率有司，妥協經理，務令均沾實惠，以副朕軫卹災氓之意。該部遵諭速行。（高宗四〇八、一四）

（乾隆一七、四、乙巳） 諭：據浙江巡撫雅爾哈善奏稱，金華、蘭谿等州縣所屬村莊，間有一兩處被雹，查明麥菜有被傷者，即借給口糧籽種，俾其補種晚禾等語。浙東金、衢等屬，上年被災較重，全賴春花接濟。今金華、蘭谿等縣又間有被雹之處，麥、菜受傷，災餘窮黎，生計愈滋拮据。所有借給口糧籽種，即著加恩賞給，免其照例徵還，以示軫恤。該部即遵諭行。（高宗四一二、一五）

（乾隆二一、二、癸亥） 加賑浙江仁和、烏程、歸安、長興、德清、武康、安吉、山陰、會稽、蕭山、諸暨、餘姚、上虞十三州縣，金山、曹娥二場被水災民。（高宗五〇七、一三）

（乾隆二一、三、庚辰） 又諭：上年浙江勘不成災之杭、嘉二府所屬地方，收成均多歉薄，地方官辦理失之過刻。且該處一帶與江南松江災地毗連，又勢處下游，商舶不能輻輳，糧價未免昂貴。此時距麥秋之期尚早，青黄不接，小民口食拮据，亟為籌畫接濟。著傳諭喀爾吉善，令其即行詳查現在實在貧乏之户，應作何設法籌辦，俾窮黎不致失所之處，迅速奏聞，一面妥協辦理。尋奏：浙省被災，遵旨蠲賑，撥運平糶。現查杭、嘉貧户，給與口糧。紳商捐輸煮粥，小民口食可支。惟東作將興，籽種缺乏，應按畝給借。倉穀糶後，存餘無多，各州縣有穀者借穀；無者，照賑折給，秋熟免息徵還。得旨：覽奏俱悉。（高宗五〇八、二三）

（乾隆二一、三、辛卯） 豁免浙江仁和縣，乾隆十六、十七兩年未完借給籽本米二千一十石有奇。（高宗五〇九、一五）

（乾隆二一、九、丙子） 諭：據浙省督撫等奏報，本年秋成豐稔，其杭、嘉、湖、紹四府屬，上年被災緩徵各户，所有借給新舊籽本，例應徵收歸補。但朕思該省災歉之後，甫獲有秋，若與應完各項錢糧一時徵收，小民未免拮据。著將借給籽本一項，加恩緩至二十二年麥熟後免息徵完，以紓民

力。該部即遵諭行。(高宗五二〇、一六)

（**乾隆二三、九、庚子**）賑貸浙江仁和、歸安、烏程、長興、德清、武康等六縣、湖州一所水災貧戶籽種口糧。(高宗五七一、二)

（**乾隆二三、一二、己未**）加賑浙江仁和、歸安、烏程、長興、德清、武康等六縣，湖州一所本年水災飢民。(高宗五七六、二八)

（**乾隆二四、閏六、戊申**）賑卹浙江江山，麗水二縣本年被水災民。(高宗五九一、二九)

（**乾隆二四、九、庚戌**）撫卹浙江江山、麗水、常山、開化等四縣本年水災貧民。(高宗五九六、六)

（**乾隆二七、八、辛卯朔**）貸給浙江江山縣本年被水貧民口糧籽種，並修葺銀兩。(高宗六六八、二)

（**乾隆二七、一〇、甲寅**）賑卹浙江仁和、錢塘、海寧、餘杭、石門、桐鄉、安吉、歸安、烏程、長興、德清、武康、孝豐、山陰、會稽、蕭山、諸暨、餘姚、上虞、杭州、湖州等二十一州縣衛所，仁和、曹娥、錢清、金山、青村、下砂二、下砂三等七場，本年水災飢民、竈戶，並借給籽種。(高宗六七三、一八)

（**乾隆二八、四、壬辰**）加賑浙江錢塘、仁和、海寧、餘杭、烏程、歸安、長興、德清、武康、安吉、蕭山、諸暨、餘姚、上虞等十四州縣，仁和、錢清、金山等三場乾隆二十七年分水災飢民。(高宗六八四、六)

（**乾隆三一、八、丙午**）浙江巡撫熊學鵬奏：台州府屬臨海、黃巖等處，於七月初六日猝被風潮，城垣、倉、獄及居民田廬，俱有淹沒損壞。臣親往該處查勘，即將應行撫綏事宜，悉心辦理。得旨：詳悉查辦，應撫卹者即行撫卹。(高宗七六六、一一)

（**乾隆四〇、九、丁巳**）豁免浙江諸暨縣乾隆三十一年分民借未完倉穀七十六石有奇。(高宗九九〇、二六)

（**乾隆五〇、八、己亥**）又諭曰：富勒渾奏，浙江省之杭、嘉、湖三屬，雨澤稀少，晚禾未能插竣，民間望雨甚殷，客米因河路乾淺，艱於運到，糧價漸次增昂等語。江浙民人素皆仰給四川、湖廣客米，今湖北被旱成災，所有販運川米之欲赴江浙一帶者，過楚時或被湖北省攔截，則商販自不能到浙。朕已早經慮及，節次降旨令該省督撫明切曉諭各該地方，毋許遏糴及截留過境米船，庶米糧流通，小民可資接濟。今閱富勒渾所奏，浙省糧價稍昂，推原其故，或竟係楚省截留過多，是以江浙商販不前，米價踴貴。著傳諭特成額等，遵照節次所降諭旨，實力辦理，務俾商販通行，災歉之區均得資口食，方爲妥協。至浙省糧價既昂，民力自必拮据，著傳諭雅德、福崧即行開倉平糶，俾市價不至日增。並須明切勸諭該省殷實民人，毋得居奇囤積，致妨民食。(高宗一二三七、一六)

（嘉慶五、一〇、己亥）賑浙江金華、永康、武義、麗水、縉雲、諸暨、遂昌、松陽八縣被水災民有差。(仁宗七五、三二)

（嘉慶一〇、一、辛卯）貸浙江烏程、歸安、長興、德清、武康五縣及嘉湖衛被水災民籽種。(仁宗一三九、三)

（嘉慶二〇、一、丁亥朔）貸浙江仁和、錢塘、海寧、餘杭、臨安、於潛、嘉興、秀水、海鹽、石門、桐鄉、歸安、烏程、長興、德清、武康、安吉、孝豐十八州縣及杭嚴、嘉湖二衛上年被旱災民籽種。(仁宗三〇二、二)

（嘉慶二四、五、甲子）貸浙江海寧、石門、桐鄉三州縣被雹災民籽種。(仁宗三五八、二)

15. 福建

（康熙六〇、一〇、丙寅）諭大學士等：福建總督、提督、巡撫俱摺奏臺灣颶風大作，官兵、商民損傷甚多，朕心深爲不忍。前朱一貴等謀反，大兵進勦，殺戮頗多，今又遭此風災，書云：大兵之後，必有凶年，茲言信然！總因臺灣地方官平日但知肥己，刻剝小民，激變人心，聚衆叛逆。及大兵進勦，征戰數次，殺戮之氣，上干天和，颱颶陡發，倒塌房屋，淹沒船支，傷損人民，此皆不肖有司貪殘所致也。今宜速行賑恤，以慰兆民。爾等即會同詳議，於一二日內面奏。(聖祖二九五、四)

（康熙六〇、一〇、己巳）户部等衙門遵旨議覆，臺灣被風災民，應照保安等處地震散給之例賑恤。其被災兵丁，照出兵病故綠旗兵賞給之例，賑恤伊等妻子。得旨：依議速行。(聖祖二九五、八)

（雍正四、一一、丁酉）賑福建連江等五縣水災饑民。(世宗五〇、五)

（雍正五、九、甲寅）賑福建永定縣水災饑民。(世宗六一、一)

（雍正六、一〇、己亥）賑福建侯官等八縣旱災饑民。(世宗七四、二二)

（雍正一三、一一、乙丑）福建巡撫盧焯奏臨河被水各屬勘不成災。得旨：被水各屬雖不成災，仍須加意賑恤，毋使小民失所。此等賑恤事件，務須一有水旱立即賑恤，然後民得實惠；若待奏報後，俟朕批諭，然後奉行，則無及矣。朕之此諭，亦所以戒爾等於將來也。(高宗七、四四)

（乾隆二、七、丙辰）閩浙總督專管福建事郝玉麟奏：羅源、連江二縣，溪水驟漲，淹沒房屋民人。得旨：賑恤被災之民，常如己饑己溺，刻不容

緩；若待奏報批示後，始行盡心料理，已屬無濟矣。（高宗四七、三一）

（**乾隆二、八、乙酉**）署理福建陸路提督總兵官蘇明良奏：閩省之霞浦、壽寧、建寧、松溪、政和、永定、延平、邵武、侯官、閩、閩清、羅源、連江、莆田等州縣，被水淹沒民人室廬，業經督臣郝玉麟查勘賑恤；其各府縣城垣、煙墩、臺寨、塘房、瞭樓等項被水損壞者，亦經移咨督臣，飭該地方官估報興修，以資保障。得旨：知道了。督撫等料理賑恤，若得宜則可；若不得宜，或吏胥滋弊，百姓不受實惠，密行具奏。（高宗四九、二〇）

（**乾隆二、九、戊戌**）諭總理事務王大臣：據福建總督郝玉麟奏稱：福州地方於八月十五夜，颱風忽作，甚為狂烈；省城兵屋民房，多被吹倒，亦有壓傷人口者；沿河沿海之商民船隻，亦多撞損飄沒，現在飭查，分別賑恤等語。今年六、七月間，閩省雨水過多，州縣有被水之處，已諭令該督撫加意撫綏，資其困乏。繼聞水勢消落甚速，貧民已獲寧居；其他未淹地方，禾稼茂盛，朕懷稍慰。今聞福州一帶，又有颱風之災，廬舍舟船，多有損傷，朕心深為軫念。著該督撫轉飭有司，速行確查安插賑濟，務使被災兵民，各得棲止，不致一夫失所。（高宗五〇、三五）

（**乾隆二、一二、壬寅**）賑恤福建閩縣、侯官、長樂、福清、連江、羅源等六縣，廣東海康、遂溪、徐聞、吳川、合浦、瓊山、文昌等七縣颶風潮漲災民。（高宗五九、八）

（**乾隆三、三、癸丑朔**）賑貸福建福州府屬閩縣、侯官、長樂、福清、連江、羅源等六縣，福寧府屬霞浦、寧德二縣颶風災民。（高宗六四、三）

（**乾隆三、五、己巳**）賑恤福建漳浦、海澄二縣二年分秋旱災民。（高宗六九、八）

（**乾隆三、九、己卯**）巡視臺灣御史諾穆布等奏：臺屬被旱成災，現飭地方官加意賑卹。得旨：知道了。（高宗七七、二一）

（**乾隆五、八、癸亥**）賑卹福建永定縣本年分水災飢民。（高宗一二五、九）

（**乾隆五、八、辛巳**）賑恤福建上杭縣本年分被水飢民。（高宗一二六、二一）

（**乾隆六、九、辛卯**）賑福建福清、連江、羅源、莆田、同安、福安、寧德、福鼎等八縣及長福、金門、烽火、雲霄、桐山等鎮營水災饑民。（高宗一五一、一九）

（**乾隆六、一〇、丁巳**）貸福建詔安縣夏禾被災貧民口糧。（高宗一五三、一七）

（**乾隆九、九、癸卯**）〔署閩浙總督、福建巡撫周學健〕又奏：閩省臺郡，於七月初旬，風雨猛驟。鹿耳門外，損壞商船，淹斃人口，業經委勘外。其餘晚禾秀發，可望豐收。內地漳、泉一帶，於八月十六、七日，連得大雨，海潮上湧，城市村莊，間有被水之處。近省地方，七、八兩月，未得十分透雨，節次遣弁查勘，均不至水旱成災。得旨：所奏俱悉。其被水被旱處，雖不成災，亦應撫恤，毋致失所也。（高宗二二五、二六）

（乾隆一三、四、丁丑）加賑福建臺灣、鳳山二縣十二年分旱災飢民。（高宗三一三、二七）

（乾隆一三、九、庚午）賑卹福建彰化縣被水貧民。（高宗三二五、一二）

（乾隆一三、一一、己巳）賑卹福建晉江、南安、惠安、同安、龍溪、詔安、臺灣、鳳山、彰化九縣及同安縣之金門縣丞旱災，晉江、惠安、同安、龍溪、詔安五縣風潮災飢民。（高宗三二九、一五）

（乾隆一五、七、庚午）福建布政使陶士僙奏辦理水災賑卹情形。得旨：雖按例賑卹，而辦理在人，須妥爲之。（高宗三六九、二六）

（乾隆一五、九、乙丑）賑卹福建閩縣、侯官、福清、閩清、南平、將樂、建陽、崇安、寧化等縣被水災民。（高宗三七三、一三）

（乾隆一六、九、癸巳）賑卹福建霞浦、福安、壽寧、福鼎等四縣風潮飢民。（高宗三九九、二五）

（乾隆一七、九、甲子）又諭：閩省今秋猝被風潮，雖據該督奏報晚禾甫插，於收成無礙；但風勢猛烈，廬舍多有坍塌，無力窮黎，既營棲息，復計饔飧，未免拮据。著加恩將晉江、南安、同安、安溪等四縣被災貧戶，概行加賑一月。俾災民不致失所。該部即遵諭行。（高宗四二二、九）

（乾隆一八、一二、癸巳）賑卹福建鳳山、臺灣二縣本年旱災飢民。（高宗四五二、二四）

（乾隆二二、七、丁未）又諭：據新柱奏，福建之龍巖、南靖等二州縣於六月中猝遇水發，衝壞房屋，並有淹斃人口之處等語。山邑驟遇暴漲，致損廬舍，並傷人口，殊堪軫惻。該署督現已委員查明被災貧戶，照例賑卹。著加恩先行賞給急賑一月口糧，毋致失所。其壞塌民房，不必拘泥向例，分別有力、無力，著即行給銀苫蓋，以免露處。至衝壓田畝，並著迅爲挑復，補種晚禾，以資民食。應借給籽種口糧者，即行借給。該署督等務飭屬實心經理，以副朕軫念災黎至意。（高宗五四三、一一）

（乾隆二二、一二、壬申）賑卹福建臺灣縣旱災貧民。（高宗五五二、三○）

（乾隆五○、二、丙午）賑福建建安、甌寧二縣乾隆四十九年分水災飢

民。(高宗一二二五、一三)

（**乾隆五三、三、癸未**）又諭：臺灣值逆匪滋擾之後，村莊被燬，小民失業。自應妥爲賑恤。但被難民人，全藉口糧接濟，如果該處存留米石，不敷辦賑，此時無論折給三兩，即再加一倍，折給六兩，小民雖有銀兩，無米可買，亦將何以得食？且前據李侍堯奏，臺灣軍務告竣，合計本省撥運之米，除應行籌備應用外，尚多米四十二萬石，其各省未經運到閩境米石，均已咨明截留等語。據所奏情形而論，是各省協撥米石，儘足敷閩省軍糧民食之用；即臺灣應需辦賑口糧，亦可由內地運往。何以徐嗣曾又稱臺灣存米，所剩無多，辦理賑務，又須折給銀兩，殊不可解。且現據福康安奏，沿途查閱南路一帶，被賊滋擾地方，田畝多有荒蕪，其東港以南，禾苗暢茂，粵莊亦已栽插，現在雨暘時若，可冀豐收。是臺灣地方其已經播種之處，正復不少，且該處地土膏腴，一歲兩熟，現在賊匪早經平定，被難民人已陸續歸莊；即未經墾種者，亦已照常耕種，可望有收。此時辦理賑務，即照向例二兩折給，足敷糴買，又何必遽議加增。向來臺灣官吏，侵漁成習，遇事即思浮冒，以圖肥橐；今經大加懲創之後，無可藉端，又欲借折賑爲辭，多增價值，預爲冒銷地步。福康安等不可不嚴行查察，毋任官吏捏詞浮冒，墮其術中。如有此等情獘，即行指名嚴參辦理。(高宗一三〇一、二〇)

（**乾隆五三、五、庚寅**）欽差協辦大學士陝甘總督辦理將軍事務公福康安、福建巡撫徐嗣曾奏：臺灣難民內，有煢獨殘疾及極貧者，查明大口共十四萬一千九百六十八口，小口共八萬六千九百七十二口，展賑一月口糧，並給銀苫蓋草藔，共九萬八千五十間。得旨：覽奏俱悉。所全活難民不少矣。……(高宗一三〇五、二九)

（**嘉慶二、一〇、壬子**）諭軍機大臣等：哈當阿等奏，臺灣猝被颶風，吹損晚稻民居一摺。臺灣瀕臨海洋，颶風本常所有，此次風勢猛烈，致吹損禾稻，刮倒房屋，壓斃人口，殊堪憫惻；哈當阿等務須查明戶口，並成災分數，應行蠲緩之處，據實奏明辦理。其坍塌民房，照例給與修費，總期各使得所，不可靳費；所有應需賑卹銀兩，即於藩庫內動項撥解，以資接濟。至臺灣地方，全藉晚收，以資口食，今猝被颶風，糧價未免增長。此或由朕政事有闕失，或愚民等平日不能共敦淳厚，感召祥和，致有此災，此時斷不可稍存怨尤之念，惟當省過學淳。又臺灣一歲三收，今北路嘉義、彰化等屬，雖晚稻多有損壞，而南路臺灣鳳山等縣受風較輕，地瓜、番薯、雜糧等項，尚有可收。當勸諭居民廣爲播種，亦足以資民食。且風災過後，勤於耕種，來春仍可稔收，尤當及時力作，不可稍有怠惰。再福、興、漳、泉四府，夙藉臺米接濟，今臺灣既被風災，目下僅堪自給，明歲春收後，或米穀充盈，可以運售內地，固屬甚善；儻無餘米可運，魁倫等惟當於各屬豐收之處，預爲籌備。並勸令百姓等撙節衣食，家有儲蓄，不可再將米穀釀酒花費，致鮮蓋藏，預爲明歲之備，即內地四府，亦當勸諭上游豐收各屬，有無相通，隨時販運，以期民食有資，不致缺乏，方爲妥善。將此傳諭知之。（仁宗二三、九）

（嘉慶四、六、丙辰）給福建同安縣被水淹斃人口埋葬銀並房屋修費。（仁宗四七、三二）

（嘉慶一四、六、乙未）給福建閩、侯官二縣被水災民一月口糧並房屋修費。（仁宗二一三、一〇）

（嘉慶一四、一〇、庚子）賑福建臺灣、鳳山、嘉義、彰化四縣被蝗災民，並給械鬭被搶貧民口糧。（仁宗二一九、九）

16. 湖北

（康熙一二、一一、甲戌）發湖廣鄖陽等府縣倉穀，賑江陵等十三州縣饑民。（聖祖四四、三）

（康熙四八、一一、庚午）賑濟湖廣漢陽等十五州縣衛水災饑民。（聖祖二四〇、一）

（雍正四、一二、辛酉）署湖廣總督福敏摺奏：江夏、沔陽等州縣被水歉收，遵旨煮賑。但雨雪連綿，老幼頗難赴廠食粥，即丁壯就食，亦覺路遠。南方地暖，臘月可以傭工種麥，每日往返，有妨生業。臣遵煮賑之法，少爲變通，行令各州縣，確查人口數目，老弱丁壯一體給米，俟來春賑畢，造冊報部。奉上諭：變通救濟，總期災黎得沾實惠，以慰朕饑溺之懷。（世宗五一、四）

（雍正五、七、庚辰）署湖廣總督福敏摺奏：臣查看安陸、荊州各府被水隄垸，今年冬初水退，尚未嚴寒，正可興工。仰懇皇恩，自十月初一日起，即爲賑濟，除老幼婦女照常計口給食外，其餘丁壯，皆令修築隄垸，優給賑米，自必踴躍赴工，易於告竣，則饑民不至乏食，而隄工可以完固矣。奉上諭：此議甚善，應如是行。（世宗五九、二五）

（乾隆一、七、戊午）賑湖北漢川、江陵二縣、荊州等三衛水災饑民。（高宗二三、一三）

（乾隆一、八、庚寅）賑貸湖北潛江、荊門等五州縣，沔陽、荊州等四衛水災饑民。（高宗二五、二三）

(乾隆三、一一、癸丑)賑湖北孝感、黃安、鍾祥、京山、宜城、襄陽等六縣衛旱災軍民。(高宗八〇、一一)

(乾隆五、八、戊辰)護湖北巡撫布政使嚴瑞龍奏：鄖縣、襄陽、鍾祥、京山、潛江、沔陽、天門等州縣衛所，田禾被水，現分別賑恤。得旨：所奏俱悉。被災之處，告之督撫，加意賑恤，毋致失所也。(高宗一二五、一九)

(乾隆六、一〇、壬子)賑卹湖北漢川、潛江、沔陽、天門四縣、沔陽衛被水災貧民。(高宗一五三、八)

(乾隆七、一〇、乙卯)湖北巡撫范璨奏：黃梅、廣濟一帶，毘連江省，爲流民入境之所，原應照例賑濟。但楚省本境亦被偏災，倉糧不敷撥賑；應將制錢照銀折給，俾在本處買食。統俟事竣，動支公項報銷。其有願回本籍者，照例資送；不願回籍者，賑至來歲三月終，隨地安插，庶流民不致失所。而本境辦理畫一，亦無人衆滋事之虞。得旨：所辦雖妥，然須查察屬員，使無冒濫方可。(高宗一七七、二六)

(乾隆七、一一、丙辰朔)加賑湖北漢川、沔陽、天門、荊門、雲夢、江陵、監利、襄陽、棗陽、穀城、宜城、光化等十二州縣水災飢民，並酌借籽種。(高宗一七八、五)

(乾隆一〇、八、壬戌)賑貸湖北宜城、長樂二縣並荊州右衛本年續被水災飢民。(高宗二四七、四)

(乾隆一〇、一〇、丙寅)賑貸湖北漢川、孝感、黃梅、潛江、沔陽、天門、荊門、當陽、雲夢、江陵、監利、枝江、宜都、宜城、長樂、光化、穀城、均州、鄖縣、荊州、荊左、荊右等州縣衛水災軍民，並分別停徵本年錢糧。(高宗二五一、一六)

(乾隆一一、一、丙申)[湖北巡撫開泰]又奏：潛江、沔陽、天門、荊門、當陽、漢川、江陵、枝江等八州縣，荊州、荊左、荊右三衛，上年夏秋被水成災，雖經查明賑卹，然貧民耕作無資，請動用倉穀借給。得旨：是。此等處宜留心者也。(高宗二五七、一七)

(乾隆一一、一二、甲子)賑湖北潛江、沔陽、天門、荊門、江陵五州縣，沔陽、荊左二衛被水災民。(高宗二八〇、三)

(乾隆一三、一一、甲寅)賑卹江蘇銅山縣被水災民，湖北漢川、潛江、沔陽、天門、江陵、監利六州縣並沔陽、荊州二衛，先被夏災復被水災民。(高宗三二八、一二)

(乾隆一四、三、甲戌)賑湖北漢川、潛江、沔陽、天門、江陵、監利六州縣衛乾隆十三年被水災民。(高宗三三七、二〇)

（乾隆一五、一二、丙子）諭：據湖北巡撫唐綏祖摺奏，安陸府屬沔陽、天門二州縣，乾隆十二年分借給貧民穀九千餘石，原應於次年催徵全完。因該州縣十三四年接連被災，未經徵輸，其天門一縣，又有上年續借穀二千餘石，今歲甫得有收，若一時並徵，未免拮据等語。著將天門、沔陽二州縣所有原借、續借穀石，再加恩准其分限二年，於本年及來歲秋成後，陸續按數還倉，以紓民力。該部即遵諭行。（高宗三七八、一〇）

（乾隆一八、三、辛巳）賑卹湖北鍾祥、京山、荊門、隨州、江陵、枝江、棗陽、宜城、均州、穀城、鄖縣、鄖西、竹谿、東湖等十四州縣併武昌、荊州、荊左、荊右、襄陽等五衛乾隆十七年旱災飢民。（高宗四三五、一五）

（乾隆一八、一〇、己酉）賑卹湖北潛江、沔陽、天門三州縣衛本年被水災民。（高宗四四九、二五）

（乾隆二〇、九、己丑）賑卹湖北江陵、監利、潛江、荊門、沔陽五州縣，荊州、荊左、沔陽三衛本年被水貧民。（高宗四九七、五）

（乾隆二六、八、丁丑）撫卹湖北漢川、京山、潛江、沔陽、天門、雲夢、江陵、公安、監利、黃岡並沔陽衛、武昌左衛、荊州衛等十三州縣衛本年水災飢民。（高宗六四二、二四）

（乾隆二七、三、丁酉）加賑湖北潛江、沔陽、天門、荊門、江陵、監利等六州縣並沔陽衛、荊門衛、荊左衛乾隆二十六年水災飢民。（高宗六五六、七）

（乾隆二九、一〇、戊戌）撫卹湖北漢陽、漢川、沔陽、文泉、黃梅、廣濟、監利七州縣，武昌、武左、沔陽、蘄州、荊州五衛水災貧民。（高宗七二一、八）

（乾隆二九、七、甲子）諭曰：常鈞奏：黃梅、廣濟、武昌、黃岡、蘄水、蘄州等處，因江水漲溢，民田廬舍不無漫浸，其黃梅、廣濟二縣，情形較重等語。該處一帶，因大雨時行，江水暴長，居民田廬，猝被水淹。朕心深為軫念。著該督撫速行勘明被災各屬，災重之處，所有乏食民人，勢難緩俟者，即隨查隨賑，撫卹一月口糧。其被災稍輕者，酌量借給口糧籽種，俾得趕種秋禾，以資接濟。俟勘明被災分數，再行分別辦理。該督撫等其實心督率，經理賑恤，毋任吏胥從中侵漁滋弊，俾貧民均霑實惠。該部遵諭速行。（高宗七一四、一五）

（乾隆二九、一二、戊子）又諭：湖北被水各州縣內，黃梅、文泉、監利三縣最重，廣濟稍輕，其武、漢、黃、荊四府屬間有被水之處，均經降旨賑䘏一月,並酌借口糧籽種,以資接濟。其湖南省內,夏間被水之武岡、衡山暨湘陰等十州縣衛,亦經降旨分別撫䘏。巡撫王檢亦奏湖北成災各屬,米價尚不甚昂,二麥已經佈種。續據李侍堯奏報,湖南涸出地畝,已經補種,可望有秋。但該二省被災之地,此時農民實在情形若何,明春當青黃不接時,是否尚應加恩展賑之處,著傳諭該督,令其作速查明,由驛用六百里馳奏,候朕酌量降旨。尋奏:明歲青黃不接之時,應將文泉、監利、黃梅、廣濟等四縣展賑一月;至沔陽、漢川、漢陽、江夏、武昌、咸寧、嘉魚、蒲圻、興國、大冶、黃陂、黃岡、蘄水、黃安、蘄州、石首等十六州縣,應酌借常社等穀,為口糧籽種;其益陽、華容、龍陽、安鄉、岳州等五縣衛,亦祗須撥穀借糶,無庸展賑。報聞。(高宗七二四、一九)

(**乾隆三○、一、己酉**)諭:上年湖北黃梅等各州縣偶被水災,已經疊降諭旨,加恩賑䘏撫綏。嗣據該督撫等奏報,被水之區,補種收成,均有六、七、八分不等,民情已為寧帖。第念藉賑貧民,向資官廩,入春東作方興,正在青黃不接,若驟行按例停止,未免餬口維艱,深為軫念。著再加恩將被災較重之文泉、監利、黃梅三縣,及毗連之廣濟一縣,無論極次貧民,俱展賑一個月,並酌借籽種,以資耕作。其沔陽、漢川、漢陽三州縣,及勘不成災之江夏、武昌、咸寧、嘉魚、蒲圻、興國、大冶、黃陂、黃岡、蘄水、黃安、蘄州、石首等十三州縣,收成究屬稍歉,亦著該地方官酌借常、社等倉穀石,接濟口糧、籽種,俾得盡力南畝,以待麥秋。該督撫等董率屬員實心經理,務使小民均霑澍澤,副朕加惠元元至意。該部遵諭速行。(高宗七二六、四)

(**乾隆三○、五、甲辰**)湖北巡撫李因培奏:湖北糧米向仰給湖南、川東,春間川省少雨,湖南去歲歉收,客米稀至,湖北米價漸增。因飛飭各屬開倉平糶,並屢飭武、漢二府,自四月初間開糶起,至本月底止,分設多廠,減價而糶,貧民資以餬口。又各營兵,例給折色之時,按名一例借給米石,即於伊等應領餉內,照平糶價值,分作三個月扣還。兵民寧帖。近日客米漸通,市價驟減,俟早禾一登,民食愈足。得旨:覽奏欣慰。凡事豫則立。如湖南所辦似遲,而又不得當,故致成事端矣。(高宗七三七、二五)

(**乾隆三二、閏七、癸巳**)又諭:昨據定長奏,湖北黃梅、廣濟等州縣六月間江湖盛漲,隄垸田廬,間有受衝,當經降旨,諭令該督即速照例撫䘏。並著詳勘黃岡、漢陽、漢川、沔陽、江夏、武昌、嘉魚等各州縣衛成災分數,分別賑䘏矣。今復據該督奏,黃梅一帶,先後被災情形較重。其羅田、穀城二縣,亦因蛟水長發,衝淹民房,現在確查辦理等語。該處頻經被水，已屬積歉之區，貧民生計，難免拮据。該督務即詳覈被災輕重，於撫賑各事宜，飭屬妥速籌辦，加意撫綏。俾窮黎均霑實惠，毋致稍有失所，以副朕軫念閭閻至意。著將此傳諭定長知之。（高宗七九〇、四）

（乾隆三二、九、庚子）户部議准：湖廣總督定長疏報，江夏、武昌、嘉魚、蒲圻、興國、大冶、漢陽、漢川、黃陂、沔陽、黃岡、蘄水、蘄州、廣濟、天門、潛江、安陸、雲夢、隨州、應山、江陵、石首、監利等二十三州縣，武昌、武左、沔陽、黃州、蘄州、荆州、荆左七衛，陸續詳報，本年夏秋之間，陰雨連綿，山水江水一時並漲，低窪田地多被淹浸。業經委員分頭查勘，是否成災分數，另行詳報。應行急賑者，先行撫卹一月口糧；其倒塌房屋、淹斃人口，均飭令查明，一例辦理。所有本年應完民屯額賦，暫請緩徵。得旨：依議速行。（高宗七九四、八）

（乾隆三五、一、辛巳）又諭：去年湖北漢陽、黃州府屬因夏雨稍多，江水漫溢，沿江各縣，被有偏災。業經加恩分別賑恤，並諭借給籽種，趕種晚禾，俾裕口食。現在東作方興，麥收未屆，閭閻生計，猶恐不免拮据。所有黃梅、廣濟、漢陽、漢川四縣，及坐落四縣之武昌、武左、黃州、蘄州四衛，並蘄州衛坐落宿松、德化等處之屯田，皆屬被災較重之區。著再加恩，將成災九分之極貧，加賑兩月；其九分之次貧，與七分、八分之極貧、次貧，均加賑一月。其中有需再借穀種者，仍令酌量借給倉穀，以濟春耕。該處連年被潦，前借籽種，尚有未完舊欠，並著緩至秋成之後再行徵收，俾民食益得寬裕。該督撫等務嚴飭所屬，妥協經理，實力稽查，毋任官吏中飽，俾歉地黎民，均霑閭澤。該部遵諭即行。（高宗八五〇、六）

（乾隆三八、八、丙辰）署湖廣總督湖北巡撫陳輝祖奏：湖北沔陽州衛，并漢川等縣衛垸田，五月下旬被水淹漫。臣因催督軍行，赴荆、宜一帶，順道履勘。該處垸田，現天氣晴明，已涸出十之五六，陸續補植晚禾。惟購秧補種，重費工本，民力不無拮据。前經奏明酌借籽種，仰懇俯准，次年秋成後免息徵還。再東湖縣北鄉地方，五月中山水驟發，亦有衝塌房屋淹斃人口之處，已經該縣捐銀撫卹，民情寧謐。得旨：如所議妥辦，俾霑實惠。（高宗九四一、四四）

（乾隆四三、二、己酉）貸湖北監利縣乾隆四十二年被水災民籽種口糧如例。（高宗一〇五一、一四）

（乾隆四四、一、丁亥）又諭：上年湖北漢陽、安陸、荆州各府屬，夏禾被旱，入秋漢江盛漲，又被淹浸，災分較重。業經降旨該督撫加意撫綏，照例給賑，以示優恤。第念今春正賑已畢，尚屆青黃不接之時，民食未免拮据。著再加恩，將江夏、漢陽、漢川、黃陂、孝感、鍾祥、京山、潛江、天門、荊門、雲夢、應城、江陵、公安、石首、監利、襄陽、宣城十八州縣及屯田坐落各州縣之武昌、武左、沔陽、黃州、德安、荊州、荊左、荊右、襄陽等九衛成災七、八、九、十分極次貧軍民，俱各加賑一個月，以資東作。其無庸展賑各州縣衛，亦著察看情形，分別酌借口糧籽種，俾得盡力南畝，以待麥秋。該督撫等董率屬員，實心經理，務使窮簷均霑渥澤。該部遵諭速行。（高宗一〇七四、二）

（**乾隆四四、一二、丁卯**）加賑湖北沔陽、潛江、荊門、江陵、監利、荊州、荊左七州縣衛本年水災飢民。（高宗一〇九七、二）

（**乾隆四六、六、庚子**）湖北布政使梁敦書奏：閏五月中旬襄水漲發，沿河隄埝漫潰，臣前往各屬周歷察看，除沔陽、天門、嘉祥三州縣被水較輕，無需撫卹外，惟潛江、荊門、江陵、監利四州縣隄埝潰口甚大，田廬多被淹沒。目下正交秋令，補種恐已失時。現稟請督撫臣飭員查明田地戶口，先行撫卹一月口糧，給與倒房修費。得旨：實力爲之。（高宗一一三五、二六）

（**乾隆四七、一、癸卯**）又諭：上年湖北、潛江等縣衛，因襄水泛漲，沿河田垸被水浸潰，屢經降旨，令該督撫等切實查勘，照例賑卹，毋俾失所。第念今春正賑已畢，尚屆青黃不接之時，民食不無拮据。著再加恩將被災八分以上之潛江、江陵、監利、荊門等州縣及屯坐該州縣之荊州、荊左二衛極次貧軍民，加賑一個月，以資接濟。其續被秋水之鍾祥、京山二縣，被旱之雲夢、應城二縣及屯田坐落之各衛所軍田，並成災五分之江夏、武昌、漢川、黃陂、孝感等縣，及勘不成災之天門、沔陽、安陸、應山、廣濟、黃岡、石首等州縣，並京山縣之東西北三鄉民屯田地，該督撫等酌看情形，再請分別賞借籽種，俾窮黎得霑實惠，盡力春耕。該督撫其董率所屬實力妥辦，以副朕軫念災黎之至意。該部遵諭速行。（高宗一一四八、一一）

（**乾隆四八、一〇、癸未**）諭軍機大臣等：本年湖北之黃梅、廣濟、黃岡、江夏四縣及江蘇之上元、句容、丹徒三縣，因六月間江水盛漲，濱江地畝均被淹浸，致成偏災。業經降旨，令該督撫實力撫卹，毋致失所。第念被災地方，於明春青黃不接之時，民食不免拮据。是否應需展賑蠲緩，並此外勘不成災地畝，應否量予加恩，分別酌借口糧之處，著傳諭該督撫體察情形，查明據實覆奏，候朕於新正再降諭旨。將此由四百里各諭令知之。尋兩江總督薩載、江蘇巡撫閔鶚元奏：查得上元、句容、丹徒三縣，因江潮盛漲，被淹成災，業已分別給賑，小民口食有資，無庸展賑；懇於明春酌借籽種，俾資耕作。報聞。湖北巡撫姚成烈奏：查被水各邑內惟黃梅、廣濟二縣成災較重，恐正賑散竣之後，民食不無艱難，懇展賑一月；其黃岡、江夏二邑，被災本輕，無庸展賑，止須於明春借給籽種口糧。得旨：屆時有旨。（高宗一一九一、一六）

（乾隆四九、一、戊子）又諭：上年湖北黃梅、廣濟、黃岡、江夏四縣，因六月間江水盛漲，濱江地畝，均被淹浸，致成偏災。業經降旨，令該督撫實力撫卹，俾無失所。第念今春正賑已畢，距麥收尚遠，正屆青黃不接之時，民食未免拮据。著再加恩，將黃梅、廣濟成災八、九分之極次貧軍民，展賑一個月，俾次餬口。其餘被災較輕地方，有應於今春酌借口糧籽種以資接濟之處，並著該督撫察看情形，分別辦理。該督撫其董率各屬實力妥辦，俾窮簷均霑渥澤，副朕軫恤災黎，用普春祺至意。該部即遵諭行。（高宗一一九六、二）

（乾隆四九、三、壬辰）豁免湖北江夏、興國、通山、大冶、沔陽、麻城、鍾祥、京山、荊門、當陽、安陸、雲夢、應城、江陵、監利、遠安、宜城、嘉魚、漢陽、黃陂等二十州縣，武左、沔陽、荊州、荊左等四衛，乾隆三十年至四十四年出借民欠無著穀十五萬二千八百五十石有奇，銀六千七十五兩有奇。（高宗一二〇〇、一五）

（乾隆五一、一、戊申）又諭：上年湖北江夏等州縣並武昌等衛，因旱暵成災，夏收無望，節經降旨糶賑兼施，俾災黎口食有資，不致一夫失所。第念現屆東作方興，青黃不接，民食恐不無拮据。所有成災七、八、九、十分之江夏、武昌、咸寧、蒲圻、嘉魚、漢陽、沔陽、黃陂、孝感、漢川、廣濟、黃安、麻城、黃梅、鍾祥、荊門、應城、隨州、江陵、公安、監利、襄陽、棗陽、穀城、光化、宜城等二十六州縣，並坐落各該州縣衛所屯田之極次貧軍民，著加恩於正賑散畢後，再行展賑一個月；其成災五、六、七、八分之興國、大冶、黃岡、蘄水、蘄州、羅田、潛江、京山、天門、當陽、安陸、雲夢、應山、石首、通山、松滋、枝江、宜都、均州、鄖縣、崇陽等二十一州縣，並勘不成災之通城、南漳、東湖三縣，以及坐落各該州縣衛所軍民，俱著加恩，分別賞借口糧籽種，以資耕作。（高宗一二四六、四）

（乾隆五三、八、甲辰）原任湖廣總督舒常奏：臣委荊宜施道沈世燾往勘監利、石首二縣水災，據稟監利濱江之孫、張、王等月隄普漫，除南鄉無水，其東、北、西三鄉，惟五十七垸未淹，餘皆瀰漫，房屋人口俱有坍傷。已先撫卹一月口糧。至東鄉地勢最低，水浸隄身，閒有酥矬。石首沿江隄工穩固，因上游公安縣東壁隄潰口，波及該縣，四鄉俱被淹浸，房屋衝倒，尚

未損傷人口，亦先撫卹一月口糧，現俱安貼。得旨：加意撫卹災民，毋致失所。(高宗一三一〇、三四)

（**乾隆五三、九、己巳**）又諭曰：惠齡奏，湖北沔陽、黃岡二州縣被水地畝，涸出無幾，節候已遲，不能補種等語。荆州上游各屬被水貧民，前經降旨分別撫恤，其下游漢陽等縣亦經借給口糧，小民口食有資，自可無虞失所。今沔陽、黃岡二州縣，因積水未消，田畝未經涸出，難以補種。著借給一月口糧，以資接濟。該督撫務須督飭該地方官，查明實在被水戶口，按名給發。毋任假手胥役，稍滋尅扣。其餘成災處所應行給賑者，並著該督撫照例具題，實力撫恤，以副朕軫念災黎，有加無已至意。(高宗一三一二、三一)

（**乾隆五三、九、甲申**）湖廣總督畢沅奏：楚北被水之區共三十六處，江陵爲最，其次公安、監利、石首、漢川、黃梅五屬，又其次松滋、枝江、漢陽、沔陽、黃岡、長陽、廣濟、江夏八屬。其餘二十餘處，皆不成災。臣與惠齡將成災者確查分數，按月散賑；即不成災者，亦酌予緩徵，量借耔種。得旨：覽奏稍慰。(高宗一三一三、三三)

（**乾隆五四、九、壬子**）湖廣總督畢沅奏：漢江兩次暴漲，致濱臨漢水之荆門、潛江、江陵、監利四屬低窪田垸間段被淹。荆門州地勢較高，涸出之區可望薄收。其潛江、江陵、監利三屬被水各垸，並屯坐軍丁，生計不無拮据，請先撫卹一月口糧，並請將該三屬被淹民衞，同荆門州帶淹民衞本年應徵漕糧各項，及帶徵各年錢糧，概行緩徵。再目下漢水業已歸槽，儘力疏消，尚可補種宿麥。得旨：覽奏稍慰，一切妥爲之。(高宗一三三九、三三)

（**乾隆五四、一一、辛丑**）湖北巡撫惠齡奏：本年夏秋，潛江、江陵、監利、荆門四州縣被淹田垸，實止一隅中之一隅。該軍民均係上年賑卹之戶，底冊可查，無從獎混，業將撫卹一月口糧按戶散給，現在接放正賑。且值城隉各工並舉，即無業貧民亦得藉工食力。惟被淹極低各垸，積水未涸，現飭地方官上緊設法疏消，勸令趕種二麥，並飭該管道府督率放賑辦工各員，實力妥爲經理。得旨：覽奏稍慰。(高宗一三四三、七)

（**乾隆五五、一、癸未**）諭：上年湖北荆門、潛江、江陵、監利等州縣，因秋汛漢水倒漾，低窪各垸，先後被淹。業經降旨，令該督撫實力撫卹，分別賑濟，小民自可不致失所。第念潛江等處，本係積歉之區，上年又復被淹，今春正賑已畢，青黃不接之時，貧民口食維艱。著再加恩將潛江、江陵、監利三縣成災八分極貧各軍民，展賑一個月，以資接濟；其成災八分次貧，及成災七分極次貧並荆門成災五分各軍民，仍著該督撫察看情形，或酌借耔種、口糧、或減價平糶,分別辦理。該督等務宜督飭所屬實心經理,俾災黎均霑閭澤,以副朕軫念窮簷,普惠春膏至意。該部即遵諭行。(高宗一三四六、六)

(乾隆五九、九、己丑)又諭:據惠齡奏查勘沔陽等處被水情形,委員分路查撫一摺,內稱,各州縣被水之處,必須分投查勘。該撫前赴漢川、沔陽、天門三州縣,督同查辦,並委藩司汪新等分往京山、江陵等處辦理撫卹。其被淹居民,俱即搭蓋蓆棚,散給餅餌,並放給一月口糧,以資餬口等語。沔陽等處,猝被水淹,該撫因災民亟需待哺,即親往查辦,並委員分投撫卹,所辦尚妥。至所稱倒塌房屋,分別草瓦房間,照例給與修費等語,該處居民房屋,多有被水浸損,人口亦有淹斃,情殊可憫。著加恩按例加兩倍賞卹,並著該撫查明被水各屬,如有衝損民堰,應行修築者,均著官爲經理,准其作正開銷,俾被災之處,民力得免拮据。該撫務須督率所屬妥協辦理,使小民均霑實惠,毋致一夫失所,以副朕厪念災區,恩施逾格至意。(高宗一四六〇、一〇)

(乾隆五九、九、庚子)又諭曰:惠齡奏潛江等縣被水情形一摺,內稱,倒塌草瓦房間,照例給與修費等語。前因該撫奏沔陽等縣猝被水淹,有倒塌房屋、淹斃人口之處,早經降旨,按例加兩倍賞卹。今潛江等處同被淹浸,所有倒塌房屋,自應一併加兩倍賞給修費,以示體卹。又據另片奏,京山、荊門各州縣隄塍漫水之處,刷塌甚寬,例應民修,但需費甚鉅,請借帑興修,按年徵還歸款等語。此項衝損隄堰,雖例應民修,但今年被水較重,均著加恩官爲修理,准其作正開銷,不必徵還歸款,俾被災之處,民力得免拮据。又據奏,被淹各垸,水漸消退,而低窪之處,尚積深四五尺之語。目下正屆補種秋麥之時,該處積水,何以不設法疏消?該撫務宜督飭地方官,實力辦理,速籌宣洩,俾積水全消,無誤補種秋麥,此爲最要。惠齡因辦揭曉事宜,現回省城,著傳諭該撫事完之後,仍宜前往被災各屬,董率所屬實心妥辦,使小民均霑實惠,毋致一夫失所,以副朕厪念災區,恩施逾格至意。(高宗一四六一、二)

(乾隆六〇、六、己酉)又諭:據惠齡奏,五月間大雨後,襄江新漲,水勢汹湧,以致荊門之鄭家港、天門之阮家口隄塍同時漫水,該處居民房屋間有淹浸,並未倒壞,亦無損傷人口等語。荊門、天門等處猝被水災,民房間有淹浸,殊堪憐憫。現經該撫等豫備餱餅、蘆蓆等物,按名散給,以資棲食。務須加意查察,勿任吏胥從中侵扣,俾無業貧民均霑實惠,不致稍有失所,方爲妥善。(高宗一四八一、二九)

（嘉慶一、八、甲戌）畢沅奏當陽善後事宜六款：……一、城內良民，被賊滋擾日久，應照水旱災傷極貧例，普給三箇月口糧，房屋被焚者，酌賞修費；……（仁宗八、二）

（嘉慶一、八、丁酉）給湖北荊門州被水災民一月口糧。（仁宗八、一八）

（嘉慶一、八、庚子）給湖北江陵、監利、公安、石首、松滋五縣被水災民一月口糧。（仁宗八、二〇）

（嘉慶二、一〇、丁未）賑湖北江陵、監利、荊門、當陽四州縣被旱災民。（仁宗二三、八）

（嘉慶四、六、丙午）諭內閣：祖之望奏，漢水上游陡漲，荊門、潛江等處民隄間有漫淹等語。楚省邪氛甫斂，民困稍甦，今又因漢江上游水勢漲發，荊門、潛江等處間被衝淹，深爲可憫。著該撫等督飭所屬，速行查明被淹戶口，實力撫恤，並將各隄缺口上緊搶築，積水設法疏消，俾得補種，以期有秋，勿使一夫失所。（仁宗四七、一三）

（嘉慶五、一、辛酉）貸湖北荊門、潛江、天門三州縣被水軍民籽種口糧。（仁宗五七、五）

（嘉慶六、二、乙丑）賑湖北被賊滋擾之竹谿、竹山、房、保康四縣貧民。（仁宗七九、一六）

（嘉慶六、三、丙戌）又諭：倭什布奏，武漢一帶饑難各民，分別妥爲安撫，地方悉臻寧謐一摺，覽奏稍慰。漢陽漢鎮就食民人，自應亟爲安頓。今倭什布與司道等公同籌酌，將外來難民飢民分別大小口，給與銀兩，飭令各歸原籍。其武昌就食貧民，倭什布照漢鎮之例，各給口糧兩月，散歸本處村莊，所辦俱好。至散給銀米，該督撫各捐廉銀三千兩，司道府縣共捐銀六千兩，急公可嘉，自應分別甄敘。（仁宗八〇、二〇）

（嘉慶七、六、甲子）諭軍機大臣等：全保奏湖北被水各州縣酌籌撫卹一摺。據稱漢陽府屬之漢川、沔陽，安陸府屬之潛江、天門、京山、鍾祥，荊州府屬之公安、松滋、江陵、監利等州縣，經各該地方官陸續稟報，或因連日大雨，或因江水驟漲，隄塍俱被漫淹等語。看來各州縣被水情形，公安一縣較重，該縣地處下游，江陵、松滋二水並瀉，城內水深至丈許，衙署、民房、城牆、倉廠多有倒塌，尚云人口幸未損傷，殊不可信。外省報災，總不肯據實，推原其故，皆由徇庇屬員，自免處分起見。試思一二人之功名與千百人之性命相較，其輕重何啻霄壤？現據該撫將被災較重之公安、潛江二縣先行撫卹一月口糧，自應如此辦理。此外如再查有被水較重應行撫卹之處，即著全保等據實奏聞，不可諱飾。如地方官有匿災不報者，即行指名嚴

参。(仁宗九九、二三)

(**嘉慶一三、一、己亥**)貸湖北江夏、咸寧、嘉魚、蒲圻、崇陽、通城、漢陽、黃陂、孝感、安陸、雲夢、應城、隨、應山、棗陽十五州縣，暨屯坐各衛所被旱災民耔種倉穀。(仁宗一九一、四)

(**嘉慶一七、一、丙子**)貸湖北江夏、咸寧、嘉魚、蒲圻、崇陽、通城、興國、通山、鍾祥、應山、襄陽、光化、荊門、當陽十四州縣，及屯坐各衛所上年被旱災民耔種、倉穀。(仁宗二五三、五)

(**嘉慶一八、八、丁未**)平糶湖北隨、應山二州縣倉穀。(仁宗二七二、二四)

(**嘉慶一九、一、庚午**)貸湖北隨、應山、江陵、公安、石首五州縣及屯坐各衛所上年被水、被旱災民耔種。(仁宗二八二、一二)

(**嘉慶一九、二、癸丑**)平糶湖北鄖、鄖西、房、竹山、竹谿、保康六縣倉穀。(仁宗二八五、一三)

17. 湖南

(**雍正七、九、辛巳**)賑湖南澧州、臨湘等七州縣、岳州等三衛旱災饑民。(世宗八六、六)

(**雍正八、七、丁亥**)賑湖南靖州、通道等四州縣水災饑民。(世宗九六、二二)

(**乾隆二、九、丁卯**)湖南巡撫高其倬奏：查勘長沙、善化、邵陽、桑植、澧州等五州縣，被水甚輕，補禾又成實，不為災。其茶陵州及衡山、新化二縣屬，田禾被水較重，現已先給兩月口糧。再於冬春之間，給三個月口糧，以資接濟。得旨：覽。如此盡心辦理方是，不可以通省豐收，遂置受偏災者勿論也。(高宗五一、二七)

(**乾隆三、六、癸卯**)卹因黔苗不法，避居湖南難民。(高宗七一、一三)

(**乾隆三、八、丙戌**)賑湖南石門縣本年水災饑民。(高宗七四、一五)

(**乾隆六、九、己巳**)賑湖南湘鄉、臨武二縣水災饑民。(高宗一五〇、一〇)

(**乾隆七、一一、戊午**)加賑湖南湘陰、長沙、益陽、巴陵、華容、武陵、龍陽、沅江、安鄉等九縣水災饑民。(高宗一七八、八)

(**乾隆七、一〇、乙未**)戶部議准：湖南巡撫許容奏稱，前被災各屬內，茶陵州已賑給一月口糧，在乾隆七年地丁銀內動支；其益陽、沅江二縣，均應於冬夏之交，擇極貧者賑卹三個月。所有借給沅江縣貧民社穀三十石，並請免還，即作賑糧。再勘不成災之乾州、鳳凰、永綏三廳倉儲，就近各屬，應酌量通融，撥增平糶。得旨：依議速行。（高宗一七六、一五）

（乾隆八、八、辛酉）賑恤湖南沅江、龍陽二縣水災飢民。（高宗一九八、二〇）

（乾隆一一、八、辛未）賑湖南益陽、道州、江華、平江四州縣被水災民。（高宗二七二、一六）

（乾隆一二、八、乙酉）賑卹湖南耒陽、衡山、零陵、祁陽、東安、永明、城步、綏寧、會同等九縣本年分水災飢民。（高宗二九七、一五）

（乾隆一三、閏七、丙辰）撫卹湖南益陽、沅江、武陵、龍陽、新化、澧州、石門、永定等八州縣被水貧民。（高宗三二〇、四）

（乾隆一三、一〇、乙酉）賑卹湖南新寧縣水災貧民。（高宗三二六、一七）

（乾隆一七、五、己丑）署湖南巡撫范時綏奏：本省四月內雨水過多，長沙府屬之益陽，常德府屬之沅江、桃源，寶慶府屬之新化，澧州屬之石門、慈利等縣，濱湖窪地，溪漲漫入隄垸，間有衝沒田廬，淹斃人口。委員確勘，俱未成災。現酌借籽種，及時補種。得旨：雖云不致成災，亦應安頓得所。（高宗四一五、三一）

（乾隆二五、一〇、己亥）撫卹湖南常寧、耒陽、零陵、祁陽、東安、道州、寧遠、新田、郴州、永興、桂陽、臨武等十二州縣衛被旱災民。（高宗六二三、一二）

（乾隆二六、一、壬寅）諭：去歲湖南所屬之零陵、新田、祁陽、東安、寧遠、耒陽、常寧等七州縣，因夏間缺雨，偶被偏災，已據該撫照例散賑。該省累歲豐收，此數州縣秋成偶歉，民氣雖不至大傷，第念閭閻業已被災，日用究多拮据。計例賑既畢，尚屬青黃不接之時，著加恩將此七州縣，無論極次貧民，再行加賑一個月。該撫其善為經理，務使得霑實惠，用副朕軫卹至意。該部即遵諭行。（高宗六二八、二）

（乾隆二六、一、乙巳）諭：昨已降旨將湖南省被災之零陵、新田、祁陽、東安、寧遠、耒陽、常寧等七州縣，於例賑之外，各加賑一個月，以資接濟。但今東作方興，麥秋尚遠，災民生計，仍恐不無拮据。著再加恩將此七州縣，無論極次貧民，再予加賑一個月，用示朕惠愛黎元至意。該部遵諭速行。（高宗六二八、四）

（乾隆二六、一、庚午）湖南巡撫馮鈐奏：零陵、新田、祁陽、東安、定遠、耒陽、常寧等七州縣，奉旨加賑兩個月。查賑項例應銀穀兼撥，但附近水次州縣倉穀，上年已多撥賑，餘應存俟平糶，未便再撥。其相距遠處，溪河又艱輓運。請於二月內賑錢一次，三月內賑銀一次，查照前議章程妥辦。得旨：覽奏俱悉。（高宗六二九、二〇）

（乾隆二六、七、乙巳）諭曰：李勲奏湖南常德府之新口橋、易家隄各岸，因雨水稍多，間有浸塌之處，廬舍田園被淹，督臣已經查勘撫卹等語。今年雨水在在充足，該處得雨過多，沿隄居民田舍猝被淹浸，殊深軫念。著該督撫等星即遴委幹員，將衝塌房屋，淹斃人口，分勘詳查。所有應行賑卹之處，即速照例賑卹。其田禾被水之處，成災與否，亦即確勘分數，據實具奏，毋得稍有遺漏。至所坍隄岸，一面上緊堵築，以資捍衛，副朕軫卹閭閻至意。該部遵諭速行。（高宗六四〇、八）

（乾隆二六、七、丙寅）湖廣總督愛必達復奏：臣抵武陵縣，正值河漲，會同提臣李勲查勘。令多備舟楫，濟渡高阜，人口均無損傷，惟倒塌瓦房二百三十五間，草房二百五十二間，俱給與修費口糧，一面調遣道府各員前來辦理。續據龍陽、澧州、安鄉、湘鄉四州縣稟報，亦經被水，幸消涸迅速，不致淹損。俱經照例賑卹，被淹田禾借給籽種補植，衝塌隄垸堵築完固。得旨：覽奏俱悉。（高宗六四一、二五）

（乾隆二九、八、甲申）卹湖南武岡州攸縣水災飢民。（高宗七一六、八）

（乾隆三一、六、己酉）諭：湖南瀕水州縣，每遇春夏，湖湘水發，易致淹浸。本年五月中旬該省雨澤稍多，湖河漲溢，民居雖無傷損，而隄垸禾苗，間有被淹之處。益陽、龍陽、武陵等縣情形較重，民力恐不免拮据。著該撫即董率所屬，查明被災戶口，加意撫卹。其淹損地畝，有可酌量補種者，即妥協經理，令其及時趕種秋禾，俾資接濟，無使閭閻稍有失所。至沅江、湘陰、湘潭、寶慶等處，是否成災，並著星速確勘，照例查辦，以副軫念。該部即遵諭行。（高宗七六二、一〇）

（乾隆三一、六、己未）諭：湖南瀕水州縣，因本年五月雨澤稍多，湖河漲溢，田廬間有被淹，益陽、龍陽、武陵等縣情形較重。曾經降旨，著該撫查明撫卹。今據李因培奏，五月十八九等日，辰、沅山水驟下，武陵城外長隄正當其衝，以致隄口潰漫，該縣城鄉房屋，多有坍倒，人口亦有淹斃等語。武陵此次被水頗重，朕心深爲軫念。著該撫即速查明被災戶口，先行撫卹一月口糧，俾窮民均資接濟；所有坍損房屋人口，並著詳查酌賞。其水退地畝，分別借給籽種，令各及時耕作；如有一時不能涸出處所，難於補種者，並著確查成災分數，另行照例辦理。該撫其董飭所屬實心查辦，毋致閭閻稍有失所。該部即遵諭行。（高宗七六三、九）

（乾隆三一、六、己未）諭軍機大臣等：李因培奏，五月十八九日，辰沅山水驟下，武陵長隄潰漫，被災頗重，已降旨令該撫查明賑卹一月矣。（高宗七六三、一〇）

（乾隆三一、七、丙申）諭：據常鈞奏，查辦常德府屬被水撫卹情形摺，內稱面詢災民及各地方官，有已經遵例散給撫卹口糧者，亦有拘泥夏月被水，俟秋成確勘，分別辦理，不敢即行賑卹者等語。所奏殊堪駭異，此次常德等屬猝被異漲，與尋常被災者不同。前經李因培奏報山水漲溢情形，即降旨令其作速查明，先行撫卹一月口糧，俾窮民均資接濟。今據常鈞所奏，該處地方官竟有拘泥成例，俟秋成後始行辦理者。試思現在積水未消，災民露處乏食，豈能坐待秋成賑卹之理？李因培從前所辦何事？至於城工隄垸，皆衛民要務，李因培亦並未具奏及此，實爲可怪。其意不過以交代在即，心存五日京兆之見，不復詳悉查辦。督撫身任地方，似此災賑重大，關係民生呼吸之事，輒意存諉卸，置民瘼於度外，則所賴於督撫大吏者何在？殊非朕軫恤愛民之意。李因培著交部議處。所有常德等屬被災等處，著常鈞速即加意撫卹，俾災黎普霑實惠，毋致稍有失所。該部遵諭速行。（高宗七六五、一七）

（乾隆三一、七、丁酉）湖南巡撫常鈞奏：湖南瀕水州縣，因本年五月雨水過多，湖河漲溢成災。臣自滇抵任後，親行履勘，並分委道府各員，查得武陵、桃源、龍陽、沅江、益陽、湘陰、華容、岳州衛、沅陵、瀘溪等十縣衛被災較重，有應行撫卹及借給籽種之處，現在分別辦理。得旨：覽奏俱悉。妥協辦理，毋使災黎失所。（高宗七六五、二一）

（乾隆三一、八、己亥）賑卹湖南湘陰、益陽、華容、武陵、桃源、龍陽、沅江、沅陵、瀘溪、辰溪、漵浦、安鄉、岳州等十三縣衛本年水災飢民。（高宗七六六、三）

（乾隆四一、九、癸巳）賑卹湖南耒陽、郴州、永興、興寧、宜章等五州縣本年被水災民。（高宗一〇一七、一二）

（乾隆四三、八、乙酉）貸湖南湘陰、巴陵、臨湘、華容、平江、武陵、桃源、龍陽、沅江、澧州、安鄉、慈利、石門、安福、永定等十五州縣并岳州衛本年旱災飢民口糧。（高宗一〇六五、二六）

（乾隆四三、一〇、甲子）賑卹湖南湘陰、長沙、善化、瀏陽、巴陵、臨湘、華容、平江、武陵、桃源、龍陽、澧州、安鄉、安福等十四州縣並岳州、武昌、黃州三衛本年旱災貧民。（高宗一〇六八、二八）

（乾隆四三、一〇、戊寅）又諭：據李湖奏，查勘湘陰等州縣田禾成災分數一摺。湘陰等處田禾被旱，已成偏災，昨已降旨，將明春應否加恩之處，令該撫確查具奏。茲據奏查勘災分及分別辦賑情形。著傳諭該撫，即董飭所屬，妥協經理，嚴加查察，勿使吏胥侵漁中飽，俾災黎均霑實惠。仍即將明春應否再行加恩之處查明，據實覆奏，候朕酌量降旨。（高宗一〇六九、一八）

（**乾隆四九、六、甲午**）諭軍機大臣等：據伊星阿奏，湖南茶陵地方於三月二十一日大雨如注，夜半溪河陡漲，漫入州城，城外西北居民房屋大半倒塌，淹斃人口甚多。又攸縣在茶陵州下游，亦因溪河猝漲，城內外房屋約坍三百餘間。現在水勢已退，當委令沅州府裴直方、署長沙府知府王用鍔馳赴該二處勘查，藩司秦承恩亦即馳往董率辦理等語。茶陵、攸縣二處，因大雨之後，溪河猝漲，淹及廬舍並損傷人口，殊為可憫。且兩邑沿河田禾正值吐穗結實之時，亦難保無淹損。前據李綬奏稱，於初一日自江西起程，此時自已抵湖南。著傳諭該撫督率屬員詳晰查勘，所有被淹之房屋、人口，務查確數，加意撫恤，勿使稍有失所。其淹浸地畝，並即勸諭農民速行補種晚禾、雜糧，如有需借給籽種口糧者，亦即據實奏聞，酌量借給，以副朕軫念災黎至意。將此由四百里傳諭李綬，並諭伊星阿知之。（高宗一二〇八、三一）

（**乾隆四九、八、乙酉**）賑卹湖南茶陵、攸縣二州縣本年水災飢民。（高宗一二一二、三）

（**乾隆五〇、三、癸酉**）賑湖南茶陵州、攸縣二州水災饑民。（高宗一二二七、一四）

（**乾隆五一、閏七、戊戌**）賑貸湖南武陵、龍陽二縣續被水災貧戶。（高宗一二六一、四四）

（**乾隆五三、一一、丙戌**）貸湖南華容、安鄉、澧州、武陵、龍陽等五州縣本年被水災民籽種。（高宗一三一七、二五）

（**乾隆五五、三、乙巳**）豁免湖南武陵、桃源二縣乾隆四十三年分水災出借社穀七千八百六十七石有奇。（高宗一三五一、三一）

（**乾隆六〇、一〇、丁未**）湖廣總督畢沅奏：湖廣早稻中晚二禾收成均八九分餘，北省荊門、潛江、天門、沔陽等四州縣因襄水陡漲，偏隅被淹，不致成災。南省三廳八屬被逆苗滋擾，疊蒙緩徵賑卹，難民較多。現督率各地方官，挑取壯丁充鄉勇、站夫，其老廢者每月給予口糧。至毗連苗寨各區，除客民已嚴禁不許竄入外，土著民人因口食有資，極為寧帖。得旨：欣慰覽之。（高宗一四八九、四一）

（嘉慶二、二、戊戌）勅諭曰：畢沅等奏乾州等屬復業民人尚艱謀食一摺。湖南自逆苗滋事以來，乾州、鳳凰、永綏三廳及附近苗疆各縣，疊經降旨加恩蠲賑。小民口食有資，不致失所。茲當大功告蕆，諸路廓清，三廳地方復業民人，甫經回里，且距秋收之期尚遠，謀食未免拮据。所有乾州、鳳凰、永綏三廳邊牆以外難民，著加恩展賑至六月底停止。其麻陽、瀘溪、永順、保靖四縣，前被逆苗蹂躪地方，值此青黃不接之時，自應量為接濟。著一體加恩展賑至五月底停止。該督撫務須董率所屬妥為撫綏。俾小民均霑實惠，無致一夫失所，以副朕軫念流離，恩加無已至意。（高宗一四九六、一三）

（嘉慶四、七、癸酉）撫卹湖南永順府被水災民，並賞因公淹斃知縣劉毓瓊同知銜，照例議卹。（仁宗四九、五）

（嘉慶六、一〇、辛酉）貸湖南武陵、龍陽二縣被水災民種麥工本，並武陵縣修理隄垸銀。（仁宗八九、五）

（嘉慶一一、一、壬子）貸湖南澧州屬黃絲等二十一垸被水災民種麥工銀。（仁宗一五六、八）

（嘉慶一三、一、己亥）貸湖南巴陵、臨湘、華容、平江、湘陰五縣被旱災民籽種口糧。（仁宗一九一、四）

（嘉慶一三、四、癸未）命湖南上年被旱之湘陰、巴陵、平江、華容、臨湘五縣及歉收各屬減價平糶倉穀。（仁宗一九四、一二）

（嘉慶一四、七、戊寅）賑湖南茶陵、攸二州縣被水災民。（仁宗二一六、八）

（嘉慶一九、一、庚午）貸湖南澧州上年被水災民籽種口糧。（仁宗二八二、一二）

18. 廣東

（康熙五、一、庚寅）以廣東旱災，命動支通省見在積穀六萬八千二百餘石散賑。（聖祖一八、二）

（雍正一、七、辛酉）兩廣總督鄂彌達、廣東巡撫楊永斌奏南海潮陽等州縣水災賑卹情形。得旨：知道了。（高宗二三、二九）

（雍正五、五、庚午）賑廣東三水等五縣水災饑民。（世宗五七、一一）

（乾隆一、八、辛卯）廣東提督張溥奏雨水颶風情形。得旨：知道了。督撫賑卹，實力與否，據實奏聞。（高宗二五、二七）

（乾隆二、九、乙卯）兩廣總督鄂彌達奏報：本年八月初二日，高、雷、瓊等屬陡被風潮，現在委員賑恤。得旨：此乃八月初二之事，至九月初十始行陳奏，乃云現在委員賑恤，先行具奏，亦可謂留心民瘼者矣。（高宗五一、二九）

（乾隆六、七、辛未）又諭軍機大臣等：朕聞得廣東潮州府屬地方，今夏收成僅有五六分。米價昂貴，民食未免艱難。可即傳諭王安國，或應減價平糶，或應酌量借給，務使貧民不致乏食。令伊速行辦理。（高宗一四六、二六）

（乾隆六、九、己巳）賑廣東南海、番禺、順德、香山、新會、三水、海豐、陸豐、龍川、海陽、豐順、潮陽、揭陽、饒平、惠來、澄海、高要、四會、高明、鶴山、封川、茂名、電白、崖州、感恩、南澳同知等二十六州縣廳水旱蟲災飢民。（高宗一五〇、九）

（乾隆六、九、辛卯）〔左都御史管廣東巡撫王安國〕又遵旨覆奏各屬賑恤、平糶情形。得旨：亦非令汝姑息優柔，博寬厚之名而已也。凡事目有中道，過猶不及，一切政務皆然，豈止賑恤一事而已耶。（高宗一五一、二四）

（乾隆六、一〇、庚子）諭：朕聞廣東崖州及感恩、陵水二縣，今夏雨水短少。迨後雖經得雨，而爲日已遲，播種不能遍及。撫臣王安國雖飭州縣官發穀借糶，以資接濟。而彼地連年歉收，其中極貧之民，無力借糶者，仍苦不能餬口，深可軫念。著該督撫即飭有司加意賑卹，務令窮黎不致失所。又聞瓊州、雷州二府屬，於本年八月十四五日，風雨大作，吹揭屋瓦。其田禾、室廬有無損傷之處，亦著酌量辦理。尋戶部議准廣東巡撫王安國疏報，瓊、雷、廣、肇、惠五府屬之瓊山、澄邁、臨高、儋州、萬州、崖州、樂會、昌化、文昌、感恩、海康、徐聞、遂溪、番禺、新會、新安、新寧、香山、增城、高明、恩平、開平、鶴山、歸善二十四州縣，被颶風災民，各給賑有差。（高宗一五二、九）

（乾隆七、二、己未）左都御史管廣東巡撫事王安國奏：瓊屬栽插，纔十之一二，望雨甚亟。迭經買撥，足資借糶。又廣、肇等府，米價各增，飭屬平糶接濟。得旨：所奏俱悉。粵東連歲歉收，深厪朕念。一切政務，實心料理，毋徒爲粉飾之計也。（高宗一六一、二二）

（乾隆八、八、乙亥）賑貸廣東始興、花縣、清遠、三水、南海、順德、四會、高明、鶴山、歸善、海豐、陸豐、博羅、嘉應、平遠、鎮平等十六州縣被水災民。（高宗一九九、五）

（乾隆八、一一、辛丑）分別賑卹廣東萬州、陵水、崖州、文昌、新寧、陽江、茂名、電白、化州、石城、吳川、海康、遂溪、合浦等十四州縣風災

兵民。(高宗二〇五、七)

（**乾隆九、八、癸亥**）賑恤廣東廣州府屬之東莞、增城，惠州府屬之永安、博羅、歸善，潮州府屬之大埔、海陽、澄海，肇慶府屬之高要、高明、恩平、開平等十二縣被水災民。(高宗二二三、一〇)

（**乾隆九、一一、丁亥**）撫恤廣東瓊山、海豐、陸豐、饒平、惠來、潮陽、大埔、羅定、電白、信宜、茂名、石城、化州、吳川、萬州等十五州縣被風、被水災民。(高宗二二八、一四)

（**乾隆一〇、八、丙寅**）賑廣東電白、吳川二縣本年旱災，海豐縣蟲災及南澳廳所轄隆、深二澳風災饑民。(高宗二四七、七)

（**乾隆一二、八、乙酉**）賑卹廣東順德、博羅、廣寧等三縣本年分水災饑民。(高宗二九七、一五)

（**乾隆一四、八、庚子**）賑貸廣東吳川、海康、遂溪、徐聞、瓊山等五縣颶風災民。(高宗三四七、一〇)

（**乾隆一六、四、甲戌**）賑卹廣東龍川、長寧、和平、海陽、饒平、大埔、澄海、豐順、嘉應、長樂、平遠、鎮平等十二州縣乾隆十五年分被水災民。(高宗三八六、九)

（**乾隆一六、六、壬子**）賑廣東英德、長寧、連平、信宜等四州縣被水災民。(高宗三九三、二)

（**乾隆二九、六、丁酉**）諭曰：蘇昌等奏，韶州府等屬先後間有被水之處，惟英德縣地方兩次被淹，情形較重，現在照例撫卹等語。該處城鄉被水，雖屬一隅偏災，但兩經山水漲漫，田廬多有淹損，無力窮民，口食維艱。著加恩將英德縣酌賑一月口糧，俾資餬口。其南海、三水、清遠等縣民修圍基，當被水之後，復令裹糧趨事，亦未免拮据。著加恩各按在工民夫，酌給口糧，以資力役。該督撫等其董飭所屬實心經理，副朕加惠貧黎至意。該部遵諭速行。(高宗七一三、二)

（**乾隆五九、九、癸卯**）諭：據長麟等奏，高要等縣被水查勘撫卹一摺，內稱，高要縣端江水勢漫溢，該管道府等於甫經長水之時，即飭居民移避高阜，並未損傷人口，並親加履勘，先行撫卹等語。高要縣因海潮頂阻，被水淹浸，其接壤之區，亦間被漫溢。長麟親赴該處目擊情形，先行酌為撫卹，朱珪亦已親往查辦，甚屬妥協。又據稱，衝塌房間，照例查明給予修費，並將被水貧民，先賞借一月口糧等語。該處民房，猝被衝塌，著加恩按例加兩倍給予修費，以示軫卹。所有被水貧民，無論極次，俱著先行賞借一月口糧，用資接濟。並將被水各村莊，本年應納錢糧，及未完舊欠，加恩緩至來年秋後帶徵，俾民力得就寬舒。該督等惟當董率所屬悉心經理。朱珪現在親往高要督放借糧，務使小民均霑實惠，毋致一夫失所，以副朕厪念民依至意。(高宗一四六一、九)

（**乾隆五九、一二、壬申**）諭曰：長麟等奏，高要等縣被水漫溢，業經照例撫卹，賞借口糧，明春無須量為接濟等語。高要等縣被水地方，節經降旨，加兩倍賞給修費，並將新舊錢糧，緩至來年秋後帶徵。第念該處甫經被水之後，若於來年一律徵輸，民力不無拮据。所有高要、高明、四會、三水等縣，領過賞借一月口糧，共銀六千一百二十六兩六錢，著加恩遞緩一年，於秋收後帶徵，以紓民力。該部即遵諭行。(高宗一四六七、五)

（**嘉慶五、一〇、戊寅**）是月，署廣東巡撫瑚圖禮覆奏，撫卹大埔等縣被水災民。得旨：朕撫綏萬方，除愛民之外，別無他念。然愛民之實政，固在有災即卹，而察吏尤為最要，恐澤不下逮，徒飽吏胥之橐耳。(仁宗七五、三三)

（**嘉慶六、六、丙寅**）又諭：吉慶等奏，續查粵東各屬被風吹損塘汛兵房、民房，分別動項捐廉辦理一摺。覽奏俱悉。廣州府屬之南海等縣，猝被颶風，吹損船隻，倒塌兵房、壇廟、衙署、民房、鋪屋，並淹斃人口，亟宜妥為撫卹。該督等於蜑民漁船居民房屋及人口被災沈溺者，俱已捐廉撫卹。其倒塌壇廟衙署營汛，又兵房槳船、巡船、驛船等項，趕緊修葺，造冊報銷，所辦俱妥。至南海縣屬之大有圍，被水沖缺，圍田低窪處所，俱被水淹，所有沿河窮黎，自應亟為撫卹，其圍基亦應趕緊修築。該督等惟當酌量情形，迅速查辦。其應行報銷者，即當迅速奏明，動用帑項，轉不必飭令府縣等捐廉辦理也。……(仁宗八四、二三)

（**嘉慶六、一〇、辛酉**）諭軍機大臣等：吉慶等奏……粵東偶被颶風，查勘田禾，並無傷損，不致成災，吹壞房屋船隻，動項撫卹等語。所奏似近粉飾。粵東高、廉等府猝被颶風，房屋船隻俱有損壞，並傷斃兵丁商民至數百名之多，安得以田禾並無傷損，即稱勘不成災。現據開報撫卹銀兩，約需四千餘兩，豈能徧及？除將被風吹損商漁船隻、居民房屋給予修費，及傷斃兵丁、商民賞給銀兩准其作正開銷外，著吉慶等再行確切查明，如尚有應行加恩之處，即速據實具奏，候朕另降恩旨，不可稍存諱飾。(仁宗八九、三)

（**嘉慶八、三、壬子**）給廣東會匪滋擾之博羅、永安二縣難民籽種。(仁宗一一〇、二一)

（**嘉慶一四、五、乙亥**）平糶廣東南海、番禺、東莞、順德、新會、香山、新安七縣倉穀。(仁宗二一二、二)

（嘉慶二四、四、丙戌）撫卹廣東萬、樂會二州縣被風災民，並給房、船修費。(仁宗三五六、一六)

19. 廣西

（乾隆七、三、己丑）廣西巡撫楊錫紱奏：棻江苗寨乏食，借給銀穀，許赴城營各工代賑，飭屬不得借緝拏逸犯，誘擾已經安撫之苗。得旨：所見是，知道了。(高宗一六三、二三)

（乾隆八、一一、辛巳）賑貸粵西永安州被旱災民。(高宗二〇四、八)

（乾隆九、一二、甲辰）賑貸廣西永寧州被水災民。(高宗二三〇、三)

（乾隆一二、七、乙巳）賑恤廣西義寧縣本年水災飢民。(高宗二九五、五)

（乾隆四四、三、丙戌）蠲緩廣西興安、靈川、永福、馬平、雒容、來賓、象州等州縣乾隆四十三年旱災田糧有差，並加賑興安、靈川、來賓、象州四州縣極貧民口糧一月。(高宗一〇七八、四)

（嘉慶二、八、癸丑）賑廣西黔苗滋擾之西隆州六甲村莊貧民。(仁宗二一、一〇)

（嘉慶二、一一、辛巳）軍機大臣等會部議覆：兩廣總督吉慶等奏廣西西隆州等處善後事宜。一、泗城府屬附府之凌雲縣改建城門城樓各一座。西隆州八達地方原舊土城，加築高寬，海墁垜口俱用甎砌，四門建蓋城樓。……一、粵西藩庫及南寧等府，共封貯銀四十五萬兩，原備地方緩急之需，今已動用無存，應從雜項各款內分撥，補足原額。於藩庫中另設木櫃收貯，鎖鑰歸巡撫收掌加封，以昭慎重而杜挪用。一、西隆州村民復業後家產蕩然，應無分極貧次貧，每瓦屋一間給銀一兩，草屋一間給銀五錢，草披一間給銀二錢五分，俾自行搭蓋棲止，並每戶借給籽種穀五斗，賞給牛具銀一錢五分，以資耕作。一、再撥餉銀五十萬兩，以備賑卹及善後事宜之用。均應如所奏辦理。從之。(仁宗二四、一二)

（嘉慶二、一一、壬辰）加給廣西西隆州被水災民一月口糧。(仁宗二四、二二)

（嘉慶二二、三、丁卯）撫卹四川口外章谷地方地震災民。(仁宗三二八、一六)

20. 四川

（康熙五二、九、丙辰）賑濟四川茂州及平番等營堡地震被災饑民。(聖祖二五六、七)

（乾隆一、一、甲子）四川巡撫楊馝奏報：忠州、酆都、萬縣米價昂貴，設廠煮賑；川東上年歉收等處，仍酌量撫卹；並卹甘省就食貧民。得旨：料理亦自妥協，但須言行相符。忠州等處貧民，尤當加意撫卹，不可少忽者也。（高宗一一、二七）

（乾隆二、四、丁丑）先是，雍正十三年分川東缺雨歉收，巡撫楊馝請借給籽糧，以資民力；至是復以歉收，請寬至二年秋成徵收還項。經戶部議，應如所請。從之。（高宗四一、一五）

（乾隆三、六、乙酉）賑卹四川峨眉、夾江、雅安、洪雅四縣及打箭爐地方被水災民。（高宗七一、二〇）

（乾隆九、一二、辛亥）賑卹四川成都、華陽、金堂、新都、郫縣、漢州、崇慶、崇寧、簡州、温江、新津、新繁、彭縣、什邡、雙流、灌縣、綿州、羅江、德陽、眉州、彭山、青神、邛州、樂山、資州、資陽、仁壽、內江、遂寧、蓬溪等三十州縣被水災民。（高宗二三〇、一五）

（乾隆一三、一二、戊申）前任四川布政使高越奏：⋯⋯成都兵夫聚集，米價易踊，平糶尤在所急。現將常平倉貯穀動碾四萬石，爲今歲明正平糶之需。得旨：覽奏俱悉，有旨諭部。（高宗三三一、五九）

（乾隆二三、四、乙酉）四川總督開泰奏：裏塘土司安本等稟稱，所屬番民多賴牲畜爲生。上年瘟疫流行，牛羊倒斃，又青稞歉收價昂，通計五千三百餘戶內，乞食鄰封者四百餘戶，無力耕種者一千九百餘戶，現在設法安撫等情。查土司所屬，原無議賑定例，但裏塘爲進藏要路，該番民節年供應差使，甚爲小心，雖稱現在安撫，誠恐秋收尚遠，遇有差務，未免周章。請照乾隆十二年秋間被霜，奏明每戶給賑銀五錢例，酌賞銀三錢，於本年鹽茶耗羨項下歸款覈銷。得旨：如所請賞給。（高宗五六一、三二）

（乾隆三〇、二、乙亥）四川總督阿爾泰奏：灌縣原存松潘、茂州、汶、保等縣溢額穀一萬九千九百餘石。前經奏明，令汶、保、茂各州縣民，願領借者，呈報該地方官，給照票，自行赴灌領借，秋收後以小麥一石或莜子一石八斗，抵米一石，即於原籍徵還在案。現屆春耕，各該處糧價漸增，應飭該管道府督率州縣，妥協查辦。報聞。（高宗七三一、二一）

（乾隆四一、八、庚子朔）諭軍機大臣曰：文綬奏，查勘打箭鑪一帶被水情形及分別籌辦一摺。所辦均屬妥協，已於摺內批示矣。各處村莊田畝，被水衝淹，其應行撫卹者，著傳諭文綬，即善爲經理，並董率所屬照例賑卹，務使均霑實惠，毋致稍有失所。至摺內稱，鑪城被水衝塌，南門內外，積石高並女牆，既不可因高加築，亦難搜挖舊基。東門一帶，波流迅激，水道已改，日後亦難保無衝決之虞。現於城垣坍塌處所，即用水推積石，壘作石牆，暫爲禁限等語。披閱所奏單內，該城原建周圍一千一百餘丈，現被衝塌一百六十餘丈，不過十分之一，自毋庸另議移建。而曾被水衝之地，亦不便復行補築，或將舊城收小，讓出水道，壘作石牆，以爲限制。著將該處情形，即行繪圖呈覽。其各項衙署，亦當各按地形，量爲修建。至瀘定橋，爲打箭鑪外通諸番要津，修復亦不容緩，自應俟秋深水落，酌量情形，妥爲修整。仍將賑卹籌辦各事宜，隨時奏聞。將此由四百里傳諭知之。尋奏：查勘打箭鑪城內，河西山上，地名白土墥，平漫易開，可建千把總衙署四所，兵房三百八十間，尚少把總衙署一所，兵房四十一間。勘得北門內雅納溝地方，原有兵房，地高現未被水，即於該處隙地添建。其監督衙署，有城內西北角郎卜院地方可建，附以筆帖式衙署。其同知衙署、倉庫、監獄、廠房及照磨衙署，於城內西北子耳坡地方建造。查該城地勢，河西高於河東，今衙署等項，悉改建河西高地，可永保無虞。東南二門，城垣門樓，皆難仍舊，查舊城原依東西兩山高下築牆。今東門則於東山城上開造門樓，就山腳築基，即建稅房。其南門另於河西山上移建。得旨：知道了。具一圖貼說奏來，更覺明悉。又奏：此次被水內地，榮經、清溪二縣，衝淹田地，不過數頃，業經飭令補種，現可有秋，尚不成災。瀘定橋、打箭鑪衝塌房屋及失業貧民，均已照例給卹。該處係土司地方，窮民原以雇工背運爲生，既撫卹銀米接濟，仍可自食其力，毋庸加賑。至駐鑪城兵丁借領米二百石，准其分季還倉。明正土司亦借給米一百石，兵民番衆，均無失所。至瀘定橋鐵索橋座，已專委熟諳索橋工程之員，前往估計辦料，俟水落修復。該處現有船隻濟渡，並無阻滯。報聞。（高宗一〇一四、一）

（嘉慶二、四、辛卯）給四川被賊滋擾之達、新寧、太平三州縣難民三月口糧，及房屋修費有差。（仁宗一六、一三）

（嘉慶二、八、丁未）賑四川被賊滋擾之通江、開、萬、雲陽、奉節、巫山六縣貧民。（仁宗二一、八）

（嘉慶一六、一二、甲子）賞四川綽倭土司地震災民銀。（仁宗二五二、一四）

21. 雲南

（雍正三、二、乙亥）賑雲南嵩明、宜良等五州縣地震災民。（世宗二九、四）

（雍正七、閏七、庚辰）賑雲南南寧縣水災饑民。（世宗八四、六）

（乾隆二、一、庚戌）諭總理事務王大臣：上年滇省有收成歉薄之州縣，米價昂貴，民食艱難，朕已屢次批諭該督尹繼善等悉心籌畫，賑濟貧民，並撥運鄰米，平糶倉穀，多方調劑，俾歉收地方，均不致乏食。諒督臣等自能仰體朕心，經理妥協，登斯民於袵席。今思青黃不接之時，籌畫更爲緊要，滇南離京甚遠，若有應行辦理之處，必待具奏奉旨之後，方始舉行，未免稽延時日。著該部即速行文與尹繼善等，令其就近酌量，將實有裨益貧民者，一面奏聞，一面即行辦理，毋使一夫失所。（高宗三五、二）

（乾隆九、二、丁卯）加賑雲南霑益州南寧縣被水災民三個月口糧。（高宗二一一、一一）

（乾隆一〇、一一、己丑）[戶部]又議准：雲南總督兼管巡撫事張允隨疏稱，鶴慶府屬之金登、孝廉等沿河村莊被水，除動項遴員齎往查賑外，俟勘明成災分數，將應徵錢糧，照例題豁。並將河水設法疏通，以便補種豆麥。缺乏工本籽種，動支常平倉穀接濟。得旨：依議速行。（高宗二五三、一一）

（乾隆一一、閏三、乙丑）[雲南總督兼管巡撫事張允隨]又奏：滇省昆明、晉寧等州縣，豆麥被雪，現飭地方官動撥倉穀，減價平糶，並出借社倉穀，以濟民食。得旨：平糶出借，酌行撫卹而已，不尚有失所者乎？若有成災景象，究以賑卹爲要。滇南萬里，不可少稽恩澤，使朕懸念也。（高宗二六三、二五）

（乾隆一三、九、戊辰）貸雲南雲南、趙州、賓川、鄧州、浪穹等五州縣被水貧民。（高宗三二五、五）

（乾隆一六、六、戊申）賑雲南劍川等處地震災民。（高宗三九二、二〇）

（乾隆二〇、九、己丑）撫卹雲南劍川州本年被水貧民。（高宗四九七、五）

（乾隆二三、七、己酉）賑卹雲南麗江府屬白沙、東河、木保、剌縹等四里雹災戶口，並緩徵本年民借常平社倉穀。（高宗五六七、一七）

（乾隆二六、六、癸未）諭：據愛必達等奏，滇省新興州、江川縣兩處於四月內地震，所有倒塌民房，傷壓人口，請照例賑給等語。該州縣地震成災，雖經該督撫等照例分別賑給，但念被災過重，窮黎尚多拮据。所有賑卹銀穀，著加恩照乾隆十九年恩旨，於常例之外加一倍賑給。該督撫務督率屬員實心妥辦，俾災民均沾實惠。該部遵諭速行。（高宗六三九、一）

（乾隆二六、一二、丁卯）諭：據吳達善等奏，滇省江川等縣附近地方，於十月初十等日均有地震之處,而江川、新興二屬較重。現委道府各員,照例分勘賑卹等語。江川、新興二州縣本年四月內地震,已降旨於常例外從優撫卹。今一年之內,兩次被災頗重,深堪軫念。著加恩將該二屬應行賑卹之項,加倍散給。其乾隆二十六年分所有二州縣應納備公銀兩,及撥運兵米等項,並概予蠲免。至毗連之寧州、河西等屬,被災雖輕,亦著從優撫卹,該督等董率屬員,實力妥辦,務俾災黎均霑實惠。該部遵諭速行。(高宗六五〇、五)

(乾隆二九、一、甲戌)諭:據吳達善奏,雲南江川、通海、寧州、河西、建水等五州縣,去歲十一月內,均有地震之處,現已照例分勘撫卹等語。江川等州縣,此次地震,壓損房屋較多,民力未免拮据。著將應行賑卹之項,加倍散給。所有五州縣應納條公銀兩,及江川、河西二縣撥運兵米等項,並加恩概予蠲免。該督撫等務董率屬員,實力奉行,務俾災黎均沾實惠,毋令胥吏侵蝕中飽,以副朕體卹邊氓至意。該部遵諭速行。(高宗七〇三、一一)

(乾隆三三、三、己亥)協辦大學士公署雲貴總督阿里袞、陞任雲南巡撫鄂寧奏:查騰越一路,戶撒、臘撒、上下壩尾并瀧川、遮坎一帶,現無賊匪;宛頂一路,暮董磚橋以外,亦無匪黨;沿邊既尚安靜,則夷民田地,急須耕種。隴川、猛卯、宛頂、遮放一帶土司夷民,官兵撤回時,不無聞警躲避。已飭各鎮將會同地方官曉諭招集,均使復業,并查明無力者,酌借籽粒。得旨:是。(高宗八〇六、一三)

(乾隆三四、一、丁酉)諭:滇省地方上年雨澤霑足,高下田畝一體豐收,惟大理府屬之鄧川、浪穹二州縣,鶴慶府並所屬之劍川州,因夏間雨水過多,低窪地畝不無漲漫。業經該督撫題明,降旨善為賑卹。但將來三四月間,例賑已停,而麥秋未屆,當此青黃不接之時,窮黎難免拮据。著再加恩將鄧川州、浪穹縣、鶴慶府、劍川州被水極次貧民,俱加賑一個月。該督撫等其董率屬員,實力奉行,毋令胥吏從中侵蝕,務俾貧民均霑實惠,副朕廑念邊氓至意。該部遵諭速行。(高宗八二六、二五)

(乾隆三四、三、甲申朔)加賑雲南鄧州、浪穹、鶴慶、劍川等四府州縣,乾隆三十三年分水災飢民。(高宗八三〇、一)

(乾隆三五、一一、癸丑)撫卹雲南浪穹縣本年水災貧民。(高宗八七二、一六)

(嘉慶二、七、丙申)免雲南苗猓滋擾之羅平、平彝、師宗三州縣及邱北縣丞、五嶆州判所屬本年額賦,並賑恤有差。(仁宗二〇、二一)

（嘉慶四、八、己酉）賑雲南石屏、建水二州縣地震災民。（仁宗五〇、三一）

（嘉慶一一、九、壬戌）撫卹雲南浪穹縣被水災民。（仁宗一六七、六）

（嘉慶一二、一、丙午）展賑雲南浪穹縣上年被水災民。（仁宗一七三、四）

22. 貴州

（康熙五八、八、乙巳）命發貴州鎮遠府常平倉穀，賑濟鎮遠、施秉二縣被災貧民。（聖祖二八五、六）

（雍正一三、五、甲子）諭辦理苗疆事務王大臣等：貴州台拱逆苗不法，擾害黃平地方，居民四散躲避。朕心恐其流離，甚爲軫念。應令鄰省官員凡有來至該地方界內者，務須加意撫綏，悉心賑卹，或應派在京大臣前往，或應即交與該督撫料理之處，爾等速議具奏。再，赴黔會勦官兵雲集，糧餉最爲緊要，應作何運送協濟之法，爾等一併速議具奏。尋議：逆苗不法，被擾之居民順苗，有逃避他所者，該州縣務須安插得宜，計口受食，俱動用倉穀、庫銀賑卹。仍請欽差大臣一員前往撫綏、稽查，務令得所。至會勦官兵糧餉，請令湖廣督撫酌撥，務須充裕接濟，並令兩廣總督鄂彌達悉心妥辦。得旨：依議。著刑部尚書張照、副都御史德希壽馳驛前往。（世宗一五六、一五）

（雍正一三、一一、乙丑）雲貴總督尹繼善奏賑卹黔省難民事宜。得旨：已錄此摺，交張廣泗辦理矣。（高宗七、四三）

（乾隆七、五、丁亥）署貴州按察使宋厚奏：黎平府屬南江等十七寨，逆苗滋事。在已南地方，經鄉勇協同官兵截殺，斬獲多名。並有頓洞等數十寨皆效命搜捕，已可無慮蔓延。並就近於黎平、永從二處，開倉賑濟各村堡難民。報聞。（高宗一六七、二七）

（乾隆八、四、癸丑）張廣泗又奏：黔省各屬，平糶買補出入數目，各據詳報。米價稍平之思南、黎平、石阡、思州四府，定番、平遠、黔西、普安、正安五州，修文、仁懷、桐梓、甕安、施秉、天柱、清平、婺川、開泰、龍泉、銅仁十一縣並永豐州分駐之册亨州同，平糶米穀，已全數買補過米三萬四千三百餘石，穀五千一百餘石。又南籠、平越二府，開州、威寧、永豐三州，龍里、安南、畢節、普安、平越、餘慶、清溪七縣平糶過米三萬五千二百三十餘石，穀二千三百八十餘石，莜麥二千二百二十餘石；買補過米一萬八千七百一十餘石，穀一千一百九十餘石，莜麥一千一百一十餘石。其貴陽、安順、大定、銅仁四府，廣順、黃平二縣，貴筑、貴定、清鎮、普定、安平、遵義、鎮遠、安化、印江、玉屏十縣,平糶過米七萬四百四十餘石,穀四千六百九十餘石。各該處秋成時,米價昂貴,難以買補,請俟本年秋收後再爲買貯。查未經買補之各州縣,現存倉穀,尚堪接濟,應緩至本年秋成後買補還倉。得旨:雖然如是,然倉貯足數,自是屬員畏難之事,亦不可聽其日擴之說也。(高宗一八九、二六)

(乾隆八、六、壬申)又諭:據貴州總督張廣泗奏,黔省自交夏以來,米價昂貴,已通飭各屬,察查地方情形,將倉穀減價平糶。至於無錢赴糶之人,正自不乏,其中年力未衰者,尚可傭工度日,惟有鰥寡孤獨以及夫男遠出祇存妻子在家者,除前經收入普濟堂足資存養外,尚有不願收入普濟堂者,嗷嗷待哺,急宜撫恤。臣與司道酌議,通飭各屬,逐一確查,按照普濟堂之例,大口日給米八合,小口減半,以兩月爲期,可以接至秋成。現在一面查報,一面散給州縣,若州縣力不能捐,臣等公同捐給,務期煢獨不致失所等語。此等窮困之民,國家自應加恩惠養,其養贍之資,動用存公銀兩爲是,若散給州縣,令地方官捐資,豈朕保赤之意?張廣泗不識大體,可申飭之。(高宗一九五、一二)

(乾隆一〇、五、辛丑)[貴州總督張廣泗等]又奏:五月十三四等日大雨連綿,山水驟發。省城地低,溪河宣洩不及。於十五日黎明水決外城而入,衝去北門內外濱河居住兵民六百五十戶,淹斃大小男婦一百六十八名。當協同司道,親往查勘,飭屬分別輕重,加意賑卹。再普安州於四月十四日山溪驟漲,北門外淹斃民人十一口。所屬亦資孔地方,於五月初七日,水淹兵民住房一百零六戶,人口幸無損傷。已飛飭布政司,委員齎帑前往,照省城所辦,分別賑卹。得旨:所奏俱悉。被災處所,加意撫卹之,黔省尤不比他處也。(高宗二四一、三〇)

(乾隆一三、一一、庚辰)貴州布政使恒文奏:貴省提溪司、印江、青谿二縣及古州、都江一帶,夏間偶被山水,衝淹田舍城垣。業經委員撫卹,補種秋收,不致成災。古州、南籠等處,秋間多染瘧痢,兵民損傷,飭施藥救治,業已安定。報聞。(高宗三二九、六八)

(乾隆六〇、一二、戊子)又諭:貴州銅仁、松桃一帶,前被逆苗滋擾,附近居民,紛紛逃避。節經降旨,給與賑濟口糧,以資民食。茲據馮光熊奏,從前逃亡遠地難民,目下聞風投歸者,爲數甚多。現屆歲暮,一切禦寒覓食,殊形拮据等語。著再加恩將此等回籍難民再行加賑兩月口糧,俟來歲春融停止,以示朕體恤窮黎,恩施無已至意。(高宗一四九二、一四)

(嘉慶三、一、丁卯)加賑貴州狆苗滋擾之興義、貞豐二州縣,並冊亨

州同、黃草壩州判、新城縣丞、棒鮓巡檢所屬難民。(仁宗二六、二)

23. 新疆

（雍正一○、二、己卯）又諭：哈密被賊侵擾，回民等併力抵禦，甚屬可嘉。聞其在外牧放之牲畜，一時不及收回者，被賊人盜去，雖據報賊遁之後，仍將牲畜奪回，但恐遺失倒斃者已多。朕心深爲軫念。其遺失牲畜之頭目、回民等，著賞銀一萬兩，守城禦賊者，著賞銀五千兩，按名分給。其擒獲賊人者，優加賞賚。務令均沾恩澤。(世宗一一五、三一)

（乾隆一三、閏七、辛巳）諭：據黃廷桂奏稱，哈密蔡湖回屯地畝，本年因渠水缺乏，夏田被旱，補種秋禾，又復缺雨。并稱回民自種田畝，亦均被旱傷，雖收成與否，尚難豫定，將來總屬歉薄等語。哈密回屯地畝，既被旱傷，其原借籽種糧石，著緩至來歲秋收後徵收。至回民自種地畝，向無因災議撫之例，但哈密遠在邊徼，此種回民，夏秋田禾，疊被傷旱，未免口食拮据。著於哈密倉貯糧內，賞借口糧糜麥二千五百石，交貝子玉素富，擇回民中之乏食者分散借給，以資秋冬餬口。此項借給口糧，同本年原借出陳易新糧石，統俟己巳年秋後分作二年帶徵。(高宗三二一、三八)

（乾隆一三、閏七、辛巳）又諭：據黃廷桂奏：哈密回民，夏秋田禾，疊被旱災，請賞給口糧糜麥二千五百石，同本年原借出陳易新糧石，統俟己巳年秋收後分作二年帶徵等語。此種回民非內地民人可比，其所種田禾，收成豐歉不齊，從前數十年中，豈竟無一旱澇，何以向未有因災議撫之事？今黃廷桂既爲此奏，設將來偶遇收成歉薄，勢必援例爲之料理，轉致多事。但既會同李繩武合詞奏請，貝子玉素富斷無不知之理，未便中止，已降旨准行。可傳諭黃廷桂，嗣後遇有此等事件，不得率爲奏請。(高宗三二一、四○)

（乾隆二○、五、丁丑）諭軍機大臣等：據永常奏……新降之奇齊克巴斯哈等生計艱窘，有懇求接濟之意。至烏蘭烏蘇等處，多有爲賊盜者，現在準噶爾部內大亂，大兵到彼，甫經底定，焉能保其必無竊盜之人？俟綏戢之後，自當以次廓清。至於窮困人口，當薩喇勒領兵經過時，已經查明，或令彼處富戶養贍，或令耕種自給，斷無從內地運送口糧，至彼分給之理。昨已降旨曉諭班第等，酌量辦理，此事亦非永常所能籌辦。仍著傳諭班第、阿睦爾撒納、薩喇勒等，遵朕前旨，妥協經理。(高宗四八八、四)

（乾隆二○、八、癸亥）諭軍機大臣等：準噶爾數年以來，諸部互相殘殺，久失生業，甚屬困窮。朕統一寰區，不忍坐視，特命大軍平定伊犁，救生靈於塗炭。今聞各部落人等貧困者多，若不加籌畫，必至阽危，朕心深爲軫恤。因思有無相濟，貧富相通。各部落中，自可通融辦理。將軍班第薩喇勒、參贊大臣鄂容安，其飭交諸部台吉、宰桑等，據實查明極貧户口，勸諭富人，共相養贍。尚恐難於接濟，著將西路運到官茶四萬封，班第等酌量賞給貧户，或賞給養贍貧户之家，務宜確查徧給，俾實霑恩澤。仍諭台吉、宰桑等，嗣後董率所屬，各勤耕牧，如有盗竊、攘奪等事，嚴行禁止。若仍踵舊習，即照律辦理。將此通行曉諭。（高宗四九五、七）

（**乾隆二〇、一一、己亥**）又諭：據和起等奏，自伊犁前來之喀爾喀台吉、普爾普車凌屬人、索隆達爾嘉等，請回至原游牧居住等語。從前將軍班第，曾將普爾普車凌稟請回至原游牧居住之處奏聞，經朕降旨俞允。今索隆達爾嘉等，即其屬人也。此時普爾普車凌如親身投來，著和起等即傳旨慰諭。伊等原係喀爾喀部落，久羈異域，今欲思歸舊地，情甚堪憫。著加恩授爲扎薩克一等台吉，管轄屬人，准其歸於舊游牧地方，會合親族同居。但正值冬令嚴寒，暫令居住巴里坤地方，俟明年春草發生，再行遷移。至此等遠來之人，自應接濟口糧。和起等以現在巴里坤正辦理官兵糧餉，不爲接濟，坐視其困。設伊等因無口糧，或致盗竊，寧不滋生事端？即巴里坤不能辦給，現在哈密存貯米、糧、茶葉甚多，相離不遠，令伊等自備馬駝，前往馱載，未始不可。和起等全無籌畫，惟一奏了事。著飭行。已傳諭方觀承等，速將糧餉運赴巴里坤。著和起等查明此等户口，今冬應須賞給口糧若干，即遵旨辦理。（高宗五〇一、二一）

（**乾隆二〇、一二、癸丑**）諭軍機大臣等：舒明奏稱，杜爾伯特汗車凌等告知，伊屬人等生計稍艱，請將游牧移至額克阿喇勒等語。伊犁平定後，原議定伊等遷至舊游牧額爾齊斯地方居住。若額克阿喇勒，則附近邊卡遷往居住，事屬可行。著照所請，即於今歲遷往彼處游牧。俟擒獲阿逆後，仍令伊等遷至額爾齊斯，路更近便。倘有派伊等兵丁之處，即由彼派往，諸事易於辦理。車凌等既稱在推河地方，生計稍艱，著賞給籽種六百石，交與恒文等，運至額克阿喇勒地方，務於明年三月内運到，使伊等得以及時耕種，毋致遲誤。又據納木扎勒奏稱，輝特、和碩特人等，現將牲隻在塞楞額、鄂爾坤等處換易籽種等語。輝特、和碩特人等，今歲自軍營回來，又向塔密爾、扎布堪往返遷移，牲隻疲瘦，不必令其換易，亦著納木扎勒，查明應需籽種若干石，行文恒文處支領賞給，以示體卹。至車凌等從前騎馱前往軍營之馬駝，現在應行交納，但念伊等往返軍營，牲隻不無疲瘦，著寬限二年，陸續交納。（高宗五〇二、三七）

（乾隆二一、三、己丑）又諭：策楞等兵抵伊犁，見伊等部落人衆，久遭塗炭，生計極爲艱窘。今阿睦爾撒納，即日已可就擒，則厄魯特之衆，皆我奴僕，未忍坐視其困。且恐伊等窮苦急迫，不免搶奪滋事，自應豫籌體恤之道。已降旨策楞等，分別賞給糧、茶、牲畜，以資養贍。其有力能就食者，即著自赴巴里坤領取，以省輓運之煩。並令兆惠回至巴里坤時，會同和起、豆斌等料理。傳諭黄廷桂、吴達善酌撥糧石、茶封、及牛羊菜馬之屬，運送巴里坤，聽兆惠等酌量存留軍營，並轉送伊犁。該督等務須多爲籌備，作速辦理。即將撥運數目，一面知會兆惠等，一面分晰奏聞。（高宗五〇九、一三）

（乾隆二一、四、戊戌）又諭曰：策楞等不能速行擒獲阿逆，輒領兵回至伊犁，奏請籌辦伊犁窮困人等。此時糧餉、牲隻未經運赴，因降旨令此等窮困人等，自赴巴里坤領給。將來陸續踵至，人數衆多，所有牛、羊、籽種、茶、麪等項，俱須多方購備，其料理彈壓，關係頗重，非和起、豆斌等所能籌畫。著傳諭黄廷桂，一面將糧石速行撥運，一面前赴巴里坤經理。其厄魯特等前來就領者，酌量給與口糧三、四月，或給與籽種。即令回本處耕種，並將伊等因受阿逆荼毒，是以格外加恩之處明白宣示。倘稍有滋事，即將爲首不法之人嚴加懲治。其或恃衆不法，即相機勦滅，便宜行事。黄廷桂酌量情形，妥協辦理。（高宗五一〇、二）

（乾隆二一、四、乙巳）大學士管陝甘總督黄廷桂覆奏：現辦糧石、牛隻，解赴巴里坤應用，惟是遠運既艱，而令伊犁人等赴彼領取，亦有未便。請於附近蒙古及回民人等處所，易換糧麪、牲畜，以資口食。得旨：附近亦無一尚可資生之部落，而回民則各往其本處，今方令人唤回，此等情形卿不知之耳。朕思聚數萬窮乏之人，使就軍營而乞食，此非良策。故無奈令其就巴里坤乞食，或先後而來，則不見其多，而易爲辦理。然尚恐非和起等所能辦，故又有旨令卿前往，其機宜亦屢降諭旨矣。（高宗五一〇、一七）

（乾隆二一、七、丁卯）軍機大臣等奏：查達什達瓦屬人六千餘口，其弟伯格里屬人一千餘口，現令移至阿爾台遊牧。遵旨給官廠牲隻，每户牛一、羊四；驍騎校，每員牛二、羊八；佐領、參領，每員牛三、羊十二；管旗章京、副管旗章京每員牛四、羊十六。至宰桑鄂齊爾、布林、托里俱恩授散秩大臣，每員應優加牛十、羊四十。此等牛羊，原爲伊等孳息生產，其現在食用，交舒明等詳察情形，量給口糧數月。其牛等項，俱由張家口牧廠挑解。從之。（高宗五一六、二）

（乾隆二一、八、戊午）軍機大臣議覆：定邊右副將軍兆惠奏，回人額敏和卓，逃至魯克察克地方，應與回人莽噶里克所屬，畫定疆界。查吐魯番東界，自闢展至喀喇和卓地方，係額敏和卓舊地，應仍給管轄。其西界，自伊拉里克至阿斯塔克地方，應令莽噶里克管轄。至額敏和卓，懇借麥種一千石，俟明年收穫後，交還籽種一千石外，再交麥一千石，次年交三千石，自第三年爲始，每年交四千石。莽噶里克亦請自明年爲始，交麥五百石。應照所請借給，其每年交納麥石，應令副將軍兆惠，指定何地，運往存貯。回人額敏和卓等，按年輸納麥石，應酌量賞布疋、茶葉，以示鼓勵。再額敏和卓，請於托里布拉克、塔呼、那呼、齊克塔木、闢展等五處，每處各設兵五名，馬十匹，馳遞事件。其伊拉里克等處，亦令莽噶里克派人安設臺站，亦應如所請。從之。（高宗五一九、九）

（乾隆二一、一一、丁未）又諭：據成袞扎布等奏稱，新來歸降明噶特、特楞古特、綽囉斯等共四百戶，酌量賞給口糧，即令前往原游牧。再輝特、台吉、噶勒丹、達爾扎屬人，前已給過口糧兩個月，其續到戶口，請一併給與口糧等語。此等新降之人，前曾令其各回原處地方，昨經兆惠奏請暫行安插，是以復降旨雅爾哈善等，令將新赴巴里坤人等，暫給口糧過冬，俟明年再爲籌辦。今此項明噶特、特楞古特、綽囉斯等，應一體辦理，著即賞給口糧，令於現在所住地方過冬。其明歲如何遣回，並令何人兼管之處，會同哈達哈等詳議具奏。但特楞古特、奇爾吉斯人等，若係古爾班和卓屬人，即不應加恩，俱著照阿逆屬人之例，賞給喀爾喀等爲奴，並著哈達哈查明辦理。再嗣後有似此投誠人等，其在十戶以內者，送至察哈爾安插。三十戶以內，留烏里雅蘇台等處，給予口糧，令其當差。若至三十戶以上，人數衆多，酌量在科布多、布延圖等處居住，接濟口糧，仍遣回各原游牧。成袞扎布等即遵照分別辦理。至噶勒丹、達爾扎人等，前次雖俱經賞給口糧，現在未能充裕，著將新到戶口及從前已經賞給口糧人等，一體加恩，再給口糧兩個月，以示體卹。（高宗五二六、一三）

（乾隆二二、五、丙申）諭曰：哈達哈等奏，杜爾伯特汗車凌等懇請移游牧於和通呼爾哈諾爾等語。前因車凌等生計未能充裕，曾賞給籽種，並令赴烏里雅蘇台，支領口糧三月，以示體卹。今請移駐和通呼爾哈諾爾游牧，著即照所請行。車凌烏巴什如願同往居住，或就近在科布多、布延圖游牧，亦從其便。伊等遷移後，已逾耕種之期，前次所賞籽種，著即作口糧賞給。如尚需接濟，即於科布多等處存貯糧餉內，酌量賞給。（高宗五三八、八）

（乾隆三七、八、己卯）諭：昨據舒赫德等，將由伊犁厄魯特內，揀選一千戶，遣赴烏嚕木齊具奏。朕交軍機大臣等，查明伊犁所有新舊厄魯特，約計三千五百餘户,食餉者一千有餘,看來伊等生齒日繁。而隨土爾扈特來附之厄魯特,又增數百户,雖經一體賞給孳生牲畜,但人數較多,錢糧有限,伊等未免拮据。著施恩再賞給錢糧五百分,俾得生計有資。舒赫德等奉到此旨,通行曉示厄魯特等,即遵旨辦理。(高宗九一五、三)

（乾隆三七、八、庚辰）又諭：伊犁厄魯特,生齒日繁,又添隨土爾扈特來歸之厄魯特數百户,是以朕曾降旨,著再添賞五百分錢糧。但思伊犁新舊厄魯特,俱有所賞孳生牲畜度日,今若將此添賞錢糧,給與五百人,則豐裕者過優,不得受惠者亦不少。著傳諭舒赫德,即作伊意,將此五百分,定爲食一兩錢糧之缺。如一披甲,改二養育兵例,勻作一千分,散給伊犁及移駐烏嚕木齊之厄魯特等。定議請旨。(高宗九一五、七)

（乾隆三七、一一、甲午）諭軍機大臣等：索諾木策凌等奏稱,自伊犁移駐厄魯特及土爾扈特、巴木巴爾等游牧,與民人莊屯相近,恐滋事端,請飭令瑚圖禮辦理。又於常平倉貯穀内,通融借給厄魯特一千石,俾資接濟等語。所奏尚是。昨令存泰前往庫爾喀喇烏蘇辦事,著傳諭舒赫德告知存泰,令約束厄魯特等游牧及民人等,毋令滋事。並傳諭索諾木策凌,俟存泰到彼時,亦將此諭令知之。(高宗九二〇、一〇)

（乾隆五四、一二、壬戌）諭曰：尚安奏,烏嚕木齊所屬新遷綏來縣户民,除現在應納地糧及新借房馬價銀,照例分年完納外,實不能再將阜康縣等處舊欠銀糧,一併交納等語。該處户民甫經遷移耕種,若將新舊銀糧併徵,民力未免拮据。所有該户民舊欠房馬價銀九百六十兩零,糧一千二百九十二石零,著加恩俟新借銀糧徵完後,於五十六年起再分作三年帶徵完納,以示朕體恤邊氓,有加無已至意。(高宗一三四四、一八)

（乾隆五五、九、癸未）烏嚕木齊都統尚安奏：本年七月初六日夜間山水驟漲,山溝東南所立滿營水磨及磨旁房屋被衝坍塌,存貯麥麪沈溺。當飭知州慶衍借支兵丁一月口糧,仍於兵丁每月應領麪石内作爲一年扣還,並於庫貯馬價内動銀一千八百兩,交各該協領將衝坍水磨速行修理,以來年官鋪滋生銀兩補還歸款。報聞。(高宗一三六二、一二)

（嘉慶九、八、甲申）諭内閣：據達慶奏,葉爾羌所屬東路十三軍臺,本年六月以後河流漫溢,道路被淹,各臺官房、回房不無倒塌衝没等語。該處軍臺馳遞文報,關繫緊要,今既有被水淹之處,著加恩將被淹地方搭橋、縶筏及修理衝塌之官房並回民房屋,俱准其官爲給費,以示體卹。(仁宗一三三、四一)

（嘉慶一三、三、丁酉）貸庫車、沙雅爾被水回民耔種口糧。(仁宗一九

三、一）

（嘉慶一七、三、甲午）賞伊犁屯田疫災回民麥石。（仁宗二五五、二三）

（嘉慶一八、三、丁亥）貸喀什噶爾被旱災民籽種。（仁宗二六七、一九）

24. 蒙古

（康熙一〇、六、壬午）諭理藩院：聞蘇尼特等八旗人民被災，牲畜俱死，難以存活，朕心深爲惻然。爾部會同禮部、太仆寺將馬場之馬與禮部所管之牛羊，酌量派出，賞給被災之人。（聖祖三六、六）

（康熙二〇、五、己未）諭理藩院：蘇尼特等旗被災，今雖賑以銀米，止可供一歲之用。又聞別旗亦皆罹災，甚是饑饉，倘秋草不肥，何以爲生？此事重大，應豫爲久遠生全之計。爾等速遣司官前往，相閱情形以聞。（聖祖九六、三）

（康熙二〇、五、丁丑）召進貢土默特台吉達賴等，問曰：蘇尼特等旗蒙古甚饑，近來如何？台吉巴雅禮奏曰：前者蒙古饑荒殊甚，蒙皇上軫念，運米賑濟，皆獲更生。目今得雨，青草已長，馬畜漸肥，不致流散矣。上曰：朕以蒙古饑荒，深切焦勞，今聞爾奏，大慰朕懷。（聖祖九六、九）

（康熙二〇、七、辛未）議政王大臣等議覆：賜給銀米之蘇尼特多羅郡王薩穆札等十五旗蒙古，已得生理，毋庸再議。其蘇尼特杜楞郡王阿毓錫等不能贍養之蒙古，應令於左右兩翼察哈爾地方住牧，以科爾沁所協助牲畜與鄂爾多斯所罰牲畜給與。從之。（聖祖九六、二六）

（康熙二〇、八、甲申）理藩院侍郎明愛等以奉遣往遷蘇尼特等被荒蒙古，駐近邊八旗蒙古地方，請訓旨。上諭之曰：此等蒙古饑饉殊甚，故令遷移，當聽其徐來，不可促之，恐斃於道路。見今所給牲畜，必當節省，以備來年之用。恐今歲食盡，來年禾稼不登，又致饑饉。爾等前往詳視，先所給米穀，今年足用則已，如不足，再行議奏。遷移到日，交與八旗蒙古分駐，善爲撫恤，務令得所。若不善養，以致死亡，必將本旗總管議罪。朕亦不時遣官往察，爾等將此旨傳諭。（聖祖九七、一）

（康熙二〇、八、庚寅）理藩院郎中麻拉等以奉遣往察張家口外貧困八旗蒙古，請訓旨。上諭之曰：此等蒙古因遇災荒，先經賑濟糧米牲畜，今聞其尚無生計，爾等前往詳察。果係窮困之人，作何再賑，俾得資生，即行議奏。間遇有牲畜者，爾等勿以爲有此，即可度日，不行察出。其畜牧之物，

今若食盡，明年必致又饑。其稍有牲畜，而米穀缺乏、生業艱難者，亦以實聞。務加詳慎，毋忽。（聖祖九七、三）

（康熙二〇、一〇、戊申）蘇尼特多羅杜楞郡王阿毓錫等來朝進貢，上命內大臣奇塔特等傳諭曰：去歲因爾國饑荒，朕心憫念，近狀如何？阿毓錫奏曰：去歲甚苦，今歲蒙皇上賑濟米粟、牲畜，已得甦息。又諭曰：觀爾屬下眾台吉服用甚是不堪，爾爲部落之主，所屬人等當矜恤撫養，豈可不撫恤下人，獨自享用乎？且爾國之人與喀爾喀不和，互相侵擾偷盜，亦爲非宜，理應各加嚴禁。視爾等所屬相宜地方，飼牧牲畜，令得遂生。朕爲爾外藩人等，每常留意，是以凡事盡知。朕所以再三教誨者，無非欲俾天下人民各得其所，安生樂業耳。爾其切識朕諭，善養爾民。（聖祖九八、一一）

（康熙二一、一一、丁未）遣官發大同、宣府倉糧，賑濟四子部落蘇尼特窮困人等。（聖祖一〇六、一）

（康熙二二、七、辛未）上召科爾沁達爾漢親王額駙班第、阿禄科爾沁多羅郡王額駙色楞、翁牛特多羅杜楞郡王畢禮衮達賴、喀喇沁多羅杜楞郡王扎什及公台吉官兵等，諭曰：……凡貧富皆由天命，違理妄求，能必得乎？爾等若遵法守分，有一二牲畜者，擇水草善地畜牧，能耕田者，勤於耕種，則各得生理，天亦佑之，如此豈不善乎？倘有貧困至極、無以聊生者，該管之主，宜加撫恤，使之得所。坐視其迫於饑寒，以致離散，爾等之心何安？朕本內外一視，並無分別，爾外國遇年歲荒歉，朕即運糧米賑濟，或有困之，即賜牲畜緞疋，無非慮爾等失所之意。……（聖祖一一一、二）

（康熙二二、八、乙卯）理藩院題：蘇尼特四子部落台吉屬下人等無以聊生者，先曾遷至八旗遊牧地方養贍，今該扎薩克王並協理旗下事務台吉等既請收回撫養，應准發回。上曰：此不能資生之台吉人等，遷至遊牧地方，給贍牲畜糧米，已經三年，今該扎薩克王等既請收回撫養，應遣大臣一員前往，親行驗明，交與扎薩克王等。內有不能前去願留者，仍准存留。嗣後如再不能養贍，則該扎薩克王及協理旗下事務台吉等俱應處分。著申飭曉諭。（聖祖一一一、二五）

（康熙二四、五、己卯）遣官動支宣府倉糧，賑濟阿霸垓多羅郡王沙克沙僧厄屬下窮丁。（聖祖一二一、三）

（康熙二六、七、丙午）上以巴林淑慧公主所居地方馬、牛、羊多染疫倒斃，田禾亦不收穫，命乾清門侍衛武格往迎公主，并令攜帶馬駝、糗糧以濟之。（聖祖一三〇、二八）

（康熙二七、八、癸丑）上諭理藩院尚書阿喇尼曰：聞蒿齊忒貧困實甚，應賑濟米糧，且賜以銀兩買牲畜養，庶有裨於生理。拜察地方有米五百石，并發白金千兩，令侍讀學士喀拉等持往，量給之。(聖祖一三六、二〇)

(康熙二八、四、甲午) 先是，喀爾喀土謝圖汗等以米糧將盡，續到二萬餘人不能瞻給，奏請賑濟。上命領侍衛內大臣伯費揚古等齎銀兩、茶、布前往散給。至是，諭大學士等曰：朕聞喀爾喀乏食，有至餓死者，深爲軫念。頃雖令內大臣費揚古等齎茶、布、銀兩，採買牲畜，賑其乏絕，但採買尚需時日，若不速發糧以拯之，則死者愈多矣。澤卜尊丹巴胡土克圖，見有貿易駱駝百餘在張家口，並內馴廠及太僕寺駱駝共發一百，將張家口倉米星速運到散給。計支一兩月間，費揚古等所買牲畜，可繼之矣。如此，則喀爾喀可活也。其令侍衛吳達禪、侍讀學士西拉，牧廠侍衛、太僕寺堂官、戶部賢能司官各一員，前往經理。(聖祖一四〇、三一)

(康熙二八、八、丁丑) 諭內大臣、大學士等：朕自春至今，緣茲旱災，無日不殷憂軫念。近出口閱視，更不堪寓目。當此仲秋之時，即以山核桃作粥而食，若時屆冬春，何以存活！且聞諸蒙古所在亦然。如此情形，躬親目擊，憂憫不能自止。前於口上積糧，特爲衆蒙古計。今蒙古牲畜，目前尚可支持，若不預給米糧，則牲畜羸瘦，至極窮困之時，雖再議給賑，無論彼不能承領，此間亦無術可以運致矣。今擇賢能官分遣諸處，察其實不能存活、極困窮者，一面令帶人夫、車輛、駱駝而來，何旗於何口相近，即以就近口上所收糧食量給之。則所需之糧，不至萬斛，而衆蒙古之困苦可救矣。糧食足而牲畜存，漸遇豐年，庶可得濟。其集議以聞。尋議：差理藩院官前往，會同各劄薩克等，令於喜峰口、古北口、殺虎口、張家口、獨石口相近之處領賑。再行文戶部，於五口上預備米糧，確查蒙古貧人，每口給米以五斗爲率。上曰：爾等議人給米五斗，誤矣！應遣蒙古侍衛及通蒙古語滿洲侍衛前往，會同該王協理旗下事務台吉等，明白清察窮人數目若干，應給米若干可以度日處，細加詳算，交與王台吉等瞻養，則速而且易。王台吉等，皆朕所信任之人，有何不可信！散米時，令王台吉等親身來領，以巴林、翁牛特二喀喇沁爲一起，二土默特、敖漢奈曼爲一起，蘇尼特、察哈爾八旗爲一起，扎魯特、阿祿科爾沁爲一起，詳查實數散給。(聖祖一四一、二二)

(康熙二八、一〇、辛巳) 理藩院議：喀爾喀信順額爾克戴青等六臺吉所屬之人饑饉，難以度日，應遣官將殺虎口倉內所貯之米給發。上曰：給發此米，可差賢能司官前往，毋令減少，照數取給，務令得沾實惠。若米內有雜和糠土及給發短少等弊，發覺之日，將給發官員從重議處。(聖祖一四二、二一)

（康熙二九、一、庚申）喀爾喀土謝圖汗以所部六千餘人乏食請賑，部議不准。上命以獨石口倉粟每户給以四斗，遣理藩院、户部司官各一員，會同土謝圖汗監視散給。又車臣汗、澤卜尊丹巴胡土克圖等俱以乏食來告，前後千萬計，上皆命按口給之。（聖祖一四四、一二）

（康熙二九、四、丁丑）諭大學士等：蒙古秉性怠惰，不能深計生業，往歲小旱即致饑窘，朕初意賑贍乏食之人，所需有限，及觀散給米穀之數至多。凡人生業，各自勤勉，必籌畫終歲之計，撙節用度，方可不致窮困，若每藉賑贍，終於生聚無益。今正當暄和之時，遣通曉蒙古事務重臣，會外藩之諸王、貝勒、貝子、台吉等，作何逐家教諭，令其各勤生業，旗內貧人作何養贍，俾安樂利，凡此數者，當令其規畫久遠，詳細商酌。著議政王大臣會同確議以聞。（聖祖一四五、一五）

（康熙二九、八、癸未）諭理藩院：今歲塞外歉收，見今張家口外設立飯厰，散賑喀爾喀等，倘有他處蒙古聞信前來者，查果係窮乏之人，俱著一體賑濟。（聖祖一四八、一四）

（康熙三〇、一〇、丙申）理藩院議覆：賞給阿禄科爾沁等七旗分貧人米穀。上曰：此賞給米穀，調蒙古駱駝馬匹運送，時值寒冬，輸輓殊難。況來領米穀之人，不能運到，必致沿邊糶賣，則貧人不能皆沾實惠。今應量米折銀給之，庶到彼甚易，而貧人得沾實惠也。又諭理藩院曰：投誠喀爾喀，已給地居住，今定例之初，應將喀爾喀并議。凡一應差役維均，則人不偏勞。差往扎賴特等處人役，俱由喜峰口行走，則喀爾喀等旗甚爲偏累。若出山海關，由盛京地方法庫口行走，道路甚便，不勞可至。喀爾喀等旗亦免偏累。古北口、喜峰口外，見各有五十家一村，設爲驛站。自此至科爾沁等處，其間亦須照此例，於各旗內察出貧窮之人，給與牛羊等物，使爲產業，設立驛站，則貧者咸得生理，而各處亦免苦累。其傳問朝正諸王、貝勒、台吉等具奏。（聖祖一五三、一二）

（康熙三一、五、庚午）發殺虎口倉積貯米石賑濟喀爾喀多羅郡王善巴屬下窮丁。（聖祖一五五、一三）

（康熙三四、一二、丙申）諭大學士等：前遣喇錫往察巴林等六旗貧乏者賑給米糧，喇錫未曾遍察。近聞巴林等六旗貧乏者不能聊生，可速敕喇錫令率司官、筆帖士查明六旗貧乏口數，報內大臣明珠，明珠可留坡賴村，監視散給。（聖祖一六九、一五）

（康熙三五、一、丁丑）發坡賴村倉穀，賑濟巴林等六旗分窮丁。（聖祖一七〇、一〇）

（康熙三五、二、癸丑）發張家口倉穀，賑喀爾喀多羅郡王敦多布多爾濟下窮丁。（聖祖一七一、二〇）

（康熙三五、六、辛丑）督運左都御史于成龍奏言：臣奉旨與内大臣明珠同在拖陵，給平北大將軍馬思喀、撫遠大將軍伯費揚古官兵及土默特蒙古、厄魯特降人口糧，俱照人數散給。臣等於六月初九日自拖陵起行，帶回餘米一千六百一十三石向察罕諾爾。報聞。（聖祖一七四、九）

（康熙三五、六、辛亥）理藩院奏言：據大將軍伯費揚古咨稱，前奉旨時方炎熱，著厄魯特降人暫居張家口外，即遵旨將回回國王阿卜都里什特、厄魯特台吉塞冷扎卜、米寨桑等共八百九十八名，交付土默特副都統阿迪、阿毓璽撥官兵防護，送往張家口侍郎西拉處。查厄魯特降人既俟秋涼安插善地，其押送官兵應暫駐防守，俟安插後回京。此項官兵及厄魯特降人口糧，應交戶部將張家口所有之米撥給。從之。（聖祖一七四、一二）

（康熙三八、八、己巳）諭大學士等：朕前軫念蒙古生計，特遣官教養，已各安生理，無有不樂業者。近聞巴林人等饑荒離散，朕甚憫之。此係公主所居，若令微員前去，不能料理，著護軍統領鄂克濟哈、學士蘇赫納至彼，會同扎薩克等將巴林所存米一千石賑之。勿僅給公主人員也，離散之人令其招徠。若人衆米少，再將坡瀨村米糧速行運輓，行文至京，仍照撫養敖漢等處例。奉差官員，有願前去撫養者，令其奏聞。（聖祖一九四、一七）

（康熙四〇、六、甲子）諭喀爾喀台吉等：興安境内，爾等數旗，窮困已極。自噶爾丹之事以來，爾諸蒙古，朕皆一體豢養，爾台吉内尚有無馬徒步者，身係台吉，何至如此！爾蒙古等度日甚無成算。今將台吉有馬一騎者，給牝馬九；有二騎者，給牝馬八；有三騎者，給牝馬七；有四騎者，給牝馬六；有五騎者，給牝馬五；無馬貧窮台吉，皆給牝馬十。其乳既可取食，所生馬駒，又可各立生業。八年後，將所給原數，仍交牧場。其孳生之馬，爾等善為畜養，令其蕃息，甚為有益。朕令爾等立業如此，倘仍難度日，雖彼蒼亦不能救爾也。（聖祖二〇四、一八）

（康熙五四、三、壬子）理藩院遵旨議覆：蒙古被雪損傷牲畜，吳喇忒等十四旗缺食之人，酌量速運附近糧米散給兩月。其三吳喇忒、毛明安、喀爾喀貝勒詹達古米，此五旗應將湖灘河朔存倉米石散給；其四子部落、二蘇尼特，此三旗應將張家口存倉米石散給；其二阿霸垓、二蒿齊忒、二阿霸哈納，此六旗應將唐三營存倉米石散給。其米石派八旗佐領下官駝運往，戶部、理藩院各派司官一員，會同該扎薩克等查明散賑。又察哈爾八旗缺食人等，戶、兵二部各派官會同察哈爾統領等，將各該旗存倉米算至秋收，酌量散賑。得旨：所派官員帶領八旗兵丁、駱駝前去，若駝有倒斃，運米不到，失落拋散，必致誤事，著戶部尚書穆和倫前去查看。又喀爾喀、厄魯特蒙古侍衛執事人等，亦著派往。（聖祖二六二、一五）

（康熙五四、三、庚申）諭阿霸垓輔國公德木楚克等：從前四十九旗田禾不收，以致大饑，朕施恩給以米糧，又賞牲畜；嗣因大雪，牲畜殆盡，朕復施恩如前，爾等三年內已漸致富；又七旗喀爾喀爲噶爾丹所敗，牲畜賑房全無，單身來歸者，朕恩賜米糧牲畜等物，不令死傷一人，拯救以後，富逾舊日。今爾等十餘扎薩克蒙古，縱多不過萬數，令爾等富足甚易，但爾等目今窮困，救濟宜速，而運米勢需時日，故先教以捕魚資食，以待米至給散。至其後施恩養贍處，朕現在籌畫，二三年內可使致富也。爾等徧諭衆蒙古知之。（聖祖二六二、一七）

（康熙五四、四、壬申）諭理藩院：阿霸垓王畢穎、阿霸哈納貝勒索諾穆喇布坦二旗分缺食貧窮之人，務須豐給養贍，著議奏。尋理藩院議覆：應將二旗窮丁，自十歲以上，每口給乳牛一頭，母羊三隻，其無牲畜台吉，每口給乳牛一頭，母羊五隻。派部院大臣一員及臣院司官一員，前往散給。得旨：著工部侍郎常泰去。餘依議。（聖祖二六三、五）

（康熙五四、五、辛丑）理藩院遵旨議覆：蘇尼特旗分，無牲畜之台吉壯丁戶口六萬四千九百餘口，應給牲畜，請將銀兩折給，共需銀十萬餘兩，動用戶部帑金，派部院大臣一員，戶部及臣院司官各一員，前往賞給。得旨：著禮部尚書赫碩咨、內閣學士長壽去。餘依議。（聖祖二六三、二一）

（康熙五七、九、癸未）理藩院題：杜爾伯特貝子沙津呈稱，本旗地方，連年亢旱，米穀不收，牛羊倒斃。兵丁、人民逃亡於黑龍江、郭爾羅斯等處糊口，或至典身與人度歲者，六千有餘。理合奏聞。得旨：額制兵丁，何可聽其逃亡？著動庫帑贖回。其被災人民逃亡者，亦著盡數收回，動支齊齊哈兒倉糧賑濟。至於蒙古，全賴牛羊爲生，若盡倒斃，何以度歲？著動庫銀，給與窮苦台吉人民辦買牛羊，爾衙門速派司官，前往辦理。（聖祖二八一、一〇）

（康熙五七、一〇、乙丑）命發盛京倉糧，賑濟扎賴特固山貝子特固斯屬下窮丁。（聖祖二八一、二一）

（康熙五九、九、戊子）翁牛特多羅杜楞郡王和碩額駙蒼津、喀喇沁多羅郡王和碩額駙伊達木扎卜、土默特多羅達爾漢貝勒和碩額駙阿喇卜坦等奏：臣等所屬旗分，因亢旱歉收，人口乏食，請借支倉米賑濟，於豐收之日，如數交倉。得旨：各旗分設倉貯米，原以備水旱賑濟之用，從前蘇尼特、阿壩垓等旗分荒旱之年，朕曾令發帑賑濟，其翁牛特等所屬之人，朕視之均係一體，該王貝勒等以此奏請，極合朕心，著即照所請行。如尚有不敷之處，仍著再行陳奏。（聖祖二八九、六）

（雍正一、六、乙卯）諭理藩院：郭爾羅斯乏食，爾等議將鄰近扎薩克公巴圖旗下倉糧，撥給散賑等語，殊未妥協。若將此項倉糧撥給，將來伊旗下儻遇災旱，又將何處米石撥給乎？朕思白都納貯存倉糧頗多，可備散賑之用，但止給與米糧餬口，並無產業營生，亦非久遠之計。從前給產業、買牲畜之事，俱將富戶派出，以致苟且塞責，所給之物，浮報數倍，蒙古並不得實惠。夫科爾沁一旗，與別部落蒙古不同，太祖高皇帝時，首先臣服，且爲朕皇曾祖妣孝莊文皇后、皇祖妣孝惠章皇后之母家，世爲國戚，恪恭巽順，歷今百有餘年。今聞伊屬下之人乏食，朕心軫惻，著即動用正項錢糧三萬兩往賑，再派出大臣一員、司官一員，往郭爾羅斯旗下，將實在窮苦、並無牲畜之人，查明數目，按其戶口，給與乳牛羊隻，務令寬裕足用。爾衙門會同總理事務王大臣，速議具奏。尋議：白都納倉內，發米二萬石，按口給糧；戶部發銀三萬兩，採買牲畜；遣都統伯四格等，馳驛前往賑給。從之。（世宗八、三）

（雍正一、八、丙子）諭各蒙古王、貝勒、貝子、扎薩克、台吉、塔布囊等：自爾先世歸附太祖太宗，蒙被聖化，於茲五六代矣。世締國姻，恩深祿重，兄弟主臣，洽比保聚，安居樂業，百有餘年。其間厄魯特噶爾丹猖獗弄兵，破喀爾喀七旗，侵及內扎薩克蒙古，蹂躪遊牧之地。皇考爲爾等，三次自將出師，乃滅噶爾丹，使爾等永享太平之福。六十餘年以來，爾等屬下，偶有饑饉災傷，莫不發帑與糧，資給畜牧；更派富戶屯田代耕，使饑者復安，散者復聚。皇考養育爾等蒙古恩澤，重矣大矣。曩者，郭爾羅斯以歲饑聞，朕仰體皇考聖意，即遣大臣前往，發倉賑救，賞給牛羊。今喀喇沁、翁牛特八旗，又以歲饑聞，復遣大臣前往，即速查明饑口，動用正項錢糧，買米散賑。夫一時阻饑，朕雖賑之，常年貧乏之民，在爾各君長於本旗內哀多益寡，互相賙恤，以養育之，庶幾得所耳。若仍然厚斂重徭，納之於阽危之域，使之至於散亡，孰爲爾等納賦？孰爲爾等供徭？愛民惠下，是第一要務，不可不知也。連歲災旱頻仍，今年又遭饑饉，爾等各子其民者，如何減賦，如何輕徭，如何裕其農功，如何摯其畜牧，爾等王、貝勒、大臣等議定。務使各得生理，以仰副我皇考聖心，以慰朕心。定議之後，儻有顯背公議，仍然重賦苛役者，國法具在，非朕所得而私也。（世宗一○、三○）

（雍正五、一一、丁巳）諭理藩院：今年口外蒙古地方，收穫甚豐，科爾沁敖漢等十六處扎薩克地方，未能豐收，宜加特恩。科爾沁地方五旗，著賞銀三千兩，交與現今在京科爾沁王羅卜臧滾布、貝子拉錫等帶去，查明賞給。敖漢等十一處扎薩克地方，著賞銀六千兩，爾衙門派司官二員，分兩路帶去，會同各處扎薩克，查明賞給。再，此等扎薩克各旗倉內，現有存貯米糧，其未能豐收者，應如何酌量借給之處，爾衙門議奏。尋議：應令科爾沁、敖漢十六旗，於和碩土謝圖親王阿拉卜曇等旗倉內，每戶借給米五斗，造冊送部查核，明年秋收抵還。從之。(世宗六三、四)

（雍正九、一〇、丙午）諭內閣：朕聞今年各扎薩克旗分所種之穀，皆已被旱，稍長，又復經霜，未曾收獲，以致乏食。今特遣侍衛章京前往加恩賞賚，著傳諭該扎薩克及官員等：蒙古人眾，皆伊等所屬部落，米穀未收，不能度日，自應預爲籌畫生計，今朕加恩賞給銀米，伊等若不實心辦理，日後朕必聞知，伊等有何顏面以對朕乎？(世宗一一一、一二)

（雍正一〇、一、丙子）署陝西總督查郎阿奏言：臣遵旨委遊擊朱奇芳等出口，至阿拉克山貝勒丹中處，派人協同詢問公通摩克等遷移遊牧之處。今據朱奇芳等具稟，前至諾顏喀拉地方，見公通摩克回稱，王格勒克顏木聘爾在錐崙地方駐牧，公喇旺欲往哈魯肅去，扎薩克台吉鄂穆布濟並巴濟旗下佐領翁鄂柴等俱欲往綽確去。此等地方俱於賀蘭山甚近，扎薩克台吉多爾濟，與我附近駐牧，扎薩克台吉西里扎布，仍在古爾班賽堪地方。我等產業、牲畜，俱被逆賊搶劫，屬下之人，漸至饑餒，兼無居住帳房。見今皇恩甚重，仰懇給發口糧等語。臣查諾顏喀拉等處，係喀爾喀遊牧之地，於哈魯肅、賀蘭山甚近，臣暫將王格勒克顏木聘爾併公通摩克人等，酌量給發茶、麵、帳房等物，其作何料理安插之處，伏祈皇上敕部議覆施行。得旨：大學士等議奏。尋議：王格勒克顏木聘爾、公通摩克等，被賊劫掠，今遊牧俱移於諾顏喀拉等處駐劄，應派章京一員，動支戶部銀二萬兩，馳驛前往，將王格勒克顏木聘爾、公通摩克屬下，查明戶口，善加撫育。台吉及屬下之人，每家各賞牛羊牲畜，每人賞給銀六兩，以製帳房。其所賞之牲畜，於未滋生之前，行文查郎阿，交與寧夏官員，將一年所食之口糧、麵、茶等物，辦理賞給。得旨：通摩克率領屬下之人向內移行，路遇賊人，搶掠人口、牲畜，甚爲可憫。王格勒克顏木聘爾之戶口牲畜，亦被劫掠。著賞給二人銀各一千兩，以爲立產之具。餘依議。(世宗一一四、七)

（雍正一〇、一〇、辛酉）理藩院奏：杜爾伯特固山貝子班珠爾等三旗地畝歉收，請賞給被荒人等米石，並借給買米銀兩。得旨：若候行文扎薩克等行查，未免遲延，其扎魯特兩處地方，著派出侍衛達哈蘇，並戶部司官一員，帶銀一萬兩到彼，將家口數目查明賞賑。杜爾伯特與黑龍江相近，著速行文將軍卓爾海，會同該處御史，將杜爾伯特蒙古人等家口數目查明，或動用倉穀，或動用庫銀，酌量賞給。（世宗一二四、五）

（雍正一一、二、癸丑）賑濟杜爾伯特災荒戶口並賞給耕牛、籽種。（世宗一二八、一）

（雍正一一、七、庚辰）諭辦理軍機大臣等：據侍衛達哈蘇奏稱，科爾沁公喇嘛扎布旗分，並無牲畜，其貧苦人等，止有六月至八月米糧，今年種穀無多，又經亢旱無收等語。朕思此所種之穀，即使全收，亦不足養贍數千人口，恐至饑饉流散，不可不預爲籌畫。伊等與何處相近，即動支彼處米穀賑濟，及如何養贍，俾其過冬之處，爾等查議具奏。尋議：科爾沁公喇嘛扎布旗分貧苦人等，共六千六百有奇，今年十月至來年八月，約計口糧，共需米七千八百餘石。與白都納相近，除將白都納存米五千石支給外，餘請酌給銀兩，資其養贍。再，來年耕種時，籽種不足者，並請給銀，令戶部派筆帖式一員，將銀運送辦理。從之。（世宗一三三、一）

（雍正一二、四、甲戌）歸化城都統丹晉疏奏：吳喇忒鎮國公達爾瑪機里第等屬下遊牧地方，於去冬雪大風寒，人畜傷損。蒙皇上遣理藩院郎中文保等，按戶賑濟，查明小大共一萬五千三百八十五口，賑濟六月，共米七千二百四十石一斗。各扎薩克親身分散，貧窮蒙古，共沐皇恩。謹造清册送部查核。下部知之。（世宗一四二、一四）

（雍正一二、七、辛丑）諭辦理軍機大臣等：朕聞青海蒙古，生計甚艱，著傳諭馬爾泰等，加意施恩，方於伊等生計有益。（世宗一四五、一六）

（雍正一二、一一、壬午）理藩院奏：阿祿科爾沁扎薩克多羅貝勒達克丹旗分，今年歉收。請查明戶口，賞給糧價，以資養贍。得旨：著副都統阿蘭泰前往辦理。（世宗一四九、八）

（雍正一三、四、丙午）諭大學士等：前據理藩院奏稱，鄂爾多斯上年收成歉薄，貝子羅卜臧請借倉糧，議令辦理夷情事務郎中七十五會同該扎薩克，查明乏食蒙古，先借支一月口糧，其在秋成之前，應再行借支，定議呈報等語，朕已允行。又據貝勒查木陽、貝子齊旺班珠爾、納木扎爾色冷等，請借倉糧，亦經理藩院議令七十五、達色照議辦理。今朕聞陝西神木、榆林等處，上年收成歉薄，糧價昂貴，而鄂爾多斯蒙古之乏食者，多向神木、榆林城內就食，甚爲可憫。該郎中七十五等從前未曾呈報，及奉旨查辦之後，又復怠忽遲延，竟不上緊辦理，甚屬不合。著七十五等，即行會同該道，將乏食蒙古查明，一面具報該督撫，一面酌動倉糧發給，毋使乏食蒙古至於失

所。至於神木、榆林等處乏食民人，亦著該地方官查明，酌量辦理。（世宗一五四、六）

（**雍正一三、一〇、丙寅朔**）又諭：今春據鄂爾多斯之扎薩克等呈稱，伊等所種田禾未收，請借托克托城、寧夏等處倉米，支給窮人食用等因。經部奏准，照伊等所請借給在案。嗣因鄂爾多斯之貧乏蒙古等，多有來口內就食者，有典賣妻子者。蒙我皇考洞鑒其情，曲加體恤，謂該扎薩克等何以豫先未曾奏請施恩，特旨交地方官查明人數，共二千餘口，俱動正項錢糧贖回，賞給本旗，使其父子兄弟親戚相聚，現在辦理。夫鄂爾多斯之蒙古等，皆久沐國家養育之恩，世世竭誠奮勉，效力疆場，而數年以來，派撥出征，購買官畜，押解護送等事，行走亦甚屬勤勞出力，殊為可憫。今年借給鄂爾多斯貧乏蒙古之托克托城、寧夏神木等處倉米，俱著免共還補，以仰副我皇考從前矜恤施恩之至意！（高宗四、三）

（**乾隆一、八、乙酉**）諭理藩院：喀喇沁王伊達木扎卜等旗所屬之人，耕種地畝，今年收成歉薄，應如何施恩散賑之處，著總理事務王大臣，會同該衙門，查例議奏。尋議：應遣侍衛一員，理藩院司官一員，馳驛前往，於各旗存倉穀石，及忒卜克阿拜等處耕種所收穀內，動支散賑。倘不敷用，仍需穀石若干，照依時價算銀，由戶部關領，照數賞給。得旨：依議，著阿蘭泰去。（高宗二五、一七）

（**乾隆二、九、乙卯**）戶部議覆：署理陝西巡撫事崔紀，疏請豁免神木、府谷、榆林、懷遠、靖邊等縣雍正十三年分借給鄂爾多斯乏食蒙古京斗米五千四百九十石有奇。應如所請。從之。（高宗五一、二五）

（**乾隆二、一〇、丙戌**）理藩院奏：據歸化城都統根敦等稱今年歸化城等處亢旱，收成歉薄，兩旗佐領等請借倉穀，於明歲收成時，照數完倉。得旨：今年歸化城地方，田禾被旱，收成歉薄，伊等所借米穀，著賞給。（高宗五四、五）

（**乾隆二、一〇、癸丑**）賞給蒿齊特、喀拉沁窮乏蒙古民婦銀兩、布疋。（高宗五五、一二）

（**乾隆三、七、戊午**）綏遠城將軍兼管右衛兵丁旺昌奏：鄂爾多斯地方飢貧蒙古，自七月至八月，應行賑給二月米石，以資接濟；查那木扎爾色楞旗下托克托，距歸化城較近，現在將托克托城內倉貯米石，動用散給。得旨：知道了。所辦甚是。（高宗七二、一一）

（**乾隆六、六、甲午**）戶部議覆：綏遠城建威將軍補熙疏言，今年雨雪調勻，正值種地之際，各莊頭辦種艱難。請於歸化城現採買之穀，各借給一

百石。應如所請。從之。(高宗一四四、二)

（**乾隆六、七、丙戌**）又諭：理藩院查奏，自康熙二十年至六十一年，賑濟蒙古等四十餘次，雍正元年至十三年，賑濟內地扎薩克旗分人等十五次，喀爾喀等三次，乾隆元年至今年，賑濟內地扎薩克、喀爾喀等共十四次。蒙古資生之道，所恃牲畜蕃盛，並非倚賴銀米。該扎薩克王、公、台吉、塔布囊等，平日若能使其部落以時勤於牧養，差役減少，徵收輕薄，教以本來資生之術，蒙古等何至於累遭困苦。今報荒旗分，朕雖施恩，不惜國帑，但外地扎薩克等相沿成習，並不愛惜其部落，令其有滋息牲畜之暇，重加收斂惟有仰賴朕之加恩資生，不但非永遠之計，必致失其本來謀生之道。部議甚是。但該扎薩克王、公、台吉、塔布囊等議處之處稍重，著交議政王大臣等詳議具奏。(高宗一四七、一四)

（**乾隆一一、七、辛亥**）又諭：蘇尼特等遊牧處所，今年雨水短少，水草平常，牲畜多致傷損，恐貧苦蒙古等，不無失所。令玉保往查沿途駐防官兵之便，由彼馳赴蘇尼特等旗，會同扎薩克等查勘。如實有貧乏不能度日者，應如何加恩賑濟之處，詳議具奏。尋奏：詢據盟長索諾木拉布坦等稱，現在各處水草稍歉，然以貧苦之人，與富裕之家通融兼食，尚可不致困乏；應令蘇尼特等旗，貧富通融。即於富家牲畜內，抽取十分之一，以賑貧乏。報聞。(高宗二七一、四)

（**乾隆一一、一一、丙午**）大學士等議：侍衛納齊布等查看郡王車凌拜多布等六旗被災人等，辦理賑案。內除扎薩克台吉達什丕勒、車卜登二旗素為充足，雖遇旱少損牲畜，尚可藉以生理。至扎薩克台吉齊巴克扎卜旗分，數年屢被災疫，傷損牲畜。去歲至今秋，由伊等部落陸續撥給牛馬羊，足資養贍，其過冬口糧均毋庸賞給外，其郡王車凌拜多布、扎薩克台吉旺布多爾濟、遜都布三旗內失業人等，大口四千三百四十三名，小口二千六百八十五名，分別賞給，需米二千二百七十餘石，茶五千六百八十餘觔，俱移咨歸化城都統支領。又八口以上之戶，賞乳牛二、羊十，七口以下、四口以上，賞乳牛一、羊八，三口以下，賞牛一、羊六，俾長為生業。每乳牛一，定為銀四兩，羊一，銀五錢。至散賑時，應仍照向例將該扎薩克王台吉等明年俸餉，預為支領充用。得旨：散賑銀兩，不必支用王台吉等俸餉，仍用官項。餘依議。(高宗二七八、一五)

（**乾隆一一、一二、癸酉**）又諭：前因瀚海居住之喀爾喀等被旱，損傷牲畜，特派侍衛官員等，前往查勘。茲據侍衛鄂實等奏稱，世子成袞扎布詳稱，垂木丕勒旗下人等被旱，經本盟長額附策凌等會議，已由富戶及喇嘛牲畜內攤派馬匹、羊隻撥給矣；若復賞賜，是重邀恩等語。額駙策淩及該盟長等，照例妥協辦理，俾被災蒙古等，不致匱乏，朕甚嘉獎。但念所撥牲畜之家，雖屬殷實，究係撥派伊等牲畜，著賞銀一萬兩，交額駙策淩。其應如何賞給伊等之處，令其酌量辦理。(高宗二八〇、二一)

（乾隆一二、七、己亥）理藩院奏：西林郭勒盟長蘇尼忒等六旗蒙古，被旱成災。貧乏人等，應行賑卹。得旨：覽奏西林郭勒盟長蘇尼忒等六旗，被災較大，著派尚書納延泰，馳驛前往查辦。(高宗二九四、一五)

（乾隆一二、八、辛未）[軍機大臣等] 又議覆：直隸總督那蘇圖奏稱，蘇尼忒六旗蒙古被災，奉旨命理藩院尚書納延泰前往賑卹，行令於張家口、獨石口等處，備茶四萬觔、米二萬石濟用。現在張家口存穀無多，應乘秋收，採買新米。至獨石口倉內，現存米九千餘石，應於此內酌撥。一切運費，俟奏明後定議等語。查蒙古需賑甚亟，如此辦理，未免稽遲。應令該督即行酌撥，應採買者即行採買。一俟尚書納延泰查明應賑地方，即行起運。一切運費，亦應即為核定。至該督奏稱，張家口同知，現存穀價銀三萬三千餘兩，買米價值，即可動支。今秋熱河、八溝豐收，先經奏明買米。今賑卹蒙古，不敷米亦可就近撥運。所需茶葉，令多倫諾爾同知購買。均應如所奏辦理。再口外地方，並無塘汛，運送茶米，必需委員防護。應如該督所請，派理藩院蒙古筆帖式二員，一往張家口，一往多倫諾爾，協同運送。得旨：依議速行。(高宗二九六、一四)

（乾隆一二、八、丙子）又諭：昨據差往查賑蘇尼忒等六旗被災蒙古人等尚書納延泰奏稱，烏珠穆沁親王阿拉卜坦那穆扎勒、貝勒策卜登、阿霸垓郡王索諾穆拉布坦、阿霸哈那爾貝子班朱爾等四旗，被災較輕，其屬下窮乏蒙古二萬餘人，俱已辦理。在本旗內兼養，無庸賑濟等語。該扎薩克等如是辦理，雖係伊分內之事，朕甚嘉焉。著加恩賞給王、貝勒、貝子、公等半年俸祿，其副台吉，各賞銀四十兩，小台吉，各賞銀二十兩，官員及喇嘛人等，俱照去年烏蘭察布賞給牲畜之例，加恩辦理。(高宗二九七、二)

（乾隆一二、八、丙子）軍機大臣等議覆：欽差尚書納延泰奏稱，查勘蘇尼忒等六旗蒙古被災人等，除被災稍輕者，各本旗通融養贍，毋庸議賑外，實在貧乏蒙古，共計三萬八百餘口。請自本年十月起，至次年三月止，給六個月口糧，每月給米，大口一斗，小口五升，均折色，每石銀一兩二錢，共需銀一萬七千八百餘兩，由戶部撥給。直隸備賑米石、茶葉，停其運辦。再伊等產業牲畜，應豫籌接濟，除本旗自辦外，需牛羊等項折銀三萬三千八百餘兩，明春由戶部支給。均於該王、貝勒等明年應領俸銀內，扣還歸款等語。均應如所請辦理。得旨：此次蘇尼忒等六旗蒙古，被災甚重，非尋常浸災可比。所有賑濟貧乏人口，辦給產業牲畜應需銀兩，俱著動用庫帑賞給。該王、貝勒等下年之俸，不必扣除，仍著賞給，以爲養贍屬下人等之需。餘依議。（高宗二九七、四）

（**乾隆一三、一、乙巳**）軍機大臣會同理藩院議覆：土謝圖汗雅木丕勒多爾濟呈稱，前歲九月間大雪，本部落共有十五旗被災，内雅木丕勒多爾濟等十旗，或蒙恩賑衂，或別旗助給，尚可資生。其王策凌拜都布等五旗二千一百三十餘户，實不能養贍等語。查五旗内策凌拜都布、遜都布、旺布多爾濟三旗，前歲曾蒙恩賞米茶，去年復賞牛羊價銀一萬餘兩，今以未蒙賑衂爲請，顯係希圖僥幸。且向無每年賑衂之例，應行文該盟長，嚴飭扎薩克等妥爲養贍。又扎薩克台吉策凌旺舒克等二旗，呈請賑衂，既經額駙策凌具奏，又經該盟長呈報，計共有五百九十餘户，應如所請。但現當春融，青艸暢發，所有禦冬米茶，毋庸賞給。止應按户給予立產牲畜銀兩，由部撥交副都統那木扎勒帶住，會同該盟長等發給。再額駙策凌所奏貝勒旺扎勒旗貧户，前經駁令妥辦。今據年班來之車臣汗達瑪林稟稱，旺扎勒旗七百六十餘户，不能謀生屬實，似應請旨賑衂。請酌撥銀七千兩，交那木扎勒帶住。俟策凌旺舒克等二旗賑事畢，順到旺扎勒旗分，查明户口，賞給立產銀兩。其銀即將扎薩次年俸銀，豫爲支給應用。得旨：喀爾喀王策凌拜都布、扎薩克台吉遜都布、旺布多爾濟三旗，前年去年，雖疊經賑濟，但念其屢年被災，不能養贍，若不施恩，貧民無以爲生，情殊可憫。著那木扎勒查明，實係無業不能養贍者，一體酌量加恩，賞給立業銀兩。所需備帶銀一萬兩，勉其坐扣該扎薩克等俸。（高宗三〇七、六）

（**乾隆一九、閏四、乙亥**）諭軍機大臣等：前因新降台吉車凌等屬下人，口糧困絶，朕心深爲不忍。雖將扎薩克圖汗巴勒達爾等助給大小牲口賑給，然猶恐不足。今軍營倉内存貯大麥四千餘石，著寄信麒麟保，現在出青牲口已肥，同色布騰會議。多帶駝隻，由軍營運未，散給車凌屬下人等。并寄知定邊左副將軍策楞。（高宗四六三、一四）

（**乾隆二〇、六、庚戌**）又諭曰：車凌、車凌烏巴什、巴玉特等屬下人衆，因去歲歉收，貧難度日。著加恩賞給兩個月口糧。並寄知莫爾渾，令於軍營米石内動支。（高宗四九〇、二六）

（**乾隆二〇、六、癸亥**）諭軍機大臣等：納木扎勒奏稱，杜爾伯特訥默庫等十旗人，於去冬今春，連遭霜雪，牲隻多有傷損。所種地畝，秋間始行收穫，生計稍艱等語。此項人等，投誠後屢次賞給牲隻口糧，以資接濟。今

牲隻既已被傷，生計拮据。著加恩再賞米五百石，以示體卹。(高宗四九一、一三)

（乾隆二〇、八、丁卯）諭軍機大臣等：班第等奏，阿睦爾撒納咨稱，伊收集屬下人衆五千餘户，俱多窮困，請將接濟官兵所剩羊萬餘隻，指伊俸銀扣抵售賣。班第等恐其借端生事，致誤行期，酌將一半截留，候奏請賞給。所辦尚合機宜。但阿睦爾撒納屬人，安得有五千餘户之多？明係從各部搶掠，俟將伊治罪後，遵照前旨，分別給主歸公，其餘仍派員管轄。又奏稱，塔爾巴哈沁台吉額琳沁、多羅特台吉舍楞等，自哈薩克逃出，被追兵掠奪，所有户口二千餘户，口糧牲隻俱乏，係阿睦爾撒納同族兄弟。阿睦爾撒納遣額琳沁之弟納咱爾、舍楞之弟諾爾布，來請接濟口糧。請暫於額林哈畢爾噶屯耕糧石內，計口授食。並於塔本集賽及額林哈畢爾噶等鄂拓克，各派羊隻，並將官茶二千封運往接濟。俾在和博克薩里、烏隴古等處居住等語。此等投降户口，自應酌量接濟，若由內地運往口糧，接濟伊等，則斷乎不可。班第辦理尚屬妥協。此等人內有應與職銜者，即行具奏請旨。(高宗四九五、一五)

（乾隆二一、四、己未）諭軍機大臣等：黄廷桂奏，解運巴里坤糧、茶、牲畜，以資賞卹一摺，辦理自屬妥協。但朕前降旨，令厄魯特部落人衆，就食巴里坤者，原因伊犂人等生計艱迫，不便聽其聚處滋事耳。後復有旨傳諭策楞等，如何就其部落中設法資助，則不必令赴巴里坤就食。現在伊犂人衆四處分散，已屬無幾，策楞等此時正在進兵，亦無暇籌辦人數號簿等事。其就食巴里坤之厄魯特當已廖廖，所有糧、茶、牲畜已辦運者，似亦足用，不必過爲多購，牛隻一項，內地耕種所必需，尤不必多購，致妨農業。……其調解馬匹事宜一摺，軍營當進兵之際，正資馬力，該督所辦，俱屬合宜，應如所奏辦理。(高宗五一一、一二)

（乾隆二一、六、癸卯）又諭：據舒明奏，車凌烏巴什、巴圖博羅特及達瑪琳等屬人生計稍艱，請旨賞賚等語。車凌烏巴什等遠移遊牧，生計不能充裕，前已加恩賞給籽種，現在播種，未屆收穫之期，著再加恩賞米六百石，分給接濟，以示體卹。(高宗五一四、九)

（乾隆二一、七、己巳）侍郎雅爾哈善等奏：據策楞咨奏稱，布庫努特人等，原同噶勒雜特部落，在和博克等處居住，後移至額林哈畢爾噶。今噶勒雜特部落，現在烏蘭烏蘇遊牧。所有巴里坤、布庫努特人等，亦應歸併一處同居等語。臣等隨曉諭巴圖爾和碩齊等，令其遷移，計大小四百餘口，給與口糧，於六月二十五日自巴里坤起程，前赴烏蘭烏蘇遊牧。又據卡上送到布庫努特一名和推，告稱上年由布庫努特派兵二十名，隨宰桑吞圖布前往軍營。吞圖布至伊犂時，將彼處布庫努特三百餘戶收穫，交與和推向巴里坤前來，共大小四百餘人，已至蘇伯特臺站，因口糧不繼，前來求給等語。臣等因巴圖爾和碩齊等，現在遷至烏蘭烏蘇，即令和推將此項人衆暫住蘇伯特臺站。令和碩齊等至蘇伯特臺站時，帶領同赴烏蘭烏蘇。所需口糧，亦酌量賞給。報聞。（高宗五一六、六）

（乾隆二一、七、癸巳）諭軍機大臣等：雅爾哈善奏，和碩特汗沙克都爾曼濟及達什達瓦部落特古斯哈什哈之妻，俱率領所屬，由珠勒都斯向巴里坤前來等語。沙克都爾曼濟上年來京入覲，朕見其爲人誠實，深感朕恩。今因其舊遊牧地方，無以資生，跋涉遠來，殊堪憫惻。准噶爾頻年不靖，自相蹂躪，厄魯特等生計自不免艱難。然使台吉等各收集屬衆，在各遊牧地方，耕種牧養，善自謀生，不過一、二年間，元氣即可全復。今沙克都爾曼濟等雖向巴里坤前來，究非本土，難以久居。況現在喀爾喀地方居住之杜爾伯特、輝特、和碩特人等，俱令移回舊遊牧。又節次傳諭伊等，嚴禁盜賊，各安本業，則沙克都爾濟等，自宜仍回本處。但甫經遠至，復令遷回，不免勞頓。轉瞬又屆冬令，行走稍艱。今年即令沙克都爾曼濟等，暫住巴里坤地方，俟明春再議遷回。雅爾哈善將此詳悉曉諭伊等，並查明戶口人數，酌量賞給口糧，以資食用。其達什達瓦部落人衆，亦量爲賞給。即令由阿濟必濟邊卡，前赴阿爾台，會同達什達瓦人等一併居住。著交與富森辦理。（高宗五一七、一五）

（乾隆二一、一二、丙寅）諭軍機大臣等：車登多爾濟奏，請賞給口糧，以資接濟等語。伊等現從喀爾喀遷往，若賞給口糧，未免難於駄運，且伊等舊游牧地方，現在滋事，不能安居。著傳諭阿蘭泰，即令伊等赴烏蘭固木等處，給與耕種地畝。俟明年收成後，再行遷徙。其所需籽種，照達什達瓦屬人之例，交明德運往二百石，仍令阿蘭泰加意安撫。（高宗五二八、二）

（乾隆二二、一一、甲午）諭軍機大臣等：杜爾伯特汗東凌等，自投誠以來，感激朕恩，約束屬人，甚屬妥協。且於一切行走地方，盡心效力，朕甚嘉之。前年派往西路進兵，及額爾齊斯地方屯田人等，有應交馬駝一事，彼時因係新附之人，降旨令展限歸還。此時車凌等屬人，遷徙內地，往返奔波，諒其牲畜不無傷損，著加恩免其歸還。將此寄信與車布登扎布等，遵旨辦理，並曉諭杜爾伯特汗車凌等知之。（高宗五五○、一七）

（乾隆二二、一二、丁丑）又諭曰：扎嚕特、阿嚕、科爾沁等三旗蒙古被災，宜加恩賑恤。著喀喇沁公扎拉豐阿、給事中諾木琿爲一路，侍衛成

林、主事留保住爲一路，各帶銀三萬兩，分兩路馳驛前往，會同該扎薩克等查明應給銀賑米之處，酌量辦理。（高宗五五三、一一）

（乾隆二三、二、甲申）又諭：據桑寨多爾濟奏稱，親王齊巴克雅喇木丕勒、公蒙固、貢楚克、齊旺多爾濟、扎薩克固嚕扎布、貢楚克車琳等六旗蒙古人等，被災較重，生計艱窘，朕心深爲憫惻。著派都統多爾濟，帶銀一萬兩，前赴土謝圖汗部落散賑，以示體卹。（高宗五五七、三一）

（乾隆二三、三、甲寅）[軍機大臣等]又議：成衮扎布等奏稱，達什達瓦屬人，現在鄂爾坤等處遊牧，錯處喀爾喀，易生事端。前面奉諭旨，命酌移通肯呼裕爾，請乘青草萌生時給口糧，派兵照管移往。應如所請。俟秋收後遷移，並行文黑龍江將軍等，酌定地方，豫爲辦理。得旨：遷移達什瓦屬人一事，成衮扎布等此時且不必宣露。若伊等知覺，即不肯努力耕種矣。再從前將軍綽勒多等奏稱，通肯呼裕爾地頗寬廣，達什達瓦屬人，遷移甚便等語。此地近經安插厄魯特等，今又將達什瓦移往，其如何分別指給游牧及豫備接濟之處？著綽勒多，即妥議具奏。（高宗五五九、二一）

（乾隆二三、五、甲寅）山西巡撫塔永寧奏：據歸化城都統阿爾賓咨稱，土默特二旗官兵並七庫楞喇嘛等，因上年歉收，籽種口食，不敷接濟，請援例借給穀二萬九千二百石，分作三年陸續補還。臣等查與從前出借之例相符，但倉穀現貯無多，請於托克托城倉內借給穀一萬八千石，歸化城倉內借給穀一萬一千二百石。三年交補，未免過遠，應請酌照鄂爾多斯蒙古指俸借領倉糧之案，分作二年交還，免其加息。得旨：如所議行。（高宗五六三、二一）

（乾隆二三、一一、庚子）諭軍機大臣等：三寶等前經呈報達什達瓦屬人窮蹙情形，深可憫惻，已諭將存貯籽種三百石，全行散給。又布林等告稱，伊等情願向內遷移，承受恩澤等語。伊等既願內移，則來年交春後，三寶即率領伊等量力行走，至熱河居住。但計遷移之前，爲日尚多，僅止籽種，亦不敷食用，是以從伊游牧選兵一千名前往西路，不但入選官兵優加賞給，即其餘人等亦酌給三分之一，庶伊等普霑恩賚，不致拮据。似此格外施恩，特因伊等自遷移游牧以來感戴朕恩，安靜守分，將來支給錢糧，更於生計有益。可傳諭三寶，將此曉示布林等，俾衆皆知悉。（高宗五七五、七）

（乾隆二五、二、丁丑）諭軍機大臣等：據扎薩克圖汗部落公拉沁蘇隆、巴爾桑、扎薩克台吉根敦、三都布呈稱，伊等四旗因值災歉，生計艱難，懇借俸五年，以贍貧人等語。該部落被災，自應官爲經理，若借俸以賑，則伊等養贍無資。著派副都統富鼐支領庫銀五千兩，馳驛前往，會同該扎薩克

等，酌量辦賑，以示體卹。（高宗六〇六、一〇）

（乾隆二七、一、丁酉）諭曰：理藩院奏，敏珠爾多爾濟旗呈請借支俸銀一摺。近歲以來，該旗連值荒歉，生計維艱，朕心甚爲憫惻。著加恩按照十年俸銀，由科爾沁倉貯米石內賞借米石，俟該旗豐收時，再行歸款。（高宗六五二、三）

（乾隆二七、七、乙亥）又諭：自達什達瓦屬人移駐熱河，牧養爲生。去年因滋生牲隻不敷，加恩賞給羊三千隻。近日伊等生計，較前頗有起色，若再加恩賞賚，則更當饒裕。著傳諭巴爾品，於牧廠內挑揀羊三千隻，解送熱河，交副都統額勒登額分給厄魯特三旗。（高宗六六六、二〇）

（乾隆二七、九、己丑）又諭曰：理藩院奏，敏珠爾多爾濟所管旗分被災，請借俸銀散賑等語。著加恩賞銀三千兩，以備賑用。（高宗六七一、一七）

（乾隆三八、一、丙辰）諭：據舒赫德奏稱，協濟和碩特游牧人等米石，祗敷用至五月，計收糧以前，尚需給與六、七兩月之糧等語。該處去歲被災，人畜多有損傷，殊堪憐憫，如接濟之糧僅至五月，未免拮据。所需六、七兩月糧石，著即加恩，官爲撥給。或爲哈喇沙爾附近餘糧內動支，或動項採買，著舒赫德酌量辦理，並曉諭和碩特游牧人衆知之。（高宗九二五、一八）

（乾隆三八、七、戊辰）署山西巡撫陝西巡撫覺羅巴延三奏：本年五月下旬，歸化城等處水發，飭委布政使朱珪親往查勘。茲據查明，歸化、薩拉齊二廳屬，夏麥未經刈獲，秋禾俱已被淹。應請撫卹一月口糧，並照例給予修屋之費。其二廳內，有民租蒙古口糧地，向不查辦，但數十村莊，同時被水，蓋藏已空，明春籽種，更難稱貸。應請借給一月口糧，俟明年秋後，免息還倉，並明春有願借籽種者，准其一體借給。得旨：如所議行。（高宗九三八、四五）

（乾隆三八、七、壬戌）又諭：據容保等奏稱，歸化城之八十三村蒙古等田地，被水成災，在六分以上，請計其人口，借給粟米，限二年照數交納等語。著照容保等所奏，於歸化城廳倉內，動支粟米，計口借給被災之土默特等，以資接濟。（高宗九三八、一六）

（乾隆五三、四、甲寅）又諭曰：鄂爾多斯游牧，邇來飢旱相仍，傷損畜產，屬下人等，生計未免拮据。著加恩即照什當巴拜、色旺喇什所請，均准借給王貝子俸銀十年，以資畜牧，各將屬下人等約束撫養，勿令妄費。（高宗一三〇三、一七）

（乾隆五六、五、庚寅）又諭：據理藩院奏，左右兩翼蘇尼特二旗遊牧，被旱成災，該盟長扎薩克等，向歸化城等處，借米千斗賑濟，請派章京一員，會同該盟長扎薩克等，查勘情形。俟查到時，再行具奏等語。看來該處被災較重，若俟查到再行辦理，恐已緩不濟事。著派副都統普福、署理察哈爾都統烏爾圖納遜赴蘇尼特二旗游牧，會同該盟長扎薩克等查勘被災情形。將從前所借米石，即行賞給外，再於附近地方，撥米千斗，迅速運往，徧給貧乏蒙古，毋使一人失所，以副朕軫恤蒙古臣僕至意。（高宗一三七九、三）

（乾隆五六、六、甲寅）諭曰：普福等奏，伊等親至蘇尼特兩旗遊牧，查勘被災情形，辦理賑濟等語。該處連年被旱，貧窮蒙古，必須廣爲賑濟，方不致失所。著加恩將車凌衮布、巴勒珠爾雅喇木丕勒請借二年郡王俸銀，不必借與，即行照數賞給，令其散放貧窮蒙古人等。此項銀，就近於口北道庫內，速行支給。普福等，仍往蘇尼特兩旗遊牧，會同該盟長扎薩克等，妥爲辦理，不得遺漏一人。車凌衮布、巴勒珠爾雅喇木丕勒，各賞借郡王俸一年，俾整理產業牲畜，分作四年，坐扣完結，以副朕惠愛蒙古臣僕，一體軫卹至意。（高宗一三八〇、一八）

（乾隆五六、七、乙亥）又諭：蘇尼特二旗，連年被旱成災，衆蒙古等牲畜，多有傷損。本年雖經加恩賞給銀米散賑，今值夏令，應當祈雨之時，蒙古等素崇黃教，何不聚集大喇嘛誦經祈禱？今特因二旗生計，發去大雲輪經一分，烏爾圖納遜接奉後，即令蘇尼特二旗，交有道行喇嘛將此經唪誦，祈禱應時甘澍，以弭旱災。（高宗一三八二、五）

（嘉慶八、五、辛丑）又諭：據崇尚等奏稱，遵旨查明煤窰租價、駝價生息項下動用各款，及實貯餘銀數目，並稱前二次摺內，實屬含混錯謬，自請交部議處等語。現在土默特等，生計稍形拮据，著加恩於該處歲收駝價生息、煤窰租價項下，動用餘銀一千四百兩零，於每歲春秋二季，賞給土默特極貧蒙古七百五十户，次貧蒙古一百五十户。仍將歲支細數造册，咨送户部、理藩院覈銷。崇尚等必須揀派幹員辦理，務使貧窮蒙古均沾實惠。二、三年後，崇尚等查看土默特等生計寬裕，即行奏明裁汰，……不能永遠爲例。至崇尚、錫拉布等，均著照所請，交部議處。（仁宗一一三、七）

（嘉慶八、五、庚戌）諭軍機大臣等：都爾嘉等奏查辦番案情形一摺。此次野番一聞查拏緊急，俱攜帶眷口，逃入老山，其畏懼情況已可概見，自無庸遽用兵力。……至於索諾木多爾濟等呈報被搶牲畜，輒以千萬計，斷無有如此之多。況臬司蔡廷衡行抵西寧時，查看丹噶爾搬來蒙古實在大小三千餘口，幾至形同乞丐。該蒙古如有牲畜充牣，何致頓形狼狽一至於此？可見伊等浮開賍數，其意不過希圖官爲追出多賍，伊等又可藉得便宜，此等虛報牲畜數目，儘可置之不問。惟是現在該蒙古等既遭此播遷，自宜恩加撫卹。據摺內稱大口日給炒麵一升，小口減半之處，著准其作正開銷，亦不必該道府等捐貲散給。都爾嘉等惟應督率各員妥爲經理。將此諭令知之。（仁宗一一三、一七）

（嘉慶八、六、甲子）諭軍機大臣等：……茲據都爾嘉等……另片奏，永昌、敦煌等處，又有蒙古人戶攜眷前來，酌加撫卹一節。前此丹噶爾搬來蒙古貧戶，業經降旨妥爲撫綏，即令其仍回原牧處所。此次又復有蒙古紛紛前來，挈眷居住，豈能長恃官爲瞻給？著曉諭伊等早回遊牧原處，各安生業，毋許再行攜帶多人，投入內地。將此諭令知之。（仁宗一一四、二）

（嘉慶八、六、己丑）諭軍機大臣等：貢楚克扎布等奏，籌辦丹噶爾蒙古內徙情形一摺。丹噶爾蒙古陸續內徙，積至九千餘人之多，流離播遷，自應妥爲撫卹，無致失所。但亦須明白宣示。著貢楚克扎布等，即傳諭該蒙古，以爾等各有遊牧，今因畏懼番衆，不能自衛，紛紛內移，蒙大皇帝俯賜矜憐，不特未加譴責，且格外施恩，給予賑卹。從前歷任辦事大臣經理未周備，聖明早經洞鑒，是以欽派大員前來查辦。但爾等數千人移居內地，豈能久恃官爲給養？現在熟籌妥辦，務使番衆懾服，不敢再行搶劫，邊疆永臻綏靖，俾爾等得以迅回故土，各安生業。務須力加振作，奮勉自强，不可委靡，以期無負大皇帝逾格矜全至意。所有撫卹丹噶爾蒙古，於十日散麵時，每日加給官茶一兩，事屬可行。將此諭令知之。（仁宗一一五、一六）

（嘉慶八、六、己丑）又諭：……本日據貢楚克扎布等奏，丹噶爾散賑蒙古內，即達賴喇嘛、班禪額爾德尼屬下，原在青海沙拉圖約和驘地方住牧二百餘名口，因避族內徙，口食無資，現已一同給賑等語。英善等應傳知達賴喇嘛、班禪額爾德尼，告以伊屬下二百餘人共沐恩施，俾益知感激。將此諭令知之。（仁宗一一五、一七）

（嘉慶九、三、丙申）賞額魯特被災部落孳生牛馬有差，並展駝匹納生之限。（仁宗一二七、二）

（嘉慶一六、一一、乙酉）貸阿拉善被災蒙古倉糧。（仁宗二五〇、一〇）

25. 西藏

（**雍正一三、一二、壬午**）副都統瑪拉疏報：安置阿旺布魯克巴人等在達嶺達木桑地方居住，每户賞給器具、牛隻各二，籽種、青稞各五斗，麥子各五斗，滋生羊各十隻。得旨：依議辦理報部。（高宗九、八）

（**乾隆一、一〇、己丑**）［四川巡撫楊馝］又奏：西藏口外乍了察木多所屬地方被旱歉收，分別賞卹安撫。報聞。（高宗二九、一七）

（**乾隆六〇、閏二、庚寅**）又諭：據松筠等奏，達賴喇嘛、班禪額爾德尼等請將伊等所屬唐古忒等應交糧石，及舊欠錢糧寬免，並賑濟貧人、修理倒壞房屋之處請旨等語。達賴喇嘛、班禪額爾德尼等，一聞朕降旨蠲免天下錢糧，伊等亦請將唐古忒等撫恤辦理，實屬善舉，朕深爲嘉悦。達賴喇嘛、班禪額爾德尼各賞給哈達一個，紫金俐瑪無量壽佛各一尊，碧玉手串各一卦，大荷包各一對，小荷包各三對，松筠等接奉時，即轉爲賞給。但前藏地廣，所交之項較多，達賴喇嘛既請寬免一年，即著照所請辦理。後藏地狹，所交之項較少，恐不足班禪額爾德尼一年之用，即著免其一半。但賑濟貧人，修理倒壞房屋等項，由達賴喇嘛之商中撥銀三萬兩，由班禪額爾德尼之商中撥銀幾萬兩之處，並未聲明。達賴喇嘛等仰體朕意，既將唐古忒等撫恤辦理，自不必撥用達賴喇嘛銀兩，著即動用該處正項，賞給前藏銀三萬兩，後藏銀一萬兩，松筠等務須悉心辦理，毋致一人遺漏，以副朕一體軫恤番僕之意。（高宗一四七二、一九）

三、賑貸糧銀的籌辦

（一）截留漕糧

（**康熙三七、二、庚午**）又諭大學士等：遣户部曾經保舉司官二員，被水災沿河之保定、霸州、固安、文安、大城、永清、開州、新安等州縣，截留山東、河南漕糧，每處運致一萬石積貯，俟米價騰貴時平價糶賣。（聖祖一八七、一二）

（**康熙三八、三、辛未**）諭户部：朕君臨天下，期於黎民樂業，各獲其所，凡興利除害之事，靡不舉行；蠲免賑濟之恩，靡不下逮。比年以來，因淮揚所屬地方疊罹水患，業已歲蠲額賦，賑恤頻施，又動支數百萬帑金，責令在河諸臣，於應挑應築之處，酌量修理，欲使泛濫之水滙歸入海，被淹之田廬涸出，庶底幹寧，乃糜費錢糧，卒不能使積淹有歸。田廬未涸，民生未遂，朕聞之惻然軫懷。值茲四海無事之時，欲將一切修舉事宜，詳閱指示，用是躬親臨幸，沿途審視黃河水勢，咨訪地方父老。比至歸仁隄、高家堰，量度地形高下，應挑應築，一一明示河臣。惟是被淹地方，米價騰湧，生計維艱。朕目擊民依，深用厪念。著將漕糧截留十萬石，於高郵、寶應、興化、泰州、鹽城、山陽、江都受災七州縣，各留一萬石，悉較時價減值發糶；餘米三萬石，著於邳州留八千石，宿遷、桃源、清河、安東四縣，各留五千五百石，亦較時價減糶。此各州縣發糶之米，著就近交與漕運總督、河道總督，邳州著遣官一員，前往監視。再截留米十萬石，於揚州、淮安各收貯五萬石。此應留漕糧，不論何處米石，著就近截留。爾部即遵諭行。（聖祖一九二、一七）

（康熙三九、二、乙酉）江蘇巡撫宋犖以賑濟淮揚饑民米石奏聞。得旨：朕發內帑修理各處隄岸，總為下河民生起見。河工一日不竣，下河之民一日不得樂業，朕甚惻然。今歲漕運可截留二十萬石，交付宋犖備賑。（聖祖一九七、一九；東一四、二八）

（康熙四二、二、丁丑）諭河道總督張鵬翮：朕經過泰安、新泰、蒙陰、沂州、郯城等州縣，見民有飢色，應即行拯救。經過地方，雖經賑濟、蠲免錢糧，但州縣倉穀，年久朽爛，無裨於散賑。今著漕運總督桑額，以漕米二萬石付爾，揀選賢能官員，運至濟寧州、兗州府等處州縣，減價平糶；有應賑之處，即行賑濟。桑額亦將米二萬石，於泰安州一路散給。（聖祖二一一、九）

（乾隆四二、二、壬午）御舟過邵伯更樓，諭河道總督張鵬翮曰：此地舊日被災形狀，與今山東飢民無異，豈朕今日睹此地安居景象，而忘山東之飢民乎？朕念運糧賑濟，事不可緩，乘今日順風，爾作速回清江浦，料理轉運截留漕糧，差官前往山東散賑。至距揚州十五里沙壩橋河道情形，朕自細閱，回鑾時，面諭爾知之。（聖祖二一一、一二）

（康熙四二、七、己巳）上手書諭旨諭大學士、九卿、詹事、掌印不掌印科道等官曰：今年六月，因有二王之事，朕心不勝悲慟，至今猶未釋然，又兼災祲頻告，愈加憂鬱，身體不安。頃往坐湯泉，始得稍解，仍未全愈。至飢民救養之計，未嘗時刻不厪於懷。近有蘇州織造李煦人來，詢知郯城至泰安，田穀稍有可望，由泰安至德州，被災甚重。今歲口外田穀大收，口內各處田禾俱屬平常，合共計算，所糶之穀必不能多。今應將漕糧多行截留，於山東沿河州縣、村鎮各存貯，以備賑濟平糶之用。朕意八旗滿洲、蒙古、漢軍佐領一千有餘，每三佐領下共出一人，可得三百人；每三佐領交與銀三千兩，分派各州縣，仍照前去人員，養飢民至來年七月，今八月内可以到彼。這情事，爾等可確議。至東省今歲錢糧、漕米，俱應速行停徵議奏。爲此手書特諭。（聖祖二一二、二六）

（康熙四二、七、癸酉）扈從大學士席哈納等奏在京大學士、九卿、詹事、科道會議賑濟飢民一事，應差户部賢能司官，令其馳驛速往；截留漕運尾船米五十萬石，交山東地方官；並遵上諭，派出八旗官員，各支庫銀三千兩，往山東會同地方官賑養飢民。上曰：賑濟山東飢民，事關緊要，應差大臣分爲三路，每路差大臣一員，將先派去人員，一并往返巡察，於事有益。自泰安至郯城爲中路，著穆和倫去；自濟南至登州爲東路，著辛保去；自德州至濟寧爲西路，著卜永譽去。截留漕糧，亦屬緊要。總漕桑額見今無事，著作速前來，親看截留。其賑濟飢民人員所領銀兩，雖係公物，而勉力自效，有濟於民，事竣回時，一并議敘。（聖祖二一二、二九）

（康熙四二、七、庚午）山東巡撫王國昌疏報賑濟飢民米穀數目。上曰：朕先諭桑額截漕糧二萬石，令扈從部院官員，一同運至散賑糶賣；又命張鵬翮將漕糧二萬石，交伊屬員運至散賑糶賣。此事扈從諸臣所共聞者。其交桑額之米石，已照朕諭散賑糶賣，具疏奏結。今觀王國昌所奏，將程兆麟等所運至之米及常平倉收貯米石，俱行糶賣散賑，與朕原諭不符。且王國昌又奏稱，捐康熙四十二年、四十三年官員俸資、衙役工食賠補此項米穀。似此，何時方能完結？此項米穀，應令速行賠補貯倉。著九卿、詹事、科道一并會議具奏。（聖祖二一二、二七）

（康熙四六、一〇、乙酉）諭户部：江南地方頻年雨暘時若，百穀順成，閭井黎氓，咸得遂生樂業。但民間夙鮮蓋藏，禦荒無術，一遇歲歉，即有匱乏之憂。朕屢次南巡，素所洞悉。今年自夏入秋，雨澤愆期，該督撫先後奏至。朕念小民久未被災，驟罹荒旱，所關甚鉅。隨命九卿等速同詳議應行事宜，業經敕令停徵，並發倉穀賑濟。顧倉儲數少，未足徧給，惟各州縣截留漕米，可以實惠及民。目下時已屆冬，總漕桑額無事，著會同總督邵穆布、巡撫于準親歷各州縣被災地方，備加察勘，將今年所徵漕糧，每州縣或留八九萬石，或留十萬石，酌量足支賑濟之數，分別多寡存留支散。及今漕米尚未開兑，截見收之糧以濟待哺之衆，實於民生大有裨益。此朕殷殷懷保赤子、軫念如傷之至意，爾部即移文該督等實心奉行。仍開具賑濟實數奏聞。（聖祖二三一、三）

（康熙四六、一〇、壬寅）浙江巡撫王然疏言：杭州嘉興等處今歲少雨無收，請截留漕糧五萬石以備駐防兵糧。又奉命賑濟。查常平倉積穀無多，請照山東例於常平倉開例捐納。上諭大學士等曰：浙省被災州縣，亦照江南，著總漕桑額親身會同該撫於被災各州縣截留漕糧，賑濟饑民，何必捐納？爾等傳諭戶部。(聖祖二三一、一〇)

（康熙四七、一〇、丙辰）戶部議：江南、浙江所屬被災州縣，奉有截留漕糧平糶之諭。江蘇應截留十萬石，安徽應截留五萬石，浙江杭、嘉、湖三府應截留八萬石，俱令減價平糶，價銀貯庫，於來歲收穫後買米還項。又山東、河南二省，奉有年歲薄收、酌量改折之諭。應將本年額徵漕米每省各留八萬石，餘俱令照例折銀解部。得旨：著漕運總督桑額，作速會同江浙督撫，將何州縣被災並應截米數查明，一面截留，一面奏聞。餘依議。(聖祖二三五、一一)

（康熙四九、八、乙亥）諭戶部：福建將軍祖良璧奏稱，福建泉州、漳州等處被旱未收，福建民多田少，不可不急為拯救。雖總督梁鼐曾疏請借銀買米，平價糶賣，但所買米數不多，且一時不能運至。曩昔山東、江南等處被災，朕一聞知，即為拯救，天下人民皆朕赤子，應即遣部院大臣，會同江浙督撫，截留本年起運鎮江漕糧十萬石，松江、湖州漕糧各十萬石，鎮江之糧運至狼山，松江、湖州之糧運至乍浦。著福建督撫、提鎮，不拘一人，率領福建戰船，將運往狼山、乍浦三十萬漕米，轉運福建，賑濟被災人民，務期均沾實惠。雖此米不能速至，而被災之民聞朕此旨，即歡悅而定矣。其泉州、漳州今年未完錢糧，亦著暫行停徵。(聖祖二四三、七)

（康熙四九、一一、癸卯）戶部議覆：奉差福建戶部左侍郎塔進泰等疏言，泉州、漳州二府被災，奉旨截留江浙漕米三十萬石，運往賑濟。今二府屬於秋初得雨，收成可望。臣等酌議，運至十五萬石足備賑濟之用，其餘十五萬石漕米，請令江浙督撫停止截留。應如所請。從之。(聖祖二四四、一六)

（康熙五二、八、辛未）戶部題：臣等遵奉諭旨，撥江南、浙江之米各十萬石，運至廣東、福建備賑。但浙江巡撫王度昭疏稱，浙江、臨海等六縣及台州衛縣見報旱災，請於撥運米十萬石內，仍留五萬石於本省，分貯被災州縣衛，以備賑濟之用。應如所請。得旨：浙省今歲歉收，十萬石俱留備用。江南十萬石內，將五萬石運至福建，五萬石運至廣東。米到日即行平糶，勿致浥爛。(聖祖二五六、一〇)

（康熙五三、一一、乙卯）諭戶部：……朕思賑濟災歉，以速為貴。必待督撫奏報往返候命，使小民嗷嗷待哺，何如預備積貯於平時？則所在有可恃之資糧，而臨事免轉移之勞費。今漕輓通行，太倉充裕。江浙地方，年來頗有歉收州縣，應酌量截留漕米，分貯各處。江寧原留五萬石，今再截留十萬石；蘇州原留八萬石，今再截留二萬石；安慶截留十萬石；杭州原留十萬石，今再截留十萬石。皆於本年起兌內就近截留，令地方官加謹收貯。至應動用之時，著該督撫題請，爾部即遵諭行。（聖祖二六一、五）

（康熙五八、一、壬寅）諭大學士、九卿等：京城通州倉內，貯米甚多，各省運至漕糧，亦無虧欠，在倉內堆積，恐致紅朽。杭州、蘇州、鎮江、江寧、淮安、安慶等處，俱有倉廒，與水路相近。江南、浙江漕船想此時已過完，朕意欲將湖廣、江西等未過漕糧截留，存貯此等地方倉內。遇米價騰貴之年，將此存貯米石，或減價糶賣，或行散賑，則民人得沾實惠，大有裨益。如蠲免地方錢糧，不過於田多富戶有益，其無地窮民未必均沾實惠。米穀甚屬緊要，不可不預為備也。年來豐收，米價雖賤，但歲歲大有，豈能期必乎？應將久遠裨益之處，預行籌畫。爾等將漕糧作何截留之處，會同議奏。尋議：應行令總漕，將江西、湖廣見今起運米內，蘇州截留十萬石，鎮江截留三萬石，江寧截留十五萬石，淮安截留五萬石，安慶截留十萬石，俱交地方官加謹收貯，以備動用。從之。（聖祖二八三、六）

（康熙五八、一二、庚申）諭戶部：今年湖廣田禾大收，若將漕糧截留，湖廣米價更賤，而江浙米價，自然亦賤。爾部將如何截留之處，速議具奏。尋議：於湖廣額徵漕糧內，截留十萬石，交與各府州縣官員，加謹收貯。從之。（聖祖二八六、二一）

（康熙六〇、五、辛巳）戶部等衙門議覆：奉差陝西賑濟漕運總督施世綸疏言，陝西四月無雨，秋成可慮。查先豫省運至米十萬石，督臣已具題借支駐防兵餉，所存無幾。請速催豫省，將後運米石，運到平糶。再撥河南、湖廣米石各十萬石，運至陝西，存貯備用。俱應如所請。得旨：依議速行。（聖祖二九二、一八）

（康熙六〇、六、丁未）戶部議覆：直隸總督趙弘燮疏言，今歲直隸亢旱，已奉旨將常平倉米穀散賑平糶，以濟窮民。但恐秋收歉薄，請將今歲漕糧，就便在直隸所屬清河縣油坊地方，截留二十萬石，僱覓民船，由水路分運大名、廣平二府州縣收貯。應如所請。得旨：依議。著派部院賢能官二員，倉場賢能官二員，截留漕糧二十萬石著照該督所請，運至大名、廣平二府收貯，於凡有用米之處俱近，大有裨益。（聖祖二九三、六）

（康熙六〇、一二、丁卯）命截留浙江本年分漕米二十萬石分貯杭州各府，以備賑濟。（聖祖二九五、一一）

（康熙六一、六、辛未）命截留漕糧二十萬石，分貯於天津霸州等處。

(聖祖二九八、六)

（**雍正一、一、庚戌**）諭山東巡撫黃炳：朕纘承大統，父母斯民，普天之下，皆吾赤子，凡身任封疆者，當深體朕心，遇有災荒，及時賑濟，使窮黎實被其澤。據奏東、兗兩屬，去歲二麥失收，小民未免困苦；直隸、河南鄰境之民，資生無策，亦有攜家覓食者。朕覽奏惻然。爾奏欲各捐己貲，以爲賑濟，朕思爾等資從何出，勢必仍取之從民，是賑民實以累民也。不如動用倉儲，遴選賢員，確查乏食窮民，分路賑濟，小民庶得均沾實惠。至鄰省流移之民，亦宜一體撫恤，毋令失所。又奏請平糶倉穀，於民食大有裨益，必得實心任事之人，方副朕惠養元元之意。再奏請漕糧十萬石，分貯各縣。往年曾經屢次截留，此項曾否支用，所存多寡，並如何分貯之處，著具本奏聞。（世宗三、五三）

（**雍正一、五、戊戌**）諭戶部：山東連年荒旱，百姓艱食，朕夙夜焦勞，已諭巡撫多方賑濟。近聞兗州等處雨未霑足，誠恐小民乏食，無以爲生。現今糧艘未入閘河，可乘此時，截留漕米，以備賑恤。爾部酌議截留米石數目，及分貯何府州縣，作速具奏。尋議：將江西省漕糧截留二十萬石，交與山東巡撫，分貯府州縣地方，以備賑濟。從之。（世宗七、一六）

（**雍正三、八、戊辰**）命截留漕糧二十萬石，貯天津新倉。（世宗三五、二）

（**雍正三、九、丁酉**）諭大學士等：前因天津倉廒潮濕，不能收貯米石，故停止截留。今據蔡珽奏稱，天津倉廒，雖不能貯米，可分發各州縣以備賑濟，請仍截留二十萬石等語。著戶部速派賢能滿漢司官各一員，前往天津，會同倉場總督托時，將河南小米截留二十萬石，一面行文蔡珽，令其酌量應貯米之州縣，撥派官員，於天津地方領運收貯備賑。前李維鈞奏請賑濟一月，朕思賑濟原不可拘定日期，著加賑三個月，務令小民得所。現今遣增壽等往奉天，採買米石，運至天津，可即行文伊等，於米石之外，採買高粱或十萬石，或七八萬石，一併運至天津，於賑濟大有裨益。爾等即遵諭行。（世祖三六、二）

（**雍正四、四、乙亥**）戶部議覆：兵部侍郎楊汝穀疏言，直隸州縣存倉米穀，已皆發賑。請再運奉天米十萬石至天津。又截南漕米十萬石，分貯河間、保定兩府適中之地備用。應如所請。從之。（世宗四三、九）

（**雍正四、八、己卯**）大學士等議覆：浙閩總督高其倬疏請酌定福建積貯之法，前已奉旨令江南運米十五萬石，往閩濟用，今請再將浙江漕糧截留十萬石，易穀二十萬石，就近運往。從之。（世宗四七、一四）

（雍正四、一〇、癸酉）户部議覆：江西巡撫汪漋疏言，江西協濟閩省穀石，俟明年秋後補運。查閩省積貯，最爲緊要，而運道稍覺迴遠。應令江蘇、安徽巡撫，截留漕米十萬石，從海運赴閩。至明歲秋收時，即以江西應運之米補還。從之。（世宗四九、一八）

（雍正六、九、乙卯）又諭：朕思閩省必須二十萬石接濟。此時正兌漕之日，若兩省往來會商，未免遲延。著將浙江漕米截留十萬石，江南漕米截留十萬石，行令各該督撫，速行辦理。（世宗七三、八）

（雍正六、一一、癸亥）諭户部：今年江西省有數縣稍歉雨澤，恐明春米價昂貴。著將本年起運漕糧內，截留十萬石，存貯本省，以備將來之用。（世宗七五、一三）

（雍正一一、一〇、壬戌）諭內閣：浙江杭、嘉、湖三府上年偶被水災，兼以飛蝗傷稼，朕特沛恩施，將應完漕米，分年帶徵，發帑賑恤，黎民不致失所。惟是本地所產米石，不敷食用，現今年歲，雖獲豐收，而上年借糶倉穀，恐一時未能買補足數，明歲青黄不接時，尚須米石酌撥平糶，以濟民食，不可不預爲籌備。著將杭、嘉二府屬本年額徵漕米，各截留五萬石，存貯備用。再湖州府之歸安、烏程二縣，今歲收成稍歉，所產米糧，尤應留爲本地之用。著將兩縣本年分應徵漕米一十八萬餘石，並帶徵雍正十年分漕米七千餘石，一併照部定折價，改徵銀兩解部。著該督嚴飭地方官，實力奉行，無得縱役需索，以仰副朕加惠黎民至意。（世宗一三六、八）

（雍正一二、一〇、癸丑）諭內閣：今年六月間江蘇地方雨水稍多，州縣低窪之地有被水淹浸收成歉薄者，朕心軫念，且恐將來米價漸昂，不可不預爲籌畫。著將乙卯年江南起運漕糧，截留二十萬石，於被水成災之州縣，各就近留一萬石，或五六千石，於被水不成災之州縣，量留三四千石，俟開春市價增長之時，將此平糶。其成災田地，應徵新舊條銀，若仍行徵輸，小民不無竭蹶。著緩至來年麥熟開徵。再本年應納南漕等米，亦准緩至明秋折納。所有被災地方，無力乏食之窮民，據該督等奏稱，已動公項酌賞。但冬春之際，此等民人覓食艱難，應動支倉穀，分別賑濟，毋令失所。著該督撫悉心辦理，並督率有司實力奉行，務令均沾恩澤。（世宗一四八、九）

（雍正一三、七、戊申）辦理苗疆事務王大臣等遵旨議奏：台拱等處逆苗，竄入内地，黄平一帶，俱遭擄掠。皇上念切民依，令撫臣等加意撫綏，又屢降諭旨，有應留漕米賑恤之處，即行截留。臣等伏思湖南運送爲便。查湖南一省，應運實米十三萬餘石，請頒諭旨，俱存留湖南，爲黔省賑恤之用。於就食之民，深爲有益。從之。（世宗一五八、一〇）

（乾隆一、八、戊寅）户部議准：署湖廣總督史貽直奏，黔省用兵後田地多荒，此後米糧正需接濟，本省倉儲亦宜充裕。請將本年湖北、湖南應運漕糧二十六萬六千餘石，全數截留，以爲撥運抵補之用。從之。（高宗二五、四）

（乾隆一、一二、壬戌）截留湖北潛江等五州縣額漕，賑漢川等十一州縣衛水災軍民。（高宗三二、四）

（乾隆二、七、丁酉）直隸總督李衛奏：前因直屬春夏少雨，請於天津北倉截留南漕三十萬石，以備賑濟。准行在案。嗣又因連日大雨，山水陡發，據宛平、大興等各州縣衛陸續報到被水情形，或稱隄岸浸溢，或稱窪田被淹。業經分委員弁，帶司庫銀兩，前往查勘，分別賑恤安頓。惟是前項截留漕米，恐不敷支給。現在尾幫漕糧尚未抵天津，請再截留二十萬石，以備急需。奏入，報聞。下部知之。（高宗四六、一六）

（乾隆二、一二、癸丑）大學士管浙江總督嵇曾筠奏：起運截留浙省本年漕糧十萬石，交與閩省積貯等因。得旨：覽奏殊爲妥協，可嘉之至。（高宗五九、二四）

（乾隆三、三、壬午）是月，户部議覆：御史陳其凝奏，直屬沿河州縣，現在採買穀石，而畿北地高土燥，雨澤尚未深透，必俟各處採買，恐一時難以運到。請於北倉截留粟米二十萬石，以爲各屬緩急之用。今經直督詳勘，應照數截留，如粟米不敷，即於現運稉米酌量截留，以足二十萬石之數。應如所請。得旨：依議速行。（高宗六五、二四）

（乾隆四、四、甲辰）諭：今三四月間，畿輔一帶，雨澤不足，二麥歉收，不知後此雨暘何若，朕軫念民艱，爲先事豫籌之計。此時漕船陸續北上，正可商酌截留，以爲備用。著將南漕尾幫內截十萬石，在天津北倉存貯，將來倘有不時之需，即可酌撥領運，於畿輔民食，大有裨益。該部可即遵諭行。（高宗九一、一五）

（乾隆七、三、庚午）諭：江南淮、徐等處，年來疊被水災，黎民乏食。朕屢降諭旨，令該督撫加意撫綏。昨又特差侍郎周學健前往會同辦理，務使貧民不致失所。但平糶加賑，俱需米糧，若本地倉儲不足，何以濟用。目今江、廣漕船尾幫，正在過淮之際，著截留七萬石，分撥被災各州縣地方。其如何減價平糶，及動用賑散之處，令該督撫、欽差侍郎商酌妥協辦理。倘從前所報饑民，册籍之外，再有困苦不能餬口者，亦一體查明賑恤。該部即速行文該總漕、督撫，及欽差侍郎等知之。（高宗一六二、一六）

（乾隆七、四、癸丑）諭：山東上年有歉收之州縣，直隸今春二麥，亦未見豐稔，恐二省將來有須用米糧接濟之事。此時糧船經過山東，著即速行文與漕運總督，將尾幫漕糧截留十萬石，酌量於臨清、德州二處，分貯備用。該部即遵諭行。（高宗一六五、一五）

（**乾隆七、一一、丁巳**）户部議准：河南巡撫雅爾圖奏稱，本年起運明歲薊糧，輸值山東，豫省若必拘泥向例，令東省運往，恐誤江南民食。已檄飭糧道，在豫省運通漕糧項下，照應運薊糧額數運江，並咨東省將應運薊糧，改運通倉，甲子年薊糧，令東省補運。至薊糧定額，每年四萬七千二十餘石，今運江四萬石，尚存七千二十餘石。若另運赴薊，則款數畸零，且需專員押運。伏思江南賑濟，需糧孔多，而古北口一帶豐收，添買甚易。謹照原額，於運通糧石內，撥出四萬七千二十餘石運江，所有不敷陵粳七千二十餘石，懇交古北口提臣買補。得旨：依議速行。（高宗一七八、五）

（**乾隆八、五、辛亥**）署兩江總督尹繼善奏：江西缺米，請將上年江南被災借撥川米十萬石截留江西。得旨：甚是之舉也。（高宗一九三、一六）

（**乾隆八、七、壬辰**）户部議覆：御史沈廷芳奏，請截留江蘇等六省漕糧，以實倉儲一疏。得旨：漕運關係京師積貯，原未便輕議截留，但目前京倉尚屬充裕，而各省倉儲正在需米孔亟，偶爾變通，尚屬可行。著將乾隆甲子年江蘇、安徽、浙江、江西、湖北、湖南六省應運京漕糧，各留十萬石於本省；再著江蘇、浙江各將十萬石運往福建，著江西將十萬石運往廣東，以備緩急之用。此朕格外之恩，不得援以爲例。（高宗一九六、一八）

（**乾隆八、一〇、乙亥**）諭：上年將山東截漕貯穀，撥濟江南，原屬移緩就急之計。今歲夏秋之間，山東濟南、武定、東昌三府屬，偶被偏災，曾撥運登、萊穀八萬石，以資賑濟。嗣後各災屬補種之處，及續報之臨邑縣復被霜侵，收成歉薄，又增賑糧。目下賑給尚可敷用，而來春借糶，不可不豫爲之計。著將山東本年漕糧，截留八萬石，以豫備倉儲，爲災屬來春借糶之需。該部即遵諭行。（高宗二〇三、一六）

（**乾隆八、一二、庚午**）諭：直隸天津、河間等處，今年被災業已加恩賑恤，第歉收之後，米價頗昂，來歲青黃不接之時，民食未免艱難，所當豫爲籌畫者，除督臣高斌已遵旨遣官在奉天買米八萬石外，朕思明春山東、河南漕船，經由直隸地方，若截留漕米十萬石，令高斌視州縣大小，酌量分派存貯，以敷糶借之用，於民食自有裨益。其如何截留東、豫各船及分貯沿河州縣之處，該督即會同倉場侍郎，逐一詳悉妥議辦理。（高宗二〇七、一三）

（**乾隆九、二、壬申**）諭户部：山東上年濟南、東昌、武定等屬三州縣，被災歉收，朕已加恩賑濟，毋使小民失所。聞該省今春雖已得雨，尚未霑足，將來豐歉難以豫定，應及時籌畫，以備臨時之用。目今東省閘內，現有運京漕糧四萬餘石，著就近截留，以濟借糴不敷之州縣。再將北上糧船內，截留漕米二十萬石，分貯沿河臨清、德州二倉，倘遇需用之時，即動撥接濟。戶部即速行文倉場侍郎及山東巡撫，遵諭速行妥辦。尋倉場總督、戶部侍郎覺羅吳拜等奏，東省應運薊糧四萬七千餘石，再山東、河南尚有五幫糧船計米一萬餘石可以截留，令其輓運應賑州縣水次。得旨：依議速行。(高宗二一一、一三)

(**乾隆九、三、辛丑**) 大學士鄂爾泰等議覆：直隸總督高斌疏稱，豫籌直隸賑米事宜。得旨：依議，著倉場侍郎將尾幫漕糧，截留五十萬石，存貯天津北倉備用。(高宗二一三、一三)

(**乾隆九、四、庚申**) 戶部議覆：江西巡撫塞楞額疏稱，江西截漕運送粵東改運湖南酌辦事宜。內稱，自江西至長沙，難免折耗，請每石給與折耗四合。至原請耗米三千石內，應給米四百石外，尚餘米二千六百石，即以湊補春糴。又稱，江西耗羨無多，所有運米腳費，請於乾隆八年地丁項內動支。至原議運送岳州交卸，止委正運官一員，盤費一百兩，協運官三員，每員六十兩。今分送常德，請添派協運官一員，照例給銀六十兩。均應如所請。從之。(高宗二一四、一八)

(**乾隆九、九、癸卯**) 諭大學士等：浙江今年被水之州縣甚廣，其中有受災甚重之處，業經那蘇圖、周學健先後具奏。從前常安有諱災粉飾之意，朕心深爲軫念，已屢次降旨申飭，諭令盡心撫恤，毋使小民失所。今思該省被災既重，民人損傷、田廬、墳墓多有漂沒，當此急迫之時，若仍照例辦理，則民困仍恐未蘇，非朕救濟災黎之本意。所當格外施恩，多方籌畫，務使早登衽席。可即傳諭該督撫等令其毋拘成例，即速賑濟，一面辦理，一面奏聞。至該省既被災歉收，恐將來有需米接濟之處。著將明年解京漕糧內截留十萬石，以爲備用。該部遵諭速行。(高宗二二五、二〇)

(**乾隆一〇、六、丁巳**) 諭大學士等：今年外省糧船北上者，較往年爲多。目下直省地方，有雨少之處，恐將來需米接濟。著總督高斌，將尾幫糟糧酌留二三十萬石，於天津倉存貯備用，或於沿河州縣倉廠，可以分貯，以備撥用，亦聽其酌量辦理。可即速傳諭高斌等知之。(高宗二四三、一)

(**乾隆一〇、一〇、癸亥**) 又諭：今歲江南淮、徐、海三屬被災，朕心軫念，多方撫恤。除動支該處常平倉儲外，又將江以南州縣倉儲協撥十萬石湊用，又特旨將下江漕米，截留十萬石於本省，以備將來糴賑之需。今思被災之海州等七州縣漕米，除按分蠲免，及蠲剩之米，緩至明冬帶徵外，其各州縣熟田，應行徵解之米，約計五六萬石，明春青黃不接之時，與其再議協撥，徒滋搬運之煩，不如將此漕米截留本處，以資接濟。其各州縣正額漕糧之外，尚有帶徵茆年緩漕一項，應徵搭運者約計二萬餘石。彼地既已被災，民間未免拮据，亦著緩至明冬帶辦，以紓民力。又，徐州八屬，止豐縣勘不成災，但闔屬悉係災地，禾穀搬運必多。所有應徵漕贈米四千餘石，及帶徵之米一千八百餘石，亦著畫一辦理。該部即遵諭行。（高宗二五一、一一）

（乾隆一〇、一二、丁卯）［江蘇巡撫陳大受］又奏：前奉諭旨，截留淮、徐、海各屬漕米，接濟災區。伏查淮屬之安東，例不徵漕；阜寧係全災，並無熟田，清河、桃源熟田係瘠土，止徵折銀，並無漕糧。除此四縣外，所有山陽、鹽城、銅山、沛縣、蕭縣、碭山、邳州、宿遷、睢寧、海州、贛榆、沭陽等十二州縣熟田，並豐縣應徵漕贈等米，約共六萬數千石，俱遵旨截留。其海州、贛榆二處漕糧，係徵折價，官爲採買起運。時價高昂，每米一石，折徵常在一兩以外。今奉截留，應畫一定價，每石一兩徵收，即作折賑之用，停其採買。至先奉截留之十萬石，擬派秋成豐穰之府州等屬截留，酌量撥運淮、徐、海三屬，貯倉備用，其淮、徐、海帶徵緩漕，飭緩至明冬帶徵。得旨：所奏俱悉。（高宗二五五、二八）

（乾隆一一、二、壬子）諭軍機大臣等：上年直隸有被旱州縣，而宣屬爲尤甚。朕已令撥運豫、東二省麥糧二十萬石，又截留尾幫漕米三十萬石，又撥通倉米運往宣化五萬石，以資賑糶。今思目前正當青黃不接之時，而閏月節氣稍遲，去麥收較遠，或尚有須爲接濟之處，亦未可知。上年豫省通屬豐收，爾等可寄信與那蘇圖，令其酌量，如有應需豫省接濟之處，可一面奏聞，一面與碩色商酌辦理。（高宗二五九、一）

（乾隆一一、閏三、甲子）直隸總督那蘇圖奏：將豫、東二省運到麥石二十萬，留直一十六萬，就現在麥貴州縣，均勻分撥。四萬石即運至京，以備平糶。其麥價運費，覈定成本確數，歸還報銷。如有借麥還穀者，照時價覈算抵收，歸入倉儲項下成本銀兩，存留司庫。得旨：此議甚妥矣。知道了。（高宗二六三、一七）

（乾隆一一、五、戊戌）諭：山東濟南、東昌二府所屬州縣內，從前因雨澤未能霑透，二麥歉收，今秋禾又復望雨，豐歉難以豫定。將來平糶借給等項，恐各州縣倉糧不敷。著於未過天津漕糧內截留十萬石，於德州水次有倉之州縣分貯六萬石，於天津水次有倉之州縣分貯四萬石，以備就近接濟。該部遵諭速行。（高宗二六六、八）

（乾隆一一、七、癸亥）諭：據蘇州巡撫陳大受奏稱，淮、徐、海三屬先於六月初旬，因東省沂蒙等處之水並發，以致江南沂、沭、六塘運河一時俱漲，又因本地雨水過大，邳、宿、清、桃、安、海、贛、沭八州縣田地被淹，銅、沛、豐、蕭、碭、睢六縣俱報被水，又因河湖異漲，水趨下游，寶應、阜寧濱水田地，復被淹浸，山、鹽等處低田，亦在所不免等語。江南本屬水鄉，而此十數州縣，逼近湖河，常有水患，今年水勢較前更大。是連年歉收之地，又被災荒，朕心深用憫惻，著該督撫加意撫恤，不必拘於成例，務使災民不致失所。從前降旨令該地方官於豐收之處，採買穀麥，以備賑濟之用，著再將本年漕糧截留二十萬石，令該督撫酌量分給被災州縣，以資接濟。該部即遵諭速行。（高宗二七一、二六）

（乾隆一一、九、丁酉）諭：朕前降旨，截留下江漕糧二十萬石，以備賑糶之用。今思上江鳳、潁、泗各屬地方亦多被水，雖視淮、徐、海較輕，而該處積歉之餘，復遭水患，亦應預籌接濟，著將安省起運漕糧，截留十萬石，令該督撫酌量分運被災州縣，以儲民食。該部遵諭速行。（高宗二七四、五）

（乾隆一一、九、己亥）諭：今年山東被水，雖不過一鄉之內，間有數區，而州縣頗多，恐倉儲所貯，不敷賑糶之用。著將該省本年漕糧內截留十萬石，令該撫酌量分派各州縣衛，以為備用。（高宗二七四、一一）

（乾隆一一、九、辛丑）命酌撥截留南漕米石，加賑山東東平、魚臺、濟寧、汶上、蘭山、郯城、益都、博興、高苑、樂安、壽光、安邱、諸城等十三州縣水災飢民。（高宗二七四、一七）

（乾隆一一、一〇、癸酉）諭軍機大臣等：直隸總督那蘇圖，請將截漕存米，酌派霸州等三十三州縣分貯，並酌籌通省積貯一摺。經戶部議，令將各該州縣內額貯倉穀，缺額溢額數目，查明分晰具題，到日再議。朕已批依議矣。第念截留漕米，分貯附近水次州縣，將來出陳易新，於倉儲民食，均有裨益，事屬可行。若俟往返咨查，未免有需時日。著傳諭那蘇圖，令其一面照部議聲明具奏，一面即行辦理。（高宗二七六、一七）

（乾隆一二、二、丁卯）諭：山東去歲被災，朕屢降諭旨賑恤，今歲又加展月分。今聞彼地窮民，北來覓食者甚眾，朕心深為軫念。著截留漕米十萬石，分貯歉收州縣。今巡撫阿里袞加意體察，或應酌量加賑，或應發粟平糶，以裕民食，俾災黎接濟有資，毋致輕去其鄉。妥協辦理，具奏以聞。該部即遵諭速行。（高宗二八四、一二）

（乾隆一二、五、丁未）又諭：山東地方上年歉收，已先後截漕二十六萬石存貯該省，以資接濟。今年春夏以來，該省雖得雨澤，尚有未經霑足之州縣，將來秋收或有歉薄之處，應行預爲籌畫；即或有收，便可於該處存貯。現據漕運總督顧琮奏報，尾幫漕船於五月十四日全數過臨清閘，此時糧艘諒在德州左右。可速行傳諭顧琮，再行截留十萬石，以備動用。如此時尚在山東境內，可就近留貯德倉，若已過德州，即於水次州縣酌量收貯。該部遵行。（高宗三九一、八）

（乾隆一二、五、丁巳）諭軍機大臣等：朕前降旨，截留漕米十萬石，就近留貯德倉，以備動用，若已過德州，即於水次州縣，酌量收貯。今據顧琮覆奏，於山東德州酌撥五萬石，直隸東光縣水次酌撥二萬石，滄州水次酌撥三萬石等語。所有撥貯東光、滄州二處米石，原以備山東之用，現在直隸地方俱已得雨霑足，想山東亦必霑被，則此項米石，未知尚有需接濟之處與否，可傳諭那蘇圖、阿里袞商酌。或東省需用此項米石，如何酌量運往，抑或即留各該處，不必全行運往山東，令其悉心會商，具摺奏聞。尋奏：直省倉儲，現在尚可支持，撥貯東滄二處米，原備山東之用，似應仍運東省。准阿里袞咨稱，德州派截漕米糶五萬石，請將漕船掣回，派截各縣水次，就近兌收。至東、滄二州縣之五萬石，查萊屬上年歉收，應運至掖縣、昌邑等處海口接濟，天津與萊屬海道相通，即令漕船由天津交兌運萊爲便。此處委員酌帶水腳銀，前赴天津領運等因。臣行令天津道即飭漕船前赴天津，聽候起撥。報聞。（高宗二九一、二二）

（乾隆一二、六、丙寅）諭：現在運到漕糧，著於尾幫內截留二十萬石，存貯天津北倉，倘將來直隸等地方有需用米石之處，即由天津運往，較之抵通撥運更爲便易。該部即遵諭速行。（高宗二九二、九）

（乾隆一二、六、丙戌）諭軍機大臣等：據山東巡撫阿里袞奏稱，德州倉已經截留漕米五萬石，足資接濟，今又令將漕糧五萬石，原船帶運德倉，先後共截十萬石，爲數過多，不如分貯臨清、濟寧二處近河一帶州縣，有需用之處，可以隨時酌撥等語。此項續撥運貯德倉之漕糧五萬石，如已運到德州交兌，若復令盤運，恐於旗丁有累，著照原議存貯德倉；如現在尚未起兌入倉，即照該撫所奏，分貯臨清州三萬石、濟寧州二萬石，以備沿河州縣酌撥之用。可即速傳諭顧琮、阿里袞遵照辦理。（高宗二九三、一四）

（乾隆一二、八、癸酉）諭：前據安寧奏報，蘇松等屬海潮泛溢，人口、田廬間有漂没，朕已降旨將被災兵民加恩賑恤。今又據安寧續奏，現在災地情形，雖輕重不等，而小民猝被風潮，棲身無所，餬口無資，朕心深爲軫念。此次被災既重，非尋常水旱可比，一應賑恤之事，不可拘泥常例。該督撫等惟視災地情形，竭力撫恤，督率有司，悉心查辦，俾災黎不致失所。並

將上下兩江明歲應運漕糧，截留二十萬石，以備將來賑糶之用。該部遵諭速行。（高宗二九六、一六）

（乾隆一二、九、己亥）諭：據巡撫阿里袞奏稱，山東被水州縣衛所，已照例先行撫恤。東省動用穀石，多未買補。明春青黃不接之時，需用米穀，實屬浩繁。除撥運薊糧四萬七千餘石，關係陵糈，仍照例起運外，下餘漕糧，請全數截留，以資賑濟之用等語。該省被水災黎，朕心深為軫念。將來賑恤，需米自多，著將本年應徵漕糧，及應運薊糧，一併截留，以備賑糶之需。其陵糈應用米石，仍交與直隸總督那蘇圖，於八溝採買米石內，照數運往。（高宗二九八、一八）

（乾隆一二、一〇、壬戌）諭：江蘇所屬沿海州縣猝被風潮，前已降旨截留該處漕米二十萬石，備賑糶之用。但思此番被災，地方廣闊，戶口實繁，至淮、徐、海各屬積歉之區，亦應豫籌接濟。將來加賑平糶需用必多，著再於下江漕糧內截留二十萬石，以資接濟。其如何分別存留派撥之處，該督撫悉心妥辦奏聞。該部遵諭速行。（高宗三〇〇、九）

（乾隆一二、一〇、壬午）戶部議覆：大學士高斌等奏稱，本年蘇、松沿海一帶，潮災甚重，江、鎮、淮、徐各屬，亦有水旱災傷，通省米價甚昂。在官無項平糶，惟有折徵漕糧，使民間多留米穀，庶於民食有濟。請將江省各屬本年應徵漕糧，除蠲緩外，無論災地或成熟州縣，概折徵十分之二等語。查成熟地畝尚非災地可比，若照所奏，是惟有益於納糧之戶，無補於災地貧民。且成熟地方折收之米，未必盡能流通於災地，即或散售災區，亦係照市價交易，於米價未能平減。莫若將明歲應運漕糧，再行截留四十萬石，留為災地備用，庶現在賑糶無缺，而來春青黃不接時，亦多有米平糶，價無昂貴。得旨：依議速行。（高宗三〇一、一四）

（乾隆一二、一一、癸丑）諭：山東省被災州縣，已加恩多方賑恤，第念停賑之後，來春民食未免艱難。著將被災最重之東平等二十三州縣衛，無論極次貧民，概行加賑兩個月。被災次重之齊河等六十州縣衛所，極貧加賑兩個月，次貧加賑一個月，其鄒平、泰安、新泰、萊蕪、蒙陰、費縣、堂邑成災原止五分，並各災屬內有被災五分貧民，及被災六分次貧，止撫恤一月口糧，例不加賑。又各災屬內有先被水淹，旋經消落之處，雖勘不成災，與災地毗連，收穫究屬歉薄。此等貧民，歲內尚可支持，來春青黃不接，恐有乏食之虞。或應借給口糧，或須加賑一月，著該撫臨時確察情形，酌量分別辦理。再該省被災之處既多，米價不無昂貴，況來春賑借，需用浩繁，必米糧充裕，方於民食有裨。著將河南省漕糧內粟米全數截留，並撥運天津北倉漕米，共足二十萬石，以資接濟。其如何截留運往之處，著總督那蘇圖、巡撫碩色、阿里袞商酌妥協，一面辦理，一面奏聞。該部遵諭速行。(高宗三〇三、一三)

(乾隆一二、一二、乙酉)署江蘇巡撫安寧奏：江省漕糧，前後奉旨截留八十萬石。查蘇、松各屬，現在賑糶需用既多，而糧額亦較重於淮揚等郡，應將江安糧道所屬之江、淮、揚、徐、海、通六府州截留二十五萬石，蘇松糧道所屬之蘇、松、常、鎮、太五府州，截留五十五萬石，各先儘災地派截，次及成熟州縣。仍按各屬需用賑糶之多寡及倉儲之盈虛，通融撥協。得旨：知道了。(高宗三〇五、三五)

(乾隆一三、二、戊辰)又諭：上年山東被水成災，已屢次加恩賑恤，小民不致乏食。但念東省被災州縣既多，將來尚需接濟，一切動用倉糧，俱應豫爲籌補。今朕巡幸所經，痌瘝在念，著再加恩截留南漕六十萬石，以補各屬倉儲及將來借糶之用。其應於何處截留，作何分貯運送，令阿里袞會同那蘇圖酌議具奏。該部即遵諭行。(高宗三〇八、一五)

(乾隆一三、二、丙子)山東巡撫阿里袞、漕運總督宗室蘊著議奏：南漕截留之處。查沂州府屬七州縣，均被災傷，郯、蘭二縣尤重。請撥二十萬石，於運河之徐塘口交卸，由支河換船，至郯城縣馬頭鎮地方車運。又兗州府屬十六州縣衛所，俱被災，濟寧、金鄉、汶上、魚臺尤重。請撥十二萬石，在附近之臺莊、夏鎮、南陽三處，各截留一萬石，濟寧截留九萬石。又曹州府屬十一州縣，應撥四萬石，在濟寧州、張秋鎮水次，各截留二萬石，交卸起運。濟南、東昌、泰安三府所屬成災三十二州縣衛，請每府各撥五萬石，泰安在張秋安山水次、東昌在臨清水次、濟南在德州水次截留。又武定府屬十州縣，應撥四萬石，亦在德州截留。又青州府屬十一州縣，成災九處，萊州府屬七州縣，成災五處，應各撥二萬五千石。俟糧船抵津，東省委員交兌管押，將青州所撥之米，由海運至昌邑縣之膠河口交卸，萊州之米，由海運至掖縣之海廟小石島交卸。得旨：依議速行。(高宗三〇九、一八)

(乾隆一三、三、癸丑)山東巡撫阿里袞、河南巡撫碩色會奏：奉旨應截河南漕糧內粟米十一萬四百七十二石五斗零，已於去冬開行，在東省境內守凍。議將臨清守凍米石，派給泰安府屬之東阿縣一萬石，東平州二萬石，餘全給兗州府屬；在德州守凍米石，令濟南、東昌二府分派應用。得旨：所辦甚屬遲延。知道了。(高宗三一一、三七)

(乾隆一三、九、甲戌)諭：喀爾吉善、潘思榘奏稱，漳、泉二府，晚收已成旱象，應豫籌接濟。朕思漳、泉爲閩海巖疆，户口繁衆，本省官倉恐不敷用，今歲各省秋成，俱稱豐稔，漕糧可盡數起運。著於江南漕糧內，截留九萬石，浙江截留六萬石，共十五萬石，由海道運至閩省，以裕儲備。較之該督撫於本省中籌接濟者，為益廣而便。其酌量情形，遴委妥員，乘時放棹。著該督撫會商，妥協辦理。（高宗三二五、一六）

（乾隆一三、一〇、甲辰）諭：乾隆八年，江、浙二省截漕二十萬石運閩備用，經崇明總兵胡貴，親詣上海，陸續雇備海船，分作六幫，押運前往。今所有江蘇、浙江截漕十五萬石，由海道運閩之處，著派崇明鎮總兵王澄押運，令其與該省督撫會商，雇覓船隻，銜尾揚帆，分幫前進。該鎮沿途留心稽查照看，約束弁丁，催趲督率，毋令米色黴變，船户偷漏，遲延時日，致滋弊端。務期辦理妥協，直達閩疆，以裕儲積。（高宗三二七、一五）

（乾隆一五、五、戊申）諭：朕明春巡幸江浙，經王大臣議准，每省截漕十萬石，以資平糶，朕已允行。今據總督黃廷桂奏稱，巡幸江南經臨之所，站多地廣，原議之數恐有不敷，再請截留五萬石等語。著照所請，再截留漕糧五萬石，俾糶用充裕。其作何截留，及應在何處平糶，該督黃廷桂等，即行會商妥協辦理。（高宗三六四、九）

（乾隆一五、七、癸丑）諭：上年各省豐收，所有漕糧，現已全數過津。著於最後幫次內，截留十萬石，即令原船運回天津，存貯北倉，以備將來直隸地方或有賑恤之處動用。或留補常平未足額數。該部即速行文倉場侍郎等，妥協辦理。尋直隸總督方觀承奏：查今年被水各處，多係一隅偏災，各該處倉穀，約計足資撥用。惟固安、永清、霸州、武清等處，被水村莊較多，又天津、寶坻、保定三縣，被災稍重。此數處皆與天津水路相近，如需米數多，即於北倉撥用，不致多費運腳，並現在賑糶動缺倉穀，亦可籌補。現查從前截留章程辦理，俟有需用處，請旨遵行。得旨：十萬石足乎？抑尚覺少欠乎？速奏來。（高宗三六八、一八）

（乾隆一五、七、己巳）諭：前經降旨，於南漕尾幫未交倉糧數內，截留十萬石，貯天津北倉備用。今據該督方觀承摺奏，尚有應行平糶及酌借秄種、口糧之處，著再截留漕糧十萬石，一併存貯。務使撥用寬裕，緩急有資，副朕軫念民依至意。該部遵論速行。（高宗三六九、一八）

（乾隆一五、一〇、癸未）諭：朕明春巡幸江浙，曾經降旨，每省各截留漕糧十萬石，以資平糶之用。今據永貴摺奏，溫、台各屬，今歲秋收稍薄，米價未免增長等語。著將浙省庚午年漕糧，再截留五萬石，俾糶用充裕，民食有資。所有截留撥運事宜，仍著該撫詳悉酌籌，妥協辦理。該部即遵諭行。（高宗三七四、一七）

（乾隆一五、一一、乙巳）諭：今歲直屬固安等處偶被偏災，收成稍薄，著將乾隆辛未年豫、東二省粟米，截留十萬石，以備來年賑糶之用，其保定、雄縣，所有明年應辦兵米，即於此項內支撥，停其採買。至固安、霸州、寶坻、玉田、順義、東安、良鄉、大興等八州縣歉收之地，米價稍昂，其應需本年冬季，及來歲春季兵米，著加恩准照舊例，每石增價三錢，以示軫恤兵民至意。該部即遵諭行。（高宗三七六、一四）

（乾隆一六、一、癸丑）又諭：直屬上年偏災州縣，現在降旨加賑，有需用米石之處，著將河南本年運通粟米截留十萬石，交總督方觀承酌量辦理。該部遵諭速行。（高宗三八〇、二〇）

（乾隆一六、六、辛酉）諭軍機大臣等：上下兩江及江西米價較舊稍昂，該督撫等現在籌辦平糶，俱請於楚省溢額穀內撥給。近據楚督阿里袞奏請，通融酌撥。但楚省雖有溢額穀石，未足應鄰封三省之需，且本地亦資平糶，朕思接濟民食，莫善於截漕一法。況目今天儲充羨，歲積陳紅，正可因時酌盈補缺。著傳諭署督高斌，巡撫王師、張師載、舒輅通盤籌酌，應用穀石數目若干，速行奏聞，於本年應徵漕米項內，降旨截留存貯，以資平糶。（高宗三九三、一三）

（乾隆一六、八、丙申）又諭：據阿里袞等奏請，將湖南碾運浙省米十萬石，懇於長、衡、岳、澧四府州歲運漕糧內，截留補額等語。湖南上年秋收本不甚豐，此項撥運米石，若俟浙省解還價值之後買補，未免遲緩。著即於長、衡、岳、澧四府州歲運漕糧內，截留十萬石，以補倉儲。該部即遵諭行。（高宗三九六、三）

（乾隆一六、八、壬子）諭軍機大臣等：前因浙省辦災，該撫過於張皇，已屢經傳諭訓示。今閱喀爾吉善奏摺，既稱從前應賑戶口原冊，率混開報，無所紀極，而永貴摺內亦稱已照前開戶口，刪去力能自贍之家十之四五，可見永貴張大其事，無怪官吏紳民等聞風效尤，多方冒濫，必至於此，果不出朕之先見矣。至該省所需賑恤米石，前既協濟鄰封，後復採買免稅，並照樂善好施之例，勸諭富戶出糶，近經降旨，截留糟糧至八十萬石，自可通融濟用。又該督撫所奏，續經得雨之後，晚禾雜糧皆已可望有收，目下米價，每石二兩以外，在被災地方，亦不爲甚昂。所請開捐一事，本非辦災正理，豈得以一省夏收被旱，即行援例興舉？況揆之該省情形，籌備之策，現已次第經理，所請亦不必行。若如永貴所奏，三百萬石米糧，爲必不可少之項，又欲撥奉天、山東之雜糧，以充食用。是全不思該處民人，已經被災，而欲統計其失收之數，盡行仰給於官，且隔數省之地，爲之絡繹轉運。自古荒政多端。有如此辦理者乎？所有籌辦事宜，前後頒到諭旨，不啻至再至三，惟在該督撫等董率屬員，實心實力，一切遵照妥辦。朕勤求民瘼，宵旰焦勞，於凡各省議蠲議賑，寧使失之過厚，此中外臣民所共知者。今以該督撫等張皇失措，致朕厪念訓飭，轉似爲之節制者然，其實準情酌理，事在必不可行，若不示之節制，是又過猶不及。且各省水旱不齊，設有似此者，何以處此？現因該省災黎，時刻厪念，吳進義以武臣身在地方，尚將得雨之後民情寧帖各情形，詳悉入告，以慰朕懷，該督撫豈轉計不及此耶？著將原摺鈔寄閱看。前覽該督撫奏摺，彼此不無各存意見，是以諄切開導，今既奏稱現在和衷辦理，自是封疆大臣奉公敬事之道，然此特其一端耳，該督撫不能慰朕者多矣。此諭到，著將目前情形，速行合奏以聞。尋奏：浙省本年旱災，仰蒙逾格之恩，籌畫備至，災黎無不鼓舞歡欣。秋來各屬得雨後，晚禾雜糧俱見暢茂，自撥運招商，市價較夏大減。從前節次所奏，臣永貴因災地甚廣，積儲空虛，是以冒昧入告，今通盤籌算，所有賑恤口糧，雖尚需米一百三十餘萬石，而照例一半折色，可酌留餘米，以備平糶兵糧之用。報聞。（高宗三九七、五）

（乾隆一六、九、丁丑）又諭軍機大臣等：永貴前因浙東諸郡旱象已成，請撥江楚米石接濟，朕以江西米價現在昂貴，准令楚省撥運；而舒輅接到永貴札商之咨，旋以碾米三十萬石，運赴浙省。此項本可無需碾運，但業經在途，即迅速降旨，亦已無及，若使接旨運回，更多往返盤運之費，是以聽其運浙，在災地自屬得濟，第江西米穀，撥運既多，不可不亟爲籌補，前據舒輅奏請，截漕十五萬石。朕以漕糧所關綦重，該省年歲並未失收。舒輅報張皇，遽以截漕爲請，降旨申飭，又於未接諭旨之先，請再截留合三十萬石之數，益屬不知緩急。但現已碾米三十萬石運浙，則倉儲之應補者更多，與其一時採買，使市價益昂，有妨民食，寧施恩格外，准予截留，已諭部令截漕十五萬石。著傳諭新撫鄂昌令其通融撥補，妥協籌辦；並諭永貴知之。令其留心撙節，勿因運到米石寬裕，一任屬員冒濫開銷。（高宗三九八、二三）

（乾隆一七、四、甲辰）諭：上年浙東被災特重，賑恤多方，本省倉儲俱經動撥，江西、湖廣上年亦有偏災，兼之協濟鄰省，撥用倉穀爲數亦多，俱應於今秋後買補。朕思各該省今春米價俱昂，即西成豐稔，一經採買，市價仍恐不能平減。京通各倉儲積，陳陳相因，現在盤驗，本欲少進南漕，使新舊不致交錯，以滋弊竇。應將浙江、江西、湖廣三省今歲應徵漕糧，酌留本省，各該省萬一水旱不齊，恃以無慮，即遇豐稔，則以本地所出，留爲撥補倉儲之用，無藉採買新糧，於民食自爲有益。著軍機大臣會同該部速議具奏。尋奏：各省偶遇災眚，撥動常平倉穀，定例秋收買補。但產米止有此數，一經採買，市價必昂，酌議將浙省額徵漕糧七十六萬餘石內截留四十萬石，江西額徵漕糧七十六萬餘石內截留二十萬石，湖廣額徵糟糧二十六萬餘石內截留十萬石，該督撫等查現需買補各倉，分別按額撥給。得旨：依議速行。(高宗四一二、一二)

(乾隆一八、六、癸巳) 諭：現在天氣亢旱，天津一帶河流未免淺澁，重運維艱。著將南漕尾幫，於抵津時截留二十萬石，存貯天津水次各倉備用。該督等即遵諭妥協辦理。(高宗四四〇、一六)

(乾隆一八、六、乙未) 諭：直隸各屬，入夏以來雖連次得雨，終未霑足。目下天氣炎躁，望澤甚殷。朕心日切焦勞，若再遲旬日，不能普被甘霖，恐於秋成分數，不無有減，小民饔飱即宜豫爲籌畫。前已降旨於天津截漕二十萬石，以資接濟。其各屬中或有應行籌辦事宜，該督方觀承亦即宜悉心妥協料理。務期有備無患，以副朕軫念民瘼至意。該部遵諭速行。(高宗四四〇、一九)

(乾隆一八、六、甲午) 諭軍機大臣等：直省各屬，入夏以來，雖間有連次得雨之處，而甘霖未遐普被，朕心日夕焦勞。近據該督方觀承稱，若六月二十日前後，得有透雨，竟無妨礙，若再遲時日，即須補種晚穀，未免又需工本。請查照春月出借之例，查明實在無力農民，酌量借給籽種口糧，俾得速行補種等語。著傳諭該督方觀承，即酌量各屬地方情形，轉飭該州縣，豫爲籌畫。如須補種之時，即可按戶出借。若待得雨後，再行詳請飭辦，則緩不及濟，農民未必得沾實惠。至將來若再不得雨，秋成即恐有損。現於天津截漕二十萬石，以資接濟，幷有旨諭部。令該督將應行籌辦事宜，豫爲料理，以期有備無患。可一併傳諭知之。(高宗四四〇、二〇)

(乾隆一八、八、己丑) 諭：淮、揚、高、寶等處現被水災，朕心深爲軫念。已降旨令該撫莊有恭前往查勘賑卹。朕思該處猝被災傷，小民蕩析離居，艱於餬口。一應撫恤事宜，不可不多爲籌備。著將江蘇本年應徵漕糧，截留四十萬石。該督撫等酌看災地情形，分別運貯。戶部秋撥銀兩，亦著於該省多爲酌留，臨期奏聞請旨，以備賑糶之需。該督撫等督率所屬，實力妥辦，務令災黎均沾實惠。該部即遵諭行。(高宗四四四、一五)

(乾隆一八、九、壬戌) 諭軍機大臣等：今歲淮、揚等處水災，朕經節次降旨截留漕糧四十萬石，又撥運川米二三十萬石，幷令豫、東二省酌量撥給漕米，以資賑濟。昨日又據鄂容安奏，撥穀二十萬石碾米運濟，統計不下百萬，爲數已多。今據布政司郭一裕奏請再行截漕三四十萬石，蓋不知有各省協濟之穀也。朕於賑卹災黎，原所不惜，但漕糧關係天庾，亦不可過多截留。著將此傳諭策楞、劉統勳、鄂容安、莊有恭等公同籌酌現在情形，所撥米石是否已足敷用？如必再爲截留，據實奏聞，另行降旨。再據富勒赫奏稱，淮徐兩府印官，多係委署，而協辦之員，寥寥無幾。該管道府亦未上緊督催，以致將及九月，賑務尚無頭緒等語。災民亟須賑卹，自不容刻緩。淮徐於七月被災，該撫已委許松佶前往查辦，何以迄今尚無頭緒？著策楞等即將該處賑務情形，速行查明具奏，並一面上緊督催查辦，無致災黎或有失所，以慰朕軫念之意。尋奏：淮揚被水災區，臣等酌定規條，委員協辦。據該管道府及各州縣陸續詳稟，被災頃畝，已經查竣冊報；應賑戶口，清查已及八分。是今歲辦理災務，實較每年俱早，並非漫無頭緒。惟是印委各官，分投查災，富勒赫經過未及迎接，亦未將辦理本末報知，故有漫無頭緒之語。查被災正賑，例止四月，來年五月始有麥收，爲日正長，是以除先行撫卹一月外，餘俟秋盡冬初再給。得旨：所見雖是，但未免有與富勒赫私較是非之意。（高宗四四六、九）

（乾隆一八、一〇、甲申）諭：今年黃河盛漲，淮、徐被災。雖於截漕之外，復降旨撥運各省米穀，以備賑卹，但災地既寬，且撥運之米亦恐緩不濟急，著將江省本年漕糧再截留二十萬石，俾災黎可以即資餬口，不致失所。該部遵諭速行。（高宗四四八、九）

（乾隆一八、一一、甲戌）又諭：前因上江宿、靈、虹、泗、盱眙等屬被水成災，降旨將徐屬之長淮、大河二衛漕糧五萬石截留安省備賑。今據衛哲治奏，長淮、大河等幫，本年均被水災，現議緩撥，請即於鳳、潁、泗三屬未被災田應徵米石，及安、盧等屬漕糧內截留五萬石，以抵蘇省應派之數。至上江已截留五萬石，則下江只應截留五十五萬石等語。長淮、大河二衛漕糧，既被水緩徵，著照所請，即於安、盧、鳳、潁、泗等屬應行起運漕糧內截留五萬石，以備安省賑卹之用。至下江著仍遵前旨截留六十萬石，不必因上江另經撥截，遽議扣除北運。今歲淮、揚、徐、海各屬被災甚重，災黎嗷嗷待哺，朕心深切軫念。雖已多方籌濟，但使有資民食，朕無所愛。該部遵諭速行。（高宗四五一、一〇）

（乾隆一九、八、戊申）諭：淮、揚所屬高、寶等處，因雨水過多，窪地居民，又復被淹，已飭該督撫查明成災處所，加意撫綏。所有應行賑卹戶口需用米糧，著於乾隆十九年江蘇省應運新漕內截留十萬石，就近存貯，以備賑卹之用。該部遵諭速行。（高宗四七〇、一）

（乾隆二〇、一〇、丙午）諭：浙江嘉、湖等屬與江蘇毗連，該處今年蠶收歉薄，又於七、八月內，間被雨水，寧、紹等屬均有風潮，秋禾不無淹損。前於該督撫等奏報，諭令加意撫恤。著再傳諭該督撫，查明災地錢糧，有應行蠲免及緩徵者，體察情形，分別辦理。一應撫綏之事，務宜董飭所屬，實力為之，毋俾災民稍有失所。其該省本年應運漕糧，前已有旨截留十萬石，著再加恩截留五萬石，分撥存貯備用。該部遵諭速行。（高宗四九八、九）

（乾隆二〇、七、己亥）諭：今年江南淮、徐、揚等屬，間有被水之處，已先後降旨，令該督撫查明賑恤，今續據莊有恭奏，大江以南之陽湖、江陰、靖江、金匱、粟陽等縣，大江以北江浦、六合二縣及淮、徐、海三府州屬，均有續經被水之處。雖據該撫奏稱，現在辦理撫恤，各屬米價亦尚平減，但歉收處所，米穀宜早為籌備。著將該省本年漕糧截留十五萬石，以資備用。該部遵諭速行。（高宗四九三、九）

（乾隆二〇、八、辛亥）諭：今年淮、揚等屬下游居民被水，急需賑恤，已降旨截留漕糧十五萬石。今據莊有恭奏稱，今歲被水之時，較十八年更早，且經疊次被淹，民情拮据。朕心深為軫念。著將本年應運漕糧再行截留十五萬石，以備賑濟之用。該督撫等董飭屬員，實力查辦，務俾災黎均霑實惠。該部遵諭速行。（高宗四九四、一一）

（乾隆二〇、九、丙子）諭：淮、揚各屬被水成災，朕屢降旨加恩撫恤，並截漕備賑。尹繼善等現今查辦，但念該處疊被災祲，民情艱苦，著將江蘇省本年應運漕糧，再行截留二十萬石，為賑糶之需。並著河南巡撫圖勒炳阿，撥豫省粟麥二十萬石，遴委妥員，速行運至徐、邳等處，就近交收，以備賑恤。尹繼善等務董率屬員，實心辦理，以副朕軫恤災黎之意。（高宗四九六、六）

（乾隆二〇、九、己亥）諭：淮、揚及江蘇等府屬，本年偶被偏災，已屢飭該督撫，加意撫綏賑恤，截漕撥粟，疊次加恩，並降旨於例應蠲緩外，將勘不成災，應徵漕糧，酌量改收折色，以紓民力。但恐來歲青黃不接之時，糧價漸致昂貴，不可不寬裕儲備。著將湖廣省本年應運漕糧，截留二十萬石，江西省本年應漕糧，截留十萬石，俱即委員運赴江蘇，分撥收貯，以備將來接濟之用。其應於何處附近水次州縣交收，著該督撫妥協辦理。該部遵諭速行。（高宗四九七、二八）

（乾隆二一、一、庚子）又諭：上年江、浙兩省截留漕糧，共一百一十餘萬石，原為地方賑卹之需，而其中亦有因朕南巡，先期奏明備用者。今思該二省現在歉收，民食必須充裕，方可有備無患，雖屢經降旨，多方撫卹，而將來青黃不接之候，小民餬口爲艱，實堪軫念。恐該督撫等拘泥前奏，或留其有餘，以致澤不下究，非朕意也。所有江省截漕一百萬石、浙省截漕十五萬石，著交該處儘數賑糶撥用。各督撫等其董率屬員，善爲經理，務俾窮黎均霑實惠，副朕子惠元元至意。該部遵諭速行。(高宗五○四、三)

（乾隆二一、一一、癸亥）諭：前已降旨江、浙兩省各截漕五萬石，以備平糶之用。但明春巡幸，所經江省地方較多，五萬之數恐尚不敷。著再截留五萬石，分貯平糶，俾市價不至昂貴，於民食尤有所濟。該部即遵諭行。(高宗五二七、二七)

（乾隆二二、二、乙酉）諭：江蘇徐州屬之銅、沛、邳、豐、蕭、碭、睢等七州縣，上秋偶被偏災。業經蠲賑並施，並將新舊漕糧概行停緩。第朕念該處俱係積歉之區，民鮮蓋藏，將來青黃不接之時，正須設法調劑。所有七州縣熟田應徵漕米二萬四百餘石，著即截留本地，照例糶借，庶於民食更爲充裕。該部即遵諭行。(高宗五三三、一三)

（乾隆二二、四、丁卯）諭：徐州等府屬州縣疊被水災，業經蠲賑兼施，並截留徐州本處漕糧，以供借糶。昨車駕幸臨，又復將所有借災籽種口糧，不分新舊，概予豁免，凡以曲體頻施，冀於災黎少濟。今思該處倉儲不裕，不可不豫籌。著再將本年現運漕糧，截留五萬石，存貯徐州等府，以備不時之需。其上江之鳳陽等屬，頻年被浸，小民艱於謀食，並著截留漕糧五萬石，撥運鳳陽等處備用。其酌截何幫漕船、並如何分撥收貯之處，著該督撫等悉心區畫，一面辦理，一面奏聞。該部即遵諭行。(高宗五三六、一二)

（乾隆二二、六、丁丑）諭：河南歸德、陳、許等屬各縣，夏雨連綿，秋禾淹浸，前經降旨加恩撫恤一月口糧。但念該處積水驟難消涸，窪地西成失望，民食艱難，不可不多爲儲備，以資接濟。著將該省二十三年應解漕糧，截留十萬石，分貯州縣，用實倉庾而裕民食。其應於何州縣截留分貯之處，著該撫胡寶瑔酌量情形，妥協籌辦。仍將派撥各數，具摺奏聞。(高宗五四一、二)

（乾隆二二、七、辛卯）諭：前因河南歸德等屬秋禾被淹，積水驟難消涸，亟宜豫爲籌備。已降旨將該省本年應解漕糧，截留十萬石，分貯州縣，以裕民食。今裘曰修奏稱，被水之地，出產有限，恐應徵漕項，輸將未免竭蹶等語。豫省今歲被災較重，朕心時爲軫念。著加恩將被水最重之州縣，本年應輸漕項，折徵一年，其勘不成災，被水尚輕者，所徵本色米豆，即截留本省，爲冬春平糶之用。並將該省今歲漕船，春暫行停運一年，多爲儲備，

以資接濟。該撫等務期董率屬員，分別妥協辦理。該部即遵諭行。(高宗五四二、一)

（乾隆二二、七、丙申）又諭：據劉慥奏稱，豫省被水州縣，所需賑糶，請將山東、江南二省應運漕糧，截留五十萬石，運赴開、歸、陳、許等屬，以濟賑糶之需。並請於該二省近河州縣倉貯，按一米二穀，先行撥運等語。豫省今歲被災州縣頗廣，將來一切賑借平糶，需米正多，自當豫為籌畫，以資接濟。但山東、江南二省近河州縣，現在均有被水之處，倉儲亦應留備，未便撥運。江西、湖北與豫省舟揖可通，乾隆四年豫省被災，曾轉運楚米協濟，甚為妥便。此次應撥糧石，著交江西、湖北巡撫，在於該省相近河南各州縣倉貯，酌定數目，咨倉動撥，運交豫省分派收貯。其江西、湖北動撥穀數，即將該省本年應運漕糧照數截留歸款，以符原額。仍將撥運截留各務，一面辦理，一面速行具摺奏聞。(高宗五四二、一六)

（乾隆二二、八、癸酉）又諭：據碩色奏稱，湖北碾運豫米，動撥穀五十萬二千餘石，該省本年額徵運京漕米止一十五萬餘石，尚缺額常平穀約二十萬石。請將湖南本年運京糟糧十五萬餘石，截留十萬石，存貯北省，補還常平倉穀等語。今年運河水大，南來糧艘頗多阻滯，楚省過淮最後，抵通既遲，回空更至延誤。湖南應運漕糧，竟可停運京，漕糧十五萬餘石全數截留湖北。除所請十萬石存貯該省，照數補還倉額，其五萬餘石，一併委員運赴豫省兌收，更於賑糶有益。該部即遵諭行。署江西巡撫阿思哈奏：現碾米二十五萬石，分八起運往。目下各州縣正屆收漕，即飭令以二穀作米一石，按數徵收還倉，官民兩便。報聞。河南巡撫胡寶瑔奏：兩省水路，俱應由長江順流而下，至通州轉入洪澤湖，經泗州、臨淮等處，甚為便捷。應咨明江、楚以二十五萬石從臨淮抵亳州一路轉運，以二十萬石從臨淮正陽關抵周家口一路轉運，臣委員兌收接運，盤費飯食及水腳鋪墊，司庫支給。得旨：如所議行。咨各該處知之。(高宗五四四、三三)

（乾隆二二、九、己酉）又諭：江蘇淮、徐、海等屬連歲被災，賑糶需米浩繁。附近災地倉儲，類多缺額。現在開修河道，即日興工，夫匠雲集，糧價或致昂貴，不可不豫籌調劑。漕糧上關京儲，原不應多截，但該處現有工作，若專恃鄰境採買，恐緩不濟急。著將戊寅年應運漕糧截留二十萬石，分撥各屬，以資冬春賑糶之用。該部即遵諭行。(高宗五四七、五)

（乾隆二二、九、丙辰）諭：湖北從前碾運倉穀接濟河南，經碩色奏明，截留湖北漕米抵補外，俟湖南漕米經過武昌，再截留十萬石，以補常平倉穀。今該撫奏稱，湖南現有溢穀四十萬餘石，可令湖北來南領運歸倉，而湖南漕米，仍可全數起運北上，或於明春過淮時，酌留徐屬等語。徐屬災地屢加賑䘏，連歲俱經截留漕糧，米石自應充裕，而豫省頻年被災，今歲方加賑䘏，現在該省自尚有需米之處，著將湖北應截留湖南之漕米十萬石，撥給豫省，以備接濟。其應如何轉運分貯之處，著富勒渾、莊有恭、胡寶瑔會商妥辦。該部即遵諭行。（高宗五四七、一九）

（**乾隆二四、四、辛酉**）諭軍機大臣等：方觀承籌辦剥運事宜一摺，已於摺內批諭矣。此時北河水勢微弱，南糧頭幫已抵津關，雇船起剥，雖係多用空閒民船，而沿途客商船隻，仍恐不免壅滯。已有旨令將先到糧船內截留四十萬石，存貯天津北倉。將來水勢長發，續到船隻直抵通倉，不必更資起剥，既省目下購覓剥船之煩，此後遇有需用之處，即可就近轉移。所有截留存貯購運諸事宜，上年方觀承甫經督辦，定有章程。其如何辦理情形，著詳細奏聞。尋奏：糧艘將次抵津，因北河水勢微弱，應將先到各幫截留四十萬石存貯北倉，以免剥運。但前幫截留，後幫繼進必速，若北河水尚未發，續至仍需起剥。不如於先到各船，視每船應剥若干，於北倉起卸，截留原船之米抵通交兌。其中亦有只減載十分之三四者，所載無多，起兌甚易。以次截留至千數百船，遇河水長發，繼進自可無阻。其旗丁例出剥費由運官扣存者，仍按所起米數交坐糧廳收貯。此米如不需賑糶，全漕回空後，坐糧廳會同地方官以所存剥費雇船，由北倉運至通倉，一月即可轉輸全竣。如有撥用，則將剥費留充下年之需。北倉無占貯之米，其可以備緩急截剥之用，又不止在本年。得旨：甚屬妥協。如議行。（高宗五八四、二〇）

（**乾隆二四、五、癸未**）諭：前經降旨，令方觀承將本年先到漕糧截留四十萬石，存貯天津，以備賑糶之需。現今雨澤未敷，近京州縣糧價稍昂，民食恐未能充裕。著再截留漕糧二十萬石，於景州以北至天津一帶水次州縣，酌量分貯，以資接濟。該部即遵諭行。（高宗五八六、五）

（**乾隆二四、五、癸未**）諭軍機大臣等：近京地方雨澤愆期，糧價尚未平減，聞景州一帶更覺昂貴。現已降旨，令將運過德州之漕糧，再行截留二十萬石，酌貯水次州縣，以資接濟。現在京城內外及通州等處，設廠平糶，市價未至騰踴。著傳諭方觀承酌勘各處情形，如果糧價過昂，即可動項減糶，或用倉儲穀石，或用截撥漕米，照時價酌減，以平市價。該督其董率屬員，妥協經理，務使米穀流通，民食不至拮据。至截留之法，仍照北倉之例，則船輕易進，一舉兩得。（高宗五八六、六）

（**乾隆二四、五、戊子**）又諭：昨因近京州縣糧價稍昂，已降旨將先到漕糧截留四十萬石，存貯北倉。又於景州以北一帶水次州縣，截貯二十萬石以備撥用。但此時雨澤尚未霑需，且距秋成尚遠，不可不先事豫籌。著再截留二十萬石，分貯景州以北水次州縣，以資接濟。交與總督方觀承會同漕督楊錫紱於現到漕船內，遵照前旨，妥協辦理。(高宗五八六、一五)

（乾隆二六、八、甲午）又諭：方觀承奏直隸應需賑米二十萬石，請於漕船尾幫截撥一摺，朕前因直屬被水，需用米石，已降旨倉場侍郎，令其查明酌運北倉備用。今據溫福等覆奏，廣信等尾幫八萬三千餘石，可令各船帶回北倉備用。其通州西倉存貯米石亦甚充裕，如將來賑糶不敷，即照數酌量撥給。已於摺內批諭允行。所有需運米石，將來應如何交卸接收及一切經理事宜，彼此一面熟商妥辦，一面具摺奏聞。將此傳諭該部侍郎及該督知之。(高宗六四三、一九)

（乾隆二六、一〇、戊辰）諭：朕明春恭奉皇太后聖駕南巡，著照丁丑年例，於江、浙兩省冬兌漕糧內各截留十萬石，在水陸駐蹕地方分廠平糶。著漕運總督及各該督撫會同妥協辦理。該部遵諭速行。(高宗六四六、六)

（乾隆二六、一〇、癸酉）諭：比因直隸應需賑糶米石，已降旨令後至漕艘尾幫，及通倉酌撥糧共二十萬石，運赴備用。現在各省漕儲，全數抵通，綜計太倉歲入，至爲充裕，而直屬附近被水偏災之地、當青黃不接時，更宜從優豫籌貯備，俾地方穀多價減，於民計尤爲有裨。著於通倉內再行撥米二十萬石，交與直隸總督方觀承會同倉場侍郎等，照前次成例，酌令需米州縣赴通領運，以資接濟。(高宗六四六、一二)

（乾隆二六、一〇、甲戌）諭：今歲各省全漕抵通，綜計太倉儲積，甚爲充裕。直屬已疊降諭旨，加恩截糧四十萬石，以備賑糶平價之需。因念山東所屬，今秋被水偏災之處，雖非豫省可比，但循例撫卹之外，亦應多爲儲備，俾青黃不接時，小民得資接濟。著於本年應運漕糧內截留十萬石，存貯該省備用，其豫省本年漕糧，現令概行停運。除應行蠲免外，所有現在緩徵應行補徵起運者，一併留貯該省，隨時酌量應用，以示軫卹。(高宗六四六、一三)

（乾隆二七、六、丙午）諭：直隸自閏五月以來，雨水稍多，看來近京一帶，低窪地畝，不免有積水被災之處，應需米石撥用，自宜豫爲籌備。現在漕船，未經抵通收兌者尚多，著總督方觀承於尾幫所過之天津北倉以南，附近水次各州縣，分別酌量情形，約共截留漕糧二十萬石，以備將來撥用。並諭漕運總督、倉場侍朗等知之。(高宗六六四、二〇)

（乾隆二七、六、乙卯）諭：前因直隸雨水稍多，低窪地畝不免有積水被災之處，曾經降旨於天津以南附近水次州縣，截留漕糧二十萬石，以備撥用。但念現在被水各屬，收成不無歉薄，將來需米之處尚多，前次所截糧石，恐不敷用。著再加恩於抵津各幫內，截留十萬石，一併存貯北倉備用。該部遵諭速行。（高宗六六五、一一）

（乾隆二七、七、乙丑）諭：前因直隸夏間雨水稍多，低窪地畝不無積水被災之處，已疊經降旨截留漕糧三十萬石，以資撥用，第念豫籌米石，不妨寬裕存貯，庶爲有備無患。著加恩於北倉再行截漕二十萬石。倘各幫現在俱過天津，著該督方觀承即就天津以北，附近水次地方，酌量截留。該部遵諭遶行。並傳諭漕運總督楊錫紱知之。（高宗六六六、四）

（乾隆二七、一〇、戊午）調任浙江巡撫莊有恭奏：杭、嘉、湖、紹四府本年歉收，現照例撫卹，隆冬尚須接濟。查杭、嘉、湖三府，地近江省，商販流通，惟紹興一府，隔越錢江，兼以連年偏災，倉儲多半糶借，擬於附近之金華、蘭谿等州縣各倉，撥穀十五萬石，碾米運交。報聞。（高宗六七三、二五）

（乾隆二八、二、乙酉）諭軍機大臣等：朕此次恭謁東陵，道經通潞，見途次車運糧石，頗爲拮据，詢知即係前此奏明採運塔子溝等處米石一項。今據觀音保奏稱，此次米石原辦十二萬餘石，而此時赴通者，纔及四萬餘石。是雖設法催趲，終屬力勤費大，恐於貧民不能速濟。現已明降諭旨，令於本年山東、河南新漕內再行截留十五萬石，分給附近水次被災州縣，俾得銀米兼賑，尤爲有濟實用。所有口外米石，自可停其趲運，以免周章。可傳諭該督等現在尚未起運之米，固可存留別用，即經起運，亦可酌量於近口之密雲、懷來、遵、薊等州縣，乘便留貯，以爲賑濟平糶之需。方觀承等其即飭屬妥協遵辦，副朕加惠黎元至意。（高宗六八一、一〇）

（乾隆三五、閏五、辛亥）諭：楊廷璋奏，本年北運河一帶，因春末夏初雨少水淺，糧艘遄行稽阻，請將現未過津之運通船糧，酌量截留，於天津之北倉存貯等語。糧石貯通貯津，同一倉儲，今既據該督奏請截留，著照所請，於現未過津之船糧，不拘何幫，截留二十萬石，存貯天津北倉備用。該部遵諭速行。（高宗八六〇、一二；東二六、一七）

（乾隆三六、七、丙辰）諭：今年七月初，近京一帶雨水較多，瀕河州縣低田，間有被淹之處。節經諭令楊廷璋悉心查勘，分別賑借，並撥部庫銀五十萬兩，交該督貯庫備用，而撫卹諸事，米石在所必需。現在漕艘尚有未抵通者，著再加恩，截留漕米五十萬石，即於天津之北倉，起卸存貯，聽需米州縣，就近領運，俾災黎餬口有資，均沾實惠。其卸米之船，即於彼處飭令回空，亦爲迅便。著交倉場侍郎，妥協經理。該部即遵諭行。（高宗八八九、五）

（乾隆三六、七、壬戌）漕運總督崔應階奏：奉旨截留後幫漕米五十萬石，於天津起卸。查江西十三幫，內有本年滿號軍船六十餘隻，例應於交糧後變賣，照舊赴通外，尚有應交米五十四萬九千餘石，除截足五十萬，猶剩米四萬九千餘石，請亦在天津起卸。報聞。（高宗八八九、一八）

（乾隆三九、一〇、乙巳）諭：前因淮安一帶，今秋被水，節經降旨加意撫卹，俾災民不致失所。今據高晉等奏稱，災地需用米糧一項，必須豫為籌備，本省各屬常平倉穀，恐尚不敷撥用等語。著該督等即於江蘇各屬漕糧內，截留米二十萬石，酌量災地遠近，或全數撥留，或按屬派撥。並令該督等速即妥協經理，以備明春賑糶之用。（高宗九六九、二八）

（乾隆四〇、三、辛亥）諭：上年直隸、天津、河間等府，各屬倉穀，因賑動用者，例應買補。但恐一時官買過多，致市間糧價稍昂，於民食未免有礙。著加恩，截留豫、東二省漕米十萬石，暫貯北倉，交該督周元理，酌量領運撥補，俾民間多留蓋藏，示未優惠。該部即遵諭行。（高宗九七八、四）

（乾隆四三、閏六、甲申）豫省昨歲秋成歉薄，今年夏麥亦復缺收，閭閻未免拮据。業經疊降恩旨，加意撫卹蠲緩，俾令得所。幸各屬於六月中普得透雨，大田俱已趕種，可望秋成。第今距秋收之期尚早，現在糧食恐未必即能充裕。著將江西省尾後數幫之米，截留十萬石，於臨清水次，令鄭大進，委員接運回豫，以資儲備接濟。該總漕即速酌定幫數船隻，飭知押運各員，妥協辦理，該撫亦即派委幹員，照例妥辦。該部即遵諭行。（高宗一〇六一、一七）

（乾隆四三、七、己丑）諭：前因豫省今年麥收歉薄，降旨將江西尾後數幫之米截留十萬石，於臨清水次，令豫省接運，以裕民食。因念山東濟南、東昌各屬，及直隸、大名、廣平、順德等府，均有缺雨之處，二麥大半歉收，市糧未能充裕，雖不至如豫省之甚，民食究不免拮据。著再將江西尾後數幫之米，於山東、直隸各截留五萬石，以資接濟。其應截何幫船隻，即著鄂寶酌量分撥，檄知押運各員，迅速妥辦。至兩省應於何處水次截留運貯之處，著周元理、國泰酌量妥協籌辦。仍即一面辦理，一面具摺覆奏。該部即遵諭行。（高宗一〇六二、一）

（乾隆四三、七、癸巳）諭：前因豫省去歲秋收歉薄，本年夏麥又復缺收，閭閻未免拮据，業將江西省後幫之米截留十萬石，於臨清水次，令鄭大進委員接運回豫，以資儲備。今據姚立德等奏，儀封、考城汛內河隄漫口，其被水災民，現需撫卹，應用米糧必多，著再將江西尾幫漕米，截留十萬石，與豫省備用。著鄂寶即速查酌，應截何幫之米，飛檄押運各員，遵照妥辦，並著鄭大進即行酌量，於就近災所之運河水次，派委妥員接運，一面飛咨鄂寶查照，一面具奏。該部即遵諭行。（高宗一〇六二、九）

（**乾隆四三、七、癸巳**）又諭曰：姚立德等奏，河水異漲，隄工漫水情形一摺。朕初閱該督等奏摺事由內，係隄工平漫，以爲不過尋常漫口，尚欲將該督撫應得處分加恩寬免。及閱至大河掣溜之語，是該處河隄，竟係開口奪溜，不止平漫。該督等摺前所摘事由，殊屬含糊粉飾，是以降旨將姚立德、鄭大進交部嚴加議處，該督等當益加實力奮勉，悉心調度，速行董飭所屬員弁，上緊堵築，毋稍延緩。至所需稭草槳橛，該工既向無存貯，該督撫應即會同飛調，趕運應用，並據稱，考城縣適當漫口之下，一時未能堵禦，居民俱遷移大隄棲止，已委員確查撫卹，不使失所等語。此尤最要之事，該撫務須率妥速查辦，撫卹得宜，俾災黎均霑實惠，至豫省庫貯銀款有限，現在需用較多，已降旨撥兩淮鹽課銀五十萬兩，迅速解送豫省領運，以裕民食。今該省復有被水災民，急需賑卹，恐所截之米，尚屬不敷，現復諭令再截江西漕糧十萬石，以備賑借之用。並著鄭大進酌議於災所相近之運河水次，接運應用。一面飛咨總督照辦，一面奏聞，仍著將堵築情形若何，迅速覆奏。（高宗一〇六二、一一）

（**乾隆四三、七、乙未**）又諭曰：鄭大進奏，儀封、考城二縣被水情形一摺。儀封十六堡漫口至七十丈，且已掣動大溜，其勢較甚，朕心甚爲軫念，不可不上緊堵築。至被水之州縣，考城最重，其漫口之儀封及黃水經過之寧陵、睢州、永城等處村落田廬，恐亦不免淹損。該撫所奏，飛委榮柱齊銀馳赴各縣，速爲撫卹，並委員雇備舟筏，隨帶炒米炒麪，分路濟渡窮民。及搭蓋篷廠以供棲止等語，所辦尚好。甚餘凡屬被災之地，均宜切實查勘撫卹，毋使一夫失所。昨又截留江西漕米十萬石，令豫省接運備用，以資災民口食，但恐各處被災人户，並應賑卹，需米較多，現已派尚書袁守侗馳驛前往，會同查辦。並面諭袁守侗如約計兩次所截米二十萬石尚不敷用，即再截留米十萬石，一面飛札鄂寶，迅速派撥，一面奏聞。其儀封之十六堡漫口奪溜，尤宜上緊堵築，昨已傳諭高晉令其自行酌量，帶領諳習椿埽之將備，迅赴豫省，督同調度堵築。高晉能否前往，尚難遽定，姚立德等務須即速上緊趕辦，毋稍懈緩，其所需稭束槳科等項，鄭大進尤須星速調運，以濟急工。今又派袁守侗馳驛赴工，會同該督撫迅速籌辦，務使剋期合龍，以慰懸注。將此傳諭知之，仍將堵築漫口情形若何，迅速由驛覆奏。（高宗一〇六二、一五）

（乾隆四三、七、壬寅）諭：前因豫省上年秋歉薄，今夏二麥缺收，民食不無拮据，即降旨截留江南尾幫糟糧十萬石，令豫省於就近水次運回備用。嗣以儀封、考城二汛漫口，復截留漕糧十萬石於豫，以資賑卹，併先後撥給兩淮鹽課銀一百萬兩，俾銀穀兼賑，災民不致稍有失所。今復思該省秋禾，雖可望有收，而儀、考兩汛，現有要工料物，並須各屬辦運，恐於冬間兌漕諸務，不免兼顧爲勞。著再加恩將豫省本年應行起運漕糧內，酌留粟米十萬石，留貯該省，以省輓運之費，並可備賑糶之用。該撫董率所屬實心經理，俾閭閻均沾實惠，以副朕軫念災黎之至意。該部即遵諭行。（高宗一〇六二、三五）

（乾隆四三、七、壬寅）諭軍機大臣等：據鄭大進奏，請將續撥之漕米十萬石，毋庸截留，懇以豫省本年漕米酌留十萬石，以省往返周折等語。所奏亦未嘗不是，但截留江西尾幫漕米，固爲豫省賑卹之用，亦因今歲漕艘北上較遲，恐其來回稽誤，是以截留在後之幫船，於臨清交兌，俾得趕早回空，不誤新運，所謂一舉兩得也。若以豫省新糧抵撥該省，雖似調劑得宜，而於漕運之法，未爲妥協。但該省現有漫口工程，被災較重，又不如將新漕酌留十萬石於該省，以免輓運之勞，且令糧食充裕，於賑糶諸務，亦爲便易。現已明降諭旨，勅部速行。至所留專係粟米，其黑豆一項，爲每歲京城飼馬所必須，即麥石亦有應用定額，自未便一體停運也。將此諭令鄭大進知之。（高宗一〇六二、三六）

（乾隆四三、九、癸巳）又諭：據陸燿奏，東省自閏六月、七月以來，各屬俱得透雨，秋禾普種，現在百穀登場，合計通省收成，確有九分有餘。前奉恩旨截留江西漕糧五萬石，已飭令收貯寧水次，酌給各州縣相時出糶等語。東省收成既有九分有餘，是各屬均屬豐收，現可無需米糧接濟，而豫省今年被災較重，雖節次降旨截留漕糧二十萬石，又留豫省新糧十萬石，以備賑卹，尚恐不敷，與其將截留漕糧五萬石，留貯東省水次，以待來年之用，又不若即將此項米石，撥交豫省接運，以備賑卹，於豫民自更有益。著傳諭國泰即酌量情形，如濟寧所貯之截漕五萬石，可以撥給豫省，即一面覆奏，一面知會鄭大進派員赴濟寧領運，如此項米石，東省亦所必需，即據實具奏，不必勉强從事。尋奏：請將已撥存貯漕糧，仍留爲東省平糶之用。得旨：是。（高宗一〇六六、一八）

（乾隆四四、八、辛巳）山東巡撫國泰奏：東省六月間，因直隸河南漳、衛二河水漲，倒漾入運，並本省洸、泗、汶各河驟漲，以致臨清、濟寧、德州、館陶、邱縣、夏津、武城等七州縣被淹。蒙恩截留江西漕米五萬石，分貯沿河州縣備用。現各按田禾所損之多寡，民力需用之緩急，酌借籽種，俾得及時種麥，其應還本年常社倉穀，請俟來秋徵收。報聞。（高宗一〇八九、二九）

（乾隆四四、一一、己亥）諭：安徽省所屬之亳州、蒙城暨下游鳳陽、泗州各處低窪地畝，本年秋間被水，前經諭令該撫等按照災分輕重，分別給賑，各處貧民，自可口食有資。但念本年被水處所，即係上年被災之地，昨歲曾撥運川米十萬石，分給平糶，是以米價不致過昂。今該處仍復被水，恐明歲青黃不接之時，災地窮黎，究不無拮据。該省潁川、鳳陽、泗州三屬及六安、霍山二州縣，今歲俱多豐熟，與各災地相距最近，著該撫即於各處應徵漕米內，加恩截留三萬五千石，豫備明春減價平糶，以濟民食。該部即遵諭行。（高宗一〇九五、四）

（乾隆四五、八、庚申）諭：本年直隸雨水頗多，各州縣間有淹浸之處，現雖漸次涸出，而被水地畝收成不無歉薄，朕心深爲軫念。著加恩於天津水次，截留漕糧十萬石，存貯北倉，以備直屬分運賑卹之用，俾貧民口食不致拮据，以副朕軫恤窮簷至意。該部即遵諭行。（高宗一一一二、二三）

（乾隆四五、八、丙寅）諭：前因直隸雨水過多，被淹地畝收成不無歉薄，曾降旨截留漕糧十萬石，以備賑卹之用。今據鄂寶等奏，漕運遲到，著再截留二十萬石，存貯北倉，既可令其早回受運，即以備接濟直隸各屬賑卹，或補州縣倉貯，亦屬兩便。該部即遵諭行。（高宗一一一三、八）

（乾隆四六、七、甲子）諭：本年六月，江蘇崇明縣猝遇風潮，被災較重，貧民口食未免拮据。著加恩於蘇屬本年應行起運漕糧內截留十萬石，以備賑濟平糶，副朕軫恤災黎之至意。該部遵諭速行。（高宗一一三七、三〇）

（乾隆四七、八、壬午）又諭：據明興奏，兗、曹等府屬被水地畝，現在籌辦賑濟，請將江西重運幫船截留米二十萬石，以備賑卹等語。今歲江西重運，抵津較遲，東省既須截留，自應如該撫所請辦理。至該省現辦賑濟，如需用米石較多，不妨多爲籌備，即於江西幫船內截留米三十萬石，更可以資接濟。著明興酌量辦理。（高宗一一六三、五）

（乾隆四七、九、庚戌）諭軍機大臣等：據鄂寶、毓奇奏，催趲漕船出山東境一摺。內稱於九月初七日將江西尾幫趲過臨清，十二日全數過德州北上等語。今歲河湖水大，漕船行走遲延，前經降旨將江西幫漕米，截留山東三十萬石，交明興存備該處散賑之用，何以鄂寶等摺內復奏有全數幫船過德州之語？殊不可解。著鄂寶等即行據實覆奏。……尋鄂寶奏：江西糧艘共十三幫，前奉旨截漕三十萬石，備東省賑卹。臣覈明船米數目，將永建等七幫截留濟寧、東昌兩處交卸，其截剩之南昌等六幫，仍應挽赴楊村起剝。臣因南昌幫船，係赴楊村最後之幫，是以前奏催過臨清、德州摺內，即將該幫作爲尾幫，未能分晰聲敘，實屬糊塗。得旨：果然。（高宗一一六五、一）

（**乾隆四七、一〇、庚午**）諭：據薩載等奏，徐州、海州、淮安所屬，本年被災較重，請於江屬成熟州縣，截留漕糧八萬石等語。江省所屬因下游漫水，連被災祲，叠經降旨加恩賑卹，需用米石較多。著照該督等所請，於江屬成熟州縣內，就近截留漕糧八萬石，以資接濟。（高宗一一六六、一六）

（**乾隆五〇、三、辛酉**）諭曰：畢沅奏，豫省河北一帶各屬倉儲，因連年積歉，蠲緩散給，存貯無多。請於豫省應行起運米豆內，截留十一萬餘石，並於山東漕糧內，就近截留八萬石，方足二十萬石之數，以備接濟等語。河南衛輝一帶，近歲被有旱災，叠經降旨蠲免展賑，俾窮民得資餬口。現在尚未得有雨澤，朕軫念災黎，無時稍釋，自應寬爲儲備，俾倉糧充裕，以供賑借之需。竟著於豫、東兩省內，截留糧三十萬石，若東省漕糧不敷，著即於南省就近各幫漕糧內撥給，俾資接濟。該部即遵諭行。（高宗一二二六、一〇）

（**乾隆五〇、三、辛酉**）諭軍機大臣曰：畢沅奏，衛輝一帶被有旱災，請截留漕糧二十萬石，以資賑貸。計截豫省臨前、平前、平後三幫米豆五萬餘石，臨後、徐前、徐後三幫米豆六萬餘石，並請在山東起運糟糧內截留粟米八萬石，以足二十萬石之數等語。衛輝一帶被旱已久，窮黎口食維艱，雖屢次加恩展賑，即此時或得雨後，尚須酌借籽種口糧，不可不急爲籌畫。朕正慮及此，而前此何裕城竟未見及，畢沅所奏甚是。已明降諭旨，著於豫東兩省漕糧內，竟給三十萬石；若東省漕糧已經起運，不敷添撥，即於附近南糧，撥足三十萬石之數。前因豫省河工緊要，衛輝旱災急宜籌辦，是以將畢沅調任該省巡撫。今該撫因河北各屬倉儲連年積歉，蠲緩散給，存貯無多，而別府州屬又多不通水路，挽運維艱，即請截留漕糧，並恐軍船遲重，即酌雇民間小船，往返遞運，其所截山東漕糧，亦一體雇覓民船剝運。該撫甫經蒞任，所思即能如此周到，實爲盡心民瘼，自可感召天和，以期速需膏澤。朕深爲慰幸。畢沅可嘉。現在畿輔一帶連日得雨，雲氣廣闊，豫東二省，或亦當普被甘霖。上年以來，山東曹州各屬雨澤稀少，亦不爲豐足，今截留山東之米，以濟河南，恐山東之民，不無向隅之歎。如近日得有透雨，麥苗可以補種齊全，無需接濟則可；若仍未得雨，山東亦有應需接濟之處，亦未可知。著傳諭毓奇、明興會同商酌，密行籌辦，或酌留南省附近漕糧十萬石，以備需用。其應撥豫省糧石，或軍船現已北上，即於首進南糧內照數截留，

撥給豫省備用。毓奇、明興務須詳細籌酌，妥協辦理。仍將酌辦情形，迅速覆奏。將此由六百里傳諭知之。（高宗一二二六、一一）

（**乾隆五〇、五、辛酉**）諭曰：明興奏，曹州、東昌、濟寧、臨清各府州屬，雨澤稀少，麥收歉薄，現在未得透雨，地方未經播種者，尚有三十州縣，將來恐有應需接濟之處；東省倉儲，歷年蠲緩出借，尚未買補還倉，積貯無多，請截留南糧二十萬石，存貯備用等語。東省曹州、東昌等處雨澤愆期，曾經借給口糧籽種，並加恩將應徵帶徵錢糧倉穀緩徵，以紓民力。各該處未得透雨，明興早當奏請截留漕糧，寬餘儲備，俾資接濟。著於南糧頭進在後各幫內截留二十萬石，存貯濟寧、聊城水次，以備應用。該部即遵諭行。（高宗一二三〇、二二）

（**乾隆五〇、五、癸酉**）諭：江蘇淮、徐、海三屬，本年雨澤愆期，二麥收成歉薄，現距秋成尚遠，農民未免拮据。所有被旱最重之銅山、豐縣、沛縣、蕭縣、碭山、邳州、睢寧、宿遷、安東、阜寧、桃源十一州縣實在貧民，著借給兩月口糧；被災次重之清河、鹽城、海州、沭陽、贛榆五州縣貧民，著借給一月口糧，以資接濟。再該處州縣倉儲，頻年賑貸，所存糧石無多。其淮安一屬，著該督撫就近酌撥調劑。所有徐、海二屬鄰近豫東二省地方，糧價不無昂貴。著於邳州、宿遷一帶水次，截留糟米十萬石，以八萬石分撥徐州各屬，二萬石分撥海州各屬，以備賑貸之用。該督撫其實力奉行，以副朕軫念災黎，無使一隅失所之至意。該部即遵諭速行。（高宗一二三一、一四）

（**乾隆五〇、五、甲戌**）又諭：據毓奇奏，東省截留漕糧二十萬石，應於各幫中擇其疲乏者，酌派截卸，庶賑貸民食之中，并寓調劑疲丁之意。又據阿那布奏，衛河水小，多有淺阻，剝船艱難，船行不能順利，且窮民盼賑孔殷，可否即在南糧首進前數幫內先行按數截留應用各等語。毓奇所奏本為調劑疲丁起見，但伊身在淮安，未知衛河水弱，漕船行走濡滯情形。今既據阿那布稱河水淺阻，剝船艱難，自係該處目擊實情，應即在首進前數幫內，先行按數截留應用。則漕船既可不至守候待剝，而應賑各屬群黎嗷嗷待哺，俾得早霑一日之惠，早得一日之益，較為便捷。著傳諭明興、阿那布，即將現在東省首進數幫，酌量沿河就近水次截留備用。迅速辦理，務使災氓早霑渥澤，副朕勤恤民隱至意。若不敷截撥之數，再於毓奇所奏首進各幫湊撥足數。現又有旨於江南截留漕糧十萬石，以備賑需。即可再於毓奇所奏將大河等疲乏各幫，照數酌留截卸，以紓丁力。儻此數幫已行過江省，亦不必轉為截卸，即於續進幫船內酌量妥辦截留，以省牽輓之勞。總以便兵便民為要。

將此由六百里各諭令知之。毓奇摺並鈔寄明興閲看。(高宗一二三一、二四)

（乾隆五〇、五、丁丑）諭：據書麟奏，安省被旱地方較廣，旬日内即得透雨，雖仍可有收，而鳳、潁、泗三屬乃積歉之區，必須預籌接濟。請於三進幫船内截留漕糧五萬石，以備賑貸之用等語。安省亳州、鳳陽等各屬，上年被水歉收，本年又復雨澤愆期。業經加恩分別借給籽種口糧，諭令該撫實力妥辦，速籌接濟，以紓民力。今各該處尚未得有透雨，農民望澤孔殷，未免情形拮据，自應寬爲儲備，俾資賑恤。著照所請，於三進幫船内截留漕糧五萬石，存貯備用。該部遵諭速行。(高宗一二三一、三三)

（乾隆五〇、七、辛未）諭軍機大臣等：據劉峩奏請截留漕米十萬石以資賑借一摺，已明降諭旨允行矣。但本年河水淺阻，各省漕艘到通較遲，所有頭二進幫船，自應聽其盡數赴通起卸，俾及早回空南下，不可邊行留截。其直隸需截之十萬石，著劉峩酌量情形，總於已入東境北上之最後尾幫内，照數截撥，令各州縣前赴臨清水次兑交，則漕艘即可就近起卸，迅速回空受兑，仍無誤冬春賑借之用，方爲一舉兩便。將此傳諭劉峩，並諭毓奇、明興知之。(高宗一二三五、二三)

（乾隆五〇、八、戊寅）諭：據薩載等奏，淮安、江寧、常州、鎮江、揚州五府屬，本年被旱，收成不無歉薄，糧價漸昂。請於現在截留黄河以南江西漕米二十八萬石内，酌撥十萬石，分給淮安等五府屬平糶，接濟民食。所有糶價，提貯司庫，俟來歲秋收豐稔，照數買補，帶運抵通交納等語。著照所請，即於截留米石内酌撥十萬石，交與該督撫等分給淮安等五府屬，以備平糶之用，俾民食得資接濟。該部即遵諭行。(高宗一二三六、一)

（乾隆五〇、九、辛酉）又諭：據毓奇奏，截卸江南各州縣存貯之江西糟糧十八萬餘石，若交明春江南糧船搭運，一卸一交，即有折耗，旗丁不無賠補之累。請撥給江寧省倉七萬石支放兵糧，其餘米十一萬餘石，一併交江南省，以備冬春平糶賑借之用。酌定所值價銀，即行全數解交江西省，於今冬十月採買之期，照數買米貯倉，於新漕開兑時，一同兑交該省各幫，搭運赴通交納等語。所辦是。江寧省倉，例支八旗及各標營歲需米石，向係江寧府屬及安徽省屯漕米款徵收濟放，本年安徽等屬被旱成災，無米可徵，而淮揚一帶亦係被災之區，恐無餘糧以供採買，自應覈計江寧應需支發兵米若干，即於此項截卸漕糧内，撥給六七萬石應用。再安徽省歉收州縣甚多，前已截留漕糧平糶，以資民食。今冬明春恐尚需接濟。亦應即於截卸漕糧内，撥給十萬餘石，以備平糶賑借之用。至江西省本年秋成豐稔，採買米石，不至昂貴，應酌定撥給江南米石所值價銀若干，全數解交江西省採辦，交該省幫船帶運。似此一轉移間，既免江南省截貯日久耗折之累，而江西省應行搭運米石，即於該省原船兌收，辦理較爲妥協。著傳諭薩載、書麟、舒常迅速籌辦，仍各速行具奏。並諭毓奇知之。（高宗一二三八、三六）

（乾隆五〇、一〇、辛巳）軍機大臣等議覆：署江西巡撫舒常奏稱，本年江西省截卸江南漕糧十八萬石，前經議准定價交江西採買，附新漕搭運。查江西漕船裝載米石較多，喫水太重，恐運河行走遲滯，請將應運米分二年搭運赴通。應如所請。從之。（高宗一二四〇、七）

（乾隆五〇、一一、丙辰）諭軍機大臣等：據明興奏，本年東省雨澤愆期，各州縣被災地方酌量本折給賑。所有截留南漕二十萬一千餘石，現在不敷給發，請將五十一年應運通米一十六萬九千六百六十一石零，黑豆五萬四千八百四十七石零，儘數截留，分撥各州縣，均勻賑糶等語。已批屆時有旨矣。此因地方災賑，截留漕糧以濟民食，應俟新正另降加恩諭旨。但此時現屆仲冬，若至明年新正，已值漕船赴運之期。著傳諭明興，即將該省本年應徵各州縣米豆停運，散給各州縣，出示曉諭，於明春青黃不接之時，均勻賑糶，以資災黎餬口。惟是此項米豆，係正項漕糧，本應起運交通，若於該省截留，不爲設法補運，則通倉存貯較少，於天庾正供有缺。前據薩載等奏，請於截留江西漕米內，酌撥十萬石，分給淮安等屬平糶，俟來歲秋收，照數買補帶運抵通。今東省事同一例。著該撫於明年秋收後，仿照江蘇辦法，將前項截留給賑米豆，照數採買，酌量兌交各幫船，搭運赴通，以還正項。將此傳諭知之。（高宗一二四二、一三）

（乾隆五五、二、癸酉）又諭：向來直隸地方，遇有應需賑濟等事，節經將南糧截留北倉，預備撥用。本年漕糧全數來通爲期較早，天庾充裕，應於南糧內截留三十萬石，存貯北倉，以備接濟之用。……將此諭令知之。（高宗一三四九、一五）

（乾隆五五、一〇、丙子）刑部尚書暫署山東巡撫胡季堂奏：本年濟南、武定各屬二十七州縣被水成災，仰蒙賑卹，請將本省應運漕米十二萬一千九百五十餘石，全數截留，以充民食。得旨允行，下部知之。（高宗一三六五、二五）

（乾隆五七、四、丁未）又諭：直隸順德、廣平、大名三府，自三月以來，並未得有雨澤，而豫省河北彰德、衛輝、懷慶三府屬，雖間得微雨，亦不成分寸，朕心深爲厪念，昨已有旨馳詢豫省矣。現已將屆立夏，即甘膏立霈，麥收亦不無歉薄，自應早爲設法接濟，俾小民不致失所。若俟地方官具報到日，再降諭旨，恐閻閻口食，未免拮据。現已面諭梁肯堂，令其馳赴天津，辦理截漕事務。並著倉場侍郎劉秉恬，會同妥爲經理，於續到津關南糧漕船內，截留漕米六十萬石，以三十萬石留於直隸地方，以備順德、廣平、大名三府接濟之需，以三十萬石運送豫省，以備河北三府接濟之需。雖每府以十萬爲率，其間視災之輕重，戶之多寡，令該督酌劑撥用。向來山東糧米，有係河南漕船運載赴通者，此時該省漕糧，雖已起卸回空，想船隻未必即過天津。即可將截留接濟豫省漕米三十萬石，順便載回該省，交穆和藺酌量存貯河北備用。其直隸截留漕米三十萬石，應運貯何地，就近備用之處，著梁肯堂自行酌辦。至漕米既在天津地方截留，所有旗丁等食米，更有多餘，即准其就近糶賣。該處糧石，既得藉以流通，於民食益有裨益。劉秉恬接奉此旨，即行帶員前赴天津，其時梁肯堂亦可到彼，會同商酌，妥協辦理。於南糧幫船內，酌量何幫截留爲便，即將該幫米石截留。該督等務須籌酌盡善，毋許地方胥吏，從中滋弊，以期小民得受實惠，副朕厪念民依，先期籌畫至意。計截留撥運，不無略需時日。並著梁肯堂、穆和藺先將此旨於缺雨地方，徧貼謄黃，使百姓先知口食有資，而市儈亦不敢壟斷居奇，方爲兩有裨益。尋劉秉恬、梁肯堂奏：截漕六十萬石，接濟直、豫二省，若俟江廣船到，未免稽遲。應將現已抵津之廬州頭幫，先行截留，於兩幫內間留一幫，不致通壩停斛。其米應運直隸大名者，由臨清河至衛河，直抵府城；應運順、廣兩府者，由漳河至廣平府境；應運豫省者，由臨清至衛河，抵楚旺水次交兌。得旨：所辦妥。知道了。（高宗一四〇〇、一七）

（**乾隆五七、四、己酉**）諭軍機大臣等：昨諭令梁肯堂馳赴天津，會同劉秉恬，於續抵津關南糧幫船內，截留漕米六十萬石，以三十萬石接濟直隸南三府，以三十萬石接濟豫省北三府。已將明發諭旨，由驛發交穆和藺矣。該撫接奉後，自當遵照辦理。但此項米石，雖令梁肯堂等，就近交豫省回空幫船，順便截回。而兌收裝運，以及沿途照料，均須專員經理。著穆和藺迅即派委妥幹道府大員，速行迎赴前途，將米石督運回豫。並著穆和藺酌量附近河北三府屬地方，存貯備用。再截留接濟豫省漕米，雖約以一府十萬石爲率，但亦須視州縣戶口之多寡，受災之輕重，均勻酌劑，毋許地方官吏從中滋獎，務期民受實惠，方爲妥善。仍著遵照昨降諭旨，先行刊刻謄黃，於該三府屬缺雨處所，徧行曉示。俾窮民知口食有資，而市儈亦不致有囤積居奇之事，以副朕軫念民依，先事綢繆至意。（高宗一四〇〇、二八）

（**乾隆五七、五、丙寅**）諭：前因直隸順德、廣平、大名三府屬，入春雨澤短缺，麥收歉薄，曾降旨截漕三十萬石，以備應用。其應徵新舊錢糧，一併緩徵，並令該督酌量借糶，俾資接濟。本日據梁肯堂奏，現報被旱州縣，俟勘明如果成災，即需賑項，通盤覈計，尚須豫爲籌備。請將恩賞豫省漕米三十萬石內，多餘之米十萬石，賞給備用等語。看來直省本年缺雨地方較廣，河間、景州一帶，至今未獲甘霖，即順德、廣平、大名雨水亦未能霑足，現在時逾小暑，大田恐不及趕種，必須寬爲籌備，以裕民食。著加恩於該督所請十萬石之外，增賞十萬石。即著劉秉恬與梁肯堂相商，就近酌撥應用。該督務宜體察情形，實心經理，俾小民均霑實惠，以副朕軫念災黎，有加無已至意。（高宗一四〇五、二五）

（**乾隆五七、八、壬申**）諭：前因直隸順德、廣平、大名三府屬，雨澤短缺，麥收歉薄，早經降旨截漕三十萬石，以備接濟。又因保定、天津一帶，得雨稍遲，被旱較重，而河間、景州爲尤甚。雖已賞截漕米二十萬石，但恐被旱處所較廣，尚有不敷，特令梁肯堂通盤籌畫，如放賑銀米，不能足用，即行據實陳奏，再行撥給。今據該督奏，悉心覈計成災分數及應賑戶口，尚不敷米二十萬石，銀八十萬兩等語。著照所請，即於通倉內再行賞撥漕米二十萬石，戶部庫帑內撥給銀八十萬兩，交該督收貯，以備賑濟之用。……該部遵諭速行。（高宗一四一〇、一〇）

（**乾隆五九、五、辛亥**）又諭：據福寧奏山東各府屬得雨情形一摺。其兗、沂、曹等府，於本月十二三日各得雨自三寸至四五寸及深透不等。至武城地方及高唐、德州等處，得雨不過二三寸，未爲深透，尚屬望澤甚殷。已節降諭旨，令該撫查缺雨各屬，量爲借糶，以資接濟。因思直、東二省，本年缺雨情形，直省惟永平、宣化、承德等府，得雨尚爲霑足，秋成有望。其餘各屬雨澤均屬稀少，秋收未免歉薄。至山東泰安迤南、濟東迤東一帶，本年節經得雨，俱爲深透。惟濟南以西至德州一帶，未霑渥澤。看來直隸被旱成災之處，約有十之七八，而東省被旱處所，則不過十之三四，如有亦須酌截漕米之處，即不必如直隸六十萬石之多。約須截留若干，足敷備賑之處，著傳諭福寧迅速查明，據實具奏，以副朕矜念災區至意。（高宗一四五三、一九）

（**乾隆五九、六、己未**）諭軍機大臣曰：梁肯堂奏，順天、保定、河間、天津等府，於二十五六等日，得雨二寸至五六寸深透不等。順德、廣平、大名三府，亦於二十五六日得雨一、二、三寸，倘續經得雨，尚可不礙秋成。請先截漕十萬石，存貯備用，其五十萬石，暫留北倉，臨期再行酌量奏請動撥等語。直隸各屬，普被甘膏，實深慶幸，數月焦勞，爲之稍慰。計該省雨澤，保定、天津、河間等府，均極霑足，秋禾藉資勃發，自可冀有秋。其缺雨各屬，今已一律得雨，土膏接潤。即間有被旱處所，亦可望大半收成。即使有應加賑濟者，亦不致多需帑粟，現已據該督將南糧截留十萬石，將來足敷分撥，其餘銀米儘有多餘，自可備而不用。梁肯堂惟當益加敬慎，不可稍存滿足之見。（高宗一四五四、九）

（乾隆五九、六、丙寅）又諭曰：管幹珍奏，江廣漕船全入下水，遄行甚速，并商民船隻，一體暢行無滯等語，所辦尚好。至所奏截漕事宜，前因直隸地方缺雨，先期降旨截留南糧六十萬石，以備借糶賑恤之用。今時霖疊沛，節據梁肯堂奏到，直隸通省普得透雨，秋禾均已翻種長發，惟需截留平斛南米十四萬石，存於臨清，分撥得雨較少之大名、順德、廣平等屬，儘足敷用。現在情形與前又異，著傳諭梁肯堂會同管幹珍商酌而行，除截留臨清南米十四萬石外，如尚有應行寬爲豫備之處，酌量截留若干，以備應用。如無需多備，徒滋起卸轉運之煩，漕船現已遄行無滯，自可仍令抵壩，較爲省便也。（高宗一四五四、一九）

（乾隆五九、六、辛未）又諭曰：梁肯堂奏，大名、廣平、順德各府屬，於本月初十、十一兩日，各得雨四五寸至七八寸不等，極爲深透。已種田禾，長發暢茂，未種者悉已佈種齊全，可以轉歉爲豐。所有請截漕糧，除已經截留之十四萬餘石，仍運至天津改貯北倉外，前奏請截留北倉之四十五萬餘石，已可無需，應仍運至通倉收兌等語。覽奏欣慰，益勵敬勤。前因大名、順德、廣平一帶雨澤愆期，是以降旨截漕六十萬石，以備賑卹之用。今該三府業已普被優膏，一律深透，農功大起，可望秋成。現已據梁肯堂奏將截留南糧十四萬餘石，運貯北倉，即使將來間有一二處有需接濟，已儘爲充裕。其餘漕米，若仍行截貯，存而不用，自應仍歸通倉。著傳諭管幹珍等，即將原擬截留北倉之四十五萬餘石漕糧，仍令糧艘運至通倉，照例收兌，以歸簡便而省繁費。（高宗一四五五、二）

（嘉慶三、五、己巳）命截留江西漕米四十萬石，分貯山東濟寧等處，接賑曹、單、濟寧、金鄉、魚臺、嘉祥、鄒、滕、嶧、城武十州縣，並臨清、濟寧二衛上年被水災民。（仁宗三〇、二）

（嘉慶三、五、壬辰）諭内閣：富綱奏，此次江西漕米，截留四十萬石，分貯東省，所有餘米，請令各丁就近糶賣等語。江西漕米既經截留東省，各丁交剩餘米，自應准其就地變糶，俾該丁等得沾餘潤，而東省得有此項餘米糶賣，民食益臻充裕。（仁宗三〇、一四）

（嘉慶三、八、庚申）山東巡撫伊江阿奏：曹、單等處前被水災，請截留漕糧米豆二十七萬七千餘石，以資賑濟。從之。（仁宗三三、二四）

（嘉慶三、九、乙酉）緩徵河南睢、寧陵、商邱、杞、太康、淮寧六州

縣水災本年漕糧，截留祥符等縣漕糧內米豆十二萬七千九十六石備賑。（仁宗三四、一〇）

（嘉慶五、一〇、甲戌）截留江南銅山、睢寧、碭山、蕭、豐、沛、邳七州縣本年漕糧四萬餘石，備賑徐州府屬災民。（仁宗七五、二九）

（嘉慶六、一、丁酉）命截留湖北漕糧六萬七千七百餘石，備卹被賊難民。（仁宗七八、一六）

（嘉慶六、六、壬戌）命截留漕米六十萬石，存貯天津北倉備賑。（仁宗八四、一五）

（嘉慶八、一〇、丙寅）命酌留山東菏澤、濮、范、鄆城、曹、定陶、壽張、陽穀、東昌等州縣衛應運米麥豆十一萬餘石，於本省備賑。（仁宗一二二、六）

（嘉慶一二、七、乙丑）諭內閣：鐵保等奏分別截留囤卸漕米一摺。江西、湖南、宿州等十三幫漕糧，計船六百六十餘隻，此時尚未渡黃，自應分別截留囤卸。所有此項漕米七十二萬四千餘石，著照所請，分撥江蘇二十萬石，安徽十萬石，各於災歉之區，量為平糶，所收價值，即著於各該藩庫內存貯報撥。仍知照江西、湖南、湖北各該撫，按照三十萬石之數採買，隨同新漕搭運。並准其借給回空各幫漕米十萬石零，令於新運開行時，買補運通，以歸簡易。此外尚存漕米三十二萬餘石，著即截卸淮揚等屬，飭令該處衛守備，會同總運丞倅等經理截卸，明春如數搭運，即令一手交兌，其每百石應貼耗米二石，明春搭運時准其開銷。（仁宗一八三、三二）

（嘉慶一八、五、辛卯）命截留南漕粳米十萬石，分賑直隸、河南、山東被旱災民。（仁宗二六九、一七）

（嘉慶一八、六、癸丑）命撥奉天官倉粟米二十萬石，並截留湖廣漕船粳米五萬石，備賑直隸順德、廣平、大名三府被旱災民。（仁宗二七〇、二一）

（嘉慶一八、一一、壬申）命山東截留漕糧六萬石備賑。（仁宗二七八、一二）

（嘉慶二四、一二、壬子）命截山東泰安等三十八州縣漕米麥豆十萬三千六百石有奇，留於本省備賑。（仁宗三六五、三二）

（二）協撥倉穀

（康熙一八、一二、庚辰）戶部議覆：山東巡撫施維翰疏言，鄒平等二十三州縣饑民甚眾，所留漕米，不敷賑濟，尚少米三萬二千四百九十九石有奇。行令該撫將德州、臨清二倉米石，照數動支，親往賑給。得旨：賑濟饑民，撫臣宜殫心料理，務使均沾實惠，各得其所，以副朕愛養斯民至意。（聖祖八七、一五）

（康熙一九、二、甲戌）以湖廣武昌等府兵興後頻遭水旱，命該撫動支積穀一萬一千餘石，速行賑濟。（聖祖八八、一八）

（康熙二〇、五、壬戌）諭戶部：比年以來，宣府、大同疊罹饑饉，而邊外蒙古亦復凶荒，故發宣、大二府存貯米石，盡用賑濟。朕思邊境糧儲所關最要，古稱三年九年之蓄，蓋合侯甸藩畿，通爲之計，豈僅謂公廩之充盈已也？養人足食，道貴變通。可發京倉米二十萬石，運往宣、大備用。其運送米石，用就近地方驛站車夫，不至糜費。爾部派才能官一員，前往會同該撫，確議以聞。（聖祖九六、四）

（康熙二四、七、癸酉）理藩院郎中蘇巴泰差往蒿齊忒地方，稽察蒙古饑民還。尚書阿喇尼引奏曰：蒿齊忒蒙古被災者約三千人，皆以荒野草根爲食。一聞遣官稽察賑救，皆環跪，舉手加額曰：我等殘喘，自分旦夕就死，今幸天使至，我屬得生矣。上顧阿喇尼曰：食爲民天，朕先有諭旨，各處設立常平倉，令其儲積，以備賑饑。今歲畿內秋成大熟，正宜詳酌舉行。至救荒之道，以速爲貴，倘賑濟稍緩，遲誤時日，則流離死喪者必多，雖有賑貸，並無濟矣。朕每聞水旱災傷，即遣官動支正項錢糧賑濟，以此故也。今欲救蒿齊忒蒙古，若以畿內粟轉運至彼，恐不能待，可速以拜察地方儲備之粟措支一千石，遣爾院賢能官晝夜兼馳，運往賑濟。（聖祖一二一、二三）

（康熙三一、二、乙酉）戶部等衙門議覆：四川陝西總督葛思泰請敕甘肅巡撫布喀，將所撥寧夏倉糧一十五萬石，催運以濟軍需。查此項米石，數多難運，應減去五萬石，令該督撫照時價折銀支給，其一十萬石，仍令布喀急爲催運。又甘肅巡撫布喀稱平涼、慶陽、鞏昌採買之米，及寧夏撥運之米，尚未運完，又有寧莊運送賑濟米七萬石，百姓轉運艱難，有誤耕作，請停止所運寧莊米石。應如所奏，另撥山西省庫銀十萬兩，解交西安散給飢民。從之。（聖祖一五四、一二）

（康熙三一、二、乙酉）戶部遵諭議覆：襄陽、鄖陽等處積貯米穀，發一十五萬石，選賢能官員，給與腳價，運至秦省潼關，陝西復遴委賢能官員接受，運至西安。用此米穀之處，仍行題明。得旨：鄖陽山路崎嶇，難於輸轉，應停止鄖陽運米。將襄陽等處米穀，運送一十萬石。其運送事宜，遣部院堂官一員前往管理。此運米，俱見給腳價。如陝西流民在襄陽者，有情願運米，即給腳價，令其運送。即可有濟轉輸，亦可俾流民還籍。隨命刑部侍

郎傅臘塔，前往管理。(聖祖一五四、一三)

（**康熙三一、五、丙寅**）陝西巡撫布喀疏言：挽運寧夏糧十萬石，至今未到，請敕下甘肅巡撫，嚴催挽運。得旨：凡積貯米穀，總以備應急需，支散賑濟。西安、鳳翔所屬被災，朕心深切焦勞，因令將寧夏糧石，作速運往。布喀前任甘肅巡撫時，以寧夏道遠，挽運艱難，欲將長武附近州縣之糧運去，自行陳請，隨即允行。今經數月，乃布喀詐欺愚民，輒稱百姓困苦，邀取虛名，總不竭力公事，遷延推諉，竟未運到。頃調伊爲西安巡撫，又向西安之民巧示情面，請敕甘肅巡撫速行挽運，以陷人於罪。專事奸巧，希圖名譽，舛誤委任，稽遲急務，莫踰於此。理應即置重典，以爲邀虛名、誤公事者之戒，但伊尚有未完之事，著將布喀革職，載罪留任。寧夏等處糧石，令其俱親身照數速行運赴西安。至散賑之事，布喀停其管理，總督葛思泰同差往大臣協力賑濟。倘布喀仍不作速運到，稍有舛延，定置重典，決不寬宥。該部知道。(聖祖一五五、一二)

（**康熙三三、七、辛卯**）諭大學士等：密雲縣田禾失收，今年雨水甚大，著速行文倉場侍郎，將通州倉所貯粟米，以一萬石運至密雲縣，五千石運至順義縣。乘水方盛，速行運到，令其收貯。(聖祖一六四、一三)

（**康熙五三、七、辛亥**）諭大學士、九卿等：朕聽政年久，深悉民生利獘，凡國家要務，無時不預爲籌畫。有前來奏摺之人，皆曾問及，咸稱江南天旱，江浙米價亦不甚賤。今春山東、河南田麥歉收，交冬米必騰貴，彼時即急爲料理，亦不能及。朕詳悉思維，將漕糧撥三十萬石，江寧府十萬石，蘇州府八萬石，淮安府、揚州府共五萬石，杭州府五萬石，開封府二萬石，著漕運總督親自閱兌，速行運至，令其加謹照數收貯。有此米石，軍民心安，而米價自不驟貴。且與通倉無甚關係，較之一年所缺之數，亦屬無多。至豫省漕糧，該部亦應預行詳議。今若雨澤及時，田禾豐收，則此項米石由水路撥給他處亦可。著議奏。尋議：江寧、淮安、揚州等處，已報雨澤霑足，鳳陽府屬及淮安府屬之桃源等縣，現報旱災，浙江所屬州縣現報水災。查淮安至鳳陽水路不遠，應將所撥淮、揚五萬石盡運至淮安府收貯；江寧所撥十萬石，留五萬石在江寧，餘五萬石運至杭州，並杭州所撥五萬石，俱存杭州府收貯；蘇州所撥八萬石，仍存蘇州府收貯；開封府所撥二萬石，水運迂遠，陸運艱難，且見今豫省貯穀甚多，請暫存臨清州倉收貯，如豫省或有當撥給之處，題請撥給。得旨：依議速行。(聖祖二五九、一四)

（**康熙五四、五、甲辰**）諭議政大臣等：哈密爲策妄喇布坦所侵，恐不能生理，著甘肅巡撫遣官運送米糧、牛羊往賑。(聖祖二六三、二一)

（康熙五九、六、己亥）九卿遵旨會議：據太原總兵官署理固原提督金國正疏言，陝西省兩年歉收，應行令該督撫作速查明，將陝西各州、縣、衛所存貯常平倉穀，動支散賑。恐不敷用，應撥河南開封等府見存倉穀二十萬石，運送西安，貯倉備用。其運送穀石，或陸運，或水運，令河南巡撫作速詳議具題。……陝西總督鄂海，將二年歉收之處，不行奏聞，應令鄂海明白回奏。從之。（聖祖二八八、七）

（康熙五九、一○、戊午）户部等衙門遵旨議覆：陝省歉收，速行賑濟之事，應將西安、延安、蘭州分爲三路，差大臣三員，部院滿漢賢能司官十二員，動户部帑銀賑濟。蘭州二十萬兩，延安十五萬兩，西安十五萬兩，由驛遞運送散賑地方。又會同督撫等率領地方官，將陝屬常平倉存貯糧六十九萬二千石，甘屬常平倉存貯糧六十七萬二千石，酌量動用。自散賑之日起，至麥收之日，銀糧兼賑，令百姓均沾實惠。至西安地方緊要，米石應令多貯。除見今施世綸具奏運送十萬石外，將河南截留康熙六十年漕米內，再撥十萬石，令巡撫楊宗義運至西安存貯備用。得旨：此事不必差遣堂官，著派出司官，將銀兩交施世綸總管，公同賑濟。餘依議。（聖祖二八九、一九）

（康熙五九、一○、戊午）户部等衙門遵旨議覆：陝省歉收，速行賑濟之事，……至西安地方緊要，米石應令多貯。除見今施世綸具題運送十萬石外，將河南截留康熙六十年漕米內再撥十萬石，令巡撫楊宗義運至西安存貯備用。（聖祖二八九、四九）

（雍正三、一一、乙未）諭大學士等：今年直隸州縣被水小民乏食，朕軫念殷切。除截留漕米、發給常平倉穀外，又將通倉米六成以上者，著托時、陳守創親交余甸、蔡起俊運赴天津，分散賑糶。今朕訪得所撥之米，朽爛不堪，其高者不過三四成，低者全屬灰土。朕軫恤災黎，宵旰憂勞，無時或釋，乃托時等全不仰體朕心，將此無用之米運給，有名無實，小民何所資藉？此已運成色米十萬石，著賞給各處窮民，再另發六成以上米十萬石，令托時、陳守創、余甸、蔡起俊運往天津。再，今歲秋季所發官俸兵糧，米色俱不好，嗣後若再如此，必從重治罪。康熙五十五年曾發通倉米五萬石，分貯各州縣備用。歷年已久，聞俱陳腐，甚爲有司之累，著從寬豁免。（世宗三八、一）

（雍正四、五、乙巳）命撥江西米十五萬石運閩備賑。（世宗四四、二三）

（雍正四、一一、己亥）廣東巡撫楊文乾疏報：歸善、博羅等十一縣濱海被水，秋收歉薄，請加賑恤。得旨：上年廣東、福建二省所屬郡縣，有數處歉收。是以今年春夏，米價昂貴。已諭該督撫等設法接濟，撫恤貧民。今年福建雨澤調勻，秋成豐稔。廣東早禾大收，惟八月間雨水稍多，恐晚禾收成歉薄。至明歲青黃不接之時，小民不無乏食之慮。此時正當預爲籌及。應如何運送米穀，赴廣備用，著九卿確議。該撫所報濱海被水之十一縣，應如何賑恤之處，一併速議具奏。尋議：除先撥廣西桂梧等六府存倉捐穀三十萬石，運至廣東收貯備賑外，應請將常平倉捐監事例，改爲運穀。令鄰省江西、湖廣、廣西願捐人等，買糴穀石，運送廣東，照例折半交納。該督撫計各州縣賑發穀數，令該州縣收捐，捐足原貯之數，即行停止。至現今被災之歸善、博羅等十一縣，應令該撫將各縣存倉穀石，確查散給，務使各霑實惠，其應徵錢糧，暫行緩徵。從之。(世宗五〇、七)

（雍正五、一、丙午）命江蘇巡撫陳時夏運米十萬石，至福建平糴，以裕民食。(世宗五二、二一)

（雍正八、一〇、丁巳）諭內閣：山東今年偶被水患，特命大臣會同巡撫查賑。有房屋傾頹者，賜以修葺之資，並大發倉糧，計口授食。又准總督田文鏡之請，將青、萊、登三府州縣存貯倉穀及通省捐監穀石照時價平糴。其奉天販米商船，亦准到東貿易。是東省小民今歲三冬糧食有資，可以無慮。但恐明年青黃不接之時，米價或致昂貴，不可不豫爲籌畫。朕思奉天連年豐稔，各州縣倉儲及莊屯收貯皆極充裕，且與東省一海之隔，順風揚帆，一日可達，應趁此時北風之便，將奉天近海州縣存貯米糧運送二十萬石至山東海口，交與地方官。俟明年二三月間，照市價平糴，於小民甚有裨益。著正白旗漢軍都統祖秉衡、刑部左侍郎王朝恩前往奉天，會同將軍府尹辦理。(世宗九九、二二；東八、三二)

（雍正一二、九、丁酉）諭內閣：陝省今歲秋禾受旱，水田雖可有收，而旱田收成大減，明年青黃不接之時，米糧或至騰貴，不可不預爲籌備。查陝省與河南接壤，雍正十一年春間，撥運豫米十萬石，自水次裝載，直抵西安，已有成效。上年曾令河東總督王士俊，於沿河州縣水次，貯穀三十萬石，並將上年豫省漕米截留易穀，以備陝省之用。是豫省備運陝省之米，甚爲充裕，儻明年陝省有需用之處，著巡撫史貽直等一面具奏，一面即將需用米數，行文王士俊料理。照上年之例，由水道運赴西安應用。將此并諭王士俊知之。(世宗一四七、一四)

（乾隆一、一二、己丑）[兩廣總督鄂彌達] 又奏報：高、雷、廉、瓊四府米價漸長，已將三水縣倉穀，由海運往，並將高、雷二屬代瓊山縣買備監穀三萬石，截留平糴。得旨：昨據譚行義奏報，米價已至漸長，青黃不接之時，甚有可虞，卿其盡心料理，毋致小民乏食。(高宗三三、一五)

（乾隆二、四、丁亥）王大臣議覆：前據給事中馬宏琦奏，請通倉舊存稄米，運至天津北倉，賑濟平糶。經臣等以天津北倉，已令李衛酌量截留新漕備用，其附近通州各州縣，除存倉米穀、麥石外，有無再需米石接濟，令李衛查明地方情形，速行妥議。今據李衛奏稱，將來若需賑濟，原擬京之西南，各屬截漕，於天津撥運；京之東北，附近通州者，應於臨期仍在通倉領運，既有通倉米石接濟，則截漕之數，可以量減。除天津北倉應留漕米，現在酌核另疏題明辦理，其通倉之米，俟將來需放時，酌量就近撥運應用。查需用賑米，原屬豫爲籌畫，其動撥領運，自就臨時酌辦。應如李衛所奏，通倉之米，俟將來需放時，約計除附海州縣撥運若干，即一面具題，一面移咨倉場，將七八成稄米，令州縣就近承領，再委大員督同盤收，分運應用。從之。（高宗四一、三〇）

（乾隆二、八、壬戌）總理事務王大臣議覆：署陝西巡撫崔紀奏稱，陝省西、同二府，邠、乾二州所屬三十餘州縣，禾苗乏雨，糧價日貴，該處常平倉穀並道倉兵糧，將來借糶恐不敷用，惟鳳翔府屬一州七縣，倉貯尚多，應令由渭河運至省城，以供分廠平糶。再請照雍正十一年例，勅豫省偃師等七州縣，將倉穀碾運赴陝，以備冬春借糶之用。又西、同二府各州縣屯民，今年應納本色，豫備官兵月糧，恐秋收歉薄，必致輸納維艱，前撫臣史貽直曾奏准將康熙六十年、雍正十一年兩次所收豫米，借給屯民，完納兵糧，於秋後還倉，易穀存貯，請照此例遵行。查陝省雨澤愆期，兵民不無乏食之慮，應如所請，將鳳翔府屬倉穀，動用存公銀兩，運交、長二縣，分廠平糶，並勅河南巡撫尹會一，將偃師等七州縣貯穀，碾運陝省。至屯民應完本色，亦應如所請，將分貯咸、長等州縣從前屯戶繳還之豫米，酌量借給，俟明歲秋收照數還倉，報部查覈。得旨：依議速行。（高宗四八、五）

（乾隆二、一〇、癸丑）[山東巡撫法敏]又奏：碾撥萊州府倉穀，以備直隸省賑濟。得旨：如此辦理甚佳。（高宗五五、一五）

（乾隆二、一一、己未）撥通倉稄米六萬石充近京東北州縣冬賑。從直隸總督李衛請也。（高宗五六、六）

（乾隆二、一二、癸丑）[大學士管浙江總督嵇曾筠]又奏：委員運交閩省米石。得旨：知道了。閩省需米甚急，須及時接濟方可。料卿自然速爲經理也。（高宗五九、二四）

（乾隆三、二、壬子）大學士總理浙江海塘管理總督事務嵇曾筠奏：溫州府屬永嘉、樂清、瑞安、平陽四縣，收成歉薄，動撥省倉穀二萬石，由海運赴溫。知縣許藎臣怠玩民瘼，副將周騰鳳縱兵生事，皆臣料理失宜之處，惟有痛加自責，另委幹員，協同該地方官，賑糶兼施，不使一夫失所。得旨：覽。督撫所轄之地甚廣，所任之事最多，豈能保一二事之無錯誤？然過而能改，斯無過矣，此言可三復也。（高宗六三、一九）

（乾隆三、四、戊子）諭戶部：山東運糧，以濟直隸民食一事，法敏請撥動倉儲，李衛意主委員收麥，所見各有不同。朕思直隸既經委員赴東，則勢難中止，即山東之穀，似亦仍當運送，所謂多多益善也。其應如何妥協辦理之處，著該部速行定擬具奏。先是直隸總督李衛奏稱，河南撫臣尹會一奏請撥麥十萬石，預備直隸運用，現已知會到臣，臣亦委員赴東，收買麥石。乃山東撫臣法敏，欲停臣赴東委員，願將臨清、德州存倉陳穀，撥給十萬石。但直屬賑糶過期，恐搬運不及應用，即將此穀存倉。而折耗紅朽，又復可慮，應否仍照原議，委員採辦。得旨：此議朕殊不明悉。既欲准河南之運麥，又不准山東之運穀，其意何耶？夫麥穀同可濟民，而此則與之，彼則拂之，殊有意見於其中，朕實不解。將此已諭部議矣。尋據部議，法敏意在協濟，李衛意在採買，各爲地方籌畫，未爲非是。但直屬委員，已赴山東，若必按數買足，則新麥未登，市價勢必昂貴。請將直隸委員已經購收者，即令運回，其未經採買者，即行停止。至德州、臨清二倉存穀，現有三十九萬餘石，自應撥運，以濟直屬。惟新舊不一，紅朽可虞，應令法敏遴選賢員，將潔淨好穀十萬石，交直屬委員運用。得旨：依議速行。（高宗六六、八）

（乾隆三、六、庚戌）大學士仍管川陝總督查郎阿奏報：綏德州屬之吳堡、清澗二縣，被旱歉收，請碾運鄰近米石，借資民食。得旨：如此辦理甚佳。（高宗七一、二五）

（乾隆三、一〇、丙午）［戶部］又議：大學士仍管川陝總督查郎阿疏言，陝西綏德州倉貯糧石，僅存穀七百一十八石有奇。州屬地方現被雹災，秋收歉薄，請撥米六千石，豫備撫綏。其米查延安府有題運榆林糧一萬石，除已運外，仍存米四千四百十六石有奇，可以轉運接濟，不敷於延長縣倉米內撥足。應如所請。從之。（高宗七九、一三）

（乾隆四、二、丙午）兩江總督那蘇圖又奏：安屬上年被災較重，酌其田數多寡，將社倉穀石出借；如社穀不敷，乃無社倉處，即於賑餘穀內撥給，再有不敷，核計每穀一石，給銀五錢。得旨：此舉甚善。知道了。（高宗八七、二〇）

（乾隆四、五、乙亥）［川陝總督鄂彌達］又奏：陝省民資麵食，請嗣後如撥倉糧，先儘小麥支放，米麥平抵。如應用穀者，麥一石抵穀二石。得旨：此議甚爲妥協。知道了。（高宗九三、二七）

（乾隆四、六、己卯）户部議：江蘇巡撫張渠奏，上年被災散賑，請撥運湖南買貯穀二十萬石，以補倉儲。又安徽巡撫孫國璽奏，安省缺雨，民食宜籌，請將湖南貯穀，撥運備用。經題准在案。查安省今已得雨，穀石毋庸備貯，江蘇仍令照數撥運。得旨：江蘇、安徽二省，上年被災，賑糶兼施，穀石均屬缺少，此項穀石，如何撥運、分貯之處，著作速行文江南總督那蘇圖、巡撫張渠、孫國璽等和衷酌量用穀緩急，妥協辦理，一面奏聞。（高宗九四、六）

（乾隆七、五、丁亥）[湖南巡撫許容]又奏：粵東告糶，請於附近粵省之永州、衡州、長沙等三府，及所屬長沙、善化、湘陰、湘潭、衡陽、衡山、零陵、祁陽等八縣，加貯穀內，酌撥八萬石，以供買運；如有不敷，再於稍遠之岳州、常德各倉，撥二萬石接濟。再湖南穀價，請酌定每石五錢。俟秋收買補還倉，通融辦理。得旨：所辦甚妥。（高宗一六七、二四）

（乾隆七、九、丁巳）諭大學士等：江南淮、徐、鳳、潁等處，今年被水甚重，民人困苦，朕宵旰憂勞，百端籌畫，爲養民裕食之計。查山東德州、臨清兩處，有截留漕米共十萬石，原以備山東、直隸緩急之用者。今兩省秋成豐稔，無需米糧接濟，若以之撥發下江淮、徐等處，則順流而下，一水可通，於地方正有裨益。著江南督撫知會山東巡撫，將如何運送，公同妥議，速行辦理，毋得遲延。至於江南賑濟，需米正多，據德沛、陳大受摺奏，已將江南各州縣倉穀撥運三十萬石，並淮、徐等處現存穀二十四萬石，爲平糶賑恤之用，又借浙江倉糧十萬石。又從前上下江巡撫奏稱，發銀十萬兩，前赴河南採買麥石，運江應用等語。朕又降旨，令將江南明年漕糧，應截留若干之處，著該督撫定議具奏。並降旨將山東登州貯穀六萬石，由海運送江南，今又添運山東截留漕米十萬石，不知江南被水地方，已足敷用否？著德沛、陳大受、張楷等通盤計算，現在有米若干，陸續運到若干，如何接濟至明年春夏之交，共須米糧若干始可敷用，一一具摺速奏。該部即遵諭行。（高宗一七四、一）

（乾隆七、九、乙酉）河南巡撫雅爾圖奏：今年上下兩江被水，不特民虞艱食，倉貯多屬空虛。請將豫省倉儲，酌撥二十萬石，并將倉穀碾米，委員運往，以濟江省急需。得旨：所辦甚妥。嘉悅覽之。（高宗一七五、三三）

（乾隆七、一〇、乙未）諭：今年江南淮、徐、鳳、潁等府被水之後，籌畫民食，需米甚多，因山東與江南接壤，輓運較易，彼地今歲收成尚好，是以降旨，將登州穀石，及德州、臨清兩處所截漕米，運往江南，以資接濟。續據該撫晏斯盛奏稱，登、萊等處現需米穀，難以撥運江省。朕降旨停止。今查東省沿河之濟寧、臨清二處，貯有倉穀一十八萬餘石，若以八萬石留存本地，以十萬石碾米載運江南，一水可通，甚爲有益。所有運費，悉照前運截漕之例，一體報銷。著該部即傳諭山東巡撫、江南督撫，速行妥辦，毋得稽遲。（高宗一七六、一四）

（**乾隆七、一〇、乙卯**）江蘇巡撫陳大受奏：淮、揚、徐、海等屬，現辦正賑。東省撥協漕米十萬石，已運赴災邑豐給，所需賑銀，請先動庫項，撥解淮、徐兩府備用，俟江西、浙江撥項歸款。得旨：所奏俱悉。（高宗一七七、二二）

（**乾隆七、一〇、乙卯**）河南巡撫雅爾圖奏：接准部咨，令撥粟米二十萬石，運赴江南備賑。臣思若專在各屬派撥，恐存貯無幾，明歲借糶無資，有妨本地民食。謹按各屬積貯多寡，撥穀碾米，共足前數。以十五萬石運貯潁州各屬，五萬石撥給鳳陽各屬。至豫省運過倉糧，應俟明春麥收後，酌動正項，買麥收貯，易穀還倉。如一時未能買齊，亦於秋成後買還。得旨：所辦甚妥。知道了。（高宗一七七、二六）

（**乾隆七、一一、乙酉**）河南巡撫雅爾圖奏：江南麥地，值此積歉之後，恐未能坐待秋成，今豫省收穫後，已徧播麥種，如冬春間雨雪調勻，麥禾自茂。擬將應補運江倉糧三十八萬餘石，不拘定原撥州縣，明年麥收時，動支庫項，悉發附近江南水次各屬，買麥存貯備撥。若江省不須接濟，則於秋後易穀，以實倉項。得旨：所見甚屬周詳，妥協爲之。（高宗一七九、三〇）

（**乾隆八、二、甲寅**）四川巡撫碩色奏：湖北巡撫范璨奏准買運川穀二十萬石，嗣准咨令在川碾米，以利運載，並爲豫雇船隻。茲復准江南督臣德沛等咨撥川穀二十萬石，臣以江省濟賑孔亟，亦照運楚之穀，一例辦理。得旨：所辦俱妥，嘉悅覽之。（高宗一八五、三一）

（**乾隆八、七、戊子**）又諭：前因直隸天津、河間等屬夏間被旱，米價昂貴，朕特降諭旨，令倉場總督，撥通倉米十萬石，分貯被旱各州縣，以備平糶撫恤之用。今據高斌奏稱，被旱之地，已經成災，除先行酌量撫綏外，現在查明分別賑恤，照例於冬月開賑等語。朕思開賑之後，需米必多，著倉場總督於通倉秔粟各色米內，再撥四十萬石，於現撥十萬石運完之後，即行接運，務於八月內全數運津，令總督高斌分發各處水次，就近輓運，接濟冬間賑恤。該部速遵諭行。（高宗一九六、一三）

（**乾隆八、一〇、癸丑**）户部議覆：廣州將軍署總督策楞等奏稱，前截留江西糟糧十萬石運往廣東，中經灘河、大嶺輓運維難，請改於湖南撥運。查湖南一水可達廣東，撥運腳價，自較節省，但楚省倉儲，亦關緊要。應請

即將江西應運粵東米石，運送湖南，而湖南運至粵東兩省均歸實貯。得旨：允行。(高宗二〇二、一八)

(乾隆八、一〇、乙丑)戶部等部議准：河南巡撫碩色奏陳祥符等二十七州縣旱災加賑事宜。一、被災各縣，倉儲不敷。請於懷慶府倉撥七千石，協濟修武。河南府倉撥四萬石，分運陽武、洛陽、鄭州各一萬石，孟縣、孟津各五千石。光山、鄢陵二縣倉，各撥給羅山、長葛三千石；密縣倉撥給新鄭五千石。又於陳留、杞縣倉各撥三千石，蘭陽縣倉撥四千石，運至祥符賑濟。一、協濟之穀糶借不敷，請以銀兼賑，每月銀穀各半搭放。一、兼賑銀兩，按照米穀市價折給。一、加賑口糧，應請按月支放，仍於青黃不接之時，借糶兼行。一、被災地方，請以工代賑。現有濟源、輝縣、獲嘉、中牟、新鄭五縣城工，即於來春興修。一、運穀腳價，照例動項支給。得旨：允行。(高宗二〇三、二)

(乾隆八、一一、丙戌)諭：朕前降旨，令江蘇、安徽、浙江、江西、湖北、湖南等省，各截漕糧十萬石，存貯本省，以備一時缺乏之用。今聞湖南地方，本年雨水調匀，中晚二稻收成豐稔，民食有賴。廣西今秋收成稍薄，恐將來不無需米之處，湖南與廣西接壤，一水可通，著將截留之漕米，酌撥四萬石，運往廣西，以備明春糶濟，似為有益。著該部即行文湖南、廣西巡撫，遵旨會商速辦。(高宗二〇四、一一)

(乾隆九、一、丁亥)諭軍機大臣等：據高斌覆奏，請將偏災應賑之十一州縣，再行加賑一月，朕已降旨允行。至所稱此十一州縣一月賑米，約需四萬二千餘石，照現例折銀，共約需銀六萬三千餘兩，應盡各該州縣現存倉貯米穀支給，其不敷者，仍照例折給銀兩之處，朕思地方既屬歉收，米糧自必昂貴，若因米穀不敷，折給銀兩，恐糴買仍屬艱難，終不若散給本色之為妥便。且四萬餘石，為數亦不多，通州各倉，所有減色米，儘可撥運接濟。爾等可寄信與高斌，若實有裨益，著即會同倉場侍郎，及早辦理；或另有所見，亦立速奏聞。(高宗二〇八、八)

(乾隆九、四、癸亥)又諭：前據碩色、紀山奏稱，河南今歲雨水調匀，二麥可望，川省今年膏雨頻施，四野霑足，春收豐稔，可望豐登。朕心深為欣慰。今春直隸地方，雨澤愆期，麥秋失望，恐將來有須外省接濟之處，可密寄信與碩色、紀山，令其豫備米、麥、穀或二十萬石，或三十萬石。若直隸需用之時，信到，即速運送，庶不致稽遲。碩色、紀山接到此旨，即先期料理，不必聲張。尋河南巡撫碩色奏：豫省二麥初登，尚未乾透，恐收貯易致霉變，而直省又需用甚急，惟有先期將倉穀十五萬石，豫為派定，俟需用時，即可先行碾運。再採買乾麥十五萬石，隨後運交。得旨嘉獎。又四川巡撫紀山奏：川省常平倉穀，應留本省備用。即上年採買米穀，亦在本省平糶。其餘穀，又准兩淮鹽政準泰移咨，撥濟揚倉。惟鹽穀一項，計一百五十一萬八千石。上年撥運江楚二省四十萬石，尚存一百一十一萬八千石，酌撥四十萬石，碾米二十萬石，以省運費之半；惟是棧道崎嶇，必由川江水運，時值五月封峽之際，重載俱不敢行。俟八月內開峽，委員速運，由漢口換船至儀徵，再換船抵直，一切雇船過載等事，必地方官代為經理，請敕下遵照辦理。如十月前能運到，固克有濟，倘風色不便，北河屆凍，直屬又需米甚殷，應否豫咨直督，臨時酌量，或就泊所起卸接運，或俟春融趕運，為青黃不接之需。得旨：今京師已得雨澤，可毋庸此。（高宗二一五、二）

（**乾隆九、五、甲午**）諭：前因畿輔地方，自春徂夏，雨澤稀少，深恐大田不能佈種，民食維艱，資藉外省米糧接濟，是以諭令江南總督，豫備米麥，以待直隸之信。今京師於五月十六日已得透雨，近畿大概相同，看來秋成尚屬可望。爾等可寄信與江南督撫，所有豫備之米、麥，可以減少其數。上下兩江，各在十萬石內外。若將來直隸不須此米，即留貯本省，以實倉儲，亦甚有益。（高宗二一七、二）

（**乾隆九、五、丙午**）晏期盛奏：近聞畿輔亢旱，據湖督鄂彌達以內閣寄字內開，楚省二麥豐收，豫備米石，以待撥用。臣查湖北現有截漕十萬石，又有川米及買補添貯常平糶三米，可足二十萬石，已經備妥候撥。得旨：覽奏俱悉。茲京師已蒙天賜甘霖，大不似從前氣象，其所備米、穀，候旨可耳。（高宗二一七、三四）

（**乾隆一〇、九、戊戌**）江蘇巡撫陳大受奏：本年淮、徐、海各屬被災，需用賑項甚多。查安東、銅山、沛縣、海州、沭陽、贛榆等州縣，倉貯向未足額，恐不敷用。現於揚州屬並鄰近州縣倉糧內，酌撥穀十萬石，運貯各屬，約計可敷賑糶。至所需折色銀兩，於司庫撥往淮安府銀二萬兩、徐州府五萬兩、海州三萬兩，分貯備用。得旨：所奏俱悉。所撥之項，不尚少乎？恐不敷兼賑之用，宜留心調處，無使災民失所也。（高宗二四九、二一）

（**乾隆一〇、一〇、庚戌**）諭：今年直隸宣化所屬等處，被旱歉收。朕諭該督多方籌畫，加意撫綏。目今賑務，已有頭緒，諒貧民不致失所。但恐宣化附近州縣所貯米穀未必處處充裕，可以派撥濟用，來歲青黃不接之時，或致米糧不敷，此時應當計及。著將通倉米撥五萬石，聽該督那蘇圖酌量分派，於缺米州縣存貯，以為備用。該部即遵諭行。（高宗二五〇、二五）

（**乾隆一〇、一一、辛未**）［戶部］又議准：山東巡撫喀爾吉善等疏稱，滕縣、嶧縣、魚臺、濟寧、郯城、臨清、海豐等七州縣衛水災，業經勘明分數，分別極次貧，題請照例加賑。惟本處倉糧不敷，若拘泥乾隆八年部頒銀穀兼賑，毋庸撥運鄰邑穀石之例，恐銀多穀少，買食惟艱。請仍於鄰近倉穀或買貯麥內，撥運接濟。得旨：依議速行。（高宗二五二、一〇）

（乾隆一一、閏三、戊戌）諭軍機大臣等：今年直隸地方春雨不甚調勻，春麥佈種較少，恐將來麥收未必能豐，已經傳諭山東巡撫喀爾吉善、河南巡撫碩色，令其各豫備麥十萬石，以爲接濟直省之用。未知此十萬石足資接濟與否，爾等可傳諭那蘇圖，察看各府情形，即行據實具奏。尋奏：各處麥苗，正、順以南，長者五六寸，短纔二三寸；保定一帶，均止長二三寸。蓋因節候本遲，現在地尚潮潤，若月內再得時雨，二麥均可有收。設天時難定，必需豫、東二省麥接濟。查上年麥收甚歉，所撥二十萬石之數，已足敷用，似可照上年之數辦理。得旨：覽奏有紓慰朕懷之意，不知立夏將屆，時雨未霑，朕憂何能釋？亦願卿體朕心以爲心，勤求民瘼，凡事爲未雨之綢繆，方足大慰朕懷耳。（高宗二六二、四）

（乾隆一一、閏三、庚申）諭曰：上年宣化府所屬地方，被旱歉收，今夏雨澤又復稀少，朕去歲巡狩經過，知彼處爲邊區保障，不可不豫籌接濟。雖現存米豆，尚足敷用，恐將來或有急需，一時難以猝辦。著將通倉粟米撥運十萬石，分發所屬州縣，以備撥給。倘今歲秋成豐稔，即將此項爲補實倉儲之計。其如何陸續輓運之法，著倉場侍郎會同該督妥議辦理。（高宗二六三、一〇）

（乾隆一一、一一、己亥）諭：今歲江南上下江被水等處，現在加賑，需米之處甚多，恐倉儲不敷所用。浙江連年豐稔，今秋又獲有收，著將永濟倉舊存穀石，動撥十萬石，協濟江南。其如何運往之處，該督撫會商妥協，速行辦理。（高宗二七八、九）

（乾隆一二、八、癸酉）諭軍機大臣等：朕閱安寧奏報秋禾情形摺內稱，大江以北，除被水之宿遷等十三州縣外，餘俱可望豐收；大江以南，惟沿海猝被潮災。其腹內並各屬秋禾，俱屬暢茂，從此雨暘應時，秋收可卜大有等語。今歲蘇、松等屬，陡被風潮，非尋常災歉可比，即使各屬有秋，可以補救災屬，已足爲幸，何至遂登大有，所奏殊覺牽混。夫救荒原無奇策，惟在隨時隨事，善爲區畫。著傳諭安寧，既云別屬可望豐收，或於各州縣內悉心籌酌，量撥米石，前往災屬，以裨賑恤，無致失所，似亦轉移之法。一面辦理，一面奏聞。尋奏：江蘇被災州縣，應需賑濟米穀，現於成熟州縣內，酌量派撥協濟。崇明縣撥江、蘇、常等府屬倉穀十九萬餘石，鎮洋縣撥蘇、常、鎮等府屬倉穀三萬餘石，寶山縣撥蘇州府屬倉穀一萬石，海州撥淮、揚等府屬倉穀五萬餘石，沭陽縣撥鎮、楊等府屬倉穀二萬五千石。其餘各被災地方，本處倉穀尚足應用，容察看情形，再爲續撥。報聞。（高宗二九六、一七）

（乾隆一二、九、乙巳）諭軍機大臣等：前因山東被水地方賑借需米，曾將奉天米石，可否運往東省接濟之處，詢問達勒當阿等。據奏，奉天地方被災，現在米價昂貴，不能接濟東省。續因降旨截漕，足敷備用，又經阿里袞奏明停止。今據蘇昌奏報，奉天各屬得雨後，秋收豐稔，米價自應平減，而東省萊州等處，被災較重，正須賑貸之用。可傳諭達勒當阿、蘇昌，令其就本處情形，或可得十萬石或數萬石，由海道運往東省，於災地甚屬有益。如果可行，其作何運往之處，即一面辦理，一面奏聞，仍知會山東巡撫：若不能得米，即不必知會山東，惟將情節奏聞。尋奏：奉省今年秋收在七分以上，糧價漸減，辦米接濟山東，於奉省旗民日食，不致有虧。現擬辦十萬石，即雇船先運三萬三千石，赴萊州府交卸。餘米咨明山東巡撫，令於來春撥船赴奉領運。下部知之。（高宗二九九、四）

（乾隆一三、六、壬戌）諭：江蘇地方人烟稠密，食指浩繁，目下二麥雖已登場，而收成只在六分上下，米糧價值未能平減，尚須接濟，以裕民食。今歲江西省麥秋豐稔，倉儲現在充裕，所當酌盈劑虛，通融撥協。著將江西存倉穀内碾米十萬石，運送江蘇，以備平糶之需。該部即行文該督撫等，令其遵照妥辦。（高宗三一六、一一）

（乾隆一三、七、己丑）諭軍機大臣等：朕前因山東賑濟需用米糧，曾降旨撥運安慶、蘇州米共二十二萬餘石，據各該撫奏稱，均經委員押運起行，諒已早到水次。今聞沿河一帶，連檣接艫，停泊船隻甚多，所有米石或係賑剩留補倉儲，應即剋期斛收。若令久停水次，當茲溽暑，上蒸下濕，必致霉變，船户胥役，偷賣攙和，亦所不免，將來礙難辦理。著傳諭高斌、劉統勳、阿里袞，查明是否地方官留難玩誤，抑或另有情由，即行具摺奏聞。尋奏：此項米石，先經委員前赴臺莊等候，隨到隨收，業已全數兌完，委無留難玩誤。惟是米多船衆，前幫未回，後幫接至，停泊河干，不免有運檣接艫之跡。得旨：此回奏即已遲延，何況其他？速行催辦可也。（高宗三一八、一四）

（乾隆一三、閏七、丁卯）諭軍機大臣等：據湖南巡撫楊錫紱奏稱，近奉諭旨，因江蘇米價昂貴，令江西撥運接濟。蘇屬本年秋成即獲豐稔，平糶買補，爲數必多，價值未必輕減。湖南早中二稻，可望豐登，請動項買穀二十萬石，運赴長沙，移咨蘇撫，委員領運等語。朕已批令照所請辦理。又據江西巡撫開泰奏稱，前奉派撥江蘇倉米十萬石，業經起運，今江西早稻收成甚豐，中晚二稻，亦均暢茂，米價漸平，除前撥十萬石外，尚可備穀二十萬石，碾米接濟鄰省。或仍運江蘇，或另運別省，請旨遵行等語。朕思江蘇倉貯，動缺頗多，湖南之二十萬石運到，自可備用。但江省本年秋成光景，據尹繼善等節次奏報，似尚可望有收。從前既有運到之十萬石，今又有湖南之二十萬石，若於該省米穀登場之後，酌量買補，似可無需再籌。則江西之二十萬石，或仍留於該省，俟需用時再行撥協，諒亦可行。不必因江西之現請撥運，抵圖目前有餘，至後此需用，轉致無從接濟。著傳諭尹繼善、安寧、開泰，令其酌度收成情形，將應否撥運之處，就近會同妥商定議，具摺奏聞。尋奏：江蘇戶口殷繁，一年出產，原不敷一年民食，年成豐歉無定，若待需用時，遠路撥運，恐緩不濟急。江西素爲產米之鄉，各屬倉糧充裕，應請一併撥運江蘇，補入倉貯。得旨：如所請行。（高宗三二〇、二四）

（（乾隆一三、八、丁未）又諭：陝省西安、同州、鳳翔、乾州，上年秋收歉薄，今歲又復被旱災，民食維艱，朕甚憫焉。著該撫陳宏謀，查明加恩賑恤。其需用米糧，雖於該省動撥倉儲，猶恐不足。豫省與之鄰近，泛舟甚便，其令河南巡撫碩色，就將近倉穀碾米五萬石，撥運陝省，以備接濟。該部遵諭速行。（高宗三二三、二一）

（乾隆一三、一一、庚午）大學士等議奏：前奉諭旨，以東省歉收之後，倉儲宜備，應將直隸餘穀協濟山東。嗣據直隸總督那蘇圖奏，請先撥十萬石協濟，餘陸續籌辦。又據山東巡撫準泰奏，請令直省豫備五十萬石，俟東省酌徵民欠何如，倘可足額，即無庸買補。經臣等議，令該督等咨酌。今據準泰奏，已與那蘇圖酌籌，直隸已備五十萬，但東省惟登、萊、青、武定四府，應籌接濟，共需撥運三十萬石，分三起運給，餘二十萬石，無庸動撥。應如所請。從之。（高宗三二九、一八）

（乾隆一六、四、丙甲）閩浙總督喀爾吉善等奏：浙省溫、台二府，上年被災，而溫屬永嘉、瑞安、樂清、平陽等縣，被蟲尤甚。現當賑務已畢，糧價昂貴，該處僻處海濱，外江商販不通，惟台、處二府屬縣，可資接濟。台屬上年歉收，米價亦貴，該二府常平倉穀，自應留備急需，難以撥運。惟杭、嘉二府，截留備糶漕米十萬石，酌撥五萬石，由乍浦海口運往溫郡接濟。再浙省海禁綦嚴，如遇水旱之年，例得招商販運。今即需米甚殷，應令溫、台、杭、嘉、寧等府，督屬選募殷商，給照前赴寧波、嘉興等處，購買米穀，運往糶賣。仍飭守口員弁，嚴查驗放，不致透漏滋弊，早禾登場，即

行禁止。得旨：所奏甚是。（高宗三八七、二一）

（乾隆一六、四、丙申）［閩浙總督喀爾吉善等］又奏：臣由浙赴閩，節據稟報溫郡各邑，自上年被災之後，群赴處屬購糶，搬運幾空，現在處府糧價頓昂，民食拮据，雖續發漕米，由乍運往，然海洋千餘里，難以計日而待。臣抵閩後，與撫臣商酌，福寧府與溫郡接壤，儲積尚多，動撥三萬石，由海運往，洋面甚近，殊與甌民有濟。運費暫於存公項內動支，俟溫郡糶出穀價，歸還原款。再所撥倉穀，係二百五十萬石總額之外，應行糶價充餉之項，亦毋庸發價買補。得旨：所辦甚妥。（高宗三八七、二二）

（乾隆一六、六、辛亥）諭：據浙江巡撫永貴奏稱，浙省現資糶賑，請於湖廣兩省中撥穀碾米協濟。若係額外溢穀，即補浙省未足之額，若係額穀，則將浙省現存糶價，解還楚省歸款等語。著照永貴所請，令楚省督撫等酌量撥穀碾米二十萬石，即著浙省委員前至漢口，接運赴浙，以備糶賑之用。該部遵諭速行。（高宗三九三、一）

（乾隆一六、八、乙卯）戶部議覆：直隸總督方觀承奏稱，前奉諭旨，奉天支剩黑豆，運交通倉。豐收再行購買，隨船搭運，歲以為常。所有運豆船，多用天津商艘。請編字號，以三十船為一起，給票按起發運。水腳諸費，無論海道內河，均在直省司庫撥給。即令奉天運員，徑至通倉交卸。均應如所請。從之。（高宗三九七、一二）

（乾隆一六、八、戊寅）諭軍機大臣等：前因永貴奏報，浙省被旱成災，請鄰省接濟。經傳諭江楚各督撫通融籌辦。昨舒輅奏稱，運米三十萬石赴浙。今據阿里袞奏，將先運川米十萬石，儘數運浙。并咨商川省，再為酌運數萬石來楚。俟浙省再有需用，即可撥濟等語。今歲浙省旱災雖甚，自金衢而外，尚有薄收。第因一時頓乏，市價翔踴，永貴倉皇入告。朕以拯焚拯溺為心，即行傳諭產米省分督撫籌辦。永貴因有此諭，遂四出告糴不已。但以目今浙省情形而論，則商販流通，米價不過二兩有餘。在儉歲已為平減。即外省中價，往往有似此者。永貴欲令災地與豐年同價，如鄰封何。江楚督撫，一體籌辦，卹鄰道固應爾，但浙省已屢被恩膏，截漕賑卹，為數已多，兼有江閩協濟，外省實無需多撥。江西距浙較近，舒輅業經派員撥運。降旨恐已無及，且慮膠柱鼓瑟，將至浙境者，仍復追還，則往返益滋紛擾。姑允其撥濟。至楚省動撥川米，似尚可及止。著傳諭該督撫，如運浙之米，尚未出楚境，則此項原係撥補湖北之用，著即於湖北收貯，無庸運交浙省矣。喀爾吉善等在浙言浙，不暇計及其他，朕則天下一家，何分彼此。往復調劑，幾費苦心。該督撫等當亦未能深悉也。著一併傳諭知之。（高宗三九八、二五）

（乾隆一六、九、丁丑）又諭：江西協濟浙省米三十萬石，調任巡撫舒輅已委員督運前往。浙東諸郡所需賑糶及撥補倉儲，爲數浩繁，鄰省運到米石，多多益善。但江西秋成雖屬豐稔，而一時買補，恐市價因之轉昂。著於本年應徵漕糧內，截留十五萬石，以爲撥補之用。令該撫通融籌酌，妥協辦理。該部即遵諭行。（高宗三九八、二三）

（乾隆一七、八、丁巳）河南巡撫蔣炳奏：豫省界連秦晉，本年兩省被旱廣遠，倉貯不敷賑糶。查附近山陝之陝州及所屬靈寶、閿鄉，並沿河之偃師、孟津等州縣，原貯漕穀二十萬餘石，可以撥運。再陝州西接潼關，東鄰河東，且濱臨黃河，一水可通，今擬將偃師、孟津等處貯穀，並運陝州水次豫備，如將來山陝需用，即可就近領運。又運米較運穀爲省，應令各屬將穀碾米運貯。得旨：所奏甚合機宜。（高宗四二一、二二）

（乾隆一七、八、丁巳）陝西巡撫鍾音奏：陝屬咸寧、長安、渭南、臨潼、富平、三原、涇陽、醴泉、高陵、耀州、蒲城、澄城、大荔、華陰、岐山、扶風、乾州併所屬之武功、永壽、白河、商南等二十一州縣，潼關一廳，秋田被旱，臣豫籌撫賑糧石。恐各屬常社倉貯穀不敷，將延、鄜、秦等屬溢額應糶穀十餘萬石，撥運備用。復因臨潼等處有商囤糧數萬石，並發帑前往收糶，以備平糶。報聞。（高宗四二一、二四）

（乾隆一八、八、壬寅）諭軍機大臣等：江南淮、揚一帶，被水成災，賑卹需米。朕恐於隣近省分採買，轉致市儈聞風居奇，爲隣省之累，是以特降明旨，不令齊帑採買。今據黃廷桂奏稱，本年川省豐收，米價處處皆賤，則以豐補歉，乃理所當然。著將該省現貯倉穀，酌撥二三十萬石，即著黃廷桂委賢員運往江南，以資接濟。該省於秋成後，陸續買補還倉，則川省米價既可不致一時騰貴，而川米由江運下江省，亦緩急有賴，於賑務甚爲有益。前者恒文聞川省豐收，籌撥溢穀運楚，該督未允。彼爲倉儲起見，非所急需，不允爲是；此則助賑卹災，非楚省還倉可比。該督其詳悉妥協辦理，副朕軫念。如已經運米若干石，即於數內扣除，知會恒文由楚運赴江省。（高宗四四五、五）

（乾隆一八、八、乙巳）諭：江南淮、揚一帶，被水成災，前已降旨截留該省漕糧四十萬石，以備賑糶之用。但該處被災甚廣，亟當多方籌畫，以資接濟。昨據署四川總督黃廷桂奏稱，川省今年收成豐稔，米價處處減賤等語。蜀江直運維揚，舳艫易致，漢時下巴蜀之粟，以賑江南。若借川省倉儲額穀，助江南賑卹，俟秋成後該督再行酌量買補還倉，則採買亦不至騰價，實爲兩得。著黃廷桂於該省倉穀內酌撥二三十萬石，遴委賢員，作速運往，

俾災黎餬口,得有倚賴,江南無事採買,庶隣省不致踊貴。該部遵諭速行。(高宗四四五、八)

（乾隆一八、八、乙巳）又諭曰：楊應琚奏,莊有恭因淮、揚各屬被水成災,咨商撥協東省倉穀,並代買米麥。東省止可撥運現存穀麥十萬石,不便採買等語一摺,所見甚是。從前被災省分,轉赴隣境採買,以致市儈聞風居奇,頓昂價值。一省被災,而各省俱有食貴之虞,此向來督撫辦理不善。今年淮揚等處被水成災,賑濟亟需米石,業經截漕四十萬石,並現在飭撥川米二三十萬石,運江接濟。加之以銀貸賑,江省舟楫可通,商販四集,災民得銀買食,該撫自可籌辦。即有不敷,亦應奏請再爲籌酌。前此恐該撫等以採買爲常例,是以特降明旨停止,今果四出咨商採買,莊有恭所辦,又未免太涉張皇矣。東省現有被水州縣,亦需賑濟,楊應琚所奏碾運穀麥十萬石之數,著與莊有恭會商。如江省遵照前旨,以銀代賑,東省無庸撥給,倘萬不得已,亦止可如此。所有截留漕糧及撥運川米,是否敷用,著莊有恭速行據實奏聞。尋奏：臣前因淮揚等處被災較重,江蘇倉貯無多,恐或不敷賑糶,而先事多爲之備,是以移咨山東、河南、兩湖、浙江等省有無可以撥協,并代爲籌買。嗣據各省先後覆到,共可撥協倉穀六十餘萬石,并可代買二十五萬石。臣以業經截漕備賑,俟來春酌看情形,另資商辦。皆未經徑請撥運。今蒙復撥川米二三十萬,并截留漕米四十萬,查今冬賑濟,俱可折給銀兩,來春始給銀米兼放,約計已足敷用,各省無庸協撥。得旨：太屬張皇矣。(高宗四四五、九)

（乾隆一八、八、丁未）又諭：據策楞等奏稱,淮、海被水情形,視七年較輕,與十一年相等。應賑各户,現在清查。但積水早消,始秋麥可種,已將宣洩積水廣借籽種事宜,札致撫臣查辦等語。辦理災賑,惟在實心實力。既不可稍涉張皇,亦不可豫存被災較輕之見,庶災户均霑實惠,不致失所。近因川省收成豐稔,復於截留江省漕糧四十萬石之外,特降明旨,酌撥川省倉穀二三十萬石,運江南備賑。其莊有恭所借東省米麥,亦傳諭楊應琚,如在必需,則以十萬石之數酌量借給。是備賑之米,已不下八十萬石矣。況前已屢諭莊有恭,令以銀代賑,商販聞有此旨,自必踴躍運糶,災户得銀,不難買食。如此從容辦理,使閭閻餬口有資,即爲救災善策,無事多方措置,輾轉借糶也。其借給籽種爲來年之計,亦成例應行之事。目今水未消涸,亟宜設法疏通,上緊宣洩,使秋麥得及時播種。則被災地方,即得銀米接濟,而秋麥播種齊全之後,來歲春熟可期,元氣亦庶幾早復。將此傳諭策楞、劉統勳知之。(高宗四四五、一四)

（乾隆一八、八、己酉）諭軍機大臣等：蔣炳奏准莊有恭咨撥豫省倉儲協濟淮、徐各屬，因酌動開、歸等屬貯麥七萬石，抵穀十萬石，聽江省委員領運等因一摺。看來莊有恭此番辦理，實屬張皇。今年淮揚等屬，被災雖重，然截留漕糧、撥運川米，計共七八十萬石，加之以銀代賑，災民買食甚便，何至因一省中數處偏災，遂爾四出告濟？前因楊應琚摺奏碾穀運濟江省，已疊經傳諭莊有恭。此次蔣炳所奏，雖豫省各處收成豐稔，尚可不慮一時昂貴。著再與莊有恭會商，若江省米石已足敷用，仍可無庸動撥，否則令其酌量於此十萬石內，或再爲酌減撥運可也。（高宗四四五、一七）

（乾隆一八、九、庚午）又諭：據莊有恭摺奏，揚徐各屬，今冬賑濟，俱可折給銀兩，來春始需銀米兼放。而截留漕糧，撥運川米，共得六七十萬，已足敷用。所有前次密咨東省及各省米穀，俱可無庸撥協等語。看來下河災賑，米穀已足敷用，但徐州銅山堤工，於九月被水衝決，又復漫淹睢寧、靈璧、虹縣等處，災民亦亟須賑濟。所有湖北米十萬石、江西碾米穀二十萬石應仍准其運往江蘇，以備將來賑卹之需。亦諭鄂容安、恒文知之。（高宗四四七、五）

（乾隆一八、一〇、癸未）又諭：前莊有恭咨商豫、東、兩楚及江西、浙江等省撥米備賑。彼時原僅高寶一帶被水需用，其辦理之初，實屬張皇。是以降旨令酌量，果有不敷，再爲奏請。乃伊覆奏以現在截漕，並撥運川米，已足敷用，毋庸更爲協濟等語，又屬矯枉過正。朕已令江西、湖北兩省，協撥米石運往矣。今銅山隄工，復又漫決。淮、徐各屬，疊次被災甚重，賑濟需米必多，特諭令山東、河南、湖南各豫備米十萬石，浙江豫備米五萬石，運往備用。蓋其先不過下河被水，自當審酌情形，現今水勢盛漲，數邑嗷嗷，則雖該撫未經籌辦，亦當多爲撥濟。先後辦理情節如此，已明降諭旨。朕於災黎，日夜焦勞，惟恐一夫失所。策楞等可將此明白曉諭，使咸知朕意。再策楞等奏請徐州所屬長淮、大河二衛，漕米五六萬石，截留備賑等語。徐屬疊被水災，長淮、大河二衛地方，是否未經被淹？如該處漕米不在應蠲數內，著即准其所請，截留備賑。該署河督等查明酌量辦理。將此一併傳諭知之。（高宗四四八、七）

（乾隆一八、一〇、甲申）又諭：淮、徐被水，辦賑需米，朕疊經降旨，昨又撥運山東、河南、湖南、浙江米三十五萬石，協濟備賑。今據伊等奏請截漕，其時原尚未奉到撥運之旨，但恐需米必多，仍著准其所請，截留二十萬石、如有不敷，著再行據實具奏。可傳諭知之。尋舒赫德、鄂容安等覆奏：江南被水成災，既將本省漕糧先後截留，又將河南、山東、湖廣、浙江、四川、江西等省米撥運協濟，共一百數十萬石。各處協撥備賑銀，又不下五百萬兩。自目前以及明春，銀米兼放，均屬有備。報聞。（高宗四四八、一二）

（乾隆二〇、一〇、癸亥）諭：江省淮、揚各屬，秋潦成災，前已降旨截留湖廣漕糧二十萬石，運往備用。今據陳宏謀奏，動湖南溢額倉穀二十萬石，碾米十萬石，運至江南接濟平糶等語。災地米糧，多多益善，碾運倉穀，以資平糶，既不至市儈居奇，而於民食更爲有益。陳宏謀所辦甚屬妥協，著照所請速行。（高宗四九九、二五）

（乾隆二〇、一〇、己巳）河東河道總督兼署山東巡撫白鍾山奏：東省水災，蘭山、郯城較重，現存倉穀不敷賑糶。請於汶上縣撥穀一萬石，濟寧州撥穀五千石，麥四千三百石，由運河直達郯城馬頭集，與蘭山李家莊交收接濟。得旨：嘉獎。（高宗四九九、四二）

（乾隆二〇、一二、戊辰）河南布政使劉愷奏：安徽本年被災鳳、潁等屬，差役赴豫買米。豫省產米止光州一屬，民間蓋藏，究屬有限。查光屬四縣，現存溢額穀五萬九千餘石，原議撥給缺額州縣買補，今江南既因歉收採買，即請碾米糶給。得旨嘉獎。（高宗五〇三、二二）

（乾隆二二、八、己丑）河南巡撫胡寶瑔奏：豫省往年春月糶借，通省不下百萬石，今歲被災六十一州縣，所需甚多，除將截留漕糧及江楚米另派被災州縣外，所有本省倉粟，臣等籌其多寡，豫運災地接濟。目前內河小港通舟者，即乘時撥運。除被水州縣原有倉穀萬石以上者，無庸協撥外，共派動常、漕二倉粟十萬石，稻穀四萬石，碾米分運，腳費照例給領。得旨：如所議行。（高宗五四五、二九）

（乾隆二二、九、乙卯）諭：昨開泰奏稱，川省收成豐稔，已碾米十五萬石，運交楚省，以備災地撥用。今歲豫省，現有江西、湖北之米協濟，災地已爲有備，著將川省運楚米石，即由楚運交山東，令該撫酌量分貯，以資接濟。自楚至東，舟楫可通，亦屬妥便。該部即遵諭行。（高宗五四七、一九）

（乾隆二二、九、己未）［大學士管陝甘總督黃廷桂］又奏：陝省延、榆一帶，本年秋禾被災，一切賑卹借糶甚多。查甘省寧夏倉儲有餘，距延、榆亦不遠，擬於寧夏府屬各州縣撥米麥五萬石，知會陝撫臣，一有需用，該道府即飛飭輓運接濟。得旨：甚好。（高宗五四七、三三）

（乾隆二三、六、甲申）湖南巡撫馮鈐奏覆：查本省溢額穀共四十七萬石，從前節次撥運豫省賑濟湖北補倉，僅存二十六萬石零，俱係附近水次之穀。今奉撥廣東以補平糶缺額，所存大都山僻州縣，驟難輓運。惟查上年曾經奉文加買穀二十萬石，又買備豫省穀二十萬石，均附近水次，可否即將此四十萬石內動撥？至湖南抵廣西省城，水程二十四站，自廣西至廣東省城，水程約計半月，臣現在飛札督臣李侍堯，將應需穀若干，並運至廣東何處接收交卸，俟咨覆到日，委員起運。至此項穀既關積貯，自應速為買補，如俟廣東歸價購買，恐需時日。請於藩庫內先撥，俟歸價時歸款。得旨：甚妥，如所議行。（高宗五六五、一八）

（**乾隆二三、一〇、丙辰**）諭軍機大臣等：據鍾音奏，榆、延、綏三府州被災十二州縣，除現在撫卹外，應需加賑借糶糧石，請於附近山西州縣碾撥四萬石以應急需等語。地方偶遇偏災，鄰省協濟，原應彼此通融籌辦。但兩省邊邑毗連，均屬歉收，與其取辦於鄰省之內地，何如就本省之內地辦畫，豈不近便？看來鍾音不無坐待他人之意。著該撫等將地方米糧多寡及程途遠近情形，公同詳酌。如自晉省內地州縣運往，較省於陝省內地州縣之運往，則塔永寧自當視同一體，不可稍存畛域之見；若陝省內地豐收之處可以就近撥用，則何必借資他省？兼可省轉運之煩。其如何妥協辦理，俾災地及時接濟，該撫等一面辦理，一面奏聞。至定邊等縣，與寧夏接壤。既據黃廷桂咨覆，該處糧石尚屬有餘，令農民自備車輛，前往輓運，事屬可行，即會同黃廷桂妥速籌辦可也。將此傳諭各該督撫等知之。尋塔永寧奏：准鍾音咨，陝省內地豐收，倉糧原有可撥，但距被災之綏德、米脂等州縣山路險遠，轉運腳費較晉省近陝川縣多三分之二等語。查晉省沿河之石樓、寧鄉、祁縣、文水等縣，均有溢額穀可撥，距陝省災區近。現飭各該縣撥穀六萬六千六百六十餘石、碾米四萬石，聽陝省轉運。得旨：甚妥，如所議行。（高宗五七二、四）

（**乾隆二三、一〇、癸未**）閩浙總督楊應琚、福建巡撫吳士功等奏：福建漳、泉二府，上年收成歉薄，本年又被偏災，明春民食宜備。查上年奏准撥臺灣府屬倉穀十五萬石，浙省溫、台二府屬倉穀十萬石，令漳、泉二府殷實商民赴倉買糶，民食賴以不缺。今延平、建寧、邵武、福寧等府年豐米賤，各倉多有陳穀。請撥十五萬石，令漳、泉二府商民買糶。所得穀價俟來歲秋收後買補還倉。得旨嘉獎。（高宗五七三、二六）

（**乾隆二四、五、壬寅**）又諭：前因甘省米價昂貴，曾經降旨令於陝省附近州縣酌撥運甘，而以川省之米，留濟陝省。嗣據鍾音奏到，以西、同等府尚有現糧八九十萬石，民食有備，毋庸動撥川米。且水陸運價，亦更不貲。而護督明德，又以涼、蘭一帶尚不缺乏，且有採買陝糧二十萬石，正在起運，毋庸再令陝省撥協，奏請暫緩辦理。自屬酌量情形，因時籌畫。今據吳達善奏稱，蘭、平等屬復有旱象，應豫爲籌備。約計本省倉糧，僅可撥動二十萬石，倘需賑卹借糶，殊覺不敷，又不得不撥及陝糧，請撥米麥各十萬石，解交涇州接運等語。甘肅連年承辦軍需，糧價未免昂貴，且上年被災之後，今夏又復少雨，民食攸關，不可不急爲籌畫。著傳諭該督撫等，即於陝省西、同等屬內如數撥運，並令開泰將川省附近各州縣現在米穀，仍照前旨由水路撥運，至陝省之略陽交收，分運各屬，以備儲積。從前鍾音之奏，原因陝米本不缺乏，而運價又覺多費，今陝省米價亦不甚平，必須有備無患。且當需米之際，朕爲百姓，即多費運價，亦不惜也。至陝省現今亦旱，而撥米麥往甘省以濟他人，恐愚民不知而怨，應於川米未到之前將接運川米之處，明白宣示，俾民間皆知有川米到陝。庶本地市儈，不致居奇，而閭閻民心亦皆安怗，方爲妥協。如鍾音可保撥米接濟甘省，而陝省尚屬有備，亦不致米貴民怨，則不藉川省運米亦可。著傳諭楊應琚、開泰、吳達善、鍾音，一面互商速辦，一面奏聞。尋奏：甘省河東各屬夏收失望，甫種秋禾，豐歉難必，如需接濟，即撥陝糧二十萬石，亦不敷拯恤之用。若從他省撥運需費更繁，緩難濟急。臣等悉心籌酌，值此歲歉之餘，無須定用米麥，即雜糧亦可備用。查河東賑糧，每石折銀一兩三錢，河西折銀一兩四錢，倘遇應行撫卹之處，請即照數折給。如併雜糧購買維艱，再以陝糧散給，較之另籌撥運，所省實多。得旨：如所議行。（高宗五八七、一七）

（乾隆二四、五、乙己）陝甘總督楊應琚奏：甘省河東被旱州縣甚多，倘夏至前雨不霑足，急宜豫籌撫恤。查平涼、慶陽所屬倉貯無多，萬一成災，斷不敷用。先經布政使蔣炳議於撥運陝糧二十萬石內，除撥給武威、皐蘭等縣外，留貯平涼一萬石、華亭五千石、固原三萬石、鹽茶廳二萬石。而涇州、鎮原、隆德未議撥給，應於運貯皐蘭糧內，截留涇州一萬石、鎮原五千石、隆德五千石，以備緩急。至慶陽附近州縣，無糧可撥，擬在陝省近處州縣倉內籌辦。查上年被災之皐蘭、金縣、狄道、河州等處，奉諭展賑三月，皆係本折兼支，如給一月本色，即需糧十九萬七千餘石，輓運維艱。擬照河東、河西折給銀兩，按月分散，俾戶民自買雜糧餬口，留本色備支。得旨：如所議行。餘有旨諭，諭軍機大臣等：據楊應琚奏，豫籌平、慶兩府屬被旱州縣糧石，暨續賑全支折色留糧備用緣由，已於摺內批諭矣。（高宗五八七、二四）

（乾隆二四、一二、辛卯）又諭：據莊有恭奏，浙省所需採運米石，已奉旨撥給湖南省米十五萬石外，請將浙省所餘銀兩，儘數交存湖南藩庫，於楚省加貯穀石内一例定價覈計，碾給米石等語。前經馮鈐摺奏，該省常平溢穀及節年加買穀石内，尚可撥協鄰省，已降旨令其於前項十五萬石外，再行酌撥一二十萬石接濟浙省，統計兩次所撥米石，已至三十餘萬。浙省今歲歉收，雖非十六年及二十一年可比，但豫備賑糶，需米既多，而楚省加貯之穀，現在有餘，裒多益寡，自不應存畛域之見。著傳諭馮鈐等，將楚省加貯項下通行酌計，於前撥米石外，有可再行擴充接濟鄰省者，即量浙省委員所齎銀兩，按數儘力寬裕撥給。一切事宜，該撫等彼此會商，妥協辦理。將此一併傳諭莊有恭知之。（高宗六〇二、二六）

（乾隆二五、一、己酉）又諭：甘省被災各屬，倉儲未能充裕，業令該督撫撥運本省及陝省糧共四十餘萬石，分貯災屬備用。但春間賑糶兼行，恐有不敷。著於鞏昌、寧夏、西寧、秦州四府州倉儲有餘之處，除留本地備用外，再酌撥十餘萬石，就近運赴被災各屬，俾賑卹借糶，寬裕儲備。該部即遵諭行。（高宗六〇四、四）

（乾隆二六、八、庚寅）諭軍機大臣等：據鄂弼奏，晉省今歲秋收豐稔，各屬倉糧，亦屬充裕，擬於蒲解等屬倉糧內碾米十萬石，運豫協濟等語。豫省今秋因河水盛漲，被災較重，然係在二麥收成之後，且該省連歲豐收，民間尚有蓋藏，現在水退涸出地畝，亦可補糧秋禾，及明歲春麥，則將來接濟，當不致有缺乏。但既據鄂弼稱晉省倉糧充裕，已密咨常鈞，豫籌接運，亦揠彼注茲之一策。著傳諭劉統勳、兆惠等會同該撫，酌量籌度，如可無需此協濟則已，倘體察災屬情形，尚需籌辦，即一面咨會鄂弼妥協經理，一面奏聞。尋奏：豫省連歲豐收，偶經被水，尚不致缺乏。但賑務既撥倉儲，將來尚須補額，藉有協濟穀石，於倉儲賑務益徵充裕。現擬於晉撫密咨到日，將接運事宜移咨妥辦。報聞。（高宗六四三、一三）

（乾隆二七、一〇、戊午）調任浙江巡撫莊有恭奏：杭、嘉、湖、紹四府本年歉收，現照例撫卹，隆冬尚須接濟。查杭、嘉、湖三府，地近江省，商販流通，惟紹興一府，隔越錢江，兼以連年偏災，倉儲多半糶借，擬於附近之金華、蘭谿等州縣各倉，撥穀十五萬石，碾米運交。報聞。（高宗六七三、二五）

（乾隆二九、六、庚戌）楊應琚又奏：甘省雨澤未遍，豫籌調濟事宜。一、甘省連歲歉收，各府存貯無多。倘蘭州、鞏昌、甘州、平涼、涼州等府屬，竟至小暑後無雨，則旱象已成，撫卹口糧，須豫為籌酌。查陝省西、同、邠、乾等屬與，與甘省北路相接，鳳翔、漢興一帶，與甘省南路相近，請即於此數府州，酌撥倉糧十六萬石，就近運邊遞，以備河東賑卹之需。

一，甘肅河西一帶，近寧夏、西寧等府屬，撥運各該屬倉糧，尚不敷用。請於寧夏等就近未經被旱處所，於二麥登場後採買，以備河西撥運。一，蘭州、鞏昌、平涼等府屬城垣，應請與修，以工代賑。一，甘省糧價未平，恐益增昂，應飭地方官照米貴之年，大減價值，乘時平糶。其距城遙遠之處，計應糶數目，運赴該鄉，就近糶賣。一，現在缺雨處所，已現飭地方官，購備小糜、小穀、小菽、燕麥及菽麥各種，一俟得雨之後，立即查明借給，並按戶借給一月口糧，勸令上緊趕種。得旨：此皆未雨綢繆之計，然即使果致成災，總宜鎮靜妥辦，不可張皇失措。甘省皆良民，亦常遇災歉，不可不矜恤，亦不可啓以不靜也。（高宗七一三、一八）

（乾隆三四、一、壬辰）諭：上年直隸近水州縣，窪地間被偏災，業經加恩，分別賑恤，新正又經降旨，將霸州等十二州縣極次貧民，均予展賑，自可不致失所。但各該處需用米石頗多，而借種平糶亦需米接濟。著再加恩，撥運通倉米二十萬石，以爲各該處加賑糶借之用。該督其董率屬員，寬力辦理，務使小民均霑實惠。該部遵諭速行。（高宗八二六、一五）

（乾隆三五、八、己丑）諭：前因直隸被水，各屬賑務，需米頗多，業經降旨，將截留漕糧，並撥通倉米，共四十五萬石，交楊廷璋飭屬妥辦。茲面詢該督，據奏，各屬常平穀石，尚未買足，今年臨幸天津，復經蠲免舊欠米石，現在各州縣倉廠所存，尚恐不敷應用。著再加恩，撥通倉米二十萬石，俾得寬裕賑給，貧民口食，益資接濟。該部遵諭速行。（高宗八六七、一）

（乾隆三五、八、甲申）諭：前經降旨，截留漕糧二十萬石，存貯天津北倉備用。近因武清、固安等州縣，被水較重，已諭令就近撥給。今聞直隸被水各屬，賑務需米者頗多，所撥截留漕糧，尚恐不敷接濟。著再加恩，於通倉撥米二十萬石，交總督楊廷璋，飭屬妥協辦理，俾待食貧民，均霑實惠，副朕軫念黎元至意。該部遵諭速行。（高宗八六六、一四）

（乾隆三六、三、庚午）陝甘總督明山奏：甘省春雨愆期，屢奉垂詢，今於三月上中旬，近省各屬，得雨二寸至四寸不等。惟蘭州、鞏昌、平涼等府屬，與涼州府屬之古浪、平番等縣，連歲偏災，糧價頗昂，必須借糶兼行。批：亟應爲者。又奏：積歉地方，糧不敷用，擬於甘州、西寧等屬，並涼州府屬之鎮番縣，共撥糧二十萬石，協濟蘭州、鞏昌二府屬，並古浪、平番等縣。其平涼府屬需糧十萬石，另於附近陝省各屬籌撥。至議撥甘省糧石，已令藩司飭屬上緊輓運，庶一有所需，即可撥用。又批：是。有此舉動，民情自安矣。又奏：甘省倉賑，亟須籌備，積歉各屬，議撥糧三十萬石，猶恐不敷協濟。但甘省無處再撥，臣即日赴陝查閱營伍，當與撫臣文綬面商，於陝省倉貯充裕各屬，加撥十萬石，方資接濟。又批：若陝省亦望雨，又不可多撥，恐百姓無知，以爲現在望雨，仍撥本處之米接濟他處，此亦不可不慮。若十分無法可施，銀米兼施，或亦一策也。（高宗八八一、三〇）

（乾隆三六、四、庚子）陝甘總督明山奏：甘省蘭州等府雨澤未足，除撥本省甘州、西寧等府糧二十萬運赴協濟，又酌撥陝省糧十萬。臣查蘭州、鞏昌、平涼等府所屬，於三月十七、八等日，節次得有雨澤，夏禾長發，更可乘種秋禾。得三十萬石糧之借糶，設往後不敷，銀米兼施，可無虞竭蹷。請將陝西鼓鑄餘錢，動撥三萬串運甘，或就近搭放兵餉，或折糧價借給農民，隨宜酌辦，仍扣還原價歸款。得旨：知道了。又批：諸事俱俟朕慮，設爾總督何用？（高宗八八三、二三）

（乾隆三六、五、癸卯）諭軍機大臣等：……夏禾被災，如涇州、固原、靜寧、鹽茶廳、隆德、紅水縣丞、循化廳、安定、會寧、金縣、皋蘭、平涼、平番、古浪、狄道州、沙泥州判、崇信、華亭、環縣、撫彝廳、張掖、山丹、東樂縣丞、武威、鎮番、花馬池州同、河州、寧遠、漳縣、岷縣、寧夏、寧朔、平羅、清水三十四州縣廳，所撥甘糧二十萬石、陝糧十萬石，現在次第起運，按被災輕重之處，分別運往，以備接濟。先將陝錢三萬串、涇州倉存糧五萬七十餘石，運災重要區。得旨：覽奏俱悉，亦屢有恩旨矣。其督飭屬員，悉心妥辦，以救災黎。又批：吴達善不日即到，一切告彼可也。（高宗八八四、七）

（乾隆三六、九、辛亥）諭：今年近畿秋雨過多，瀕河州縣低田多有被淹之處。節經截漕五十萬石，並發部帑五十萬兩，諭令該督楊廷璋查勘被災情形，分別妥協辦理。其較重之宛平等十八州縣，並令將成災在八分以上者，於八月內先行急賑一月，以資接濟。現屆冬月大賑，需用銀米較多，恐所截漕米，尚不敷支撥。著再加恩，撥通倉米三十萬石，交與楊廷璋酌覈應撥州縣，及早領運備用。仍董率屬員實心經理，務俾閭閻均沾實惠，副朕軫念災黎至意。該部即遵諭行。（高宗八九二、四九；東二七、二八）

（乾隆三六、一一、丙寅）是月，直隸總督周元理奏：直省被災各屬，蒙恩續撥通倉米三十萬石，分領散給。茲據布政使楊景素稟稱，文安縣應領運通米三萬五千石，慶雲縣應領八千石，現值河凍，般隻難行，改從陸運，腳費過縻。請將該二縣大賑一半本色米石，照倉糧不敷全給折色之例，一體折賑，俾災民得及時買食。各州縣有似此者，一併通融辦理。得旨：如所議行。（高宗八九七、六二）

（乾隆三七、一二、庚寅）護理廣西巡撫布政使淑寶奏：廣西桂林、平樂、梧州、潯州等四府屬，共貯備東穀十萬石，以粵東產穀，不敷民食，歲需西省接濟。查粵西水次州縣，每年春夏之交，應糶息穀七千餘石。倉貯額穀已敷平糶，息穀非民食所必需，臣與督臣酌議，請於粵東省城平糶時，撥備東息穀，交東省首邑減糶，其價銀仍解粵西，存司庫備賑；再撥水次州縣息穀，補備東息穀缺額。如東省穀賤，即不需撥運；若需穀偶多，另撥備東額貯，即將息穀撥補備東正額，仍扣存糶價。得旨：既與督臣相商，如所議行。（高宗九二三、五三）

（乾隆三九、九、癸亥）諭：據周元理奏，天津府屬七縣，偶被偏災。該處倉貯米穀，因從前屢經賑借，且叠蒙恩旨蠲綏，現在常平、社、義等穀，僅存五萬餘石，不敷今冬賑借，及明春借糶之用等語。天津府屬七縣因夏秋雨澤未普，收成稍歉，雖係一隅偏災，恐冬春之際，民力未免拮据，朕心深為軫念。著加恩，於通倉內撥米十萬石，交周元理即行領運，酌備被災各屬冬春賑借平糶之用。該督務董飭所屬，妥協經理，副朕優卹畿民之至意。該部即遵諭速行。（高宗九六六、五九）

（乾隆三九、九、庚辰）［兩淮鹽政李質穎］又奏：八月二十二日，據淮北監掣同知張永貴稟稱，黃水漫堤，臣馳至淮安，見淮城一帶，水深四五尺不等，房屋間有倒塌，人口間有損傷。現飭淮安府，並山陽、清河二縣，挨查戶口，先行撫卹。惟是此次堤工漫溢，商民被災較重，目今撫卹，並將來賑濟，需用倉穀甚多。查揚州鹽義倉存貯稻穀，亦可就近撥濟，當即動撥一萬石碾米，委員速運到淮，交該府縣平糶。旁批：好。……（高宗九六七、八○）

（乾隆四○、九、甲戌）湖北巡撫陳輝祖議覆：布政使吳虎炳奏稱，定例南漕餘剩耗米易穀，存貯各州縣，附入常平額內。查湖北州縣，有南漕者三十三處，原額貯穀及餘剩耗米易穀存倉，日積日多，甚至倉廒不敷。無南漕者三十五處，僅止額穀存貯，遇有賑貸糶濟等事，穀少處撥運為難。請嗣後查明各州縣存倉穀少者，仍照舊辦理。若存倉穀石已多，即令將餘剩耗米，變價解司，派令無南漕州縣倉穀數少之處，赴司領價，買穀存倉。倘倉廒不敷，詳請添建。如此二十年後，通省勻貯，則各州縣均無不足之虞等語。該司所陳，自屬因時調劑。惟必俟有耗米之州縣，陸續變價發買，未免倉儲額數無定。且二十年後勻足，亦覺紆遲。今擬覈定石數，一百二十萬為正額，餘作附貯，於各州縣中，擇其正額外附貯歲剩耗米過多者，將糶缺之價，分發穀少之州縣購貯。一二年內，通省倉糧皆可齊全。得旨：如所議

行。(高宗九九一、三二)

（**乾隆四一、三、癸未**）調任江蘇巡撫薩載奏：常鎮各屬坐撥兵糧，因上年被災，缺米三萬餘石。請就近借常平倉穀碾給，俟秋成，將緩徵新舊南屯米，按數收還。得旨：如所議行。(高宗一〇〇四、三七)

（**乾隆四三、三、壬戌**）廣西巡撫吳虎炳奏：南寧府屬之宣化、隆安、橫州、永涼、新寧，太平府屬之崇善、左州、永康、寧明，柳州府屬之焉平、來賓，思恩府屬之遷江，共十二州縣，或兵民雜處或水陸通衢，或僻處邊境，向遇青黃不接，皆官倉穀糶借，上年收成歉薄，即以各該州縣倉穀糶借，民食尚恐拮据。擬於附近豐收各屬，乘此春水長發，酌撥接濟。應撥平樂、昭平、岑溪、蒼梧、藤縣、容縣穀三萬一千石，運赴橫州、宣化、新寧、永淳、隆安；撥蒼梧、藤縣、平南穀一萬七千石，運赴崇善、永康、寧明、左州；撥永福、柳城、融縣穀一萬四千石，運赴來賓、馬平；撥象州穀四千石，運赴遷江，各備平糶。事竣，糶價解司，秋後買補。報聞。(高宗一〇五二、五)

（**乾隆四三、六、庚寅**）諭軍機大臣曰：鄭大進奏，陝西辦運麥石，於五月十八日，覈計已運到五萬餘石。此後踵至者，當複不少。現在酌議，分撥應行協濟之各州縣，並將運到之麥，先撥三萬石解京。派員派作首、次兩運押抵通州，其後運二萬石，作爲第三運押送等語。所辦甚好。此項先運之麥三萬石，自應即行解京，以供平糶之用。著傳諭周元理，即速派員於交界處經理照料，同豫省委員迅速押送通州。其自通州運京。業據倉場侍郎奏，請照向例，由通惠河轉運。著該侍郎等於麥石運抵通州時，即行解京倉，以期妥速。至前諭陝西辦麥五萬石、盛京辦麥五萬石，運京供糶。通計共有麥十萬石，以之分撥京城各廠，尚可無須如許之多。因思畿輔各屬，今年麥收，大率歉薄，而順德、廣平、大名三府尤甚，亦應撥與麥石，以資接濟。著傳諭周元理，悉心籌畫，於此十萬麥石內，酌撥二三萬石，協濟各屬，於貧民口食，更爲有益。其順德等府，與豫省接壤者，即可截留後運麥石分撥，尤爲近便。其餘各屬，有應協濟者，即可將盛京運到天津麥石，覈計水次遠近酌撥。周元理於酌定時，一面具奏，一面飛咨鄭大進照辦。此旨著由五百里發往，令該督等上緊籌辦。至豫省各屬，雖均報陸續得雨，似尚未能普遍深透。而保定等處，近日曾否普得透雨，亦未據奏及，深爲厪念。著周元理、鄭大進將日內曾否普沾渥澤之處，迅速具奏，並諭令倉場侍郎知之。(高宗一〇五八、一)

（**乾隆四三、閏六、辛未**）又諭曰：國泰奏，請將豫省解京第三運麥二萬石，截留山東水次各州縣，以備借給農民籽種等語。此項麥石，已撥給直隸應用，其所屬之順、廣、大、各府，今歲二麥亦屬歉少，秋間自亦有需借籽種之事，前項撥定之麥，似難再行改撥。但山東省種麥，尤關緊要，自不可不早爲籌畫。因思陝西運赴河南之麥共十萬石，豫省借種所需，諒不過三四萬石，餘麥尚多，此時大田俱已趕種，可望秋成，無庸再行平糶麥石。況民間口食，麥不及米之便，該省昨歲秋收，本屬歉薄，米糧不能充裕，現在江西各幫，未經渡黃之船尚多，其尾運幫船，渡黃既遲，抵通更稽時日，誠恐有誤回空。及冬春開兌之期，莫若將尾幫之米，截留十萬石與豫省，以爲接濟民食之用，則糧艘最後之幫，回空既速。而豫省儲備，亦得有資，自爲兩便。著傳諭國泰、鄭大進，即速悉心會商，將豫省何處水次存貯之麥，撥運二萬石與山東備借籽種，並將如何委員領運之處，詳悉妥議具奏。並著鄭大進，將截留漕米十萬石，應於何處水次兌收，不使漕船紆途稽緩，妥爲籌議，迅即覆奏，以便明降諭旨。將此由五百里發往，仍著迅速具奏。並先行諭令鄂賓知之。尋鄭大進奏：彰德、衛輝、二府與東省舟楫可通，應將所撥麥二萬石，分二起，委府佐運交。截留漕米，於臨清州水次交兌，漕船不致紆緩。報聞。（高宗一〇六〇、二七）

（乾隆四三、七、丁巳）是月，直隸總督周元理奏：直屬本年麥收歉薄，請將撥運供糶京麥三萬石，留爲秋間借給麥種之用。得旨嘉獎。（高宗一〇六三、二九）

（乾隆四三、八、丁丑）諭曰：閔鶚元奏，查勘得亳州因豫省黃水漫衍直注，該州將城門堵築，水未入城，其城外坊廂民房，半多倒塌，該州被水地方居十分之九。又蒙城居亳州下游，因水勢漫漲，不能容納，以致四鄉田廬淹浸居十分之八。至下游之懷遠、宿州、鳳陽、靈璧、五河等州縣，瀕河窪地亦被淹及。現在飭委各員查勘等語。亳州等州縣接壤豫省，因黃水漫溢，致田廬淹浸，被災較重。前據薩載奏到，已傳諭該督撫，令將川省水次倉穀二、三十萬石碾運之米，酌撥安省被災地方，以備賑糶之用。今據該撫，勘明亳州、蒙城等處被災較重，著即動支倉穀，設廠平糶，並照例先行撫卹，給予一月口糧，以資接濟。至懷遠、宿州、鳳陽、靈璧、五河等處，先已被旱，今又猝然被水，並著即派妥員會同該地方官，勘明成災輕重，照例撫卹。該督撫即董率各屬，實心經理，毋任吏胥中飽，俾災黎均沾實惠。該部即遵諭行。（高宗一〇六五、九）

（乾隆四三、八、癸酉）又諭曰：薩載奏，八月初間，據亳州、蒙城二州縣續報連日風雨，平地水深二三四尺，以致城腳淹漫，間有損壞，亳州城牆並有鼓裂塌卸之處，被水災民，現在撥船濟渡高阜處所安插。又壽州、鳳臺二州縣，高田已被旱災，因豫省黃水漫溢，淮流驟漲，致灣地秋糧被淹。又盱眙、五河二縣，亦先被旱災，近因淮流下注，河水陡漲，低田復被水淹，現在分別安置，平糶煮賑，照例撫卹等語。安徽之鳳陽、潁州等屬，適當豫省漫口下流，被災較重，各處賑糶諸務，需用糧石必多，前據文綬奏，擬將川省水次州縣各倉，撥穀二、三十萬石，碾米運楚，朕因江南每年仰資川米，今歲又有偏災州縣，曾明降諭旨，令該督即將此項碾米，運赴江南備用，並諭薩載酌量地方分撥，隨時出糶。今安省毫、壽等州縣旱災之後，繼以水災，貧黎自皆嗷嗷待哺，恐該處常平不敷應用，莫若即將川省碾運之米酌撥，以資調劑。著傳諭薩載豫行覈計各州縣災分輕重，豫爲撥定，一俟川米運到，即便接運安省，以供賑糶而裕民食。並諭閔鶚元董飭各屬，實力經理，務令災黎均霑實惠，勿使一夫失所。若川米到遲，目下需米孔亟，則所留江西漕米，亦可先行動用，仍各將作何辦理情形，先行由驛奏覆。(高宗一〇六五、二)

（乾隆四三、八、丙戌）署兩江總督薩載奏：本年上下江地方均有偏災，需米接濟。現咨四川督臣文綬，飭水次州縣碾米來江。俟到時，撥給上江十萬石，委安徽藩司在安慶地方接運，以五萬石分派江、常、鎮等三府，如川米不能如數，另行酌派。得旨嘉獎。(高宗一〇六五、二七)

（乾隆四三、八、辛酉）諭軍機大臣等：據文綬奏，籌濟楚省民食，現在飛札諮詢湖北，如果需米孔殷，請於川省水次州縣存貯倉穀內，撥穀二、三十萬石，碾米運往楚省，酌撥應用等語。所奏未免有意，川省經素稱產米之區，各處民食，該督止須飭令夔關速行驗放，不至遏糶阻商，自可絡繹接濟，毋庸官爲籌辦。設或川米價值稍昂，商人惟利是圖，必不肯費貴價以虧本，更不值官爲過計。今文綬欲於官貯倉穀內酌撥二、三十萬石，碾米運往，是名爲籌濟楚省，而實則以此數十萬石倉穀，官爲辦運塞責，實意欲禁商糶也，殊非通商恤鄰之道。況該督止知湖北偶被旱災，早稻歉收糧價昂貴，不知江南向亦仰給川米，今夏缺雨，復有一隅偏災，其望上游米船更切。(高宗一〇六四、七)

（乾隆四三、九、癸巳）諭軍機大臣等：……前經降旨，令文綬將川省倉穀二、三十萬石碾米運赴江南，以備賑卹。尋據薩載奏，川省碾運之米，約計十五萬石，以十萬石撥交上江，五萬石撥交下江備用，係就兩省情形，酌量分撥。自應如此辦理。(高宗一〇六六、一六)

（乾隆四四、六、戊辰）諭：前因豫省儀封等處堵築漫口尚未蕆工，傳諭薩載將安徽之亳州、蒙城等處，河水下注之區，曾否涸出，現在貧民有無拮据情形，據實奏聞。今據覆奏，查明亳州之東北二鄉，因上游黃水漫溢，二麥復經被淹，請動撥川來八千石，借給貧民。又蒙城縣境内雉河集、板橋集一帶及東北鄉十餘村莊，濱河田地俱被水淹，二麥秋禾均有傷損，請撥米四千石，一體借給等語。亳州、蒙城上年因豫省黃水漫注，已被災歉，今亳州東北二鄉及蒙城之東北十餘村莊，復因漫水淹及田疇，民力不無拮据，前撥川省米石，原以備該省賑恤之用，所有亳州出借之米八千石、蒙城縣出借米四千石，均著加恩賞給該二州縣貧民，以資接濟。該督董率各屬，實力妥辦，務使窮黎均沾實惠，毋任胥役侵肥中飽，以副朕軫恤災黎至意。該部即遵諭行。（高宗一〇八五、一）

（乾隆四六、九、戊午）諭曰：袁守侗奏，天津、静海二縣窪下地畝，勘明一隅偏災，所需賑米，請將奉天海運溢額餘米賞撥等語。著照所請，即將本年奉天海運溢額餘米二萬二千餘石，撥天津、静海二縣，發爲賑卹之用。該部即遵諭行。（高宗一一四一、一〇）

（乾隆四八、三、辛丑）山東巡撫明興奏：上年截存江西漕米，撥給聊城縣存貯，除賑濟外，尚存六萬一千餘石，應於今春分撥曹郡災屬，但黃水阻隔，繞途陸運，不免糜費。查濟寧、金鄉、魚臺各州縣，被災較重，應請將此項米撥給以資糶借。其兖屬鄒、滕、嶧三縣，一水可通，當由濟寧轉撥。至曹郡各屬，已撥餘剩米，可以出借。不敷，再於附近籌撥倉穀。得旨：覽。（高宗一一七六、一七、辛丑）

（乾隆五〇、一〇、丙午）四川總督李世傑奏：浙省杭、嘉、湖三府歉收，奏請來川採買。查委員到川於民間購買，未免遲滯，請將奏定碾備楚糶倉米十五萬石，先撥十萬石，兑交浙省。俟湖北官商到時，除存米五萬外，如不敷用，再籌動碾。得旨：所辦好。該部知道。（高宗一二四一、二一）

（乾隆五五、九、丙戌）諭：前經降旨，將漕糧三十萬石截貯北倉，派撥直隸各州縣賑濟之用。兹據梁肯堂奏，被水各州縣實需賑卹者，計有四十餘處。各處存倉米穀，自應儘數動支。除冬間散賑外，尚應豫備來年出借籽種口糧，減價平糶，現需之大賑加賑米糧，恐不敷用，懇於通倉内賞撥米三十五萬石等語。直隸被水地方，普加賑卹，需用米石較多，自當寬爲豫備，俾小民均沾渥澤。著加恩竟於通倉存米内，撥給四十萬石，該督即分飭應撥州縣，赴通領運。務期實用實銷，不得任聽吏胥虛糜盜賣滋獘。並著督率所屬，確覈户口，按數散給，毋致一夫失所，以副朕軫念災黎，有加無已至意。（高宗一三六二、二三）

（乾隆五五、九、辛卯）又諭：據蘇凌阿等奏，所有撥給直省備賑米四十萬石，現將倉內稄米七萬二千餘石、粟米五千餘石，儘數放給，並於舊存粳米內酌撥三十二萬餘石，湊足四十萬之數。應令督臣梁肯堂轉飭各州縣雇備船隻，迅速領回應用等語。直隸因被水地方較多，現需普加賑卹，是以寬爲豫備，自應速行領運，以資接濟。著傳諭梁肯堂乘此天氣和暖之時，速飭各該州縣，照例雇備撥船，上緊趕運。毋任稍有遲延，以致河水凍阻。（高宗一三六二、三四）

（乾隆五六、三、乙未）署江蘇巡撫長麟奏：蕭縣等被水災區，蠲緩兼施，並於正賑、展賑外，准借籽種，若再平糶接濟，民食更爲有益。請將倉貯穀石麥豆，酌撥出糶，照江蘇災地減糶章程，各州縣鄉鎮，分設棚廠妥辦。報聞。（高宗一三七五、一八）

（乾隆五七、六、戊寅）諭曰：大學士九卿議覆紀昀奏，請撥直隸截漕米石，在京分廠煮賑一摺。所議尚未周到。朕軫念災區，豫籌民食，本年因直隸被旱各屬，二麥歉收，節經降旨緩徵借糶，並截漕五十萬石，俾資接濟。現因應賑百姓，赴京就食者較多，酌籌分廠煮賑，所需米僅止數千石，不過截留漕糧百分之一。大學士九卿等議如所奏，在直隸原截漕糧內，扣出撥給，殊屬見小。所有京城需用賑米，竟毋庸在直隸截留漕糧內扣撥，即著動用通倉米石，速行撥廠分賑，以資災民口食，更可多賑數人，不致一夫失所，毋任地方州縣吏胥剋扣侵肥，以副朕惠愛黎元，有加無已至意。（高宗一四〇六、二四）

（乾隆五七、六、癸巳）諭：前降諭旨，截漕六十萬石分撥直隸、河南二省，豫備缺雨各府屬接濟之用。並派令劉秉恬、梁肯堂前赴該二省交界處所，就近商同酌撥。續又增賞直省米十萬石，令於北倉內撥給。梁肯堂因有地方應辦事件，先回保定。劉秉恬往來臨清一帶，現赴北倉調度撥運。辦理均爲妥協，著交部議敘。（高宗一四〇七、一三）

（嘉慶三、一〇、丙甲）緩徵江蘇青浦、婁二縣晚棉歉收地方本年額賦，並撥江蘇徐州漕糧四萬七千石備賑。（仁宗三五、五；東一、三一）

（嘉慶五、六、丁巳）命江西碾米十萬石，運赴陝西興安，以備賑糶。（仁宗六九、一三）（東三、二五）

（嘉慶六、六、甲子）撥大興、宛平二縣常平倉穀備賑。（仁宗八四、二〇）

（嘉慶一一、九、甲寅）撥江蘇清河、鹽城、海、安東四州縣倉穀十萬石備賑。（仁宗一六六、二五）

（嘉慶一五、六、癸巳）諭內閣：據富俊奏稱，現於就近海口之各旗倉內撥米五萬石，民倉內撥米十五萬石，運赴海口，以便轉撥運通。著該督即嚴飭所屬，雇備船隻，妥速轉運。（仁宗二三〇、一一）

（嘉慶一五、九、丁巳）諭內閣：富疆阿等奏，請留金州、岫巖二處運津米石，以備旗民賑卹一摺。奉天運津米石，前經富俊等奏准，在就近海口各旗倉並民倉內，共撥二十萬石起運。茲據該署將軍等奏，金州、岫巘二處被災均重，有應行撫卹事宜，覈計本處倉儲，恐不敷用，其鄰近各屬，又俱有被災動用之處，難於轉撥。自應即照該署將軍等所請，將前撥金川、岫巖二處運津米三萬石，停止撥運，以備本處賑卹之需。現在直隸運米船隻，已陸續到彼，除別處海口應撥米十七萬石，即迅速趲運外，其派往金山、岫巖二處之船，著准該船戶攬載駛回，聽其自便。（仁宗二三四、四）

（嘉慶一九、閏二、丁丑）撥湖北安陸、應城、黃岡三縣倉穀四千石，運赴應山縣平糶；撥房縣餘存秋米，運赴鄖陽、竹山、竹溪、保康、房、鄖西六縣平糶。（仁宗二八六、二三）

（嘉慶一九、一二、己未）撥江蘇省城附近倉米六千石備賑。（仁宗三〇〇、七）

（嘉慶一九、一二、戊辰）諭軍機大臣等：本日軍機大臣會同戶部、倉場侍郎議覆百齡等籌濟缺額漕糧一摺，所議甚是，已依議行矣。京倉儲貯，足敷接濟，該督等所請收買行月耗米，徒然多糜帑項，著即飭知各該糧道，毋庸辦理。其徵存歷年緩漕正耗等米四萬五千九百餘石，即行催齊搭解運通。至江西、湖北、湖南濱臨水次州縣，每省酌碾常平倉穀二十萬石一款，著該三省巡撫，各將該省水次州縣常平倉穀，現存數目查明，每處可以碾動若干，即行分別派碾，於幫船開行之前，交兌灑帶運通。一面奏聞，一面辦理，勿致遲誤爲要。此此各諭令知之。（仁宗三〇〇、二一）

（嘉慶二〇、二、丙戌）諭內閣：王紹蘭奏，酌撥閩屬倉穀接濟浙西民食一摺。浙西杭、嘉、湖等府上年歉收，米價昂貴，福建係屬鄰省，海運較便，著照王紹蘭所請，於福、興、泉、寧四府近海各廳縣存倉穀石內，抽撥穀十萬石，咨明顏檢，迅速招商，按所定價腳備銀給照領運，以資接濟。其撥運事宜，並著王紹蘭督同該藩司等，妥爲經理。於浙商到閩時，隨到隨給，勿使停留守候。如浙省米價平減，由顏檢奏明停止。其浙省價腳解閩後，即發交臺灣府如數買足，委員運交原撥各廳縣歸款。均照所議辦理。（仁宗三〇三、二三）

（嘉慶二四、八、癸卯）命撥北倉米十萬石，分運直隸被水州縣備賑。

(仁宗三六一、一五)

（三）採買穀石

（**康熙一八、九、癸丑**）户部議覆：江寧巡撫慕天顔疏言，天時亢旱，各屬報災，請借動庫銀五六萬兩，遣官往湖廣買米，運至江南平糶。應如所請。從之。(聖祖八四、一五)

（**康熙三一、一二、辛丑**）諭大學士等：聞西安米價仍貴，流民還原籍者稀少，朕爲陝西地方民生常縈於懷，必如何措施，然後於民有濟，蓋孳孳不置也。先是，聞自湖廣襄陽至陝西商州水路可達，已遣郎中蘇赫納往視，今問之内大臣索額圖，乃亦乘船自商州至襄陽。若西安米仍貴，則流民不能還籍，商州到襄陽既有水路，應將目下運到襄陽米二十萬石，自襄陽水路運到商州，自商州運至西安糶賣，則飢民流民，均得蘇息矣。可遣内閣學士德珠，會同總督丁思孔、總兵官王化行等率河道劉瞪，將轉運米石及招還流民之事，委之專理。其自襄陽運至西安之米，照湖廣價值，止加算所運腳費，與之貿易，則米價即平，於百姓大有裨益，而流移之民亦獲速還故土。所得米值，齎至湖廣，復買米糧，亦依此法轉輸平糶。當俟陝西流民悉還本籍，米仍既賤之後，方行停止。爾等會同速議以聞。(聖祖一五七、二一)

（**康熙四八、八、己亥**）安徽巡撫劉光美疏言：凤陽府所屬地方雨多傷稼，臣與督臣邵穆布公議措銀二萬兩，委員採買米石，運至凤陽缺米州縣，減價平糶。得旨：知道了。督撫爲地方大吏，凡水旱災傷及疾疫之處，即應據實陳奏，屢有明旨。今年上江州縣春災，劉光美隱匿不報，人民疾病者甚多，亦匿不奏聞，殊屬不合。著該部察議具奏。(聖祖二三八、一五)

（**康熙六〇、五、乙酉**）又諭：朕因陝西歉收，雖將錢糧蠲免，動支倉糧，又發庫帑特差官員散賑，百姓尚未安堵。今施世綸亦束手無策。此皆係地方官員不切實留心爲民設法綏理，以致百姓流離。聞山西、陝西富户積藏米石甚多，若有賢能官勸諭糶賣，可以多得。著將内庫銀發五十萬兩，令左都御史朱軾往山西，光祿寺卿盧詢往陝西，再派部院賢能官員隨往，每處帶銀二十五萬兩，勸諭富户照時價糶賣米石，庶乎易得。將此旨傳示九卿。(聖祖二九二、二〇)

（**雍正二、九、壬戌**）諭湖廣、江西、河南、山東、安徽督撫等：今歲各省秋成大有，惟浙江、江南沿海地方，七月十八九等日，海潮泛溢，近海田禾，不無損壞。朕軫念災黎，惟恐失所，業經嚴飭各省督撫，發倉賑濟。但蘇、松、杭、嘉等府人稠地狹，産米無多，雖豐年亦仰給於湖廣、江西及就近鄰省，今沿海被災，恐將來米價騰貴，小民艱食。湖廣、江西地居上流，河南、山東二省接壤江南，今歲俱各豐收，安徽寧、太等府屬亦俱收成豐稔，著動湖廣藩庫銀買米四萬石，江西藩庫銀買米六萬石，運交浙江巡撫平糶；動河南藩庫銀買米四萬石，山東藩庫銀買米六萬石，安徽藩庫銀買米五萬石，運交蘇州巡撫平糶。俱著速即辦理，委員運送，毋得怠緩遲誤。（世宗二四、一六）

（雍正四、一〇、戊辰）署湖廣總督福敏摺奏：湖廣沔陽、潛江等十州縣被水饑民，逃荒載道。查此十州縣皆係水鄉，米商易通。目下止需穀六萬石，即已足賑濟之用。楚省各衙門，現有贏餘銀兩，原充公用，請動二萬四千兩買穀備用。但一時採買，恐穀價反致騰貴，應暫借常平倉穀六萬石發賑，即將此項銀兩，陸續買補，庶於積儲無損，而民生有益。奉上諭：買穀散賑，籌畫甚爲允當，實屬可嘉。朕救荒心切，豈惜倉穀，但如此一轉移間，賑務既濟，積儲仍不虧缺，可謂一舉而兩得也。（世宗四九、一二）

（雍正八、一二、甲辰）諭戶部：今年江南、河東等省間有被水州縣，已降旨發粟蠲租，並令該督撫加意撫恤。但至明歲春間，青黃不接之時，恐不無借資鄰省買米減糶之事。湖南、湖北二省，向來積穀甚多，正在預籌出陳易新之法，而今年又復豐收，穀價大減，恐民間出糶維艱，朕特思酌盈劑虛之道。著將從前商捐及耗羨銀兩。存貯楚省藩庫者，動支五萬兩，遴選賢員，分往所屬豐收價平之處，糶買新穀，暫行收貯，俟鄰省需米平糶，即令委員來楚，照楚省原買價值，先儘倉貯之穀，交買運回，以濟民食。仍將新穀補倉，價銀還項。如此，則鄰省無貴糶之虞，而楚省又得出陳之益，事屬兩便。倘鄰省可以不用，則仍留楚省，於青黃不接之時，照價平糶，於民亦屬有濟。著該督撫遵諭料理，並移會鄰省知之。（世宗一〇一、三）

（雍正一〇、二、乙巳）諭內閣：扎薩克旗分地方各處耕種，所收米石存倉，原爲伊等地方荒歲之用。目今喀喇沁等處米石，盡行散賑，伊等屬下蒙古，倉廩空虛，不可不預爲之備。著於賑濟米石外，再行施恩，每石給發價銀一兩，交與各該扎薩克等買米存倉收貯。俟入倉之日報部，部內差員查驗。若將給價買補之米不行入倉，及有侵蝕等弊，必從重治罪。（世宗一一五、二一）

（乾隆二、九、戊申）戶部議覆：直隸總督李衛奏，籌辦買補倉糧，賑濟民食。查直屬本年低處秋田雖淹，而高阜平原，收穫豐稔，民間糶賣，價值平賤，請不拘米穀、高粱、雜糧，按時價收買，照例搭放賑濟。但本地所產米糧有限，若一時購買，恐於民食多妨，應於山東膠、萊、濟寧等處採買。又奉天產米最多，亦請委員購辦。倘奉天以上年曾被偏災，恐致米貴，即將該處倉糧，酌量留備足用，其餘交委員領回，留價採買，補還倉穀。再河南楚王、道口二鎮，係從直隸歸併，均屬米糧聚所，亦應一體知照。至宣化府屬州縣應需米石，則於古北口外之熱河及張家、燭石二口外地方，採買撥用。均應如所奏。得旨：依議速行。（高宗五一、一一）

（乾隆二、閏九、甲申）貴州總督張廣泗奏報：安順府並所轄郎代廳暨普定、安平二縣界內村寨，於九月初六日，間被冰雹損傷田穀，現已委員查勘賑恤，並開倉平糶，目下足資接濟，應籌明春賑糶之需。湖南地方今歲豐熟，委員動帑前赴該省採買米二三萬石，轉運至安順府，以資備用。得旨：知道了。買米湖南，即再倍此數亦佳，在卿酌量耳。（高宗五三、二〇）

（乾隆三、九、壬申）戶部議准：安徽巡撫孫國璽奏稱，安省入夏以來，雨澤稀少，所有被旱稍重之六安等州縣，恐成偏災；其餘各屬被旱雖輕，收成亦不無歉薄。請給支司庫銀十萬兩，先赴產米之地採買，運至被旱各州縣，爲將來賑糶之用。從之。（高宗七七、九）

（乾隆三、七、己卯）兩江總督那蘇圖奏：下江之江、蘇、常、鎮、揚五府所屬及上江之六安等十餘州縣，因六月內雨澤愆期，各處田禾被旱，現在酌發帑銀三十萬兩，前往江廣採買米石，以爲將來賑糶之用；並平糶常平倉穀，以濟民食。得旨：朕早聞江蘇缺雨，甚爲厪念，何此時方奏至耶？至先事預防，圖維補救之處，切須加意料理，以濟民困。（高宗七三、一八）

（乾隆三、八、己酉）〔兩江總督那蘇圖遵旨〕又奏：上江倉貯因連年賑濟，未經買補足額，值此歉收之時，恐將來不敷賑糶。除從前動用庫銀採買江廣米石外，請再動銀十萬兩，即於米價平減之處，分路購買，運赴就近之廬、鳳等屬，收貯接濟。得旨：辦理甚是。知道了。（高宗七五、一九）

（乾隆三、九、癸亥）大學士等議覆：安徽布政使晏斯盛奏稱，安省地方被災廣闊，各屬倉貯，不敷賑糶。請將本省不被災州縣漕米，截留分貯備用。應如所請。至所稱江廣漕米，一併截留安省之處，查漕米關係天庾，非奉有特旨，未便截留他省，但安省現在需米甚殷，不可不豫爲籌畫。除前已經動帑赴江廣採買外，仍令酌動庫銀前往產米之地，續行採買接濟。得旨：依議速行。（高宗七六、一七）

（乾隆三、九、丙寅）諭：今年畿輔地方，收成有歉薄之處，而口外年穀順成，頗稱豐稔。昨已降旨，准商人出口往來販運，以資接濟。今思京城米價，現在不能平減，來春青黃不接之時，恐益加騰貴，故派出戶部司員赫赫、那爾善，內務府官員王常保、王慎德，於張家口、古北口二處，每處各二員，攜帶內庫帑銀前往，會同地方官將米豆、雜糧等項，照時價採買，運送來京，交八旗米局平糶。使都門兵民，得資外來之米，以供饔飧，而口外有餘之糧，亦不致耗費於燒鍋等項無用之地，實屬兩有裨益，其應齎銀兩若干，並作何輓運之法，著該部速行詳悉妥議具奏。（高宗七七、二）

（乾隆三、九、己卯）［戶部］又議准：江西按察使淩燽奏稱，江右今歲豐收，米價平減。自夏秋之間，兩江閩浙，委員採辦賑濟穀石，會集來江，一時未能應付，米價因之日昂，實覺彼此未便。請將委員所齎穀價，留於江省，量其價值，先於附近水次各府縣，酌撥常平倉穀，令委員自行領運。所留銀價，即分發撥穀之府縣，陸續買補還倉。得旨：依議速行。（高宗七七、一八）

（乾隆三、一〇、戊申）［兩江總督那蘇圖］又奏：上下兩江，本年被旱州縣，業經先後動支兩省藩庫銀五十萬兩，委員分往江、廣等處採買；並咨明江西巡撫，於該省存倉穀內碾米十萬石，運赴江南；又將上江不被災州縣應徵漕糧，全行截留。賑濟平糶所需，不敷有限。閩省為海疆重地，本地不多產米，鄰省撥運維艱。既因倉貯空虛，請撥江、廣穀石，若將應運穀三十萬石，截留三分之二，倘有需用，難免周章。請將原議改截接濟江南之閩運江廣穀石，只留十萬石，仍以二十萬石，撥歸閩運。得旨：此見甚屬可嘉，實封疆大臣之度也。（高宗七九、一七）

（乾隆三、一一、戊寅）河南巡撫尹會一遵旨覆奏：買補倉穀，謹就地方情形，酌量通融辦理。一、州縣本地穀價昂貴，平糶之銀，不敷買補，即赴鄰邑採辦，鄰邑價值亦昂，即將不敷銀兩，據實報明，於別屬買補盈餘銀內，撥給買貯。一、豫民食用，以麥為上，高粱、蕎麥、菽黍次之。穀價昂貴，即飭地方官，查明雜糧若干抵穀一石，絫酌糶貯，來春青黃不接，先儘此項糶借，秋收後易穀還倉。一、新舊民欠穀石，應行催還。本年河北彰、衛、懷三府夏秋被水，雖經補種有收，多係雜糧，河北百姓願以雜糧完官者，准照穀價折交。得旨：如此酌量情形辦理，甚佳。知道了。（高宗八一、三六）

（乾隆四、一〇、癸卯）［兩江總督那蘇圖］又奏：請動藩庫銀二萬兩交鎮江府，督同各該縣購買二麥，運至清江浦，令海州各屬接運，以備來春賑糶。海州等地方，既有備無患，而徐、陽兩邑，亦可杜躧麴糜費之端。得旨：所辦甚妥，知道了。（高宗一〇三、二三）

（乾隆七、四、丁酉）諭大學士等：據河南巡撫雅爾圖奏稱，豫省今春雨澤及時，二麥暢茂異常，四月下旬，即可刈獲，收成十分豐稔等語，朕覽之其爲欣慰。因思直隸地方，今春雨澤，未爲普徧，恐二麥未必豐收，不能不資藉於鄰省。可傳諭高斌，令其酌看本地情形，須用接濟與否？若須接濟，或將豫省倉儲，運借來直；或直隸遣官齎銀，往豫採買。應於何時辦理，緩急遲早之間，著高斌與雅爾圖彼此熟商，具摺回奏。江南淮、徐、鳳、潁等處，被災之後，米糧不敷，若有須用二麥之處，亦著江南督撫與雅爾圖妥商辦理。尋據直隸總督高斌奏：直屬天津、河間、正定、順德、廣平、大名等處麥價騰貴，請先動藩庫銀三萬兩，委員往豫採買，運至直屬之近河州縣交卸。報聞。又據河南巡撫雅爾圖奏：江省被災之後，自須二麥接濟，擬動司庫銀十萬兩，發可通江南水路各州縣，乘時購備，並咨江督，如果需用，即委員領運，不致遲誤。得旨：知道了。妥協爲之。（高宗一六四、二二）

（乾隆七、一〇、乙卯）河南巡撫雅爾圖奏：……至豫省運過倉糧，應俟明春麥收後，酌動正項，買麥收貯，易穀還倉；如一時未能買齊，亦於秋成後買還。（高宗一七七、二六）

（乾隆九、三、丁未）雲南總督兼管巡撫事張允隨奏：上年昭通、東川兩府，秋成歉薄，已動撥銅息銀二萬兩，買川米一萬五百石，運賣平糶。再通查各屬，如有民食不敷之處，分別借給籽種，以助春耕；其應行平糶者，即詳請平糶。得旨：是此。滇省最要之事，加意爲之。（高宗二一三、二四）

（乾隆九、四、庚申）大學士鄂爾泰等議覆：兵部侍郎雅爾圖奏稱，直隸民食，首重高梁、粟米，其次則春麥、莜麥，今春雨愆期，已失其一，倘再彌月不雨，則高梁、粟米又屬難期。莜麥一項，實爲至急。請於豫、東二省及奉天地方採買備貯。萬一大秋不能播種，即借給莜麥，於五六兩月廣種，亦可佐數月民食。查莜麥堪佐民食，播種可以稍遲，倘雨澤稍緩，五六月間尚可種。豫備籽種借給民間，自屬有濟。但所稱豫、東購買，東省亦有歉收地方，應請交與總督高斌，令查明直屬有無籽種，倘有不敷，則委員於河南、奉天等處採買，分發存貯。如秋成有望，仍可變價還項；倘秋禾難種，即借給種植。又議：雅爾圖奏稱，直隸春雨愆期，麥收既失，倘大秋復難播種，民食何賴？請敕直督早委幹員，分往湖廣、江西、江南三省，不拘米麥豆穀，採買四十萬石運至直屬，分發收貯。再豫省彰、衛二府水路可通直隸，該處今歲二麥豐收，亦應委員酌量赴買，以湊賑用。查先經直督高斌奏報，通省存倉米穀及截留之項共二百一十餘萬石，今除大名、宣化雨澤已降外，其餘各處俱須豫籌，恐前項米穀不敷。皇上念切痌瘝，不惜帑金賙恤，則先事豫防，自應再加購買，但查江南地方民衆，所產米穀祇足供本地民食，況歉收後偶遇有秋，亦未必能接濟他省。其湖廣、江西二省距直隸遼遠，現雖據總督阿爾賽奏稱，兩湖地方米價平減，二麥茂盛；巡撫塞楞額奏稱，該省麥苗茂盛，米價亦平，而收成分數，尚難豫定，恐委員往購，轉致商賈居奇，彼處或有未便。至河南與直隸接壤，彰、衛二府水路可通，如果該處二麥豐登，自當酌量買貯。應請將雅爾圖所奏，密交直督高斌，斟酌本地情形，應如何豫籌，并湖廣、江西二省可否採買之處，詳細計議，奏聞辦理。諭曰：雅爾圖所奏直隸備荒二摺，及大學士等所議奏帖二件，可俱發與高斌閱看。……俟高斌具奏到日，朕降旨令河南巡撫碩色、奉天將軍額爾圖委員採辦運送直隸，交納似更便益。可將此一併詢問之。若彼直隸官自能辦此，則不必。尋奏覆：直隸除大名一府雨澤霑足，宣化、永平、廣平次之，順德又次之，正定府及趙州雨尚未足。至順天、保定二府及定州屬，二麥歉收。而上年被災之河間、天津、深、冀等屬，旱象尤覺可慮。備荒之策，多儲爲先。今歲河南、河北一帶及直隸大名府，俱豐收可期，河南彰、衛二府與大名水路可通，若委員採買，運貯災區，實爲有益。臣擬先撥司庫銀十萬兩，遴員前往，不拘定數，察看市集情形，如可多得，即添銀購辦。至目下差委辦事之員，現足敷用。雖河南鄰省辦運之事，均屬辦公，究不如就臣所素知之屬員，易於策勵。至菽麥籽種所需不至甚多，即河西務等處水路馬頭地方，糶賣市集尚多，易於購辦。屆期謹先豫備，此時無庸赴河南、奉天採買。得旨：知道了。（高宗二一四、一四）

（乾隆一三、四、甲寅）諭軍機大臣等：朕因東省飢民，待哺孔殷，於撥賑之外，多方籌畫，恐鄰封稍分畛域，不免遏糴之弊。是以諭令民間餘粟，無論米豆雜糧，廣爲招集，以便購買協濟。乃欲鄰省督撫曉諭商販，使其自爲流通，足資東省市集購買，所謂動官帑採買運送也。今那蘇圖奏稱，此時青黃不接，市價未平，一經收買，必致昂貴，應俟二麥登場，糧價稍減，酌量情形，再行采買運送等語，乃係誤會前旨。畿輔即使豐收，一經收買，麥價勢必騰踴。是東省未得協濟之益而直省先受貴糴之害，於民食殊有關係。可傳諭那蘇圖，令其善體前諭，不必購採運送。即招集商販之處，亦不可稍爲勉強。務使商情樂從，人己兩利。其河南、江蘇、安徽等督撫，一併傳諭知之。（高宗三一二、一）

（乾隆一六、七、丁丑）浙江巡撫永貴遵旨覆奏：杭、嘉、湖三府。閏五月內，望雨甚殷，今於前月下旬得雨，雖覺稍遲，尚無大礙。惟浙東八府，被旱頗重，臣於閏五月望前，即令開倉平糶，勸富招商。豫行各屬，儘動常平糶價，前赴外江採買。小暑尚不得雨，秧多生節，已有成災之象。又於閏五月杪。奏請借撥楚穀，並動帑三十餘萬，委員分赴江楚採買，迨交六月，尚未得透雨，早禾失收，中禾亦槁，實非偏災可比。先於浙西撥穀數萬，運往接濟。暫弛寧波海禁，奏令溫、台、寧、處四府與江閩二省通商。並委員赴蘇借米、赴閩告糴。近省各府，臣就近提調，其稍遠者，仍於浙西道府中，遴委妥員，會同地方官。先賑一月，俟各屬報齊後，奏請加賑。此臣於浙東大暑前後，未得透雨，斟酌辦理之事也。目下已過立秋，嚴、紹二府，現在數縣報雨；金、衢等六府，雖報得雨，未稱霑足。若再不能透足，則晚禾成災，秋收無望，臣自當親往查災，一面發賑，一面奏聞。得旨：覽奏俱悉。據喀爾吉善奏稱，來浙辦賑，汝等正可和衷相濟，鎮靜地方也。（高宗三九四、二二）

（乾隆一六、一一、庚午）兩江總督尹繼善奏：上下江節年偏災，賑貸平糶，動用不貲，統計缺額米，上江五十萬餘石，下江一百萬餘石。時屆秋成，自宜買補。但米價昂貴，且浙省災重，商販雲集，未便爭購。今飭各州縣採買，以一半爲率，其已足額數之半者，暫行停緩；如買不及半，而市價驟增，亦即停止。得旨：覽奏俱悉。（高宗四〇二、六）

（乾隆二一、二、癸丑）諭：上年江南歉收，屢經降旨截漕賑卹，並令酌撥江、楚等省粟米運往平糶。近聞該省米價尚未平減，且南方全恃秋田收穫，麥收亦屬有限，其秋成以前尚須籌劃接濟。去年豫、東二省收成頗好，麥價平賤，著河南、山東巡撫酌量採買小麥數萬石，運江平糶，並各飭屬曉諭商民，流通販運，俾災地民食充裕，以副軫念。（高宗五〇六、四一）

（乾隆二三、六、甲申）甘肅巡撫吳達善奏：甘肅所急籌者，一在遵旨採購，一在通融撥運，一在銀糧兼賑。查寧夏產糧最多，價俱平減。就最賤州縣，不拘色樣採買，不惟涼、甘被災各屬賑用，且可協撥延榆。臣已撥銀在平羅等縣加緊購貯，以備所需。其他各屬倉貯，與藩司籌商，通查多寡，酌量迭撥，務期災地足用。至於現辦軍需，衝途倉貯，不宜儘數動用。統計應卹災屬，約需糧五十萬石、銀三十萬兩，方爲兩益。得旨：覽奏俱悉。（高宗五六五、二〇）

（乾隆四〇、六、乙巳）是月，直隸總督周元理議覆：據倉場侍郎富察善奏稱，京通倉米，除本年額支外，尚敷二年支放。嗣後請停各省截漕，如遇偏災賑糶，即動常平倉穀，或照例銀米兼賑等語。實爲慎重太倉起見。計每歲漕糧全行抵通，除支放外，原有贏餘，漸可益臻充裕。應如所奏行。至所稱動撥地丁銀，每年委員赴奉天，採買粟米十萬石，由海運赴天津北倉，一半運京平糶，一半撥貯沿河州縣備用。如積至數年，並無需用，酌量平糶等語。查從前直隸歉收年分，屢經委員赴奉天采買，由海運津，撥補倉儲，以資借糶。後因本省買米較易，是以停止海運。查奉天米價，比前較昂，若再加運費，恐逾部定每石七錢之價。且海洋風信無定，亦難歲以為常。不如就近採買，較部價或有節省。嗣後有必須赴奉天買補之處，先行咨詢奉天糧價，遇價值賤時，臣即奏明，委員前往採辦。至如市糧小有缺乏，即動撥京倉米石，為數有限，諒於太倉亦並無盈絀。所有奉天米石，定以常年採辦之處，無庸議。得旨：所議是。依議。（高宗九八五、二三）

（乾隆五七、一二、甲午） 是月，江蘇巡撫奇豐額奏：山東本年被災，奏准委員採買平糶。查江南淮、徐二府，秋收豐稔，現飭地方官，嚴禁市儈居奇。東省委員，已於窯灣、順河、仲興等集，採買黃豆等糧一萬一千石，先行趕運。得旨嘉獎。（高宗一四一九、二四）

（乾隆六〇、四、辛卯） 諭軍機大臣等：據浦霖奏，閩省米價昂貴，委知府名永福、同知舒慶雲等分赴浙江、江西二省，各採買米十萬石。所需價腳，即於該二省藩庫就近借支發給解還歸款等語。閩省漳泉一帶，因上年被水，今歲春收又未能一律豐稔，米價騰貴，小民覓食維艱，朕心深為軫念，雖業據浦霖委員分赴隣封採買，誠恐耽延時日，緩不濟急。著傳諭吉慶、陳淮先期遴選妥員，一俟閩省委員到日，即速幫同分赴米賤地方，按照市集時價，如數買足，剋期運往，以濟閩省民食，毋得稍分畛域。至此項米石，若由陸路運往，中隔大嶺，山路崎嶇，所費不貲；如由海道運往，較為捷速。但有無格礙難行之處，並令吉慶、陳淮各就地方實在情形，定議具奏。（高宗一四七六、一七）

（四）動撥銀兩

（順治一〇、七、丙午） 諭內三院：朕奉聖母面諭，予居深宮之中，不聞外事。近知雨潦為災，房舍傾頹，田禾淹沒，兵民困苦，深可憫惻。特發宮中節省銀八萬兩，賑濟滿漢兵民。朕仰承慈旨，命爾等傳諭戶、工二部，即將發去銀兩，查照被災輕重，酌量散給。仍設法稽察，毋致侵冒朦混。務俾貧苦之人，均沾實惠，以昭聖母德意。（世祖七七、六）

（順治一一、二、丙戌） 諭戶部：四海蒼生，皆朕赤子，饑寒流徙，深切恫瘝。前各督撫奏明災荒等處，已經查照分數，酌量蠲免。各府、州、縣、衛、所等官，務在實心奉行，不許仍行混徵，徒飽貪腹。如該管官吏朦混徵收，督撫、司道不能覺察者，事發，一體究治。有極荒地方，非蠲免所能救者，該督撫速行查奏，另加恩卹。至於畿輔重地，房屋田土多經圈占，加以去年水荒特甚，尤爲困苦。朕夙夜焦思，寢食弗寧，亟宜拯救，庶望生全。但荒政未修，倉廩無備，若非頒發内帑，何以濟此急需？茲特命户、禮、兵、工四部，察發庫貯銀十六萬兩，昭聖慈壽恭簡皇太后聞知，深爲憫惻，發宮中節省費用併各項器皿，共銀四萬兩，朕又發御前節省銀四萬兩，共二十四萬兩，差滿漢大臣十六員，分赴八府地方賑濟，督同府、州、縣、衛、所各官，量口給散，務使饑民均沾實惠。仍設法清查，毋滋姦獘。八府所轄州縣，多寡不同，被災輕重亦異，須酌量妥確，通融散給。著吏部速將在京各衙門滿漢堂官才能清正者，開列職名具奏，候朕簡差，給以敕諭關防前往。（世祖八一、一三）

（**順治一三、八、丁亥**）諭户部：朕親詣慈寧宫朝見皇太后，奏知畿輔近地連年荒歉，今歲自夏徂秋，復苦霪雨、飛蝗，民生艱瘁。蒙皇太后慈諭：小民如此苦楚，深爲可憫，所有宫中節省銀三萬兩，即行發出，速加賑濟，欽此。應即遣廉幹官員，前往順天府所屬等處，確查被災貧民，酌量賑給，務令均沾實惠。爾部可即開列應差官員職名具奏。其紳衿商民人等有能好義急公，捐輸銀米、協資周恤者，即將所輸交各該地方官，稽核支散，造册彙報，爾部察明獎敘。（世祖一〇三、八）

（**康熙四、四、辛巳**）户部題：山東六府旱災，請敕巡撫確查分數，照例蠲免。並支動臨清倉米麥四萬石、德州倉米麥二萬石，并見存庫銀六萬兩，及常平倉所存穀石賑濟。得旨：每府著各推賢能滿官二員，前往賑濟，務令親驗給散，勿得推委胥役，肆行侵欺。如百姓有以遺漏具告者，亦著親身審問給與，俾得均沾實惠，毋致死亡離散。其被災地方，著該督撫速察具奏。（聖祖一五、一〇）

（**康熙四、五、丁酉**）發山西布政司庫銀七萬三千餘兩，忻、崞等七州縣倉穀，命郎中孟古爾岱、員外郎索泰，會同督撫，賑濟雲鎮三關饑民。（聖祖一五、一一）

（**康熙四、五、庚戌**）平西王吴三桂疏言：水西初定，殘黎東作無資，請發軍前銀三萬兩有奇，買牛、種散給；并發軍前米一萬五千石，賑濟貧民，督令乘時耕種。從之。（聖祖一五、一四）

（**康熙一〇、一一、庚申**）命發偏沅積穀八萬七千餘石、米三萬二千餘石，存庫銀三千七百兩，賑濟本省各屬饑民。（聖祖三七、九）

（**康熙一一、五、壬申**）以江南淮揚所屬高郵、寶應等七州縣屢被災傷，命地方官速支庫銀賑濟。（聖祖三九、六）

（**康熙一一、一一、庚寅**）以浙江杭、嘉、湖、紹四府連年被災，命發

帑銀賑濟。(聖祖四〇、一五)

（康熙一八、三、己亥）安徽巡撫徐國相疏言：鳳陽府屬，去秋民被旱災，臣前經題請賑濟，已將康熙十五、十六兩年倉糧，并勸助米共二萬石分給災黎。但戶口十五萬餘，發米二萬石，僅供一月。請借正項錢糧三萬兩，接賑至四月，後麥熟後，方可停止。下部議行。(聖祖八〇、三)

（康熙一八、七、戊午）命山東巡撫趙祥星發漕米五萬八百七十石、銀二萬二千六百餘兩，賑沂州等十三州縣饑民。(聖祖八二、一三)

（康熙一八、七、辛酉）戶部、工部遵諭議：地震傾倒房屋，無力修葺者，旗下人房屋，每間給銀四兩；民間房屋，每間給銀二兩。壓倒人口，不能棺殮者，每名給銀二兩。得旨：所議尚少。著發內帑銀十萬兩，酌量給發。(聖祖八二、一八)

（康熙二〇、二、丁酉）戶部議覆：奉差大同賑濟員外郎多鼐等疏言，大同府屬所貯米穀八千餘石，不敷賑濟。應令多鼐等會同巡撫，將大同奏銷存剩豆石，並見貯庫銀五萬兩，動支給賑。得旨：依議速行。(聖祖九四、一七)

（康熙二八、一〇、壬午）戶部議覆：直隸巡撫于成疏言，本年散給浩繁，各屬存倉米穀不敷，請將各府州縣與被災地方相近者，搬運米穀接濟；其與被災地方遙遠者，照依時值，盡數發賣，齎銀分賑。應如所請。得旨：倉廠積糧，專為本處災歉而設，若因應賑州縣無糧，將彼處倉糧，賣銀給被災之處，以致見今有糧州縣，無備災之糧，且一時發賣，價值必賤，於賑濟亦無甚裨益。其倉糧不敷之處，著發戶部庫銀三十萬兩解往，速為賑濟。(聖祖一四二、二二)

（康熙二九、三、丁巳）直隸巡撫于成龍疏言：前奉部撥賑濟銀三十萬兩，尚不敷用，請續發銀兩，以備接賑。部議不准行。上命再撥銀五萬兩散賑。(聖祖一四五、七)

（康熙三〇、一一、甲子）命山西省撥銀二十萬兩，解赴陝西賑濟饑民。(聖祖一五三、一四)

（康熙三〇、一二、戊子）諭大學士等：近因西安等處被災，已令動支正項錢糧二十萬兩賑濟。著戶部侍郎阿山、內閣學士德珠前往驗給，務使饑民均沾實惠。(聖祖一五三、十八)

（康熙三一、四、己丑）諭戶部：西安、鳳翔所屬州縣，因遇饑饉，已全蠲一歲錢糧。今動支戶部庫銀一百萬兩，速送至陝西，以備散給軍需，賑濟饑民，庶於地方大有裨益，流民亦可復還原籍矣。(聖祖一五五、二)

（康熙三四、六、辛丑）奉差山西賑濟戶部尚書馬齊等回奏：賑濟山西平陽府臨汾等十四州縣一衛地震被傷人民，賑濟銀十二萬六千九百兩零，停徵臨汾、洪洞、浮山、襄陵四縣、平陽一衛本年額賦。下所司知之。（聖祖一六七、九）

（康熙四二、一〇、甲午）上駐蹕平定州西關御行宮，諭大學士等曰：朕聞山東巡撫、布政使將賑濟飢民人員齎去銀兩，俱收布政司庫內，迄今猶未散給，如此則賑濟飢民之事不致遲誤乎？此銀俱自京師發往，並非伊等庫內之銀，且前往賑濟人員，係三佐領合同薦舉殷實才能之人，王國昌等僅可查其養飢民優劣，其錢糧耗費與否，係賑濟官員之事，與伊等何涉？而將此銀兩收貯，至今仍不散給，必俟飢民逃散之後始行賑濟耶？此係何心？朕所不解。是又係劉瞪之詭計也。況派去三百餘人員，不作速分派地方，俱令久留濟南，必致米價騰貴，人皆受困。可將朕旨速交該部，移問王國昌等。（聖祖二一三、二六）

（雍正一、六、己酉）命太僕寺少卿須洲等往山東發司庫銀二十三萬四千兩，散賑濟南、兗州、東昌、青州、萊州等府旱災饑民。（世宗八、二）

（雍正一、九、丁亥）理藩院奏：扎魯特貝勒阿諦沙、畢魯瓦、額爾德卜鄂齊爾等三旗乏食，請加賑恤。得旨：著再給銀二萬兩，交與本錫、阿林保齎往。此項因從前發去銀五萬兩，或有不敷，添解備用，並非分別此一旗給與若干，彼一旗給與若干也。可將兩次銀兩，合數旗之人，通同散給，如有不敷，再行請旨。（世宗一一、一七）

（雍正二、四、戊申）諭理藩院：據蘇尼特、阿霸垓、阿霸哈納蒙古人等，俱稱連年災傷，今又遭大雪，牲饍俱已倒斃等語。若差官查奏，始行加恩，則現今乏食之人，恐至饑餒。著參領多索禮、侍衛納蘭馳驛前往查核，發戶部帑銀二萬兩，會同阿霸垓公德木楚克，逐一查明，計算實在無畜牧、不能度日者，將此銀兩酌量散給，均使沾恩。（世宗一八、五）

（雍正四、六、甲戌）諭戶部：江南泗州，逼近黃河，地勢低窪。因去年黃水衝決之岸，尚未合龍，今年四月間，水勢漫溢，以致泗州地方，禾麥又被淹損。朕心深為軫念。著布政使石麟動支庫銀二萬兩，親自前往泗州，確查被災之民，逐戶散給，勿令鄉約里長及胥吏人等絲毫侵蝕，務使窮民均霑實惠，不至失所。（世宗四五、三六）

（雍正四、一〇、甲子）諭戶部：從前因泗州逼近黃河，常有水患，今歲又復被水。特命布政使石麟動支庫銀二萬兩，親身帶往，散給窮民。此朕格外之恩也。今魏廷珍奏稱，已奉諭旨動庫銀二萬兩賞給，無庸再議賑恤等語，殊非朕格外加恩、軫念窮黎之意。且賑濟之例，應照被災分數，酌定多寡，若云已加特恩，使不照常賑濟，儻恩賞之數，不及應賑之數，則小民因此轉未蒙恩矣。著交與魏廷珍，仍照定例，將應賑之處，確核具題散賑。（世宗四九、六）

（雍正五、二、丙寅）諭內閣：浙江杭、嘉、湖三府上年秋冬之間，雨水稍多，收成略歉，今年青黃不接之時，已令地方官商酌平糶，以濟民食。但念米價雖不至昂貴，而無力窮苦之民，本無糴米之資，甚屬可憫。著動用庫銀四萬兩，令巡撫李衛會同將軍鄂彌達、觀風整俗使王國棟悉心商酌，於地方或開濬河道，或修理城垣隄岸，令小民就近傭工，藉以餬口。儻四萬金尚不敷用，著李衛等再行具奏請旨。（世宗五三、一八）

（雍正五、七、丙寅）發帑金六萬兩，遣官賑直隸濱河州縣被水窮民。（世宗五九、一七）

（雍正五、七、戊辰）署湖南巡撫布蘭泰奏報：五月以後，湖南雨水稍多，兼川襄水發，匯赴洞庭，其近湖低窪之處，有湘陰、益陽、巴陵、臨湘、華容、澧州、安鄉、岳州、武陵、龍陽、沅江等十一州縣衛，申報被水，已經委員查勘，動支公用銀兩賑恤。其餘長沙等九府州屬，各報早稻已於六月初收成，約計有八分、九分、十分不等，其中、晚二稻，盡皆秀發，八月俱可收穫。目今米麥價值，俱已平減。得旨：朕前令該督撫行查湖南被水之地今據布蘭泰奏報，十一州縣衛被水，甚爲可憫。著照湖北被水之地，一體加恩。雖據布蘭泰奏稱，已經動用銀兩，委員賑恤，朕恐所發之銀，或未敷用。著再動用司庫帑銀二萬兩，作速確查散給，務使窮民均沾實惠。如王國棟已經到任，即交與王國棟料理。至湖南、湖北近江濱湖之地，雖地勢低窪，易致泛溢，然居民常被水患，朕心甚爲憫惻。或有隄岸未修，或有疏濬不力。俟邁柱到任後，會同湖北、湖南巡撫，悉心商酌，將如何興修防護之處，詳悉定議。……（世宗五九、一八）

（雍正五、九、己丑）諭戶部：朕聞江南浙江近水之地，數處被水，軫念窮民，朕懷殷切。著江南總督范時繹，動用庫銀二萬兩，於上下兩江應用之處散賑。浙江巡撫李衛，動用庫銀一萬兩，於應用之處散賑，令窮民均沾實惠。（世宗六一、一〇）

（雍正七、六、甲午）諭戶部：據署江西巡撫張坦麟摺奏，本年五月內大庾、南康二縣因驟雨發水，民居低窪者間被衝淹，朕心深爲憫惻。除張坦麟已動公用銀六百兩委員賑濟外，著再動公帑銀四千兩，令布政使李蘭親往二縣，悉心查勘，分別被水輕重，逐戶賞給。務令均霑實惠，各得安居，以

副朕矜恤窮民之至意。(世宗八二、一八)

（雍正七、六、丙申）諭戶部：據怡親王奏，河西務河隄漫開，附近之田禾廬舍，或有被淹、傷損之處，朕心深爲軫念。爾部速派賢能司官，帶帑銀二千兩前往，悉心查勘賑濟，務令各霑實惠。(世宗八二、二二)

（乾隆一、一二、辛酉）理藩院奏：據巴林多羅郡王桑里達報稱，伊等四旗，今歲亢旱，地畝未種，請派員於戶部支銀五千兩，前往賑濟。得旨：著派侍衛旺扎爾去。銀五千兩，恐不敷用，著帶一萬兩速去。(高宗三二、二)

（乾隆二、七、戊子）諭總理事務王大臣：近因雨水過多，聞渾河水發，盧溝橋及長新店、良鄉一帶民房，有被水淹浸坍塌之處。著派侍衛策楞、戶部郎中赫赫，前往盧溝橋、長新店一帶；再派侍衛五十七、戶部員外卓來，前往良鄉一帶，會同地方官，詳細查勘。各帶庫銀二千兩，查有被水窮民，房屋傾圮者，即行賞給安頓，毋使失所。(高宗四六、四)

（乾隆二、七、丙申）侍衛五十七等奏：良鄉一帶水淹民房，蒙賞帶銀二千兩，散給安頓。查良鄉被水村莊，實在窮民之全坍及半坍房屋，共一千一百餘間，已照副都統策楞奏准款則辦理。但帶銀不敷，請再發庫銀三千兩散給，餘即帶往連界之房山縣查賑。得旨：如所請行。(高宗四六、一五)

（乾隆二、七、壬子）侍衛松福等奏：遵旨查賑固安、永清、東安三縣，現在永清、東安二縣，馬爾拜已於文安事竣之日奏請辦理，其固安縣衝淹村莊，前所帶庫銀二千兩，除霸州給賑外，存餘無幾，應行咨戶部，發銀遣員，齎至賑所。得旨：該部速行給發。(高宗四七、二三)

（乾隆二、七、壬子）[戶部]又議准湖北巡撫楊永斌疏報：漢陽府屬之漢川、黃陂、孝感，黃州府屬之黃岡、麻城等五縣，本年蛟漲災民，動支存公銀兩，分別賑恤。得旨：依議速行。(高宗四七、二四)

（乾隆三、一一、癸丑）[戶部]又議覆：大學士仍管川陝總督查郎阿疏言，陝西綏德州並所屬之清澗、米脂、吳堡，秋禾被雹，除將運到之延安府延長縣倉米共六千石，盡數顧濟窮民外，請撥司庫地丁銀二萬四千兩，每州縣分貯六千兩，以備接濟。其得雨稍遲之葭州，亦請撥貯六千兩，照綏德等州縣一體撫恤。本年應徵錢糧，均請緩徵。應如所請。從之。(高宗八〇、一〇)

（乾隆三、一二、辛卯）諭：前據寧夏將軍阿魯奏報，寧夏地方於十一月二十四日戌時地動，朕心軫念，已降旨令將軍、督撫等，加意撫綏安插，無使兵民失所。今據阿魯續奏，是日地動甚重。官署、民房傾圮，兵民被傷、身斃者甚多，文武官弁，亦有傷損者，朕心甚爲慘切。惟有敬凜天變，深自修省。著兵部侍郎班第馳驛前去，即於明日起程。動撥蘭州藩庫銀二十萬兩，會同將軍阿魯并地方文武大員，查明被災人等，逐户賑濟，急爲安頓，無使流離困苦。其被壓身故之官弁，著照巡洋被風身故之例，加恩賞恤。其動用銀兩，該部另行撥補。再寧夏附近之州縣被災者，著班第會同地方文武大員，一體查賑，無得遺漏。（高宗八二、二八）

（乾隆六、一、乙未）［川陝總督尹繼善］又會同陝西巡撫張楷奏：陝省沿邊之榆林、葭州、懷遠、綏德、米脂五州縣，去歲歉收賑濟，計至本年二月後，即應停止。邊地氣寒，收麥尚待六月，且種穀者多，秋成更遠，必需接濟。但各該處現存倉糧，不敷借給，且須留備兵食。查延、榆、綏三屬舊有撥存採買實邊糧銀，除節年採買外，尚存銀四萬兩，原係應行買糧之項，請即令地方官酌量借給，俟秋成，照時價交糧完倉。目下既得接濟，將來倉貯亦得充實。得旨：所辦甚妥。但須實惠及民，而無苛派侵冒之獘，則善矣。（高宗一三五、一八）

（乾隆七、七、丙戌）兩江總督宗室德沛、安徽巡撫張楷奏報：臨淮、鳳陽、懷遠、靈壁、虹縣、五河、宿州、壽州、鳳臺、泗州、盱眙、天長、蒙城、太和、霍邱、穎上、亳州等處，田禾被淹，已動撥司庫銀十六萬兩，分解撫卹。得旨：所奏俱悉。賑卹之事，竭力查辦，毋濫毋遺，以救災黎可耳。（高宗一七一、二四）

（乾隆七、七、丙戌）安徽巡撫張楷奏：鳳、穎、泗三屬被水，已動撥司庫銀十六萬兩，分解有災地方，動用給散。誠恐州縣辦理不當，或有粉飾隱匿，臣於九月開賑之初，即前往查察督率，務使飢民均沾實惠。得旨：所奏俱悉。救災如救焚拯溺，刻不可緩也。（高宗一七一、二七）

（乾隆七、九、壬申）諭：今歲江南被水，需費浩繁。從前部臣查奏，下江所有藩、糧、鹽三庫，現存銀九十四萬兩，米穀一百一十餘萬石；上江藩庫存銀八十餘萬兩，米穀一百二十萬石；又將本年應徵鹽課存留，以爲賑卹之用。今查實徵存庫銀一百三十萬兩，又將本年運京漕糧，令督撫酌量截留爲數若干，雖未奏到，即就兩省現在所存銀米計之，已不下五百餘萬矣。但賑卹之務，必須接濟至明年麥收以前，需用既多，而經收錢糧，陸續徵解，尚需時日，尤當早爲豫備，期於充裕。著於隣省撥銀一百萬兩，於歲內解往江南，聽該督撫等量地方情形、需用緩急，酌定數目，分貯江蘇、安徽藩庫，以備按期散給，不致臨時缺乏。其應撥何省帑銀，該部速議具奏。（高宗一七五、一）

（乾隆七、九、丁丑）戶部議准：安徽巡撫張楷疏報，鳳陽府屬之鳳陽、臨淮、懷遠、宿州、靈璧、虹縣、鳳臺、壽州、定遠、鳳陽衛、鳳陽中衛、宿州衛、長淮衛，潁州府屬之阜陽、潁上、霍邱、亳州、蒙城、太和、泗州并所屬之五河、盱眙、天長、泗州衛共二十四州縣衛，夏秋被水各屬，查明乏食貧民，先撥解銀二十萬兩，分別賑恤。新舊額賦，概行停徵。從之。（高宗一七五、八）

（乾隆七、九、乙酉）江蘇布政使安寧奏：本年淮、揚等屬，猝被水災，人心未免惶惶，迨後恩膏大沛，咸沐更生，察看情形，現皆安心待賑，極爲寧謐。至需用銀兩，動支庫項，請撥部餉，計已二百九十餘萬兩。應用米穀，撥協採買，截留撥發，計得米二百二十餘萬石。合計米銀，已及五百萬之數。此番辦災，實從古未有之殊恩。有冒濫，無遺漏也。目下要務，首在宣洩積水，俾得趕種二麥。又嚴冬歲暮時，尤宜安輯彈壓。至江省積儲，動用之後，空虛已極，作何補苴，以備緩急，容俟臣徹底籌畫，稟商督撫辦理。再查蘇、常、鎮一帶，米價少減，江以南地方，收成俱極豐稔。得旨：知道了。欣慰覽之。（高宗一七五、二八）

（乾隆七、一〇、乙卯）江蘇巡撫陳大受奏：淮、揚、徐、海等屬，現辦正賑。東省……所需賑銀，請先動庫項撥解淮、徐兩府備用，俟江西，浙江撥項歸款。（高宗一七七、二二）

（乾隆九、四、庚午）又諭：直隸河間、天津等處上年被災，今春雨澤愆期，誠恐二麥不能有收，不得不豫爲籌畫。山東、河南、山西等省，充公耗羨銀兩，歷年尚多餘剩，爾部可即詳查密行，酌撥銀百萬兩，運交直督高斌，將來或有以工代賑，或養廉不敷，應動此項銀兩之處，奏請動用。其山東西三府，今歲雨澤亦少，可量爲酌撥。尋戶部奏覆：山東省現存充公銀五十一萬二千二百兩零，耗羨銀一萬一千八百兩零，二共五十二萬四千兩零；山西省現存充公銀四十三萬六千兩零，耗羨銀五萬三千八百兩零，二共四十八萬九千八百兩零。河南省現存充公銀四萬九千四百兩零，耗羨銀四十四萬六千二百兩零，二共四十九萬五千六百兩零。山東德州等處，去年被旱，今春西三府雨澤亦未霑足，自應酌留銀四十萬兩零，止酌撥銀十二萬兩；山西省應留銀十萬兩零，酌撥三十八萬兩；河南省酌留銀十九萬兩零，酌撥三十萬兩。共計八十萬兩。解交直隸藩庫收貯，奏明動用。從之。（高宗二一五、一〇）

（乾隆九、八、己酉）諭軍機大臣等：據江蘇學政開泰奏稱，聞得上江徽州、寧國二府，七月初五六日，大雨出蛟，山水驟發，徽州府城內水深數尺，城外深二丈餘，寧國府城內深數尺至一丈許，其各屬水勢大小不等，人口、田廬均有淹損等語。徽、寧二府被水，未見該撫奏聞，想范璨已經起程，準泰尚未到任。爾等可即寄信與準泰，令其查勘辦理，無使小民失所。尋奏：查歙縣、休寧、婺源三縣，山多灘急，大雨連朝，又兼蛟漲，民人遭水顛連，尤堪憫惻。績溪、寧國、旌德、涇縣、太平、建平等縣，同時被水，廬舍人口，傷損無多。宣城南陵、蕪湖、繁昌等縣，堤圩間有衝決；貴池、東流、廣德、青陽等州縣，或本地水發，或上游蛟漲，經過旋即消落。其安慶、宣州、建陽三衛，田禾雖有淹損，而被災最輕。以上二十州縣衛，已飭布政使委員，一面撫恤，一面確勘成災分數。并咨督臣尹繼善，撥米八千石，運往接濟外，復動司庫銀二萬兩，解存徽州府庫，以便就近支給，不致缺乏等因。得旨：據此奏，則甚妥協，堪慰朕懷矣。但須實力爲之。（高宗二二二、八）

（乾隆九、八、甲戌）浙江布政使潘思榘奏：浙省杭、湖、紹、嚴各府屬，因七月初旬風雨驟作，田禾人口，俱有損傷。惟嚴屬淳安，被水更重，已會同撫臣，動支庫銀二萬兩、倉米一千石查賑，並衢屬之常山、開化，水災亦重，動支庫銀五千兩，委員賑恤，飭令親詣村莊，逐一勘給。得旨：此等事，正汝地方官切己要務，必毋濫毋遺，以期實惠及民可。（高宗二二三、二八）

（乾隆一一、六、甲午）江蘇巡撫陳大受奏報：淮、徐、海三屬，自五月下旬至六月初大雨時行，河湖驟漲，所有邳、宿、桃、清、海、沭各州縣隄工民埝，均有衝決，田畝房屋被淹。飛飭司道，委員分勘。查淮、徐、海三屬，節經水患，現值秋禾徧野，可望收成，不意又被淹浸，情殊可憫。現飭將藩庫存項內，動支銀十萬兩，解交淮安，以備賑恤。得旨：淮、徐、海所屬州縣，連年秋災，甚堪憫惻。其加意撫恤，毋致窮黎失所。（高宗二六九、三五）

（乾隆一一、七、丁酉）又諭：據尹繼善奏稱，海州一帶所屬近河村莊被水衝淹等語，朕已降旨，令該督撫加意賑恤。惟是海州係連年被災之區，其賑恤事務，及如何辦理，使將來民困得蘇，著高斌就近籌劃，一面辦理，一面奏聞。直隸河道總督印務，暫交劉於義署理。尋高斌、尹繼善、陳大受等奏覆：海州被水災民，凡乏食戶口，俱先行撫恤一月；坍塌房屋，照例加銀賞給興修。現飭員親駐督辦。酌撥江蘇庫銀十三萬兩、倉穀四萬石、米一萬七千石，解州備用；不敷，就近於運庫鹽課銀及截留漕米內，撥運接濟。得旨：如是，災黎可以稍救溝壑矣。用是稍慰耳。（高宗二七〇、四）

（乾隆一一、九、戊申）户部議覆：安徽巡撫潘思榘奏稱，鳳、潁、泗三屬，連年被災，賑糶頻仍，倉貯不敷。現今米價不昂，糴買尚易，請將加賑月糧，動給一月本色，其餘月分，照例每米一石，折給銀一兩。所有撫恤賑濟折價等項，均需銀動用，而司庫動支正項，僅存銀一十六萬餘兩。尚有庫存封貯銀三十萬兩，又備公銀五萬兩，似應移緩就急，暫借湊用，俟續收地丁銀内歸迻。應如所請。得旨：依議速行。（高宗二七四、二四）

（乾隆一一、九、壬戌）安徽巡撫潘思榘奏：接辦鳳、潁、泗三屬賑務，臣會同督臣頒發規條，委員親赴災莊，按户清查，並將胥保勾串捏混、刁民冒賑生事諸弊，諄切嚴禁，務令查辦妥實。至所需撫賑銀米，就通省存倉米穀，核計盈絀，派撥碾運。業據藩司詳撥米一十七萬餘石，同災屬存倉米十三萬石，可敷冬月給賑。其折賑銀兩，先經奏請借動封貯銀三十五萬兩，同司庫存貯正項銀十六萬兩，現已陸續撥解應用。得旨：好。實力妥協爲之。（高宗二七五、一八）

（乾隆一二、九、己亥）山東巡撫阿里袞奏：今歲東省，因六七兩月雨水過多，窪地被水甚衆，其撫卹口糧及出借麥本等項，銀穀兼資，現在藩庫無項可動，請將乾隆十一年地丁銀兩，扣留本省，以資賑務。得旨：著照所請行。該部知道。（高宗二九八、一九）

（乾隆一二、一〇、丙戌）〔署江蘇巡撫安寧〕又奏：江省災屬撫賑需用甚多，先經派撥銀穀外，現尚需銀八十萬兩。查司庫正項錢糧，除留抵兵餉並雜支各項，所存無幾，請將兩淮運庫秋撥册報存銀内，借支銀八十萬兩。得旨：知道了。（高宗三〇一、二六）

（乾隆一二、一一、庚寅）諭：據山東巡撫阿里袞奏稱，該省被災州縣，應行賑卹之處，俱係銀米兼賑，需費浩繁。業蒙恩將乾隆十年地丁銀兩扣留備用。其來歲青黃不接之時，尚應豫籌接濟。請於乾隆十年地丁，留協隣省銀兩項内，酌量存留備賑等語。著照所請，再留銀五十萬兩，以備撥賑之需。該部即遵諭行。（高宗三〇二、六）

（乾隆一三、一一、壬子）又諭：山東萊州府屬之高密、平度、膠州、昌邑、即墨五州縣，當積歉之後，本年復被水災，民間牛隻，不敷犁種，若不豫爲籌畫，更恐坐誤春耕。著加恩，照乾隆十年直隸慶雲等縣之例，於東省庫貯本年賑濟用剩銀兩内，酌量動撥，購買牛隻賞給，俾小民力作有資，以示惠濟窮黎之意。（高宗三二八、四）

（乾隆一七、四、庚申）河南巡撫蔣炳奏：豫省上年陽武河工漫溢成災，其黃水經過沙壓之地，春麥已經失種，急需酌借籽本。查陽武、封邱、延津、祥符四縣，叢計無力之民，未種地畝，約需借銀一萬六七千兩。請動藩庫平餘銀借給，秋後免息歸還。得旨允行。（高宗四一三、二八）

（乾隆二一、二、戊午）諭：上年浙省偏災，屢經降旨賑卹，所在地方均設廠煮賑，無業貧民，朝夕就哺，稍濟急需。但聞城鄉遠近就食者衆，而麥收爲期尙遠，煮賑所需米石出自捐輸者，恐不敷接濟。著該督喀爾吉善，於藩庫、鹽庫所存閒款，酌量動支，撥給各廠接賑，至蠶麥將成之時，再行停止。務飭屬實心經理，俾災黎得霑實惠。再者，煮賑僅資餬口，將來穀雨屆候，即係浸種插秧之期，地方有司應諄切勸諭，令其各務農畝，趨時力作，庶秋成可望。並諭知之。該部遵諭速行。（高宗五〇七、五）

（乾隆二一、八、戊午）諭：據多爾濟奏稱，喀爾喀車臣汗部落，屢遭荒歉。扎薩克輔國公成衮等六旗，查明實在窮苦無依之人，請賑給牲價銀四千一百九十四兩等語。蒙古屢遭荒歉，無從餬口，朕甚軫念。著加恩賞給所需折給牲價銀兩，令直隸總督於熱河道庫動支，派委妥幹地方官一員、旗員一員解往，交多爾濟，會同車臣汗嘛呢巴達喇，公同散給。（高宗五一九、六）

（乾隆二一、一一、己酉）又諭：今年江蘇銅、沛等州縣有被水成災地畝，已令該撫加意賑卹，恐將來仍有應行接濟之處，自宜先期籌畫。著於附近江省之安徽、浙江、山東、河南酌撥銀一百六十萬兩，於歲內委員運交江蘇藩庫，收貯備用。該部即遵諭行。（高宗五二七、二）

（乾隆二二、一二、甲申）又諭：安徽省現有需用工賑銀兩，著戶部於附近省分酌撥銀六十萬兩，解交安省藩庫備用。（高宗五五三、二四）

（乾隆二四、二、癸亥）又諭：近聞和托輝特郡王品級車都布、公多爾濟車登、扎薩克達什朋楚克三旗人等生計竭蹶。此三旗原係逆賊青滾雜卜所屬，伊等依附背叛，原應一例辦理，但究係脅從，是以加恩未經辦理。今青滾雜卜業已伏法，念伊等俱朕之奴僕，生計竭蹶，不加撫卹，朕心實有所不忍。著福祿、德沁扎布將三旗人等查明賑給。所需銀兩，即由軍營餉內支領，帶往使用。併將如何賑給之處，即行奏聞。（高宗五八〇、二三）

（乾隆二七、九、己丑）諭曰：御史永安奏請簡派京尚科道查察直隸賑務一摺，似爲愼重民瘼起見，而於事理實未深悉。今年直隸近京所屬，低窪之地，夏秋被澇，雖較去歲分數爲多，而降旨截漕五十萬石，勅部撥銀八十萬兩，以資撫綏，加之本省常平倉穀，賑借之用，等備已屬週詳。（高宗六七一、一六）

（乾隆二八、二、丁未）又諭：直隸辦理賑務，節次遞加，而勘不成災各屬，正賦復格外停緩，前次所撥帑項，猶恐尚未敷用，著戶部再撥庫銀八十萬兩，即交方觀承接濟應用。該督其率屬實心經理，俾閭閻得霑實惠，以副朕懷。該部遵諭速行。(高宗六八一、六)

(乾隆二八、三、戊午)直隸總督方觀承奏：恩截豫東漕米，僅敷加賑，而籽種口糧，無項可支。請加賑全用銀，留截漕米爲借助用。從之。(高宗六八二、二)

(乾隆三三、一〇、癸未)諭：直隸霸州等處本年偶被偏災，所有將來應行加賑各項，著撥戶部銀四十萬兩，解交直隸藩庫備用。(高宗八二一、二九)

(乾隆三五、八、甲申)又諭：直隸被水各屬收成稍歉，現有應行賑卹之處，著撥部庫銀五十萬兩，以資分給。但聞銀庫舊例，前經雍正年間，果親王奏定，凡遇應發銀兩，除俸餉外，俱有應扣平餘。此在工程等項需用銀兩，原不必悉照部法支放。若地方偶有災歉，特撥帑銀賑卹，惟期閭閻實被恩膏，毋許不肖官吏，絲毫扣剋，其事較俸餉爲尤重，豈可於部庫撥給時，分兩稍有輕減？此次所發五十萬兩，著該部即於庫貯元寶內，如數發往。嗣後如遇賑卹之項，俱照此行。著爲令。(高宗八六六、一五)

(乾隆三五、一〇、己亥)又諭：今歲直隸保定、天津等府屬州縣被水偏災，業經陸續撥發帑金五十萬兩，並撥通倉米六十萬石，諭令該督於各州縣應行普賑摘賑，及冬春大賑時，銀米兼放，俾窮黎口食有資。但念各屬應賑戶口、及將來尚有聞賑旋歸續添之戶，前此所撥賑銀，尚恐不敷支用。著加恩於部庫內再撥銀三十萬兩，以資給放。該部遵諭速行。(高宗八七一、二六)

(乾隆三六、一、戊午)諭軍機大臣等：昨據楊廷璋奏，請撥發帑金供賑，當經降旨，於部庫內撥銀二十萬兩，交該督速爲支發矣。因查各省均有存公備用銀數十萬兩不等，而直隸惟封貯軍需備用銀十六萬餘兩，分貯司道各庫，此外並無存公之項可備支用。該省爲畿輔要地，賑務亦所時有，乃向來並未另籌存備款項，遇有急需，必仰給於部撥。雖一經奏及，即降旨遄行，而撥解究不免稍需時日，即值辦賑緊急，亦未能如期應用。著傳諭楊廷璋，即就該省情形，通盤籌畫，議定應需存公銀兩若干，奏交戶部覈議，撥發庫帑，留貯藩庫，永爲定額，以備支借之用。(高宗八七七、一)

(乾隆三六、七、壬子)諭：今年七月初雨水較大，直隸瀕河州縣間有被水之處。已屢諭該督，據實查明，照例分別妥辦，毋使一夫失所。著戶部動撥庫銀五十萬兩，發交該督備用。該部即遵諭行。(高宗八八八、三三)

（乾隆四三、七、癸巳）諭：豫省儀封、考城二汛內河隄現在漫口，急需堵築，而被水災民並需撫卹，應用之項較多，豫省藩庫所存銀兩，恐不敷用。著於兩淮鹽課項下撥銀五十萬兩，伊齡阿即日派委妥員，迅速解豫，以資接濟。該部即遵諭行。（高宗一〇六二、八）

（乾隆四三、七、己亥）諭：據鄭大進奏，豫省儀封、考城兩汛漫口，急須購料堵築，被水窮民俱宜賑卹，懇發銀一百萬兩，解豫備用等語。前因儀、考兩汛漫口，工程較大，災黎並需撫卹，恐豫省庫貯銀兩不敷，未待該撫奏請，已降旨撥發兩淮鹽課銀五十萬兩，速解豫省，以資接濟。著再於兩淮鹽課項內撥銀五十萬兩，令伊齡阿即速派委妥員，解赴豫省備用。該部即遵諭行。（高宗一〇六二、三〇）

（乾隆四三、七、癸卯）諭軍機大臣曰：鄭大進奏，儀封十六堡漫水，由考城滙入商邱之北沙河，下游宣洩不及，漫溢兩岸，隄堰隨處塌陷，低窪村莊，水深五六尺至丈餘，廬舍田禾被淹。現在設法接濟，並令藩司榮柱，就近確查，加意撫卹等語。覽奏爲之矜憫，豫省自去秋至今夏，被旱成災，民多窘乏，雖節次施恩糶借，尚恐口食未能盡充，幸而伏雨渥霑，秋禾趕種，可望西成豐穫，庶元氣漸復，藉慰厪懷，不意儀封、考城竟有漫口奪溜之事。前閱鄭大進所奏，考城被水情形，已爲軫惻，今商邱復因沙河漫溢，淹沒田廬，豫民何辜，疊遭災沴，更覺可哀，我君臣實當引以爲過。已屢降諭旨，截留漕米二十萬石，又留豫省粟米十萬石，撥兩淮鹽課銀一百萬兩，解豫備用，通計銀米爲數不少，足敷賑卹之需。該撫務須督同藩司榮柱，董率所屬，實力勘查，加意撫卹賑濟，俾無艱食之嗟，而免蕩析之苦，勿致一夫失所，以副朕軫念窮黎之意。若該撫、藩尚不盡心經理，致災民或有向隅，甚或胥吏侵肥，閭閻不能普霑實惠，惟於該撫藩是問，并諭袁守侗知之。（高宗一〇六三、一）

（乾隆四三、一一、己亥）諭：本年豫省黃河漫口，儀封、考城一帶被災較重，業經降旨，於兩淮運庫撥銀一百萬兩，以爲工賑之需。復命截留江南漕米及本省新漕三十萬石，以備賑卹。第念該省災重之區，明春尚須加恩展賑，恐有不敷，著再撥戶部庫銀六十萬兩，速派妥員，解赴豫省，俾資接濟。該部即遵諭行。（高宗一〇七〇、四六）

（乾隆四四、二、辛酉）又諭：上年湖北被災處所較多，藩庫存銀一百一十四萬餘兩，俱因賑卹動用，並借動封貯銀三十五萬兩。業經降旨，於浙省撥銀七十萬兩，部庫撥銀六十萬兩，解往該省，止敷正賑加賑之需，即歸還封貯原款，爲數亦未爲充裕。著再於部庫撥銀一百萬兩，解交該省司庫存

貯，以資儲備。(高宗一〇七六、一九)

（**乾隆四四、九、甲申**）諭：據陳輝祖奏，現在大工正屆趕辦合龍，儀、考等州縣原續被淹，及河北各屬一隅被水之處分別查辦，均需銀兩濟用，司庫存銀不敷支應等語。著於部庫內再撥銀一百萬兩，照例即行解往備用。該部遵諭速行。(高宗一〇九〇、四)

（**乾隆四五、一、辛巳**）諭：上年豫省儀封、考城一帶，因漫工堵築未竣，瀕水田禾，被災較重。節經降旨，蠲賦截漕，以資接濟。又前後撥運兩淮鹽課及戶部課銀五百六十萬兩，交該撫飭屬辦理工賑。第念春正賑已畢，青黃不接之時，若按例停賑，貧民餬口，未免拮据。著再加恩將被災較重之儀封、杞縣、商邱、寧陵、永城、鹿邑、睢州、考城、柘城、汲縣、淇縣、濬縣、延津等十三州縣，十分災之極貧，加賑兩個月；十分災之次貧與九分災之極次貧民加賑一個月；其被災八分以下各州縣極次貧民，有需借給口糧籽種者，並著該撫查明，分別妥協辦理。務俾均霑愷澤，用溥春祺。該部即遵諭行。(高宗一〇九八、四)

（**乾隆四五、二、丁丑**）諭：現在豫省大功告竣，黃河順軌，其一切善後工程，並涸出地畝，酌借牛具籽種等項，需用尚多。該省地丁錢糧，乾隆四十三、四等年，業經加恩分別蠲免緩徵。本年開徵伊始，恐藩庫存項無多，不敷應用。著就近於兩淮運庫內，撥銀六十萬兩，照例選派妥員，迅速解往，以資接濟。(高一一〇一、一七)

（**乾隆四五、一一、甲午**）諭：本年直隸夏秋雨水稍多，武清、房山等四十一州縣田禾被淹，業經降旨截留三十萬石，以備賑濟之用。但念其中有被災情形較重者，明春尚應加恩展賑，恐該省現貯銀兩不敷動撥，著再加恩賞撥通倉米三十萬，部庫銀三十萬兩，以資應用。該部即遵諭行。(高宗一一一九、五；東三五、三五)

（**乾隆四六、一、乙亥**）諭：上年直隸地方雨水稍多，低窪地畝田禾被淹，業經降旨截漕三十萬石，併撥通倉米三十萬石、部庫銀三十萬兩，以備賑濟之用。茲當東作方興，例賑將畢，青黃不接之時，小民餬口維艱，殊堪軫念。著加恩將霸州、保定、文安、大城、固安、永清、東安、宛平、良鄉、涿州、武清、寶坻、寧河、天津、靜海、新城、雄縣、清苑、安州、新安等二十州縣，於今春正賑後，再加賑一個月，以資接濟。其無庸加賑各廳、州、縣，亦著該督察看情形，酌量借糶，俾民氣益紓，該督具董率屬員，妥協辦理，以副朕軫卹窮黎至意。該部即遵諭行。(高宗一一二二、一)

（**乾隆四六、一〇、丙子**）諭軍機大臣曰：劉墫奏，查勘徐州府屬豐沛、銅山等縣，續被豫省漫水，撫卹情形一摺。據稱，報明督撫，酌帶藩庫銀五萬兩，馳至該縣，會同辦理等語。所有被災州縣，務宜實力查辦，已於摺內批示矣。至所帶銀兩，如尚不敷賑卹，即著該督就近酌量，於兩淮鹽課本年現應撥解戶部銀兩內，一面截留動撥若干，一面奏聞，以賑濟之用，俾災黎均霑實惠。將此由五百里傳諭薩載、閔鶚元，並諭圖明阿、劉墫知之。（高宗一一四二、一二）

（乾隆四六、一一、乙巳）諭：本年江蘇徐州府屬沛縣、睢寧、豐縣、銅山、邳州、宿遷等州縣，被災較重，已屢經降旨，准撥藩庫、糧道庫銀五十萬兩。現又據薩載奏，准其於兩淮鹽課應解部銀內，再行動撥銀五十萬兩，以資賑卹。第念該處米穀，恐尚不敷賑糶。著加恩於淮徐各屬，本年應行起運漕糧內，截留五萬石，以備賑濟平糶之用。該督等務須督飭所屬，查明災地情形，分別賑糶，實力妥辦，俾小民口食有資，毋使一夫失所，以副朕軫念災黎至意。該部遵諭速行。（高宗一一四四、二〇）

（乾隆四七、一、己亥）又諭：上年江蘇邳州、睢寧等州縣因魏家莊河水漫溢，田禾被災，蘇松太倉屬之崇明等縣及鎮江通州等屬，猝遇風潮，禾稼受傷，徐州豐、沛等縣，潮水漲發，風暴衝激，城隍亦俱被水。屢經降旨，令該督撫等切實查勘，照例給賑，並因崇明縣被災較重，特降諭旨，截留漕糧十萬石，復加恩蠲免該縣額徵地丁錢糧。又徐州府屬被災較重，准令於藩庫、道庫並兩淮鹽課應解部銀內，先後動撥銀一百五十萬兩，并加恩於淮、徐各屬，應行起運漕糧內，截留五萬石，以備賑濟平糶之用。第念今春正賑已畢，正屆青黃不接之時，民食不無拮据。著再加恩，將睢寧、沛縣、崇明三縣，十分災之極次貧民，概行加賑兩個月；其該三縣九分災貧民，同邳州、宿遷、銅山、豐縣、桃源、清河、海門、通州、海州、沭陽各九分、十分災貧民，俱無分極次，加賑一個月；各衛屯地，坐落該被災州縣者，一體分別辦理，俾災黎均資接濟；其城災八分以下各州縣屬，並著該督撫等察看情形，再行奏請給予籽種、口糧，以副朕軫恤窮簷，有加無已之至意。該部即遵諭行。（高宗一一四八、三）

（乾隆四七、一〇、庚午）諭軍機大臣等：據薩載等覆奏，撥用賑需銀兩一摺，首稱請撥庫項，視之以爲請撥戶部庫項也。前因江省沛、豐、銅、邳四州縣災重，令該督撫等加意撫卹。用項既多，恐該省帑銀不敷撥用，是以於薩載摺內批示詢問。該督理應將各災屬應用賑銀若干，該省司道各庫，可以酌撥銀兩若干，是否敷用之處，詳悉聲敘覆奏，方爲明晰。乃薩載等奏到一摺，首稱請撥庫貯銀兩，以裕賑需之語，以爲必係該省現貯帑銀不敷，欲撥部庫銀兩。及閱至摺後，又稱通計本省司道庫內，堪以酌撥賑銀一百六十萬兩，將來如有不敷，各司道庫內尚有續收銀兩，堪以就近酌撥，無需別省協撥，以免運送之煩等語。是該省司、道各庫，存銀本屬充裕，何以該督等先稱請撥庫貯銀兩？朕日理萬幾，披覽奏牘，雖不憚煩勞，該督等覆奏事件，亦不應如是牽混。該督撫皆係封疆大員，何不能仰體朕意若此耶？薩載、閔鶚元俱著傳旨申飭。（高宗一一六六、一六）

（**乾隆四七、一〇、癸酉**）諭軍機大臣等：本日據劉墫奏，辦理賑務情形一摺，內稱，江寧藩庫止實存銀四十七萬三千餘兩，蘇州各司道庫，共可協撥銀一百二十萬兩，較之上年用數，得半有餘，僅敷今冬賑用，如或不足，另籌撥濟等語。該省賑務應需銀兩，前據薩載等奏，通計本省司道庫內，堪以酌撥賑銀一百六十萬兩，將來如有不敷，各司道庫內尚有續收銀兩，可以就近酌撥，毋需別省協濟，則是該省賑卹所需已足敷用，何以此次劉墫摺內，較之薩載前奏，似仍有不敷撥濟之意？著傳諭薩載，令其再行詳悉確查，通盤籌畫。將實在可以酌撥各司道庫銀兩確數，據實具奏，如該省各司道庫，實在不能再撥，即行專摺奏明，即降旨酌撥部庫銀兩，豫爲籌備賑卹之用，亦無不可。又劉墫摺內稱，河工經費等用，並無撥賑之款等語。該省因上游漫口尚未堵築，所有本年一切河隄工程，並無搶修急需之用，何以河工經費一項，轉致不能節省存留？其故亦未明晰，著薩載一併查明，此項銀兩作何開銷，據實覆奏。（高宗一一六六、一九）

（**乾隆四八、一〇、壬戌**）諭曰：畢沅奏，陝省榆林、懷遠、葭州、神木、綏德、米脂、吳堡、府谷等八州縣秋禾播種失時，成災五、六、七、八、九分不等。請照例撫恤加賑，并蠲緩錢糧，以資接濟。又清澗、靖邊二縣，秋收俱止五分以上，亦屬歉薄，請予緩徵等語。榆林、綏德等八州縣，秋禾成災，邊民生計拮据，殊堪憫惻。著該撫即飭所屬，實力賑恤，俾貧黎均霑實惠。所有應徵錢糧，並著分別蠲緩。其賑恤應需銀兩，即著於地丁項下撥銀四萬兩，解往備用，如有不敷，覈明再行續撥。應需米糧，於附近府縣倉貯，查明撥運。至清澗、靖邊二縣，雖例不成災，秋收究屬歉薄，所有本年額徵各項銀兩，並上年緩徵未完及新舊借欠常社倉糧，俱著緩至來年秋後徵收。並於冬春酌量借糶倉糧，用資接濟，以副朕軫恤邊氓，有加無已至意。該部即遵諭行。（高宗一一九〇、七）

（**乾隆五〇、二、辛卯**）又諭曰：何裕城奏，豫省上年工賑並舉，現在庫貯不敷展賑支放之用，請撥動鄰省庫銀五十萬兩解豫備用等語。豫省距京不遠，所需備用銀兩，即著於部庫內撥給銀五十萬兩，委員分起解往，以備

展賑之用。該部即遵諭行。(高宗一二二四、二七；東三九、三)

(乾隆五○、五、庚戌) 又諭：據浦霖奏，前赴肅州惠回堡等處，查勘地震被難居民，照例撫卹，共用銀一千六百三十兩九錢五分等語。邊氓猝遇地震，倒塌房屋，損傷人口，情形殊可憫惻。著加恩，於撫卹銀一千六百三十餘兩外，再加一倍賞給。福康安現在馳赴該處，即著督率該地方官加意撫綏，務使均霑實惠，以副朕軫卹邊地災民，有加無已之至意。該部即遵諭行。(高宗一二三○、三)

(乾隆五○、五、戊午) 諭：豫省被旱最重之汲縣、輝縣、新鄉、淇縣、獲嘉五縣，昨已降旨，再行展賑三個月。本日據畢沅奏稱，附近災區之延津等九屬，亦係連歲積歉之區，本年二麥無收，大田未能下種等語。延津等九屬節經降旨豁免民欠，並賞借籽種口糧，第念該處現在青黃不接，為時尚長，小民生計拮据，深堪憫念。所有延津、濬縣、滑縣、封邱、考城、武陟、修武、陽武、原武九縣，無論極次貧民，著加恩再賑卹兩個月，俾資接濟。該撫其督率所屬實力妥辦，務使災黎均霑實惠，以副朕軫卹窮簷，有加無已至意。至該省現有賑務，需費繁多，恐庫項不敷應用。著於附近河南省分，撥銀一百萬兩，迅速解往，以資散賑之用。該部遵諭速行。(高宗一二三○、一九)

(乾隆五○、五、己未) 諭軍機大臣等：昨因豫省被旱較重之汲縣等五縣及附近災區之延津等九屬，俱有賑恤事宜，需費繁多，恐該省庫項不敷應用，已降旨著於附近河南省分撥銀一百萬兩迅速解往備用矣。兩淮鹽課實存銀數較多，著傳諭全德，即於運庫內撥銀一百萬兩，派委妥員，由臨淮、徐州一帶，迅速解赴豫省，以資賑卹之用。所有經過地方，並著該撫等派員協同小心護送，毋致遲滯。將此由六百里發往，並諭畢沅、閔鶚元、書麟知之。(高宗一二三○、二一；東三九、九)

(乾隆五○、七、乙丑) 諭：前據畢沅奏，豫省藩庫，除兩淮解到銀一百萬兩備賑，不入盤查款內，現實存銀二十一萬五千餘兩等語。豫省賑卹等項，需用繁多，且藩庫祇存銀二十餘萬兩，亦覺太少。著於部庫內撥銀一百萬兩，照例解往。(高宗一二三五、二；東三九、一一)

(乾隆五○、八、乙未) 諭曰：書麟奏安省安慶、廬州等三十三州縣秋禾被旱成災，池州、寧國等四府州亦多有災傷之處。請將鳳陽關、蕪湖關應解正額盈餘銀兩暫緩起解，以備賑濟之用等語。安慶、池州等州縣被旱成災，賑恤事宜，自應豫為籌備。所有鳳陽關應解正額盈餘銀十一萬六千一百十二兩零，蕪湖關應解正額盈餘銀二十三萬八千六百三十八兩零，著照該撫

所請，暫緩起解。如賑濟需用，即就近動撥，俾小民得資接濟，以副朕軫念災區，有加無已至意。該部知道。（高宗一二三七、六）

（乾隆五〇、一二、癸卯）諭：據吳垣奏，湖北省現有展賑事宜，連前加賑不敷銀兩，除動支正雜各款分給各屬外，尚不敷銀一百六十三萬兩，請於隣省撥解，以備支放等語。湖北今歲被災較重，賑卹銀兩不敷，自應早爲籌備。著於浙江地丁撥銀三十萬兩，兩浙鹽課撥銀二十萬兩，湖南地丁撥銀三十萬兩，長蘆鹽課撥銀三十萬兩，滸墅關稅撥銀十萬兩，九江關稅撥銀四十三萬兩，共撥銀一百六十三萬兩。該撫等各派委妥員，解交湖北，以備賑卹之用。該部即遵諭行。（高宗一二四五、一七）

（乾隆五一、一、戊申）諭：上年安徽亳州、蒙城等州縣雨澤愆期，被旱成災，業經降旨賑卹蠲緩，俾窮黎口食有資，不致失所，第念今春正賑已畢，青黃不接之時，民食恐不無拮据。著再加恩，將被災較重之亳州、蒙城、太和、泗州、盱眙、天長、五河、滁州、全椒、來安、和州、含山、建平、銅陵、廬江、巢縣、宿州、定遠、靈璧等十九州縣被災九、十分貧民，無論極次，於正賑後，再行加賑一個月；此内亳州、蒙城、太和、泗州、盱眙、天長、五河、宿州、定遠、靈璧等十州縣，均係積歉之區，著將被災八分極貧，加賑一個月。所有衛所飢口及貧生、兵屬，並著一體加賑；其餘被災五、六、七、八分貧民，及勘不成災地方，有應行酌借口糧籽種並減價平糶之處，著該撫察看情形，酌量辦理。至該省散賑，需用銀兩甚多，除鳳陽、蕪湖兩關，本年應解稅銀，准其留用外，著户部再於就近酌撥銀一百萬兩，照例解往，以備賑卹之用。再該省應解還江西截卸漕米價銀二十二萬餘兩，該省現在賑項不敷，此項銀兩，毋庸移解。著江西省將墊買米價，作正開銷，所有安省糶出米價，即留貯備用，俾經費益資充裕。……（高宗一二四六、二；東四〇、一）

（乾隆五一、七、戊辰）諭軍機大臣等：據李世傑等奏，現在籌辦堵築各漫口，催趲糧船渡黄情形，及查辦災地輕重，分別撫卹事宜各摺。已於摺内詳悉批示矣。前當清、黄並漲時，該督等廣籌分洩，將仁義禮智信五壩及南關、車邏等壩，盡行啓放，以資宣洩。朕早慮及減下之水，下河一帶，必有被淹，曾諭令該督等妥爲查辦撫卹。今據奏稱，五壩、南關等壩開放之後，不但頂衝之高、寳兩州縣民田難免受災，即江都、甘泉等縣，亦具報沿河低窪民居田畝，盡被水淹等語。應即一體詳查撫卹，毋致失所。至黄河漫口下注之水，據奏，安東一縣最重，清河、桃源、山陽三縣次之。該縣屬上年被旱成災，今二麥甫收，又復遭此淹浸，實堪憫惻，該督等務須仰體朕懷，實力撫卹，俾災黎均霑實惠。其安東城內水深八九尺至丈餘，目今曾否消退，城垣衙署倉庫是否無恙，如有坍塌處，即應於水退後，趕緊修築完整。至裏河之周家莊漫口，修關漕運，桃源之司家莊漫口，毗連洪湖，此二處亟應首先堵築，屢經傳諭該督等妥速辦理，運河周家莊漫口，前據奏稱，已做有七八分工程，一二日內即可竣事，何以至今十數日，尚未收工？一俟漫口堵合，溜勢全歸正河，即催趕未過江西各幫，以次遄行前進，毋任片刻遲延。其餘各漫口，亦即趕辦料物，以次興工，剋期集事。再上年江蘇省被旱成災，共用撫卹銀三百四十餘萬兩，此次被水各屬，約用撫卹銀若干，及堵築各漫口，所需工料等銀合計若干，並著該督等約略覈算比較，據實覆奏。仍著將現在辦理情形，迅速覆奏，以慰廑念。（高宗一二五九、二五）

（乾隆五一、閏七、丁丑）又諭：據閔鶚元奏，查勘湖河減水滙注下河，各州縣被災情形一摺。內稱，被水較重之寶應、高郵、甘泉在運河以西各村莊，先行撫卹一月口糧，以資接濟等語。該縣屬上年被旱成災，今二麥甫收，又復被水淹浸，實堪憫惻，該督撫務須仰體朕懷，督率屬員，實力撫卹，俾災黎均霑實惠。其受水較輕之寶應、高郵、甘泉、運河以東村莊，與甘泉毗連之江都，及下河之興化、東臺、泰州等屬，雖據該撫勘明，無庸先行撫卹口糧，統俟秋成後，查明成災輕重，分別給賑，但恐不無向隅，仍應實力詳查，妥為辦理，無致一夫失所。再上年江蘇省被旱成災，共用撫卹銀三百四十餘萬兩，現在被水高、寶一帶各屬，較之去歲通省被旱者有間。此次約用撫卹銀若干，及堵築漫口所需工料等銀，合計若干，並著該督撫約略覈算比較，據實覆奏。（高宗一二六〇、一九）

（乾隆五五、七、丙午）又諭：據福崧奏，徐州府屬之碭山縣東南一帶，綠毛城舖土壩刷寬過水，臨河民堰漫缺下注，大隄內外民田、廬舍間被淹浸。其蕭縣地方因黃水漫灘滙注，洪河不能容納，附近田畝亦有被淹。該撫現在親往履勘，督同該府縣等分別撫卹，請賞給一月口糧以資接濟等語。江南碭、蕭二縣，均係積歉之區，今因毛城舖裏頭刷寬，河水漫溢，以致附近田廬間被淹浸，雖現據韓鑅等奏業經補築完竣，河勢漸次歸槽。但該處民食維艱，自應亟為賑卹，俾得餬口有資。著照福崧所請，即於河庫撥銀一萬兩，解赴工所，以為撫卹之用。該撫務須督率所屬加意妥辦，按照被災戶口覈實散給，使窮簷均霑實惠，不致一夫失所，以副朕軫念災黎至意。（高宗一三五九、二一）

（乾隆五五、八、己酉朔）諭：昨據長麟奏，濟南、東昌等府屬，因雨水過多，田禾被淹者共計四十一州縣。已傳諭該撫督飭所屬，妥為撫卹。第念東省此次被災之處較多，小民生計拮据，殊堪軫念。該省現在修理城工，需用繁多，藩庫款項恐不敷賑卹之用。著於部庫撥銀一百萬兩，照例解往，以備賑卹，如尚有不敷，再行奏請動撥。該撫務須督率各屬悉心經理，俾得均霑實惠，毋令一夫失所，以副朕軫卹閭閻至意。該部遵諭速行。（高宗一三六〇、一）

（乾隆五五、八、壬戌）又諭：現在江蘇蕭、碭二縣，並安徽宿州、靈璧等處，因夏秋以來雨水較多，河流漲發，民田、廬舍間被淹浸。節經降旨，令該督撫等查勘撫卹，賞給口糧，毋使一夫失所。恐該省賑務需用較多，著撥兩淮運庫銀四十萬兩、淮關稅課銀三十萬兩、滸墅關稅課銀十五萬兩、龍江關稅課銀十五萬兩，共銀一百萬兩，照例妥委幹員，迅速解交孫士毅，以備賑務之用。（高宗一三六〇、二八）

（乾隆五五、八、乙丑）諭軍機大臣曰：福崧奏查明靈璧、宿州被水情形，又籌辦撫卹疏消各事宜一摺，所辦俱好，又於摺內詳悉批示矣。宿州、靈璧、碭、蕭等處被水村莊，民田、廬舍間有淹浸。節經降旨，令該督撫等親往查勘，賞給口糧，並於孫士毅未經奏請之先，早撥兩淮淮關等處鹽稅課銀一百萬兩，解交孫士毅，以為賑卹之用，所撥帑項寬餘。著孫士毅等督率地方官，實力查明被災戶口，按名賙給，無使一夫失所。倘有不敷，不妨據實具請，再行撥給，朕軫念災黎，必使普霑實惠，從不肯稍存惜費之見，該督等務當仰體朕心，妥協辦理。（高宗一三六一、二）

（乾隆五五、八、丙寅）諭曰：……碭、蕭、宿、靈地方……前因被水成災，節次降旨，賞給一月口糧，並撥銀一百萬兩，著該督撫等實力撫卹矣。今睢寧十三社村莊，亦有被淹之處，小民口食維艱，朕心深為廑注，所有被水較重之六社，著加恩賞給一月口糧，以資接濟。該督撫等務須督率所屬，按名賙給，毋許胥吏等稍有剋扣侵漁，俾災黎均霑實惠。至被水較輕之七社，田畝雖經涸出，尚可趕種春麥，但念該邑上年曾經被災，民力不無拮据，其應行的借口糧、籽種之處，著該督撫查明具奏，以副朕軫念災民，有加無已至意。該部即遵諭行。（高宗一三六一、五）

（乾隆五九、五、辛亥）又諭：本年直隸地方雨澤稀少，麥收歉薄，節經降旨緩徵借糶，以紓民力。現雖續經得雨，然非普遍，大田雖有播種者，亦尚有未種者。著加恩於後到之江廣幫內截漕六十萬石，並著於部庫內，賞撥銀八十萬兩，以備賑濟之用。梁肯堂著即馳赴天津，合同倉場侍郎辦理。朕廑念民依，無時或釋，一遇地方稍有災歉，即先事豫籌，不惜鉅萬帑銀漕米，用資賑恤。前於乾隆二十四年，直省亦曾短缺雨澤，朕親詣天壇步禱，至六月十一日，獲沛甘霖，是歲大田仍復豐收。本年直省各屬，雖經缺雨，但現在甫屆夏至節侯，比較二十四年得雨日期，尚有半月，若仰邀昊眷，優霖迅沛，則大田正可冀播種有收。今已截留漕糧，撥給庫帑，所以勤恤民隱者，至周且備。朕如此稠疊施恩，有加無已，該省大小官員，亦應各矢天良，實心妥辦，粒米分銀，均歸實惠，不得稍有浮冒侵蝕。此等弊端，在封疆大員，自不應有，但稽查督察，略有懈弛，不肖官吏，即難保無借端朘削之事。若以朕加恩之舉，轉藉爲肥橐營私，是竟毫無人心，又安用封疆大吏督率查辦爲耶？倘梁肯堂及司道等辦理此事，不能實心經理，致官吏等稍有前項獘端，或於內外大臣往來經過時，經朕詢出，或經科道參奏，及百姓告發，試令該督等自思，能當此重戾否耶？梁肯堂辦理截漕事竣，著即前赴河間及順德、廣平、大名各府，查看缺雨處所，有無成災之處，一併奏明，覈實妥辦，毋得稍存諱飾。並著將此旨速行徧貼謄黃，俾遠村僻壤，皆知口倉有資，不至遷移失所，以副朕軫念災區，優加撫恤，務俾實惠至意。（高宗一四五三、一五）

（乾隆五九、八、甲戌）又諭：本年直隸地方被水之處較多，節經降旨施恩，優加撫恤，並令梁肯堂截漕十四萬石，並撥給帑銀四十萬兩，俾資賑恤之用。復諭令該督，將此次辦理災賑，實在需用若干之處，覈明速奏。今據梁肯堂奏請再賞撥部帑銀二十五萬兩，通倉漕米二十萬石，以備賑卹等語。著照該督所請，准其賞撥。所有部帑二十五萬兩，即著派員赴部支領。其所需漕米二十萬石，亦著派員前赴通倉，照數關給。該督務須飭屬妥辦，俾小民均霑實惠，毋令不肖官員及胥吏人等，稍有侵冒情獘，以副朕軫恤災黎，有加無已至意。（高宗一四五九、一五；東四七、二九）

（乾隆六〇、一二、戊子）又諭曰：畢沅等奏時屆嚴冬，難民急須調劑，現在擇要築堡，以工代賑一摺。湖南三廳八屆，自逆苗滋事以後，各鄉村居民，多被蹂躪，殊堪憫惻。業經屢次降旨，給予賑恤口糧，以資民食。茲據畢沅等奏稱，麻陽縣屬之岩門，永綏廳屬之花園等鎮，均爲扼要通衢，請先行改築石堡，趁此難民閒空需食之時，就地招徠，以工代賑等語。所辦好。著照所請，即於湖南省所存鼓鑄餘息款項內，動支銀兩，以爲辦工之用，該督撫等務須遴委熟諳工程之幹員，分投督辦，以期賑務工程，兩有裨益，方爲妥善。（高宗一四九二、一三）

（嘉慶二、一二、己酉）諭軍機大臣等：據魁人倫等奏，臺灣民食現在不致缺乏等因。臺灣猝被颶風，吹損晚稻，間被偏災，屢經降旨該督撫體察情形，量爲接濟。今該督等專派道員齎帶藩庫銀二十萬兩，前赴該處，以備賑卹，災民自必早霑實惠。又該地方糧價較前尚不致過昂，商販來船仍屬源源內渡，漳、泉一帶皆資接濟，是現在臺灣民食，尚不致於缺乏，朕心稍慰。至來春青黃不接之時，應否展賑，仍著該督撫等遵照前旨，察看情形，酌量奏明辦理。(仁宗二五、六)

（嘉慶五、六、丙辰）諭軍機大臣等：費淳等奏，蕭、碭二縣被水災民，及徐州衛軍丁，自四月起至合龍之日止，約需賑銀三十餘萬兩。請於江蘇藩庫及淮、揚、蕪、鳳各關庫，共酌撥銀三十六萬兩，並酌撥碭山、銅、豐、沛、宿等縣倉貯麥豆一萬七千石，以資展賑之用等語。蕭碭等處地方，正值邵壩口下游，被水成災地畝，未能涸出，難以播種，小民生計維艱，自須妥為賑卹，免至失所。今費淳等酌籌款項，奏請撥給，著照所請，准其撥解，以資展賑。(仁宗六九、一一；東三、二五)

（嘉慶五、九、庚辰）撥山西藩庫銀三十五萬兩，解往陝西備賑。(仁宗七四、一；東三、三〇)

（嘉慶六、六、甲寅）撥局錢二千緡，命兵部尚書兼管順天府府尹事汪承霈、都察院副都御史陳嗣龍、劉湄、順天府府尹閻泰和，撫卹永定、右安門外被水災民。(仁宗八四、八)

（嘉慶六、六、癸亥）撥廣儲司銀二千兩，賑永定、右安門外災民。(仁宗八四、一七)

（嘉慶六、六、丙寅）撥直隸藩庫銀十萬兩撫卹災民。(仁宗八四、二四)

（嘉慶六、六、壬申）命再撥大興倉穀一千石、銀二千兩，接賑被水災民。(仁宗八四、三七)

（嘉慶六、一〇、乙卯）撥江西藩銀十一萬兩，解往陝西備賑。(仁宗八八、一九)

（嘉慶一二、一〇、甲申）撥龍江西新關稅銀十萬兩，解赴江蘇備賑。(仁宗一八六、一七)

（嘉慶一五、六、壬寅）緩徵甘肅皐蘭、金……被旱災民新舊正借銀糧、草束，並撥附近各省銀一百萬兩備賑。(仁宗二三一、八)

（嘉慶一五、八、丁亥）撥奉天運京小米二十萬石，並飭戶部籌撥近省銀三十萬兩，賑直隸被水災民。(仁宗二三三、九)

（嘉慶一六、九、乙未）撥長蘆運庫銀五十萬兩，分解河南、安徽備賑。(仁宗二四八、一六)

（嘉慶一九、一〇、丁卯）諭內閣：前據胡克家奏，本年安徽廬、鳳等府州屬地方，被災歉收，請撥銀一百二十萬兩，以備賑需，當交戶部覈議。

兹據户部奏,該省藩、關兩庫,現存銀一百十五萬兩,應先儘撥用等語。各省遇有災歉,經地方大吏勘明具奏,朕軫念民艱,立即發帑賑濟。即當經費充裕之時,亦應儘本省庫項動撥,斷無庫貯未動,先請協撥之理。安省藩、關兩庫,現有存貯銀兩,胡克家率請協撥,著傳旨申飭。所有該省應備賑需,著將本省存貯銀一百十五萬兩撙節動用,斷不准出此數。該撫務督飭各屬,確細查勘,覈實經理,勿任稍有浮冒。(仁宗二九八、一○)

(**嘉慶二〇、一二、丁巳**)撥江寧藩庫銀三萬三千五十兩,賑高郵、寶應二州縣被水災民。(仁宗三一三、八)

第七節 其他支出

一、宗室日用及遊幸支出

(一)日用、遊幸

(**順治一三、一、乙酉**)工部製造庫奏言:修葺襄親王府第需用赤金四百兩,爲釘片鍍金之用。得旨:此乃王所暫居,又非創造,偶爾修葺,赤金四百兩安所用之?且修乾清宫時尚務儉樸,今何得估計靡費如此之多?其工部製造庫官員,吏部從重議罪以聞。(世祖九七、五;東六、一)

(**康熙一一、二、癸卯**)諭内務總管噶祿:聞此處食物甚少,隨駕軍士勤勞,若將口外羊賞給,瘦不堪食,可將御用羊酌量少存,其餘散給軍士,爾速傳知。(聖祖三八、一五)

(**康熙二一、二、己丑**)諭烏喇將軍巴海等:今以雲南等處底定,躬詣盛京告祭三陵,意欲於扈從人等餒養馬匹之暇,省觀烏喇地方,將軍應從何處帶領兵丁候迎,可與盛京將軍定議行之。再,產鱘鰉等魚之處,爾即詢明烏喇西特庫,會同將需用諸物,悉加備辦完整。特諭。(聖祖一○一、七)

(**康熙二三、一○、庚申**)諭江寧巡撫湯斌曰:朕欲周知地方風俗、小民生計,有事巡行,凡需用之物皆自内府儲備,秋毫不取之民間。恐地方或有不肖官員借端妄派,以致擾害窮民,爾其加意嚴察。如有此等,即指名題參,從重治罪。其沿途供役縴夫,及聞朕巡行至此,遠來聚觀。百姓恐離家已遥,不能自歸,爾逐一詳察,多方區畫,令其還家。爾巡撫率布政使即從此回任,料理此等事,不必前送。(聖祖一一七、一一)

(**康熙二九、一、己酉**)大學士等奏曰:前者皇上以前明宫殿樓亭門名開載一摺,并慈寧宫、寧壽宫、乾清宫妃嬪宫人及老媪數目摺子發出,令臣等觀看并鈔錄存貯衙門。又奉諭旨：朕以天旱，欲省減宮人及所用器物，詳加查察。因自來未嘗有餘，故不能再減。爾等將前明宮中每年所用銀兩及金花鋪墊銀兩數目，亦爲察閱。臣等察前明宮內，每年用金花銀共九十六萬九千四百餘兩，今悉已充餉；又察前明光祿寺每年送內所用各項錢糧二十四萬餘兩，今每年止用三萬餘兩；每年木柴二千六百八十六萬餘斤，今止用六七百萬觔；每年用紅螺等炭共一千二百八萬餘觔，今止用百萬餘觔；各宮牀帳、輿轎、花毯等項，每年共用銀二萬八千二百餘兩，今俱不用。又察前明宮殿樓亭門數共七百八十六座，今以本朝宮殿數目較之，不及前明十分之一。至前明各宮殿九層基址、牆垣俱用臨清甎，木料俱用楠木，今禁中修造房屋，出於斷不可已，非但基址未嘗用臨清甎，凡一切牆垣俱用尋常甎料；所用木植，亦惟松木而已。臣等以所察各條并皇上發下摺子，令九卿、詹事、掌印不掌印科道官員徧觀，諸臣皆曰：我皇上百凡撙節儉約，臣等向所共知，但未能詳悉。今觀事事減省，至矣極矣。又禮云：天子后，立六宮、三夫人、九嬪、二十七世婦、八十一御妻，此皆有名數者。至所使宮人婦女，以數千計。唐太宗乃有唐令主，觀其一次遣發官人，已及三千，則其餘更有數千人可知。今除慈寧宮、寧壽宮外，乾清宮妃嬪以下，使令老嫗、灑掃宮女以上，合計止一百三十四人，可謂至少。不獨三代以下所無，雖三代以上，亦未有如此者。皇上節儉盛德，誠超邁千古矣。（聖祖一四四、五；東一一、一）

（康熙三五、五、丙辰）諭行在兵部：內府管駱駝首領郝尚圖等星馳運米到此，著傳諭八旗夸蘭大，每旗給米三十石；古北口、宣化府、綠旗兵給二十二日米及牛羊。其米經留貯，不敷八十日者，亦著補給。（聖祖一七三、一）

（康熙三九、九、丙午）工部題銷算雜項修理錢糧。上曰：一月內雜項修理，即用銀三四萬兩，殊覺浮多。明季宮中一月用萬金有餘，今朕交內務府總管，凡一應所用之銀，一月止五六百兩，併合一應賞賜之物，亦不過千金。從前光祿寺一年所用銀兩，亦甚浮多，朕節減大半。工部情獘甚多，自後凡有修理之處，將司官、筆帖式俱奏請派出，每月支用錢糧，分晰詳細，造冊具奏。若三年內有塌壞者，著賠修。如此則工程堅固，而錢糧亦不至妄費矣。（聖祖二〇一、五；東一四、三八）

（康熙四八、一一、癸未）又諭曰：明季事蹟，卿等所知，往往皆紙上陳言。萬曆以後所用內監，曾有在御前服役者，故朕知之獨詳。……明朝費用甚奢，興作亦廣。一日之費，可抵今一年之用。其宮中脂粉錢四十萬兩，供應銀數百萬兩。至世祖皇帝登極，始悉除之。紫禁城內砌地磚，橫堅七層，一切工作，俱派民間；今則器用樸素，工役皆見錢僱覓。明季宮女至九千人，內監至十萬人，飲食不能偏及，日有餓死者；今則宮中不過四五百人而已。明季宮中用馬口柴、紅螺炭，以數千萬勘計，俱取諸昌平等州縣；今此柴僅天壇焚燎用之。爾等亦知所謂馬口柴乎？大學士等奏曰：不但不知，亦所未聞。上曰：其柴約長三四尺，淨白無點黑，兩端刻兩口，故謂之馬口柴。（聖祖二四〇、九）

（**康熙四九、四、辛酉**）九卿等遵旨議覆僉都御史屠沂條陳節儉事。上諭大學士等曰：禁止奢僭而崇尚節儉，極當於理。朕近查宮中人數，皇太后宮及朕所居正宮，不過數百人，較之明代宮人，則減省多矣。先是，光祿寺供應宮中用度，每年用銀七十萬兩有餘，朕漸次節省，不使濫溢，一年止需七萬兩矣；理藩院向來每年賞賜、供應外藩賓客，用銀八十萬兩，今裁減浮費，一年止需八萬兩矣；戶工兩部，前此每年所用錢糧，其數過多，今十日一次奏聞用過數目、所需錢糧，已極少矣。朕用錢糧節省如是。因臣民僭用妄費，從前屢有禁約，今若又行禁約，徒有法令繁滋而已，究無補於事也。今法令非不詳盡，皆由臣下奉行不善而然。步軍統領、順天府尹、地方該管官員，果實心遵行，何至如此乎？著將屠沂原疏發還。（聖祖二四二、七）

（**康熙五六、一一、辛未**）上御乾清宮東暖閣，召諸皇子及滿漢大學士、學士、九卿、詹事、科道等人諭曰：……戶部帑金，非用師、賑饑，未敢妄費，謂此皆小民脂膏故也。所有巡狩行宮，不施采繢，每處所費，不過一二萬金，較之河工歲費三百餘萬，尚不及百分之一。……（聖祖二七五、五）

（**乾隆一、六、丙戌**）直隸總督李衛疏陳易州山陵駐防員役供應事宜。易州山陵，歲約需員役白米一千石、次白米二百石、江米一百石、漕米九千石，行文倉場總督。於漕船抵津時，豫酌按數截留。該幫領運千總，於天津僱船運至白溝河水次，光將樣米呈送陵部驗明，由坐糧廳及該管道委員監收後，按數給發，將給過支剩米數，歲底報部。截漕水運白溝一帶地方，每年將及起運時，遴委幹員，募夫挑濬淤淺。截撥漕糧，遇乾淺水大之時，仍由白溝河起載，陸路全易州；若北河水勢通暢，竟從北河超運。一、天津至白溝沿河地方，向有營汛，照舊催儹；其霸州、任邱、雄縣等添設汛房，每汛設兵五名、建房三間，催儹巡查，汛兵於附近各營抽撥。一、雄縣西關橋梁宜修葺，以便重運渟泊。一、白溝河鎮西岸園地，建倉厫二十間存貯。一、易州城有入官房五十五間，改作倉厫。併於隙地內，酌量添造。一、易州城、白溝河兩處，各設倉夫看守。一、撥運漕白米石，照薊州之例，每石給耗三升九合，其三色白米，並照例減半，每石給耗一升九合，按年造冊奏報。一、山陵應需祭祀牛羊豆草並各員役俸餉，俟禮部等衙門題定後，按期題撥，依價採買。一、易州運送米豆草束車價銀兩，照薊、遵、豐三州縣，准給腳價之例支給。一、山陵應需柴炭、槽面及冰塊，於司庫地糧存公銀內撥給。一、山陵祭祀牛羊，日支豆草併供應包衣，禮部、兵部葦白、柴炭、冰塊等項，飭令附近州縣，照例豫備供應，於辦公銀內動支。均下部議行。（高宗二一、一五）

（**乾隆六、二、庚戌**）諭：著傳諭海望，所有八旗內務府秀女挑選時，大臣官員等家，尚有車輛。其兵丁人家秀女，俱係雇車乘坐。嗣後挑選秀女，不論大臣官員，兵丁人家，著每名賞給銀一兩，以為雇車之費。所有本年選過秀女，俱著補行賞給。此項賞銀，八旗著動支戶部庫項；內務府著動支廣儲司庫項。（高宗一三六、三〇）

（**乾隆八、一一、丙午**）軍機大臣議覆：御史馬燝奏稱，奉天將軍額爾圖，私用滋生銀兩，請派員盤查。得旨：本年朕巡幸盛京，該處官備馬匹並喂養官兵騎用馬匹、修備衣裝、器械、路費等項，不無多費，且自赫爾蘇邊至山海關，沿途頓次，皆有豫備。及闊營所用草豆、柴薪、米糧，除官為備辦外，尚有私行備辦之項。是以隨往人等，於一切使用物件，均得廉價置買，此等經費，即動用新領滋生銀兩，亦屬宜然。朕特降諭旨，施恩將此銀二十萬兩，全行賞給，另賜銀二十萬兩滋生矣。……（高宗二〇五、一七）

（**乾隆一九、一、庚午**）總理行營事務王大臣等奏：據哲哩木等五盟長、科爾沁土謝圖親王阿喇布坦、達爾漢親王國倫額駙色布騰巴勒珠爾、巴林和碩齊郡王琳沁、固山貝子齊旺、扎薩克公瑚圖靈阿、恭格喇布坦等，呈稱本年恭遇駕幸盛京，經由蒙古游牧地方，願共備馬一萬匹、駝四百隻、車六百輛，聽候指撥應用。再請每一大營備柴炭三百車，掘井二十，尖營備柴炭五十車，掘井五。其修理道路橋梁等事，由哲哩木、卓索圖、昭烏達，三盟備辦。仍曉諭蒙古等，務使商人將牛、羊、米、麵、草料、柴炭，寬為豫備，由三盟派台吉官員，按價平買等語。查乾隆八年，駕詣盛京，沿途更換馬駝，皆係動項買撥。所換馬，賞給蒙古在案，今內扎薩克之五盟王、貝勒、貝子、公、台吉等，恭進馬駝，情詞懇切，應准所請，指地撥回備用。將來沿途換剩馬，仍請照例賞給。車輛不必豫辦。至尖營，只須柴炭十車，掘井二，盡可敷用。請派理藩院能事章京二員，會同該盟長等妥協辦理。從之。（高宗四五五、三）

（**乾隆二〇、九、甲申**）諭曰：喀爾吉善等奏稱，明歲南巡，請照舊例

截留漕糧備用等語。著照所請，准將浙省本年應運漕糧截留十萬石，以備來春之用。該部即遵諭行。（高宗四九六、三〇）

（乾隆二三、九、辛亥）諭軍機大臣等；方觀承所奏動撥耗羨一摺，已批交該部矣。內有孫埠渡口渡船水手開銷之項。孫埠渡口係屬何地？若平日原有官渡，則回鑾之後，豈竟不設此渡口乎？若專爲木蘭巡幸而設，則爲日無幾，開至一百九十餘兩，所奏均未明晰。著傳諭方觀承，令其查明，遇便覆奏。尋奏：孫埠渡係大興縣屬孫河下游。常時民間小船濟渡，恭逢巡幸木蘭，往來本報俱由此路。向備寬大渡船四隻，每船水手四名，自啓鑾前三日至迴鑾後止，一切雇價工食，覈減實銷。報聞。（高宗五七一、二二）

（乾隆二七、二、丁卯）諭：上年曾降旨於兩淮運庫內撥銀三十萬兩，交與總督尹繼善辦理差務。但恐尚有不敷，著高恒於運庫內，酌量再撥銀二十萬兩，以爲添補辦差之用。（高宗六五四、一）

（乾隆二九、九、甲戌）諭：朕明春恭奉皇太后聖駕南巡，著照從前之例，於江、浙二省冬兌漕糧內，各截留十萬石，在水陸駐蹕地方，分廠平糶。即令漕運總督及各該督撫妥協辦理。該部遵諭速行。（高宗七一九、一〇；東二一、九）

（乾隆三五、三、壬辰）諭：朕因淀神祠工落成，親詣瞻禮，並允直隸臣民之請，恭奉皇太后巡幸天津，共伸慶祝。地方官於淀祠旁及左格莊二處，添建行宮，以供安憩。臨幸時，因其事屬已成，不能復爲禁飭。但工作未免繁費，雖伊等義效尊親，朕實不欲其過耗物力。著將此二處行宮，各賞銀二萬兩，於鹽課應解內務府銀兩項下撥給，俾資興葺之需。並諭該督等，嗣後毋得稍有增飾及新建行宮，以副朕體恤崇樸至意。（高宗八五四、三三）

（乾隆三六、二、甲申）諭：前於寶稼營登舟，見所備水營外圍蓆牆，幕以黃布，又添設坐落板房，均爲過當。楊廷璋並未先行奏聞，輒爾糜耗物力，不能體朕省方問俗之本懷，業已降旨申飭。布定爲民間衣被所需，豈宜妄費，因即令沿途概行徹去；而板房則成工難於遽毀，姑聽仍留，然每日駐蹕，閱之輒爲不懌。夫水營不過爲艤舟一宿而設，朕所御安福艫，大小合宜，日常理庶務、見臣工，至爲便適；且於岸上張設氊廬，尤極寬敞，雖召對多人，亦能容列。從前四巡江浙，及年來再涖天津，規制未嘗增易，朕甚安之，亦衆所共知者，何今次獨藉此板屋數楹爲憩息乎？且又位置廊軒，增華飾美，心益憎厭。是以所至之地，竟有不登岸寓目者，搆此何爲？雖一切裝修皆係舊存物料，其工作之用，則由大吏等自効悃忱，然朕巡幸所經，供頓儲備，絲毫不欲累及官民。每一水營准令開銷數千金，俾之承辦寬裕，今乃不知撙節，轉事此無益之耗費，實所不取。昨已面諭楊廷璋，令將所有料物，於迴鑾後即速自行變售，毋許再存。嗣後或有安設水營，悉遵舊規，不得稍有點綴，致干咎戾。此次著賞給鹽庫銀一萬兩，以償其費，並爲明白宣諭，使知朕禁奢崇實之至意。（高宗八七八、一七）

（乾隆四三、一一、己丑）諭：前經降旨，允江浙所請，於乾隆四十五年正月，啓鑾南巡，並諭令沿途毋得踵事增華，致滋糜費。第念蹕路所經，江蘇地面較多，水營行宮等事，皆不能不需用度。前四次南巡，俱曾賞給庫銀，以資籌辦。因諭令高晉，將現辦南巡差務，需用銀兩若干，通盤籌計，據實具奏。茲據高晉，將上四次南巡報銷銀數，及恩賞銀兩，開單呈覽。並稱此次差務，除添建行宮三處，餘俱撙節辦理，較之上屆所費，有減無增等語。該省辦理差務，所用經費，既有一定章程，上屆乙酉年，曾經恩賞運庫銀三十萬兩，以資籌辦，此次著照乙酉年之例，於運庫恩賞銀三十萬兩，爲辦理南巡差務之用。即著伊齡阿照數撥給，仍具摺奏聞。該督務須董率所屬，妥協經理，毋得絲毫科派閭閻，致滋擾累，副朕觀民孚惠至意。該部即遵諭行。（高宗一〇七〇、一三）

（乾隆四三、一二、丁巳）朔諭：前經降旨，江浙所請，於乾隆四十五年正月，啓鑾南巡，江蘇辦理差務，不無經費，已有旨令伊齡阿，於運庫內賞給銀三十萬兩，以爲南巡差務之用矣。第念浙江水營行宮等事，雖少於江蘇地面，然一切差務，亦資費用，自宜一體加恩。著於鹽項餘銀內，賞給十萬兩，以爲浙省辦差之用。該督撫務須董率所屬，妥協經理，毋得絲毫派累民間，致滋紛擾，以副朕孚惠於民至意。（高宗一〇七二、一）

（乾隆四四、二、辛巳）兩江總督薩載奏：明年聖駕巡幸江浙，江南驛馬不敷差派，請照乾隆二十七年、三十年兩次巡幸例，暫增買七百匹，分派沿途各州縣。馬價、借支驛項、草料，自本年十一日起照額設驛馬支給，差竣停，並將增馬如數變價歸款。得旨：如所議行。（高宗一〇七七、三七）

（乾隆四五、一、丁酉）諭：朕巡幸江浙，省方觀民，曾降諭旨，令沿途地方大吏，毋得踵事增華，致滋糜費。第念蹕路經由直省，一切行館，悉仍其舊，而地方官逐程修葺經理，亦未免稍需用度。著加恩於長蘆鹽課應解內務府銀兩內，賞給銀二萬兩，以示體恤。（高宗一〇九九、二）

（乾隆四五、三、丁亥）諭：此次浙省辦理差務所用銀兩，內公捐養廉銀五萬四千五百兩，著加恩於鹽道庫項銀兩內，照數賞給，毋庸扣捐養廉。（高宗一一〇二、一〇）

（乾隆四六、一、戊子）諭軍機大臣等，據富勒渾奏，報銷辦差經費錢糧，寔用銀十九萬八千七百餘兩，均係實用實銷，並無浮冒等語。此事前據李質穎在京面奏，上年辦差經費俱係王燧在總局支銷，王亶望惟言是聽，其中並有借名浮開物件價值，差竣各自分用。譬如銅火盆一項，所費無幾，竟開銷至數百兩，可知冒開者正復不少，但不便以南巡辦差之事，將承辦各員參劾，俟查明通融辦理等語。朕彼時以李質穎口說無憑，應查明再行辦理。今李質穎在浙半年有餘，尚未查辦清楚，富勒渾到杭未久，即將此案造冊報銷。若非李質穎從前辦理遲延，即係富勒渾有意週旋王亶望，乘李質穎尚未到任之先，急將此案辦出，二者必居其一，且其間恐竟係富勒渾希圖速結之意爲多。著傳諭阿桂，於查勘海塘時，就近將差費報銷之事，確實查覈。即李質穎所奏，通融辦理，亦不過含渾之詞，其實在如何辦理之處，阿桂務須秉公查辦，並將差費確數，覈實奏銷。富勒渾摺，著鈔寄閱看。將此由六百里傳諭知之。(高宗一一二二、二十)

（乾隆四七、九、丙申）又諭：據陳輝祖奏，續估海塘魚鱗石工一摺。內稱，前經題撥恩賞並賠繳查抄各項，遵旨留爲塘工應用，共銀一百四十二萬一千八百六十二兩零，除撥給原估續估工料銀兩外，尚多餘銀三十九萬九千二十五兩零等語。此項多餘銀兩，毋庸解京，即著賞給該省，爲四十九年南巡黏修行宮等項應用。上次庚子南巡，一入浙江首站，屋宇倍增，並多點綴，比至杭州，則添設座落更多，繁費無益，非朕省方問俗之意，屢經降旨訓飭。將來行宮座落，止須將上層舊有屋宇，略加黏補，此項銀兩，儘足敷用，不必再動別項。其行宮座落，斷不得踵事增革，更滋繁飾。該督務須仰體朕意，妥協經理。將此諭令知之。(高宗一一六四、三)

（乾隆四七、一一、丁巳）諭：朕於明年前往盛京，所有經過之喀喇沁、土默特等處地方。喀喇沁郡王喇特納錫第、貝勒扎拉豐阿，具備辦中伙大營數處，喇特納錫第、扎拉豐阿，著加恩每人賞給銀四千兩；土默特貝子色布騰棟囉布，備辦中伙一處，著加恩賞給銀二千兩；土默特貝勒索諾木巴勒珠爾，喀喇沁公職銜扎薩克塔布囊瑪哈巴拉，備辦路橋等項，每人加恩賞給銀一千兩；至協濟備辦路橋等差之台吉塔布囊章京官員兵丁等，屆期俱照前次之例，分別賞給緞布。(高宗一一六九、一一)

（乾隆四七、一二、辛未）又諭：本年九月內，據該撫奏，海塘工程，應用銀兩除原估續估工料外，尚多餘銀三十九萬九千餘兩，業經降旨，賞給該省，爲四十九年南巡、粘修行宮等項之用。今查抄陳輝祖名下財產，現存銀兩及各案估變物價，又約共銀六、七萬兩，亦可歸入南巡應用項下。是浙省所存之項，已有四十六、七萬兩，除豫備差務之外，儘有餘存。今思江南南巡差務之費，前於應行解京項下，賞留銀九萬餘兩，現在又令薩載，於京口挑河，以利舟楫，是江南此項賞給銀兩，斷不敷用。著傳諭富勒渾、福崧，即於賞給浙省存備各項內，酌撥銀二十萬兩，遇便派員解赴江南，交薩載、閔鶚元存備支用。將此由四百里傳諭富勒渾、福崧，並諭薩載、閔鶚元知之。（高宗一一七〇、一六）

（**乾隆四八、一一、庚子**）諭：朕明春南巡，著照從前之例，於江浙省冬兌漕糧內各截留十萬石，在水陸駐蹕地方分廠平糶。（高宗一一九二、二〇；東三七、三九）

（**乾隆四八、一一、己酉**）諭：朕明春巡幸江浙，扈從人等需用船隻，俱著照每船水手按名給予雇值。第念該船戶等在途駕駛往還，未免守候需時，若照常價每水手一名給口食銀五分，未能充裕，著加恩將所有扈從船隻按照水手每名日增給銀一分，該督撫等即於恩賞銀內動支，並責成司船之員稽查妥辦，毋任胥役人等從中侵蝕，俾得均霑實惠。（高宗一一九三、一〇）

（**乾隆四九、一、辛丑**）諭軍機大臣等：據伊齡阿奏，仿照安福艫樣式，新造寶蓮航御舟一隻，現已工竣，擬送至直隸廠，豫備乘坐等語。又多一事，覽奏不爲欣悅，已於摺內批示矣。朕自辛未以後，五次南巡乘坐安福艫，甚爲安適。此次南巡，上年冬間，業令長蘆鹽政，將御舟送至直隸廠豫備。舟中向列御筆詩章，今若改乘伊齡阿所造之舟，豈竟將安福艫內御筆移掛耶？抑另行特製耶？伊齡阿小有聰明，每每高興取巧，朕屢加訓飭，仍不知悛改，復作此無益虛糜之舉。著傳旨嚴行申飭，況伊齡阿成造此舟，必非自捐廉俸，不過交與商人承辦。若此事該鹽政先行奏聞，朕必諭令停止，今業已製造完竣，只須將此舟停泊揚州，候朕經過時閱看，必不可送至直隸廠豫備。將此傳諭知之。（高宗一一九六、一五）

（**乾隆四九、一、癸卯**）諭軍機大臣等：前據伊齡阿奏，仿照安福艫式樣，成造寶運航，送至直隸廠豫備乘坐一摺，已降旨嚴行申飭，並傳諭該鹽政，必不可將此舟送至直隸廠矣。昨復將所進船式，取進閱看，船身笨重，內河駕駛，尤多不便。朕自辛未以後，五次南巡，乘坐安福艫，甚爲安吉。況安福艫之外，尚有翔鳳艇豫備乘坐，已極便適。至御舟之後，尚有內廷皇子等乘坐，及豹尾槍各項近御差使船，今若復添此舟，內河行走，勢必在衆船之前，不免遲滯。況添設一船，水手河兵人等又需另行添派，其一切工價犒賞等項，更多糜費，將來安置何處？又須另建船塢。種種不便，竟全未計及。……（高宗一一九七、二）

（**乾隆五三、二、辛亥**）又諭：此次巡幸天津、閱視河工，曾經諭令該督祇須於舊有行館，略事掃除，毋得踵事增華，致滋繁費。但念前次癸巳歲，巡蹕經臨，迄今十有餘載，淀河行宮瀕水，易於傾圮，修葺黏補，不無需費。前次巡幸五臺。曾經賞給直隸省銀九萬三千兩，留爲地方公用，今著即於此項銀內，撥銀八萬兩，加恩賞給，以示體恤。（高宗一二九九、二）

（乾隆五五、三、辛巳）又諭：前經降旨，賞給山東銀二萬兩，以爲辦理差務之費。該省程站遙遠，各處行宮粘補修葺，所費較多，恐不敷用。因思直隸地方，曾先後賞給銀四萬兩，該省辦差之項已屬有餘。即趙北口一帶橋道工程，所費不過數千兩。著傳諭梁肯堂，即於前賞銀四萬兩內，撥出一萬兩，加賞東省。除就近傳知長麟外，將此諭令知之。（高宗一三五〇、二）

（乾隆五七、六、庚寅）又諭：此次圓明園進呈五月分月摺內，南苑草橋等處，清挖水泡河道一款，用銀至十八萬一百八十餘兩，爲數已屬過多。此項工程，著金簡務須認真查察，使帑不虛糜，工歸實用。毋任工員虛報丈尺，冒銷銀數，將來遇有淤墊，輒以風雨停淤，藉詞朦混。此事著交金簡實力查辦，和珅到京，亦一體認真詳查，不得以領項寬餘，稍滋浮冒，不數年仍致淤墊干咎。將此傳諭知之。（高宗一四〇七、九）

（嘉慶七、一、癸未）以恭謁西陵，賞蹕路經過涿、良鄉、易、淶水、房山五州縣貧民棉衣一萬件。（仁宗九三、一二）

（嘉慶七、五、丙申）諭軍機大臣等：向來巡幸熱河，聞直隸地方官不無派累，但思蹕路所經，一切橋梁道路等事，動用俱有經費，何以尚須累及閭閻？如果有其事，於經費之外，究竟尚需幫貼若干，著查明具奏。至需用車輛，向例由順天府承辦。茲聞順天府因上年近京一帶地方被災較重，不能雇覓，已咨商直隸總督，派外府州縣幫辦。惟直隸地方，上年被災有九十餘州縣之多，此項車輛，若係通省攤派，則同係災區，辦理必竭蹶，若專責之未經被災之處，則州縣無幾，所派車輛爲數必多，且距京道路遙遠，更爲不便。著熊枚一併確查，有無礙難辦理之處，據實覆奏。將此諭令知之。（仁宗九八、二四）

（嘉慶七、六、丁卯）諭內閣：給事中魯蘭枝奏，本年木蘭行圍，請旨展期一摺，實屬不知我國典故。行圍之事，在前朝則爲盤於遊田，在本朝敬因家法昭垂，舉行已久；凡以習勞肄武，款洽外藩，祖宗成憲具在。朕所以必當遵守，前經降旨甚明，無庸一一申諭。即就該給事中摺內指陳各條而言，亦斷不能因此遽停秋獮大典也。如所稱本年麥收不足六七分之數，現在麵價仍貴等語；直隸麥收，前據熊枚奏通省實有七分，即間有歉薄之區，牽算不滿七分，亦總在六分以上；若如該給事中所言，豈必待十分豐收之歲，方可行圍乎？又據稱物價倍之又倍，物力艱且益艱一節，國家生齒日繁，物力艱難，勢所必至；固不因行圍而物價頓增，亦豈因停圍而遽能平減耶？再該給事中慮及近日錢價增昂，更與行圍無涉。此事朕未嘗不多方調劑，或加卯鼓鑄，或搭放俸餉，總未能減落。推原其故，皆由年來所發內帑過多，輾轉流通，以致銀價日賤，錢價日增。即現在有軍務省分，因鼓鑄稀少，錢價亦多昂貴。此近日情形，大率如此，亦必不因停圍即驟能平價。至隨圍官員兵丁，向例俱賞給幫銀，並豫支俸餉，用示體卹，豈伊等隨從需費，而家居即無需食用耶？至謂草價稍貴幾文錢，此乃瑣屑細故，朕即因此降旨停圍，有是理乎？該給事中所稱展至明歲，或展遲一月，於中秋節後啓鑾；其時秋氣晴霽，道路橋梁，易於集事等語。上年秋閒，即因雨水過多，降旨停止秋獼。本年七月內若果雨勢稍大，差探道路橋梁，艱於行走，自必改期八月。儻八月內仍復陰雨泥濘，亦必降旨停止。朕非剛愎自用，不聽人言之主，斷無執意必行之事，又何待該給事中鰓鰓過慮耶？……魯蘭枝原摺著擲還。將此通諭知之。（仁宗九九、三〇）

　　（嘉慶一〇、四、己卯）撥廣儲銀十萬兩，給隨扈盛京官員兵丁，以備行裝。（仁宗一四二、三三；東七、四）

　　（嘉慶一〇、八、丙午）又諭：向來巡幸地方，一應辦理道路橋梁，俱令報部覈銷。惟盛京一帶，祇計橋梁，不計道路。此次朕恭謁祖陵，所有自山海關至興京道路，前經工部具奏，業經降旨准其報銷。因思良貴前曾奏稱，於溋餘銀兩項下，借動銀三萬兩，交各該州縣承辦道路橋梁，俟差竣報銷後，責令該州縣等，分作五年繳還歸款等語。地方州縣辦理差務，一切畚鍤掃除之役，不能不有資民力，今此等銀兩，業經該州縣借支動用，若再責令按期限清完，伊等廉俸無多，安得餘資歸款？必致又向民間攤捐灑派，不免重累閭閻；且恐假手吏胥，滋生弊竇。小民何以堪此？所有此次各州縣領借溋餘銀三萬兩，並著加恩免其繳還，以示朕軫念民瘼，曲加體恤至意。（仁宗一四九、二六）

　　（嘉慶一四、二、丙辰）諭內閣：據綿志等奏，查明緞庫正庫現存緞紬數目，先行具奏一摺。緞庫存貯緞紬絹布等項，均應覈較歲用數目，計足敷幾年之需，此內倓何項短缺，再先期行文製備。其支放之時，並應按照存貯年分，先後挨次給發，推陳出新，俱歸適用。今庫內所存織大緞一項，多至三千五百餘匹，杭細一項，多至六萬五千餘匹，其他亦皆充羨。乃該庫每年仍向內庫領用，並行文外省織造源源報解，及支發時，又不按新舊次序，以致陳陳相因，充牣堆積，日久漸成朽蠹，此不但耗費錢糧，且蠶絲纂組，物力亦屬可惜。至布匹絨斤雜貯四樓，册籍並未分析開載，難於查覈，以致守庫兵丁生心竊取，此皆由歷年該管大臣及管庫司員等平日養尊處優，怠忽疲懈，漫不留意，沿習因循。本應自嘉慶四年以後管庫大臣及司員等俱交部議，但人數衆多，姑免逐一追究。經此次查明之後，應更定章程，覈實稽考，所有錦緞紗羅絲絹等項，某項應俟庫存若干方准行文織解，並每閱幾年盤驗一次之處，著交前次派出會議銀庫章程之滿漢大學士、六部尚書，於香山迴鑾後一併酌議章程，具奏請旨。尋議上。得旨：向來簡派三庫大臣，俱係一年更換，於庫貯利獘未能盡悉，嗣後著定爲三年更代。每屆三年之期，即著派出之管庫大臣，奏請簡派大臣數員，將庫貯各項會同盤驗，再行交替，用昭覈實。(仁宗二〇七、三一)

(嘉慶一七、二、丙辰) 諭內閣：工部奏議給吉林等處採捕東珠賞項，請照舊例區別辦理一摺。吉林等處採珠官員、領催等，向以得珠多少定爲賞罰。總管、翼長、驍騎校，合計各珠軒所得總數覈算；領催，各按旗分內所得之數覈算。定例本有區別。近年籠統交收，不分旗分，領催等亦按總數均勻得賞，殊非覈實之道。除此次已就總數揀選，即按數均勻分給賞項外，嗣後吉林等處解交東珠，著該將軍各按旗分，將所得之珠分析封記，並將領催等各按旗分造册送部，以憑覈計，分議賞罰。其嘉慶三年以後酌減二成賞項之案，亦著查銷。至此次賞項，朕閱單內所開，共用彭緞七十二匹、潞紬二百十六匹、毛青布三千三百餘匹。近日外省製解此等緞、紬、布匹，多以下劣充數，該官員、兵丁等領受賞項，爲數孔多，俱不能適用，仍不過賤價變賣，孰肯長途攜帶，轉糜運費？非所以示體卹，自應量爲變通。所有此項賞需之彭緞、潞紬、布匹等項，著內務府覈計應給之數，各按例價折賞銀兩，俾伊等均霑實惠。其緞匹等件，每歲所需既少，即可減數採辦。並著交內務府詳細確查，如有似此可以折賞者，一併覈議具奏。(仁宗二五四、一四)

(嘉慶一七、八、己巳) 山東巡撫同興奏興修行宮座落。得旨：各處行宮，均不過一宿而已。所有遊廊、山石、山洞、廠亭、水池等項，俱停辦理，止用正殿、寢殿、照房、耳房、廂房、群房，樣式如南石槽行宮之類。若能一處節省三四萬兩，十處即三四十萬矣。勉力遵循，毋爲屬員搖惑。誌之。(仁宗二六〇、三一)

(嘉慶一七、九、丙戌) 諭內閣：朕於嘉慶二十年再涖陪都，恭謁三陵，所有沿途經由行宮、橋座及廟宇各工，皆應先期修整。前次詣盛京時，曾賞發差費銀三十萬兩，此次仍照舊賞給。即於天津運庫鹽斤加價項下，撥發銀三十萬兩，交該督豫備工需，俾得從容經理。(仁宗二六一、一五)

（嘉慶一八、一、丁亥）諭內閣：朕前定於二十年由熱河啓鑾，前往興京、盛京恭謁祖陵，禮成後由九關臺邊門經過蒙古地方。蒙古王公等懇請預備行宮，經朕加恩賞給丹巴多爾濟銀二千兩，滿珠巴咱爾、瑪呢巴達喇銀各一千五百兩，瑪哈巴拉、貢楚克巴勒桑銀各一千兩，並令丹巴多爾濟總理此事。茲丹巴多爾濟業已身故，恐伊子托恩多年雖及歲，不能接辦，伊即能辦理妥協，彼時朕經過其地，未免思及丹巴多爾濟，轉增不悦。所有二十年七月前往興京、盛京，仍改照十年之例，由山海關行走，謁陵後，仍由原路回京。前所賞蒙古王等銀，著毋庸繳還，伊等彼時隨扈，亦須賞給路費，即將前賞銀作爲路費。前賞丹巴多爾濟銀，即賞伊子托恩多作爲路費，其餘蒙古王公等，仍照例賞給。（仁宗二六五、一〇）

（嘉慶一八、六、甲辰）諭內閣：宗人府奏，移居盛京宗室户口人數，並酌議章程進呈。此次移居盛京宗室七十户，分爲三起，陸續前往。所有派往駐劄之宗室官員，必須更事之人，方足以資彈壓。現在鎮國將軍以下各員，多係年輕未經歷練者，設派往後，移居之宗室不服管教，滋生事端，伊等轉致連累獲咎，殊屬無益。著宗人府查明宗室覺羅中曾任大員，緣事黜退者，揀選數員，帶領引見；並將其從前獲咎案由，繕寫漢字簡明節略進呈，候朕酌派二員，賞給職銜前往。俟三年期滿，如果經理妥協，另行施恩。至宗室等由京起程，既分三起，沿途自應簡派大員三人，分起管帶。著宗人府將貝勒以下，侍郎、副都統以上宗室覺羅人員，開列名單進呈，候朕簡派，以資約束。其沿途經過地方，著直隸總督於每起遴派同知、守備各一員，護送至山海關；其山海關以外，著盛京將軍、奉天府府尹遴派文武五品官各一員，在彼接替護送。又所請移居盛京宗室之子弟，應否另設官學一節。盛京本有官學，宗室覺羅皆有學額，此時無庸另建。著即於原設官學內量增額數，隨時挑補。其宗室起程時，前經降旨，撥給户部另款銀一萬一千三百兩，交宗人府擬充恩賞。今據宗人府酌議，除分給車價盤費之外，每人各再賞銀十五兩，俾製行裝。著即照所請賞給。其隨往男女僕從一百六十人，亦應量加賞賜。著即於餘剩銀八百七十餘兩內，每名口各賞給銀四兩。（仁宗二七〇、六）

（嘉慶一九、五、庚戌）諭軍機大臣等：那彥成奏，查明每年春秋二差需費銀數一摺，並開單呈覽。向來春秋二差，車馬橋道等項，例價不敷，直隸省不無津貼。但亦何至該督所奏，地方官需賠銀二十餘萬兩之多？實屬大奇。若按款鈎稽，必致又興大獄矣。詳閱單內所開，浮冒實所不免。直隸官吏，藉辦差爲名，以少報多，那彥成不加詳察，即據以入奏，殊屬糊塗冒昧，著傳旨申飭。其單內由該省自行支銷者，著該督率同藩臬二司，詳細參酌，大加覈減，以節浮費，毋得仍前濫行支用。至所開宮門支應一單，其所列各件，固有實係備用者，而虛開者亦復不少。即所開炕桌四百張，大小桌椅二百四十張，半桌五十張，此等器具，若如天津、五臺等處行宮，係由地方官豫備陳設者，自不能不置備器具，若春秋圍附近行宮，皆由內務府管理。其中桌椅等項，一切齊全，何項地方官另爲置辦？其所置桌椅多至數百張，行宮屋宇無多，亦無處堆積，其虛妄可知。又如竹絲燈籠一千個，火把一千根，行宮內從不需用此物。其餘類此者尚多，大率皆大小官吏備以自用者，亦一併列爲宮門支應，尤屬不實。朕已將此單發交總管內務府大臣查明刪減，將必須備用者擇出，覈定數目，發交該省，每次照數豫備。將來差次，由地方官將所備物件，點交內務府大臣官員驗收，再由內務府大臣發交各等處太監支領，總不得令太監等與地方書吏私自交收，以杜流弊。(仁宗二九一、一三)

二、陵粻

(**乾隆九、二、乙丑**) 直隸提督保祝奏：豫、東兩省，應運陵粻四萬七千餘石。請將八溝所買四萬石，就近撥運薊州供用。不敷，再將唐三營等處採買米，照數撥足。所有豫東兩省，運薊漕糧，毋庸復運，輓運既易，腳價可減。得旨：著照所請速行。下部知之。(高宗二一一、六)

(**乾隆一〇、五、己亥**) 户部議准：直隸總督高斌奏請，十年夏季，薊州、遵化州、豐潤縣，供應陵工歲需俸餉銀兩，應於九年地丁糧銀內動至應需漕粟米石，請於古北口外八溝等處採買米內運用。得旨：著照該督所請行。(高宗二四一、一八)

(**乾隆一二、二、己巳**) 户部議覆：直隸總督那蘇圖奏，本年秋冬二季及明年春夏二季，遵化、薊州、豐潤等三州縣，供應陵粻需米四萬五千餘石，除積年存貯餘米三千餘石，尚需撥米四萬二千石。應即在八溝貯買餘存米內，酌撥運往，所有向例撥充陵粻漕糧，應行停止。應如所請辦理。得旨：依議速行。(高宗二八四、一七)

(**乾隆一二、七、癸丑**) 直隸總督那蘇圖奏：今歲熱河八溝一帶均屬豐收，穀價平減，請於司庫撥銀二萬五千兩，委員陸續採買，運貯薊州、遵化、豐潤三州縣倉內，以供陵粻。得旨：照所請行。(高宗二九五、一四)

(**乾隆一二、八、庚申**) 大學士公訥親覆奏：向來陵粻米石，係豫、東二省輪年供應。因乾隆八年，將應運薊糧，撥往江南備賑，奉旨在古北口一帶採買，分運薊州、遵化、豐潤三州縣，以補原額。嗣原任熱河副都統達勒當阿條奏，每年秋成，在口外動帑採買，經陞任直隸總督高斌議，以年歲豐歉難齊，必須臨時奏請，毋庸豫定每年採買。此後九年，係撥漕糧；十年，係口外採買；十一年，係撥漕糧，並採買餘剩米石。本年應用米石，部議於十年口外購買米石內撥充，此節年改撥之由也。今直隸總督那蘇圖奏請於八溝等處採買，蓋豫爲明歲陵粞之用。查此項米石，在口外採買，雖有節省，而豫、東二省供應之米，仍須運至通倉；每年採買，亦須現撥正項，誠未見大有裨益。報聞。（高宗二九六、二）

（**乾隆一二、八、辛未**）軍機大臣等議覆：直隸總督那蘇圖奏稱，前經奏請在熱河、八溝等處，買米撥運遵化、薊州、豐潤三州縣，以供陵粞。節省運費，本屬無多，況口外買運，仍須現撥正項，不如即將所買穀，留該處備用。且蒙古被旱，現在賑恤，遵旨以此接濟，洵爲有益。請將所撥司庫銀二萬五千兩，交熱河道，分發各廳採買收貯等語。應如所請。得旨：依議速行。（高宗二九六、一四）

（**乾隆一七、一、辛卯**）[直隸總督方觀承]又奏：從前八溝買米之案，乃因廣籌積貯，以備內地撥運，今次專爲買抵陵粞，而以截留漕米，爲內地州縣借糶之用，價雖較貴，而合之糶價，仍屬有盈無絀，應仍令採買足數，實於民食大有裨益。奏入，報聞。（高宗四〇七、二〇）

三、少數民族來歸安置、獎勵費用

（**乾隆二六、一一、癸丑**）近聞葉爾羌伯克鄂對、喀什噶爾伯克噶岱默特等頗知安分，無苛擾回人之事，深屬可嘉。念伊等歸城日久，效力有年，著於官給六百騰格外，再加二百以示鼓勵。（高宗六四九、八）

（**乾隆三六、六、丙戌**）又諭：前據安泰等奏報，向居俄羅斯之土爾扈特台吉渥巴錫等，率領戶口數萬，在彼處逸出，由沙喇伯勒一路而來，聞有內附之信。今據伊勒圖等奏，渥巴錫等已遣人來至伊犁，即日可以陸續前來等語。已諭令將先到之頭目等，選派侍衛，帶至熱河謁覲矣。遠人挈眷來歸，量地安插，賞項在所必需，現令舒赫德等悉心籌議。但恐伊犁存貯之項，或尚不敷支給，則由甘肅解往似爲便易。昨曾降旨，於陝西藩庫貯項內，撥銀二百萬兩，赴甘備用。該省雖有應辦賑卹之事，亦不須如許之多。著傳諭吳達善，即於此項內撥銀二十萬兩，解交安西道庫，及巴里坤、烏嚕木齊，酌量分貯。如舒赫德等知會需用銀兩時，該督即選派妥員，沿途小心管解，速赴伊犁應用，毋致遲誤疎虞。此旨到時，吳達善如尚未抵甘，即著署督文綬妥協經理，仍將辦理緣由，據實覆奏。並將此傳諭舒赫德知之。尋奏：備賞安插銀二十萬，陝省撥銀，尚未解到，臣即於肅州道庫撥銀二十萬兩，解往安西道庫銀五萬兩、巴里坤銀十萬兩、烏嚕木齊銀五萬兩，俟陝西解到二百萬兩之日，即行歸款。至率衆投誠之土爾扈特台吉渥巴錫等，於六月二十五日帶領自伊犁起程，所經之處，已飭令多備馬匹及羊隻口糧。得旨：覽。（高宗八八七、五）

（**乾隆三六、七、丁巳**）諭軍機大臣等：據舒赫德奏，投誠之土爾扈特等，當渡河時，伊目覩其窮困情狀，實堪憫惻，請勅交陝甘總督，在巴里坤、哈密採買羊隻，並將牧廠孳生牲畜，通融趕解，暫行分給，以資生計。所奏甚是。土爾扈特等自俄羅斯率領妻子顛連前來，窘迫已極，若不加意撫卹，令伊等或至餓斃，朕心實有不忍。今巴里坤現有孳生羊隻，而哈密、吐魯番、闢展，俱係出羊之地，從彼處辦送額林哈畢爾噶、和博克薩哩等處，亦為近便。但伊等男女，幾及十萬，必須專派賢能大臣親往妥辦。吳達善甫經抵任，應行查辦之事甚多，著派文綬即帶幹員前赴哈密等處，於孳生販賣牲畜儘數購辦，陸續送至厄魯特游牧之處，均勻分給。文綬仍往來照料，毋致貽誤。再哈密伊薩克現在入覲，伊家必有管理事務之人，吐魯番素賫瑪現在家中，文綬即將此事明白曉諭，令其幫辦羊隻，照數給價，諒伊等亦無不踴躍。此項價值，現有運送哈密、巴里坤、安西，銀二十萬兩，著就近動給。並將舒赫德摺寄閱，即著將作何商辦，可得羊隻若干，作何分起趕送之處奏聞外，並札寄舒赫德知之。尋吳達善、文綬奏：查巴里坤並無孳生羊隻商販者可以買辦，已於附近產羊之區豫為部署。臣文綬到彼，儘可多得，一有確數，一面奏聞，一面酌委員弁解送。得旨：嘉獎。（高宗八八九、八）

（**乾隆三六、七、丁巳**）陝西巡撫文綬又奏：奉旨籌備土爾扈特投誠賞項，經臣奏請，在甘肅道庫，撥銀二十萬兩，解貯安西道庫並烏嚕木齊各五萬兩、巴里坤十萬兩。今督臣吳達善札稱，巴里坤路徑稍僻，應改貯哈密，以省迂繞。報聞。（高宗八八九、一〇）

（**乾隆三六、七、丙寅**）又諭：據伊勒圖奏，自哈薩克換獲不堪孳生羊畜散給土爾扈特人等，作為路糧等語。土爾扈特遠來投誠，固宜加意撫卹。已自商都達布遜諾爾、達里剛愛牧廠，辦理牲畜十萬，又令文綬於巴里坤等處，儘數購買羊隻，所備已為不少。著舒赫德酌計，除現在已購之成數外，尚需辦給若干，一面奏聞，一面知會吳達善、文綬照辦，俾數有撙節，不致糜費。並寄吳達善、文綬知之。（高宗八八九、二七）

（乾隆三六、七、庚申）諭軍機大臣等：據舒赫德奏，土爾扈特投誠人衆，禦寒無具，請敕辦皮襖二三萬件分給。所奏甚是。即著文綬一手購辦，惟期結實，毋庸製面，作速解往伊犁，均勻分給。所需價值，亦於撥給銀項動用。仍將朕軫念伊等施恩之處，著舒赫德遍諭，並寄信吳達善知之。（高宗八八九、一三）

（乾隆三六、七、辛酉）諭軍機大臣等：前因土爾扈特等投誠人衆，急需養贍，曾諭令文綬前赴巴里坤、闢展、哈密、吐魯番一帶購辦牛羊等項，解往接濟。昨據舒赫德奏，土爾扈特等人衆，時屆冬寒，須給與禦寒衣服，請由内地購備皮衣二三萬件發往等語。業已諭令文綬，即照數購辦運往。但思所需皮襖爲數甚多，一時恐未能如數購足，此等新附人衆，現在衣不蔽體，衹取急資禦寒，即棉襖等類，亦無不可。因憶文綬前日奏到，估變哈密廳協庫貯物件，單内開有棉襖二千五百餘件，又氈衣八百餘件。此等殘舊衣物，即變價所值無多，若就近解交伊犁，爲伊等禦冬之具，亦屬一舉兩得。著傳諭文綬，即行揀湊運往。但湊用恐亦不能足數，文綬務須酌量情形，迅速通融籌辦，如數購足，統於九月底解到伊犁，俾得及時撥給，方爲妥協。此諭著六百里加緊發往，文綬接到後，速即上緊趕辦，毋得刻遲，仍將作何辦理、何時運往之處，迅即由驛馳奏。並將此諭令舒赫德知之。尋文綬奏：前發到舒赫德奏摺，稱土爾扈特窮困，或衣服破爛，或靴鞋俱無，其幼孩有無一絲寸縷者。臣查哈密廳協二庫，估變各物，有棉襖、氈衣、號褂、棉褂、帽、鞋、棉襪等項，共六千有奇，並皮布簾等項，請挑取可用者充賞。得旨：甚好。如此留心，朕得一好大臣，何樂如之？雖細事，誠可嘉也。但期此後，諸事如此留心，則益善耳。（高宗八八九、一四）

（乾隆三六、七、辛酉）［文綬］又奏：甘省向產皮張，惟是六、七兩月，已販往各處，本地甚少。現飭各府州縣，將衣料先儘購買，如有不敷，即購買皮張，覓工趕做，俟辦有二三百件，即陸續運往。再土爾扈特挈眷來歸，其婦女俱知縫紉，倘皮衣不敷，即將皮張搭運，並豫備鍼線，散給伊等自製。又查哈密庫内，有包皮布、棉簾、棚簾、布簾等項，再巴里坤有夾布口袋二萬餘條，俱可改製帳房、衣服，容臣挑取運給。至甘省貧民，無皮衣者，俱以氈衣禦冬，而價較皮衣稍省，應購數千件搭散。得旨：嘉獎。（高宗八八九、一六）

（乾隆三六、七、丙寅）諭軍機大臣等：前以土爾扈特率衆投誠，衣食並需接濟，所用羊隻及皮襖等項，已諭令文綬專司購辦，速行送往。現在并諭舒赫德，約計尚需羊隻若干，就近通知文綬，以便按數購足。因思茶葉一項，亦伊等飲食所必資，伊犁等處茶封，未必寬餘存貯，而甘省庫貯官茶，陳積甚多，若就便酌撥解往，於新附人衆日用，甚爲有益。著傳諭吳達善，即查明甘省庫茶，酌撥運往，或解交文綬處，聽其運送物件時，附搭送往，亦屬便易。該督等務酌商妥辦，以期有濟。仍將作何撥解之處，即行覆奏。舒赫德接到此旨，亦即覈計需用茶封若干，知照甘省，俾如數陸續運送。將此並諭文綬、舒赫德知之。尋吳達善奏：查甘省官茶，前因陳積，奏准商交折色，存貯無多。惟新疆各處茶封，俱係早備豫運，皆有盈餘。伊犁、闢展等庫，除本年並壬辰年應需支放外，共約餘茶一萬七千二百餘封。又哈密約存四千餘封，俱可撥用。臣已飭將哈密茶封，先解闢展，再加伊犁茶封，聽舒赫德、文綬酌定數目，就近調撥應用。報聞。（高宗八八九、二六）

（**乾隆三六、八、戊寅**）諭軍機大臣等：土爾扈特投誠，所有接濟牲畜，已據奏，伊犁厄魯特等，貢馬牛羊二萬餘，商都達布遜諾爾、達里剛愛，辦送馬羊十萬，并文綬在巴里坤等處暨回子地方，採買可得十萬餘，合計不下二十餘萬，爲數不少。著傳諭舒赫德，如已足用，毋庸另辦，即一面奏聞，一面飛咨停購，免致糜費。并將此寄吳達善、文綬知之。（高宗八九〇、一六）

（**乾隆三六、八、己卯**）又諭：據舒赫德奏，接濟土爾扈特牲畜，現已六萬三千有餘，再於哈密等處買羊二三萬，即敷應用，其商都達布遜諾爾等處官廠牲畜，無庸辦送等語。雖係籌計撙節之道，但新徠人數衆多，分給不宜太少；且商都達布遜諾爾、達里剛愛，辦送牲畜，業經起解，未便運回。或因爲數已多，即將回子地方採買停止。其哈密等處羊隻，著舒赫德酌量情形，速將應需若干，就近咨商吳達善、文綬妥辦。運到後，酌爲添給，毋令過少，以副加惠新徠之至意。并傳諭吳達善、文綬知之。（高宗八九〇、一八）

（**乾隆三六、八、丁酉**）陝甘總督吳達善奏：辦給土爾扈特人等皮襖、氈衣，共計口内口外，皮衣、氈衣二萬九千餘件，哈密變價棉衣、氈衣三千餘件，約計共有三萬餘件。於八月初七日起至二十日止，俱報起解在途，不至貽誤。報聞。（高宗八九一、二九）

（**乾隆三六、八、丁酉**）陝西巡撫文綬奏：土爾扈特接濟牲畜數目，已據舒赫德咨稱，需用二三萬隻。現在哈密、扎薩克呈報，有羊三萬，臣思孳生是其恒業，於中挑買一萬；闢展商羊七千隻内，挑買五千；巴里坤商羊二萬隻内，挑買一萬五千，共成三萬，分作六運，迅速解往。得旨：甚是。

(高宗八九一、二九)

　　(乾隆三六、八、丁酉) 察哈爾都統常青等奏：土爾扈特投誠，其安插額林哈畢爾噶和博克薩哩者，自商都達布遜諾爾等處，撥馬三萬、羊十一萬，應分馬五百爲一廠，羊一千五百爲一廠，俱派牧長等彈壓。得旨：所辦甚妥，依議行。(高宗八九一、二九)

　　(乾隆三六、九、乙巳) 土爾扈特台吉渥巴錫等以歸順入覲，上御行幄受朝，賞頂帶冠服有差。《御製土爾扈特全部歸順記》曰：始逆命而終徠服，謂之歸降；弗加征而自臣屬，謂之歸順。若今之土爾扈特，攜全部，捨異域，投誠嚮化，跋涉萬里而來，是歸順，非歸降也。西域既定，興屯種於伊犁，薄賦稅於回部，若哈薩克，若布嚕特，俾爲外圉而羈縻之；若安集延，若巴達克山，益稱遠徼而概置之。知足不辱，知止不殆，朕意亦所是而已矣。豈其盡天所覆，至於海隅，必欲悉主悉臣，爲我僕屬哉？而兹土爾扈特之歸順，則實天與人歸，有不期然而然者，故不可以不記。土爾扈特者，準噶爾四衛拉特之一，其詳已見於《準噶爾全部紀略》之文。溯厥始，率亦荒略弗可考，後因其汗阿玉奇，與策妄不睦，竄歸俄羅斯。俄羅斯居之額濟勒之地，康熙年間，我皇祖聖祖仁皇帝，嘗欲悉其領要，令侍讀圖麗琛等，假道俄羅斯以往，而俄羅斯故爲紆繞其程，凡行三年，又數月，始反命。今之汗渥巴錫者，即阿玉奇之曾孫也，以俄羅斯征調師旅不息，近且徵其子入質，而俄羅斯又屬別教，非黃教，故與合族台吉密謀，挈全部投中國興黃教之地以息肩焉。自去歲十一月啓行，由額濟勒，歷哈薩克，繞巴勒喀什諾爾戈壁，於今歲六月杪，始至伊犁之沙拉伯勒界，凡八閱月，歷萬有餘里。先是朕聞有土爾扈特來歸之信，慮伊犁將軍伊勒圖一人，不能經理得宜，時舒赫德以參贊居烏什，辦回部事，因命就近前往。而畏事者，乃以新來中有舍楞其人，曾以計誘害我副都統唐喀祿，因以竄投俄羅斯者，恐其有詭計，議論沸起。古云受降如受敵，朕亦不能不爲之少惑而略爲備焉。然熟計舍楞一人，豈能聳動渥巴錫等全部？且俄羅斯亦大國也，彼既背棄而來，又擾我大國邊界，進退無據，彼將焉往？是則歸順之事十之九，詭計之伏十之一耳。既而果然，而舒赫德至伊犁，一切安汛設偵籌儲密備之事，無不悉妥，故新投之人，一至如歸。且掄其應入覲者由驛而來，朕即命隨圍觀獵，且於山莊燕賚，如杜爾伯特策凌等之例焉。夫此山莊乃我皇祖所建以柔遠人之地，而宴賚車凌等之後，遂平定西域，兹不數年間，又於無意中不因招致而有土爾扈特全部歸順之事。自斯凡屬蒙古之族，無不爲我大清國之臣，神御咫尺，有不以操先券，閱後成，愜志而愉快者乎？予小子所以仰答祖恩，益凜天寵，惴惴焉，孜孜焉，惟恐意或滿而力或弛，念茲在茲，遑敢自詡爲誠所感與德所致哉？或又以爲不宜受俄羅斯叛臣，虞啓邊釁。蓋舍楞即我之叛臣，歸俄羅斯者，何嘗不一再索取，而俄羅斯訖未與我也。今既來歸，即以此語折俄羅斯，彼亦將無辭以對。且數萬乏食之人，既至近界，驅之使去，彼不刧掠畜牧，將何以生？雖有堅壁清野之說，不知伊犁甫新築城，而諸色人皆賴耕牧爲活，是壁亦不易堅，而野亦不可清也。夫明知人以嚮化而來，而我以畏事而止，且反致寇，甚無謂也。其衆涉遠歷久，力甚疲矣，視其之死而惜費弗救，仁人君子所不忍爲，況體天御世之大君乎？發帑出畜，力爲優恤，則已命司事之臣，茲不贅記，記事之緣起如右。

《御製優恤土爾扈特部衆記》曰：歸降歸順之不同既明，則歸順歸降之甲乙可定。蓋戰而勝人，不如不戰而勝人之爲盡美也；降而來歸，不如順而來歸之爲盡善也。然則歸順者，較歸降者之宜優恤，不亦宜乎？土爾扈特歸順源委，已見前記，茲記所以優恤之者。方其渡額濟勒而來也，戶凡三萬三千有奇，口十六萬九千有奇，其至伊犁者，僅以半計。夫以遠人嚮化，攜孥挈屬而來，其意甚誠，而其貼危求息，狀亦甚懇。既撫而納之，苟弗爲之贍其生，猶弗納也；贍之而弗爲之計長久，猶弗贍也。故自聞其來，及其始至，以迄於今，惟此七萬餘衆凍餒尫瘵之形，時懸於目而惻於心，凡宵旰所究圖，郵函所諮訪，無暇無輟，乃得悉其大要。於是爲之口給以食，人授之衣，分地安居，使就米穀而資耕牧，則以屬之伊犁將軍舒赫德；出我牧群之孳息，驅往供饋，則以屬之張家口都統常青；發帑運茶，市羊及裘，則以屬之陝甘總督吳達善；而嘉峪關外，董視經理，則以屬之西安巡撫文綬。惟時諸臣以次馳牘入告，於伊犁塔爾巴哈台之察哈爾厄魯特，凡市得馬牛羊九萬五千五百，其自達哩剛愛，商都達布遜牧群運往者，又十有四萬，而哈密、闢展所市之三萬不與焉；撥官茶二萬餘封，出屯庾米麥四萬一千餘石，而初至伊犁賑贍之茶米不與焉；甘肅邊內外，暨回部諸城，購羊裘五萬一千餘襲，布六萬一千餘疋，棉五萬九千餘斤，氊廬四百餘具，而給庫貯之氊棉衣什布幅不與焉；計費儲用帑銀二十萬兩，而賞貸路貲及宴次賚予不與焉。其台吉渥巴錫等之入覲者，乘傳給餼而來，至則錫封爵，備恩禮；其往也，復慮其身之生，不宜內地氣候，則命由邊外各臺，歷巴里坤以行。而迎及送，並遣大臣侍衛等護視之，以柔懷遠人，俾毋致失所。或有以爲優恤太甚者，蓋出於鄙吝，未習聞國家成憲，毋惑乎其見之陋也。昔我皇祖聖祖仁皇帝時，喀爾喀土謝圖汗等，爲厄魯特所殘破，率全部十萬衆來歸。祖矜其窮阤，命尚書阿喇尼等往撫之，發歸化城、張家、獨石，二口倉儲，以賑其乏，且足其食；又敕内大臣費揚古、明珠等，齎白金茶布以給其用，採買生畜以資其生。遂皆安居得所，循法度，樂休養，迄今八十餘年，畜牧日以蕃，生殖日以盛，樂樂利利，殷阜十倍於初。其汗王台吉等世延爵禄，恪守藩衞，一如内扎薩克之效臣僕，長子孫，莫不感戴聖祖德澤及人之深，得以長享昇平之福也。朕惟體皇祖之心爲心，法皇祖之事爲事，惟兹土爾扈特之來，其窮阤殆無異曩時之喀爾喀，故所以爲之籌畫無弗詳，賙惠無少靳，優而恤之，且計長久，庸詎知謀之勞而費之鉅乎。冀兹土爾扈特之衆，亦能如喀爾喀之安居循法，勤畜牧，務生殖，勿替厥志，則其世延爵禄，長享昇平之福，又何以異於今之喀爾喀哉？用是臚舉大凡，勒石熱河及伊犁，俾土爾扈特汗王部衆，咸識朕意，且以詔自今以往我諸臣之董其事者。

《御製土爾扈特部紀略》曰：事不再三精覈，率據耳食以爲實，君子弗爲也；言不求於至是，已覺其失，護己短而莫之改易，君子弗爲也。必知斯二者，然後可以秉史筆，以記千載之公是公非。余之爲土爾扈特部之紀略，亦壹高是而已。土爾扈特之初來也，蓋嘗詠之詩，載之記，皆以爲始自阿玉奇汗，溯而上之，荒略不可考。此亦述向之所聞者而書之，而不知其更有所祖，非始自阿玉奇。兹以其麋至，乃得一一詳徵其實，爲之重記，何必隱約弗明，以諱吾前言之未精覈哉？阿玉奇之父曰棚楚克，其祖曰書庫爾岱青，其曾祖曰和鄂爾勒克，其高祖曰卓立甘鄂爾勒克，其高祖之父則曰貝果鄂爾勒克，自貝果鄂爾勒克溯而上之，實遠不可徵。其入俄羅斯也，則自阿玉奇之曾祖和鄂爾勒克，於策妄之祖巴圖魯渾台吉時。其時四衛拉特，各自爲汗，無所統屬，又不相和睦，和鄂爾勒克因率其子書庫爾岱青等，至俄羅斯之額濟勒地。其時阿玉奇尚在襁褓，因留巴圖魯渾台吉處，後書庫爾岱青往西藏而回，遂向渾台吉索阿玉奇歸俄羅斯。巴圖魯渾台吉，爲阿玉奇之外祖，以時代計之，適相當。而阿玉奇汗時，其子散扎布台吉，率所屬一萬五千餘户，往投策妄，策妄盡留其屬，而逐散扎布歸額濟勒，則向記所云阿玉奇與策妄不睦，亦未爲大誤也。自貝果鄂爾勒克，至和鄂爾勒克，皆單傳。和鄂爾勒克有子六人，一即書庫爾岱青，餘三無子，其二皆有子孫，式微無足傳。書庫爾岱青子四，二絶嗣，其一曰軔木策楞，四傳而至巴木巴爾，今封郡王，其一即棚楚克，四傳而至渥巴錫，今封汗。棚楚克之子阿玉奇，有子八人，其六皆無子嗣，其一曰袞扎布，有子嗣，今之封親王策伯克多爾濟者，其曾孫也。袞扎布乃渥巴錫之祖沙克都爾扎布之親弟，故其子孫爲渥巴錫近族，與沙克都爾扎布子孫，皆隨渥巴錫而來。其户口之數，已見前記，兹惟記其始祖所自出，並証前之失精覈而未實者。至其重黃教，置鄂拓克宰桑之類，率同準噶爾，但具體而微。蓋準噶爾之紀略，紀其全部之盛衰，而兹土爾扈特之紀略，則紀其世系之詳悉云爾。（高宗八九二、一六）

（乾隆三七、四、辛巳）諭軍機大臣等：舒赫德等奏稱，支給土爾扈特、和碩特等口糧，應於五月停止等語。土爾扈特、和碩特人等，自歸附以來，已接濟數月口糧，今五月雖應停止，但恐伊等生計尚未得紓。著再加恩，賞給一月口糧，以資接濟，此項米穀，著舒赫德於就近游牧處支給。仍將朕格外加恩之處，曉諭伊等知之。（高宗九〇七、二）

（乾隆三八、七、己巳）又諭曰：安泰奏稱，據色提巴勒氏等呈請，情願碾磨麥麨八千石，運至哈喇沙爾，並口袋收貯，以資接濟渥巴錫人衆。又欲自備牲畜，馱運糧三千石至哈喇沙爾等語。色提巴勒氏感戴朕恩，懇請情願碾磨麥麨，運至哈喇沙爾，又欲自備牲畜，馱運糧穀，以接濟渥巴錫新遊牧，其報效之忱，甚屬可嘉。著傳諭安泰等加恩賞給大緞四正，以示鼓勵。其餘伯克等亦按其品級，分別賞給緞定。（高宗九三八、四七）

（乾隆三八、九、己未）諭軍機大臣等：福森布奏稱，由喀什噶爾運往接濟渥巴錫糧石，阿奇木伯克公噶岱默特等屢經呈請，所有裝載糧穀之口袋，情願幫與土爾扈特，業經准行等語。從前舒赫德所奏，渥巴錫移於珠勒都斯，辦理接濟糧石，擬以給與回人腳價，已行知各回城駐劄大臣，旋又請賞給回人緞定，及寬免回衆應行交納官項。前者不一，是以各回城駐劄大臣始行具奏，各爲辦理。今覽福森布所奏，伯克頭人既經領取官價，又幫口袋，所省無幾，仍應不准行。惟伊等既從所請，亦不能不量爲給賞。所有喀什噶爾辦理口袋之伯克頭人，著照賞給色提巴勒氏之數，酌減賞給，各回人概無庸賞給，葉爾羌之伯克等亦照此辦理。著傳諭舒赫德，究係應行如何辦理，咨商各回城駐劄大臣，妥爲酌辦。（高宗九四二、六）

（乾隆三八、九、己卯）諭軍機大臣等：伊勒圖奏稱，烏什等城接濟渥巴錫之糧，今已餘至八九千石，明歲烏什應運糧三千五百石，即行停運外，視何城尚有未經起程者，即速停止等語。伊勒圖此辦雖是，但烏什距珠勒都斯較近，色提巴勒氏等又復竭力妥辦，烏什明年應運往糧石，不可停止，仍著運往。葉爾羌、喀什噶爾、和闐三城較遠，所有餘糧，即於此三處應行運往糧石內截裁，停其運往，此內如係已領腳價，即照昨厄魯特兵丁繳還領官項例，展限令其繳還。著速傳諭綽克托令其遠照辦理外，並諭令伊勒圖知

之。(高宗九四三、二八)

　　(**乾隆三八、一〇、戊子**)又諭曰：期成額等奏稱，葉爾羌、和闐接濟渥巴錫之糧，已經運送哈喇沙爾等語。昨因伊勒圖奏，烏什等城，撥運渥巴錫之糧，已有盈餘，即降旨距哈喇沙爾較遠之葉爾羌、喀什噶爾、和闐三處應行運往之糧，即行停止。今期成額等因未接奉昨降諭旨，已將葉爾羌、和闐應撥九千石糧，全數運往，如令徹回，轉致紛煩。著即存貯彼處。昨因思渥巴錫移於珠勒都斯，增設官兵駐防，需用口糧甚多，是以添設綠營兵屯田。今糧既有餘，或豫備給放兵丁、或將屯田之綠營兵酌減徹回，著傳諭達色籌辦奏聞。亦寄知期成額、福森布等知之。(高宗九四四、一三)

　　(**乾隆三九、四、戊申**)諭軍機大臣等：前因土爾扈特汗渥巴錫、王策伯克多爾濟、巴木巴爾等由俄羅斯遠來投誠，甚屬困苦。經朕節次加恩，又於牧廠內撥給羊隻孳生，原令於俸餉內減半扣價。今已逾二年，渥巴錫等教導屬人，孳生耕種，俱已服習。若加恩免扣羊價，伊等應益加感奮。著傳諭伊勒圖，將從前撥給渥巴錫等屬人羊隻價銀，俱免其坐扣。並令管理遊牧大臣侍衛等，曉諭渥巴錫等約束屬人，倍加勤勉，俾生計速臻饒裕。(高宗九五七、二三)

四、其它

　　(**康熙三九、一一、庚寅**)理藩院題：鄂爾齊圖哈灘巴圖爾自青海移置寧夏，議給人口糇糧、牛馬、芻豆。上諭大學士等曰：著照所議行。數年以來，宇內昇平，惟西陲陝西、甘肅常有差遣之事，出邊人員、地方官皆協助供應，所以陝西、甘肅官吏驛站，甚爲艱苦。著差户部右侍郎溫達前往，將沿途驛站查視，若有敝壞者，會同地方官增添撥給。其供應出邊人員等物，議定額數以聞。(聖祖二〇二、一)

　　(**雍正三、一一、丙申**)諭諸王大臣等：内府佐領、内管領等，從前康熙三十年間所用錢糧不過三十餘萬兩，今增至七十餘萬兩。朕思以國家徵輸之額賦，而養此並非正項兵丁、無用人口，且逐年增添，無所底止，甚非經久之策。是以屢詢廷臣，商酌變通之法。據廉親王奏稱，旗下披甲人，每一佐領只二十四名。内府佐領，亦應照此辦理。朕云：内府佐領下人等甚多，若照八旗裁減，恐不可行。廉親王奏稱，臣屬之圖巴海佐領，俱係六七人始得一披甲錢糧，照此辦理，無不可行。朕因將此事交與莊親王及常明、來保，同廉親王確議。乃廉親王議將内府佐領下增甲九十餘副。廉親王在朕前奏請裁減内府佐領之甲，及至議奏，反議增添，誠不知其何心？若果前奏難行，亦當陳明從前所奏之誤，何以面奏可裁，而又議加增？陰邪叵測，莫此為甚。伊從前種種姦謀，欺騙諸臣，在廷共識其姦，伊計無所施，又借此搖惑此等卑下之人，欲以擾亂政事，且邀結人心，沽取名譽，而加朕以不美之名。朕念内府佐領披甲之人，多係殷富官員之家人，即如來保、常明家人，披甲者甚多，且内管領人等，即幼稚亦有錢糧，其披甲錢糧，乃分外多得之項，將此裁去，未嘗不可。因酌量定額，每佐領准其留甲五十副，裁其家下披甲内之多者。且目前亦不即行裁減，俟其缺出，扣除不補。乃來保、常明自顧其私，將不甚緊急事件，連夜通傳，守夜步軍不能禁止，以致内府佐領無賴之人，齊集廉親王府門妄行嚷鬧。彼時廉親王來奏此事，適本日朕將廉親王之舅家撥給廉親王，朕意謂其必因撥給之事來奏，未曾召入，諭令於諸王大臣奏事之日同奏。而廉親王並未聲明内府佐領人等嚷鬧情由，即行退去。次日莊親王内務府大臣奏稱，内府佐領下人等，至廉親王處嚷鬧。朕降旨云：親王之邸，何得擅入嚷鬧！且母妃在内，豈可驚擾。爾等速行逐散，如不散，即行鎖拏，若不能鎖拏，即將莊親王革去王爵，來保、常明正法。伊等遵旨前去，乃是日並未至廉親王處嚷鬧。朕往旃檀寺瞻禮，問及提督阿齊圖，奏稱，三十日至廉親王處嚷鬧，次日至李延禧家嚷鬧，且搶去物件，派出官兵拏獲數人等語，朕始聞知。而内務府大臣並未向朕奏明。後莊親王與常明、來保等拏獲數人審訊。奏稱，據供，嚷鬧李延禧家，係廉親王所使，廉親王亦直認不辯，朕意若果係廉親王所使，廉親王必不肯認，今既承認，必非廉親王所使。朕素深知廉親王奸詐，因令阿齊圖研審各犯，果供並非廉親王所使。及再問廉親王，乃云：此等無知小人，我原替他應承來。廉親王陰致人於死地，而又於此等處代為應承，冀人感激，其居心之卑鄙，尚可問耶？況内府佐領下人數百名前往嚷鬧，此等不法之事，伊視為淡然，不行入告，置之而去，豈非欲加朕以不美之名耶？此案搶奪李延禧之家，固屬不法，至於親王府邸擅入嚷鬧，尤為大干法紀，此俱係莊親王、來保、常明等始則孟浪通傳，致起事端，繼又不行據實奏聞所致。莊親王著罰親王俸三年，常明、來保俱著革去内務府總管，來保著枷號三個月，鞭一百。廉親王審定為首嚷鬧之五人，著廉親王查明具奏，交與夸岱額騰吉同刑部侍郎二人監看正法。其餘為從四十餘人，著交與刑部定擬斬絞，監候秋後處決。至王邸自有守門官員兵丁，此等之人，何由得入？著將伊等交與今日面奉諭旨之王大臣，會同察議具奏。近日廉親王乘醉將伊門下之護軍酷打致斃，隱匿不行奏聞，恐死者之家申訴，遣太監等屬令寢息。今日朕當諸臣之前，面問廉親王，初猶支吾，反覆窮詰，始俯首無詞。廉親王外市慈厚之虛名，而內忍行慘酷斃人之實事，雖工於矯飾，而欲蓋彌彰。著交領侍衛內大臣與宗人府會審具奏。（世宗三八、三；東三、三七）

（**雍正一一、七、己丑**）戶部議覆：協理直隸總督顧琮奏言，直屬向無額設獄囚口糧，以致瘐斃不少，嗣後請一體准設，以廣皇仁。應如所請。得旨：依議。在獄囚犯，舊例俱給口糧，祇因各省額設之項，有無多寡不同，有司奉行不一。即間有州縣官自行捐助，亦不可以為常。著通行各省督撫藩臬，悉心詳查，若府州縣額設之項，歲有餘糧，則當分給於不足之府州縣；若本地原無額設之項，或額數不敷，應即公同酌量，動支存公銀兩，核實散給，令監犯日食有資，不至饑餒。儻有刑書、禁卒尅扣等弊，一經發覺，將該管官員一併議處。（世宗一三三、九）

（**乾隆三、四、乙未**）[戶部]又議准：山東巡撫法敏疏言，東省文武鄉試，應需銀兩，向於香稅內動支。今此項已經蠲免，請於本年解司地丁項下動用。從之。（高宗六六、一七）

（**乾隆三、九、丁卯**）[戶部]又議准：署廣東巡撫王謩奏稱，粵東額設孤貧口糧，請照例按名勻給，除額編銀六千二百八十三兩外，應增銀一萬零五百七十五兩有奇。從之。（高宗七七、五）

（**乾隆三、一一、戊辰**）[戶部]又議准：原任直隸總督李衛疏請，添設直隸省孤貧口糧銀二萬六千二百十六兩有奇。從之。（高宗八一、九）

（**乾隆四、三、己巳**）諭：聞浙江敷文書院內生童讀書者眾多，每歲帑金租息銀四百餘兩，不足以敷饌廩，著加賜帑銀一千兩，交與該撫經理，歲取息銀以資諸生膏火。（高宗八九、一〇；東續三、四）

（**乾隆五、閏六、戊辰**）[雲南總督]慶復又奏：中甸喇嘛請增歲給口糧。查中甸松積林寺喇嘛，舊數一千二百二十六名，每年每喇嘛與養廉口糧青稞中斗二十斗，糌粑二十四筒。前督臣高其倬於雍正二年大兵進勦羅卜藏丹津，駐兵中甸，番彝納土歸順。原題善後事宜案內，議將現在喇嘛酌留四百名，給與度牒，餘令還俗，並請裁減青稞口糧。旋准部議，以中甸地方居民，俱係番地唐古忒族類，以供佛崇僧為務，不便將喇嘛無故逼勒還俗，是以未經發給度牒，至今照舊一千二百餘名，而青稞口糧，實已裁定。該喇嘛等衣食不充，以致遠赴滇省稟求。懇恩每年酌賞青稞二三百石，即於歲徵中甸額數內支給，俾眾喇嘛得資豢養之恩。得旨：所奏是，有旨諭部。（高宗一二一、二三）

（**乾隆五、七、甲申**）又諭：聞雲南中甸喇嘛每年所領青稞不敷食用。

著加賞青稞三百石，即於歲徵中甸額數內支給。其喇嘛等應給與度牒，以便查考。應定爲若干名之處，著總督慶復等酌議具奏。（高宗一二三、二）

（乾隆七、一〇、乙巳）又諭：[廣東]提督永常，任內應得之項，僅足供伊日用之費。若所給夷使、緞疋、茶布等物，皆出己貲，未免拮据。著照北路軍營之例，准其動用公項。（高宗一七七、八）

（乾隆八、二、丙午）大學士鄂爾泰等議覆：甘肅巡撫黃廷桂奏準噶爾夷使進藏熬茶事宜。夷使進藏熬茶，各官兵沿途護送，請照上次之例，酌運四個月本色口糧，八個月鹽菜銀兩。逮到藏駐劄，請令川撫飭駐藏管糧員弁，會同該副都統及郡王等，照進藏數目，辦給四箇月口糧。如事竣不至東科爾貿易，即由卡回巢。有不敷口糧鹽菜，聽領兵之將軍、侍郎等，酌議加增，在藏辦給。一、選派西寧鎮綠旗兵丁，前往哈濟爾邊卡，等候夷使，日期難以懸定，請令裹帶六箇月口糧，俾往返充足。一、侍郎玉保帶領章京官員，自京前往西寧，候夷使護送進藏，事畢護送回巢，然後還京。請照例按品級支給衣服銀兩。至駐劄東科爾等候，即請照駐寧之例支給。一、進藏滿洲官兵俸賞，應量加寬裕，請於官員賞給一年俸銀外，加借一年，兵丁各賞銀三十兩外，再各借半年餉銀，回營後陸續扣還。一、西寧鎮標派往哈濟爾等候夷使之馬兵三百名，路途遙遠，往返需時，請每名賞銀四兩，以整行裝。一、夷使如不至東科爾貿易，其照管留藏之夷使官兵，必俟熬茶事竣徹回。所需口糧鹽菜，及夷使留人應給口食等項，請照噶斯案內供支坐臺放卡之例，動支腳價，運送備供。一、夷使如不至東科爾，其應賞資各項，請將口糧米麪，順便運送哈濟爾，並就近購買牛羊，先賞一次。如賞過仍至東科爾，再於起程時賞一次。俟熬茶回日，又於青海附近處所賞一次。俱應如所請。查侍郎玉保，已蒙恩賞銀二千五百兩，無庸再給。如玉保等自西寧至噶斯，等候夷使回東科爾地方，亦應照例料理。得旨：依議速行。（高宗一八五、一三）

（乾隆一四、三、辛未）諭曰：四川總督策楞奏稱，軍前運到米石除賞給各土司外，尚存一萬六千餘石，已照內地賑借兼施之例，令番民承領。准分限二年，易以青稞，運赴威茂營還倉等語。自金川納款，大兵凱旋以來，朕業經降旨，將從征出力之各該土司等屢加優賞。并據該督奏明各土司土目，俱經分別賞給米三百石、五百石不等。其存留餘米，無庸再爲賞給。但念連年用兵，各該土司等恭順効力，番民轉餉從征，遭荒失業，情殊可憫，所有領借之餘米一萬六千餘石，即賞給各該土司，聽其自行收交，不必分限還倉，以廣懷柔獎勵之至意。（高宗三三七、一三）

（乾隆一五、一二、壬申）户部議覆：前署江蘇巡撫雅爾哈善疏稱，江蘇省罪囚口糧，在常平倉穀內動給，其鹽菜錢文，於耗羨內每年留銀二百二十二兩零支銷。第各屬罪囚多寡不同，鹽菜錢按日給發，每較原定之數不敷。嗣後應按年彙計罪囚多寡，據實請銷。應如所請，將罪囚不敷鹽菜錢，列在有定款無定數項下，在存公銀內動支。從之。（高宗三七八、八）

　　（乾隆一六、一〇、丙申）大學士等議覆：兵部侍郎管順天府府尹事蔣炳奏稱，近日京師大車漸少，遇有公務，艱於雇覓。請酌借帑金，令各州縣車戶，添置大車，遇差調集，平時聽其攬載營生等語。查八旗官車，前經雍正初年停止，未便復設；而民間車少，似應暫准所請，借給帑銀二萬四千兩，置備大車三百輛，既於差務有裨，地方官自不得藉名封拏，致滋擾累。從之。（高宗四〇〇、六）

　　（乾隆二三、三、庚戌）又諭曰：成袞扎布奏稱，軍營附近等處，四部落游食貧人甚衆，不行驅逐，恐致滋生事端。隨派出官兵給與口糧，送回本旗，交該扎薩克嚴加約束等語。軍營存貯米石，備官兵之用，非易於運致者。且蒙古等以茗酪爲生，向不專資穀食。今將逐回人等給以口糧，使各游牧聞知，貪得米石，來者必多，轉非資遣之法。此次業經辦理，嗣後倘有再來者，即量爲懲治驅逐，無庸給與口糧。（高宗五五九、一三）

　　（乾隆二七、三、辛丑）吏部議准：陝甘總督楊應琚奏稱，蘭州同知駐劄河州城內，所管番民七十一寨、一十五族，計一萬四千餘戶，俱散處邊外之循化、保安、起臺三營地方，距城窵遠，難於控制。查該丞從前兼管河司茶務，嗣裁，應請移駐三營適中之循化營城內，至該廳收納番糧，係支各寺喇嘛口糧之用，除口外寺二座仍赴廳支領外，其口內一十九座，請於河州廳支循化等營兵糧內支給，循化等營兵糧，即令在該廳番糧內支發。從之。（高宗六五六、一一）

　　（乾隆二八、一、戊寅）諭曰：諾木琿係駐劄庫掄辦事之人，所有延請呼圖克圖呼畢勒罕領給度牒，攢湊銀兩等事，即伊所應管，亦不過公同與聞而已。乃竟從中任性滋事，並少給尚卓特巴價值，勒買如許皮張，復借貸銀兩。至修理伊住房一節，理應奏聞，官給辦理，伊又擅用喇嘛工價，並縱容領催及家人恣意索銀，甚屬無恥，卑鄙不堪。諾本琿著革職拏解來京，交刑部治罪。（高宗六七九、四）

第四章　官吏胥役的貪污
第一節　懲治貪污條例及稽查侵蝕概況
一、懲處違紀貪污的法令

（**順治八、一、庚申**）上親政，御太和殿，諸王、群臣上表行慶賀禮。是日，頒詔大赦天下，詔曰：……一、凡貪官罪應至死與不應至死者，俱免罪革職，永不敘用；贓仍照追。一、凡應追贓私，察果家產盡絕、力不能完者，槩與豁免。毋得株連親族。……（世祖五二、一二）

（**順治一二、一一、丁亥**）諭刑部：貪官蠹國害民，最爲可恨，向因法度太輕，雖經革職擬罪，猶得享用贓資，以致貪風不息。嗣後內外大小官員，凡受贓至十兩以上者，除依律定罪外，不分枉法不枉法，俱籍其家產入官，著爲例。（世祖九五、八）

（**順治一三、一二、乙酉**）定州縣官朦隱田地議處例：十頃以上，罰俸三月；三十頃以上，罰俸六月；五十頃以上，罰俸九月；八十頃以上，罰俸一年；至百頃者，降一級調用。（世祖一〇五、九）

（**順治一六、閏三、丁卯**）諭刑部：前因貪官汙吏，剝民取財，情罪可惡，故立法嚴懲。贓至十兩者，籍沒家產，乃今貪習猶未盡改，須另立法制，以杜其源。今後貪官贓至十兩者，免其籍沒，責四十板，流徙席北地方。其犯贓罪，應杖責者，不准折贖。（世祖一二五、七）

（**康熙四、三、壬辰**）又諭兵部：總督、巡撫、提督、總兵等官赴任時帶去家人及親戚所送人丁，欲入兵丁數內食糧者，以後俱著停止。又將私自使令之人，充入經制兵丁數內察點，徒有其名，虛費錢糧，實爲積弊。應作何立法嚴禁，爾部議奏。（聖祖一四、二一）

（**雍正五、三、丙申**）刑部議覆：廣東巡撫年希堯疏言，原任崖州營遊擊劉陞，貪縱不職，已經參革，其應追贓銀，悉於限內全完，應照例免罪。得旨：原參劉陞疏內，有差遣兵丁，勒令黎人供應，派出工役等語。朕思內地居民，受地方官苛索，便於申訴，故易至於敗露。若苗蠻黎獞等，僻處外地，知識庸愚，倘加陵虐，更可憫惻，應嚴定處分，以示懲戒，不當照内地之例。嗣後此等外地之人，併改土歸流地方，如該管官員，有差遣兵役、騷擾逼勒等情，其治罪之處，當加於内地一等，著九卿詳議定例具奏。（世宗五四、一三）

（乾隆一二、一〇、丙戌）兩江總督尹繼善等奏：江省清理積欠錢糧，現在書役自首侵蝕之銀，已有二十二萬餘兩，既已畏罪首出，自當量爲展限。請將從前侵蝕據實自首者，自查清造册竣日起限，除百兩以内者，仍照原議，勒限三箇月追清外，其欠百兩外至五百兩以上者，限六箇月，六百兩至一千兩以上者，限一年，全數通完，照律免罪。如逾限不完、或雖有完數不及五分者，按未完銀數，擬罪監追；如完足五分者，再予展限；仍不全完，亦按未完銀數，擬罪監追。得旨：著照所請行。咨部知之。（高宗三〇一、二三）

（乾隆一七、四、壬辰）刑部議覆：給事中朱若東奏請定盜賣漕米，分別治罪，遞加處分一摺。臣等會同兵部，議得運丁盜賣米石，係正項漕糧，自有監守自盜治罪本條。至盜賣盜買，不計米數多寡，舊例概枷號一月，未免無別。應如所奏，零星盜賣盜買行月糧米者，仍照舊例枷號一月。如一人盜買及一幫盜賣至百石以上者，將盜買及盜賣爲首之人，枷號兩月責放。失察運弁，自數石至數百石，同一處分，亦無區別。應如所奏，旗丁盜賣漕糧不及五十石者，將運弁捆打四十。五十石以上者，降一級調用。一百石以上者，降二級調用。二百石以上者，革職。至捆打若照舊例回南發落，不無規避倖免。亦應如所奏，即交倉場衙門責處。從之。（高宗四一二、二）

（乾隆二三、九、戊戌）停侵虧限内完贓減等例。諭：兵部奏原任道員鈕嗣昌坐臺期滿一摺，該犯以方面大員侵虧庫項倉儲入己，至一萬餘兩，問擬斬候。因限内完贓，減等發往軍臺效力。此雖向例，但思侵虧倉庫錢糧入己，限内完贓，准予減等之例，實屬未協。苟其因公那移，尚可曲諒。若監守自盜，肆行無忌，則寡廉鮮恥，敗亂官方已甚，豈可以其贓完限内，遂從末減耶？且律令之設，原以防奸，匪以計帑。或謂不予減等，則孰肯完贓？是視帑項爲重，而弼教爲輕也。且此未必不出於文吏之口，有是遷就之詞，益肆無忌之行。使人果知犯法在所不赦，孰肯以身試法？其所全者，當更多耳。嗣後除因公那移，及倉穀霉浥，情有可原等案仍照舊例外，所有實係侵虧入己者，限內完贓減等之例著永行停止。至該犯鈕嗣昌事犯在定例前，姑從寬免死，著仍留軍臺三年，再行請旨。（高宗五七〇、二二）

二、杜絕違紀貪污的措施

（**雍正一三、一二、庚辰**）兵部議覆，左副都御史署甘肅提督二格奏，查從前散給兵餉，常有不肖隊目，將餉銀收回，指扣還欠項之名，任意揩留，甚至盡行侵用。現今刊發流單式樣，嚴飭五營，將兵丁應關餉銀數目，填註單首。如有欠項者，將所欠何項，作何分季扣還，並已扣、現扣、未扣數目，逐一開明。令將備等查扣清楚，足兌包封，當堂呈驗。連單給發，兵丁照單領銀，可免侵漁之弊。並請通行直省各督撫提鎮，亦照此辦理。應如所奏。從之。（高宗八、三六）

（**乾隆六、七、庚午**）戶部議覆：原任浙江巡撫盧焯奏稱，養濟院向無稽核，亦無上司責成。請將現在額內外孤貧，飭州縣逐一嚴查，凡不願住院與冒濫食糧者，悉行汰除，將境內實係老疾無依之人，照例取結收補。其餘多者，准作額外孤貧，分造二册，挨次編甲，開列花名，查明年貌疤痣，係何項殘疾、鰥寡孤獨、窮民，並原住莊圖，食糧年月，逐一注明，出具印結，由府加結。轉送上司備查。自後凡遇汰革、病故、頂補、新收等項，隨時報明，仍於年底另造四柱清册。並一年給過口糧、柴布銀數，分送上司查核。至上司稽查之法，專令該管道府，每年遇盤查時，或踏勘公事，即攜原送花名年貌册，親赴養濟院點驗。果係房屋完整，孤貧實在住院，並無冒濫情弊，出具印結報明；如有房屋坍頹，孤貧不盡住院，或年貌不符，冒濫給糧者，將該管官照違例支給例，降一級調用；道府不行查驗，遽行加結轉詳，照違例支給之轉詳官例，罰俸一年。若縱令胥役、孤頭等代領，以致冒領吞蝕等弊，該管官照縱役犯贓例，革職，道府不行查出，照豫先不行查出例，降一級調用；倘道府有徇情容隱，及扶同率結者，照徇庇例，降三級調用。應如所請。從之。（高宗一四六、一九）

（**乾隆七、三、己巳**）命督撫稽查關榷弊端。諭：朕惟惠養萬民之道，以輕徭薄斂爲先。……又令將稅課規條，刊刻木榜，遍行曉諭，不許額外徵收，宜其商民均沾惠澤，行旅各安牧圉。……（高宗一六二、一四）

第二節　清政府官吏胥役違紀貪污的各種行徑

一、田賦稅款徵收中的違紀貪污

（一）私派冒征錢糧

1. 侵盜錢糧，收受規禮

（**康熙四八、九、乙未**）諭九卿等曰：江浙連年水旱，湖廣、江西米至安慶，地方官輒遏止之，不令南下。又江蘇等處，被災百姓甚苦，地方官匿不奏報。如安徽布政使李法祖、四川布政使何顯祖，皆年老龍鍾，不能治民。調取來京，令爾等見之，可知其不足任事也。江浙水旱，朕連免兩年錢糧，聞有私徵不行豁免者，科道官並未參劾一人。即有參劾，皆受人指使，並非出自己意。督撫於屬官中，亦計較某人門生，某人保舉，及某人所託之官，分毫不爽。其所舉劾，亦非從公起見，此等情弊。朕已熟聞之矣。（聖祖二三九、八）

（**康熙四九、五、辛未**）刑部等衙門議覆：奉差江南審事户部尚書張鵬翮疏言，原任江蘇布政使宜思恭於兌收錢糧時勒索加耗，又受各屬餽送，應擬絞監候；巡撫于準同城居住，並不糾劾，擬革職。應如所擬。從之。（聖祖二四二、一〇）

（**康熙五九、五、己卯**）刑部等衙門議覆：都察院左都御史田從典等察審鳳陽府潁州知州王承勳訐告安徽布政使年希堯、鳳陽府知府蔣國正需索規禮、逼勒交代，將虧空銀兩捏造民欠、冒蠲錢糧等款，除年希堯需索規禮、逼勒交代之處，並無證據，無庸議外，其蔣國正於交代之時，雖未向王承勳逼勒出結，但曾受王承勳規禮銀八百餘兩。又前任潁州知州王盛文虧空帑銀，捏造民欠，蔣國正不行查出，迨王盛文病故之後，承認代賠，並無完解。復因康熙四十六、七等年分蠲免民欠錢糧，將伊應賠帑銀三千七百九十餘兩，混入民欠册內，希圖冒蠲，情實，蔣國正應照侵盜錢糧例，擬斬監候。其捏造民欠及收受規禮銀兩俱著落蔣國正名下，照數追完。布政使年希堯於蔣國正冒蠲錢糧之事不行查出，應照失察例，革職。從之。（聖祖二八八、二）

（**乾隆六、三、壬申**）山西巡撫喀爾吉善疏參山西布政使薩哈諒：收兌錢糧，加平入己；擅作威福，嚇詐司書；縱容家人，宣淫部民，婪贓不法，給領飯食銀兩，恣意尅扣。請旨革職。得旨：這所參薩哈諒，著革職。其貪婪不職各欵，及本內有名人證，該撫一併嚴審究擬具奏。該部知道。（高宗一三八、九）

（乾隆二一、八、庚申）諭軍機大臣等：據圖勒炳阿題參武陟縣縣丞戴燾一本，該員濫罰匿報，自應按律嚴審究擬；至李紳等，將地畝捏報坍塌，冒除錢糧，尤當按年追繳。該員私罰完結，並不申報。則自乾隆九年以後，錢糧仍未完納。國家正供，豈容若輩侵冒？著該撫一併勘實嚴追，以還正額。將此傳諭知之。尋奏：戴燾濫罰銀、李紳等自九年至十九年冒除錢糧漕米，俱經追完貯庫。報聞。（高宗五一九、一二）

（乾隆二三、九、辛卯）諭：秋審官犯册內，絞犯高聯登，私派加徵，李珌知情徇縱一案，該撫莊有恭俱擬以緩決，三法司九卿等將高聯登改爲情實，甚是。此案浮收銀米至數千兩之多，舛法病民，蠹弊已極。李珌知情徇縱，訊無得財情弊，較之婪贓入己，尚屬有間。高聯登貪黷至此，何得以其接虞學灝之任？因循陋習，與自行創意者不同，遽爲末減，如此則凡踵習舊弊，婪贓無忌者，皆可以弊非已創爲開脫地，何以警官邪而飭吏治？看來莊有恭顯有市惠沽譽之意，著交部嚴加議處。（高宗五七〇、九）

（乾隆五五、八、庚戌）又諭曰：琅玕奏，浙江徵收漕務，不能督飭妥協，盡除積弊，致有嘉善縣糧戶赴閩控告，及嘉、秀二縣書吏舞弊之案，獲罪重大，懇即革任從重治罪等語。浙江漕務向多弊竇，琅玕身任封疆，不能督率稽察，於嘉善等縣糧書浮收舞弊之案毫無覺察，實屬有負委任。……（高宗一三六〇、四）

（嘉慶二一、一一、己巳）又諭：御史胡承珙奏請禁書役侵欠錢糧一摺。直省州縣徵收錢糧，例應當堂給串，以免書役等包攬完納、侵欺積欠之弊。乃竟有新任州縣，私向庫書、糧戶挪移銀兩，歸還私債，迨至開徵時，即將串票交該書吏私徵，抵還代借之項，以致書吏侵漁，弊端百出，積欠日多。該御史所奏，係屬實在情形。著各督撫督同藩司、道府等，嚴密訪察。如有新任州縣負欠私債，債主隨同前往，向庫書、糧戶私挪銀兩還欠者，即行參揭。開徵之日，儻聽信書役折串包徵，亦即據實參辦，毋稍徇縱。（仁宗三二四、二〇）

2. 以完作欠，通同舞弊

（乾隆三〇、一二、丙辰）又諭：據四達、熊學鵬奏，查審諸暨縣民人錢名標等呈控該縣官吏,將已徵錢糧捏報未完,通同侵蝕一案,業經審出情弊,請將知縣黃汝亮革職嚴審,並請將不行審出實情之知府高象震、同知彭元瑋解任,嚴行究審等語。前已降旨,將高象震解任質訊,黃汝亮革職拏問,鎖解浙省嚴審,彭元瑋亦著照所請解任,交四達等一併質審具奏(高宗七五〇、一一)

(**乾隆三〇、一二、丙辰**)諭軍機大臣等:據四達等奏,查審諸暨縣官吏,於奉到蠲免文後,祇有判行出示之稿,並不將各糧戶姓名、欠數,張掛告示,及按士民呈詞,覈對串號數目,竟有以大改小,以完作欠之弊等語。民間積年舊欠,經朕特降恩旨,全行豁免。黃汝亮身為縣令,理應明白曉示;乃止有判行之稿,並未發貼告示,其為有意朦混鄉愚,希圖肥橐可知。至書吏等將所完銀數,或以大改小,或以完作欠,敢於恣意舞文,顯有官吏通同侵蝕情弊。著傳諭四達、熊學鵬,將案內各情節逐一推求嚴訊,務期水落石出,不使絲毫隱飾。按律定擬,以示懲儆。至高象震、彭元瑋等有無串囑各情,著一併質審明確,據實奏聞。熊學鵬若稍迴護,是自取罪戾也。(高宗七五〇、一二)

(**乾隆三一、一一、丁丑**)諭軍機大臣等:侍郎四達等審擬浙江諸暨縣官吏,將已徵錢糧捏報未完,通同侵蝕一案,已交三法司覈擬速奏矣。此案該書吏等串通舞弊,甚屬狡獪巧詐,非尋常作奸犯科可比。如該糧書等將糧戶所完銀錢,私自挪用,於連三串票流水簿內,先用淡墨細筆,將大數混寫小數,送署查驗,發出後,再用濃筆改寫大數,或先寫零數,再添整數,給付本人,不但掩飾納戶耳目,即拆封,亦無從查察。而該縣黃汝亮於徵收錢糧,止就糧書開送籤追,遂致該書吏等將糧多大戶,設法按捺,任意侵那,並將南米折收侵用。及至奏銷居期,概係先侵後吐,那掩彌補。積弊相沿,不止一日。迨昨春降旨將浙省歷年緩帶銀米悉行蠲免,該縣糧書等知事已敗露,遂商同冊總張懃,將從前侵用銀米,捏作民欠,希冀開銷,復恐糧戶執票告發,託言劃抵新糧,騙回滅迹。及經該府訪聞,查調徵冊,該書吏等又賄通該縣之子黃其聰,抽換冊簿,補印申送,冀圖狡飾朦混。該縣黃汝亮見事已發覺,遂乘機告病回籍。種種情弊,俱經逐一審明,按律定擬。自當盡法懲治,以儆其餘。第恐一縣如此,他省州縣亦未必無此等情弊。邇年蠲免錢糧,恩施稠疊,原期實惠及民,若不肖官吏,通同侵蝕分肥,以致澤不下逮,何以清積弊而祛民害?著傳諭各該督撫,嚴飭所屬,實力防範,仍不時留心查察,如有似此弊端,即行據實嚴參,毋得稍事姑息。(高宗七五二、八)

第四章 官吏胥役的貪污 / 1685

（乾隆四九、四、戊戌）諭軍機大臣等：據海祿參奏，奇台縣知縣楊桑阿冒銷運腳銀三千八十餘兩，侵蝕租稅銀五千五百餘兩，照侵盜錢糧一千兩以上，定議斬候一摺，已批交三法司覈議速奏矣。烏嚕木齊自都統索諾木策凌營私貪縱，該處州縣，通同侵冒，目無法紀，業已按律治罪，明亮又復庸懦無能，毫無整頓，乃甫經懲創之後，楊桑阿復敢仍蹈故轍，既捏造撥運米石，冒銷腳價三千餘兩，又侵蝕稅課銀至五千五百餘兩之多。種種玩法貪婪，實出情理之外。按律定以斬候。將來秋審時，亦必予勾。計部覆到彼，已將居勾到之期不遠，況該處歷任廢弛已極，今既屢經敗露，不可不從重懲治，以儆將來。所有楊桑阿一犯，著刑部堂官於議覆時，改擬斬決，並傳知海祿於部覆到日，即在烏嚕木齊將楊桑阿正法示衆。其該犯原旗家產，並著阿桂，會同綿恩查抄，備抵歸款。至海祿另摺所奏，查出參革迪化州知州觀成虧缺庫項各款，觀成前於造銷運腳案內，業經將原旗家產查封備抵，並令海祿將該犯解交李侍堯審辦。今復經海祿查出觀成有虧短庫項，據稱有款可抵。著傳諭海祿，即行徹底清查。若果有可抵則已，如有侵蝕入己情弊，即應照楊桑阿之例，審明定擬。觀成即照海祿所奏，留於該處，就近查訊，毋庸解送甘省審辦。將此各諭令知之（高宗一二〇四、二九）

（乾隆五五、五、己酉）又諭曰：福崧奏句容縣糧書侵用錢糧一案，派委司道嚴查，續行查出歷年侵欺銀三千七百兩、漕米八百餘石。……此項錢糧，例應年清年款，詳解報司。該書吏等又何能侵蝕入己？必係官吏通同、以完作欠。至漕米一項，按額交完，一有短缺，即不能足數兌收，又何以侵蝕至八百餘石之多？明係斛面浮收、上下漁利！此等情節，該督撫漫無覺察，一任蠹書侵欺舞弊。而總督藩司，駐劄江寧，竟同聾瞶。該省官吏作奸犯科之事，竟至上下相蒙，毫無顧忌！或恐不止此矣！書麟久任封疆，受朕恩眷最爲深重，乃竟坐擁廉俸，不思正己率屬、一味養尊處優，任聽地方諸事廢弛！若不嚴加懲治，何以肅吏治而儆官方？著傳諭福崧，即傳旨將書麟革職拏問，解交刑部治罪。所有兩江總督事務，著福崧暫行兼署，候朕另行簡放。……至前任句容縣吳汾，亦著革職拏問，歸案審辦。閔鶚元因何將該員調委他處，或明知該縣官吏，有此通同舞弊之事，故令王光陛前往署理，希圖代爲彌補隱蓋，亦未可定。亦著該撫一體嚴查，據實覆奏。（高宗一三五五、二二）

（乾隆五五、五、己酉）又諭：句容縣書吏侵用錢糧漕米一案，朕反覆思之，其中弊竇甚多，必係官吏通同積年舞弊所致。句容距江寧九十里，非如蘇州相距較遠，安徽、江西隔省者可比，書麟駐劄江寧，豈得諉爲不知？

譬如直隸良鄉、涿州等近處,有此等侵蝕錢糧重案,不但京中大臣,應有見聞,即朕亦當照及。乃書麟於密邇州縣,官吏如此作奸犯科,於正項錢糧漕米,竟敢公然吞蝕。書麟僅擁虛位,形同木偶,朕又安用此總督爲耶?況查句容縣應徵錢糧,不過萬餘兩,皆係隨徵隨解,年清年款之項。書吏等何致侵用至三千七百兩之多?向來書役罔知法紀、私自侵那官項,亦所不免。然從未有侵用如此案之多者!必係與縣官連爲一氣、彼此串通,故敢任情吞蝕。至該縣應兌漕米一萬一千餘石,漕艘受兌時,斷不能絲毫短少。兹書吏竟侵用八百餘石,運糧員弁,豈能任其短少十分之一?揆之情事必無此理,若俱如數交清,則所稱侵用八百餘石,又從何而出?顯係浮收斛面,額外加增,否則百姓已經完納之後,該縣及書吏等復行重徵,二者必居一於此。小民生計維艱,何堪如此倍蓰朘削?已令軍機大臣存記,俟書麟解到時將此逐一訊問。至福崧甫到江蘇,即能查出此案,據實參奏,並不稍爲瞻徇,尚屬秉公持正。是以朕特爲嘉獎,昨經交部議敘,今又賞給荷包。福崧當如何感激奮勵,將江蘇從前積弊徹底清釐,方爲不負任使。且兩三月內,即有高郵、句容二案發覺,則書麟、閔鶚元、康基田等上下相蒙、因循庇護,使州縣等無所畏憚,百弊叢生,必不止此二案!福崧既已任勞任怨,不避惡名,竟當始終不懈,不可稍爲姑息,存不爲已甚之見,半途而廢。倘以業經辦出此案,得邀優眷可以塞責,遂爾心存懈弛,或亦思博寬厚之名,則是進退無據、依違兩可,即非該撫忠於事上之心,亦非朕所以厚期該撫之意。況此時若不逐一嚴查,和盤托出,將來即伊任內之事,書麟、閔鶚元等前車可鑒,該撫慎毋自蹈覆轍也!將此再行傳諭知之。(高宗一三五五、二六)

3. 私立田册,假印串票

(**雍正四、七、辛亥**)諭內閣:從前江西巡撫裴倬度,以該省州縣虧空係民欠居多,請交與接任官徵催具奏。今聞德安縣知縣蕭彬虧空,并互揭知府李敬熙、鹽驛道孫蘭芷詐贓一案,司道揭報後,裴倬度遲延兩月,始行題參。又,武寧縣知縣廖科齡,已參虧空之後,知府張景偉,查伊任內已徵未解地丁等項銀六千餘兩,捏稱有民欠可抵申報。裴倬度不行確查,將虧空徇庇官員續參,反令知府代完銀四千兩,餘銀勒令新任知縣方聲亮出結認徵。夫以已徵在庫知縣虧空之項,重複徵之於民。若百姓依限完納,則有一糧再輸之累。或接任催徵不前,勢必那新補舊,冀免處分,見收錢糧,又致虧空。將來彼此那移,及離任盤查之日,皆以民欠藉口。國帑虛懸,州縣牽累。似此者,直省不計其數。裴倬度身任封疆,理應將此等積弊釐剔清除。

乃爲虧空之員，蒙蔽巧隱，令知府徇私料理，以沽寬厚之名。殊乖大臣公忠之道。此事須派欽差前往，將此二案徹底審究。前候補知府王景望條陳，請令抑勒交盤者，毋庸揭報上司，直揭部科，部科轉咨督撫，審結報部，如後任枉揭者，嚴加治罪等語。此處著九卿會議具奏。尋議：嗣後州縣抑勒交盤者，許揭報督撫題參。或督撫、司道 護庇離任之員，知府顧慮分賠抑勒交盤者，許直揭部科。儻接任官容隱不報者，將欠項坐令賠補，其出揭之員，調任他省，上司有多方誣陷者，許赴都察院呈辨。庶交代積弊可除，州縣侵蝕漸少矣。從之。（世宗四六、二七）

（乾隆四二、八、丙辰） 步軍統領衙門奏：山西民人陳大樸等控告祁縣知縣羅興禧濫徵丁銀，並武舉等斂銀修署一案。得旨：此案著派戶部尚書袁守侗馳驛前往審辨，所有隨帶司員，著一併馳驛。（高宗一〇三九、一一）

（乾隆五三、八、乙巳） 諭：據琅玕參奏，東陽縣知縣謝昕，因縣屬糧冊殘缺，民間買賣田產，每多弊混，具詳藩司，請設局推收，經藩司飭駁，批府嚴禁。該府張思振復照縣詳轉稟，又經藩司嚴行批駁。該縣謝昕輒敢擅行私立戶管田冊，令各糧戶填明田數，送縣用印，每畝索錢二三四十文不等。現據生員胡含英等控告查起，已用印冊七十八本，無印白冊二千七百四十七本，計收過錢七十餘千。請將東陽縣知縣謝昕，革職嚴審，金華府知府張思振解任究審等語。謝昕著革職，張思振著解任，交與該撫提同案內人證，一併嚴審定擬具奏。至此案經該縣詳請藩司辦理。該司批駁後，復經該府照縣詳轉稟，該司顧學潮，明知事屬紛擾，即應將該府縣據實糾參，或許請該撫嚴行糾辨，乃僅以批飭了事，殊屬非是。各省藩司原有奏事之責，乃外省習氣，遇事多有模稜，各藩司所陳奏事件，大率不過雨水情形，及銀號無弊，照常交代之摺，而於關係地方要務，不肯專摺入奏。近日藩司中，惟梁肯堂辦事尚屬認真，是以加恩令其署理河南巡撫。顧學潮係由道員特用藩司，何以於此等劣員擾累地方之事，竟不詳請該撫辦理，又不據實參奏，殊負委任。顧學潮著交部嚴加議處。至各省藩臬大員，即遇督撫舛法營私，亦得專摺入告，非欲伊等掣督撫之肘，蓋國家設立兩司大員，令其具摺奏事，原欲兼聽並觀，以期民隱上達，若遇事輒緘默不言，又安用藩臬大員，並令伊等奏事爲耶？嗣後各省藩臬等，惟當交矢精白。勿仍蹈隨同附和積習，致干咎戾也。將此通諭知之。（高宗一三一一、一）

（乾隆五五、四、甲寅） 又諭：地方徵收錢糧，全憑串票爲據。高郵州胥吏，竟有私雕印信，假串重徵之事，實屬大干法紀。既經巡檢陳倚道查獲僞串，稟明該州究辨。該州意存袒庇，沉擱不辦。及通稟巡撫，藩司、本府、各衙門，俱未批發，又令該巡檢採辦硝觔。自係藉差往他處，以圖消弭此案。如此通同欺蔽，狥縱屬員，尤非尋常徇庇可比，竟比直隷疎辦盜案更大矣！查閱該巡檢粘連呈遞僞串二張，比對真串，印篆不符，顯有私描私雕情弊。該巡檢稟請查究，實非無因。況該州因陳倚道屢次具稟，面諭該巡檢。此係前任之事，我既失察於前，難以救敗，不過勒令書辦，將錢糧彌補，毋庸過慮。是該州亦知此案情弊屬實，特因前任事件，推諉不辦，意欲彌補錢糧，將就了事，以掩其失察之咎。若地方官於此等侵蝕錢糧，竟敢私行彌補，則倉庫設有虧短侵漁，亦將彌補不辦耶？書麟身係滿洲，世受國恩，非他人可比。高郵州雖其所屬，但陳倚道祇稟撫藩，並未向該督具稟。書麟自無由知悉，將來咎止失察，亦無所用其迴護。現在已欽派大臣前來查審。著傳諭書麟：即速提集犯證，弔齊卷案，於欽差未到之前，先行查明，據實馳奏。若敢狥庇閔鶚元、康基田，查究不實，且以該知州吳琠係吳嗣爵之子，稍存徇護，一經欽差查訊具奏，必將書麟一併治罪。想該督亦不敢代受過也。（高宗一三五二、四）

（乾隆五五、四、癸亥）諭：前據高郵州巡檢陳倚道揭報查獲假印串票一案，隨諭書麟查奏。茲據奏稱，陳倚道於上年冬兩次將查獲假印串票，稟報該州吳琠，竟置不辦，直至本年，經陳倚道通詳，始捏稱訪獲稟報，請將吳琠革職嚴審等語。該州假印給串之事，知州吳琠不能查出嚴究。及巡檢陳倚道訪獲稟報，意欲徇庇書役，沉擱不辦至數月之久。又因該巡檢通詳，知事難掩覆，始捏作訪聞具稟，實非尋常徇玩可比。吳琠著革職，交與慶桂等，會同該督秉公嚴審定擬具奏。（高宗一三五二、一九）

（乾隆五五、四、癸亥）又諭：據書麟奏，查明吳琠徇庇奸書、沉擱不辦，及聞巡檢通詳，知難掩飾，始捏作訪聞稟報。又經陳倚道究出糧書夏珺用假串抵還私債，令王如山描摹印篆各情節，已據供認不諱，是該巡檢揭報情形，竟係屬實。閔鶚元職任封圻，康基田專司錢穀，於此等雕描假印、冒徵錢糧之案，一經發覺，即應究辦，據實參奏，乃該撫於陳倚道詳稟時，僅批飭兩司嚴查。而康基田於本任應辦之事，復移交臬司，並不自行查辦。撫藩等互相推諉，延至三月之久，實屬大奇。恐竟有狥縱劣員、通同欺蔽之事。現已明降諭旨，將吳琠革職。著傳諭慶桂、王昶會同書麟嚴審確情，務須水落石出，並將閔鶚元、康基田如何通同徇隱之處，一併查明，據實具奏，毋得稍有迴護，致干咎戾。至知府劉炳接據陳倚道詳報，不即批發，及該撫批飭審辦，稽延一月有餘，並未審詳，亦必有徇護屬員情弊。並著慶桂等一併歸案辦理。（高宗一三五二、二一）

（乾隆五五、六、乙丑）諭曰：穆和蘭奏查明每年實欠錢糧覈實奏銷一摺，豫省上年地丁雜稅等項，未完銀六十七萬六千餘兩，而五十三年亦尚有未完銀十萬三千五百兩，此項未完銀兩，未必實欠在民。即如江蘇高郵州書吏私雕假印，僞串冒徵，百姓胥受其愚。而句容縣糧書侵用錢糧，盈千累萬，皆係以完作欠，歷年吞蝕。由此而推，可見閭閻受國家百餘年培養愛育之恩，深仁厚澤，無不浹髓淪肌，窮年力作之餘，皆思踴躍急公，輸將恐後。而蠹書猾吏等假捏串票，任意侵漁，使小民急公奉上之誠，轉爲若輩私肥囊橐之計。甚而地方官知朕無時不以惠養黎元、藏富於民爲念，輒思積欠過多，自必蒙恩豁免，因而急於徵催，影射入己，作爲未完者，想亦不少。朕臨御五十五年，勤求民隱，孜孜不倦，凡遇水旱偏災，無不先期諮詢，重則加恩概予蠲免，輕則准其分年帶徵，俾窮簷蔀屋，咸躋盈寧。朕之於民，未嘗不體卹周至。乃督撫牧令等，既不能宣達朕意，又使書吏從中侵蝕，豈得謂尚有人心者乎？愚民易於欺虐，不受奸吏重徵之累，已屬倖免，寧有應交正項錢糧，敢於遲延觀望耶？封疆大吏，皆係受朕委任重恩，不於此等關係民生休戚之事，盡心稽察，則其他更不可問矣！嗣後各省督撫等於藩司奏銷之期，務須將未完各項，是否實欠在民，悉心體訪，徧行曉諭，務使急公之户，不受重徵，方爲無忝厥職。現在高郵、句容二案接踵發覺，想各省亦必有似此者，俱著徹底清釐，毋任官侵吏蝕，虧帑累民！倘經朕此次諄切曉諭之後，尚思通同隱飾、希冀掩蓋消弭，一經敗露，書麟、閔鶚元等即前車之鑒，慎毋自蹈覆轍也！將此通諭各督撫知之，並令各省將此旨榜示通衢，俾咸知朕意（高宗一三五七、一）

4. 改徵折色，加收銀錢

（乾隆五七、三、己卯）又諭：朕本日行抵秋瀾，有道旁扣閽貴州民人楊秀錦。隨令軍機大臣，訊取供詞進呈。該犯係貴州鎮遠縣人，素當本縣董長，催取每年應徵錢糧。從前俱按畝徵收米石，自四十八年以來，改徵折色。每地一畝，徵銀遞年加增。因加徵銀兩太多，催交不齊，屢被責打，受苦不過，攜帶串票來京申訴等情。細閱該犯供詞，折徵之始，每畝折銀六錢五分，遞加至二兩一二錢不等，上年則仍徵一兩二錢等語。地畝錢糧徵收米石，自有定例，何以改徵折色，且遞年既經加多，何以上年銀數又復減少？種種情節，自應徹底根究，以成信讞。但該縣民人交納錢糧者甚多，何獨該犯一人，不憚遠來，赴京控告？或另有唆使賄囑之人，亦未可定。如該犯所供情節，竟屬虛誣，自當治以應得之罪，以儆刁風；若該地方官果有加徵之

事，更不可不嚴行查辦，據實參奏。……（高宗一三九八、一五）

（嘉慶七、五、丙申）又諭：御史王寧焯奏，山東高密縣徵收錢糧，每銀一兩，折收制錢一千四百五十文，昌邑縣折收一千六百五十文，其餘改折之處，尚復不少，請旨嚴禁等語。州縣徵收糧賦，原應遵照定例，令糧户封銀投櫃。聞有零星小户聽從交錢者，亦以便民。若將額定糧銀，概行改折錢文，則各州縣官以錢無定額，勢必任意加增，浮收虐取，朘削小民，伊於何底？著通諭各直省督撫，嚴飭徵糧州縣，將以銀折錢之弊，永行禁革。並著和寧將現在高密、昌邑二縣，折錢滋弊之處，秉公確查，如果屬實，即指名嚴參，勿稍徇隱。（仁宗九八、二三）

（嘉慶一二、六、壬辰）諭内閣：本日都察院奏河南省控案二起，朕詳加披閲。一係羅山縣捐職從九品范錫爵遣姪范立權抱告以伊叔范玉安被賊謀死，經該縣緝獲正兇，延擱日久，並將屍親鎖押，疊次上控不辦；一係羅山縣民人潘有富，呈控該縣於地丁土方採買各項錢糧，幾至加倍折收，倉書、銀匠等藉端舞弊分肥，亦歷控司院不辦。地方官吏於人命重案率意玩延，甚至緝獲正兇，復又延擱至一年之久，轉將原告鎖押，任胥役等恣意陵虐，而於徵收錢糧各款，竟與胥吏等通同一氣，舞弊浮收，毫無顧忌……（仁宗一八二、一一）

（二）侵蝕稅款

1. 虧空額税，侵盜庫銀、額外橫征

（順治一三、二、辛未）先是，河西務分司員外郎朱世德虧空額税一萬三千餘兩，會有訐其多徵、侵盜諸款者，事未審結，户部將缺額銀兩，援赦議免，吏部亦照議覆。上以缺額過多，或有情弊，命都察院察議。至是，議朱世德應革職。交刑部審擬。上因切責部臣，如此大弊，不行察覈，令回奏。於是部臣奏言：因屢次催提人犯，議俟到日另結，至輕援恩赦，疎忽何辭？得旨：爾部考核司官，務宜秉公詳察。朱世德缺額既多，又經告發，爾等不嚴行確究，乃以人犯到日另結爲辭，含糊引赦，代爲出脱，情弊顯然。此回奏殊屬支飾。著議政王、貝勒、大臣、九卿、詹事、科道，會同從重議處具奏。（世祖九八、一三）

（順治一三、五、庚戌）刑部等衙門議：河西務鈔關員外郎朱世德，多徵税課入己，又侵盜庫銀，受賄委官，各款俱實，應絞。從之。（世祖一〇一、一一）

（康熙四、九、己酉）諭戶部、工部：各省鈔關之設，原期通商利民，以資國用，非欲其額外多徵，擾害地方。近聞各處收稅官員，希圖肥己，任用積蠹地棍，通同作弊。巧立名色，另設戥秤，於定額之外，恣意多索。或指稱漏稅，妄拏過往商民挾詐；或將民間日用瑣細之物及衣服等類原不抽稅者，亦違例收稅；或商賈已經報稅，不令過關，故意遲延指勒，遂其貪心乃已。此等弊端甚多，難以枚舉，違背國法，擾害商民，殊爲可惡。嗣後凡地方收稅官員，俱著洗心滌慮，恪遵法紀，務期商賈通便，地方相安。如有前項情弊，在內著科道官，在外著該督撫嚴察參奏，從重治罪。如該督撫不行參奏，別經首發，即治該督撫以徇縱之罪。爾部即遵諭通行嚴飭。特諭。（聖祖一六、二六；東一、三二）

（康熙二六、二、壬申）戶部題：滸墅關監督桑額任內，除徵收正額外，溢銀二萬一千二百九十六兩零。得旨：設立榷關，原欲稽察奸宄，照額徵收，以通商賈。桑額徵收額課，乃私封便民橋，以致擾害商民，著該衙門嚴加議處。關差官員，理應潔己奉公，照例徵收，嗣後有不肖官員，希圖肥己，種種強勒，額外橫徵，致害商民，亦未可定，爾部通行嚴飭。（聖祖一二九、一六；東九、二四）

（康熙五一、一一、乙酉）先是，福建巡撫覺羅滿保會同浙閩總督范時崇，列款糾參革職原任福建提督藍理貪婪酷虐，流毒士民，現在京師，應請拏究。上命兵部左侍郎覺和托等將藍理帶往福建會審。至是，覺和托察審藍理霸市抽稅，婪贓累萬，被害不止一家，流毒已極，應擬斬立決。得旨：藍理應依議處斬，但在臺灣澎湖對敵之時，奮勇向前，著有勞績，著從寬免死，調取來京入旗。（聖祖二五二、二）

（雍正一○、五、戊辰）江寧織造內務府郎中許夢閔疏奏：原任江寧織造綏赫德，已將司庫八十五、筆帖式巴圖借用銀兩，代爲賠補，應免重追。得旨：向來織造官員，往往爲司庫、筆帖式所愚弄，恣意妄行，侵盜國帑。及至事發，總恃有織造代賠，置身事外。積弊若此，斷不可不加懲戒。江寧織造綏赫德離任時，大有虧空，朕特降旨，令接任許夢閔徹底清查，以清弊蠹。乃許夢閔以司庫等借用之項，稱爲綏赫德已經代賠，無庸重追。獨不思綏赫德管理織造、關稅兩項，其代賠之銀，即係兩項贏餘，均爲國帑，安得不核實歸公，而乃私取以償屬員侵盜之項乎？許夢閔瞻徇情面，草率完結，著交與內務府，嚴加議處；綏赫德著革職；司庫八十五、筆帖式巴圖等名下虧缺之項，悉從本人追出交官。（世宗一一八、九）

（乾隆二、七、丙午）刑部等部奏：原任粵海關監督祖秉圭侵欺各項銀共一十四萬餘兩,奉雍正十一年十月諭旨,祖秉圭依擬應斬,著監候;將應追銀兩,限二年交完,倘逾限不完,著請旨,即在廣東正法。今屆二年限滿,僅追銀二萬餘兩,尚未完銀一十二萬兩有零。祖秉圭應即在廣東正法,其未完銀,果否家產盡絕,仍令該督該旗確查送部核辦。得旨:祖秉圭改爲應斬,著監候秋後處決,餘依議。(高宗四七、一四)

(乾隆一〇、一二、戊申)又諭曰:原任山海關稅務監督四達子違例額外徵收之處,據新任監督奏稱,向俱如此徵收,但伊有浮用銀七千餘兩等語。是伊徵收課稅,係遵奉舊例,並非自伊創始。且將前任監督等所有浮收數目,俱據實報出,亦未肥己,情尚可原。四達子著從寬免其治罪賠銀,將伊交總管內務府大臣。具奏請旨。(高宗二五四、一七)

(乾隆三三、七、庚戌)又諭:據吳紹詩奏,查出舒善管理關務,將應解餘平銀八千四百餘兩私行提用,請將舒善革職究審一摺。舒善經朕加恩,派令兩次管理關稅,自應潔己奉公,倍加奮勉。乃將奏明應解之項,私自侵用,殊屬貪鄙不堪。舒善著革職,交吳紹詩,與案內有名人犯,一併嚴審,究擬具奏。(高宗八一五、四二)

(乾隆三三、八、癸未)又諭:前經吳紹詩奏,舒善管理關務,將應解餘平銀八千四百餘兩私行提用,已降旨將舒善革職,交該撫嚴行審訊。今據伊齡阿奏稱,舒善應交各項庫銀內共短少一萬五千餘兩,業經署監督瑭琦,稟明撫臣查辦等語。看來舒善竟大不妥。吳紹詩查審此案,曾否訊明舒善種種情弊,因何狼藉若此?至伊齡阿所稱舒善豫提銀兩,與該撫前奏數目不符,著將原摺鈔寄吳紹詩,查覆嚴審定擬。又伊齡阿另摺奏,景德鎮瓷器廠,向存有歷任大小樣器八千四百餘件。上年二月間,經舒善調取存貯。現在向彼查取,舒善覆以業經進呈,餘者破損無存等語。歷任庫存瓷樣,理應交代後任,舒善因何將此項樣器,盡行損壞無存。其情節更不可解,著交吳紹詩一併詳訊實供具奏。(高宗八一七、三三)

(乾隆三五、四、戊申朔)諭曰:明德參奏迤東道陳作梅,收解樂馬、金沙二廠課銀,有多索餘平侵肥之事,據該道面呈稟稾,希圖朦混,且請將銀八百兩,爲巡撫衙門公用,更屬狡詐。請旨將陳作梅,並管廠同知李世保、州同王陶淑,一併革職究審等語。廠課平餘銀兩,久經報部,乃該道額外婪索,每年至二千六百兩之多,任意侵貪,實出情理之外。且因該撫已有風聞,輒稟請將所餘銀兩,分作撫署公用,希圖朦混,尤屬狡詐。陳作梅著革職拏問,李世保、王陶淑均著革職,交該督與案內有名人犯一併嚴審定擬具奏。(高宗八五六、一)

（乾隆四三、六、乙未）諭：據郝碩、蘇凌阿奏：查辦全德在九江關監督任內，任意浮收，於定例加增四分之外，又復加收，合計七分有餘。是否全德一人獨得？抑係與家人書役按股分肥？尚須徹底根究。又將存庫積平銀四千七百餘兩，藉口找給丁役，解部添平。以致庫項虛懸，顯有隱射侵漁情弊等語。全德著革職，俟押解到京，交軍機大臣嚴審定擬。至該關浮收情弊，有應在該處查辦者，並著郝碩督同蘇凌阿嚴查審辦具奏。（高宗一〇五八、一〇）

2. 隱匿稅課，串通一氣，朋比爲奸

（雍正五、閏三、乙亥）川陝總督岳鍾琪，參奏夔州府知府喬鐸等，隱匿夔關稅銀。得旨：喬鐸著革職，其捏結侵欺，併程如絲扶同隱漏情由，俱交與黃炳、岳鍾琪會同該撫，嚴審追擬具奏。各省稅課，向來隱匿者甚多。雖奉旨稽查，而徵收官員，瞻顧從前隱匿之罪，仍復支吾，不將實數盡行報出。及至敗露，則於隱匿稅課之外，又添欺罔之重罪，逾不可逭，朕心實爲不忍。今特沛寬大之典，准各處將實在數目，自行首出，其從前多收之處，免其究問。朕既如此開恩，儻再有隱匿情由，日後發覺，定治以重罪。著該部通行曉諭知之。（世宗五五、一六）

（乾隆六、一一、辛卯）左都御史管廣東巡撫王安國奏查出粵海關徵多報少緣由。得旨：若非慶復參奏，汝亦不肯爲此奏也。一味討好，豈朕信用之意耶？若再聽其隱匿寄頓，不能完項，則汝之咎不可辭矣。（高宗一五五、三〇）

（乾隆七、一、庚寅）［湖廣總督孫嘉淦］又奏：遵查前任楚臬吳龍應在官廢事，經管關稅，侵隱入己。得旨：這所參吳龍應著革職，發往楚省，交該督嚴審定擬具奏。該部知道。（一五九、一四）

（乾隆二八、一一、癸酉）諭曰：阿爾泰奏，管理夔關原任知府雯基，虧缺稅銀七千餘兩，其接任管關之知府書敏，又勒收雯基銀六千五百餘兩，匿不具報，其中顯有朋比爲奸，玩帑貪詐情弊。雯基、書敏俱著革職，並革去雯基承襲之恩騎尉，一併交與阿爾泰嚴審定擬具奏。（高宗六九九、九）

（乾隆二八、一一、甲戌）諭軍機大臣等：據阿爾泰奏，管理夔關之夔州府知府雯基，虧缺關稅七千餘兩。該員業已離任來京，請將該員革職，解川質審等語。著傳諭自川至京沿途各督撫嚴查，雯基於所到之處，即行鎖拏，遴委幹員，解赴川省質審。所有隨帶衣飾貲財，一併查封存貯，俟審訊明確，分別查辦，其應行回京家口，並著沿途督撫、委員接替押送回旗，無

令在途逗遛。(高宗六九九、一一)

（**乾隆二八、一二、己酉**）又諭曰：知府雯基、書敏，俱係滿洲奴僕。雯基管變關稅務，侵蝕稅銀，而書敏又向雯基訛索銀數千兩入己，甚爲可惡！二人居官年久，均係開泰在任時保薦管理關務。今查抄雯基、書敏家產，不敷賠補侵蝕銀兩，應將開泰家產查明，令其代賠。著該旗都統等將開泰家產查察。(高宗七〇一、一七)

3. 私添稅口，另設私簿，一貨多稅

（**雍正七、二、戊戌**）諭內閣：各省關口，開放船隻，向例有部頒號簿，以便稽查。茲聞各關另設私簿徵收，報部時始將號簿挨日填造。其意以船隻往來，多寡不齊，不能逐日有徵收之數目，是以勻派填造。如此，則簿內數目與商船過稅串票，毫不相符，殊非政體。且凡事據實則可以無弊，作僞則弊竇叢生。嗣後各關於部頒號簿，務須據實填寫。如無船隻過稅之日，亦即註明。儻仍蹈前轍，定行嚴加議處，該部亦不得混行指駁，致滋弊端。(世宗七八、二九)

（**雍正一三、一一、戊戌**）諭總理事務王大臣：准關監督年希堯庇役縱僕，壞法病商各款，經巡撫高其倬具本題參，已降旨交該督撫嚴查究審。朕又聞得年希堯於徐州所屬四縣之落地稅，例應地方官徵收者，又復變亂成法，改爲關額徵收。私添稅口，差遣多人，橫徵生事；正耗之外，復索取票錢飯錢；甚至民間收獲糧石、棉花，并市集零星買賣，極細微之物，如魚蝦等類，亦勒令上稅。種種悖謬，擾累民生，怨聲載道。其家人鄭三，尤爲首惡，把持內外，無所不爲，等語。……著該督撫即行查明，將該縣之落地稅之應徵者仍歸地方官徵收，應革除者，仍遵旨革除，以甦民困。(高宗六、六)

（**乾隆六、一、乙未**）署湖南巡撫許容奏：伏見御史金溶條奏，有直省關稅免報贏餘一件，立意則是，立說則疏。以慮開網利巧取之端，而槩令贏餘免報，竊恐朝廷去贏餘之名，而司榷享贏餘之實。夫除苛徵橫索之術，則贏餘亦自然之利，要惟務去其關中之關、關外之關。何謂關中之關？客商貨物，到關上稅，非特重平浮耗，更多吏胥指勒需索，歇家包攬、侵蝕。關之所在，倚恃漁利者，盈千累百，此小關暗伏於大關之中。果欲剔除，但得明察之員，其弊易革。何謂關外之關？鄉民買賣貨物，本不必由關，而徧地把守，到處巡邏。南村販至北村，亦爲漏稅；東里負來西里，不免搜求。並非關之所在，而四布爲害者，盈千累百。此小關顯設于大關之外。若不屏徹，

雖有明察之員，其弊難窮。臣歷任江浙，見北新關之多方搜索，雖一雙鞋、一把傘、一柄扇，苟非曾經用舊，固皆開單上稅。而出入城廂，關役屢屢驗票，在在索錢，揚關有一貨三稅之案。至滸墅關，於舊設三橋七港外，私增二十餘處。蘇、常兩府屬數縣內，窮鄉僻壤農民，或欲完納官銀，或因嫁女娶婦，載賣十數石米、百十觔花、兩三口猪，如此等類，無所逃遁，非行賄柵船夫役放行，勢必迂道由關上稅。雖密邇蘇城，不過數十里，逼之赴關，有倍蓰其程而不止者。民間急事，早夜往來之船，柵閉不開，亦受需索。懇飭各關，將增添之柵欄巡役，悉行毀逐，嚴查銜蠹，恪照則例，儘收儘解。則贏餘雖多而不出於苛征，贏餘雖少而不至於中飽。再不肖權員，豈無因裁去新增口岸，而徵多報少，藉詞以侵匿贏餘？請先辦一關，或特簡廉能，或令督撫選派廉幹道員，專司其事。禁騷擾、革橫取、汰冗役、裁浮費，試辦一年，定有章程，然後照常差委監督，各關以次試辦，知贏餘之數，決不大減於前。得旨：此奏雖是，亦有不通之處。有旨諭部矣。（高宗一三五、一五）

（乾隆二八、五、甲申）諭：行在户部議覆：熱河道良卿奏請本地商貨驗票出口以免重徵一摺，尚非永遠袪弊之道。古北口向未設有稅局，衹係張家口監督差役巡查。嗣因奸商遶越偷漏者多，前任監督多隆武請於古北口一體查明徵稅，經部議覆准行。乃該監督辦理不善，以致巡役人等藉端滋擾，輒將熱河等處本地有稅之商貸一概重複徵收。將來口外貨物，必致騰踴，殊非立法稽查之本意。著派安泰帶賢能司官一員，前往將滋弊之巡役人等嚴查懲治，即將稅局徹去。其失察之該監督，並著交部議處。嗣後除張家口商貨遶越私行者，仍准派役稽查，毋致偷漏外，其餘悉照舊日章程辦理，如有仍前需索等弊，並交與直隸提督就近查察究處。（高宗六八七、二〇）

（乾隆三七、一、壬寅）又諭：據周元理奏，三座塔監督長春，私設稅局，書役人等，擾累索詐，請飭理藩院派員前往會審，監督長春，先行解任等語。此案現經理藩院具奏，請將長春革職，其擾累之書役等，令熱河道解送來京，交刑部，會同理藩院審訊。至該督摺內所稱，書辦洪三等，索詐酒舖銀兩一案，自應一併研訊，明確定擬。著周元理即行轉飭明山保，將此案有名人犯，一併解京會審。（高宗九〇〇、一二）

（嘉慶二四、六、庚申）是月，湖廣總督慶保等覆奏，官設鹽卡相符，仍密查私設。得旨：有官卡必有私設，影射圖利勢所不免，總在隨時查察，不可懈怠。（仁宗三五九、一七）

4. 關權征課，巧立名目，苛索浮收

（**雍正一三、一二、辛卯**）總理事務王大臣議准：江南總督趙宏恩奏，查出年希堯管關徵課，以十足紋銀，作九七扣算；又貨稅外加平色，通計每兩加至四錢四分有零；又樓稅，每貨百觔，私收銀一釐五毫；又巧立客費、攬頭、看艙、照票、驗票、扞量、算手、抽單、桅封、小鈑錢，各種名色，總曰飯食，以避各色苛取之名。請立定章程，嗣後除正額、盈餘，及加一火耗外，毋許絲毫多取。從之。（高宗九、三五；東一、二七）

（**乾隆六、九、辛卯**）又諭：總督那蘇圖參奏，荊宜施道姜邵湘，管理荊關稅務，肆志貪饕，橫徵重耗，侵蝕冒銷，飽填慾壑。荊關稅課，每年雖正餘銀三萬餘兩，而實在約可徵五六萬兩。除去應用公費，每年侵蝕，亦幾及一半。該關凡遇繳銀之日，係四六扣存，如徵銀一千，止將六百繳官，其四百兩俱為管關員役侵肥等語。姜邵湘著革職，將原參各款，並摺內有名人犯，交湖廣總督孫嘉淦嚴審定擬具奏。摺並發。（高宗一五一、一八）

（**乾隆九、六、乙亥**）署廣西巡撫託庸參奏：廣西布政使唐綏祖動用封貯庫項，並不詳請題明，擅將二萬五千餘兩，令太平、南寧、梧州、欝林四府州屬買穀。又接受那墊銀六千八百餘兩，本任內亦有那墊未清銀五萬餘兩。是侵是那，或私動生息影射，均未可定。又賓州知州阮維璋，前任布政司經歷時，唐綏祖任為腹心，委管恭城縣回頭山銅廠，以商民久積之私銅不得出關，巧立首賣名色，俱令賣與廠員轉賣，每百觔解繳充公羨餘銀一兩，是以阮維璋每百觔私得盈餘銀二、三、四兩不等，管廠一年，私賣銅四十餘萬觔，婪贓一萬餘兩。唐綏祖凡有喜慶之事，阮維璋俱有厚餽，有打造金器銀匠為證。又河池州南丹銀錫廠，唐綏祖並不照例另行委員，即委該州知州朱紅兼管，以致恣意舞弊。每年抽收課銀五千餘兩，每兩於庫戥外加收二錢六分；又將商人紋銀，概作九三折算，填入印簿，計每兩浮收銀八、九分、一錢不等。又南丹廠留餘井寶甚多，各商不時試採納課，朱紅將試採課銀，盡行肥己。唐綏祖亦難免通同情弊。得旨：此人實係一聰明小有才情之人，不謂其操守敢於不謹也。即其摺奏收買銅觔一事，朕已不能無疑，部議亦不准，仍令督撫查辦。此一節，汝亦應留心。（高宗二一九、二一）

（**乾隆四九、四、甲辰**）諭軍機大臣等：據鄂寶等奏，吉林管卡佐領木通阿，於生員劉清選等糧車九輛，赴瀋陽賣糧，該佐領阻不放行，索錢一百千；各車戶湊給錢五十千文。木通阿因錢少，將該生員用木棍連打兩次，並摘去頂戴，請交新任吉林將軍提審等語。管卡佐領不過任稽查之責，乃敢倚

勢阻住行旅，索詐錢文，並將生員摘去頂戴，連次毆辱，殊出情理之外。雖所得五十千，係盛京錢文，數目較少於制錢，而詐贓情節可惡。此案即著鄂寶帶同原告前往吉林，會同都爾嘉，提齊人犯，嚴審定擬具奏。至慶桂前在吉林任內，亦有失察之咎，將來定案時，自應將慶桂一併交部議處，將此諭令都爾嘉等知之。（高宗一二〇五、九）

（嘉慶一一、五、辛酉）又諭：本日刑部奏覈辦山東省減等人犯一摺，據單開，官犯德明於兗沂曹道任內，因公赴省，隨帶書役人等，騎用號馬多匹，擅發傳單，因泰安縣驛給與草料不敷，未經應付馬匹，輒將管號家人喚進杖責，迨該撫據稟參革、審訊，又不據實供吐，以致該縣陳時奉提畏累自縊身死。並究出該犯前在潞安府、潼商道兩任內，浮收稅課銀至十萬餘兩之多。案情較重，未便遽予減等。德明著再行監禁四年，照例減等發落。……（仁宗一六〇、一七）

5. 家人關役、勒求需索，營私累商

（乾隆五、三、丙寅）又諭軍機大臣等：朕聞韓世格自上年九月內患病，至今未曾理事，一切關務，悉委家人、巡役等主張，多有營私累商等弊。有休寧縣商民程洪度等，從鹽城買有醃魚一百四十擔，載往江西發賣，於本年二月間，船至江心，被風打至大關對岸，暫泊老鸛嘴地方，另坐划船，赴關報稅，路遇關役王華、王培並韓世格家人盛四，詢知其事，即同程洪度等回船盤貨，聲言漏稅，將程洪度等用繩拴至花船，要銀五兩，程洪度給銀一兩一錢五分，王華等不允，次日將船、人俱帶至關口，其船繫在大江溜水不能躲避風浪之所，將程洪度等押解到關，鎖在班房過夜。韓世格發與茶引大使賀子溶訊明，實係遭風，並非偷越，而王華等仍不發放，以致忽起暴風，船在大溜，無人搶護，將船打沉。所有魚貨、行李、銀錢，盡行淹沒。程洪度赴關呼冤，韓世格反以商人越關沉沒，發江寧縣查驗，尚未完結。又有商人羅日昇，販有藥材、鉛觔至關，因止報藥材，未報鉛觔，計漏稅銀二十兩，韓世格批罰五倍銀一百二十兩，亦太苛刻。又江寧向來婦女出入城門，所帶隨身箱籠，俱不開看，今韓世格將大小箱籠，無一不開，怨聲載道。又辦理關務各雜職人員，應得飯食銀，數月不發，稟話不得一面，俱有怨言等語。此朕得之訪聞者，爾等可寄字傳諭韓世格，令其速行悛改，並將管關不妥之家人、巡役懲治革退，以恤商民。倘仍蹈前轍，朕必加以處分。（高宗一一三、七）

（乾隆五、四、乙亥）江寧織造韓四格奏：欽荷訓諭，恭摺謝恩。已將

管關不妥之家人、巡役等,從嚴懲治。得旨:知道了,著實嚴管家人。不然,若輩必誤汝也。(高宗一一五、三四)

(**乾隆七、三、己巳**)命督撫稽查關權弊端。諭:朕惟惠養萬民之道,以輕徭薄斂為先。自御極以來,於蠲租減賦外,豁除各省關稅不下百萬,又令將稅課規條,刊刻木榜,遍行曉諭,不許額外徵收,宜其商民均沾惠澤,行旅各安牧圉。乃近聞各關過往商旅,尚不能普被恩施,怨聲嘖嘖。究其由來,皆因司權之家人、胥役,巧立名色,重戥徵收,勒掯需索,弊端百出。不飽其欲,則逗遛不肯放行,大為行旅之害。是國家徒有減稅損上之德,而商民未受減稅益下之恩,無知者尚嘵嘵於稅課之重。所謂不揣其本,而齊其末。即使再減數百萬額稅,用是以往,朕知其於商民仍屬無益也。夫司權官員,一任家人胥役肆橫無忌,漫無覺察,商旅其何以堪?朕思督撫有稽查通省之責,凡屬地方利弊,無一不當留心釐剔。而關稅弊竇若此,朕在京尚有所聞,督撫身在本省,豈竟一無聞見乎?總因視非己事,故爾漠不關心耳。嗣後著該督撫嚴行訪察,遇有此等弊端,立即嚴拿重究。如司權官員瞻徇袒護,亦即據實奏聞,不得視為具文,以奉旨之後,一查即可了事。務期實力稽查,俾商旅永無苦累。倘朕再有所聞,或被科道知有實據參奏,朕惟該督撫是問。(高宗一六二、一四;東五、四)

(**乾隆二七、九、庚申**)諭曰:陳宏謀摺奏,安寧管關家人李忠丈量貨船,豫留罰料地步,將正稅變為罰項,名曰重罰漏稅,實則暗虧正課。李忠在關,所缺正稅七萬七千餘兩,而罰項轉至四萬九千餘兩之多。將李忠收禁,勒限繳納等語。此等橫行作弊,其事迥出情理之外!安寧向由獲罪錄用,特因其素日為人,遇事尚屬過於拘謹,是以加恩委任。若家人肆無忌憚若此,伊豈得諉為不知?使伊尚在,必當重治其罪!今即已身故,而玩法負恩,實堪駭異。所有賞給內務府大臣職銜,著即行削去,仍將所有侵漁貲財,嚴行查封,以抵虧項。至陳宏謀素與同城,該關弊壞已甚,為有目共見,伊豈一無見聞?倘安寧在時,據實參劾,朕必為之嘉與。乃平日一味瞻徇情面,付之膜外,直至安寧身後,自量不能終隱,始舉發其事,而專以一惡奴為全案罪魁。封疆大臣,公正任事者,固如是乎?陳宏謀著交部嚴加議處。尹繼善雖駐劄稍遠,而此弊公行,已非一日,何至毫無覺察?節制之義安在?尹繼善著傳旨嚴行申飭。此案著該督前往,會同陳宏謀嚴行查辦,將惡奴李忠等確訊,盡法懲治。並將伊財產查明,盡數入官,毋令稍有隱匿寄頓。摺並發。(高宗六七〇、一)

(**乾隆二七、九、庚申**)又諭曰:陳宏謀奏,查出安寧經管關務家人李

忠，將正課改爲罰料入巳，以致額稅轉虧至七萬餘兩一摺，已明降諭旨，令該督等嚴行辦理矣。……（高宗六七〇、三）

（乾隆二七、九、丙寅）又諭曰：舒赫德查奏，安寧家產，現存銀已有二萬餘兩，其家人李忠亦有二千餘兩之多。安寧身任關差，即每年養廉，稍有存積，亦不應如此饒裕，其爲負恩肥橐，不問可知。從前金輝奏，安寧任內，應追採買絲觔多用銀六千餘兩，並短少庫貯閏月銀一萬餘兩。朕尚以其平日爲人拘謹，於差務尚知黽勉，恐承辦諸事，不無墊用，傳旨薩載等，令其設法辦理。今安寧敗露若此，其家現擁厚貲，何用接任之人代爲籌補。且安寧虧課漁利，薩載現與陳宏謀列名同奏，薩載豈不知之？其一切應追各項，自當於其任所貲財，及李忠等各家人所有產業，嚴查抵補。至安寧在關，所任用者，不獨李忠一人，此外或有親信書役，及買賣鋪戶人等，領貲營運情事，已密諭尹繼善令其詳悉查辦，薩載現係接任，尤爲切近，務須實力會同辦理，毋稍徇隱。將此一併傳諭知之。（高宗六七〇、一六）

（乾隆二七、一〇、辛卯）諭曰：安寧縱容家人李忠在關舞弊、侵課肥橐一案，陳宏謀久在同城，不先劾奏，有旨交部嚴加議處。旋據尹繼善等查奏，李忠在江蘇所婪貲產，至三萬兩之多。是其平日惡蹟昭著，已爲有目所共見。（高宗六七二、二）

（乾隆三四、・・、癸巳）諭軍機大臣等：前鄂寧奏，閩海關稅額短少，豫提下屆銀數，那後掩前一案，隨諭令明福來京訊問。曾諭該撫將此案應質人犯，解京審訊。昨據鄂寧續奏，查出常在任內管關官役，亦有乘機舞弊，朦混造報等情，並請將明福家人徐四達子等解閩質訊。已傳諭鄂寧秉公嚴審，務得侵盜實情，並將常在達色有無知情之處，一併就近查辦矣。鄂寧審訊如僅係委員家人等通同弊混，乾沒分肥，即在閩省就近審擬定案，其人犯不必解京。若查出明福本身亦有染指之處，即將應行質對要犯，派委妥員，押解來京候訊。將此再行傳諭鄂寧知之。（高宗八二六、一八）

（乾隆三七、八、壬申）諭軍機大臣等：據熊學鵬奏，寅保家人高尚德，派在東新關守口，因民人徐二，瓜船漏稅，私自勒罰免送，并用腳兌踢致斃等語。口岸家人，稽查透漏，自應稟送辦理。今高尚德於徐二船隻過關，輒敢私行勒罰錢文，並不送往織造衙門究治，又倚勢逞兇，用腳連踢，以致徐二傷重斃命，目無法紀！該織造身任監督，於管口家人，不知嚴加約束，乃聽其兇橫至此，竟漫無覺察，該織造所司何事？著寅保即行明白回奏。（高宗九一四、二五）

（嘉慶五、二、辛卯）諭內閣：有人參奏，近日有監生進京，過盧溝橋時，經管稅監督之家人等訛索錢文，及至廣寧門，又被攔阻需索。該監生因所攜錢文，已在盧溝橋用盡，無可給予，不准進城。祇得繞至便門，而便門人役，仍將該監生及行李，送至崇文門稅務廳查驗，經該廳將箱籠開看，並無應行上稅之物，始肯放行。聞該監生本在廣寧門內居住，因各處婪索，輾轉繞道，以致守候兩晝夜，方得到寓。又易州貿易之浙江人進京，被稅上索錢十餘千，業經放行，復有家人從鋪中走出，將該商用鞭擰住，遍身搜檢。搶去該商替人攜帶銀十數兩，並肆意毆打。此二事經朕密爲訪問，竟與所參無異。上年各處關稅，經朕將盈餘銀兩酌加刪減，原所以加惠行旅，體卹商民。立法之初，崇文門監督等尚能約束家人，隨時查察，乃近日竟有此等訛索之事，京中如此，成何政體？必當嚴行查辦。在監督等俱係朕簡派大臣，自不至有知情故縱之事，但委員及胥役家人等日久滋弊，亦所不免。著交布彥達賚即行傳喚曾被訛索之監生及貿易之浙江人，並拘集索錢搶銀之稅上家人等，當面質對，嚴辦示懲；至訛索銀錢家人，係正副監督何人所派，並著一併查明具奏，分別議處。(仁宗五九、一九)

（嘉慶五、二、乙未）諭內閣：上年將關稅盈餘酌加裁減，原以體卹行旅，加惠商民。在各關監督等自當體朕卹商惠民之意，不敢於正稅之外，復有勒索擾累之事。而所派之巡役家人等，難保無肆意苛求，藉稽查稅務之名，妄行勒掯情弊。現在盧溝橋、廣寧門經管稅局人役，竟有訛索過往行人銀錢等事，業經分別懲治。輦轂之下，尚敢如此，其餘各直省關稅，種種積弊，不問可知。該監督等所管稅口，不止一處，於稽查稅務一節，不能不另派胥役家人等分任其事務，當諄切曉諭，不許例外訛索，仍應時加查訪，嚴行管束，以絕弊端。嗣後京外各關稅局，除隨時密訪外，或別經告發，或被人指參，如再有訛索飯錢，擾累商旅等事，不獨將所派之巡役家人等，從重治罪，並將各關監督，一體嚴辦示懲，不稍寬貸。將此通諭知之。(仁宗五九、二九)

（嘉慶一九、七、丁巳）又諭：御史黃中傑奏，關市弊混日增，申嚴例禁一摺。關市之設，所以通商便民，成法極爲詳備。近日該管官奉行不實，日漸廢弛，各關口應立之稅課木榜並詳單小本，均不豎立刊刻，商賈不知稅例多寡，任聽家人、吏役，額外抑派，多收少報，虧課病商，叢滋弊竇。至各省牙行，亦不按年清查，率多頂冒朋充，甚或假託官差，多方苛索。俱應隨時查禁。著通飭管理稅務衙門及直省地方官，申明例禁，實力奉行，勿任奸胥市儈勾串欺蒙，以除積蠹。(仁宗二九三、三六)

6. 預提庫銀，挪新補舊，挪後補前

（康熙五八、一〇、丙午） 刑部等衙門議覆：查辦理西寧軍餉陝西巡撫噶什圖題參李錫等七人借欠庫銀一案，李錫，係擬立決之犯；李廷臣，係擬斬監候之犯；白澄、張育徽，係擬絞監候之犯；佟國勳、祖業弘，係革職之人；武廷适，係致仕之人。俱奉旨發往軍前效力贖罪，反推諉事故，借軍需銀六萬六百餘兩。今又呈稱力竭不能應付，以致遲誤軍務，殊屬可惡。應將李錫等從重治罪，但西寧見在用兵，李錫等仍留彼處效力行走。如仍前不悛，照原擬取來京城正法。佟國勳、祖業弘、武廷适另行議罪外，其所借庫銀，行令各該旗督撫，查明伊等家產，作速變價償還。如有隱匿，將承查大臣各官一併從重治罪。從之。（聖祖二八六、二）

（乾隆三三、八、丙寅） 又諭曰：吳紹詩奏，訊據九江關闈書聶乘南等，供出前任監督海福，三十一年報解銀內，有豫提三十二年首季銀二萬七千兩。當時有無弊竇，請就近詢問海福等語。著交與劉統勳、託恩多、英廉，即傳諭海福，詳加詢問，從前因何豫提此項銀兩，是否止係挪移，抑或另有弊竇，務得實在情形，即行覆奏。吳紹詩原摺，並鈔寄閱看。（高宗八一六、二九）

（乾隆三四、一、辛卯） 又諭：據鄂寧參奏明福常在豫提稅銀，挪新補舊，請派大臣前往審理一摺。看來此案三年之中提補之數，幾至四萬，其中經管之人，必有侵吞乾沒情事。明福在閩年久缺額已至如此之多，且係首先作俑，現已降旨解任，交刑部看守，其家人徐四達子常住並令查拏押赴閩省質審。此案不必另派大臣，鄂寧身爲滿洲巡撫，即著將此交與審訊，務須徹底根究，訊出侵盜實情，毋使稍有漏網。至常在在任甫五十餘日，其人向屬顢頇，或僅爲委員等所愚，其罪尚輕；倘亦有沾染之處，若仍留將軍之任，恐管關旗員，不無瞻顧。鄂寧即一面奏聞，一面將伊解任研審。所有將軍印務，鄂寧即行暫署。達色前曾署理將軍，有關涉之處，亦著一併就近質問。（高宗八二六、一四）

（乾隆三四、三、壬子） 又諭：前據鄂寧節次參奏，明福、常在管理閩海關時，因稅銀短少，俱有挪補掩飾情節，隨交鄂寧秉公查辦，迄今已閱三月，尚未查明具奏。看來閩海關之弊，不過挪後掩前，若明福等果有侵蝕入己情事，則經手各員役現在拘提到案，一經研鞫，底裏自可立見，何至遷延如許之久？不能定案奏覆，或鄂寧因在雲南總督任內，措置失宜，降補巡撫，自知獲譴甚重，遇事過於苛求，以見其實心任事。初次所奏，即不免張

大其詞。及經查訊，與伊原奏情形，不能符合。鄂寧又意存迴護，遂致成讞無期，亦未可定。朕辦理庶務，一秉大公，真僞有無，必須覈實，情罪輕重，悉視其人之自取，從不豫設成見，斷不肯令承辦之大臣等稍爲瞻徇及過事吹求。著傳諭崔應階將此案情形據實查明，並將鄂寧現在如何查辦及有無苛求之處，迅速由驛馳奏，毋得稍存瞻顧。(高宗八三一、二一)

（乾隆三四、五、乙酉）諭：軍機大臣會同刑部審訊明福等豫提關稅，彌補虧缺。請將明福革職，依例擬斬監候一案。關稅年徵年解，自屬一定之例，明福任意挪後補前，其罪固由自取。但覈其弊混情節，總由一味糊塗，且挪補仍歸官項，與蠹公肥橐者有間。明福著革職，從寬免其治罪，並將前後提補之數，免其通行合算，祇將三十二年分，挪補稅銀二萬四千餘兩，令該旗於明福名下追賠。至常在接管關務，僅五十餘日。因仍前轍，其罪較輕，已降旨將伊降補，用示懲儆。所有挪補稅銀，亦著免其通算，其實在應賠銀五千餘兩，仍著照例追出入官，以昭平允。(高宗八三四、五)

7. 寬免稅種，仍舊加徵，虛捏報解

（乾隆一一、閏三、癸亥）又諭：朕前加恩寬免米豆稅，原欲使百姓實受其益，嗣因免稅之後，米糧價值並未稍減，經朕降旨各該督撫，令其確查據實奏聞。而各該督撫，不過以並無情弊一語覆奏，朕亦未曾究詰。今覽戶部所奏，該監督等，俱將免過米豆稅銀，以抵盈餘之數，而各省過關米糧船隻，日見其多，價值終未平減。可知從前各督撫查奏，必有不盡確實之處。或胥吏作奸，於米船攜帶他貨，混作米豆蠲除；又或偷漏影射，舞弊營私。留心體察，此等積弊，勢所必有。豈有捐國家之正賦，以飽胥吏之私橐者？而該督撫與監督等，皆膜外視之，有是理乎？著傳諭伊等，務須悉心查察，核實辦理。如有前項情弊，斷無久不敗露之事，經朕訪聞，該監督必加以重處；而不據實查察之督撫，亦決不寬恕也。(高宗二六三、一六)

（嘉慶一五、七、辛巳）諭軍機大臣等：福慶奏，伊家人高斌，檢獲匿名揭帖，控告吏部郎中吉齡，在張家口管理稅差，將所收稅銀六千兩，交趙四帶京買房一事。吉齡身任稅員，如果私將稅銀帶京買房，其罪甚重，但係匿名揭帖，未可盡憑，恐有挾嫌誣控之處。現據伊呈內稱，有花戶趙四，向與吉齡相好，經吉齡派其經管稅口，其銀兩即係交趙四送回，且稱吉齡因用趙四之後，遂將伊等徹回。是此事祇須查明吉齡是否信用趙四，並用趙四後徹回何人，則一切皆可根究得實。此案即著福慶帶伊所屬司員，馳驛前赴張家口查辦。一面將吉齡暫行解任，如果查獲趙四訊有私送稅銀進京之事，再

奏明將吉齡革職治罪，如嚴究並無私送稅銀之事，則應根究匿名控告之人，查拏懲辦。將此諭令知之。(仁宗二三二、三四)

（嘉慶一五、一一、戊午）諭軍機大臣等：常明奏，密查川省州縣稅契盈餘一事，請明降諭旨，令其據實自首一摺。川省州縣稅契盈餘，未能儘徵儘解，陋習相沿，已非一日。本日詢問勒保，據稱州縣等平日徵多報少，比比皆是，甚至有去任之際，欲圖多得稅契，因而減收稅銀，百姓乘其收銀輕減，紛紛投稅，該州縣藉以沾潤，其實並無藩司契尾；總緣該州縣除養廉之外，別無得項，而養廉攤扣，又多不能全領，以致各項辦公之費多有未敷，不能不借此貼補，常明所奏，俱係實情等語。稅契一事，向以藩司契尾為憑，其無契尾者，即皆虛捏。今川省州縣，據稱十契中往往捏填一二，在愚民投稅之時，不能盡知，而上司又勢不能向各州縣投稅之時，紛紛查驗，以致徵多報少，事涉浮收，殊違定制。常明陳奏及此，自應加以禁防。但如該督摺內所云，請令該州縣據實自首之處，辦理尚屬未協。民間稅契之數，每年多寡不同，此時即令該州縣自首，而州縣亦不能將確數舉出，將來如何覈辦？此時辦理之法，當一面嚴飭州縣等據實報解，一面曉諭百姓，以所稅之契，若無藩司契尾，係州縣虛捏，爾等一時貪圖便宜，將來查出之後，即同漏稅，必當議罰示儆。至州縣等，若嗣後有仍蹈故轍，虛捏填報者，則隨時加以參辦，俾知遵守定制。其應如何覈實查察，不致隱漏，以及分別懲辦之處，即著該督妥議章程，奏聞辦理。將此諭令知之。(仁宗二三六、九)

（嘉慶一六、二、戊申）是月，四川總督常明覈奏川省契稅章程，請於業戶置產後，限以半年，逾限不稅者，坐之。並責令中鄰、約甲等，隨時具報，以憑稽覈。如地方官有虛捏填報，及減稅收納者，查出參辦示懲，則隱漏短稅之弊可除，而稅額亦可倍增。得旨：依議辦理，總期官不多侵，民少擾累，相安於無事而已。至於所收之數，不必錙銖較量。(仁宗二三九、二七)

（嘉慶一六、一一、癸卯）諭內閣：御史楊懌曾奏，請除稅契積弊一摺。民間置買田房，隨契納稅，國課攸關，乃州縣官吏，竟有以多報少，為欺隱侵蝕地步，積弊相沿，自應嚴行查禁。著直省督撫等，通飭各藩司認真稽覈，隨時抽驗，如有前項弊端，一經查出，即隨案參處，照例懲辦。至該御史請將各州縣册報銀數，由藩司每季刊刷懸示曉諭一節，小民田地房產，置買不時，若由司常川出示通諭，愚民耳目混淆，輾轉訐告，必致獄訟煩興，是除弊而轉以滋弊也。(仁宗二五〇、二九)

（嘉慶一七、三、庚寅）諭內閣：前據陽春等奏，布魯克巴頭人等，因貨物進關漏稅，經帕克哩營官查詰，有策忍敦柱，輒同跟役郭結、卜瓊等，將正副營官揪毆，經伊等訊供，將該頭人等問擬斬梟斬决具奏。部議上時，業經降旨發往。旋又據陽春等奏到，接據布魯克巴部長來稟，稱營官先持刀向戳，該番民始行抵格，請免治罪。因查陽春等初次奏摺，並未將營官持刀一節聲敘，似有意偏袒營官，辦理不公，隨又特降諭旨，由五百里發去，令瑚圖禮等再行詳查起釁根由，其策忍敦柱等三人暫緩辦理。本日召見松筠，諭及此事，據松筠奏，向來布魯克巴進藏貨物，例不上稅，節經禁革有案，並稱營官等均係唐古忒充當，向來外夷人等，與邊地營官及唐古忒等，鬬毆致斃，均依各部落土俗治罪，並准收贖罰，付死者之家等語。此案陽春等所奏，策忍敦柱等逞兇治罪根由，係因漏稅而起，若向來既不收稅，豈能加以漏稅之咎？竟是該營官等勒索肇釁。陽春等不將營官滋事之處，據實查辦，以服夷情，轉稱該頭人抗稅起釁，且彼時既據跟役幹扎喜，有營官先用刀向戳之供，摺內全不敘及，其檄諭該部長文內，亦不敘明，以致該部長具稟申辯。再營官被毆之傷，亦未驗明輕重，案內緊要情節，伊等均一味含糊，不加詳訊，顯係偏聽枉斷，案情多不確實。至外夷與唐古忒鬬毆之案，既有舊例可循，伊等又何以不行查明，輒將策忍敦柱等三人問擬重辟？陽春、慶惠二人辦理此事，欺隱舛謬，糊塗不堪，厥咎甚重，著交部嚴加議處，即來京聽候部議。尋議：陽春、慶惠均照溺職例革職。從之。（仁宗二五五、一九）

二、兵餉、軍需支出中的違紀貪污

（一）尅扣需冒兵餉

1. 將弁侵冒兵餉，縱兵放債、典當

（**康熙一〇、二、乙未**）命吏部侍郎覺羅勒德洪、中和殿學士折爾肯，前往京口，會同總督麻勒吉、巡撫馬祐，察審兵丁訐告將軍李顯貴、鎮江知府劉元輔串通扣餉事。（聖祖三五、九）

（**康熙二七、一〇、丁卯**）諭兵部尚書紀爾他布等：朕聞綠旗兵餉，兵丁照數得者甚少，皆由不肖武弁，扣剋夤緣，饋送兵部。夫兵所恃者，餉耳，若果全得，自然精強。今在外各弁或將餉銀私侵入己，又饋遺兵部，是以兵不聊生以致鼓譟，而總兵副將等官亦不能彈壓，倉皇失措，惟有在通衢叩求而已。此等兵，將來如何可用？凡事當窮根本，此事根本，全在兵部，爾等應通行嚴飭。（聖祖一三七、二二）

（康熙四八、一二、乙巳）九卿等議覆：湖南巡撫趙申喬參湖廣提督俞益謨冒支兵餉，又參永州總兵李如松、遊擊唐之夔縱兵放債，及違禁開設典鋪各款，請交湖廣總督郭世隆詳審具奏。得旨：著吏部尚書蕭永藻、都察院左副都御史王度昭，前往與該督會審具奏。(聖祖二四〇、一八)

（康熙四九、四、壬寅）諭兵部：朕觀天下綠旗兵，惟直隸及西方沿邊一帶，兵略有可觀，此外各省之兵俱屬不堪。江浙之兵尤不足觀，不耐勞苦，該管官訓練稍嚴，即出怨言，甘汰所食之糧而不願操練。此等人平時尚然，倘至行陣之間，安可用耶？各省皆有食空糧者，然不至已甚，若浙省兵千名，食空糧者則有五百名，所存五百名，亦僅充數而已，俱非可用者。近日處州協標都司張朝臣往追山賊，其身當先而進，衆兵棄之先退，此皆平時訓練不善之故也。若滿兵則不然，戰陣間，雖至死地，亦皆願效死，無離本伍退回一步之理。江浙駐防滿洲兵，朕帶往行獵之處，以苦差試之，略無怨意，交相黽勉，是以朕心大慰。以此觀之，兵在訓練之善不善耳，不關乎風土也。(聖祖二四二、二)

（康熙四九、七、壬午）兵部議覆：奉差湖南審事吏部尚書蕭永藻等疏言，巡撫趙申喬疏參提督俞益謨侵冒兵餉，遊擊唐之夔將銀換錢，少與多取，總兵官李如松不能約束兵丁，在任所開設典鋪。提督俞益謨疏參巡撫趙申喬每事刻意苛求，故欲陷人。今將伊等審訊，所參俱實，提督俞益謨應革職；原任總兵官，今陞杭州副都統李如松及遊擊唐之夔，應各降三級調用；巡撫趙申喬亦應革職。得旨：俞益謨著休致，趙申喬著革職留任，李如松著降三級，從寬免調用，留副都統任，餘如議。(聖祖二四二、一九)

（康熙五〇、五、己酉）又諭曰：藍理人材壯健，而居官甚劣，剋扣兵丁錢糧，故地方官兵俱怨，即伊同鄉人，無有不言其貪者。前任總督梁鼐來京，朕言藍理人材壯健，梁鼐奏稱：地方大吏必實心效力，爲國愛民方於事有益，藍理人材雖壯健，然負皇上擢用之恩，剋扣兵丁錢糧，有害地方。扼腕陳奏，在朕前幾致失儀。由此觀之，藍理居官貪劣已極。藍理爲遊擊時，因剋扣兵丁錢糧，曾拏問革職，因伊在朕前數次跪請進勦臺灣海賊贖罪，始發往效力。後累加擢用，授爲福建提督。伊當思朕洪恩，改悔前非，乃仍然不改，以致人人含怨。可見貪婪成性之人，冀其改移，誠難事也。(聖祖二四六、一八；東一八、四)

（康熙六一、二、甲申）兵部等衙門議覆：差往江南吏部尚書張鵬翮等察審松江提督趙珀，自到任後，將應給兵丁糧米，不行速發，又坐扣空糧九百十名，通共侵蝕銀三萬四千六百九十二兩，米六千九百餘石，收各營規禮一萬九千四百餘兩。應將趙珀革職，解部枷號鞭責。所坐空糧銀兩并所收規禮銀兩，交該旗勒限一年追完。再原任提督今陞鑾儀使師懿德，坐扣空糧銀兩共三萬三千四百七十二兩零，米四千五百三十一石二斗。應將師懿德革職，徒五年，至配所杖一百，所坐空糧銀兩，限一年追交該部。布政使李世仁，將餉銀不按月給發，又將藩庫銀私借趙珀，應將李世仁降三級調用，查有加級，應抵銷。得旨：趙珀、師懿德，俱著革職，從寬免罪；李世仁著銷去加三級，抵降三級，免調用。餘依議。（聖祖二九六、一九）

（雍正一、九、辛卯）諭湖廣總督楊宗仁：天下綠旗兵丁，大率十分中有二三分空糧，爲專閫大臣及將弁等所侵冒，而老弱殘疾不能騎射者，復充當兵數，徒令國家錢糧費於無用之地。夫武備關係重大，額設兵數不特緩急恃以爲用，並藉以防緝盜賊，守護城汛，豈可任聽將弁挑選隨丁，一無拘限？今奉天等處將軍、副都統官員，俱令酌選數名，著爲定額。其提督、總兵以下等官，亦宜照例酌定。各於該管兵內查有不堪者，亟應沙汰，選擇年力精壯、漢仗雄偉者頂補。嗣後營伍騎射須時加操演，火器營兵在春秋二季操演，水師營兵在戰船操演，其安營布陣、進退作止之法，務令精熟，盔甲、器械、船隻等項，務令堅固。沿途守望煙墩之兵，量增數名，酌計幾墩，令千把等員輪流分轄，不時稽察。至山谷林麓、近江濱海、險僻處所，或有匪類潛藏亦未可定，應派委參遊以下二員，領兵四十名時往巡哨，更須嚴飭所領兵丁，經過地方，毋許騷擾。兵丁內有實能效力、弓馬嫻熟者，遇有把總缺出，即行錄用，以示鼓勵。其懶惰刁悍者，嚴行責革，以彰法紀。從前把總一缺，提鎮將弁每將家丁及同鄉戚屬虛冒錢糧，毫無勞績者，朦混占補。似此，何以服士卒之心？今限一年之內，徹底肅清，倘不遵諭旨，仍蹈前轍，定將該管大臣及將弁等從重治罪，爾封疆大吏各宜敬凜毋忽。（世宗一一、二一）

（雍正二、四、癸亥）革辦理察罕叟爾糧餉侍郎薩哈布職，以其侵蝕軍餉也。（世宗一八、二二）

（乾隆五、八、乙酉）兵部議西安將軍綽爾多參奏原任西安將軍沁布任意徇情各款。查沁布擅將額甲錢糧，私給筆帖式，以致額兵空缺。迨奉旨賞給筆帖式養廉，復不將給與額甲徹出。又挑補涼州、莊浪披甲，令官員家奴充補，致閑散滿洲，不能得缺。徇私違例，應照例革職。至該將軍所奏，現在各官家奴充補披甲者，共一百三十八名，理應即行徹出。但此等披甲，支食錢糧有年，若全行革退，伊等人口眾多，未免力量不足，請暫令存留。俟有空缺，仍將另戶閑散滿洲充補。其給與筆帖式等披甲，悉行徹出，於另戶

閑散滿洲人等挑補。應如所請。得旨：沁布著革職。餘依議。(高宗一二四、一五)

(乾隆一六、一〇、乙卯) 諭軍機大臣等喀爾吉善等查覆卓鼐原奏：乍浦兵丁加增月糧折色銀兩。該管協領等官，及書辦人役。指稱部費，侵扣分肥一案，訊據書役余俊供稱，送過將軍額爾登銀一千五百兩等語，額爾登身爲將軍，乃通省統轄旗兵第一大員。營弁作弊，不能查禁，已負職守，乃至扣剋兵餉侵肥入己，尤可髮指，據供收取家人，俱有姓名可質，實出情理之外。已降旨革職挐問。著舒赫德就近赴浙，會同喀爾吉善、永貴，將案內有名人犯一併嚴審定擬具奏。據稱，額爾登在乍之時，久有成議，如此事係額爾登起意侵肥，固應即行正法，即係聽信人言，而婪贓入己，其罪亦無可逭，至書役人等，原係慣行作弊之人，若由本官起意。伊不過聽從指使，尚可依本罪發落。若由伊等網利營私，教誘該管各官分肥，而伊等從中取利，不顧該管大員之陷於重辟。有此情節，實爲可惡，即不當以爲從論，令得以輕罪苟全性命。著傳諭舒赫德，體會此意，并不可稍有透露，如令額爾登探知，或致意外先行自盡，惟舒赫德是問。再舒赫德現審官貴震一案。如已有端緒，將次完結，令於完結之日赴浙，如尚不過輾轉查挐，即將查挐之處，聽尹繼善辦理，江浙接壤，可時相聞問。舒赫德浙案審完時，如江省所辦之案，已有頭緒。即仍赴江寧，若不過往來查挐，不易完結，則無庸會同，即由浙回京，併諭尹繼善知之。(高宗四〇一、八)

(乾隆二二、一、壬戌) 又諭：聞福建提督李有用，任所聲名，甚屬狼籍，查閱營訊，苛派兵丁，其巡查閩安協時，有得銀六百兩之事，其他處更不知凡幾。……著傳諭喀爾吉善詳細訪查，如果屬實，即當據實參奏，不得稍有徇隱。(高宗五三一、二一)

(乾隆二四、一〇、辛卯) 諭曰：愛必達參奏，永順總兵哈峻德，將移駐所遺守備衙署，私賣得價，置買公館，復勒派所屬公捐。又令各兵自行製備黑鉛，仍於公費內冒銷銀兩，并將家人內姪分派食糧，仍留內署使用及與回民哈世傑認爲弟兄，出入無忌各款，殊屬不法，非尋常卑鄙貪污可比。總兵統轄營伍，豈應恣意妄行，至於此極！況以私人侵食名糧，關係營務，尤爲重大。從前雍正年間屢蒙皇考執法整頓，此弊久已肅清，乃哈峻德膽敢冒占營私，罔知法紀，愛必達此奏甚屬公當。著將哈峻德革職挐問，交該督等按摺內款犯，嚴審定擬具奏。(高宗五九八、二四)

(嘉慶六、五、乙巳) 諭內閣吳熊光奏查出湖北辦理糧餉，種種貽誤情形一摺，姜晟前任湖廣總督，軍火、糧餉是其專責，伊在楚雖不及倭什布之久，但駐劄襄陽，於支發銀兩分設多局，並不早立章程。現經吳熊光查出該局祇有發銀數目，並無用銀實數，而於兵勇應領之項，掛欠不發，其所發餉銀用於何處？顯係該糧員等意存朦混，豫爲侵冒地步，該督在彼所辦何事？除俟全案審訊，明確再降諭旨外，姜晟著先行交部嚴加議處。（仁宗八三、三〇；東四、一〇）

2. 武弁發放兵餉糧銀，借名尅扣、攤派

（雍正七、一一、己亥）諭內閣：各省兵丁，於糧糈之外給以季餉，所以撫養士卒，令得仰事俯育，以爲地方捍衛，所關甚重。而朋銀一項，於俸餉內扣留貯庫，爲各營買補馬匹之用，亦國家恤兵至意也。近聞直隸布政司衙門姦吏於請領朋銀時，每匹扣陋規二兩至二兩五錢不等。直隸如是，他省大約皆然。夫倒馬立有限年，報銷復有成額，豈容姦胥舞弊侵扣？嗣後著各督撫及布政司，查照定例，按期給發，如有姦吏增減、剋扣、遲延等弊，各該督撫即行拏究，按律重處。儻督撫失於覺察，布政司不能釐剔弊端，朕有訪聞，定一併嚴加議處。至兵丁歲底豫借春餉及支放季餉，亦聞有不肖餉書，於放餉則需索季規，於借餉則科斂借費，此種姦弊，深可痛恨。著各該督撫一併嚴查禁革，務須按季給發，不得遲延。該部通行直省督撫、布政使，將朕諭旨刊刻曉諭，俾官吏、兵弁等咸知之。（世宗八八、二八；東七、五九）

（雍正八、三、壬辰）諭內閣凡兵丁等支給糧餉，原爲仰事俯育之資，不容絲毫扣尅。朕聞陝西興漢鎮，有加米部費一項，每年兵丁公湊銀三百兩，同奏銷銀兩一併交送部科，名曰部費；又如慶賀表箋，每年給陋規銀四十兩；齎送冊籍，每年給陋規銀二十四兩。興漢一處如此，則各省與此相類者不少矣。此皆內外胥吏等，彼此串通，巧立名色，借端科派以飽私橐。弁兵等力量幾何，安能供此旁出之使費？著通行各省營伍，若有似此陋規，即嚴行禁革。如部科書吏人等，仍前需索，或於文移冊籍中，故意搜求，著該管大臣等具摺參奏。（世宗九二、一六）

（雍正九、五、甲子）諭兵部：今歲命往陝西西安駐防兵丁、派出直隸張家口營兵一百八十餘名，聞各兵家口支領錢糧，而該管武弁等以各兵應有錢糧俱給與新募之兵支領，無可給發，以致各兵家口三月未曾領餉，日食不敷，四路奔訴。凡兵丁撥派他往者，如馬兵一名，原領月餉二兩，則以九錢付本兵，爲途中鹽菜之用，以一兩一錢爲養贍家口之資，所有兵米，亦仍令其家口支領。若有新募兵丁，則另行給與月餉，並無以本兵錢糧付新募兵丁

之事。何以張家口官弁等錯誤遲延,以至各兵家口餬口無資?著該督、該提鎮即速查明,照例給發,並將遲誤之處,據實參奏。(世宗一〇六、三)

(雍正一一、一、壬寅)諭內閣:甘、涼、肅等處兵丁,本年應支糧料草束,例應折給銀兩,自行採買。朕因甘省年來辦理軍需,食物昂貴,兵丁所領銀兩,恐不敷用,特令加倍增給,以示格外之恩。提鎮大員,自應體朕軫恤兵丁至意,悉心料理,加意愛養。近聞弁員中,尚有營私瞻徇,凡於過往應酬及一切雜費,俱於各兵攤派。即如甘提馬廠,每年尚有餘利,若盡歸公用,於兵丁不無小補。前任提督宋可進祇知網利,不恤兵艱,剋扣餉銀,濫用公帑,各鎮將弁未必不傚傚而行。著署督劉於義、侍郎杭奕祿嚴飭陝甘提鎮,將營中所有,除各官俸薪及親丁名糧外,凡有餘利,俱歸公用,接濟兵丁,不得絲毫乾沒入己,亦不得借公費等項名色攤派。署提督劉世明受恩深重,尤當實力奉行,毋得仍蹈故轍,自取罪戾。嗣後弁員有私派、侵蝕等弊,該署督等即行參奏,並將該管堤鎮一併參處。(世宗一二七、一〇;東一一、二)

(雍正一一、六、辛亥)諭辦理軍機大臣等:副都統黑色,率領馬場兵丁一千名,前往軍營,於途間多方勒掯弁兵,鞭撲陵虐,及至歸化城,兵丁小有過失,輒罰銀一兩、五兩不等,以官用為名,皆侵蝕入己。似此狂悖,豈可膺領兵之任?黑色著革職,副都統那蘇泰、侍郎那爾泰,馳驛速往。那蘇泰暫領此兵行走,俟會合馬蘭泰時,將兵丁交付,再行回京。侍衛那爾泰,即將黑色提擎,併總管巴雅思虎朗及應行質問之人解京,交部嚴訊。(世宗一三二、一)

(雍正一三、七、己酉)刑部議覆,革職署甘州提督劉世明縱兵為盜,冒餉、侵帑各案,據署陝督劉於義等將劉世明請擬斬立決,盜犯陳金、馮得朝、孫賢佐、吳珍、周紹唐、孫賢祿均依律,不分首從,皆斬立決。查劉世明由侍衛微員,不次超擢,毫無感激圖報之心,在軍營,則委靡退縮,署提督,則苟且因循,以致兵丁刦奪橫行,將弁侵那任意,又私行索借,擅用公銀,核其情罪,無可寬貸,為盜之兵丁陳金等亦應照例正法。得旨:劉世明、陳金、馮得朝、孫賢佐、吳珍、周紹唐、孫賢祿俱著即處斬。(世宗一五八、一二)

(乾隆七、一二、甲午)[戶部]又議准,四川副都統永寧奏稱,成都八旗官兵口糧,俱動項交地方官,於每年秋收時,買米收貯,至米價昂貴時,照原價分給兵丁,甚屬有濟。但收貯微少,現於覺和托名下,追出銀一千四百七十九兩零,皆係向兵丁勒索之項,請仍交地方官買貯分給,從之。(高

宗一八〇、一二）

（**乾隆一六、九、癸巳**）雲南開化鎮總兵張凌霄奏：營伍名糧不得虛冒。開化書識除本身名糧外，竟有分食空糧至二十餘分之多者，名曰伙糧。伏思書識多一伙糧，即營中少一實卒，現飭所屬，盡行裁革。再，兵丁每遇糧缺，動經屢月始補，將截存銀米，留充公用，仍以隨缺隨補咨報，現有缺即行頂補。再，直省兵丁，原設馬步戰守等次，開化止分馬步，不分戰守。將每月應得餉銀一兩五錢之戰兵九百四十名與一兩之守兵一千一百七十餘名均攤，每名每月給餉一兩二錢，仍分戰守捏報，以致優劣不分，同歸玩愒，現隨時挑選，由守升戰。再，開化兵餉，按季支放，爲時既久，銀數自多，兵丁入手，任意花銷，迨日食不繼。每致犯法潛逃。且有外籍入伍者，關銀到手，即行遠颺。現酌改按月支放，以符定例。……報聞。（高宗三九九、二七）

（**乾隆一九、八、丙辰**）刑部等衙門會議：雲南巡撫愛必達疏稱，參革開化鎮總兵張凌霄，侵蝕俸餉銀九百八十兩，照例擬徒五年。應如所請。從之。（高宗四七十、一二）

（**乾隆二六、五、癸亥**）諭：據開泰等參奏，川北鎮總兵西琳，藉口整頓軍容，爲債主銷售帽纓，勒屬強派，於季餉內坐扣，請旨解任質審等語。西琳身膺專閫之寄，不能表率營伍，乃勒動各營公項，爲債主銷售私貨，甚屬卑鄙。西琳著革職，交與該督等審擬具奏。（高宗六三七、一二）

3. 虧空兵糧，私扣兵餉，冒銷鄉勇卹賞銀兩

（**乾隆三九、一一、丁卯**）又諭；前據圖思德奏，署保山縣知縣王錫，虧空兵糧米穀一案。據王錫呈出賬目，皆供應彰寶行署用度，共銀四萬餘兩等語。此事實堪駭異。因彰寶業已回京，傳諭詢問。伊堅稱實無其事，並將伊在永昌交中軍動用清摺呈出。因命侍郎袁守侗，馳驛赴滇查辦後，再行降旨，並以李湖在彼，豈無見聞，因何不及早據實查勘，諭令李湖明白回奏。今據覆奏稱，嚴究王錫虧空根由，據呈出供應賬目，自三十八年八月起，至本年五月止，彰寶署中取用食物等項，計四萬餘兩，係伊家人楊三、李二等收進，供指鑿鑿等語。是此事已有實據，不必更俟袁守侗奏到矣。除李湖已批交該部嚴察議奏，並將朕硃批原摺，發鈔宣示外，彰寶即著革職拏問，交刑部，俟袁守侗審案奏到，嚴審定擬具奏。（高宗九七一、八）

（**乾隆四六、八、丁酉**）又諭：據復興奏，德風控告烏什哈達收受阿奇木伯克邁達雅爾綢緞皮張，交年班伯克運寄回京，并縱容家奴暨筆帖式等姦

宿回婦。又烏什哈達控告德風，借修萬壽宮之名，多派回民修理衙署，兼於回人私藏玉石之案，詐贓至二、三千兩之多，並剋扣官兵鹽菜銀兩等款。朕披閱之下，不勝駭異，烏什哈達謀利營私，不能約束下人，獲咎固重，至德風乃朕棄瑕錄用之人，且係尚書德保之弟，閤家受恩深重，如此肆無忌憚，其罪不更浮於烏什哈達耶！著傳諭綽克托、復興，秉公審辦，毋得偏袒，致干嚴譴。（高宗一一三九、三三）

（乾隆四八、八、癸酉）諭曰：李世傑奏，四川重慶鎮總兵馬鎮國與千總糟福壽互揭一案，稱據重慶鎮總兵馬鎮國揭報，該標千總糟福壽藉差借支餉銀三百四十餘兩，偽捏姓名，承買官房，除追繳扣抵外，尚長支未繳銀一百三十餘兩。又據糟福壽揭稱，重慶三營兵餉，自去年起，春餉壓夏，四季拖延。又該鎮每年私收地租錢二千餘串，又中營遊擊馬奉君擅娶兵妻，右營都司李芝榮私賣戰馬各款。除將千總糟福壽咨革外，請將重慶鎮總兵馬鎮國、中營遊擊馬奉君解任嚴審等語。馬鎮國、馬奉君、李芝榮均著解任，交該督提同案內人證，一併嚴審定擬具奏。至糟福壽係千總微弁，竟敢藉差借支餉銀三百餘兩，該鎮輒行借給，係借何名目，是何月日，其中恐有挾同弊混情節，並著該督詳確審訊，毋任支飾。該部知道。（高宗一一八六、一二）

（乾隆四九、四、壬子）又諭曰：李侍堯參奏，署貴德營遊擊扎倫布私扣兵丁月餉，又派兵砍木割草及勒收商民羊隻等物，作價扣收銀兩，以致兵丁趙有等挾忿，將營書張有成扎斃。該署千總相昌，扶同不報，請旨革審等語。月餉錢糧，所以贍養兵丁，絲毫不容剋扣。乃該署遊擊扎倫布，竟敢貪黷營私，侵扣肥橐。署千總相昌，復為扶同匿報，均屬目無法紀，僅予革審，不足蔽辜。扎倫布、相昌著革職拏問，交該督提同案內人犯，嚴審定擬具奏，該部知道。（高宗一二〇五、二四）

（嘉慶五、六、庚辰）又諭：兵部奏駁護貴州巡撫常明，辦理狆苗案內，鄉勇卹賞銀兩一摺，所駁甚是。此案冊造陣亡受傷鄉勇一萬二千三百一十六名，經兵部駁查，該護撫即將受傷鄉勇六千餘名，及陣亡無眷屬者一千餘名刪除，其餘共發給卹賞銀十九萬餘兩，咨部覈銷，所辦實屬錯誤。鄉勇均由軍營召募，非如兵丁實有額缺冊籍可查者可比，既經兵部駁查，自應詳查名數，覈實辦理，乃該護撫並不遵照部駁查明造報，又不待題准，率行給發，遽請報銷，顯有影射浮開情弊。頃召見馮光熊，詢以鄉勇情形，據稱鄉勇一項，多寡虛實本難憑信，即發給卹賞銀兩，亦不能按照應得數目如數給予等語。是此項請銷卹賞銀兩，實不免有冒濫之弊。琅玕甫經到任，無所用其迴護，著傳諭該撫，揀派前此並未辦理軍需，平日居官公正者數員，將前項卹銀，查明經手之員，如何任意浮冒，及護撫常明，何以並不遵照部駁，即行給發請銷各情節，逐一查明。如有將餉項私行餽送，歸入鄉勇項下冒銷，如胡齊崙者，即當據實嚴參，毋得稍有隱飾。(仁宗七〇、二九)

(嘉慶一一、一一、壬申) 諭軍機大臣等：本日薛大烈到京，據稱方柴關兵潰一事，蘇勒芳阿、游棟雲、田朝貴所帶陝西固原、河州、西安滿營以及四川川北官兵，一見賊匪，紛紛逃散等語。用兵全在紀律，將弁等平日不認真操練，以致臨敵遁逃，緩急難恃。武備如此，可爲寒心。方柴關各兵潰散一事，斷不可不查辦示儆，即法不及衆，亦當查出首先逃散之人，按律處治。如有官弁在內，尤當嚴拏辦理，不可再存姑息之見。至兵丁等因扣項較多，情形支絀，募補者率皆無藉之徒，焉能克敵致果？此事前經德楞泰奏及，著查明兵丁應扣俸餉，究有幾何，是何款項，一一聲明，聽候覈辦。若本係例外借支，在各兵名下攤扣，是即不應扣而扣，或竟有糧員等私自花用，在兵丁名下扣還者。此等款項，皆當查明經手之員，責令分賠，據實參奏。至器械短缺，又不合式，亦著設法整頓。其馬兵不能自行餧養，以致賠累一節，薛大烈請令官兵朋槽餧養。是否可行，均著德楞泰、全保、方維甸，詳悉妥商，奏聞辦理。(仁宗一七一、二五)

(二) 侵冒軍需款項物資

1. 武職官弁制辦武器，借軍需之名，耗費國帑，浮冒、侵欺、勒索、嚇詐

(康熙二三、七、丙子) 兵部題：原任福建總督姚啟聖，修理兵船、兵器，浮冒錢糧四萬七千餘兩，應行追賠。得旨：姚啟聖攻取臺灣，著有勞績，著免其追賠。(聖祖一一六、二四)

(雍正六、一〇、辛卯) 又諭 [戶部]：從前西邊用兵多年，允禵狂悖貪婪，肆行不法。又有延信等，胸懷姦宄，背公營私，借軍需之名，擾累地方，耗費國帑。遂致領兵承辦各員，效尤無忌，浮冒侵欺，勒索嚇詐，種種姦弊，難以枚舉。及至銷算軍需，盡行敗露，諸人名下應追銀兩，共計六百餘萬。若按律治罪，則應置重典者甚多。朕無可奈何，開恩暫寬治罪，令定限追完，實法外之仁也。此時力不能完者，自應仍置之於法。但念伊等在行間效力多年，朕心有所不忍。然國家一定之經費，若一任侵蝕浮冒，則國帑攸關，國法安在？朕亦不得而私者。今再四思維，內府庫中有收貯銀兩，乃聖祖仁皇帝及朕歷年躬行節儉之所餘積，非部中經費可比。用是大沛恩膏，

將此銀兩動支九十四萬餘兩，代滿、漢、蒙古官兵，清還應追之項。此朕委曲保全之至意，格外施恩之曠典。夫國家養育兵弁，原爲效力疆場，執銳披堅，乃臣子之常分。儻一遇軍旅之事，即存貪財網利之心，則天理必不能容，國法亦難姑貸。此次受恩之後，若不知感激愧悔，互相儆戒，洗心滌慮，宣力抒誠，將來再有犯者，必難再邀倖免也。思之思之。（世宗七四、一五）

（乾隆一、四、癸酉）鑲白旗漢軍都統貝勒允祐奏，原任提督何祥書名下，拖欠軍需米價銀一萬二千九百兩零，逾限不完。應交部照例定擬治罪。得旨：不必交部，將伊子何永陞等俸祿錢糧坐扣補還。何祥書如果實心效力，居官好，朕將伊應完銀兩寬免，亦未可定。若不黽勉效力，居官不好，必照該都統等所奏，將伊交部治罪。此旨，著曉諭何祥書知之。（高宗一六、一五）

（乾隆二、四、丙戌）豁免原任山東登州鎮總兵官岳含奇等應追軍需銀二萬一千一百兩有奇，糧八千七百石有奇。（高宗四一、三〇）

（乾隆六、二、丁未）又諭：據湖南巡撫許容奏，乾隆元年，兵部議准武職親丁馬匹，俱准備價存營，遇需用馬匹時，即將所存馬價銀兩，購買備用。今臣於五年八月抵任，本標因城、綏用兵，呈報購買親丁馬匹日期。查五、六、七月間，各營皆已報買。因查乾隆二年，擒勦蒲寅山，亦是城、綏用兵，並未買備親丁馬匹，此番何以忽行購買？細加察訪，乃知各武職俱屬虛報，且有銀兩存營未領，而已報沿途買就，希支草料者。臣既查明並無馬匹隨營喂養，豈便聽其朦混捏冒，以肥私橐？且今日報買，迨至凱旋，非捏報倒斃，即捏報疲瘦不堪，又可再請帑項存營，此事勢之必然者。臣不敢扶同欺飾，理合據實奏聞等語。朕思捏報買馬，固干吏議，但官員眾多，又在軍前出力，今軍務已竣，應從寬完結。著傳諭湖廣督撫，查明城、綏用兵以來，各營捏報買馬若干，及冒支行營料草若干，俱照數追還外，一概免其處分。其該管上司，濫行批准者，亦免其議處。（高宗一三六、二二）

（乾隆三三、一一、乙亥）又諭：據崔應階參奏，杭州總捕同知張鐸，續辦鳥鎗案內，先後領過銀一萬五千六百八十餘兩。訊據匠頭姚萬山供稱，只領過工料銀六千一百兩，每千兩扣銀二十兩。質之張鐸，堅不承認。請旨革審一摺。張鐸著革職交與該督，與案內有名人犯，一併嚴行究審，定擬具奏。（高宗八二二、二七）

（乾隆三三、一一、庚子）又諭：（軍機大臣等）浙省濫請續製鳥鎗一案，業審據工部書辦供出，浙江布政使承差陳德順，打點許銀各情節。已諭崔應階，悉心研鞫矣。又據書辦薛榮懷供稱，承辦前案之書辦王魁一，亦曾得過銀兩。但王魁一已經出京。訊據伊弟供稱，前往山海關找伊秭夫等語。現已行文該處監督，即速拏解送京。因思部中書辦，籍隸紹興者多。王魁一或自揣案已敗露，假稱赴山海關，潛回本籍避匿，亦未可定。著傳諭崔應階，即飭屬嚴密訪緝，如該犯業已回浙，速行提拏到案，一併嚴切訊究。(高宗八二三、二)

（**乾隆**三三、一一、**己酉**）諭：軍機大臣等，據崔應階參奏同知張鐸於續辦鳥鎗工價銀內，每千兩扣銀二十兩，堅不承認一摺，已降旨將張鐸革職，交與該督嚴行究審矣。昨永德來京陛見。據奏，伊在浙時已經訊出書辦得贓及承辦之員短價浮銷各情節。因令軍機大臣，將此案緣由詳悉詢問。據稱，伊在藩司任內書辦虞九洲，初辦製鎗詳文稿係照提標移冊一萬三千餘桿。經永德改稿，止請造四百四桿。詳委同知張鐸承辦，後又改委同知廣福。已訊據虞九洲供稱，廣福許每桿給銀三分，託爲照應。所以報銷文內，遂添敘餘請陸續製造字樣。並經訊明初辦四百四桿之理事同知書辦費濬川，則稱原詳稿內本無餘請續製之語，係廣福自行添入。調驗原稿，果有旁添筆蹟。又訊據續辦三千餘桿之杭捕廳書辦居大川供出，此案有已滿藩司書辦虞廷榮、料理院司衙門撫房王明齋、督房韓如山、余景賢、夏聲等俱經供認得過廣福銀十二兩。應允照詳題請。又理事廳書辦潘正音一犯，往拘時自行抹脖，現在收禁醫治。又訊鐵匠姚萬山供，向張鐸領銀每千兩扣銀二十兩。並傳問該員稱，每桿用銀二兩五錢三分零，覈之原估，每桿二兩八錢一分之數，復有盈餘。廣福原辦四百桿，事同一例。雖已報銷，亦應嚴究各等語。是此案承辦始於廣福，而接辦之張鐸，仍前弊混，必須切實嚴究。今該督雖將張鐸短扣情節，參劾查審，而於每一鎗較原估餘銀二錢八分及廣福承辦四百桿浮冒報銷之處，尚未敘及。尤當一併研究，務得實情。至廣福既向藩司書辦行賄，復又添請續製字樣，現有改稿字蹟可據，情弊顯然。今廣福雖已身故，其子若尚留在浙江，即當提取根問，亦可得其實在根由。又現在案內浙省上下各衙門書辦，通同作弊者甚多，其中亦必有關通部中書辦囑託照應之事，因令軍機大臣訊問工部書辦，現據供出。有浙江布政使承差陳德順來京打點許銀之事，著崔應階即速拘拏陳德順到案，將何人託彼來京打點及作何許銀過銀之處，悉心嚴鞫，務令水落石出，不得聽其稍有掩飾。其書辦潘正音，雖經自行抹脖，所傷輕重若何，收禁醫治後，曾否已經痊愈，且該廳書吏承辦此案者，原不止潘正音一人。伊即因傷重，急難訊供。其同辦之人，自可確切追究，毋任詭卸，亦不得因此稍致延緩。仍即將訊明案情據實

奏聞，著一併傳諭崔應階知之。（高宗八二三、一六）

（**乾隆三四、二、戊辰**）又諭：浙江濫製鳥鎗一案，蘇昌朦混具題，工部亦率行覆准，糜帑至一萬七千餘兩之多。因究出承辦之員與各衙門書吏串通舞弊，現在審擬定案，前以添設馬上鎗兵，係各省通行之事，或亦有似此濫行製造者，隨諭令各督撫查明具奏。今據陸續奏到，俱係按照定數製給，並無逾額濫造者，是冒濫弊混，惟浙省為然。蘇昌前在總督任內，既經奏明承造四百餘桿，後題銷時聽其混入續製之語，且明知已經多造，又不將劣員蠹役據實嚴行參奏，實屬有心迴護。設使蘇昌尚在，必當將伊治罪。如僅照例分賠，不足示儆。著將蘇昌應賠銀兩在伊家屬名下，十倍罰出，以為封疆大吏不肯盡心者之戒。（高宗八二八、三五）

2. 武職官員挪移馬價放賬，私開鋪面販賣，冒領兵米

（**乾隆一○、一、辛卯**）四川巡撫紀山奏參副都統永寧各款：一、借製甲面營運。一、捏開報部馬價。一、那移馬價放賬。一、私開鋪面販賣。得旨：四川巡撫紀山，特參永寧狡詐欺罔、圖利營私各款，永寧著解任，回四川候審，其成都副都統員缺，著卓鼐調補，將摺內款蹟並案內有名人犯，交與卓鼐會同紀山，逐一嚴審定擬具奏。（高宗二三三、三）

（**乾隆二七、一、己卯**）諭軍機大臣等：據尹繼善題參夏廷來抽減印領，盜用空白，冒領兵米一千數百石，現在逃脫一案，已有旨將遊擊張大成等革職審追矣。即此一事而江南文武吏治，其廢弛竟不可問！營、縣同城，乃於支領兵米，一任匪徒包攬侵蝕，漫無稽覈，已出情理之外，既經發覺，又不將要犯夏廷來迅速拘拏，以致兔脫，該文武員弁，玩誤已極，不但如本內所謂如同木偶而已。著傳諭尹繼善務將逸犯夏廷來躧緝到案，嚴審定擬，立置重典，以昭炯戒。現在該犯曾否就獲，其中有無員役通同作弊，並作何辦理之處，著一併速行據實奏聞。尋奏，夏廷來現於江寧城拏護，訊據冒領兵糧屬實，除提集營縣書役嚴審定擬外，所有侵虧米，責令該管各官先行賠補。得旨：好，從來無此振作爽快事矣。（高宗六七五、五）

3. 牧廠虧缺馬匹，攤扣牧丁錢糧；劣員採買馬匹，侵帑誤公；貪官侵蝕馬乾，肥橐營私

（**乾隆三二、一○、己巳**）諭：朕檢閱朝審招冊內，有太僕寺及商都達布遜諾爾、達里剛愛等處牧廠，虧缺馬匹三案。所有官犯二十三人，俱經刑部九卿覈擬情實候勾。但詳覈案情，其中輕重迥殊，有不可不為區別者。如

達里剛愛一案十四犯，不惟馬匹虧缺數多，且於牧丁錢糧內攤扣彌補，甚至自行侵蝕銀四千餘兩，覈其情罪，實屬重大！然其中亦自有首從差等，俟勾到時另爲酌定。至太僕寺及商都達布遜諾爾兩案內九犯，則並無扣派侵肥情事，其罪止於虧少馬匹，安得以其均係牧廠犯案，遂爲一例概視？所有兩案內之索諾木達爾扎、五巴什、雲敦、阿敏達瓦、羅布桑、巴忠、車里瑪、巴忒瑪、古木扎布俱著改爲緩決，以示平允。（高宗七九六、一三）

（乾隆三四、二、壬午）諭軍機大臣等：刑部議覆，巡撫鍾音審擬董㬎承買解滇馬匹，侵帑誤公一案，將董㬎改爲擬斬正法，已如議行矣。採買馬匹，關係軍營重務，該犯敢將疲瘦之馬，混行搪抵，且復上下通同，營私肥橐，目無法紀，情罪深爲可惡。自應速正刑章，以昭炯戒。乃該撫鍾音，既知該犯失誤軍機，復爲聲敘監臨主守侵盜之例，問擬斬候，殊未允協。此等貪劣之員，有何姑息，而令其久稽顯戮，鍾音柔懦沽名之習未改，所辦非是，著傳旨申飭。（高宗八二九、二五）

（嘉慶四、七、己卯）又諭［內閣］：阿迪斯奏額馬虧缺三百匹，請將前署中軍參將遊擊倭克錦、署遊擊趙興前，革職交刑部嚴審等語。所奏可嘉之至。阿迪斯自署理提督以來，能以公事爲重，不存五日京兆之見。到任後即查出提督署內兵丁充當轎夫，奏請禁革，茲復將馬匹虧短情弊據實參奏。足見實心任事。阿迪斯著交部議敘。倭克錦、趙興前，均著革職，解交刑部審究，並派乾清門侍衛副都統常麟、內閣學士阿隆阿，馳驛前往古北口清查馬廠馬匹，務得確數，據實奏聞。如有虧缺，即行歸案辦理，此等短少馬匹、侵蝕馬乾之弊，諒不獨直隷爲然。阿迪斯係署任之員，明知秋冬間即可交卸回京，尚能如此認真稽察，而外省實缺提鎮等，類皆通同容隱，幾與地方州縣接收虧空扶同出結無異。綠營積習相沿，實屬可惡，嗣後提鎮大員，務須力除弊竇，以肅戎行而覈軍實。儻敢仍前因循欺飾，一經發覺，必當執法從事，決不姑貸。將此通諭知之。（仁宗四九、一六）

（嘉慶一〇、六、戊寅）諭內閣：前因佛爾卿額查奏已故大同鎮總兵恩承阿有遲放兵丁馬乾銀兩之事，畏罪自盡。當經降旨令佛爾卿額查明其弊始自何年，恩承阿究竟侵蝕若干，各營員有無通同染指之處，並將恩承阿任所資財查抄，開單具奏。茲據佛爾卿額奏，恩承阿在大同鎮總兵任內，自嘉慶四年起至九年止，將該鎮所轄中、左、右、前四營馬乾銀兩，俱令攤扣，彙交中營收貯。除公項開銷外，其餘皆係恩承阿私自入己花費，各營將備緘默不阻。請將遊擊德基等十員分別革職解任，歸案嚴審。並據另片查明恩承阿任所資財，開單呈覽。朕閱另片所開恩承阿任所現銀即有一萬一百餘兩，其單內衣服、物件，並所抄伊家內資財、衣物爲數亦屬不少，贓據確鑿，殊堪駭異。兵丁按期給餉，原令其養贍有資，俾得安心肄武。今各該兵丁應領馬乾銀兩，俱被侵剋，伊等方謀生不暇，又安能責其操練巡防，熟習技藝？營伍廢弛，職此之故。恩承阿以總兵大員，敢於如此貪縱營私，貽誤營伍，其罪甚大，可恨之極。伊雖已畏罪自盡，但此等犯贓劣員，其子嗣豈可復任官職？伊子佐領博慶，前交刑部審訊，即使訊無隱匿寄頓情弊，亦當革職發往烏嚕木齊效力贖罪。此外有無子嗣當差出仕者，並著該旗查明具奏請旨……（仁宗一四五、二四）

4. 承辦軍需官員虧空軍需銀米，短發夫價，科派津貼，收受饋金

（乾隆三四、七、辛巳） 諭軍機大臣等，崔應階題參已革鳳山縣知縣方輔悟，承辦軍需，虧空庫項倉穀。明有藉端侵冒之處，現在提審究追等語。已降旨交該督嚴審擬追矣。臺灣應付官兵，一切俱係動用官帑，據實報銷。該縣乃敢藉此爲名，虧空庫項一萬三千兩，倉穀三千餘石之多，顯有侵冒情弊。該督即行嚴審確情。如果侵欺屬實，即當速行定擬，趕入本年秋審情實。其所虧銀兩，如方輔悟家產不足抵補，即著落該管各上司，分賠完帑，毋致公項久缺。並傳諭該督知之。（高宗八三八、一）

（乾隆三四、八、戊寅） 又諭：前據崔應階題參，諸羅縣革職知縣陶浚，任內虧空庫銀一萬五千餘兩。續又查出原揭數外，尚有虧空銀一萬四千餘兩、穀二萬四千餘石等語。已有旨令即嚴審追擬矣，陶浚先於黃教案內，不能先事豫防，非尋常失察可比，降旨將伊革職，發往伊犁。效力贖罪已屬倖邀寬典。乃於辦理軍需，查出虧空銀數，至數萬之多，似此藉端侵冒，罔知法紀之員，不可不盡法懲治，以示炯戒。著傳諭崔應階，即將陶浚嚴行審擬追究。趕入本年秋審情實，所有任內貲財。即行查抄，共原籍安徽滁州家產，亦著傳諭富尼漢一併嚴密查抄，毋令稍有隱匿寄頓。（高宗八四一、二二）

（乾隆三四、一〇、癸酉） 又諭：前據崔應階參奏，署臺灣縣知縣曾曰瑛等虧空倉庫一案，即降旨交該督嚴審定擬具奏。迄今已閱半載，未經審結。本日據該督奏稱，現在差委專員赴臺查辦等語。辦理殊屬遲延，此等虧空錢糧重案，自當速行定擬，按律治罪。俾共知懲創。即云內有軍需支用款項，必須質證明確，亦早應徹底清釐，何以遲至於今，始行委員查覈。著傳諭該督即將此案迅速審究，定擬奏聞，毋得再爲延緩。（高宗八四五、

三十五）

（乾隆三五、五、辛巳）又諭：據彰寶奏，原任台拱營參將靈泰，於陞任定廣協副將時，不將任內經手錢糧交代清楚，竟行前赴新任，經署參將富紳查明，各項虧空銀兩至有三千餘兩之多；並有與守備何飛龍、千總汪大川等上下通同、虧那欺隱情弊，請將靈泰等一併革審等語。靈泰、何飛龍、江大川俱著革職，交與該撫宮兆麟嚴審究擬具奏。（高宗八五八、七）

（乾隆三七、一〇、戊子）又諭：據文綬奏，鄰水縣訓導李綰揭報署鄰水縣知縣楊金蘭，於辦理夫糧，令紳士收支，里下幫貼等款。又代辦鄰水縣事縣丞蔡倬立，亦有短發夫馬價值，科派津貼之事。經知府江權前往查審，該縣辦理軍需，雖有通融津貼，非盡交公所，其餘全屬子虛。並究出該訓導平日干與軍需，借端射利。因士民列款欲控，因而架詞聳聽，先發制人，其挾妓飲酒，送扁索錢，及囑託公事之處，已據訓導自認不諱。請將李綰革職，楊金蘭等解任質審等語。李綰著革職，楊金蘭、蔡倬立俱著解任，交該督與案內有名犯証，一併嚴審定擬具奏。（高宗九一九、二三）

（乾隆三七、一二、丙子）諭：前據文綬參奏，鄰水縣訓導李綰，揭報署鄰水縣知縣楊金蘭，及縣丞蔡倬立，因協辦夫糧，收支幫貼，短發夫價等事。經派員查審，其通融津貼，非盡交公，餘款盡屬子虛。並審出該訓導有干與軍需射利之事，而其挾妓飲酒，索錢囑託等款，已自認不諱。業經降旨，將李綰、楊金蘭、蔡倬立，分別革職解任，交與該督審擬具奏。今李綰用列款印文，揭告楊金蘭等，差人赴步軍統領衙門投控。雖係一面之詞，難於盡信，但事關軍需，該員等如果有科派短發情事，不可不徹底根究，盡法懲治。著交富勒渾，提齊案內有名犯証，逐一秉公嚴審，務得實情，定擬具奏。其投文之熊國柱，即著交部解往。（高宗九二三、一）

（乾隆三九、一〇、庚子）諭軍機大臣等：據圖思德奏，查參署保山縣知縣王錫虧空兵糧米穀一案，據王錫呈出賬目內，皆供應彰寶行署中一切用度，及隨帶弁役、轎夫、戲子、工匠等費，自上年八月起，至本年五月止，共用銀四萬餘兩等語。……（高宗九六九、一七）

（嘉慶四、五、己巳）諭軍機大臣等，昨據湖北委員將胡齊崙、朱謨解到，當令軍機大臣會同刑部嚴訊，供詞閃爍，不肯吐露實情。此案胡齊崙擅殺難民、侵欺公帑二事，最關緊要，胡齊崙經手荊、襄、安、鄖四府軍需銀兩四百一十九萬餘兩，爲數甚多。一人在私衙獨辦，豈無染指之處？乃景安、祖之望查辦胡齊崙經手未完各件，並未將支發底帳豫行封提，轉藉行查領項各員爲名，耽延數月，且令胡齊崙自行覈對卷宗，爲彌縫抽改地步。是景安、祖之望有心徇隱，並未徹底查究，必有同胡齊崙通同取巧之處，顯而易見。此時送到各册，自已無瑕可摘，必須在楚嚴密清查，始能得有根據。倭什布甫由豫撫特恩升授湖廣總督，從前胡齊崙經手軍需，並非伊任内之事，無所庸其迴護。著傳諭倭什布，即將胡齊崙侵貪捏報之處，逐一查出實據，毋任絲毫掩飾。惟楚省官員，久已串通一氣，若委員查覈，仍恐扶同左袒，不能得其弊實。該督應另派自豫帶來親信佐雜或幕友家人，密行體訪，庶不至爲屬員欺蔽。一得實情，即行據實密奏。若查出景安、祖之望實有聽情賄囑同侵帑項，及恐帶累多員化大爲小諸情弊，亦即一並劾參。再胡齊崙在夾河洲擅殺降民一節，是否實係餘匪潛謀勾結，抑係就撫難民，致被妄殺。此時汪新、馬瑀，雖已身故，尚有候補知縣蕭應登、守備銜武舉王德洋等現在湖北，著倭什布將蕭應登等，密傳至軍營面訊，據實奏聞。以上各情節，係密交倭什布專辦。務當嚴切根查，以期水落石出，毋得稍有徇庇。儻此次仍復顢頇了事，別經發覺，惟倭什布是問，該督不值代人受過也。（仁宗四四、二五）

　　（**嘉慶四、九、癸未**）又諭：昨據倭什布奏到胡齊崙動用軍需底帳，慶成、永保俱經得受餽送銀兩，因降旨將伊等家產查抄。今據布彥達賚、盛住等將抄出慶成、永保家產開單呈覽。本應照例入官，但念慶成之曾祖孫思克曾於國初著有勳績，爲本朝出力之臣，又有公主下嫁伊家，而慶成之祖五福亦曾任御前侍衛，始終勤慎。今慶成雖因帶兵不力得受餽送獲罪，但念伊前此打仗，曾經得傷，此次未經上緊殺賊，較之永保之有心逗遛安坐貽誤者有閒，所有慶成祖遺住房一所，及公主陪嫁坐落薊州等處地三十一頃六十畝五分四釐，金册一分，俱著加恩賞還。至慶成之父惟精，並未獲咎，其屋内什物，亦著全行給還。其餘抄出房地金銀錢文衣物等項，皆係軍需項下餽遺所得，俱著交内務府等衙門照例辦理，男婦人口發交該旗查辦。所有大隆號氆氇鋪李文林借過銀一萬兩，九江管關道阿林保借過銀四千兩，及張星彩借過銀四百兩，並著勒限嚴追。至永保得受銀兩，前據胡齊崙狡供畢沅送銀二千兩，其餘六千兩，係屬馬價。今訊據永保家人伊昌阿等供稱，永保在刑部監禁後，有沈姓送到銀八千兩，此内有畢沅幫銀二千兩，胡齊崙送銀六千兩。永保即令伊姪出名，將銀三千兩買得住房一所，其餘五千兩陸續用去等語。是此項房屋，係永保將收受餽送銀兩所買，自應入官。至永保家人除借用者無庸入官外，其新典之九兒、張氏二名，著交該旗照例官賣。其餘查出祠堂祭田，及伊子英智、英華衣服什物，俱著賞還。（仁宗五二、二八）

　　（**嘉慶四、九、庚辰**）又諭：湖北支用軍需爲數尚少，已有此弊端，何況川省軍需不啻數倍，且胡齊崙止係道員，又況川省辦理軍需之宜綿、英善、福寧等經手日久，豈有不濫行提用、餽送結納之理？不可不切實嚴究。計此時廣興已可到彼，著傳諭魁倫即將福寧解任質審，其糧餉事務交廣興接辦。福寧如能自行供明呈出底帳，並將宜綿、英善從前在任時底帳和盤托出，罪尚可寬，儻飾詞含混，一經察出，伊能當此重罪乎？(仁宗五二、一八；東二、四二)

（嘉慶四、九、乙酉）諭內閣：前據倭什布奏到胡齊崙動用軍需底帳，鄂輝得受餽送銀兩，因降旨將伊家產查抄。今據傅森、恭阿拉等將抄出鄂輝家產開單呈覽。本應照例全數入官，並查革世職。惟念鄂輝所得世襲男爵，係在湖南軍營擒獲首逆加恩賞給，其所受餽送銀兩，係在湖北之事。所有前賞鄂輝男爵，仍加恩著伊長子鄂彌善照舊承襲，其次子、少子所捐官職，亦不必斥革。鄂輝從前得受此項銀兩，明知出自軍需，因有人餽送，佯為不知，竟收受至四千餘兩之多，如鄂輝尚在，必當計贓治罪，今已身故，免其深究。所有單內開載住房一所、取租房三百餘閒、地十頃餘畝，及家人男婦十六名口，俱著加恩賞還伊子鄂彌善等。其銀錢、朝珠、玉器、衣服等項，自應入官，著交該衙門照例辦理。至伊子鄂彌善等衣服、物件，著傅森等分晰查明賞還。(仁宗五二、三二)

5. 貪官劣吏盜賣扣發軍用物資，營私漁利

（乾隆三五、一〇、己亥）又諭：據吳達善等奏，拏獲盜賣硝觔之巡檢朱廷瑞家人張玉、余龍，現在提齊案犯，嚴審究擬一摺，所辦甚好，已於摺內批示矣。辦用官用硝觔，該犯敢於盜賣漁利，甚屬可惡，自應審訊明確，按律治罪。但朱廷瑞委辦硝觔，親身督運，沿途既有盜賣情弊，豈得僅諉過於家人？而張玉等所供，與幕友程師韓在豫帶買，程師韓今已逃回，其說支離難信，且現據將硝包過秤，較正額尚有短少，則非帶買私硝，更屬顯然。朱廷瑞明有知情串賣，希圖卸罪情事，不可不徹底根究。此時吳達善已赴湖南兼署撫篆，各犯解到時，著交梁國治，隔別詳悉嚴鞫，務令水落石出，毋任稍有遁飾，即行定擬具奏。所有出力緝拏之武昌府經歷曹文魁，尚屬能事。著該督撫量其平日居官如何，出具考語，送部引見。將此並諭吳達善知之。(高宗八七一、二八)

（乾隆三六、六、乙酉）諭：昨總兵李杰龍奏，兵丁操演鳥鎗，檢回鉛子，請給該兵丁操習一摺，經兵部議駁，已依議行矣。但兵部所駁，尚就銷三檢七成例而言，及細閱李杰龍之奏，名為銷三檢七，而實係發三扣七，則

由該省辦理不善，即兵部亦未經議及於此。如所稱每兵定例，歲給鉛子四十兩，今每年僅得鉛十二兩，其七分實皆不發，冊報皆屬虛文等語，是誤認銷三爲實發三成，而以檢七之數，扣而不發。似此操演，安得有益？夫所謂銷三檢七者，乃各兵以歲得四十兩之鉛，作爲鉛丸，令其演習打準，於中准其銷三分，而檢回七分，非令其扣存七分，但以三分試打準頭也。兵丁演放鳥鎗，於木靶後，設有攔牆，常時試驗準頭，自有定式，即使不能中靶，亦不當踰於攔牆之外。尋檢鉛子，本自無難，不致勞苦，亦斷不至多有折耗。若放鎗不顧準頭，左右高下，惟意所適，鉛子皆拋棄無存，此乃益見習藝不精之故，雖多給鉛勅，亦何裨乎？李杰龍不責令兵丁施放有準，惟請多給鉛子，已爲不揣本而齊末。且據所言，每歲止實給十分之三，扣存七分，所得既少，自不敷操演之用，此又奉行之誤會，而非成法之當更也。浙省既有此弊，恐各省亦復相同。著各督撫提鎮，嗣後鳥鎗兵丁，俱照定例鉛額實給，令其施演有準，所檢餘鉛，按數備用，則藝事既可勵以精勤，即檢鉛亦令習於勞勣，實爲一舉兩得。倘督撫提鎮，視爲具文，不實力董率，咎有攸歸。將此通行傳諭知之。（高宗八八七、一）

（嘉慶七、八、己酉）諭內閣：本年春聞，常明參奏道員孫文煥，濫用軍需朦混灑銷一案，降旨令百齡會同張長庚，確審實情，稟明琅玕，定擬具奏。嗣經孫曰秉奏到，孫文煥差人呈控藩司百齡勒派瞻徇、捏飾欺妄各款，並將原呈進呈，當派初彭齡、富尼善，前往秉公查辦。茲據初彭齡、富尼善奏到審訊大概情形。請將巡撫常明、臬司張長庚、貴西道呂雲棟、候補道員馮克犟，一併革職嚴審等語。詳閱摺內所敘情節。孫文煥所控百齡假公勒索等款，經初彭齡等傳齊人證反覆究詰，均屬虛誣，而巡撫常明久任黔藩，將軍需款項，牽混支抵，於應撥鉛廠銀兩，延宕未繳；又將軍需用剩鉛丸十四萬餘斤，交商鎔化，令幕友金玉堂私賣；並任聽抽匿報銷卷案各款，業據初彭齡等質審屬實，常明之罪，已無可逭。而此內私賣鉛斤一節，情罪尤重。此項鉛丸，既經軍營用剩，自應歸入軍需項下報銷。乃既不奏明，又未報部，輒因幕友金玉堂向來販賣白鉛，竟將鉛丸鎔作鉛斤，與伊合夥運往漢口發賣，希圖漁利。迨至藩司百齡查知，常明始應允照數買還。舛法營私，行同市儈，且於軍需報銷要案，漫不檢查，任聽幕友私自抽匿，亦難保無侵冒情弊，竟不料其負國至於如此。常明著革職，交初彭齡等嚴審定擬具奏。一併查抄任所家產，其所賣鉛斤，曾否照數買還。或將價銀交官，抑係私行入己之處，並著查明覆奏。臬司張長庚，於署藩司時，接收常明交代，並未清釐，又聽從移藏案卷，顯有受囑朦混情弊。張長庚亦著革職治罪。貴西道呂雲棟，於常明應撥鉛廠銀兩，代爲擔認；候補道員馮克鞏，現據孫文焕供稱濫應提賞銀兩，係與馮克鞏同在餉局經手。呂雲棟、馮克鞏均著革職，交初彭齡一併歸案審辦。至藩司百齡，於孫文焕所控各款，雖審屬全虛，但百齡既經查出常明欠繳庫項，並縱令劣幕私賣鉛斤各款，不即據實參奏，僅以催追押繳完結，意存瞻顧巡撫，以致孫文焕心懷不甘，捏詞呈控，實屬有心袒庇。百齡業經解任，並令初彭齡等，於定案時，治以徇隱之罪，至已革道員孫文焕，著遵照前旨歸案，按律定擬具奏。（仁宗一〇二、一七）

6. 辦理軍需糧站官員私刻鈐記，盜買盜賣軍米，借支帑銀，混領、混借、混用

（乾隆四〇、閏一〇、丁卯）諭：據劉秉恬奏，揪砥糧站，查獲盜買盜賣軍米、私刻鈐記倉收之杜潮珍、劉潮貴、王德裕三犯，正法示衆一摺，所辦甚是。揪砥係糧運總匯之地。杜潮珍以夫頭領運官米，膽敢盜賣軍糧至二十五斛之多，劉潮貴希圖得利，竟敢私雕鈐記倉收，假充繳官，王德裕明知滾運軍米，收買私存，冀圖牟利，均屬大干法紀。劉秉恬能查獲審明，即行正法示衆，俾各站知所儆懼，辦理頗屬認真。至揪砥糧員知州張克明，能實心巡查，使作奸之犯，即時敗露，亦屬可嘉。該員原係候補直隸州知州，著交該督等，遇有缺出，即行補授。其二道坪站員定遠縣知縣袁文焕，雖失於覺察，但事發後，即能會同迅速查拏，全獲要犯，功過亦足相抵，著免其交部察議。巡役周倫奉差巡查，據實首稟，並即酌量給賞，以示鼓勵。（高宗九九五、一七）

（乾隆四一、八、己未）諭曰：劉秉恬等參奏，據彭縣知縣李德舉稱，順慶府知府朱紹章，勒令出具彭縣印領，借支帑銀一萬兩，交與谷噶站員縣丞洪成龍支用，今差竣回省，疊次向其催繳各等因。查李德舉先既聽縱具領，及朱紹章催討還項，始於事後稟揭，況此項銀兩，均歸洪成龍支用，朱紹章何所爲而勒令李德舉具領，李德舉因何即行聽從，而藍衣經又何以向索夫價銀七千兩，均屬不成事體。至洪成龍借出之銀，零星約計二千餘兩，又借給典史尉雷銀七千餘兩，更屬大干法紀，請旨一併革職嚴審等語。朱紹章、李德舉、洪成龍俱著革職，交與文綬，提集案內有名犯證，將各種情節，秉公嚴訊確情，按律定擬具奏。（高宗一〇一五、六）

（乾隆四一、八、己未）又諭：據劉秉恬等參奏，順慶府知府朱紹章，勒令彭縣知縣李德舉出具印領，借支帑銀一萬兩，交谷噶站員洪成龍支用，請旨革審一摺。已降旨將朱紹章等革職，交文綬嚴審定擬矣。此事實堪駭

異。李德舉至谷噶站，係二月十二日，已經大功告成之後，所辦不過凱旋差務，及善後安站各事宜，而混領混借混用，荒唐一至於此。則軍興時，各站員之混冒妄費，尚可問乎。富勒渾、文綬均係總督，一在軍營，一駐省城，同辦軍需事務，稽覈站員，乃其專責，豈竟全無董飭覺察，任聽各該員恣意妄爲，即劉秉恬等督辦糧運，往來其地，又豈全無聞見，何以前此竟未早爲辦及，直至此時，尚係據李德舉之稟揭，始將此參奏乎。著傳諭劉秉恬、文綬、富勒渾、鄂寶等，即行查明，據實覆奏。至此次辦理兩金川，悉行掃蕩，滅醜獻俘，實爲一勞永逸之計，即多費帑金，朕心原所不惜。但必須實用實銷，豈可聽憑站員等，任意花銷，飽其欲壑，而置帑金於無著。即如軍需奏銷，戶部議定，分爲舊案新案覈辦。而舊案中，又將各藩司任內，分爲三節。今劉益一任，已經題結報銷僅九萬餘兩，較之原報動用之四十餘萬，尚不及四分之一，則所少之三十餘萬兩，作何著落。舊案一節如此，其餘大概可知。且通計節次發往川省軍需銀，共六千一百餘萬。聞其中實可開銷者，僅四千餘萬，則其餘二千餘萬，如何糜耗，又作何歸結。豈有將國家實發之庫帑，一任各劣員之浪費侵漁，消歸烏有。即使水落石出，將侵虧之輩及辦理不善之人，治罪追抵，亦未必能足數，豈竟欲俟之日久，率以人亡產盡，概請豁免乎。劉秉恬及該督現辦此事，自必通盤籌覈，亦曾計及將來奏銷報完之後，所缺帑項，作何歸款，不致懸宕乎。著傳諭劉秉恬等，將實在情形及將來作何歸帑之處，據實迅速覆奏，毋稍支飾。將此由六百里諭令知之。（高宗一〇一五、八）

三、工程中的違紀貪污

（一）河工等工程中的違紀貪污

（**康熙一六、七、己亥**）刑部等衙門議覆：差往河工吏部侍郎折爾肯等疏言，原任河道總督王光裕蒞任以來，不將隄岸修築堅固，以致新舊隄岸屢屢衝決，淹沒民田房產；至屬員侵蝕、冒銷，又不題參。王光裕應革職，杖一百。原任淮揚道今陞浙江按察使張登選，原任管河同知管盡忠，俱擬斬監候。從之。（聖祖六八、九）

（**康熙三九、三、己亥**）工部尚書薩穆哈等入奏，上曰：淮揚一帶百姓久罹水患，亟宜拯救，此係爾等專責，宜各盡力。今觀河工諸臣，一有衝決，但思獲利，遲至數年，徒費錢糧，河上毫無裨益。此弊之根皆在爾部，即今河工，凡有啓奏，惟恐爾部不准行，隨即遣人營求，爾部鮮不受其請托者。若此弊不除，河工何由奏績？薩穆哈等奏曰：臣等自當遵旨，竭力嚴禁。上曰：豈止嚴禁他人？即爾等亦宜改悔。（聖祖一九八、七）

（康熙四〇、九、庚寅）都察院左僉都卸史王材任疏參安徽巡撫高承爵，前任廣東巡撫，親母病故，希圖戀職，經科道公本題參，派修高良澗大壩，侵扣銀八千兩。見經河臣張鵬翮題參，到安慶任，每縣派鋪設銀二百零五兩，節禮加倍，又聲言不時參官，州縣那帑餽送，以致虧空。藩司詳充典吏，每名索銀一千兩。府州縣署印，必滿其欲，始允委署。又索詐各屬，俱令將驛馬調赴安慶驗看。得旨：著高承爵明白回奏。（聖祖二〇五、一四）

（康熙四三、三、己酉）都察院等衙門議奏内河外河分司塞可圖等侵欺錢糧，擬斬；工部尚書薩穆哈、侍郎恩特來道、甘國樞、司官費仰叚等，俱照侵蝕銀兩數目多少，分別革職治罪；其尚書王鴻緒、侍郎李元振，從寬革職留任，餘依議。（聖祖二一五、一七）

（康熙四三、五、壬寅）諭滿洲尚書、侍郎等：天下之民，所倚以爲生者，守令也。守令之賢否，係於藩臬；藩臬之賢否，係於督撫；督撫又視乎部院大臣而行。部院大臣所行果正，則外自督撫而下，至於守令，自爲良吏矣。今工部弊端發露，爾等亦知愧否？工部之弊，朕屢降嚴旨切責，并不悛改，以至於此。郎中費仰叚等，俱九卿保舉之人，仍爾作弊，侵蝕河工帑金，殊屬不堪，堂司官上下扶同，但利之所在，罔顧身命，此何謂也？爾等身爲大臣，誠能彼此箴規，有所見聞，即爲剖示，屬官有品行不端者，即罷斥之，庶幾無玷厥職。今部院諸弊，爾等豈果不知？但恐結怨於人，隱忍不言。科道官員亦因彼此掣肘，不肯條奏舉劾耳。嗣後如有不謹識朕諭，仍循故轍，經朕察出，必不姑宥。（聖祖二一六、七）

（康熙六〇、五、壬戌）河工效力筆帖式聶文錧叩閽，首告河道總督趙世顯侵蝕帑銀，縱僕受賄各款。得旨：張鵬翮見往江南審事，著將此案，交與張鵬翮確審具奏。（聖祖二九二、一五）

（乾隆三、九、甲子）直隸總督李衛參奏：總河朱藻挾詐欺公，貪殘虐民各款，請革職治罪。得旨：朱藻著解任，著訥親、孫嘉淦前往將本内所參各欵，逐一秉公確審具奏。其總河印務，仍著顧琮管理。該部知道。（高宗七六、二〇）

（乾隆一一、六、戊子）工部尚書公哈達哈等奏：據江南葦蕩營參將韓烈通揭河工道、廳各款，一、淮揚道葉存仁，上年在銅沛同知任内，玩視修防，河水不能下洩，將徐州大壩隄工，沖漫三百餘丈，淹延二百餘里，葉存仁並不申報，大吏亦無所聞。今歲欽差按臨，又經曲爲掩護，實爲玩工殃民。一、河庫道吳同仁支發錢糧，除兵餉外，俱每百扣飯銀五兩，又扣平二兩零。查本年河工、水利二項銀，該庫支發百餘萬，通計扣剋不下十餘萬。必應嚴行清查。一、裏河同知施廷瑞承挑鹽河，參將奉委催工，查所挑工程口底，寬深俱不足估，工所亦人夫寥寥。隨將夫頭責處，移催該廳，添夫償挑。詎該廳心懷仇恨，回文語多詈罵。參將即具稟總河顧琮，未經批發。後經訪得該廳原領銀三千九十餘兩，係七折交夫頭包挑，又未全給，以致挑不如式。而淮揚道葉存仁，復模糊量收。該道、廳侵帑徇情，罪均難逭。一、裏河乃施廷瑞專管，而葉存仁、吳同仁均有兼轄之責。自本年五月初，黃水直注裏河，該道、廳並不往清口一看。適值葉存仁祖母生辰，吳同仁率通工文武，前赴葉存仁署內，張筵演戲數日，竟置河庫錢糧於膜外。以上各欵，通工週知，伏乞據揭轉奏等語。查該參將揭報各欵，事關河務，相應請旨，確查究辦。得旨：這摺內所揭各欵，著署漕運總督劉統勳，會同總督尹繼善、巡撫陳大受秉公查審具奏。（高宗二六九、一六）

　　（乾隆二三、二、己巳）諭：據夢麟等奏，河營千總高文魁、把總張忠承辦艾山河工段，較原估丈尺短少，請革職枷號示衆等語。現在河道疏築各工，經朕親臨相度，特派大員，分路督率經理，不惜千萬帑金，為數省瀕水黎民生業計者，所關甚重，非尋常歲修工程可比。凡屬在事人員，自當激發天良，實力承辦。該弁等乃敢愍不畏死，乘機短工侵冒，情甚可惡。僅予枷號，豈足蔽辜！著將該二犯，即照軍法，穿箭押赴各工，傳諭示儆。至其所短工段原估之數，可以按籍而稽，何得因其尚未報銷，遽曲為開脫，思以薄懲了事！夢麟、尹繼善、白鍾山著交部議處。仍著伊等即速確查，按工計料。該弁所有侵冒之數，在千兩以內，尚可按律定擬，追繳完結。若在千兩以外，查勘既確，罪無可逭，即行奏明在工正法，以昭炯戒。再各處工段尚多，恐不止此二弁。伊等如因此轉致心存徇隱，自取罪戾，則責有攸歸矣。（高宗五五六、一六）

　　（乾隆二九、四、丁亥）諭曰：方觀承參奏大城縣知縣羅學旦經辦子牙河工程，弊混尅扣並勒取婪索各款，請革職審擬一摺。河工關係水利民生，最為緊要。羅學旦以承辦之員，既不在工料理，任聽縣丞短發價值，以至民夫逃逸，甚且縱令居民占種，按畝索錢，置民瘼利害於不問，情罪重大！與辦賑侵漁肥橐者何異？此等非尋常劣員婪索可比，非立予重懲，不足示儆！羅學旦著革職拏問，嚴審定擬治罪。（高宗七〇八、九）

　　（乾隆四九、一一、丙子）又諭：據富勒渾奏，德克進布承辦海塘椿木，於木商許送加一銀兩之外，又復每萬兩勒扣銀五百五十兩，其為婪扣，已無疑義。但案犯抵浙尚須時日，請先赴京入宴，其德克進布到案，交福崧先審，俟與宴後，飛即回浙會同審辦等語。此案初據福崧奏到，朕恐該撫或不免意存嫌隙，是以特令富勒渾於順道過浙之便，會同秉公審辦。今據富勒渾奏，德克進布於木商許送一成之外，又復每萬兩勒扣銀五百五十兩，是該員從中短發侵扣，情弊已屬顯然。本日據陸燿奏，於十一月十七日將德克進布即行解浙收審。但湖南距浙遙遠，到案尚須時日，富勒渾自當即行來京，豫備入宴。如此案人犯迅解到浙，即交福崧嚴行速辦；如案犯不能到齊，尚須徹底清查，即俟該督回浙會同審辦，定擬具奏，亦無不可。至德克進布身爲滿洲道員，輒敢恣意婪索，實堪駭異，其由浙赴楚之家屬，據陸燿奏，已派員迎截查抄，並著該撫嚴密辦理具奏，毋任絲毫隱匿寄頓。將此由五百里各傳諭知之。（高宗一二九、二〇）

（嘉慶五、閏四、乙卯）諭軍機大臣等：朕聞河工積弊甚多，而辦工人員，侵漁貽誤已非一日。即如淮揚遊擊劉普、淮徐遊擊莊剛、睢南同知熊輝、丁憂睢南同知莫澐，素號四寇；又捐職淮徐道書潘果、郭聰，有費仲、尤渾之稱。並聞劉普有花園一所，康基田往來河干，在内住宿；劉普又勾串潘果、郭聰從中通信，每事迎合，言聽計從。副將田宏謨，守備張欣祖、朱治仁、師得運以及同知熊輝、莫澐聯結姻好，援引弟姪，偸減帑項。又劉普承辦邵工引河，徒費帑銀，不能宣暢；再前此埽料延燒，夫役人等因平日抱怨，不肯力救，以致火勢蔓延，功敗垂成。至向來承辦河工，淮徐道專司出納，乃一切錢糧購料，不令廳員領辦，悉交守備、千把、旗牌、效用等經理，該備弁得以肆意侵蝕，致外聞有食料著糁喫草齦土之諺。同知熊輝、莫澐，捐職道書潘果、郭聰家財豐厚，皆係積年侵冒工帑所致，自應查產撥抵公用，徹底根究，嚴行懲辦，以除積蠹而重河防。（仁宗六五、三）

（嘉慶一四、八、乙未）諭内閣：馬慧裕、恩長奏，遵旨覆查已革道員張裕慶，於借領購備攔黄埝料物銀兩，究出通同侵虧一摺。此案張裕慶請領購料銀六萬兩，先後發給已故武陟令陳驤驦四萬兩，内以麻作銀，並攙雜泥土，統計侵漁銀數至七千餘兩之多。著留京辦事王大臣，會同刑部，提訊張裕慶，如何以麻作價，從中浮扣，此項銀兩，是否私肥己橐，抑或饋送他人，令其據實供吐，先行錄供奏聞。委員吳敏忠，監收料垜，徇情朦庇，著革職，同陳驤驦之弟陳隨襄，一併解交刑部，以憑質對，俟訊明後，即定擬具奏。至藩司錢楷，於署巡撫任内，惟以奏請賠銷款項有歸，不復計及存料價值多寡，馬慧裕未能詳查，前此率行會銜具奏，俱有應得之咎，除錢楷同日自請議處，已批交吏部議奏外，馬慧裕並著交部議處。（仁宗二一七、八）

（二）城工等工程中的違紀貪污

（**乾隆三、一〇、戊申**）署理蘇州巡撫許容奏報：查明藩司書辦、經管金山衛城工之薛昌祿，經管海州城工之朱炳文等，假公濟私，先後得過多銀。即督臣與臣衙門書辦薛錫疇等，亦各染指。伏查書吏舞文婪贓，固爲長技，工程侵冒尤多，承辦之員，藉端浮估，通同朋分，積習已久。現今各屬災歉，方將寓賑於工，若不懲既往，難儆將來。除將各犯發交布按兩司，再加研鞫，審擬追贓。該州縣一併揭參外，仍令該司，以乾隆元年爲始，通查凡有工程各屬，一切與受銀兩，令據實自首，姑免治罪，其所侵之帑，追繳還庫。得旨：可嘉之至，勉力爲之。方今之人，無不以姑息爲寬仁，殊不知養奸之爲大害也；且釣譽者，亦未見其受益也。（高宗七九、一八）

（**乾隆九、五、丙午**）[川陝總督公慶復]又奏覆：已故參革寧夏道阿炳安在莊浪道任內，侵冒寧夏城工帑項，已據伊弟納英阿認贓二萬餘兩。至彼時督撫有無染指之處，現據榆葭道王凝稟稱，前奉委承辦莊浪滿城，實用工料銀十萬一百六兩九錢零，較原估題報數目，節省甚多，曾將總册面稟前撫元展成。乃元展成竟加呵斥，勒令回任，將餘銀剩料，交阿炳安收領，任憑造册報銷。苟非袒庇營私，焉肯若此？即查督院奏加匠工食米，盈千累萬，阿參道恣其侵扣，豈無訪聞？是督撫斷無不勾串染指之理。但阿炳安生前奸詭，實不能知，及至被參，所侵銀兩，俱已吐交。其是否自交，或係督撫幫交，在當日毫無憑據。得旨：所奏具悉，朕亦不欲窮追。但查郎阿之獲庇阿炳安，實非爲大臣之所應有。阿炳安欠項若清則已，若有不完，可著落原舉之查郎阿代賠耳。（高宗二一七、三七）

（**乾隆一〇、一一、戊辰**）諭軍機大臣等：從前阿炳安辦理寧夏城工一案，恣意扣減侵蝕，經督撫等先後查出贓私五六萬兩，現在著落追賠。今又據巡撫黃廷桂奏稱，該員當日尅減土方、磚灰等項銀一萬三千餘兩；又舊基土牛，並未遵估刨運，冒銷銀一萬二千餘兩；以及經修之城牆、倉廒，均有閃裂損壞，應令勒限重修等語。阿炳安當寧夏被震之後，乘此災傷，肆其侵噬，貪狡百出，情殊可惡。可寄信西安將軍博第、巡撫陳宏謀，委員將伊家產嚴查，不得稍容隱匿，以備將來賠修公項之用。（高宗二五二、一）

（**乾隆一四、五、戊申**）又諭：雲南永昌守劉樵，前據圖爾炳阿以貪黷卑鄙、私稅勒借題參，今又據愛必達將該員前在古州同知任內，侵帑誤公續參，已降旨令該督嚴審究追。查此案城工，原估三萬二千八百餘兩，而劉樵現在應行追賠之項，多至二萬九百餘兩。外省劣員貪黷侵漁，肆無忌憚，乃至於此，誠國法所難容。著傳諭總督張允隨，速行究訊，按律定擬，入於本年秋審册內具題。毋得姑縱遲延，俾此等劣員，僥倖漏網。如此旨到日，秋審册已經題出，即行補題。（高宗三四〇、七）

（乾隆一四、五、甲寅）諭軍機大臣等：原參革寧夏道阿炳安侵冒城工一案，查原估寧夏等三城工費，共一百二十餘萬，而阿炳安開銷僅及其半。即云出於撙節，亦斷無節省過半之理。如係他人估計，而阿炳安承辦，則節省實多。如即係阿炳安所估，則是有意浮開，轉借節省之名，以爲冒銷之地。其居心狡詐，殆不可問。況該省官員甚多，委辦自不乏人，何以三處城工，皆委阿炳安一人辦理？其中不無情弊。著傳諭總督尹繼善、巡撫鄂昌，令其查明原案，并將寧夏等城工原估何人，及該撫等疏内所稱多有損裂之處，現在情形若何，是否堅固，逐一具摺奏聞。至阿炳安業經身故，其應賠之項，亦已交清，朕不過欲悉其顛末，以見外省工員藐法營私之弊。且陝省現有應辦城工，該督撫等，亦當以是爲鑒，留心稽察。（高宗三四〇、一六）

（乾隆一四、九、甲戌）諭軍機大臣等：據尚書舒赫德等奏，黔省古州城工，原任同知劉樵侵冒銀兩至二萬有餘，應令歷任該管上司分賠。從前該督等原定分賠單内，只及撫藩，未將臬司算入，殊非綜核名實之道，應令一并分賠等語。古州分賠一案，前已據張允隨奏到，現在交議，未便復行降旨。孫紹武等，已令分賠，介錫周，罪猶有間，尚可從寬。惟宋厚一員，在黔二十載，古州建城，又係伊條奏，乃屢將劉樵請題陞任，委以大工，以致侵冒如此之多。且擢任四川臬司，軍興之際，全不實心任事，自有應得之罪，不可少恕。已將舒赫德等所奏之摺，令抄寄總督策楞，與宋厚閱看，將伊照高越之例，派修城工，效力贖罪。可并傳諭舒赫德、新柱知之。（高宗三四九、二二）

（乾隆一四、一〇、乙巳）［陝甘總督尹繼善、西安巡撫陳宏謀］又奏：遵查參革寧夏道阿炳安侵冒城工一案。緣寧夏、涼州、莊浪三處城工，共原估續估銀一百二十六萬五千五百餘兩，除未經動用銀二十五萬六千四百餘兩外，實在節省銀四十萬六千餘兩。雖三處城工，俱非阿炳安原估，而一切工程，勒令匠夫併日趕辦，又剋扣脚價，科派里民，巧取節省之名，陰爲自私之計，皆出之阿炳安一人。內莊浪城工，雖係榆葭道王凝分辦，亦係阿炳安主持。今阿炳安業經參革病故，所有三處城工損裂之處，一併著落伊弟納英阿修補。其工價，即在阿炳安家產變價餘剩銀内支給。得旨：覽奏俱悉。又批：此節不無所謂併案罪歸一人之意乎。（高宗三五一、三七）

（乾隆二六、一一、壬戌）大學士等議奏：據內務府郎中戴保住控侍郎吉慶、前署殺虎口監督傅察納承辦西直門石道工程，浮銷八千九百餘兩。審係傅察納代吉慶彌補賠修之項，輒於奏銷時浮開。吉慶係總理大員，明知冒銷，不行查問，均罪無可寬。應將吉慶、傅察納照監守自盜例，擬斬監候秋後處決。副都統傅景接管石工，訊不知情，但扶同吉慶參奏戴保住，應照都統、將軍貪婪，副都統不行糾參，發覺審實例，降三級調用，不准抵銷。得旨：吉慶、傅察納俱依擬應斬，著監候秋後處決。傅景現派駐藏，著加恩照所降之級．縱寬留任，俟差竣回京，視其如何奮勉出力之處，再降諭旨。（高宗六四九、三一）

（三）倉廠等建造工程中的違紀貪污

（乾隆五、閏六、丙午） 諭：昨令查審正白旗漢軍副都統石勇參奏該旗承修儲濟倉之參領遲維璧等冒銷作弊一案。其冒銷作弊情節，係該都統佟時茂明知故行者，今日該旗帶人引見，朕面詢之下，佟時茂仍行掩飾，不據實陳奏。若果無私弊，奏銷之事，本係公事，乃不於公處辦理，佟時茂身為大臣，徧歷章京家計算，有是理乎？此奏銷一案，亦因驍騎校金承詔倡揚此事浮冒開銷，始行復查。是修築地基等工浮冒開銷之處，已經查出，乃並不參奏，希圖息事，顯有私弊。現今金承詔雖供出行賄查工人等銀兩內，有由佟時茂家給銀四百兩之處，若仍著佟時茂留任，現今承審官俱係伊屬員，未免瞻徇改供，不將實情審出。著離任候審。至於副都統馬元熙，身為大臣，一應旗務，並不實心辦理，惟務瞻徇附和佟時茂，苟且完事。再石勇參奏不將另記檔案人員，遵例辦理，朦混具奏一案，現今亦交部察核，似此工程，伊身為都統，並未參奏，今日詢問，仍支吾推諉，反牽連石勇具奏。若仍著留任，承審人員，亦致掣肘。馬元熙亦著離任。俟石勇所參二事明白後，該部請旨具奏。此際正白旗漢軍都統事務，著哈達哈暫行署理。（高宗一二〇、二一）

（乾隆四〇、一〇、丁酉） 又諭曰：據軍機大臣議覆，西安將軍傅良等奏，西安滿營原辦馬棚、船隻、栽種苜蓿等項銀兩，俟詳細確查到日，另行覈議一摺，已依議行矣。該處建造房屋、船隻，未及十年，估變竟不及十分之一，原辦時浮冒情弊，已所不免。至栽種苜蓿一項，不過墾地布種，無須費工力，何竟用至三千三百餘兩之多？且歸於有名無實。此必當年承辦之員，藉此為名，任意冒銷，其弊不可不徹底查究。軍機大臣初議此摺，俱係照覆，經朕面為指示，始如此改議。恐傅良等視為尋常，駁查案件仍以顢頇了事，則大不可。著傳諭傅良、畢沅，即將其中情弊，秉公逐一確查，務令

水落石出，據實覆奏，毋得稍涉瞻徇。將此遇軍報之便諭令知之。（高宗九九三、一五）

（**乾隆四六、九、甲寅**）諭前因王廷贊、楊士璣等七犯，侵貪不法，業經降旨，查明該犯等之子，革去官職，俱發往伊犁，充當苦差。今閱阿桂等查奏，各犯贓數單內，蔣重熹侵冒銀四萬七千四百兩；宋學淳侵冒銀四萬七千二百兩；又詹耀璘侵冒銀三萬四千五百六十兩外，復開銷添建倉廠銀六千二百五十兩；陳澍侵冒銀二萬五千三百兩外，復開銷添建倉廠銀一萬八千四百六十兩。覈其侵冒銀兩數，均在四萬兩以上。伊等之子，亦應照王廷贊等之子，一律辦理，著交刑部查明該四犯之子，如有官職者，即行革去並著發往伊犁充當苦差，以示懲儆。（高宗一一四〇、三〇）

（四）其地工程中的違紀貪污

（**嘉慶一三、六、己未**）諭內閣：前據巡城御史喜敬等奏，甄商孫興邦控告筆帖式雙福等，於吉地工程銀兩任意侵冒等情，連日派軍機大臣會同刑部堂官，嚴加審鞫。昨據鶴齡等供稱，自嘉慶四年開工之後，灰斤例價不敷，兼以六年大雨衝壞，一切運費增多。彼時盛住等管工，奏准按照易州時價採辦，並奏明將四、五兩年辦過灰斤，於從前發過例價之外，一體照奏准加價銀數找給。盛住即將應補發各監督四、五兩年灰斤加價銀五萬餘兩扣存不發，交雙福收存，另作貼補之用等語。又於查抄雙福家產時，搜出伊所存舊帳一紙，內開從前辦理練山石應領價十六萬餘兩，計扣成銀六萬五千二百兩，內有四萬兩亦係盛住收用。是盛住前後侵用工程銀兩入己，共有九萬兩之多，可恨已極，實出情理之外。辦理一切工程，款項價腳均當覈實支給，嚴杜弊竇。況萬年吉地工程，何等重大，所有收支款項，豈容朦混侵蝕，恣意分肥？盛住受恩優渥，從前屢經獲咎，皆經格外保全，使其稍有天良，當如何實心圖報。乃伊以管工大臣中居首之員，竟敢侵用加價銀兩並暗扣成數多至九萬，以致工員等相率效尤，弊端百出，是此案盛住實屬罪魁。伊前年又因開採山石案內身獲罪譴，問擬大辟，經朕格外寬宥，僅止發往新疆。伊果知感激免死厚恩，彼時即應將此二項侵扣之銀據實首繳，則其罪猶可末減。乃伊不惟不行首出，轉於陝西途次，帶信伊子達林，向雙福處將交存之五萬兩討回用度，是直將官帑作爲私蓄，喪心昧良至於此極。伊係孝淑皇后之兄，更應格外報恩，加倍謹慎小心，今所爲如此，實堪痛恨。國法所在，朕豈能曲爲寬貸？設使其身尚存，必當鎖拏廷訊，加以刑夾，明正典刑，即行處斬，斷不能倖逃法網。現在既已身故，無可追論，著將前賞副都統銜斥革，並追回所得卹典。其所遺家產，著派托津、多慶，即行前往嚴密查抄。伊子吏部郎中達林、整儀尉慶林、候補筆帖式豐林，伊孫候補筆帖式崇喜、崇恩，俱著一併革職，交刑部暫行圈禁，俟定案時再行問擬罪名，請旨辦理，以示懲儆。其案內分用扣成銀之三品卿銜成文、長蘆鹽政李如枚、苑副延福、催長鶴齡，均著革職拏問，查抄家產。其筆帖式福承額、前充書算手分發福建鹽大使來學章、分發廣東鹽大使林振宇、前在工程處辦事人候選通判張景耀，俱著一併革職拏問。並派侍郎穆克登額，同乾清門侍衞色布徵額，前赴天津，將李如枚任所貲財一併查抄，並將李如枚先交色布徵額押解來京，歸案辦理。長蘆鹽政，著穆克登額暫行署理，俟簡放有人，再行交代回京。（仁宗一九七、三三）

（嘉慶一三、一〇、戊午）諭內閣：本日朝審勾到情實官犯，內成文、李如枚、延福一起，因承辦吉地工程，冒銷官項，分肥入己；又雙保、尚玉相、海紹、詩蒙額一起，因充當吉地瓦作監督，少用多銷，侵蝕銀數三千餘兩。該部均照侵盜錢糧一千兩以上例問擬大辟，實係罪所應得。惟念吉地工程，從容經理，為日方長，彼時盛住總司其事，亦明恃限期久遠，不致及身敗露，起意舞弊營私，於灰斤加價項下扣存銀五萬兩，練山石項下收用銀四萬兩，侵蝕官項入己至九萬兩之多。伊係管工大臣中居首之員，先自歙法昧良，以致工員等相率效尤，罔知顧忌，是盛住實為此案罪魁，較之雙福、鶴齡情節尤重。假使其身尚在，朕必親為廷訊，加以刑夾板責，立正刑誅。今伊早經身故，倖逃憲典，而伊之任意侵扣帑金，總緣雙福、鶴齡扶同舞弊，狼狽為奸。雙福、鶴齡各分用正項帑銀三千兩，又將練山石項下扣存銀五萬兩支用，雖訊明祇有此數，其未經查明私肥入己者，正不知凡幾，是以立置典刑，並加以夾責，即與懲治盛住無異。至成文、李如枚、延福侵蝕帑銀均在一千兩以上，但其侵冒之項，皆由盛住分給，自係按官秩之大小，定分肥之多寡，而該犯等罔知大義，亦遂聽從收受朋分，竟視為分所應得。設使侵扣冒銷，實由該犯等首先慫恿，釀成巨案，或係承修先朝陵寢，有此藐法私肥情事，其罪孽斷無可逭，朕亦不敢廢法，雖係從犯，亦必予勾。姑念伊等恣意侵吞帑項，禍首實惟盛住，其從而附和者，則惟雙福、鶴齡二犯，並非由成文等主謀；且所辦係吉地工程，朕亦不忍因萬年吉祥之事，將伊等駢首就戮。是以於法無可貸之中，稍寬一線。成文、李如枚、延福著加恩免其予勾。其雙保等四犯，充當瓦作監督，公同侵蝕銀三千餘兩，其中本有因公支用，亦有私肥入己，因該犯等並無帳目可稽，無從分析，是以併臟問擬，較之成文等，罪狀又覺稍輕。雙保、尚玉相、海紹、詩蒙額並著加恩免其予

勾，以示朕執法持平之至意。此旨另錄一道，存貯上書房，仍通諭知之。(仁宗二〇二、二四)

（**嘉慶一三、七、癸酉**）諭內閣：慶桂等奏，審明盛住與雙福等通同侵扣帑項，恣意分肥，分別定擬一摺。萬年吉地，係朕即位之初，仰蒙皇考高宗純皇帝所賜，一切鳩工庀材事宜，特派大臣經理。朕於嘉慶四年親政後，復簡派盛住總司其事。……現在派員赴工，逐一詳查，其從前辦理草率偷減情弊，已屬顯然。乃於灰斤加價項下，扣存銀五萬兩，練山石項下，收用銀四萬兩，侵蝕官項入己至九萬兩之多。……(仁宗一九八、九)

四、糧石採買、倉儲和賑貸、糶糴中的違紀貪污

（一）糧石採買中的違紀貪污

（**雍正七、五、辛亥**）戶部議覆，署直隸總督楊鯤奏言：雍正七年春夏二季，薊州、遵化州供應昭西陵、孝陵、孝東陵員役人等需用米石。所有不敷之項，請照例於司庫給價。得旨：依議。聞近來遵化等州縣，採買供應陵上官兵米石。竟有吏胥串通兵丁當差人等，折銀代米，私相授受，每石或六七錢，八九錢不等。使吏胥利於侵剋，而不肖兵丁，俱取現銀入手，便於花費。及至五六月間，米貴之時，艱於糴買，往往困乏。該管官亦並未留心稽察。甚非加恩於供奉陵寢官兵之至意也。嗣後著該督，嚴飭州縣官，將本色米石，按名支給。三陵總管，亦不時稽察，有復蹈前轍，折銀代米者，即行題參，將授受之人，從重議處。(世宗八一、一〇)

（**乾隆四七、八、乙酉**）諭：烏嚕木齊採買糧石浮開價值一案，索諾木策淩身為都統，任聽屬員侵冒浮銷，且收受德平等餽送銀物至數萬餘兩之多，始猶狡供，希圖卸罪，經朕親加鞫問，始吐實情。節經軍機大臣、行在大學士、九卿會審，問擬斬決，特從寬改為應斬監候。嗣復據明亮查出，原任奇台縣知縣窩什渾虧空案內，又有餽送索諾木策淩銀一萬餘兩之事。當即傳諭留京王大臣，監提索諾木策淩，嚴加訊究，業據供認不諱。索諾木策淩在內廷行走多年，受朕厚恩，用至都統，乃不思潔己奉公，於屬員採買糧石浮開冒銷諸弊，扶同徇隱，已屬罪無可逭，且敢收受餽送銀兩，盈千累萬，即與自行侵冒無異。豈可復加寬貸？索諾木策淩著照國泰、于易簡之例，派侍郎諾穆親會同刑部堂官，宣旨賜令自盡，以為大臣辜恩昧良者戒。(高宗一一六三、一二)

（乾隆四七、四、丙申）諭軍機大臣等：據喀寧阿等奏，迪化等州縣採買糧石，侵蝕自一萬兩至數百兩不等，並訊出各員通同舞弊，各送給索諾木策凌銀兩。業將現在新疆各員，嚴密查抄，請旨飭下各督撫一體查抄等語。迪化等州縣採買糧石，輒敢浮開價值，冒銷帑項。又復交結上司，公行賄賂，此事實屬大奇。已諭令喀寧阿等秉公審辦，除各旗員在京家產，已經查抄外，所有業已離任之木和倫、豐伸、徐維紱、吳元、賀萬壽、黃岳英六犯，著傳諭各該督撫即將各該員革職拏問，派員解交刑部，其原籍及任所貲財，一併嚴密查抄。至現在新疆之伍彩雯、王喆、張建菴、劉建、何琦、于得昇六犯，原籍家產，並著該督撫一併查抄，毋任隱漏。將此由六百里各諭令知之。（高宗一一五五、二八）

（乾隆四七、五、丁酉朔）諭：昨據明亮奏，查烏嚕木齊捏報糧價，以圖採買冒銷一案。因派侍郎喀寧阿馳赴該處，會同明亮秉公查辦。今據喀寧阿奏，烏嚕木齊自三十八至四十五年承辦採買，各州縣俱不照市價報覈。訊據各員供認，每石剩銀三、四錢及五、六錢，統計歷年侵冒銀兩，自一萬兩至數百兩不等。並訊出德平、伍彩雯、王喆、何琦各餽送索諾木策凌銀兩，自一千兩至數千兩不等。其張建菴、劉建、于得昇止認浮銷糧價，並未餽送。此外尚有已經離任之木和倫、豐伸、徐維紱、吳元、賀萬壽、黃岳英六員，及提訊未到之瑚圖里，一併開單請旨飭辦等語。此事大奇，索諾木策凌，在都統任內竟敢收受屬員銀兩如此之多，且縱容屬員於採買時侵冒，實出情理之外。現已差福長安馳往盛京，將索諾木策凌革職拏問，其將軍員缺，已降旨令慶桂補授。所有此案之木和倫、豐伸、徐維紱、吳元、賀萬壽、黃岳英、德平、伍彩雯、王喆、張建菴、劉建、何琦、于得昇、瑚圖里等，著一併革職拏問，派員解京，交部治罪。（高宗一一五六、一）

（乾隆四七、七、戊戌）諭：前據明亮等參奏，迪化州知州德平等，自乾隆三十九年以後，俱有採買糧石侵蝕銀兩之事，當經降旨派令刑部侍郎喀寧阿，前往烏嚕木齊會同明亮查辦。據喀寧阿等查明德平、瑚圖里等各犯，經手採買、侵吞銀兩屬實，並索諾木策凌歷年在都統任內，俱有收受德平等銀兩禮物之事。當即降旨將案內各犯革職查抄，並派侍郎福長安馳往盛京，將索諾木策凌拏解行在審訊，喀寧阿亦將各犯解到，當交軍機大臣會同行在刑部審擬，復命行在大學士九卿等，會審定擬具奏。茲據大學士九卿等審訊德平、瑚圖里等侵吞銀數，自數萬兩至數百兩不等。其索諾木策凌收受餽送銀兩，始猶畏罪狡賴，及再四嚴鞫，自行供認，將瑚圖里等，分別斬絞立決監候等因，請旨定奪。上年甘省冒賑一案，辦理甫畢，今復查出烏嚕木齊侵蝕採買糧價之事，本應從重究辦，因去歲甘省冒賑案犯較多，加恩將二萬兩以上者斬決，一萬兩以上者監候，入於情實，一千兩以上者，臨時分別請旨，所以區分情罪，法至寬也。今此案亦因冒賑案內查出，事同一例，所有瑚圖里一犯，在宜禾縣任內侵蝕銀三萬三千餘兩，又復查出虧空庫項數萬餘兩，實屬法無可貸。瑚圖里著即處斬，其子亦照上年甘省侵冒案內，數在四萬兩以上各犯之例，俱發往伊犁充當苦差，其年未及歲者，交刑部監禁，俟及歲時，再行發遣。鄔玉麟係緣事發遣新疆人犯，在都統衙門夤緣辦事如幕賓，膽敢向各州縣交結勾通，私納賄賂，所得贓私至三千餘兩，情節甚為可惡。王老虎、郭子係索諾木策凌管門家人，私向德平等勒索銀兩至千餘兩之多，復敢代為伊主，承認收受各屬員銀兩禮物，希圖為伊主卸罪，尤屬狡詐不法。鄔玉麟、王老虎、郭子俱著如議即行處絞，索諾木策凌所擬斬決之罪，姑從寬改為應斬監候，秋後處決。仍著福長安同刑部堂官，押帶至行刑處所，令其看視王老虎、郭子等正法，俾知狡供承認，徒罹國憲，究不能為伊寬其罪也。其餘侵蝕銀一萬兩以上之德平，伍彩雯、王喆及侵蝕銀一萬兩以下之徐維紱、傅明阿、木和倫、張建菴俱依擬應斬監候，秋後處決，交刑部存記。屆期請旨分別辦理。（高宗一一六〇、七）

（乾隆四九、一、乙巳）諭：據海祿參奏，鎮西府知府兼攝宜禾縣事祥泰，於宜禾縣採買兵糧價值，捏報浮多，豫留冒銷地步，且上年採買，尚未具詳，輒擅動庫項，發給該商戶民。將豆石折收小麥；又私將銀兩放債取利，種種玩法，請旨革職嚴審等語。……（高宗一一九七、四）

（二）倉谷庫銀出納中的違紀貪污

（康熙二四、一、甲辰）吏部題：廣西巡撫施天裔，將康熙二十年、二十一年存貯倉庫銀米，捏稱民欠具題，應照朦隱例革職，從之。（聖祖一一九、二一）

（康熙二九、一〇、甲戌）刑部等衙門議覆原任內閣學士今陞直隸巡撫郭世隆，奉差福建，審孫鑌首告巡撫張仲舉等一案。疏稱張仲舉侵蝕庫帑，擬斬監候；其布政使張永茂，加派火耗，擬絞監候；按察使田慶魯等收受屬員節禮，擬杖徒，援赦免罪，仍革職，永不敘用。應如所題。從之。（聖祖一四九、一〇）

（康熙三七、七、己卯）刑部等衙門議奏，原任山西巡撫溫保、布政使甘度，橫徵科派，激變蒲州百姓。溫保、甘度應擬立斬。太原知府孫毓璘將庫內收貯銀二萬八千五百兩有奇，侵沒入己。應將孫毓璘照侵盜錢糧例，擬

斬監候。得旨：温保、甘度已經革職，從寬免死；孫毓璘依議應斬，著監候秋後處決。（聖祖一八九、二）

（康熙三七、一一、丁酉）戶部議覆：刑部尚書傅拉塔、張鵬翮等疏言，臣等遵旨，查陝西長安等三縣倉米虧空一案，原任長安縣知縣謝嵩齡、永壽縣知縣萬廷詔經收米麥，其見存者，與該撫所題之數相符。除折米銀十萬六千九百兩存貯布政司庫，其各州縣寄貯鄉村寺廟等處米麥，應交該督撫嚴催。限三個月內，運入省城永豐等倉。華陰縣知縣董盛祚經收已完米麥，亦限三個月內，運入省城永豐等倉。其未完米石，已越七年。應交該督撫委道員督催，限本年十二月終，照數全完。如違此限，該督撫即將董盛祚革職拏問，嚴審治罪。應如所奏。從之。（聖祖一九一、一三）

（康熙三八、三、辛卯）戶部題：山西布政使齊世武呈稱，革職太原府知府孫毓璘虧空庫銀，巡撫倭倫勒令各府知府公派認賠；又革職大同府知府鄭潤中虧庫銀、倉米，詳請題參，巡撫倭倫批駁不允，明係徇庇。乞部題明，遣官察審。應行該撫倭倫一一明白回奏。從之。（聖祖一九二、二七）

（康熙三八、六、辛丑）九卿議覆：山西巡撫倭倫疏言，被參汾陽縣知縣李聯虧空庫銀一萬九千餘兩，並無分釐民欠，署縣事汾州府通判韓開藩，代李聯科派里民，私徵完銀四千兩有餘。布政使齊世武任情朦隱，咎亦難辭。請將齊世武等革職拏問。查布政使齊世武揭報巡撫倭倫一案，見遣大臣往審。此案亦應交與所差大臣，一并審明究擬。從之。（聖祖一九三、二〇）

（康熙三九、三、丙申）[九卿]又會議刑部尚書傅臘塔等察審吳秉謙叩閽一案：查原任總督吳赫所參吳秉謙扣尅軍需銀兩，勒索稅規、倉規，俱係風聞不確，惟屬官情願送禮，收受是實。虧空庫銀，俱係軍需緊急，因公那用，並非侵蝕。其用過銀兩，交與總督、陝甘二撫，令闔省文武官員均賠。無著銀一千五十七兩，吳秉謙供稱修理文廟及倉廒、渠壩等處，但無用正項錢糧之例。吳秉謙先經三法司擬斬監候，無庸再議。其那用銀兩，及所得饋送禮銀，照數追出，入官補項。（聖祖一九八、五）

（康熙四一、一一、壬申）廣西巡撫蕭永藻疏參廣西原任布政使教化新虧空米穀，應令照數追賠。上諭大學士等曰：虧空米穀，若照銀兩之例追賠，則爲官者甚難矣。各省倉廒所貯米穀，苟核其實，監收官員盡被牽累。必有收貯之地，乃爲可久。若並無倉廒，惟積於空野，能免朽爛乎？況南方之地，無一乾土，米穀積於空野，朽爛必矣。爾等酌議，嗣後虧空米穀，另行定例，於事方有裨益。（聖祖二一〇、一三）

（康熙四一、一二、壬辰）吏部議，江南江西總督阿山承審安徽布政使張四教虧空帑銀一案，止據張四教巧供，已將俸工扣補，疏請免追。應將阿山，照徇庇例革職。得旨：阿山從寬革職留任。（聖祖二一〇、一七）

（康熙四三、二、丙申）刑部議覆：山東布政使趙宏燮揭報原任布政使劉暟虧空庫銀一案，查此項銀兩，劉暟雖稱借與濟南等六府賑濟那用，但州縣又稱並未領到，應將劉暟照律擬斬監候；原任巡撫王國昌將存貯沂州之銀擅用，至康熙四十一年盤庫時，竟保題並無虧空，王國昌應照律仗一百，流三千里，係旗人，枷號兩個月；其濟南府知府孟光宗等六人那用銀兩，應勒限全完免罪。得旨：九卿、詹事、科道會議具奏。尋九卿等議覆，劉暟、王國昌及濟南等六府知府應限月分賠。得旨：著俱限兩月內賠完。（聖祖二一五、一四）

（康熙四三、六、戊子）刑部議覆：原任山東巡撫王國昌那用庫帑，限內全完，應免罪；原任布政使劉暟侵用庫銀，限內全完，免正法，減等完結。得旨：王國昌從寬免罪；劉暟居官甚劣，著發往奉天。朕昔南巡，以山東各州縣倉糧問劉暟，伊奏倉糧並無虧空。頃巡撫趙世顯，密奏倉糧虧空至五十餘萬石。觀此，劉暟誑奏矣。王國昌乃一謹愿人，毫無所長，盡爲劉暟所欺耳。（聖祖二一六、一三）

（康熙四八、五、己亥）湖廣巡撫陳詵疏言，臣查湖北藩庫，虧空銀七萬七千餘兩，請將布政使王毓賢解任候審。得旨：王毓賢著解任，該督嚴審究擬具奏。（聖祖二三八、六）

（康熙五三、六、丙子）先是，原任戶部尚書希福納叩閽，告伊家人長命兒等夥同惡棍桑格、存住、趙六、明圖、屠巴海、原任左副都御史壽鼐之子常有、雅代、達爾布、七十、鄂羅、太監李進忠、鄧珍、楊茂生、陶國泰、王國柱、曹貴德、陶進孝、蘇國用等，訛詐伊家財物，又強勒放出家人等款，上命領侍衛內大臣侯巴渾德同內務府總管查奏。尋奏：查希福納告和碩誠親王允祉屬下人明圖、屠巴海，固山貝子允祹屬下人常有、太監李進忠，多羅敦郡王允䄉屬下太監鄧珍、楊茂生，固山貝子允禵屬下人雅代、達爾布、七十、鄂羅，皇十五子允禑屬下太監陶國泰、王國柱，皇十六子允禄屬下太監曹貴德、陶進孝，衣裳庫太監蘇國用等，訛詐之處，並無證據。應無庸議。其家人長命兒等因希福納居官貪婪，希圖訛詐是實，應交刑部審理。再希福納叩閽後，伊家人虎兒首告希福納侵盜庫銀，應將希福納并虎兒，亦交刑部審理。得旨：依議。案內太監等，指稱小阿哥妄行，甚屬可惡，不可不嚴加審訊。爾等仍會同刑部，嚴行審擬具奏。至是，領侍衛內大臣侯巴渾德、內務府，會同刑部審奏：希福納家人長命兒等夥同桑格等，訛詐希福納，得銀一千餘兩。應將長命兒、對秦、二小子、愷七禮，俱照惡棍為首例，擬斬立決；桑格、存住、趙六照為從例，擬絞，監候秋後處決；太監李進忠等逐一夾訊，雖訛詐皆虛，而身為太監，干涉外事，往來希福納之家，殊屬兇惡。亦應照為從例，擬絞，監候秋後處決；其明圖等，與希福納質對，並無訛詐實迹。俱無庸議。再希福納家人虎兒，首告希福納侵盜庫銀一案，查審情實。應將希福納擬斬，監候秋後處決。其侵盜庫銀九萬七千兩，照數追取入官。至希福納擅將庫銀私自入己，前任戶部郎中今陞山西布政使查林布等，隱匿不首，俱應革職。得旨：希福納著從寬免死；長命兒、對秦、二小子、愷七禮，俱著改為秋後處斬；桑格、存住、趙六、李進忠、鄧珍、楊茂生、王國柱、陶國泰、曹貴德、陶進孝、蘇國用，俱著擬絞，監候秋後處決；查林布等，俱著革職。餘依議。（聖祖二五九、五）

（康熙五七、八、丙戌）先是，二等侍衛泰雲等，首告司庫保住等侵盜庫銀，上命領侍衛內大臣公鄂倫岱、侯巴渾德會同九卿查審，至是議覆：保住等侵盜庫銀一案，查審情實，伊等俱係庫官，數次侵盜庫銀，至四萬九千一百五十兩。應將司庫保住、烏林人舒青格、德世顯、德星額照侵盜錢糧例，擬斬監候。從之。（聖祖二八〇、一一）

（康熙五八、一二、庚子）刑部等衙門議覆：差往盛京審事內閣學士長壽等疏言，盛京戶部理事官保德題參員外郎麻爾賽，領銀四萬七千兩，止買米九千石入倉，餘剩銀兩並不買米是實。應照侵盜錢糧例，將麻爾賽擬斬監候。其所侵銀兩，勒限追賠。盛京戶部侍郎革職留任董國禮，不行參奏，甚屬溺職，照例革任。應如所擬。從之。（聖祖二八六、一五）

（雍正四、七、乙巳）諭內閣：前命鄂爾奇、繆沅往直隸清查州縣倉穀，今據奏稱，直隸借糶倉穀，弊端種種，無非地方官巧為掩飾虧空之計。向來直隸倉穀，虧缺甚多，朕知之甚悉。各官惟恐敗露，故設計彌縫，詳請借糶。此等州縣官員，若仍留原任，將來假公濟私，那新掩舊，必至刻剝小民，虧欠正項，而地方倉廒，始終不得清楚。可將巧稱倉穀出借各官，悉行解任。著吏部，將投供到部候補候選之州縣官，俱帶來引見，朕親自選定人數。其鄂爾奇等已經到過之正定、順德、大名、廣平、保定五府，所屬贊皇等二十一州縣，著即將揀選人員，掣籤發往；鄂爾奇等未到之永平、宣化、順天三府所屬之二十一州縣，俟伊等到彼，查出有出借倉糧者，即咨吏部，令籤掣人員前往代之。以上各州縣借出之穀，俱著解任之官員，自行催還。以一年為限，限內全完者，仍准即行另補；若先期速完者，隨到隨即另補；逾限不還者，治以那移虧空之罪。如此，則虧空之員，不得復居見任，挾制小民,那移出納。而接任之員,交代井然,又無前後不清之項。若果係借欠在民,按數催還,其原官仍可另補,於公私均有裨益。又,鄂爾奇等奏稱,阜平、贊皇等處,違例將穀借給兵丁,向來有無借給兵丁之例,著九卿察明具奏。聞直隸各處倉廒,久未修理,傾圮者多。著李紱嚴飭各屬,設法速行修整。尋議:米穀原無借給兵丁之例,或貧乏兵丁,於青黃不接時,該管官出具印文,借支季米,至支放秋糧時扣還。今贊皇等處,借給兵丁米,應令該督,會同該管總兵官覆明。再,嗣後直省州縣,遇借給民糧之時,或有兵丁需借米穀者,許具該管官印領借給,於支兵糧時扣還。儻有私領、冒領、私給、擅給等弊,各按律治罪。庶兵丁無匱乏之虞,倉穀亦免濫給之弊。從之。(世宗四六、一四)

(**雍正四、八、乙酉**)河道總督齊蘇勒參奏:原任淮徐道潘尚智虧空庫帑八千兩,不即還項,又夤夜將銀十一包,私自搬運,每包計一千兩,被淮關監督慶元家人搶去五包,據山陽縣知縣詳報,現飭淮揚、淮徐二道,嚴拘究審。得旨:潘尚智虧空國帑,不行完納,乃私自藏匿多金,慶元又與通同作弊,將此情由,並本內有名人犯,著侍郎黃炳前往,會同總河齊蘇勒審理。(世宗四七、一六)

(**乾隆四、一二、申午**)又諭〔理藩院〕:據署西寧鎮總兵李如柏奏稱,西寧鎮自雍正十三年起,至乾隆四年,共應存缺曠銀二萬一千五百六十餘兩。蓋因辦理軍需以來,款項紛繁不能按年銷算。是以存貯如許之多,營中官弁,因而挪移動用,錢糧率多不清。應將缺曠一項,不必待至銷算時,即爲解繳司庫,自無挪移牽混之弊。再查標下生息,虧欠四千六百餘兩。現在勒補者勒補,其不即補還者,業已揭參。已具稟督臣鄂彌達,會商提臣瞻岱,俱照覆辦理等語。陝甘自軍興以來,各提鎮營內錢糧,多有不清,朕久已聞之。據李如柏所奏西寧一鎮如此,其各該提鎮,自應一體查辦,以清夙弊,可即行文該督提等知之。(高宗一〇七、一七)

(**乾隆八、四、癸巳**)刑部奏:原任刑部右侍郎郝玉麟在閩浙總督任內,犯監守自盜不枉法贓五千九百九十七兩零。應請革職。歸於參革延建邵道鄂善案內辦理。得旨:郝玉麟犯贓獲罪,本應按律定擬。但緣鄂善逢迎賄賂,與起意抑勒求索者有間。況伊年老癃病,久已休廢,且曾爲皇考時封疆大臣,朕心有所不忍。郝玉麟著革職,從寬免其治罪。餘著按律定擬。(高宗一八八、一四)

(**乾隆一一、一〇、辛巳**)光祿寺參奏:臣寺司庫各官,互揭虧短庫項,將堂批劄付,私行塗改挖補,以上年奏銷各款銀二千一百五十三兩零,移作本年，以圖抵飾。請將前後各司庫交部嚴訊。得旨：著交部。光祿寺司庫將剳付私行塗改挖補，以致虧空，乃係正二、月內之事，該堂官今日始行參奏，則平日並不留心稽察可知。此項虧空銀兩，如該司庫等不能賠補之時，即著落該堂官等代賠。（高宗二七七、四）

（乾隆一二、四、丙戌）嚴懲虧空積習。諭：向來州縣虧空倉庫，定例綦嚴。雍正年間，復有分賠、著賠之例，所以懲戒通同掩飾、朦混徇庇之該管各上司，令其實力稽察，使屬員不致侵食，此正所以爲保全之善術也。朕觀近年來虧空漸熾，如奉天府尹霍備任內，則有榮大成等五案，山西則有劉廷詔之案。朕是以照例令該管上司分賠，而揆厥由來，實緣該管上司見朕辦理諸事，往往從寬，遂一以縱弛爲得體。獨不思州縣定有養廉，用度儘已寬裕，何至侵那虧空；今民間絲粟固不容妄取，乃於帑項正供，恣其婪食，有是理乎？且倉庫所入，出自窮簷，小民力作以奉公，貪員安享以自利；以赤子之脂膏，飽憸壬之囊橐，其情理深爲可惡。而爲之長者，一切置之不問。迨至彌補無術，則以揭參了事；異日無可著追，又爲之照例請豁。是使貪員得計於目前，國帑虛懸於事後，而於其間上下相蒙、彌縫巧飾，實乃苟且因循、廢法欺公之惡習。益致參案纍纍，成何政體？在朕力崇寬大，靃纊凝旒，罔兼庶愼，而諸臣秉節奉公，整綱肅紀。當查者查，當參者參，不事姑容，不爲蒙蔽。乃所爲主職要臣職詳，合於寬而有制之正道。若一味縱弛，其將何所底止，豈諸臣公爾忘私之意也？可傳諭各督撫，共體此意，痛除積習，時時加意稽查，據實辦理；如仍前寬縱，致貪風日熾，帑項侵虧無著，惟該管上司是問。（高宗二八九、三三）

（乾隆一二、六、壬戌）江西巡撫開泰參奏侵虧不職丁憂萬安知縣馬淇瑞。得旨：馬淇瑞著革職，其侵虧不職情由及本內有名人犯，該撫一併嚴審追擬具奏。近來，屢有此等虧空案件，皆由該上司等平日稽察不嚴，彼此互相朦蔽，盤查不實，任其挪借掩飾，及至丁憂離任，不得已然後題參。此風漸不可長。此案虧空，開泰並不詳查緣由，但據司府揭報，以題參了事，且以盤查以後之語，爲之開脫。此案著追，如不能完項，即著該管上司及盤查之員分賠。該部知道。（高宗二九二、四）

（乾隆一三、四、丁丑）軍機大臣等議：署倉場侍郎雅爾圖參奏，倉場衙門廳員收受陋規，該管侍郎等未能革除，又辦理皇船，不能實力稽查等語。請將倉場侍郎覺羅吳拜、彭樹葵、坐糧廳通福綬、蔣洲，俱照違制例革職。得旨：彭樹葵、蔣洲俱著革職，從寬留任。吳拜著革職。通福綬革職之處，照例註册。此案處分，實因吳拜等諸事規避，不肯勉力奉公，至於倉場衙門，陋例相沿，革除未盡，吳拜等不能徹底澄清，雖屬有玷官箴，但與婪贓入己者有間，朕非嚴於旗員，寬於漢員也。……（高宗三一三、二六）

（乾隆一三、六、甲戌）諭軍機大臣等：開泰所參庫吏蕭映和勾通銀匠羅發良等，朋謀侵匿解到漕項銀兩一案，既經審明挪用情節，即應作速題結，入於秋審候勾。以爲奸胥冒法營私之戒。乃復展轉飭查，名爲詳愼，實則故爲遷延。此又刑名衙門猾吏，有心駁詰，希圖緩至來秋，該撫未之覺察耳。外省案件，多有往返數年，懸案不結者，奸吏恃以偷生，益致肆意犯法。虧帑案多，皆因於此。可傳諭該撫，將此案即速具題，一面核覆，即行補入本年秋審，毋得延緩。（高宗三一七、一五）

（乾隆一四、三、己未）諭曰：訥親從前於金川軍務，支用過養廉賞資，及建碉銀兩。經戶部題明，作十倍賠補。續又據尚書舒赫德查出訥親濫用銀兩米石，及一切冒支之項，均應照前例，著落伊兄弟名下倍追。前據策楞具奏，每年願同愛必達、阿里袞共還銀二萬兩。朕以策楞辦理諸務，能實心實力，坦白自將，毫無觀望，加恩免其還繳。令愛必達、阿里袞，按年交清。今思巡撫雖有養廉，而應辦公事亦多，設措賠項，未免拮据。朕念伊等祖父曾與國家效力，況弟兄罪不相及。愛必達、阿里袞應賠銀兩，著一體寬免。此朕格外之恩，伊二人更當殫心職業，力圖報稱，如稍有疑慮因循，不克勉矢真誠之處，不能逃朕洞鑒，是伊等無福承受恩典矣。該部旗知道。（高宗三三六、二七）

（乾隆一四、一〇、庚辰）又諭軍機大臣等：據鄂昌參奏安西道常鈞虧空一萬七千餘兩，革職審擬一案，交該旗查明家產。其虧項爲數甚多，該參道任所貲財，雖據查封貯，但外任官員習氣，多有隱匿寄頓諸弊，該撫務須再行實力嚴查，毋任隱漏，以致庫項無著。可傳諭該撫知之。（高宗三五〇、一四）

（乾隆一四、一一、庚戌）欽差禮部尚書王安國等奏，臣等行抵盛京，提訊榮大成、臧根嵩二案。查榮大成先有虧空，借差開銷八千二百餘兩；臧根嵩辦差侵欺尚少，差後盜出庫銀一萬五千九百餘兩。臣等再四勘問，毫無疑義。即遵旨一面奏聞，一面監視正法。得旨：該部知道。（高宗三五二、七）

（乾隆一五、一〇、甲申）諭：據雲貴總督碩色參奏，巡撫圖爾炳阿，於永善縣知縣楊茂虧空一案，與布政使宮爾勸、知府金文宗通同舞弊，代爲彌補等語。楊茂虧空銀米，至七千餘兩之多，而以欽差曠日遲久，需用甚多爲辭。在舒赫德等，奉差閱兵，路經數省，所過不止一縣，俱不聞另有供應，何獨永善縣用至七千餘兩？此理之所難信，亦事之所必無。即如從前奉天臧根嵩等侵盜錢糧，盈千累萬，俱云辦差需費，及朕特差大臣前往查審，則實係侵欺，毫無冤抑，即本犯亦俯首無辭。可知侵貪之吏，借名推卸，乃其常技。楊茂之託言欽差需費，亦復如是。該上司既不能覺察於平時，及其敗露，自應即行嚴參究追，乃知府則代請彌補，藩司即擅動官項，上下扶同，徇私舞弊，實出意外。非重懲不足以示儆。圖爾炳阿身爲巡撫，竟行批結，其欺隱徇庇，罪實難逭。圖爾炳阿著革職，拏交刑部治罪；宮爾勸、金文宗俱著革職，交該督撫嚴審定擬具奏。（高宗三七四、一七）

（**乾隆一六、二、癸未**）刑部奏，審明革職拏問之雲南巡撫圖爾炳阿，於已故永善縣知縣楊茂虧空銀米，不即參追。轉令布政使宮爾勸、驛鹽道郭振儀設法彌補，應照明知侵盜錢糧故縱律擬流。得旨：朕以圖爾炳阿，身任巡撫兼署總督，其於通省吏治，全不留心整飭。一任屬員恣意侵貪。如宮爾勸、郭振儀等司道大員，侵蝕纍纍，皆毫無覺察。深負朕恩，是以革職拏交刑部治罪。其罪即在此，該部乃祇就楊茂一案，草率問擬，以流罪完結，避重就輕，甚屬錯謬。豈謂朕省方遠出，駐蹕之次，於事機偶未經意，該部遂爾疎畧從事耶。著傳旨嚴行申飭。尋奏，圖爾炳阿，身任封疆，瞻徇欺隱。於屬縣虧空不參，敢代彌補。且司道大員，近在同城，侵蝕纍纍，毫無覺察。應比照監守自盜錢糧、銀一千兩以上律，擬斬監候。其侵虧銀兩，俟宮爾勸、郭振儀等各案審結後著追。得旨：圖爾炳阿，依擬應斬。著監候秋後處決。餘依議。（高宗三八二、一九）

（**乾隆一八、六、乙巳**）諭軍機大臣等：前因各省侵虧案件，該督撫於題參後，並不上緊即行查辦，以致黠詐之徒，多方寄頓，徒貽上司分賠之累；即本人應追之項，遷延日久，多以產盡請豁，甚非懲貪之道。是以因刑部題覆張璿一案，特爲通行傳諭。今據范時綬覆奏，摺內僅就諭旨敷衍，泛爲議論。於將來應如何上緊查辦，及該省此等案件，現在作何辦理之處，并未奏及。則其奉到諭旨，不過以具摺覆奏，遂爲了事，仍復置之高閣耳。昨陳宏謀所奏閩省查辦之法，已降旨傳諭各省督撫，令其作速覆奏。可再傳諭范時綬知之。（高宗四四一、五）

（**乾隆二二、一〇、甲子**）又諭：據塔永寧奏，蔣洲於山西布政使任內虧帑至二萬餘金，陞任時勒派通省屬員彌補，尚有不敷。又於壽陽縣方山木植，賣銀補項等語。此事實出情理之外，爲之駭然。塔永寧既有此奏，不得不徹底清查，審明虛實。著劉統勳即傳旨，將蔣洲革職拏問，帶往山西，并摺內有名之楊文龍等，一併嚴審定擬具奏。任所字蹟貲財一併查明奏聞，已有旨令鶴年仍回山東辦理巡撫事務。此時印務交阿爾泰暫行署理，鶴年行程想尚不遠，計日即可抵東。運河一應工程，已傳諭鶴年接辦，劉統勳於審明完結後，再赴工次可也。（高宗五四八、一一）

（**乾隆二二、一○、丙戌**）諭：據塔永寧所奏，山西各屬虧空摺內，稱知州朱廷揚，新舊兩任，侵虧帑項至二萬有奇；又稱武職中之守備武璭，亦侵虧營項一千餘兩。由此類推，其恣意侵蝕而未經查出者，更不知凡幾，該省吏治尚可問耶？（高宗五四九、一七）

（**乾隆二三、三、丁亥朔**）諭：據鄂寶奏，朱廷揚之兄容縣知縣朱廷掄曾借朱廷揚銀五百兩捐復，實屬不法，請革職等語。前以朱廷揚虧空帑項至二萬餘兩，本籍寄籍，本當嚴察。朱廷掄係其胞兄，自必知悉，是以行令該撫，悉心查詢，該撫但當詳究其有無隱匿。至稱給銀捐復，乃兄弟常情。無論所借僅五百兩，即朱廷掄之官，全係朱廷揚借銀捐復，亦並非干犯法紀。該撫遽以此奏請革職，且即已查其任所貲財，辦理殊屬過當。但朱廷掄於查詢之時，應將伊弟有無藏匿情節據實供出。本無可罪之處，乃供內妄稱伊弟承辦金川差務，以致賠墊之語，此則有心藉詞支飾，巧為伊弟開脫矣。前此金川用兵，凡供應差務，絲毫俱動官帑，何嘗令有司賠累？且辦差者亦非獨朱廷揚一人也。若謂伊弟虧帑實由於此，則蔣洲、楊龍文等之侵虧纍纍，豈亦皆因金川賠累耶？該撫不將此情節參奏，而反含糊請將朱廷掄革職查封，可謂不知輕重。所奏不必行，其捏詞欺供處，著交部議處可耳。（高宗五五八、二）

（**乾隆二三、三、辛亥**）諭：據劉慥奏，州縣出借倉穀，每年秋收後多不上緊催完，至春輒捏報還倉，旋即詳請出借，不過令舊借之戶換一新領等語。各省倉儲，向例春借秋還。青黃不接之時，貧民既得資其接濟，而秋收後即照數徵收穀石，可以出陳易新，兼不致侵蝕懸欠。至次年又可查覈待借貧戶，再行借給。若不如期催令完納，而以舊欠作新領，則出借之項，年復一年，不肖胥役，得從中影射侵蝕。更有欠戶逃亡事故，日久遂致無著者。且舊時領借之戶尚欠，而現在待借之戶甚殷，倉貯既虛，勢不能另為籌給，是名雖設倉備借，仍屬有名無實，大非慎重儲積，賑卹困乏之意。晉省既有此弊，他省諒亦皆然。嗣後各督撫務當嚴飭所屬，實力奉行。除緩徵州縣外，所有民欠倉穀，各令依限還倉，勿得仍前玩視。其有捏欠作完，以欠作領，即查明參處，庶俾借欠不至久懸，蠹弊可清，而緩急有備。可通行傳諭知之。（高宗五五九、一三）

（**乾隆二五、一一、庚申**）諭軍機大臣等：靖逆衛守備沈趨虧空一案，

第四章 官吏胥役的貪污

據莊有恭以該備未完銀兩，無力請豁，經部指駁，所見甚是。守備微員，即有虧空，何至一萬二千餘兩之多？且現將資產變追，尚未完銀九千餘兩，如係那移，自有應歸款項。若屬侵貪，尤宜照例辦理，以示懲創。該撫並未分晰聲明，率行請豁，辦理殊屬不合。著傳諭莊有恭並楊應琚，於該備任所原籍再行嚴飭確查，務將虧空緣由，實在係何情節之處，詳細分別據實具奏。尋莊有恭奏，故備沈趨虧空情節，原籍無案可稽，現咨陝甘督臣辦理。尋楊應琚奏，沈趨係屯衛守備，原有經手錢糧之責，其那移等項，有款可歸者久經歸還，其餘侵欺銀兩，實係在任年久，用度不檢所致。該備任所，無可著追，應令該管失察上司分賠，下部議行。（高宗六二五、九）

（乾隆二六、一、戊申）諭：據楊廷璋參奏提督馬龍圖任意那用存營公項銀兩一摺。提督為統轄大員，自應潔己奉公，表率營伍，乃馬龍圖以奏定章程按期動用之公項，不時提取應用，至一千五百餘兩。致將弁等嘖有煩言。及楊廷璋委員查出虧空，又復輾轉彌補，捏詞支飾，繳出之銀，多在櫃外，其中顯有營私情弊。馬龍圖在總兵任內即被參劾，朕加恩復用至提督，應如何感恩自勵，而下愚不移至此！著解任，交與該督楊廷璋，會同巡撫吳士功，嚴審定擬具奏。尋奏，馬龍圖節次侵用水師提標五營存公銀一千五百餘兩，又曾委中營外委朱士俊赴廣東買辦呢緞，用銀二百餘兩。馬龍圖因呢緞平常，發交中軍收貯，價銀並未發還。經臣楊廷璋察知，密委道員往查，馬龍圖始將侵用之項，湊齊搬至櫃旁。應照知人欲告而自首例，減罪二等，杖一百，徒三年。惟查名例又開，自首不實及不盡者，以不實不盡之罪罪之等語。今馬龍圖私借公項，除歸還外，尚有動買呢緞等物銀三百餘兩，雖將原物發交變價抵數，並未入己，但究係自首不盡。請革職，照律准徒五年。得旨：楊廷璋不查，而馬龍圖即自首，乃自首耳。今聞查而私吐免罪，有如此失出之理乎。汝等視朕為何如主？此必吳士功之意。汝二人據實明白回奏。大謬之極，可惡之極，為之手顫！又批：如此縱弛之案，豈可交部乎？另議奏來！（高宗六二八、七）

（乾隆二六、五、戊午）諭：前據楊廷璋、吳士功會審馬龍圖私用存營公項銀兩一案，輒引自首例，減等定擬，悖謬乖張，迥出情理之外。朕即知此案立意，必先出自吳士功，而楊廷璋從而附和。因降旨令伊兩人公同明白回奏。今奏到，定案時雖係楊廷璋主稿，而督參撫審，吳士功實為主政，往來商榷，具有原扎可覈。果不出朕所料，吳士功身為巡撫，以提督大員，營私舞弊，此何等重案，乃敢妄逞伎倆，欲從中高下其手，且明目張膽，冀於朕前直售其欺，居心尚可問乎？即據扎內所稱，幕友據引例文云云，欲楊廷璋酌定之處，尤堪駭異！楊廷璋、吳士功爲封疆大臣，即馬龍圖亦提督大臣，豈有二人胸中竟無定見，悉藉幕友主張？此語豈可靦顏告之同官，奏之君父者？其曲意幹旋，不問可知。況原審內有事前彌補之說。朕覈參將姚應夢供內，該犯定媳送聘，借銀五百兩，曾於養廉項下扣清。此項銀兩，於未經參奏之前，預爲彌補，尚可自稱事前。至買辦燕窩等銀一千餘兩，俱係盤查時攢湊抵項，且扯燒數簿，以私冊掩飾。其爲事敗假捏，更何待言？如此而猶欲以自首脫罪，有此理乎？朕臨御二十六年，歷事不少，人之情僞，素所洞悉。吳士功本係張廷玉用人，其生平貌爲直戇，而城府甚深，亦衆所共曉，第以其人尚小有才且歷外任年久，巡撫缺出，一時不得其人，因而擢用。乃伊一得志，又以閩省去京稍遠，即肆無忌憚。即如伊向因與張廷玉甚厚，未免有得罪史貽直之處，今又與史奕昂修好，以冀解前恨，則其人之居心邪正，從可知矣。朕本欲爲之隱惡揚善，而伊乃敢顯爲此攬權嘗試之計。此而付之不問，朕又將何以用人？昨胡寶瑔於河南任內道員等收受鹽規，漫無覺察，具摺自請治罪。朕以其實出無心，即爲姑宥。若吳士功之有心欺謾，情甚可惡者，其相去又可以道里計乎？吳士功著革職，發往巴里坤，自備資斧，效力贖罪。楊廷璋身爲總督，隨聲附和，咎固難辭，但究係爲吳士功所賣，尚非發謀可比，著革職，從寬留任八年，無過始准開復。馬龍圖著拏解來京，交三法司嚴審定擬，餘著三法司覈議具奏，並將該督奏前後奏摺及批諭、廷寄一併抄發，將朕辦理庶政輕重，大小不容纖毫朦混，並大臣等公罪、私罪一切聽其自取，亦不能纖毫假借之故，俾中外臣工共知所懲勸。（高宗六三七、五）

（乾隆三〇、五、丁酉）諭軍機大臣等：李侍堯等審擬李星垣婪索土知州岑宜棟銀兩一摺，定罪甚屬失當。李星垣始向岑宜棟索借銀二千兩，因其一時難以措應，輒將營中現存買穀價銀一千五百兩令其豫領，俟秋間備穀交倉。旋即令家人張同，收取入己侵用。以庫貯買穀官項，假豫發之名，巧爲騰那，私充慾壑，非監守自盜而何！李侍堯並不按伊應得之罪定擬，乃引索借所部財物律擬，似於本條加重科斷；即其家人張同、趙八承李星垣意指，兩次向岑宜棟勒索六百餘金，情均可惡，亦不僅以杖責完結，已交部另行覈擬矣。李侍堯前在兩廣總督及戶部尚書任內，辦理諸事，頗知認真，此次自用爲湖廣總督，調任兩廣以來，一味委靡不振，殊非朕倚任之意。況李星垣即係該督保舉堪勝總兵之人，今其贓罪敗露，猶欲爲之迴護，意從輕減，即此一端，其一切之不能如前可知矣。該督現在年力壯盛，尚可造就有成，若似此因循，不思極力整頓，何以承受朕恩耶！李侍堯著傳旨申飭！（高宗七

三七、一〇）

（**乾隆三二、一、丁卯**）又諭：據期成額等查審已革知州張宏燧營私交結一案，究出伊現有虧空，及從前李因培、赫昇額曾令伊代武陵縣馮其柘彌補虧空銀一萬餘兩等語。覽奏深爲駭異！李因培前在順天府尹任內，曾經獲罪。朕不次加恩任用，擢至巡撫，乃於查辦常德災賑一事，玩視民瘼，諸未妥協，是以將伊照部議降調，復念其材堪驅策，擯棄殊爲可惜，旋即用爲四川按察使。初不料其在湖南巡撫任內，竟敢授意張宏燧代馮其柘彌補虧空，至一萬餘兩之多，實爲深負朕恩！李因培著革職拏問，解往湖北，交與侍郎期成額等質訊。至常鈞辦事本屬平庸，特因其前此曾在軍營出力，是以屢用爲巡撫，今於侯七郎毆死侯嶽添一案，回護固執、庸懦無能、毫無主見，不堪復勝封疆之任。因降旨令其來京，然尚欲畀以侍郎，或副都統，以策後效。今觀其面諭張宏燧等於會印稟帖內，倒提月日補送，是竟爲欺詐矣！又豈表率屬員者所應出此？但較之李因培於虧空之屬員，顯然授意徇庇欺矇之罪，尚可稍從末減，常鈞著革職。赫昇額身係滿洲，乃受張宏燧投拜門生，始終徇庇，實屬卑鄙無恥，應俟此案審明定擬到日，再降諭旨。向來各省虧空案件，最爲錮弊。雍正年間，經皇考嚴加整頓，稍知斂戢。每恭繹硃批諭旨，於此事不啻三令五申，人亦不敢輕犯，意諸弊漸就肅清。朕御極以來，三十餘載，雖未特降旨查辦，然亦有犯必懲，乃邇年來不肖之員，營私舞法之案，疊次發覺，豈若輩因稽察稍疎，故智復萌耶？朕惟自愧求弱之失，與寬誠之不能感人，若再不能執法，則朕亦非甚懦弱姑息之主也！至督撫爲國家大吏，乃於屬員虧空，曲爲徇隱，其欺罔實法所不容！在伊等平日，未嘗不以彌縫隙漏爲得計，孰知天理昭彰，終歸敗露。即如段成功一案，其貪黷發自江蘇，而侵虧遂敗於山右。此案本爲查究侯七郎命案正兇，乃於張宏燧供吐現在虧帑情形，輾轉究詰，遂至馮其柘之事，水落石出，足見天道可畏，斷無久而不敗之理。外省似此巧爲掩飾之伎倆，未經舉發者，尚恐不免，朕亦不肯令人告訐，惟俟其自敗，即行按法懲治，決不稍爲寬貸也！將此通諭中外知之。（七七六、三）

（**乾隆三二、一、庚辰**）諭軍機大臣等：據鄂寧奏，已革知州張宏燧於管理鉛廠內，兩次赴司捏領脚價銀兩。赫昇額並不詳明指駮，以致張宏燧虧空銀九千餘兩。又張宏燧於署常德府任內，請借武陵縣城工銀一萬兩。赫昇額又私行批發，致張宏燧於庫項內，虧空銀七千餘兩。請交與湖廣總督定長歸案審擬等語。赫昇額身任藩司，乃膜視帑項，於劣員請給銀兩，並不查明詳報，輒敢私行給發，以致侵虧盈萬之多，殊堪駭異！赫昇額所有湖北貲

財，著該督嚴行查封，毋使稍有隱匿寄頓。可將此傳諭知之。(高宗七七六、一五)

(乾隆三二、九、己酉) 諭曰：達崇阿侵蝕官鋪銀兩一案，前據新柱等奏稱，達崇阿聞給事中伯興，將至開原城盤查，起意假造帳本，掩飾呈遞等語。伯興有稽察錢糧之責，達崇阿侵用鋪銀至一千六百餘兩之多，伯興既經盤查，何以任其欺朦，並未查出？所有伯興未經參劾情節，著即明白回奏。(高宗七九五、三)

(乾隆三二、一〇、丁亥) 諭軍機大臣等：前湖南武陵縣知縣馮其柘彌補虧空一案，知府錫爾達先經揭報數至二萬餘兩，及李因培令張宏燧會同錫爾達往查，止將實在虧空穀價八千九百餘兩具詳。在李因培，化大爲小原出有心，而錫爾達何以既經據實直揭於前，輒復扶同勘報於後，其會同查勘時曾否自行出結？或其出結乃由抑勒所爲？抑竟聽任張宏燧所爲，漠然置之不問？錫爾達身爲知府，見上司如此欺謾，即直揭部科，或於欽差到省時據情具控，皆無不可，因何始終默無一語？此事雖已完案，但其中情事殊不可解，錫爾達現任歸綏道，著傳諭彰寶，令其就近詢問明悉，即行據實奏聞。尋奏：遵旨詢問錫爾達，據供，前署常德府知府，查出馮其柘虧空二萬餘兩，當即據實揭報。巡撫李因培復委張宏燧會查，數亦相符，隨將馮其柘解省，适李因培赴常德查災，我在省羈留五六日後，張宏遂來説馮其柘已現有銀一萬餘兩，祇少八千餘金。及李因培回省亦說，除彼現有銀兩外，祇就其餘虧缺數目參究便是，另委長沙府知府圖明阿將前項銀兩交新任武陵縣收明出結，彼時張宏燧寫就實在虧缺揭稿會即，我因馮其柘現有銀一萬餘兩，庫項有著，因照依會揭，至其銀兩來歷全然不知，是以未敢徑揭部科。及欽差到湖南，我已陞任福州府知府，離省既久，且情弊業經審出，無須再控。報聞。(高宗七九七、一)

(乾隆三四、一二、丙子) 又諭：據胡文伯奏，徽州府庫丁汪四，兩次偷竊庫銀一千三百餘兩，請將該府徐碩士交部嚴加議處等語。此案現交該撫嚴訊，實情定擬。至徐碩士身爲知府，於庫貯重地，漫不關心，以致庫貯被竊千餘金。事閱多時，始行查出詳究。非尋常失於覺察可比。著交部嚴加議處。(高宗八四九、二九)

(乾隆三五、一二、癸酉朔) 諭：據諾穆親奏，已故黑井提舉黃輔，任内虧缺存倉鹽四百四十四萬餘觔，又已發薪本墮煎餘鹽二百四十六萬餘觔，又虧缺薪本銀一萬五千餘兩；前署白井降調提舉高其人，虧缺薪本銀二萬四千餘兩，又豫放柴薪腳價各款無著銀六千餘兩。請將高其人革職，併提已故提舉黃輔之子黃京榮等嚴審等語。鹽勛薪本,俱爲國帑所關,乃竟虧空如許之多,殊干法紀。高其人著革職,與黃輔之子黃京榮,及經手家人書吏等,俱交該督一併嚴審定擬具奏。(高宗八七四、一)

(乾隆三六、二、乙亥) 軍機大臣等遵旨議奏:革任甘肅涇州知州許宗崍未完虧項,始自乾隆八年,至十六年解回安徽本籍勒追。今撫臣裴宗錫,查其家產全無,仍照例請豁。經刑部議覆具題,查此案遲至二十餘年之久。任所原籍承追各員,輾轉遲延,均難辭咎。虧項不得任其無著,應著落該二省承追不力各員,及各該上司,分晰歷任年月,按數攤賠完項。許宗崍照例問擬杖徒,不准納贖。得旨:依議。向來直省虧欠追賠之案,如果家產盡絕,該旗籍查明取結保題,定例請旨寬免,將本人治罪完結。此案許宗崍原參虧那銀一萬七千餘兩,其中尚有民欠應完銀三千餘兩,事在乾隆八年。該督撫既經劾奏定案,即應依限按數嚴追。乃甘省當時既不及早查辦,遲迴已閱數載,迨乾隆十六年,始將該參員解回原籍監追,因循懸案,竟至二十餘年之久。而安徽省於前此題豁時,又不分晰民欠,一體請免。經部議駁承追,仍屬怠緩。覈計該二省遷延情節,與尋常無力請豁,輾轉行查,往返需時者,尤屬不同,因交軍機大臣等查議。據奏,請於甘肅、安徽兩省承追不力各員名下匀攤賠項;許宗崍照例擬徒,不准納贖。已如所議行。嗣後各省督撫,遇虧缺庫項之員,一面題參,一面即行依限嚴追,速清公帑,毋得任意懸宕。如有仍蹈前轍者,惟於承辦之大小各員是問。將此通諭知之。(高宗八七八、二)

(乾隆三七、一〇、壬申) 又諭:據熊學鵬奏,參革河東鹽運使吳雲從,捏報虛數鹽勛案內,應賠銀六萬六千三百六十餘兩,前於吳雲從任所查出,并估變銀五百三十餘兩,又續增查估銀,僅三千二百二十餘兩,所追不及二十分之一。請將吳雲從解部,嚴加治罪等語。吳雲從名下,現有應賠鹽價銀六萬六千餘兩,其未完銀兩甚多,即不應准其贖罪。此等獲罪人員,本身既有應追銀兩,自應儘數全完,或尚有餘力,再行贖罪,方爲合理。從前兵部辦理此案時,不知吳雲從名下有應追未完之項,遂爲據呈奏請,是向來贖免坐臺舊例,原未允協。吳雲從應不准贖罪,其已交贖臺銀一萬二千兩,即劃入未完數內扣抵。仍著將吳雲從即行解交刑部,按伊現在未完銀數,覈擬定罪具奏。熊學鵬摺並發。嗣後凡遇贖臺贖罪各項人員,著咨查户、刑、工等部,如有本名下應行追賠未完銀兩,概不得准其奏請贖免。著爲令。(高宗九一八、二三)

(乾隆三八、四、戊午) 又諭:據陳輝祖參奏,署宜章營參將彭先龍,違例長用餘平薪銀,令家丁出名借給兵丁銀兩,擅動存營公項,借給屬弁,諱匿逃兵,將所領餉錢,責令隊目代賠,又乘差兵赴粵,製辦軍裝,給銀令代購衣物等項,墊貼銀錢,並不補還。守備甘如霖,聞查訪之信,始臚稟取巧,又囑令兵丁,多開賠用錢文,挾私傾軋。請旨一併革職等語。彭先龍、甘如霖俱著革職,交與該督同案內有名犯證嚴審定擬具奏。(高宗九三三、三一)

(乾隆四二、三、辛未)又諭:據阿揚阿、高晉奏,遵旨前往安徽之滁州,查辦琨玉虧空一案。將該州倉庫,逐一盤查。俱無虧缺。惟乾隆四十年春糶穀價錢文款內,經琨玉動用用制錢三千五百八十千零。墊發本年辦賑紙張飯食等項。詳明領回歸款。乃琨玉於四十一年正月卸事後,在安徽省城將此項銀兩自行領出三千二百兩,攜帶進京。至五月內,藩司將給過緣由,飭知該州李秉義。始知係琨玉捏詳連名冒領。詳請咨追。藩司王顯緒,批令自行移催。巡道棟文,批候據情移查等因。琨玉於卓異交代到省之時,輒敢捏名冒領庫項,居心巧詐,實出情理之外。琨玉著革職,交軍機大臣,會同刑部,嚴審定擬具奏。王顯緒、棟文於李秉義稟報時,並不嚴查揭參,一任琨玉冒領,以致虧缺庫項。顯係有心玩縱,非尋常徇庇可比。王顯緒、棟文俱著革職,交阿揚阿、高晉、國泰派員解京,一併質審。(高宗一〇二八、七)

(乾隆四三、一〇、丁丑)盛京將軍弘晌奏:盤查盛京戶部庫貯銀,虧短甚多,顯有侵盜情弊,請旨審辦。得旨:著派署工部尚書、戶部侍郎金簡帶同三庫司員,并諳習平兌之人及較準平法,馳驛前往盛京,會同將軍弘晌查辦具奏。(高宗一〇六九、一六)

(乾隆四六、八、乙亥)諭:據李侍堯奏,清釐各州縣應解藩司錢糧,其已徵未解,尚有五十餘萬兩拖欠,現在嚴催報解,以期積款全清等語。錢糧徵解出入雖係藩司專責,但勒爾謹身係總督,所屬州縣虧缺庫項,平日豈無見聞?且該督年終彙奏,盤查藩庫無虧,亦僅以虛言塞責。其欺飾之罪,尤難輕貸。又李侍堯參奏提標派管馬廠遊擊佛津泰等,於乾隆四十四年變價營馬至二千餘匹之多,非變少報多,即馬匹本有虧缺,藉以掩飾,請將該員等革審一摺,通省綠營馬匹關係差摻,豈可一任劣弁虧缺捏報、藉端開銷?勒爾謹統轄全省營務,竟無覺察,乃任其虧缺捏報,匿不上聞,直至李侍堯此時始行查出。勒爾謹久任甘省總督,一切政務廢馳,視同膜外,即曰庸懦無能,亦未有若此之漠不關心、形如木偶者。使勒爾謹尚在,自當即予斬決,方足以蔽厥辜。今已邀寬典賜令自盡,而伊子豈可復令其脫然事外乎?著將伊子候補郎中伊凌阿革去職銜,同次子一併發往伊犁,交與伊勒圖嚴行

管束，令其自備資斧，充當苦差，以爲滿洲大員貽誤封疆者戒。將此通諭中外知之。(高宗一一三八、十二)

(乾隆四六、八、己亥) 又諭曰：綽克托奏，烏什哈達續控德風以庫貯官錢八千餘串，交都司張子龍生息。德風肆行無忌，幾與高樸無異，實出情理之外，著復興一併歸案辦理，並速行馳奏。(高宗一一三九、三四)

(乾隆四六、八、戊戌) 諭軍機大臣曰：德風在和闐任意貪婪，肆行無忌，幾似高樸。觀其訐告烏什哈達，顯係自知敗露，爲先發制人之計，伊兄德保難保無札商授意情事。著傳諭德保，據實奏聞，并將德風原呈，鈔寄閱看。(高宗一一三九、三四)

(乾隆四七、六、癸巳) 諭曰：明亮奏，續行查出參革知縣瑚圖里任內，虧缺庫存銀九萬兩，又現任奇台縣知縣窩什渾虧缺庫存銀四萬餘兩，現將窩什渾摘印看守，徹底嚴究等語。瑚圖里前因侵冒糧價銀兩，解行在審訊，今復據奏，查出虧缺庫存銀至九萬餘兩之多。殊出情理之外，不可不嚴行根究，盡法懲治。已交軍機大臣會同刑部，即行審訊明確，定擬具奏。窩什渾著革職，交與明亮親提嚴訊，將因何短缺緣由，及虧空確數，速行定擬具奏。(高宗一一五九、二十)

(乾隆四七、七、己亥) 又諭：前經降旨令明亮，將續行查出虧空帑項四萬餘兩之現任奇台縣知縣窩什渾革職，就近親提嚴訊，究擬具奏。現在查出虧空案內瑚圖里一犯，經軍機大臣，會同行在刑部，審訊確實，降旨將該犯業經正法，其子亦照上年甘省冒賑案內，侵銀四萬兩以上各犯之例，將年及歲者，發往伊犁充當苦差，年未及歲者，監禁刑部，屆期發遣。今窩什渾膽敢將庫存銀兩，任意虧缺至四萬餘兩之多，亦屬法無可貸，著傳諭明亮將該犯嚴行究訊，錄取確供，即照此次瑚圖里之例，速行定擬具奏。再該二犯侵冒虧空銀至十餘萬兩，何以本旗並無財產，其所侵虧銀兩，想仍在任所藏匿，抑或另有寄頓花費之處，並著明亮訪查明確，速行辦理。(高宗一一六〇、一三)

(乾隆四七、八、戊辰) 諭軍機大臣等：據明亮奏，查明原任奇台縣知縣窩什渾虧空庫銀三萬七千餘兩，現在委員將窩什渾等解京質訊一摺。內稱據窩什渾供，到任後，併送並供應索都統銀一萬五千餘兩，又代前任知府崧柱，報收監糧，併餽送供應銀一萬六千餘兩等語，已批交軍機大臣會同該部議奏矣。窩什渾虧空庫項，盈千累萬，內復有餽送供給索諾木策凌銀至一萬餘兩之多，實出情理之外。著傳諭留京王大臣，即監提索諾木策凌，將明亮奏到原摺及窩什渾等供詞，令其閱看，即行錄取確供具奏。(高宗一

一六二、八）

（**乾隆四七、八、乙酉**）諭軍機大臣等：前據明亮查出烏嚕木齊虧空案內，原任奇台縣知縣窩什渾一犯，虧空庫項銀四萬餘兩，業令派員解京矣。該犯侵用帑項至四萬餘兩之多，實屬法無可逭，自應定擬斬決。著傳諭刑部堂官，於該犯解到時，一面錄供定擬具奏，一面即將該犯正法。（高宗一一六三、一三）

（**乾隆五一、九、丁丑**）又諭：前據竇光鼐參奏，黃梅到任八年，所侵吞部定穀價，與勒捐之錢，計贓不下二十餘萬，經上司勒限催追，仍悍然不顧。又平陽縣倉，應貯穀四萬七千一百餘石，倉內實無貯穀等語。現在曹文埴前來行在復命。經朕面詢，稱平陽縣庫項，每年額徵銀兩，現在無虧，業已提貯藩庫。其倉穀一項，除借放兵糧，及營借交還穀價，並黃梅繳出穀價五千六百餘兩外，實在虧缺穀石覈計價銀一萬七千三百九十餘兩等語。是黃梅於倉穀一項，既任意虧挪，並不彌補，乃復借彌補爲名，派捐勒借，據竇光鼐所奏，計贓不下二十餘萬，是其婪索銀兩，已浮於原報虧空之數。即使以此彌補，已屬違法侵肥。況經上司勒限催追，仍復延宕虧短，並未彌補，實出情理之外。著傳諭阿桂等，務嚴切根究實在侵蝕若干，據實定擬具奏。（高宗一二六四、一四）

（**乾隆五一、九、丁亥**）諭：前因浙省倉庫虧空，不能依限彌補，特派大臣前往查辦，並因竇光鼐爲該省學政，見聞較切，因令就所聞見，據實陳奏，此朕兼聽並觀之意。嗣據竇光鼐覆奏，浙屬之嘉興、海鹽等倉庫虧缺，浮於報明之數，並以平陽知縣黃梅、丁憂演戲，列款入奏。朕以其不避嫌怨，曾襃其公正。迨阿桂等查明該省虧缺，較原報之數有減無增，所參黃梅款蹟，謂係竇光鼐誤聽人言，實無其事，而竇光鼐執辯不休。且據伊齡阿兩次參奏，竇光鼐自赴平陽，招集生監，逼寫親供，咆哮生事。其時朕以此案，業經阿桂等審明，竇光鼐固執己見，聚集生童招告，恐煽惑人心，致啓訐訟之風。竇光鼐不得爲無罪，是以將伊革職拏問。此政體國法必當如此辦理，非朕之憎竇光鼐也。嗣據竇光鼐將黃梅貪黷款蹟，逐一查出，並將借票捐單呈覽，贓款鑿鑿，是其言並非無據。而阿桂等前次在彼查辦，竟爲地方官瞞過；伊齡阿又復聽信屬員一面之詞，受其愆惑，遂爾冒昧參奏，不可不徹底根究，因即降旨，將竇光鼐寬釋，並令阿桂帶同竇光鼐回至浙省，並派閔鶚元會同前往查辦。茲據阿桂等將黃梅在任婪索各款，嚴切審訊，黃梅勒借吳榮烈等錢二千一百千文，侵用田單公費錢、暨朋貼採買錢一萬四千餘千文，而於原報虧缺穀價，僅彌補四千餘兩，仍未依限補足。是竇光鼐所奏，惟黃梅匿喪演戲，及侵用廩生餼糧，並短發老民銀兩三款屬虛，其餘三款已爲確實。是伊從前冒昧固執之咎，尚屬可寬。現在陸錫熊已出學差，所有光祿寺卿著加恩令寶光鼐署理，即行來京供職。(高宗一二六五、一)

　　(**乾隆五二、一二、甲寅**) 諭：據海寧查奏延慶州倉儲虧短一摺，內稱從前所虧倉庫各款二萬四千兩，現在查明，均已抵補有項，此外所缺倉豆一千七十五石，照例覈算，計銀五百三十七兩五錢。業據參革知州紀聞歌，供認支用無存，請將紀聞歌從重發往伊犁，充當苦差。所虧豆價，著落該管知府王衍緒名下追出，並請將劉峩、梁肯堂及該管道府、歷任藩司道府交部分別議處等語。紀聞歌於倉貯豆石，虧缺至一千七十五石之多，現經海寧訊據紀聞歌供稱，所有虧短緣由，從前曾經詳過上司，乃該督劉峩及藩司梁肯堂並不即時查辦具奏，任其懸宕，至今尚未彌補足額。劉峩、梁肯堂在直隸總督藩司任內有年，於所屬倉儲虧缺置之不辦，實屬廢弛。所有紀聞歌虧缺豆價，除著落該管知府王衍緒追繳外，劉峩、梁肯堂仍著各加十倍罰出，並著交部嚴加議處。其該管道府，及歷任該管上司，俱著交部一併嚴加議處。餘俱著照海寧所奏辦理。(高宗一二九五、一五)

　　(**乾隆五三、一〇、乙酉**) 諭：前據戶部奏，浙江省乾隆五十二年，額解桐油芽茶，並顏料庫飯銀，及附解部庫贓贖銀兩共一千四百八十餘兩，先據浙江巡撫咨報，由布政使詳委歸安縣縣丞鄭俊業管解，於五十二年九月起程，十一月過宿遷關，至今未見解到。經戶部四次行催經過沿途各督撫，亦未據隨時具覆等語。當經降旨，諭令直隸山東督撫查明委員在何處遲延，據實覆奏。本日又據戶部奏，該解員現經巡捕營會同該城拏獲，訊據供稱，於四月內到京。所解銀兩已在途次花消，桐油亦經賣用，現惟有芽茶五十餘簍，寄存長新店李姓店內。請將鄭俊業革職，交刑部嚴審等語。鄭俊業管解官物銀兩，乃敢中途將桐油售賣，連所解銀兩盡行花用，殊出情理之外。鄭俊業著革職，交軍機大臣會同刑部嚴審定擬具奏。(高宗一三一五、一七)

　　(**乾隆五四、二、戊子朔**) 諭軍機大臣等：據琅玕奏：參革府經歷原署鳳陽縣事沈寧仁，有應賠民欠耗羨銀八百四十六兩零；又有查災辦賑公費運腳，並接收川米腳費各項，共覈減銀一萬五千六百七十三兩零，原籍財產已盡，無可著追，將未完銀兩，於安省本案各上司名下攤賠；該員沈寧仁，比照工程覈減數在一千兩以上例，問擬杖徒等語。沈寧仁以經歷微員署理縣篆，任內經手錢糧，何至覈減銀一萬五千餘兩之多？若非該參員藉事開銷，即係該上司濫行給發，並且分肥？今既查明沈寧仁原籍實無家產，力不能完，自應著落安徽本案各上司分攤歸款。但沈寧仁於所領錢糧，長支濫用，又復任意拖欠，逾限不完，該撫僅照例擬以杖徒完結不足蔽辜，除交部另行改擬罪名外，著傳諭琅玕再行查明沈寧仁在籍有無隱匿寄頓，並著陳用敷詳查從前給發時有無情弊，一併據實覆奏。（高宗一三二二、三）。

（乾隆五四、二、丙辰）諭軍機大臣等：據陳用敷奏，查原署鳳陽縣事府經歷沈寧仁經辦災賑等款，開報墊動縣庫銀二萬六千二百餘兩，經前任布政使農起駮減銀一萬五千餘兩，現在追繳，並未完交，必須親提嚴審，已飛咨浙江，將該參員押解安省，以便質究等語。沈寧仁以經歷微員，本無經手錢糧之責，及署理縣篆，承辦災賑，並川米運腳等項，竟致覈減一萬餘兩之多，且此項銀兩係該省自行覈減，必非有心從刻。其中有無侵冒情弊，自應徹底嚴查。前據琅玕奏該參員原籍財産，無可著追，照例問擬杖徒，尚覺罪浮於法。將來定案時，交刑部從重治罪，以昭炯戒。此案前經刑部奏令琅玕將沈寧仁解部先行監禁，俟該省查審明確，再行定擬，但一應卷宗及原辦經承書吏人等俱在安省，陳用敷就近審辦較爲切實。沈寧仁自應仍解安省辦理，以成信讞。著傳諭該撫，於沈寧仁解到後，即速嚴行訊究，定擬具奏，毋稍延緩。將此傳諭陳用敷，並諭琅玕知之。尋陳用敷覆奏，遵旨審訊沈寧仁承辦災賑，並川米運腳等項，覈減銀數過多，皆由該員才具昏庸，漫無節制，違例濫用，尚非侵冒入己。應照那移庫銀一萬兩以上例，發近邊充軍，從重發往伊犁充當苦差；其名下未完銀兩，應於歷任上司攤賠。下部議行。（高宗一三二三、四六）

（嘉慶一、九、己未）諭內閣：本年係停止勾決之年，軍機大臣會同刑部，將秋審、朝審各犯情罪尤重者，照前例摘敘案由，請旨另勾，繕摺具奏，朕一一詳加披閱。官犯二十一名內，史恒岱短交倉庫鹽課及應賠款項，至一萬餘兩之多。復又餽送浦霖、錢受椿玉器銀兩，聲名狼籍。傳拔違例擅受，詐贓逼斃人命。焦德芳受賄縱犯，歙法營私。恒義，佛進保，身係卡倫侍衛，有稽查私玉之責，乃轉受民人戴傳經等銀兩，代爲夾帶私玉。均屬貪鄙不法。以上五犯，情節甚重，俱著即行處決。其餘官犯路釗等十六名，均係短交庫項，任意虧缺，盈千累萬，情節俱重。但念此案人犯衆多，皆因伍拉納、浦霖等婪索抑勒所致，尚有一線可原。其彭良謨一犯，在知縣任內，虧缺及賠項至五萬餘兩之多，本應絞決。因念伊父在木果木軍營殉難，業已改爲監候，然因此次停勾之後，將來仍得援例議減，不足示懲。路釗等仍著永遠牢固監禁，遇赦不赦。以示朕法外施仁至意……（仁宗九、六）

（嘉慶五、六、丙辰）諭軍機大臣等：……現當帑藏不充，需用浩繁之際，費淳等因辦理展賑，奏撥數十萬兩，朕即如數准行，費淳等務當督飭所屬認真查辦，毋任稍有浮冒。費淳等摺內，雖亦有確查妥辦、災戶均沾實惠之語，第恐奉行不力，地方官或仍視爲具文，以國家有定之經費，供吏胥無限之侵蝕，較之國用充裕時，剝削分肥者，情罪尤重。即如外省官員，往往藉口倉庫空虛，此亦難以憑信。不肖州縣侵蝕公項，無所顧忌，甚至已徵不解，以完作欠，償還私債，肆意侵挪。如近日晉撫伯麟所參之臨晉縣知縣張觀，私動庫項至數千兩之多，庫無存項，何得供其侵用？又如新任思恩府知府盧溶，係捐納知府，伊父係屬知州，亦經捐升離任。此等人員，若不侵蝕庫項，挪移影射，安能本身捐升之外，復爲伊子捐納知府？各省如此類者，諒亦不一而足。總在上司平日嚴行查察，有犯必懲，不致以公項飽其私橐，方不愧大法小廉之義。費淳等辦理此次賑務，當嚴飭所屬，實力妥辦。分毫顆粒，均歸實用，勿令官吏胥役人等得以中飽。如查有滋弊之處，費淳等自行參辦，尚可免其失察處分，儻或毫無覺察，致經手之員，竟有侵欺情事，經朕訪聞，或被人控告，必將該督撫等，一併從重治罪，不能稍爲寬貸也。將此傳諭知之。（仁宗六九、一一）

（嘉慶一〇、五、壬子）諭內閣：顏檢參奏，升任直隸易州知州陳溎虧空纍纍，請旨革職拏問，並請將先隱後揭之本管清河道蔡齊明一併革職、審擬，及自請交部嚴議一摺。直隸通省倉庫，經朕節次降旨，令該督等實力清釐，總未據認真查辦。此案陳溎於上年秋間升任廣東運同時，接任知州徐用書及該管道員蔡齊明，俱出具倉庫無虧印結，經藩司袞行簡稽查款項，切詢蔡齊明，始據查明陳溎在任八年，實虧空倉庫正雜錢糧九萬八百餘兩，又在外捐雜各款銀二萬一千五百餘兩。似此虧空至十一萬餘兩之多，自非始自近年。地方官於帑項任意侵挪，該管上司扶同徇隱，若不嚴行懲辦，何以清帑項而飭官方？升任易州知州廣東運同陳溎著革職，交那彥成提訊大概情形後，一面即迅速派員解京，交刑部嚴審定擬。該革員虧短倉庫，例應籍沒，其廣東任所及浙江原籍貲財，著那彥成、阮元嚴密查抄，無任隱匿。……（仁宗一四四、二九）

（嘉慶一三、四、戊寅）諭內閣：刑部奏，提訊已革道員孫長庚，私動庫項放債漁利各情節，先將大概供詞繕錄進呈，朕詳加披閱。該革員動用庫銀生息漁利，已據供認屬實，即與侵用庫項無異。該革員供內，祇稱將庫存公項陸續借出，其意明知擅動庫項，科罪綦嚴，僅以借用爲詞，希圖避重就輕，得邀末減。而該堂官等奏片內，亦即率照原供，聲稱借用，殊屬非是，已用硃筆改正。庫貯銀款，絲毫皆關帑項，孫長庚係監司大員，乃竟私行動用放債，謂非侵用而何？現當清釐庫項之時，若稍涉顢頇，必致相率效尤，成何事體？雖該部此次所奏，僅係大概情形，未即問擬罪名，但似此營私牟利之員，將來定案時，即應援照侵用之例，嚴行懲辦。（仁宗一九四、七）

（嘉慶一三、四、乙未）又諭：刑部奏審擬參革道員孫長庚，擅動庫項放債漁利一摺。此案孫長庚以監司大員，竟敢私提庫貯銀兩，放債漁利，以國帑為牟利之資，行同市儈，其卑鄙無恥，膽大營私，實為從來所未有。刑部遵照前旨，按律加等問擬。以該革員所侵庫銀，業於未經發覺之先，陸續歸款，比照監守自盜限內完贓之例，由徒罪加等，請旨發往新疆。其罪名已無可再加，惟其貪污黷法，實為可恨。孫長庚著即日起解發往伊犁，毋許停留。到配後，著先行枷號三箇月，再充當苦差。三年期滿，不得照例奏請辦理，仍交該將軍隨時察看，如在彼稍或滋事，即據實參辦，從重治罪；如安靜守法，亦俟九年期滿，再行奏聞請旨。（仁宗一九四、二五）

（嘉慶一四、五、壬午）諭內閣：前據福慶、許兆椿密奏，通州中西二倉所貯白米，多有虧缺，並查有積蠹高添鳳，私用花押白票，裝米出倉，兼令伊弟高二掛名大班番子，以為護符，種種弊混，當經特派侍郎托津、福慶前往，會同新任倉場侍郎玉寧、戴均元詳細查勘。茲據托津等具奏，查得西倉地字廠短少白米七百餘石，中倉法字廠短少白米四百餘石。此外廠座尚多，即分起抽丈，與原貯數目多有不符，約計一廠或短百餘石、數百石及千餘石不等，米色亦多不純，其中間有黴變。現將高添鳳及伊弟高二、伊子高庭柱等查拏到案，訊明高添鳳確係積年在西倉經手事件之人，奏明同其餘應訊甲斗、花戶，一併交刑部審辦。其未查各廠，請另行簡派大臣，通行盤查等語，天庚正供，豈容稍有虧短？乃竟有積蠹把持，奸胥舞弊，實出情理之外。現在西倉存貯白米五十二廠，祗抽查十三廠，已短米八千五百餘石；中倉存貯白米二十六廠，祗抽查五廠，已短米一千一百餘石。則其餘未經查丈各廠，尚不知短少若干。其高添鳳所供各廠牽算可以足數之言，殊難憑信，必須徹底清釐，覈實辦理。（仁宗二一二、一二）

（嘉慶一四、七、壬申）又諭：本日軍機大臣會同刑部奏，將通州西中二倉虧短白米案犯，審明定擬一摺。漕儲為天庚正供，按時收放，顆粒皆當慎重。近來歷任倉場侍郎，俱各怠玩廢弛，毫無整頓，遂致奸胥蠹役，攙和抵竊，百弊叢生。而該監督等，並不思出納是其專職，潔己奉公，防除弊竇，且竟敢扶同胥吏，分肥飽橐，此而不嚴加懲辦，何以肅綱紀而飭官方？此案已滿倉書高添鳳、甲斗張連芳盤踞西中二倉，私出斛面、黑檔，虧短白米十餘萬石，肆行無忌，實為從來未有之事。攢典宋均，聽從高添鳳私出黑檔，分用錢文二千四百餘串，贓數較多。高添鳳、張連芳、宋均俱著即處

斬。……（仁宗二一五、三四）

（嘉慶一五、四、癸卯）又諭：文弼等奏，審明西藏糧員盜用庫項一摺。蔣作梅專司口外軍餉，理應潔己奉公，膽敢私挪庫項，交商生息，已屬藐法，甚至將恩賞喇嘛銀兩及後藏兵餉易換低潮攙發，侵漁肥己，而於喇嘛與漢人口角爭鬨，又不秉公聽斷，意存袒護，事關邊情，設或激成釁端，尤屬不成事體。蔣作梅著照所擬即於西藏正法，以昭炯戒，所有該員原籍資產，前已降旨，與任所貲財一併查封，著即查抄入官。至文弼等，於此案雖失察於前，但既經查出審辦，所有自請嚴議之處，著加恩改爲議處。（仁宗二二八、一六）

（嘉慶一六、四、乙丑）諭內閣：慶桂等奏，審明偷竊倉米各犯，分別定擬一摺。此案驍騎營滿洲馬甲慶幅，在朝陽門城上包班替放，膽敢起意釣扇，將太平倉米石節年疊竊，實爲全案罪魁。著照擬處絞，即行正法。其聽從盜竊，及效尤夥竊之百順等二十五犯，擬以發遣，隨同偷竊分贓，及知情銷米拉米之藥王保等十二犯，擬以杖徒。俱尚覺輕縱。百順等著加枷號三箇月，藥王保等著加枷號兩箇月，再行發遣杖徒。餘俱照所擬完結。（仁宗二四二、一五）

（嘉慶一九、一二、丁巳）諭軍機大臣等：初彭齡奏已革藩司隱匿虧短銀兩、冊報多寡懸殊一摺。此案溧水縣虧缺銀數，先經初彭齡飭查，據陳桂生冊報實虧銀九千二十兩零，及初彭齡交卸撫篆之前一日，復據陳桂生詳稱，溧水縣應解本年上忙，有挪解奏銷之項，當經初彭齡劄飭李長森查明係何員墊解。現據李長森等查得，本任溧水縣知縣克什布經手錢糧，虧短銀六萬五千二十兩零，該署縣劉翰周將上忙挪解奏銷銀七千二百九十兩，較之陳桂生初次冊造，該縣虧缺銀九千餘兩之處，多至五萬餘兩，此非續虧而何？不可不查明嚴辦。著交托津、景安、初彭齡會同審辦，即將溧水縣知縣克什布革職拏問，已革藩司陳桂生，亦著拏問。並飭提該縣經手庫書人等，一併嚴訊。將該縣所虧銀兩是侵是挪，陳桂生有無通同隱匿等弊，逐一訊明，按律定擬具奏，如該督撫有知情徇庇情事，一併據實參奏，不可瞻徇情面。將此諭令知之。（仁宗三〇〇、一）

（嘉慶二〇、一二、乙亥）又諭：陳預奏，十四年清查案內恩縣知縣施常，稟出八年以前，漏報張秉銳虧缺銀三萬七千七百四十三兩零。現查張秉銳任內短缺，施常均已於接收交代時造報，至十四年清查，張秉銳業已身故。忽又具稟漏報，諉卸故員名下，希冀置身事外等語。前任恩縣知縣施常，於交代案內將虧缺㸃項，諉之前任，乃自挾厚資，捐升知府，情弊顯

然。施常著革職，其捏報虧缺銀三萬七千七百四十三兩零，著勒限監追。毋任延宕。(仁宗三一四、一五)

(**嘉慶二一、三、己亥**) 諭軍機大臣等：景安等奏，訊明李醇和前在皋蘭縣任內，賠累各項共銀八萬餘兩。餘銀四萬一千餘兩，據供零星用去，不能逐款指出等語。那彥成前在陝甘總督任內，除將舊虧奏明彌補外，其失察所屬州縣自十六年以後，又新虧倉庫二項至一百萬餘兩之多，其咎甚重。景安等將來定案時，應以此將那彥成嚴參。其李醇和所虧銀兩，除自認賠累各款外，餘銀四萬一千餘兩，該革員但以不知儉省濫行花費，空言登答，殊屬含混。究竟作何使用？或伊饋送何人？令其據實供吐。儻竟不能逐款指實，則係該革員自行侵蝕，或捐官、或置田、或徵歌選舞，俱應臚列實跡，不准含混。訊明後，即照所虧銀數問擬罪名。又另摺所奏章程五條，已交軍機大臣速議具奏。該省查辦虧缺，總當以新虧銀數多寡分別輕重。若十五年以前舊虧，前於那彥成查明奏請分限彌補時，已降旨允准，此次仍著遵照前議辦理。如祇有舊虧而無新虧者，儘可留任，照依原定年限分別追補。其新虧舊虧俱有者，則必應從重懲辦。即照山東虧空之例，分別銀數多寡，著追治罪。景安等先確實查明，分別覈辦。俟軍機大臣議奏上時，再降旨飭遵可也。將此諭令知之。(仁宗三一七、一四)

(**嘉慶二二、四、壬辰**) 軍機大臣會同刑部議奏已革知州沈仁澍，侵盜倉糧運腳一案。得旨：此案已革河州知州沈仁澍，盜賣倉糧、侵蝕運腳，並虧缺倉庫共銀九萬餘兩，本應即行正法，將所虧銀兩在伊家屬名下勒追。該革員先經畏罪自盡，倖逃國法。著將伊子沈德林發往烏嚕木齊以示懲儆。已革陝甘總督先福，身任封疆，收受屬員供應饋送，又濫保貪墨劣員，罪無可逭。先福著照議發往伊犁，效力贖罪。前署陝甘總督高杞，率准沈仁澍領運倉糧，黃方承領運腳，署藩司德克精阿私發庫銀數萬餘兩，並不查究，實屬溺職。高杞著即革職，餘依議。(仁宗三二九、一〇)

(三) 救災濟貧、賑貸工作中的違紀貪污

(**康熙三七、三、丁酉**) 刑部遵旨議覆：陝西咸陽縣民張拱等叩閽，呈告康熙三十二年原任巡撫布喀等以民乏籽粒不能耕種給民購買銀兩，官吏侵蝕並不給發等情，應行文該督撫察明，到日再議。從之。(聖祖一八七、二一)

(**康熙三九、三、丙申**) 九卿等會議刑部尚書傅臘塔、江南江西總督張鵬翮察審陝西散給籽粒等案：查籽粒銀兩共計五十餘萬，此內給發民間三十

九萬餘兩,百姓已於三年內完過二十六萬兩,餘銀限二年內陸續完結。其原任同州知州藺佳選、蒲城縣知縣關琇、韓城縣知縣王宗旦俱侵扣籽粒銀入己,應擬斬監候;朝邑縣知縣姚士塾、華州知州王建中已病故,無庸議。其侵扣之銀,俱應照數追還原項。至布喀控告總督吳赫等侵蝕籽粒銀兩三四十萬,今合計實給眾百姓銀及各州縣衛侵扣那用銀已與五十餘萬之數相符,布喀所告是虛……(聖祖一九八、三)

(乾隆一、九、庚申)戶部議:查印委各官點驗災黎。按戶計口,每有豪紳劣衿,將家人、佃戶,連名開送,又各官書役,結引親族隣友,混報私收,甚至並無其人,捏造名口,借端影射,詭冒纍纍,轉使真正飢戶,遺漏刪汰。應令該督撫嚴飭各屬,盡心稽查,務使虛捏者不得冒領,則實在者不致刪汰。倘有前項情弊,立即申詳,黜革究擬。如該地方官徇情縱役,貽累災民,該督撫即行嚴參,從重究處。又被災各屬,凡貢監生員,實係赤貧乏食者,令報明該教官,確查造冊,轉送該地方官。按其家口,酌加撫恤。并嚴飭該教官,不得徇情詭冒,挾私批駁。從之。(高宗二七、一六)

(乾隆六、一〇、丁巳)諭大學士等:今年廣東地方,有被災歉收之處,瓊州所屬為尤甚。聞得署崖州陳士恭一味粉飾,捏報崖州有八分收成,感恩縣有七分半收成,經道府等屢次駁查,而陳士恭押令鄉保出具實有六七分收成,不為成災之甘結。似此匿災病民之員,若不據實糾參,何以使玩視民瘼者知所儆戒?巡撫王安國,今年辦理荒政,未免失之疏緩,不滿朕意。陳士恭著廣東督撫即行查參,交部嚴加議處。朕思各省地方遼闊,其水旱情形,又復不齊,或本不至成災,而鄉里刁民借端生事,妄希恩澤,地方大小官吏,輒便請蠲請賑,好行其德,違道干譽,固屬不可。然其為害尚小,倘實屬災荒,而諱匿不報,以致小民流離失所,弱者轉乎溝壑,強者流為盜賊,其為害甚大。朕已屢降諭旨,總之凡事自有中道,過猶不及。朕觀各省督撫,能得中道者甚少,然輕重之間亦當熟籌。可將此旨傳諭各省督撫知之。(高宗一五三、一五)

(乾隆一四、九、甲寅)諭軍機大臣等:上下兩江,歷來辦賑州縣,官役鄉保,朋比侵冒,告災不實,造報不清,弊端百出,今經條奏,果否係實在情形?尹繼善久任兩江,何以一任屬員朦混,漫無覺察?著將原摺鈔寄,令其閱看,詳悉奏聞。尋奏:原奏內稱,江省向來告災不實,有司不能詳覈,又憚於查勘,一任鄉地書吏,移易增減,捏造花名詭戶,混報冒領,而散糧時,吏胥需索冊費票錢,攤派侵扣,窮民不霑實惠等語。臣在兩江五載有餘,每值各屬報災,俱委員會同該州縣履畝查看,處處覈實,分別辦理。

其災重之區，臣與撫臣親身前往督察，留心密訪，凡稍可自給者，不准入册。而真正窮民，斷不許其删減遣漏。再原奏所稱，勘災印發水單，審户較對烟册，散賑刊給單式數端，臣查凡遇報災，必令印委各官親查，其不成災之村莊，從未有散賑之時敢於欺冒爭競者。至造報飢口，以舊存烟户册爲根底，但民人遷徙靡常，户口增減不一，隨時審驗，户必親查，口必覈實，屬員不能朦混造報。得旨：言者固不無過甚，而辯者亦未必盡實。但既往不咎，此任内一切，實力辦理可也。（高宗三四八、九）

（乾隆一九、一、己卯）兩江總督鄂容安，疏參興化縣知縣劉霖，辦賑米色不純，短少升合，又虧空帑項二千餘兩，請革職發審。得旨：劉霖承辦賑務，將米攙和糠粃短缺升合，此與尋常侵欺帑項不同。災民嗷嗷待哺，爲民父母者，即實心辦理，如數給發，尚恐其不免飢餒，而乘機侵尅，罔恤民命，此豈有人心者。該督撫訪查確鑿，自應嚴參，照例請旨革職拏問。若僅照常題參審訊，何以懲儆貪邪？劉霖著革職拏問，所有攙和米色及虧缺帑項，一併嚴審究追，按律定擬具奏。嗣後有似此，而該督撫仍視爲泛常，不照例革職拏問者，該部即治督撫以徇庇之罪。（高宗四五五、一四）

（乾隆一九、四、己未）諭曰：興化縣知縣劉霖，前經該督鄂容安，以承辦賑務，侵蝕米石，攙和糠粃情由，題請革職。朕念國家發粟，以救待哺之災黎，而貪吏忍於奪之民口而自食，若照常題參審訊，何以懲儆貪邪？因降旨革職拏問，以爲罔恤民命者戒。今據莊有恭審明，散賑斗斛，實未短少，其米色不純，係家人書辦，乘機侵扣。劉霖並無通同侵蝕情弊，應照例革職等語。朕辦理庶政，一秉至公，不存成見。劉霖如果剋民入己，即應於該處正法，既經審明，止係失於督察，應照例治以應得之罪。著一併議奏。（高宗四六二、七）

（乾隆二二、八、丙戌）諭：據御史周照奏，災地施賑，恐不肖有司侵漁冒濫，請密派大員親往查勘一摺。所指情弊，諒賑務中所實有。但必密派大員查勘，則於政體未協。無論所遣之員一人耳目難周，轉恐各督撫等懼干處分，或致諱災不報，坐視其顛連而莫敢上聞。是本求祛弊而反致屯膏，適足爲貧黎害矣。然該御史既有此陳奏，應傳諭各督撫於賑務尤當留心體察，董率有司，實力查辦，倘或遺濫侵蝕如該御史所指情弊，或經朕訪聞，或被人參奏，不特州縣官從重治罪，其各該督撫等亦必嚴加懲治。（高宗五四五、一九）

（乾隆二二、八、己丑）又諭：據御史閻循琦奏撫賑事宜一摺。其所稱折給銀兩，奸吏家人或輕戥短發，及貧民得銀，易錢買米，市儈牟利，不免高擡錢價，改用重戥，並富戶囤積錢文，不令流通等弊，所指俱係切中。此等弊竇，惟該督撫等留心體察，董率有方，乃可杜絕。朕本欲明降諭旨飭禁，但恐轉啟奸吏刁民種種不肖之心。著將該御史摺鈔寄各督撫，令其悉心體察，實力釐剔，務絕弊端，庶俾災黎得沾實惠。其勿視爲具文也。尋山東巡撫鶴年奏：東省賑項，已飭地方官既易錢，協同委員按戶親給，並將應賑錢數，先期大書，實貼村莊，仍令道府等官不時往來抽查。又河南巡撫胡寶瑔奏，亦易錢給發。報聞。（高宗五四五、二八）

（乾隆三四、七、甲辰）又諭：據吳紹詩參奏，星子縣知縣李應龍，於乾隆三十一、二年等年，辦理被災地方賑卹蠲緩案內，捏造被災戶口，浮開侵冒，私收入己，請旨革職拏問等語。地方偶被偏災，加恩蠲緩，原以軫卹災黎。爲民牧者，稍具人心，豈容絲毫侵蝕？乃李應龍竟敢捏報災蠲，恣意私收入己，實屬大干法紀。李應龍著革職拏問，同案內有名犯證，並令吳紹詩速委妥員，解赴蘇州，交與總督高晉，嚴審定擬具奏。（高宗八三九、一七）

（乾隆三四、七、甲辰）又諭：據吳紹詩參奏，星子縣知縣李應龍，捏造被災戶名，浮開冒蠲，侵收入己，請革職嚴審一摺。已降旨將李應龍革職拏問，交高晉嚴審定擬矣。……此案與從前浙江諸暨縣知縣黃汝亮，將已蠲錢糧私徵侵蝕之事，大畧相似。或此外尚有因災侵冒之案，與此相同者，並著高晉審明時，查照定擬具奏。至高晉此時，正赴河工防汛，第今歲黃河，水勢平穩，且現有李宏在彼經理，高晉接奉諭旨，可即回至蘇州審辦此案。速行定擬奏聞。（高宗八三九、一八）

（乾隆三四、一〇、丁卯）吏部議奏，失察江西星子縣知縣李應龍乘災舞弊一案，該管各官照例議處。得旨：錢琦、顏希深、佛德俱著革職，從寬留任。程燾現在患病，不能供職，年力已頹，無上進之心，即著革任。至此案星子縣知縣李應龍，乘與舞弊，冒蠲侵蝕至一千七百餘兩之多，非尋常漁利之劣員可比。該管道府等，俱係親臨上司，平日何以全無聞見？外省習氣，不堪如此，不可不嚴加懲治。若照常予以從寬留任，伊等且視吏議爲無關重輕，毫無儆懼，吏治更何由整肅。若僅照簽依議，無識之徒，或以爲議處未經出名之人，朕未留心詳閱。雖予以應得處分，亦不足以示炯戒。所有廣饒九南道福彰阿、前任南康府知府陳子恭、裴志濂、前署府事同知陳時謙、楊大觀及會勘出結之前任南康府通判陳有光、建昌府同知宋鑑，均著照部議革職。（高宗八四五、一三）

（乾隆三七、四、丙戌）諭軍機大臣等：據步軍統領衙門奏，雄縣民人劉盡忠，控告該縣辦賑時，藉端扣價，按户索錢，並該知縣自賣倉糧各情節，請交直隸總督究審一摺，已派英廉前往，會同裘曰修查辦矣。州縣辦理賑務，書役從中滋擾，在所不免，今所控扣索各款，俱列有確數，更不得謂之無稽。……（高宗九〇七、二一）

（**乾隆三七、五、丙午**）諭曰：裘曰修、英廉奏，審擬雄縣民人劉盡忠，控告該縣知縣胡錫瑛一案，所有該縣盜賣倉穀，及因公科斂等款，俱已審實，其貪婪不職，實爲法所難逭。但裘曰修等，僅就盜賣倉穀八百石一條，指爲重款定罪，於放賑運米科斂各村民錢八百千文，作爲入己，而以暫存東路南路錢三百八十餘千文，作爲未交，不行合併計贓科罪，實屬非是。科斂之與侵盜，情罪既有不同，而千兩以上，與千兩以下，分數又自各別。況當地方辦賑之時，該縣輒敢出票索錢，至一千餘串之多，其心豈可復問？安得謂之因公，又安得以寄存未交，謂非入己之物？自應將本款入己一千兩以上，按律定擬治罪。裘曰修等，惟引因公科斂，枉法贓一百二十兩之條，擬以絞候，未免意存寬縱。所有此案罪名，著交刑部另行覈擬具奏，裘曰修、英廉均著交部議處。至直隸散賑一事，前據周元理、楊景素面奏，屢稱察覈各屬，俱係實心辦理，民霑實惠，今覈雄縣之案，地方官之辦理，已可概見，則該督及該司之所稱賑務妥實者安在？此非尋常失察可比。周元理、楊景素，並著交部嚴加議處。（高宗九〇八、一七）

（**乾隆四〇、一〇、丙戌**）諭軍機大臣等：户部奏，據湖北巡撫陳輝祖造送乾隆三十九年賑濟報銷到部，內孝感等十九州、縣、衛，被災六、七、八分極次貧民男婦大小共一百八十七萬五千八百餘名口。該部查覈此次賑濟人數過多，恐其中不無浮濫，因將各該處造報民數清册覈對，竟多至十數萬，據實奏明一摺，已依議行矣。湖北上年六、七月間，有缺雨被旱之處，據陳輝祖照秋災常例題報，隨令其確勘妥辦。嗣因新正，有應須加賑恩旨詢問，旋經陳輝祖覆奏情形，不過將應賑之孝感等州縣照常聲敘，朕亦不過照例降旨加賑，實不知該省被災之特重也。朕愛育黎元，凡遇拯災邮民之事，惟恐各省督撫稍存粉飾諱匿，致災民或有失所，不憚諄諄告誡，務令據實妥辦，期無遺漏。該省上年孝感等處應賑人數既如此衆多，其被災不爲不重。陳輝祖即應將災重人多之故，豫行奏聞，朕必嘉其實心民事。況民數册，即由巡撫衙門彙奏，豈户部事後尚知按籍而覈，而該省辦賑，轉置民册於不問乎？各省奏報民數，大率視爲具文，隨意增減，原不足爲確據。辦理災賑，自不能拘泥此册，致災黎或有向隅。但其册既已奏報，即係備朕親覽者，而應賑人數題達後，朕亦必加披閱，陳輝祖何不豫爲校對，將人數不符之故，

據實奏明，而竟顢頇若是乎？陳輝祖實屬非是，著傳旨嚴行申飭，並令其明白回奏。(高宗九九二、二〇)

(乾隆四二、八、庚子) 諭軍機大臣等。本日邁拉遜等奏。興化縣生員錢志昱呈控。因乾隆三十九、四十兩年。該縣草堰場被災發賑。武生周卓凝等，串同書役，侵漁賑穀七百餘石等案，請交督臣高晉研審一摺，竈場被災。場大使管理賑務，自宜認真妥辦。如果有棍徒蠹役，朋比侵冒，至七百餘石之多。該大使即應訪察嚴究。至歷控分司、運使、巡撫衙門，更宜秉公審訊。若承審官復敢徇情偏護，尤屬不法，均不可不徹底根究。但係錢志昱一面之詞，自難憑信。伊並非原首之人，何獨挺身赴京呈愬？保無挾嫌誣控情弊。著交與高晉，提集案內有名犯證，秉公確審。務得實情。毋致顢頇了事。(高宗一〇三八、一二)

(乾隆四二、一二、己亥) 諭曰：李侍堯等參奏，前署寧臺廠員之會澤縣知縣衛竟成，私扣腳價，短發銅觔，甚至將承運銅五萬，捏報腳戶趙映奎，盜賣三十萬之多。希圖索詐侵漁，實出情理之外。又署蒙化廳經歷武定州吏目胡炎，因向舉人饒湛借銀不遂，挾嫌押令代腳戶趙映奎完銀，輒以毀署抗官，誣人重罪，尤屬狡詐不堪。請旨一併革審等語。知縣衛竟成、吏目胡炎，俱著革職，交該督等提集案內人證，嚴審究擬具奏。(高宗一〇四六、六)

(乾隆四四、五、庚寅) 諭軍機大臣等：步軍統領衙門奏，鳳陽縣民人張萬青，呈控戶書韓載揚等，侵蝕賑濟銀兩一事。請將張萬青解赴兩江，交總督薩載，提集人證，秉公嚴審一摺，已如所奏行矣。據稱戶書韓載楊等辦理災賑，於造報冊內，多加人口及領銀散賑，又減戶撥給，從中侵蝕銀一萬餘兩等語。……(高宗一〇八二、一三)

(乾隆四四、七、丙午) 諭軍機大臣曰：薩載奏，審擬鳳陽縣民人張萬青，在步軍統領衙門呈控戶書韓載揚等，侵蝕賑濟銀兩一摺，已批交該部議奏矣。至摺內，該督僅將該署縣附參，其賑項議令照數賠補，不足蔽辜。著傳諭薩載，飭令沈寧仁，照未報扣除銀米之數加十倍罰賠，並將該員即行革職，以示儆戒。至薩載從前辦事，尚屬認真，是以授為兩江總督，乃蒞任未幾，於審辦天長縣知縣高見龍，故縱逆犯程樹榴一案，即意存姑息，並不按律問擬，已屬舛誤，當經勅部改擬，傳旨嚴飭，今此案又將署令沈寧仁，僅以附參議賠了事，尤屬大謬。看來薩載自為總督，專以沽名為事，深負朕委任之恩，伊從前若如此好名干譽，豈肯畀以兩江重寄耶？薩載著傳旨嚴行申飭，將此由五百里傳諭知之。(高宗一〇八七、一九)

（乾隆四六、九、甲寅）又諭：甘肅捏災冒賑侵蝕監糧一案。昨據大學士公阿桂等審明各州縣供認已贓數，自九萬至數千餘兩不等，照侵盜錢糧一千兩以上例，分別定擬斬決監候杖流一摺。……所有案内侵冒賑銀二萬兩以上之程棟、陸瑋、那禮善、楊德言、鄭陳善、蔣重熹、宋學淳、李元椿、王臣、許山斗、詹耀璘、陳鴻文、黎珠、伍葆光、舒攀桂、邱大英、陳澍、伯衡、孟衍泗、萬人鳳等二十犯又冒賑不及二萬兩，而任内有侵欺建倉銀兩之徐樹柟、陳韶二犯，若照擬一例予以斬決，轉與王亶望、蔣全迪等首惡罪名，無以稍示區別，程棟等著改爲應斬監候，入於本年勾到情實官犯内辦理。今各省官犯，已經勾決，著派刑部侍郎阿揚阿馳驛前往甘省，會同該督李侍堯傳旨曉諭，監視行刑。其侵冒銀一萬兩以上之閔鶷元、林昂霄、舒玉龍、王萬年、杜耕書、楊有澳、李本楠、彭永和、謝桓、周兆熊、福明等十一犯，又冒賑不及一萬兩，而任内有侵欺建倉銀兩之錢成均、王旭、陳金宣、宗開煌等四犯，據王大臣科道等覆擬斬監候，即入本年秋審情實者，雖應如所擬，但程棟等既未減爲今年秋審情實，閔鶷元等，亦從寬免其即入本年秋審，仍牢固監候。其侵冒銀自九千至一千兩以上之韋之瑗、尤永清、萬邦英、丁愈、趙元德、顧汝衡、宋樹穀、黃道煚、蒲蘭馨、章汝楠、侯作吳、董熙、沈泰、墨爾更額、善達、華廷颺、賈若琳、龐檁、史堂、覺羅承志、李弼、申寧吉、謝廷庸、葉觀海、麻宸、張毓林等二十六犯，俱依擬應斬監候，統俟明年情實官犯勾到時，刑部聲明請旨，分別辦理。餘俱著照所議完結。前經降旨，朕於辦理此案，不得不爲已甚。今覈諸人情罪，仍不忍令具骈首受誅。就其中情節最重之程棟等二十二犯，先予勾決。……（高宗一一四〇、三一）

（乾隆四六、一〇、癸酉）諭軍機大臣等，據袁守侗覆奏，查明旗人鄭瀾，呈控車户龔大，領運賑米，私自糶賣一案。摺内稱，上年寶坻縣被水成災，撥運米石散賑。前任知縣員家駒，雇覓車户龔大，攬運灤州米一百六十九石五斗，因道路泥濘難行，龔大恐誤限受責，借銀就近買米交倉等語。此等供詞，係屬狡飾，不可輕信。車户領運米石，串通倉書，私自糶賣，復以恐誤賑限受責，先行買米交倉，事後裝點情節，俱係串通掩飾之詞。況該縣係被災處所，米價較昂，豈有龔大轉在米貴之地，先爲墊買，以赴賑限？且此等車户及書役家人等，亦安肯急公奉法若此？尤非情理所有。該令審斷時，是顯有縱役分肥等弊，不可不徹底查辦。現在此案人犯，飭令該督解京審訊，俟犯證解到時，令軍機大臣會同刑部，秉公嚴審，無難訊得實情。著將此傳諭袁守侗知之。（高宗一一四二、八）

（乾隆五一、三、丙午）軍機大臣等奏：訊問叩閽之陝西府谷縣已革監生劉爾琛．據供乾隆四十八年，該縣典史王俊串通署縣張恒，將應碾賑倉穀發碾戶，勒令多交米石，碾戶復與胥吏作弊，將粗腐米散賑，倉穀賣與富戶販運。又該縣每年出借倉穀，春放一米，秋收二穀；放米每石不足五斗，收穀每石勒令倍交。俱有倉書、花戶、鋪戶等可證等語。應將案內人證質鞫。得旨：此案著派尚書舒常，帶同臬司袁鑒，馳驛前往陝西，秉公查審，所有隨帶司員，亦著一併馳驛。其原告則劉爾琛一犯，交巡補營派委妥員，由驛解往。（高宗一二五〇、二）

（乾隆五一、六、癸巳）又諭［軍機大臣等］：都察院奏，據盱眙縣童生蔚起元控告該縣知縣王本智寵任奸吏秦灼、王桁，上年勒捐萬餘兩，婪賄至數千兩。又因災酌借口糧，縣令領銀一萬二千餘兩，奸吏通同舞弊，放銀不滿千兩，疊經縣民李書樓等呈控，俱被捏結風痰完案。伊父生員蔚楷，口稱要上京控告，即被知縣拏去嚴刑拷逼等語。上年安徽被災較重，節經降旨賑卹兼施，不惜數百萬帑金，務俾災黎均霑實惠。又因該撫書麟，查辦認真，曾經交部優敘。今據蔚起元所控，該縣竟敢侵蝕賑銀至一萬一千餘兩，又婪索勸捐銀數千兩，殊堪駭異。如果屬實，則是官吏通同舞弊，侵帑殃民，大干法紀，必應從嚴審辦，盡法處治，以示懲儆。況蔚起元，年甫十九，鶱遠赴控，未必無因。著將都察院原摺及原呈，發交姜晟。該侍郎於接奉諭旨後，即取道前赴清江浦，會同李世傑，徹底查辦，嚴審定擬具奏。（高宗一二五七、一四）

（乾隆五一、七、壬子）又諭曰：李侍堯等奏，審擬江陵縣民蔣魯玉等控告該縣及書吏侵蝕賑銀一案。訊係江陵縣書吏蘇秉六等，雖無吞賑侵穀情弊，而於覆查戶口，勒索保正銀六十餘兩，五人分用。知縣孔毓檀，於災賑銀兩，尚無侵蝕，但於領到銀穀，先放附近各垸，其較遠處所，直至本年正月，始行放給，以致災民情急呈控。請將孔毓檀革職，從重發往軍臺，效力贖罪；書吏蘇秉六等，從重改發烏嚕木齊為奴等語。朕細閱此案情節，該縣於災賑銀兩，不能按戶發給，以致災黎情急控告。該縣如果實有侵蝕入己情弊，自應從嚴治罪，即立寘重典，亦不為枉。今孔毓檀領到賑銀，不按初賑二賑之例，使遠近同時均霑實惠，其咎止於辦理不善，與侵蝕入己者有間，予以革職，已足蔽辜。其發往軍臺効力之處，著加恩寬免。至書吏如另有欺壓百姓，藉端嚇詐，贓款數多，自應即行正法。今蘇秉六等於跟隨本官承辦賑務，勒索保正銀兩，每人分得十餘兩，其呈報戶口，尚無增減情弊。即照李侍堯等所擬完結，亦足示儆。餘著該部議奏。（高宗一二五八、二二）

（乾隆五一、一〇、庚午）諭：前據李侍堯等奏，孝感縣革生梅調元等，因饑民搶掠糧食，糾衆逞兇，活埋多命，地方官諱匿不辦一案。因思湖北因災發帑至五百餘萬，爲賑濟饑民之用，即有所不足，再請亦所勿靳也。必係該省辦理災賑事務，有不肖官吏從中侵冒情弊，使恩不下逮，故降旨令該督等嚴查具奏。茲據李侍堯等查奏，黃安縣上年放賑，該縣經承王炳、王言綸，勾串知縣陳玉之子，虛開戶口，侵冒賑項。又興國州參革知州溫有光，於上年承辦撫卹加賑、領銀易錢，查對所放數目，竟有易多散少、侵漁入己情弊。請將知縣陳玉革職，同參革知州溫有光，提同應訊人等，一併嚴審，按律定擬等語。已發者如是，未發者更不知幾何也。上年湖北因旱成災，朕軫念災黎，蠲賑兼施，動用帑金至五百餘萬兩，令特成額等督率所屬，加意撫卹。今據李侍堯等查奏，該省不肖州縣，竟有浮開戶口、冒賑侵漁之事。此皆由特成額在湖廣總督任內諸事廢弛，而藩司永慶、臬司王廷燮亦俱因循怠玩，於賑卹要務，全不認真查辦，一任不肖州縣侵漁舞弊，以致災民不能均霑實惠。若非令李侍堯、李封前往接任督撫，徹底清查，則此等劣員，皆得飽其慾壑，不至敗露，其何以肅吏治而懲貪墨耶？是特成額、永慶、王廷燮，前此之身獲重譴，解京治罪，實屬天理彰著，昭昭不爽，可爲封疆大吏廢弛不職者炯戒。除令軍機大臣存記，俟特成額等解到，逐款訊究外，所有黃安縣知縣陳玉，著革職，同參革興國州知州溫有光，一併拏問，交李侍堯等提集應訊人證，嚴切根究。一經審訊質證得實，即將該州縣及陳玉之子，並經承王柄、王言綸等，一併解交刑部審訊，按律定擬，以示懲儆。（高宗一二六七、二五）

（嘉慶一〇、一二、癸卯）又諭：據富俊等參奏。廣寧正黃正白二旗界內，辦理賑務，冒開戶口，請將該旗界官等解任質審一摺。本年承德等五州縣沿河被災地畝，前經降旨照例賑卹，並加賞一月口糧，俾災戶均沾實惠，乃六達色付昌輒敢浮開戶口至四百餘名之多，實屬目無法紀。伊等既肆意捏開戶口，希圖浮冒入己。其實在應賑之戶，必又有被伊等侵蝕者，近來奉天省地方積習相沿，旗員惟利是視，不可不徹底查辦，以示懲儆。所有該旗界官佐領奇成保防禦兼騎都尉二違色，著先行解任。交盛京刑部提同六違色付昌及全案人證，嚴行審訊。有無通同分肥私行剋扣情弊，按律定擬具奏。（仁宗一五五、一六）

（嘉慶一四、七、己未）又諭：據溫承惠奏，因寶坻縣知縣單幅昌短少賑銀案內，究出該管東路同知歸恩燕、署定興縣顧准，均有分用銀兩情事，該督未能先爲覺察參辦，自請議處一摺。上年直省辦理賑務，寶坻一縣，現已訊有侵蝕挪用、分肥入己之事，其餘各州縣，恐亦不免此等弊竇。著溫承惠選派未經辦賑公正之員，分往辦賑各處，詳細確查，據實具奏。前因李泰清呈控伊姪李毓昌身死不明一案，現今提集犯證，訊係奉委查賑，不肯扶同山陽縣虛增戶口，竟致被毒身死，駭人聽聞，必當嚴辦示儆。直省州縣近在畿輔，如果秉正不阿，有何顧慮？著溫承惠曉諭派出訪查各員，不必畏招嫌怨，代爲掩飾也。溫承惠失察所屬侵冒賑銀，及書吏得受銀兩，即照所請交部嚴加議處。至藩司方受疇，曾經親赴寶坻縣查賑，現訊出家人、書吏，有需索門包、房費之處較多，前已令其自行確查，明白回奏，亦著先行交部嚴加議處。（仁宗二一五、二）

（嘉慶一四、七、己未）又諭：昨據已革山陽令王伸漢，供認謀毒實情，爲從來未有之事。王伸漢承辦賑務，捏開浮冒，從中侵飽，甚至將不肯扶同舞弊之委員李毓昌起意毒害，實屬兇狡。李毓昌詢無子息，今王伸漢將伊謀斃，不獨害其身，抑且絕其嗣，情尤可慘。著將王伸漢任所原籍家產抄沒，伊現有幾子，查明年歲，俱發往伊犁，交該將軍分置各城，以洩幽憤。（仁宗二一五、三）

（嘉慶一四、七、甲子）諭內閣：吏部奏，議處直隸總督溫承惠、布政使方受疇失察屬員侵賑，請旨革職一摺。朕體卹民艱，痌瘝在抱，遇有水旱偏災，一經該督撫奏發帑金，從無絲毫靳惜，又豈肯逆料有不肖州縣從中侵蝕賑銀，稍弛救災邺民之念？地方大吏身膺牧民重任，目擊窮黎困苦，更宜各發天良，實力拯救，認真查察。乃上年直隸省辦理賑務，竟有寶坻縣已革知縣單幅昌侵蝕賑銀二萬餘兩之案。計該縣共領賑銀四萬餘兩，而侵蝕之數，至於過半，則該邑待賑貧民不能仰邀撫卹者，不知凡幾。一縣如此，其餘各州縣亦殊不可信。（仁宗二一五、九）

（嘉慶一四、七、乙亥）又諭：據汪日章奏，上年江省查辦賑務，各州縣戶口銀數，必將上兩屆被災情形與此次參考，不致懸殊，方准放給，惟山陽縣較之十一年僅多十二鄉，而需銀至九萬九千有餘，曾經駁查並另委隨帶之員密查，始行覈准動放等語。山陽賑務，現據王伸漢供認，侵冒銀六千餘兩，伊曾致送本府王轂銀二千兩，各委員銀一千六百餘兩。以王伸漢之貪殘忍戾，而於該員賑銀九萬九千餘兩之中，侵冒入己之銀僅止二千餘兩，尚恐不實不盡。王轂得受王伸漢之銀，自亦不止二千兩。著留京王大臣會同刑部再加嚴訊，務得實情。（仁宗二一六、三）

（嘉慶一四、七、乙亥）又諭：本日慶桂等奏，議駁御史周鉞酌易辦賑章程一摺，已依議行矣。各省水旱偏災，事所常有，朕痌瘝在抱，念切民艱,一經該督撫奏報到時,披覽奏章,惻然心目,無不立降諭旨,令其認真撫卹,即需數十百萬帑金,從無絲毫靳惜,亟命部臣立爲籌撥,惟恐後時,誠以小民蕩析離居情形,最堪憐憫,若不設法拯救,將何所依?國家辦賑章程,良法具在,如果各州縣實心經理,該督撫認真查察,自能實惠及民。無如地方不肖之員,昧良喪心,視同利藪,而派往查賑之委員等,賢不肖亦復迥殊,閒或有持正之人,而嗜利者多,轉深憎惡。如近日寶坻、山陽兩案,該革令單幅昌、王伸漢皆骩法營私、侵肥入己,而委員中如李毓昌之持正不阿者,更復有幾?擠窮黎於溝壑,圖自瞻其身家,卒不能倖逃憲綱。朕代天子民,惠鮮懷保,斷不肯因此兩案接踵破露,慮貪官之牟利,屯百姓之恩膏,寧受污吏之欺朦,忍奪良民之口食,此後設遇被災之區,仍當頒帑發粟,救其阻飢,如前一律辦理。惟辦理之得有實濟與否,是在督撫,如該督撫不知認真經理,徒以爲立法未周,如御史周鉽所言,欲於地方官查明戶口之後,另委道府承辦,試思道府中又豈盡屬賢能?現在寶坻一案,該管東路同知歸恩燕,即曾需索銀三千兩;山陽一案,該管知府王轂,亦曾收受銀二千兩,設遇此等道府,令其領放賑銀,又豈可信?又況該道府等,於各州縣村莊戶口,不能親歷周查,勢必仍行轉派委員分投前往,委員之查賑愈繁,州縣之費用更廣,於賑務無益而有損。如督撫等果能一遇災賑,先行嚴查覈實,而於派往抽查之委員,務擇存心公正之人,責成查察,仍隨時密加廉訪,賢者立加獎拔,不肖者即予糾參,則弊竇漸除,亦無慮小民之不霑實惠。儻督撫等見現在寶坻、山陽二案破露,以爲賑務剔弊綦難,自揣耳目不能周遍,惟恐地方劣員侵冒肥己,累及上官,相率諱災不報,如此則玩視民瘼,勢必至窮黎無可赴愬,而朕惠養元元之澤不能下逮,其獲戾尤重,一經查出,朕不能稍爲寬恕也。將此通諭知之。(仁宗二一六、四)

（嘉慶一四、七、戊子）諭軍機大臣等：本日吳璥奏,究出已革典史呂時雨,商同浮開戶口一摺。訊據呂時雨供稱,册面上大小口總數,王伸漢另用白紙開出,令我照填,因是上司,不敢違拗,我並未商通分肥,惟查賑時王伸漢見我衣裳單薄,給我銀二十兩贖取皮衣,年底又給銀五十兩,爲過年用度。至我前奉提訊,恐查出浮開戶口,是以捏造底案,多減數目,以爲自己原報確數,王伸漢實不曾先向我商量許分銀兩等語。呂時雨分查戶口,如果據實秉公,何以依從王伸漢浮開總數?於册面填寫,事後又何以捏造底案,希圖諉卸?且所認給予銀兩,恐亦不止此數。著留京辦事王大臣會同刑部堂官,即監提王伸漢嚴加究鞫,册面戶口總數,是否王伸漢開出令其照填,所給銀兩是否祇此兩次,抑或豫爲商允酬謝,俱令逐一供吐,毋任不實

不盡，以成信讞。將此諭令知之。（仁宗二一六、一六）

（嘉慶一四、八、丁巳）諭內閣：朕體恤民艱，痌瘝在抱，地方偶遇水旱偏災，發帑拯濟，從不絲毫靳惜，原欲使顛沛窮黎咸登衽席，在職司民牧者，即照定例分別極貧、次貧戶口，實心撫卹，猶恐僻壤窮鄉，未能周歷巡查，致有遺漏。乃不肖州縣，非惟不認真經理，且竟從中侵蝕，私肥囊橐。官吏多一分侵蝕，窮黎即多幾許餓莩，是直向垂斃飢民奪其口食，豈復尚有人心，行為竟同盜賊。向來疆吏，因辦賑地方，國帑攸關，未嘗不特派多員會同查辦，俾互相稽覈，以杜弊源，而委員中存心公正者甚難其人，扶同一氣者正復不少，欲杜弊而轉多舞弊之人，欲節用而更增分銀之吏。現在留京王大臣會同刑部，審擬山陽冒賑一案，訊據王伸漢冒賑銀二萬三千餘兩，其入己銀數至一萬三千餘兩之多，已屬法無可貸，且因此謀毒李毓昌斃命，貪黷殘忍，莫此為甚。王伸漢著即處斬。王轂身任方面，於屬員冒賑謀命重情，一經覺察，即應據實揭參，乃因王伸漢向其懇求保全，轉代為容隱，於相驗李毓冒屍身時，任聽仵作喝報，不過掩人耳目，且事後又復得銀二千兩，知情受賄，同惡相濟，正不必計其贓數而罪已無可逭。留京王大臣等擬以斬候，請入於本年朝審情重辦理，屆期亦斷難寬宥，又何必稽延時日？但竟予以斬決，與王伸漢又無區別，王轂著改為絞立決，派刑部侍郎秦瀛監視行刑，於九月初四日覆旨。所有查賑委員，雖訊無事前商同情節，而所分銀兩，豈有不知係王伸漢冒賑所得？且此內林永陞係總查之員，又得銀一千兩，為數獨多，擬以杖流，尚覺過輕。林永陞著改發烏嚕木齊効力贖罪。其餘各委員罪名，俱著照擬分別杖流。從前李毓昌秉公確查，不肯浮開，且欲將王伸漢侵冒情事稟揭，以致受其謀害，昨已屢降恩諭，用慰忠魂。今查明委員內有教諭章家麟，同時查辦，不特未經得銀，亦且覈對所開戶口，毫無浮冒，於公事尚為認真，自應量予恩施。章家麟著送部引見，以知縣即用。（仁宗二一七、三三）

（嘉慶一四、一〇、癸卯）諭內閣：吳璥、慶保奏，查明安東縣被水成災，並江寧等府州各屬水旱歉收情形一摺。朕視民如傷，一聞地方荒歉，救災拯飢，惟恐弗及。本年雖有王伸漢等冒賑之員，發覺破案，朕豈肯因貪吏數人，遂靳恩膏？惟頒帑發粟，以拯災戶之阽危，非以填貪夫之慾壑，恐蠹吏奸胥，錮習不除，侵黷如故。若非責成地方大員認真經理，何由實惠及民？該督撫等惟當實力稽查，掃除積弊，隨時嚴密督辦。設竟有侵冒之處，即當立予參辦，勿稍姑息，庶官吏咸知凜畏，災區得溥恩施，以仰副朕軫念貧黎，痌瘝在抱至意。（仁宗二一九、一五）

（嘉慶一五、六、乙酉）諭軍機大臣等：本日巡視中城御史奏，安徽天長縣民人盧應遠，呈控剋減賑糧一案，已降旨交廣厚審辦矣。地方偶遇偏災，百姓嗷嗷待哺，國家不惜帑金，計口授食，原以拯濟窮黎。即使地方官認真查辦，在小民霑被已屬無多，乃不肖官吏，每欲從中侵蝕，私肥囊橐，造報戶口，則以少爲多，施放賑銀，則減多爲少，且又需索造册放票之費，層層朘削，罔顧民艱，是竟以朝廷之賑卹，徒飽貪污之慾壑。小民所得僅止數十文，何補於生計？而帑項動需鉅萬，思之實堪痛恨。上年山陽冒賑一案，甫經懲治，又有此剋減賑糧之事，必須徹底根究，從嚴辦理，以儆官邪。著廣厚將所控姜振、萬雲等，親提到案，詳悉研訊，儻該縣果有任聽串通情弊，即著嚴參究辦。其本省撫藩等，雖未經盧應遠呈控，但俱失察於前，即董教增調任陝西，亦有應得之咎，廣厚切不可稍存瞻徇，致干咎戾。將此諭令知之。（仁宗二三〇、四）

（嘉慶一九、二、甲申）諭內閣：據通政使司副使蔣祥墀奏，現在河南辦理災賑，地方官悉委之胥役，胥役糾合鄉保，彼此侵吞索錢刁難等語。方受疇久任直隸藩司，上年林清謀逆，本有失察重咎，溫承惠業已降調，方受疇亦應降調，因升任在先，未加懲處。伊到豫省後，督辦撫卹事宜，經朕屢次降旨，嚴切訓示，乃節據給事中李鴻賓、御史卓秉恬奏，該省飢民難民流離載道，本日蔣祥墀復有此奏，而召見面奏者更多。是豫省辦理賑務種種不妥，其情形昭然在人耳目。方受疇著先傳旨嚴行申飭，並交部議處。（仁宗二八六、二六）

（嘉慶一九、八、丁亥）諭內閣：御史孫世昌奏，剔除賑卹積弊一摺。朕念切民依，如傷在抱。每遇地方水旱偏災，議蠲議賑，不惜鉅萬帑金，務使一夫不失其所。有司牧之責者，宜何如仰承德意，實力奉行，俾閭閻均霑實惠。乃近來各省辦理賑務，多有未善，以致諸弊叢生。如委員查災，藉端需索；藩司發帑，借項扣除；造册時不覈戶口之虛實，胥吏易於侵漁；設廠時不酌道路之遠近，飢民疲於奔走。甚至安撫失宜，致使流民轉徙，強暴橫行，種種擾累，不一而足。是帑項虛糜，而澤不下究，皆地方官奉行不力之故。本年江浙等省被旱地方，有應辦賑卹者，著該督撫督飭所屬，盡心經畫，一切積弊悉行革除。保民爲國家第一要務，全在大吏實心任事，使墨吏奸胥無從染指，庶恩膏下被，用副朕懷保惠鮮之意。（仁宗二九五、二二）

（嘉慶一九、一二、丙寅）又諭：御史胡承珙奏陳賑務利弊一摺。本年江蘇、安徽兩省被災較重，節經降旨蠲緩、賑卹，不惜億萬帑金，以全民命。當此嗷嗷待哺之時，全在地方官實心實力，經理得宜，不使一夫失所，方稱朕誠求保赤之意。若如該御史所奏，領賑時藩庫書吏借款剋扣，領賑後州縣書吏借端開銷；委員協同查辦，或需索供應，或通同侵匿；造報戶口冊籍，或舞弊浮開，或藉詞折算；以及設廠遠近失宜、散賑早晚失時、糶米煮粥攙和沙灰、給錢折銀短串扣平等弊，則國帑半就虛縻，災民何能均沾實惠？著傳諭百齡、張師誠、胡克家將該御史摺內指出各弊端，當盡心剔除。選擇賢能之員，認真查察。務令廩藏所頒，絲毫皆及窮黎，以期多所全活，保衛民生為要。將此諭令知之。（仁宗三〇〇、二〇）

（嘉慶二一、一一、甲子）諭內閣：內務府奏，武清、東安二縣申報莊頭、園頭等地畝災分，查與直隸造報戶部該二縣民地災分不符，顯有捏報，現又據順天府送到通州等十三州縣莊頭、園頭等官地被災分數，均應確切查明，再行具題等語。武清、東安二縣民地被災村莊，現據戶部查明冊載止於五、六、七分不等，乃該莊頭、園頭等地畝均報逾九分，同在一縣，且有毗連之區，何以所報迥不相符？恐該縣有聽受莊頭、園頭等賄囑捏報情弊。著方受疇即派明幹之員，前赴該二縣確切查勘，如查有情弊，即行據實嚴參，分別治罪。其通州等十三州縣官地被災分數，一併確勘具奏。（仁宗三二四、一六）

（嘉慶二二、一、丙辰）諭內閣：內務府奏，據直隸咨報，玉田縣錢糧莊頭宋檀等十一名承種地畝，二十年分收成歉薄，計被災四分，查據戶部覆稱，二十年分直隸因災蠲緩民地之各州縣內，並無玉田縣歉收分數，其莊頭等應交二十年分錢糧銀一千四百九十餘兩，已於上年十二月內全數交庫，顯係申報不實，請交直隸總督派員確查辦理等語。玉田縣宋檀等十一名承種地畝，與民地同隸一縣，何以豐歉不符？情弊顯然。著方受疇即派明幹之員，前赴該縣確切查勘，據實參奏，並查訪該莊頭等何人賄囑該縣書吏，朦混申報。質訊明確，一併按律治罪。（仁宗三二六、一一）

（嘉慶二二、一、丙寅）又諭：御史王松年奏，各省春借籽種、口糧及蠲緩錢糧，請嚴禁吏胥短放浮收并壓擱謄黃一摺。直省偶遇水旱偏災，奏到之日，朕無不立沛恩施，復恐青黃不接之時民力拮据，先期降旨詢問各督撫，據實覆奏，新正加恩。或酌借籽糧，或予以緩徵。該督撫自宜仰體朕恩，實力奉行。今該御史奏，各州縣每遇出借籽種、口糧，胥役押令里甲短數支領，所領之糧，並不實散民間，先以貴價售賣，折色給領；迨交納時，又復令加津貼。至蠲緩恩旨到時，並不立時謄黃曉諭，壓擱多日，希冀民間完納，以徵作欠。此等弊竇，實難保其必無，自應嚴行查禁。該督撫職司民牧，如遇事關民瘼，務當盡心經理，以期實惠及民，不得任聽吏胥延擱侵漁，致滋弊竇。（仁宗三二六、一六）

（四）平抑穀價糶糴中的違紀貪污

（雍正四、一、癸亥）諭大學士等：各倉米石平價發糶，原欲與窮民有益。今聞清河本裕倉發糶米石，姦胥惡役，串通鋪戶，賤買貴糶，此倉賣完，又領別倉發賣，是爲富戶生利也。殊屬可惡。倉場侍郎所司何事？嗣後如有此等情弊，務將監糶官員正法，倉場侍郎嚴加治罪。（世宗四〇、三四）

（雍正四、五、甲午）戶部議覆：直隸總督李紱奏言，直屬未被災之州縣，請將穀石糶借。應如所請。得旨：借放倉糧，每爲地方官掩飾虧空之計，且借放之時，往往利歸有力之家，窮民不得實惠。直隸倉糧，向來虧空甚多，朕知之甚悉，今李紱爲直隸未報災之州縣，奏請糶借倉糧。著派翰林、御史、部院賢能官十數員，前往會同各該地方官，核實監糶。著吳隆元、余甸總管查察。務使小民均沾實惠。其各處糧穀，果否實貯在倉，著一併查驗。（世宗四四、九）

（乾隆四、五、乙亥）大學士等議准國子監司業李光埰奏：各省被災地方，蠲免賑濟，書役扣剋冒領，該州縣漫無覺察，應照書役侵欺錢糧不行查出例，降二級調用。至平糶借穀，書役包買勒掯，該州縣不行查察，應照監放兵餉失於查察例，降二級調用，知情容隱者，照縱役貪贓例革職。書役人等，按律治罪。從之。（高宗九三、二三）

（乾隆一七、四、庚申）山東巡撫鄂容安奏：州縣倉庫，錢穀攸關，自蒞任東省，留心體訪各屬庫項，多有不清。究其原委，總以辦差墊用爲辭。因飭藩司作速覈實報銷，不使別有虧那，藉端朦混。至常平社倉穀，積年糶借，未經歸補尚多。查借穀一事，弊端不一，有州縣恐倉糧黴變，不問民間緩急，强爲散派者，有希圖染指，不暇詳察，爲無業之人領去，不能催追者，有四鄉離城窵遠，百姓領納維艱，爲胥役冒領，本戶尚不知情者，有因社穀並無倉廒，散交鄉保，任其濫用虛報，以致虧缺者，有因積欠驟難催補，恐干處分，捏報新借，以掩舊欠者。誠恐操之過蹙，徒有追呼之擾，究無完補之益。現責成各府查辦，暫寬其期，以求有濟，臣仍不時體察，勿使怠玩瞻徇。得旨：具見實心。（高宗四一三、二九）

（乾隆二一、九、丁亥）湖南巡撫陳宏謀奏：藩司楊灝於應發買補運江穀價二十萬餘兩，每百兩扣銀一兩三、四錢，及二兩六、七錢不等，通計侵扣銀三四千兩入已，兌驗屬實，請將楊灝并庫官周照革職。暫委臬司夔舒，摘印署事，清查庫項。得旨：如此察吏，何愁吏治不清？朕甚爲湖南吏民慶幸而嘉悅焉，餘有旨諭部。諭：這所參楊灝、周照俱著革職，其貪黷侵扣情由，及管庫家人、書吏，該撫一併查拏，嚴審究擬具奏。藩司爲通省錢穀出入之地，況買補穀價，關係倉庾。乃扣剋短發，必致貽累閭閻。陳宏謀能留心體察，據實參奏，毫無瞻徇，甚屬可嘉。著交部議敘。(高宗五二一、七)

(乾隆二二、三、丙午) 刑部奏，參革湖南布政使楊灝於買補常平倉穀價侵蝕入己，應依律議斬監候，雖已交納贓銀，不准減等。從之 (高宗五三四、一九)

(乾隆二六、一〇、庚寅) 御史毛永燮奏：直屬撥米充裕，賑卹外應兼平糶。向例地方官於赴糶者限以升斗，祇許零糶。乃狡獪行戶，誘無賴窮民，給零値令糶，糶得仍入行鋪，以圖倍利。且有串通經手胥役，朦混官司者。請勅直隸督臣飭地方官於平糶時，查有行戶影射收買者，照例治罪，胥吏串通，并嚴懲。得旨：著照所請速行。(高宗六四七、一五)

(乾隆二六、一〇、辛卯) 諭軍機大臣等：御史毛永燮奏，請嚴行戶冒糶之禁一摺，已照所請速行矣。今秋直隸附近各屬，先後截漕四十萬石，以資賑糶，第恐地方狡獪行戶，影射誘買，聚少成多，希圖重利。此種弊端，總在有司實力稽查，嚴拏究治，小民庶得均霑實惠。著傳諭方觀承，令其飭屬悉心查辦，不得但委之胥役人等，以致奸牙從中滋弊，有妨善政。(高宗六四七、一七)

(乾隆六〇、六、乙未) 又諭曰：魁倫奏，同知秦爲榦，知縣李廷彩、牛世顯、汪光緒、縣丞史恒岱等，在閩年久，所至聲名狼籍，衆怨沸騰，經手錢糧，任意侵虧。又泉州府知府張大本，貪鄙性成，現在辦理平糶一事，開糶則倒填日期，報價則短開數目，便己病民，怨聲載道等語。閩省吏治廢弛已極，皆由不肖官員不思實力撫綏，惟事剝削苛刻、侵吞殃民所致。魁倫甫行署任，即據實糾參，所辦甚是。(高宗一四八一、二)

(嘉慶三、六、癸巳朔) 喀什噶爾參贊大臣長麟等參奏駐劄烏什辦事大臣雅爾泰私糶倉貯麥二千餘石。得旨：雅爾泰革職拏問，交長麟等秉公審辦。賞烏爾圖納遜三等侍衛，由軍營前往烏什辦事。(仁宗三一、四)

五、官場迎送、酬酢中的違紀貪污

(一) 貪詐納賄，供應饋獻

(順治八、二、乙丑) 諭吏部：國家設官圖治，必公忠自持，殫力報效，方能裨益民生，共襄盛治。若藉權行私，肥己蠹國，不知朝代紀綱，不念民生疾苦，此等不肯自愛之人，徒取備員，毫無實效，皆由用人無定衡之故。

朕自親政以來，屢下詔諭，嘉與更始。近見部院諸臣，因仍前弊，未能洗滌肺腸，托名熟練，持祿養交，習爲固然。其有年屆懸車，恋恋爵祿，豈真有心報國？不過假借朝廷之官，爲養身之計。朕今令吏部具列各部院堂官職名，親行更定，與天下見之。如馮銓先經御史吳達疏參，私得叛逆姜瓖賄賂，殊失大臣之體。便當引去，乃隱忍居官。七年以來，毫無建白，毫無爭執。著令致仕。謝啓光七年錢糧全無銷算，運糧官交兌費用，苦累難支，遂致掛欠漕糧三百餘萬石。關稅原有定額，啓光濫差多人，加倍需索，不顧商民貧苦。至於一差之出，不循次序，任意徇私，穢聲盈耳，大玷官箴。著革職爲民，永不敘用（世祖五四、一二）

（順治一三、一、戊申）諭刑部：前因章冕告發顧仁、賀繩烈背旨納賄等款，朕親鞫得實，故照律處治。……（世祖九七、一一）

（順治一三、五、庚戌）刑部奏言：原任山西巡按劉嗣美侵用贓銀三千五百兩，鞫審得實，應照侵盜腹裏倉庫律，遣戍邊衛。得旨：御史犯贓，與尋常官吏不同。此所引律例，情罪不協。朕方欲嚴懲貪官，爾部即當加意奉行，乃如此徇縱，殊屬不合。著再詳確議奏。（世祖一〇一、一一）

（順治一三、五、己巳）刑部審奏：浙江杭嘉湖道史儒綱，婪贓共二萬二千餘兩，俱實。史儒綱應流徙尚陽堡，援恩詔赦免，應革職，永不敘用。從之。（世祖一〇一、二〇）

（順治一四、九、辛酉）諭兵部：據南贛撫臣佟國器疏稱，保昌縣知縣白可久，因衝邑艱煩，屢受使差凌辱，又爲派征西船隻糧料等項支吾無術，憂激自刎。向因各省驛遞有差使勒索等弊，已屢旨禁飭，近見州縣官有自盡者，動稱爲此苦累，或實緣錢糧不足，供應不能及額，或委係使差額外勒索，肆行陵逼。如此情由，皆當詳察真實，作何協濟清釐，以絕弊寶，作何嚴行禁治，以垂永久，爾部即會同各該衙門詳確議奏。疏內又云，有司疲於奔命，勒索過當，除自盡之外，幾無長策。既知勒索之人，何故事前不即指參？僅於縣官自盡之後空言入告，甚屬不合！以後各省有此等情弊，該督撫按朦朧徇庇，不行明白指參者，應如何處分，著一併議奏。（世祖一一一、二一）

（順治一五、六、甲戌）革固安縣城守尉三等阿達哈哈番齊哈喇職，籍沒家產。以擅收民間紬疋錢文，訊實治罪也。（世祖一一八、四）

（順治一五、八、戊子）以差往江南侍衛桑阿爾寨、吳巴旦沿途逼索賄賂，又明知榮親王之喪，違制宴樂，下法司會勘得實，擬立絞。上念二人侍衛有年，免死革職，鞭一百，籍其家。（世祖一二〇、一一）

（順治一五、一一、庚申）江寧巡按衛貞元參奏江南按察使盧慎言婪贓數萬，其父傳與弟二濟惡實跡并私餽貞元銀八千兩情節，列款以聞。命革慎言職，并盧傳、盧二等及攜帶贓物，嚴拏來京，審擬具奏。（世祖一二一、二四）

（順治一六、一一、庚申）刑部題：周亮工被參各款内，審實赦後贓銀一萬有奇，情罪重大，應立斬，家產籍沒入官。承問官程之璸、田緝馨、盧圖龍、王仕雲、吳琪滋、孫開先徇情將贓銀豁免，除程之璸已經物故外，田緝馨等俱應擬絞監候。其家產，并程之璸家產，一併籍沒入官。其餘事内有名各犯，應援赦免罪。疏入，下三法司核議。（世祖一三〇、二）

（順治一七、二、甲寅）三法司議奏：周亮工贓私踰萬，法不可赦，應如前擬立斬，籍沒；承問官田緝馨等一擬絞監候，一擬杖不折贖；餘俱照前議。得旨：受賄、徇情，皆法無可貸。此案前後口供，參差不一，且兩議輕重懸殊，何以懲戒貪私？事關重辟，著再嚴加詳審，確議具奏。（世祖一三二、二〇）

（順治一七、二、甲寅）江南徐州夏鎮民涂弘德奏訐工部分司顧大申貪酷不法，贓私四十餘萬。得旨：此奏内所訐情弊贓私，重大繁多，深可駭異。顧大申著解任，刑部將本内有名人犯提取來京，嚴審虛實具奏。如係虛捏，從重反坐（世祖一三二、二一）

（順治一七、六、庚戌）先是，十六年十月内，戶科都給事中孫光祀密糾蘇松提督馬逢知……。又本月十八日，禮科給事中成肇毅亦列款密糾，言逢知通海情形久已昭著，今雖奉命撤回，而蘇松兩郡之民，受其魚肉侵陵，傾家絶命者，指不勝屈，請乾斷立拏，並令該撫按嚴提黨羽阮敦甫、汪奕之等審究，以雪衆怨。又逢知家屬起程，封船一百餘隻，沿途寄頓，今未到京者，尚有五十三號，並請令所在官司緝訪封留，逐一抄沒，……。成肇毅疏得旨：據奏馬逢知交通海逆，貪詐多端，冤斃人命，種種不法，黨羽阮敦甫、汪奕之播虐助姦，又逢知家屬北上，封拏船隻一百餘號，發遣各省，沿途寄頓，俱情罪重大。著議政王、貝勒、大臣會同兵部、刑部，併本内有名人犯，嚴審確議具奏。（世祖一三七、一六）

（順治一七、六、癸巳）浙江道監察御史季振宜劾奏：大學士劉正宗身秉銓政，乃濫薦降調員外董國祥，超躐三司，徑陞文選郎中。破例專擅，自薦自用，已可驚異。彼時臺臣楊義面責其庇護國祥，具疏糾參。奉旨查議，則國祥為正宗之私黨明矣。近國祥收藏盧慎言金銀，代為打點，罪狀敗露，流徙尚陽堡。正宗實為舉主，自當檢舉入告，請候處分，而公肆欺罔，竟無一言。輔弼大臣，悍然不畏君父如此，是庇姦之罪猶小，而欺君之罪更大。即此一端，正宗死有餘辜矣。……至正宗因其兄喪，給假回籍，巡撫耿焞借送奠禮爲名，餽以三千金，正宗徑行收受。則平日之收受者，又不知幾何矣。山東巡撫之餽獻如此，山東司道、府、縣之餽獻，又不知幾何矣。推之天下巡撫、司道、府、縣，又不知餽獻幾何矣。及耿焞犯贓狼籍，刑部提問，令林姓家人與正宗腹僕于心宇結拜弟兄，朝夕出入正宗之家，希圖營救。凡奉旨改駁，焞必先知之。今但拏于心宇嚴審，便知交通實據矣。凡此皆正宗作福作威，招權納賄之大端也。……疏入，得旨：所參情節，著劉正宗據實明白回奏。(世祖一三六、一七)

（康熙二三、三、癸酉）吏部、兵部、刑部會議廣東查看尚之信家產侍郎宜昌阿，同巡撫金儁侵蝕兵餉及入官財物，又乾沒尚之信、商人沈上達財賄，恐後告發，將沈上達謀害滅口，應立斬；道員王永祚等分取財物，又同金儁謀死沈上達，應立斬；郎中宋俄託、員外郎卓爾圖等應擬斬，秋後處決；伊等共侵銀八十九萬餘兩并財帛等物應追入官；差審金儁刑部侍郎禪塔海，將沈上達事不行審出，及皇上問時又奏稱沈上達縊死是實，應擬絞，秋後處決；都統賴塔，私取入官之人，亦應從重治罪。得旨：金儁居官，本無善狀，所行貪穢，罪應如是；宜昌阿事有不同，一例問罪，稍過。此係大案，仍令議政王大臣、九卿、詹事、科道、三法司衙門等會議，使衆知之(聖祖一一四、二二)

（康熙二五、一一、戊辰）先是，侍衛納爾泰於內大臣前首告兵部右侍郎蔡毓榮在雲南時，侵沒逆藩吳三桂入官家財人口，因伊奉差雲南，恐致發露，送銀八百餘兩，蔡毓榮之子蔡琳在京時，亦曾送銀一百兩，當時不即行出首，罪實難辭，應聽處分。舅舅佟國維等啟奏，事下吏刑二部，將蔡毓榮并子蔡琳，革職拏問。上諭刑部尚書禧佛等曰：蔡毓榮居官貪酷，品行污穢。伊恃財勢，籠絡人心，內外無不周到。得雲南城時，吳逆家貲等物，理應給賞兵丁，蔡毓榮將珍奇財貨，悉侵入私囊，餽送大臣官員。如此大惡之人，若不加懲創，何以使其餘警戒？爾等詳加嚴審，務將情弊盡行察出。又內務府奏，正黃旗薩哈廉所管文定國，首告蔡毓榮隱匿吳逆嫡孫女、郭壯圖之媳，佔據爲妾，并受逆黨胡永寶重賄，釋放回籍等事。下吏戶刑三部，一并察審。至是三部題奏：蔡毓榮給送侍衛納爾泰銀八百餘兩，及恢復雲南城，得金二百兩，銀八千兩，將應入官之吳氏爲妾，俱實；胡永寶係吳逆同謀起事要犯，蔡毓榮朦混造入微員冊內，報部釋放，則得賄欺隱情弊亦實。查蔡毓榮前任湖廣總督，失陷城池，蒙皇上不即加誅，從寬優免，復授以封疆重任，不思效死贖罪，反負國恩，侵沒逆藩家財人口，行賄請託，受財縱犯，罪惡莫大，應擬立斬；將所欺隱金銀，照追入官；吳逆家口，除孫女吳氏已故外，俱應追取入官；伊子蔡琳，照以財行求例，枷五十日，鞭一百；納爾泰受蔡毓榮父子銀兩，因伊自首，應免擬罪，所得銀兩，照追入官；胡永寳已經釋放。應免查議。(聖祖一二八、二一)

(**康熙四六、一○、辛巳**) 兵部議覆：福建浙江總督梁鼐疏言：臣遵旨察審黃巖總兵官仇機與原任黃巖總兵官、今陞京口副都統許國桂互訐一案，許國桂設立小票，收取漁船規禮銀三百兩，仇機收取漁船規禮銀一千一百兩零。查定例，非因公科斂人財物入己者，以不枉法論，罪止杖流。今許國桂、仇機專任海疆，貪婪不職，不便照此輕例。應照沿邊地方鎮守總兵等官科斂軍人財物入己三百兩以上，永遠充軍之例，將許國桂革職、充軍，係旗人，解部枷責；仇機革職，僉妻發邊衛充軍。應如所題。從之。(聖祖二三一、二)

(**康熙四七、一○、辛亥**) 偏沅巡撫趙申喬遵旨回奏，緣康熙四十二年，內閣學士宋大業奉齎碑額，兩次至楚，多方需索，臣曾借司庫俸工銀九千兩餽伊。此次來楚，臣以南嶽廟工餘剩銀兩，報部充餉，彼不得染指，又僅餽伊銀五百兩，以此蓄忿，是以捏造輕褻御書等款，將臣參劾。得旨：此回奏情節，著該部一併察議具奏。(聖祖二三五、一○)

(**康熙四七、一二、癸亥**) 吏部等衙門察議，原任內閣學士宋大業疏參偏沅巡撫趙申喬輕褻御書等款，俱經趙申喬回奏辨明。應無庸議。其趙申喬所奏宋大業兩次奉差湖南，共得銀九千餘兩，宋大業已經自認。應將宋大業革職杖流，所得銀兩，追取入官。趙申喬於回奏內首明餽銀，應減罪二等。將趙申喬革職擬徒。得旨：趙申喬從寬免革職治罪，著降五級留任；宋大業從寬免杖流。餘依議。(聖祖二三五、三一)

(**康熙四八、三、甲申**) 刑部等衙門議覆：福建浙江總督梁鼐疏言，革職浙江布政使黃明詐財殃民，贓盈八萬。請按例論絞。應如所題。得旨：黃明依擬應絞，著監候，秋後處決。(聖祖二三七、七)

(**康熙五一、四、壬申**) 大學士等遵旨覆奏：臣等再訊沈天生、伊爾賽一案，原任刑部尚書齊世武，受賄三千兩，原任步軍統領託合齊，受賄二千四百兩，原任兵部尚書耿額，受賄一千兩，俱取供得實，應照律擬絞，監候秋後處決。戶部侍郎李仲極不能查拏本部包攬情弊，反縱容家人受賄，又為伊子從中捐納，應降五級調用；戶部尚書穆和倫、侍郎塔進泰，不能查拏本部包攬情弊，反縱容家人受賄，俱應降三級調用；戶部侍郎噶敏圖，雖不知情，而本部包攬情弊，失於覺察，應降一級調用。得旨：齊世武、託合齊、耿額，依擬應絞，著監候秋後處決；李仲極著革職，穆和倫、塔進泰，著降三級，從寬免調用；噶敏圖著降一級，從寬免調用。(聖祖二五〇、九)

(**康熙五九、一、丁酉**) 刑部議覆：差往浙江審事刑部尚書張廷樞等疏言，臣等遵旨，察審浙江巡撫朱軾疏參浙江巡鹽御史哈爾金貪縱不法等款，除哈爾金縱容家人挾妓飲酒，毆打民人，輕罪不議外，其收受商人朱永寧等餽銀七百兩入己，應擬絞監候，但係不枉法贓，又事犯康熙五十七年恩詔以前，請照律減等枷責，應如所奏。從之。(聖祖二八七、九)

(**雍正二、八、壬午**) 發下裁名奏摺，參劾浙江巡撫黃叔琳，徇庇鄉紳陳世侃，杖斃民人賀懋芳；又從前審理湖廣鹽務，收受商人吳雨山賄賂；又伊弟巡視臺灣御史黃叔璥，回京時，路過浙江，縱僕騷擾地方。上諭大學士等：黃叔琳前差江南主試，及任吏部侍郎時，聲名頗好，故用爲浙江巡撫。自命下日，屢次召見，觀其神氣頓異，言語浮泛，跪聆訓旨，總不安詳敬聽，及到任後，舉薦不公，敷陳不當，密摺奏請之事，多屬支離。朕頻降嚴旨，置若罔聞。今覽此奏，大概真確。事雖屑小，然初蒙委任，即如此肆志，將來放縱，何事不可爲？大負委任。黃叔琳著解浙江巡撫任，以布政使佟吉圖，署理巡撫印務。其陳氏僕人、黃叔璥兩案情由，著將軍安泰、佟吉圖審理；吳雨山一案，著李周望、塞楞額、噶爾泰審理。(世宗二三、七)

(**雍正五、九、辛巳**) 吏部疏奏：廣東肇高道王士俊揭報廣東布政使官達，受賄婪贓，令重役李長茂，委管黃江廠稅，王士俊詳請署撫阿克敦嚴訊，署撫令按察使方願瑛力勸士俊從寬銷釋等情。得旨：官達、方願瑛俱著解任質審，廣東布政印務，著少詹事王謩署理，按察司印務，著翰林院侍講尹繼善署理。(世宗六一、三三)

(**乾隆三、七、甲子**) 大學士等遵旨會審工部尚書趙宏恩收受許登瀛餽送銀兩，應革職治罪。得旨：趙宏恩身爲正卿，受恩深重，乃以納賄敗露，殊爲大臣之玷，情罪可惡，照議革職。著自備資斧，前往臺站效力。凡屬臣工，當各自儆省，以趙宏恩爲戒。(高宗七二、二一)

(**乾隆五、三、庚午**) [督理蘇州織造事務安寧] 又奏：海保任內所存修淨慈寺銀二萬九千餘兩，內有九八色銀六千餘兩，實虧成色銀一百三十餘兩，應交怡親王等著落在京家產賠補。得旨：覽。此等事，何故不同旺扎爾連名具奏？看來汝二人又有不合之處矣。(高宗一一三、一二)

(**乾隆五、閏六、癸丑**) 諭曰：海保侵貪銀兩二十二萬有餘，伊所有十萬餘兩之家產，始抵贓銀一半。海保身犯重罪，侵蝕國帑，至二十餘萬兩之多，於國法本應抄沒家產抵贓，按律治罪。但念海保所襲世職乃因伊母奉乳皇考世宗憲皇帝之功，特恩賞賜之官。海保所犯之罪重大，伊子例不應襲。海保又無弟兄，自應削其世職，徹回敕書。海保雖負我皇考及朕委用之恩，種種玩法侵貪，朕念伊母奉乳皇考之功，若將賞給世職遽行革除，不令承襲，於心實有不忍。再海保家產，若全行抵贓入官，則伊妻子毫無生業，無以爲奉祀伊母之資。著特加恩交該旗將海保世職仍准伊子承襲，並於海保應行入官房地內，酌量賞給，以爲養贍之資。著交公訥親查議具奏。（高宗一二〇、四一）

（乾隆八、一二、己巳）諭：據盛京兵部侍郎春山奏稱，盛京等處驛站，每年大驛各出銀十六兩，小驛各出銀八兩，餽送侍郎盤費；又出銀四百兩，餽送正副監督。此外逢節又有規禮，其二十九驛驛丞，一年所得俸銀三十餘兩，又皆餽遺侍郎，各計有一千餘兩。凡此皆係驛承自送，因而驛丞有所恃以無恐，將錢糧任意花費，雖馬匹疲瘦短少，侍郎與監督俱置不問等語。餽送陋規，原干例禁，盛京陋習相沿，料非一任。若事窮究，未免拖累多人，今姑寬其已往，嗣後著永行革除。如有再蹈前轍者，必從重治罪。至於各省驛站，或有此等情弊，亦未可定。向來設有巡察御史稽查，今巡察既裁，督撫更當留心查察，使積習涮除，驛務不致廢弛。若日久弊生，或經科道糾參，或欽差大臣經過查出，朕惟爾督撫是問。該部即遵諭行。（高宗二〇七、一一）

（乾隆九、六、辛酉）巡察盛京御史和其衷參奏：奉天將軍額爾圖於聖駕謁陵時，不能先事酌辦，以致遺累兵民各款。一、藉辦差爲名，於上年八月領餉時，令各旗佐領，將奉天兵丁五千餘名，每名應領十二兩，全數坐扣，其各城兵餉，亦多坐扣。一、八旗屯莊，每壯丁一名，派小數錢一千二百文，添派小數錢一千二百文，仍令十四城城守尉，於所屬每壯丁派小數錢一千文，彙齊交送。有上年未能完者，今尚追呼。一、勒派舖户，每門面一間，自銀一兩至小數錢一千文不等。一、富户每借銀三五百兩不等，俱係交用事家人介富父子繳進，至各城臣所知者，則蓋州富户銀一千兩，遼陽富户銀九百兩。得旨：和其衷參奏額爾圖情節，著刑部尚書來保、國子監祭酒鄂容安，乘驛前往奉天，會同侍郎兆惠，查審定擬具奏。（高宗二一八、一五）

（乾隆一一、九、辛酉）湖廣總督鄂彌達疏參湖北驛鹽道曹繩柱，藉入都引見，勒借漢鎮商人銀六千兩，有總商張雲甫可證；又虧空倉穀價銀二三千兩，有倉書可訊。……（高宗二七五、一四）

（乾隆一一、一〇、戊辰）諭軍機大臣等：原任湖北驛鹽道曹繩柱，勒借鹽商銀六千兩，虧空倉穀價銀二三千兩。現今題參革職審擬。并據該督撫等奏稱，此項勒借虧空銀兩，恐伊任所難以完結，已經咨明江西撫臣，令將曹繩柱原籍家產，查明封固，以備還項等語。陳宏謀向有沽名習氣，遇此等事件，往往瞻徇，不肯實心辦理。可傳諭陳宏謀，此案務必嚴行確查，毋致寄頓隱匿。（高宗二七六、一一）

（乾隆一一、一一、丁未）又諭：原任湖北驛鹽道曹繩柱勒借鹽商銀六千兩，虧空倉穀價銀二三千兩，題參革職審擬。並據該督撫等奏稱，此項勒借虧空銀兩，恐伊任所難以完結。咨查原籍，朕已諭令陳宏謀嚴行確查。今陳宏謀已調任湖北巡撫，所有查辦曹繩柱家產之處，著巡撫開泰秉公實力嚴查，以清帑項，毋令其寄頓隱匿。（高宗二七九、二）

（乾隆一二、三、辛亥）諭：各省沿海口岸，設立塘汛，更有哨船遊巡，原以防偷渡及透漏禁物之弊。朕聞福建省巡查兵役，惟以需索為事，出入船隻，俱有規例。需索既遂，一切不查不問。該管官員，所司何事？乃漫無覺察，一至於此！嗣後務須痛革陋弊，毋使仍蹈前轍。至於各省俱有口岸，閩省如此，諒他省未必不然。著各該管官員，一體嚴行察查，實力革除。該部即遵諭行。（高宗二八七、六）

（乾隆一二、九、甲寅）閩浙總督喀爾吉善參奏浙江巡撫常安貪劣各款。一、收受前任海鹽縣知縣周宣猷金三百兩，保陞嘉松分司。一、收受候補分司陳柱銀二千兩，許補周宣猷題陞遺缺。又收受周宣猷每年養廉鹽規之半。一、信任東塘同知劉晏、諸暨縣丞張治，屢委署府縣各缺。一、剋扣心紅紙劄及書吏飯銀二千餘兩。一、各所掣鹽，並不親行掣驗。一、勒索鹽政衙門承差規禮。一、剋扣兌鹽及秋審跟役飯錢。一、扣存淨慈寺工銀。一、勒索海關書吏規禮。一、收受墅河米牙規銀，許增賣價。一、縱容家人賒取各舖人參、金珠等物，不給價值。一、海塘效力人員，朦混咨部得官。得旨：據閩浙總督喀爾吉善參奏，浙江巡撫常安貪婪種種，常安著解任。命大學士高斌會同顧琮，前往浙江查審具奏，摺款併發。浙江巡撫員缺，即著顧琮補授；總漕員缺，著蘊著補授。（高宗二九九、一九）

（乾隆一二、一二、癸未）諭軍機大臣等：喀爾吉善參奏常安貪婪一案，經大學士高斌會同巡撫顧琮，審以周宣猷等鑽營行賄七款屬虛，應毋庸議。惟縱容家人李十勒索多贓，常安應照例革職等語。此時督撫豈有家人敢於勒索多至千有餘金，而伊主全不知情之理？高斌等並未將此情節細加研問。嚴鞫常安，若果係家人勒索，確有證據，毫無疑議，則常安止於失察，不至革職。今坐以明係知情縱容，遽請議革，亦不足以服常安之心。且果如所奏情節，毫無疑義，則喀爾吉善所參過甚，污人名節，即應將喀爾吉善查參，而奏內亦未議及。且喀爾吉善原參該撫賕私狼籍，今乃以家人需索，從輕歸結，又何以服喀爾吉善之心？在高斌自非有意瞻徇常安，而伊素性長厚，顧琮亦立意從寬。伊兩人意將該撫議革，事亦兩平，如諺所云和事老人者。況督、撫同屬封疆大吏，非尋常參劾屬員可比，理無兩是，則伊等勢不容並立。常安無過，則喀爾吉善有過，若如此含糊歸結，則將來督撫參劾之案，如何辦理？朕以至公治天下，當使曲直是非，判然別白，豈肯似此模棱兩可，如伊等之和事老人乎？今此案若另派大臣前往審理，則於朕差大學士高斌顏面攸關，亦國體所係，仍著高斌，再行徹底研審，據實具奏。然高斌若再不能徹底審明此事，則亦祇得另差大臣前往。若彼時審出，則又似慶復班滾之案。朕所批云，何以了局之事矣，豈不可惜？此處宜令高斌知之。高斌曾奏臘底回京，今查審唐綏祖之案，尚未奏到。著即寄諭前往，令仍赴浙省，會同顧琮查審。此旨並高斌等原奏，俱諭令喀爾吉善閱看。(高宗三〇五、二六)

(乾隆一三、二、甲申) 是月，欽差大學士公訥親、大學士高斌、浙江巡撫顧琮奏：遵旨查審常安各款，其現在證案炳據者，計常安婪賕入己並家人李十得銀，共一萬六千八百餘兩。得旨：覽奏俱悉。(高宗三〇九、三七)

(乾隆二七、六、乙巳) 諭軍機大臣等：蘇昌題參賀縣知縣朱三元貪婪不職，致斃民命一本。朱三元身爲縣令，不能廉潔自持，乃以借欠京債，屢次勒索商埠紳士銀兩，致令何朝相畏刑斃命。此等情罪，非尋常貪婪可比，著傳諭蘇昌，會同該撫熊學鵬即將朱三元及案內有名犯證，速行嚴審定擬具奏。(高宗六六四、一九)

(乾隆二九、三、甲寅) 福建水師提督一等海澄公黃仕簡奏：廈門爲商船雲集奧區，惟恐匪徒出沒滋事及夾帶禁物，透漏課稅，故設立關部稽查，同知察覈，並輪派武職巡邏，防範已極嚴密。乃臣留心察訪，知該關於進出各船，不拘內地外洋，每船勒取番銀陋規多寡不等，文武衙門，朋分收受。應請簡派大員赴閩清查。得旨：嘉悅覽之。汝可謂知恩。朕亦可謂知人。(高宗七〇六、五)

(乾隆二九、三、乙卯) 又諭：頃聞得福建閩海關，有每年勒取各船銀錢，自總督以下朋分收受之事。現已派員前往，徹底查辦，自必水落石出。楊應琚從前曾任閩省，一切自必稔知，著傳諭該督即將向來實在情形，據實速行覆奏。此係向行陋規，即現任朕亦不欲深究，但欲知其詳悉耳，楊應琚毋得稍存瞻顧。(高宗七〇六、八)

（乾隆二九、三、甲戌）諭軍機大臣等：前因閩海關有陋規番圓，各衙門朋分收受一案，因命舒赫德等前往查辦，並有旨傳詢楊應琚、福增格，令其據實具奏。旋據楊應琚覆奏，伊在閩年餘，實無其事。今福增格奏到，則稱進口出口船隻、向有汛地兵役巡哨人等掛號紙筆飯錢各費，尚有相沿未盡之陋規，此外並無抑勒侵分之事等語。前黃仕簡所奏，乃海關有各衙門朋分銀兩，爲數纍纍，自當徹底根究。今楊應琚覆奏並無其事，在伊或離閩省日久，至福增格甫經離任，且關務是其專責，豈有全無見聞之理？今因傳旨詢問，伊心懷畏懼，輒將向來巡哨人役尋常等費，枚舉入奏。此等陋規，各關大率相同，福增格尚且和盤托出，如果有朋分之項，諒不敢稍存隱諱。看來此事不盡屬實！現在楊廷璋陛見來京，前曾諭舒赫德，倘途遇該督，不必宣露。今既事涉疑似，不妨面詢之楊廷璋，轉可悉此中實在緣由，而楊廷璋面告情形，亦可知大半，似更易於查辦。可將此傳諭舒赫德，並令裘曰修知之。若楊廷璋已北上，則不必致信詢問。（高宗七〇七、一二）

（乾隆二九、四、戊申）諭軍機大臣等：據舒赫德、裘曰修奏，查辦廈門船行陋規一案，訊係起自二十六年，各道府廳縣等衙門，俱有收受之項。請將譚尚忠、劉增等革審等語。該道府等既有收受陋規之事，自應如此辦理。但黃仕簡原奏，俱憑參將溫泰開單送款，其所開總督一萬、巡撫八千各數，伊究何所確據？若溫泰果能指出何人交送、何人收受、鑿鑿可證，朕亦斷不肯爲該督撫等稍存迴護！倘事涉影響，而溫泰並不能逐一指出，係該弁撿拾誣捏，即屬此案罪魁，自當徹底查辦，方爲喫緊竅要。至此外府廳各衙門，相沿陋規，原屬易於辦理之事，乃不向緊要處根究，而徒欲張大其事，是全未識輕重之宜矣。且所開武職各衙門收受款項，亦復不少，是否即在三萬兩之內？及該弁等向來如何侵用各情節？均應向溫泰究問，而舒赫德等並未詳悉查奏，殊屬疏漏。至另摺所稱知府劉增等俱係該督撫保舉之人，輒於查訊時，即傳旨令定長解任，裘曰修暫署撫篆一事，未免欲速。前曾面諭舒赫德到閩查辦此案，若該督撫等果如黃仕簡所奏，濫索入己，則其罪自不容輕貸，應令定長解任質訊。今摺內所奏情節，並無接收確據，定長等即有應得處分，不過失察及保舉非人，尚不至於革職。且現在案情並無必需該撫質訊之處，何必遽令解任耶？此時想已訊得確情，著傳諭舒赫德等就案悉心分別妥辦，毋事張皇急遽，轉致畸重畸輕。所有軍機大臣查訊同知程霖等各供詞，並著一併寄去。可將此諭令知之。（高宗七〇九、一三）

（乾隆二九、五、甲戌）諭軍機大臣等：舒赫德等奏，查辦閩省廈門陋規，有屬員爲該督撫置辦貨物等因一摺，已有旨令楊廷璋明白回奏矣。摺內所稱楊廷璋除買燕窩呢羽外，譚尚忠、劉增爲代買物件，據開墊價四千餘兩。又懷蔭布，單開墊價二千餘兩各等語。楊廷璋在京自云，置買物件，實屬無幾，並未有如許之多，因令該督回閩，自行就近覈對。其是否果係貼辦實數，抑或屬員等混行指開，款證俱在，無難立見分明。楊廷璋即可將此項墊價實在多寡之數，逐一詳質確實，各該員自無能裝飾，非若一面之詞，難成信讞也。著將此諭令楊廷璋知之。（高宗七一一、四）

（乾隆二九、五、甲戌）又諭曰：舒赫德等奏，查訊廈門陋規實在情形一摺。所敘緣起，尚未合竅要。此案查辦情由，自應將前因黃仕簡參奏，奉命前往查訊敘起，方得辦案之體。今摺首敘述詞語，竟似朕有所聞，差伊等赴閩，特爲訪查楊廷璋等而設。仍難發鈔，已令軍機大臣節改，明降諭旨矣。至楊廷璋、定長之咎，情節迥不相同。楊廷璋現令屬員代買物件，自有應得之罪，若定長既訊無他故，其咎止於失察屬員。至總督即有代購物件之事，巡撫亦無從逐一稽查，豈能繩以祖徇同官，不行舉劾乎？則知伊等慇慇解其任爲可笑矣。又摺內將該督撫一例措詞，轉似朕有曲護楊廷璋之意，未免過於揣合，殊失虛公之道。各省督撫中似楊廷璋此等情事，亦不能保其必無，特事未舉發，未便逆億吹求，若一經發覺，必覈實查究，予以應得罪譴，斷不肯稍爲寬假！朕辦理諸務，惟期事皆得實，從未嘗豫設成見，或致畸重畸輕，舒赫德等寧尚未稔知耶？所以屢次申諭伊等者，蓋爲伊等所辦，茫無頭緒，不成政體也。至楊廷璋前在京時，曾奏代買之物，並無如許之多，所發價值，數亦不符等語，今摺內亦有查究底賬與原單不符之處。現令該督回閩，舒赫德等可就近詳悉覈對，不難立見分曉，各道廳等自無能復肆混供，即楊廷璋亦不能稍存諱飾也。軍機大臣所改摺底，並著鈔寄閱看。將此傳諭知之。（高宗七一一、五）

（乾隆二九、六、乙巳）又諭曰：明山參奏，鹽運使王概，於署糧道任內，浮收倉米，勒令鋪戶折收銀一萬餘兩，並查出潮屬各埠虧空餉銀各款，請將王概家產嚴行查封以便追繳贓項等語。已降旨將王概革職，交該督撫嚴審定擬。所有任所貲財，著明山就近查辦。其山東原籍家產，並著崔應階即速嚴行查封，毋致稍有隱匿寄頓。將此傳諭明山，並崔應階知之。（高宗七一三、一三）

（乾隆二九、一二、戊子）諭：福建廈門洋行陋規一案因係舊日相沿，事與婪索敗檢者不同，已降旨將甘國寶帶領引見，仍加恩錄用以觀後效。因思案內之譚尚忠、懷蔭布、李逢年，事同一體。著該部一併帶領引見，候朕降旨。其中惟劉增於二十六年各行酌議私貼公費時，曾經書役開單告知，伊有不出主意，聽憑書役自辦之語。彼時劉增若堅詞拒絕，何至衆相效尤？是陋例之明爲定議，實自彼成之，其情自與三人各別。著仍照部擬，發往闢展效力贖罪。朕原情甄別，一切惟視其人之所自取，從來不肯稍有畸輕畸重，以乖明允之道。併將此通諭知之。（高宗七二四、一六）

（乾隆三五、八、癸卯）諭：據胡文伯參奏，舒城縣知縣龔海，採買穀石，分派部民富户，代爲買繳。其不願代買之户，勒令交納幫買價銀入己，至數千兩之多。此外尚有婪索鹽商，及於命案得受銀兩情事，均屬大干法紀等語。龔海，著革職拏問。……（高宗八六七、八）

（乾隆四二、一二、己亥）諭曰：李侍堯等參奏，前署寧臺廠員之會澤縣知縣衛竟成，私扣腳價，短發銅觔，甚至將承運銅五萬，捏報腳户趙映奎，盜賣三十萬之多。希圖索詐侵漁，實出情理之外。又署蒙化廳經歷武定州吏目胡炎，因向舉人饒湛借銀不遂，挾嫌押令代腳户趙映奎完銀，輒以毁署抗官，誣人重罪，尤屬狡詐不堪。請旨一併革審等語。知縣衛竟成、吏目胡炎，俱著革職，交該督等提集案內人證，嚴審究擬具奏。（高宗一〇四六、六）

（乾隆四六、三、壬辰）諭：據袁守侗等參奏長蘆鹽運使錫拉布，每收庫銀一千兩，格外添平銀七兩，又各商抵兑借帑，必令交庫兑收，另行發給。亦有侵漁平耗情事，並節年商人領借內帑，舊欠未徵，新利又積，欠項至七萬七千餘兩，不能催辦歸款。似此貪鄙怠玩之員，斷難姑容，請革審等語。錫拉布著革職，交該督會同鹽政西寧秉公嚴審，定擬具奏。（高宗一一二七、六）

（乾隆四六、五、壬寅）刑部等衙門議奏：直隸總督袁守侗等奏稱，已革鹽運使錫拉布，私加平耗，侵收入己，至一千四百餘兩。又抵兑借帑，從中婪索，催徵商欠。任意怠玩，請依侵盗錢糧例，擬斬監候等語。查已革鹽運使錫拉布，種種貪鄙不法，僅如該督所擬，不足示儆，請在該處即行正法。庫大使陳善繼、張述宗及家丁書役等，均如該督所奏完結。得旨：錫拉布著照例應斬監候，秋後處决，餘依議。（高宗一一三一、二三）

（乾隆五四、一一、癸未）諭軍機大臣曰：海寧奏，審擬忻州民人李承光等呈控該州管門長隨祁三短發錢文，誆騙銀兩，將祁三問擬發遣一摺。所辦甚屬錯誤。各衙門幕友、書吏、家人、長隨，往往藉端誆騙、滋事受財，情節最爲可惡，一經發覺，必須嚴行治罪，方足以示懲儆。今祁三因李承光以銀價加長，鋪户不能獲利，商同各鋪湊銀四百三十兩，求增錢價，祁三收受，即不能爲之辦理，又不將銀退還，以致李承光情急控告。是祁三以管門長隨,膽敢誆受財物,至四百三十兩之多,贓已逾貫,非尋常受賄者可比,若將該犯問擬發遣,則該州業已失於覺察,連累獲咎,而該犯不過發往近邊,轉得置身事外。且此等不安本分之徒,到配後又安知不復行訛詐、別生事端,海寧所擬,實屬不知律法、失於寬縱。此中幸無人命。若有人命,當立決;無人命,亦當監候。除將原摺就近交刑部,照蠹役詐贓例,另行從重定擬外,海寧著傳旨申飭。(高宗一三四二、一)

(乾隆五七、六、壬申) 又諭〔軍機大臣等〕:據伍拉納奏,署守備林鳳鳴及署遊擊李廷翰,聽從賄囑,與民人爭奪綱地,放鎗滋事一摺。此事實屬大奇,前因福崧、陳杰先後奏報,恐歸景照未能辦理得當,已諭福崧迅速回浙,會同陳杰嚴切訊究矣。該督摺內稱,李廷翰舉旗開鎗,鉛子已打三十餘出,自因民人不服,聚衆閧鬧。該將備等任意放鎗,而陳杰前摺,有李廷翰僅止施放空鎗之語,明係該將備捏飾狡供,豈能逃朕洞鑒。鳥鎗火藥,原係巡查洋面時為擊賊之用,乃李廷翰等身為員弁,轉因聽囑貪賄,用鎗擊打平民。即使僅放空鎗,已干法紀,若竟裝入鉛子,勢必有傷斃人命之事。是該將備等貪圖得賄,其事尚輕,而開放鳥鎗,不顧民命,實屬罪無可寬。該督等務須切實根究,即遵照前旨據實奏明,將該犯在該處正法示儆。若存化大為小之見,輒以施放空鎗,曲為開脫,斷不能任其顢頇了事也。將此傳諭福崧、陳杰,並諭伍拉納知之。(高宗一四〇六、一〇)

(乾隆五七、六、甲午) 諭:浙江署守備林鳳鳴等,貪圖得賄,幫爭綱地,放鎗滋事一案。昨經福崧等審明定擬具奏,已將林鳳鳴、李廷翰等四犯,即行正法示衆。林喬、俞啟明、岳遜剛等七犯,一併正法矣。國家設立弁兵,原以稽查奸宄,衛護民生。海洋重地,如漁戶民人等,私相械鬭忿爭,該將備等聞信,自應率兵前往查拏,送交地方官辦理。其有不服拘拏,臨時逞兇拒捕者,無論彼此曲直,但經抗拒,即放槍擊打,致有傷斃,於該弁兵亦無不合。今林鳳鳴因貪圖民人韓廷傑賄囑,輒敢乘巡洋之便,邀同署遊擊李廷翰前往,幫爭綱地,施放火藥鉛彈,擊打平民。兵丁岳遜剛等,明知林鳳鳴等,貪圖賄賂,輒行聽從放鎗嚇制。似此藐法營私,竟與洋盜無異,實有靦衆武弁之顏。若不嚴加懲創,其何以昭法紀而肅戎行。是以將林鳳鳴、李廷翰立行正法。並查明伊子,發往伊犁給兵丁為奴。其聽從放鎗之兵丁岳遜剛等,概予縊首。蓋此事於營伍地方,均大有關係,不得不從重辦理,用垂炯戒。但恐武弁等知識愚昧,惟利是圖,不知法禁森嚴,復罹重辟,不可不申明紀律,以儆將來。著各省提鎮,將此旨及辦理此案原降諭旨,一併敬謹鈔錄,入於交代,轉相誡諭。並刊刻懸掛,俾將弁兵丁等,共

知觸目警心，毋蹈林鳳鳴等覆轍，以副朕整飭戎政，諄切訓諭之至意。（高宗一四〇七、一五）

（乾隆五九、四、己巳）諭：據永保等奏，查出邊卡侍衛上行走之護軍校察起圖等，串同安集延貿易人等舞弊一案。卡上官員兵丁，理應稽察商人出入，乃膽敢貪賄，商同安集延貿易人等，少開包貨，希圖漏稅，殊屬藐法。若僅枷號發回烏魯木齊，不足蔽辜。護軍校察起圖、兵丁玉德等，著照所奏，即行斥革，枷號滿日，發遣伊犁交該將軍大臣等為奴。通事楚嚕克發遣烟瘴地方。此案永保等因安集延貿易人等言語支離，究出原委，甚屬可嘉。伊斯堪達爾設法訪獲隱藏貨物，亦屬奮勉。永保、范建中、伊斯堪達爾均免其察議。仍著賞給永保、伊斯堪達爾大荷包各一對，小荷包各四個。伊什罕伯克呼圖魯克都斯並不袒護，訊出實情，著賞給二品頂戴，以示鼓勵。（高宗一四五〇、一一）

（乾隆六〇、七、丁卯）又諭曰：綿恩等奏，續行訪出德明家隱匿金銀一摺。昨據綿恩奏，查出德明名下銀二萬七千三百餘兩，京錢二萬一千七百餘串。約計已有四萬之數，現復查出銀一萬三千三百餘兩，錢四百五十串，金一千八百兩。約計又有四萬餘兩。是前後查出該員貲財已共有七八萬兩。而房屋什物及任所貲財，尚不在其內。德明前賠潼關工程銀六萬七千餘兩，俱已繳清，今查出貲財如許之多，總計竟不下二十萬兩。伊係下五旗包衣人員，家計素非饒裕。雖從前曾任道府，廉俸積償，豈能有此多貲？其充沂曹道，更到任未久，所得廉俸無幾，即云伊前在潼商道任內經管稅務，並承辦潼關工程，俱有沾潤，亦不能得有似此之多。是其道府任內，必有婪索情事，不可不嚴切根究。況伊以道員上省，用馬二十餘匹，又帶大車三輛。若非攜帶苞苴等項，何必用許多車馬？或係伊聞玉德欲行參辦，特多帶輜重，上省夤緣賄賂，俱未可定。著再傳諭玉德，即監提德明，嚴切究訊。所有查出多貲從何而來，並遵前旨訊明伊上省時，大車三輛所載何物，作何使用，務得確供，迅速具奏。若玉德以參辦在前，思作好人，希圖將就完結，必將德明拏解來京審訊，一經得實，恐該撫不能當此重戾也。（高宗一四八三、八）

（嘉慶三、一〇、辛亥）諭軍機大臣等：都察院奏，山東榮城縣生員王傅具控一摺，閱所開各款內，如以完作欠、加增稅契銀兩，及私開班館、勒索鄉保錢文等弊，外省州縣皆不能免，而城工生息銀兩，則惟山東獨有此項。縣令虧挪帑銀，於各糧戶攤徵彌補，尤不能保其必無。如果所控屬實，殊干法紀。……著傳諭伊江阿即親提犯證，秉公徹底究辦，一經得實，即應

嚴參示懲。……（仁宗三五、一二）

（嘉慶四、九、戊辰）諭內閣：從前和珅攬權朦蔽，鈲法營私，種種蠹國病民，貽誤軍務之罪，不可枚舉。而尤貪婪黷貨，惟賄是求。凡任鹽政、關差、織造者，無不逢迎意指，餽餡公行。就中兩淮爲尤甚，而兩惟各任鹽政中，又惟徵瑞爲尤甚。春間查辦和珅一案，曾經綿恩查奏，徵瑞有餽送和珅銀二十萬兩，未經收受之事。徵瑞應交官項甚多，乃日久延宕，有意拖欠，轉將銀二十萬兩致送和珅，及和珅未收，又不將此銀繳還官項，乃爲伊子捐納官職，開設鋪面。是其視應完之公帑，若在可緩，而惟以納賄權門爲急務。現在徵瑞前來行在，經朕面詢，據稱此項銀二十萬兩因爲和珅妻故致送。彼時和珅意存見少，欲令伊增至四十萬，是以未收，而從前實曾送過和珅銀二十萬，當經收受。此外和珅交辦緞匹物件等項，並奇巧之物，不可勝計等語。此事並非向伊究詰，伊即自行奏出。試問天下爲屬員者，餽送上司，有銀兩至數十萬者乎？其意不過欲以此結交取悅，冀圖和珅常爲庇護，可久留兩淮鹽故之任，不復更換。藉以便其私圖，自肥囊橐。若律以與受同科，早應查抄正法。且徵瑞在鹽政任內，有令伊家人高柏林修葺廟宇之事。現據玉德等查奏，徵瑞自捐銀五千兩倡修，又面託知府胡觀瀾代爲照料興修，而胡觀瀾以工程浩大，輒令該縣飭發印薄派捐鄉鎭等事。徵瑞身任鹽政，乃聽伊家人慫憑，自捐銀兩，倡修寺廟。即因養廉豐厚，積有贏餘，亦應先繳官項，何乃爲此求福無益之事？並又向胡觀瀾囑託代辦，以致府縣藉端勸募。不但累及殷實鋪户，並至編户小民，其力不能捐輸者，亦抑令出錢施助，多方擾累，怨讟繁興。是又徵瑞之罪，無可解免者。特因和珅一案，早經辦結，概免株連，伊修廟一事，亦訊無染指分肥情事，姑免深究。但徵瑞現在前來陛見，若竟仍叨恩遇，不加譴責，則無識之人，妄疑徵瑞別有進奉消弭之事，得邀寬宥。現當整飭綱紀之時，豈得置之不議，俾此等卑污下賤之人，仍忝列卿班耶？徵瑞著革職，交署總管內務府大臣盛住即日派員押赴萬年吉地欽工，令其自念所得罪譴。應如何出資自贖之處，自行陳明。即著盛住、范建豐、明德，據實具奏。其應交銀兩，並著盛住等三人於交到時，隨時登記册檔，於工程內之支用，報部覈銷。俾承辦工程各員，不致因徵瑞現有交項，從中訛索。但徵瑞亦不得因此爲名，又私自遣人前赴揚州，向商衆懇其幫助。儻徵瑞竟敢藉端累及商人，朕必無不知之理。一經發覺，必將徵瑞正法，決不姑寬。所有兩淮鹽政，著書魯去；其上馴院卿員缺，蘇楞額現已更換來京，即著蘇楞額補授。（仁宗五一、一七）

（嘉慶五、四、庚申）諭內閣：前因直隷省積案纍纍，延擱不辦，一省如此，則他省可知，曾降旨飭諭早爲清理，不得任意積壓。民間控案到官，自應隨到隨辦，以清案牘。若因循懸宕，則小民守候無期。種種拖累，致胥役得以從中需索，牽連恐嚇，波及無辜，其弊有不可勝言者。至內外大小各衙門充當書吏人等，遇事需索使費，日久竟成陋規。所得陋規逐漸加增，因而視爲美缺。故書吏役滿，繼充之人出錢頂補，名曰缺底，竟有盈千累萬者。此等書吏，所出資本既多，勢必藉端舞弊，貽累軍民，所關非淺。現當綱紀肅清，地方官吏，諒不敢仍蹈故轍，任情延玩，有意姑容，但恐日久懈生，復有前項情弊，不可不實力整飭，痛除積習。著通諭各督撫，除審辦命盜案件本有定限外，其餘自理詞訟，應令各督撫分別定限。飭令有司按期完結，逐件註銷。其缺底名目，出錢充頂，本干例禁，亦著嚴行禁革。儻經此次飭諭之後，如敢仍前延緩，及陽奉陰違，別經發覺，或被科道糾參，定將該督撫一併嚴懲，決不姑寬。將此通諭知之。（仁宗六五、一四）

（**嘉慶五、八、癸丑**）又諭：戴如煌在達州知州任內，贓私狼籍，民怨沸騰，朕所深悉。從前宜綿參奏戴如煌年力就衰，並未敘及斂怨肇釁情事，蒙皇考諭令將戴如煌革職，仍留軍營效力。朕親政後，節次降旨令勒保、魁倫查辦。嗣據勒保覆奏，以戴如煌老疾無能，任聽書差在外滋事，以致民間多有怨言，而魁倫覆奏，亦祇以該員病廢，飭將經手報銷各案，交代清楚，勒令回籍，俱未將戴如煌激變之處據實查奏。今據廣興奏稱，戴如煌私設衙役至五千名之多，首逆徐添德、王學禮等，曾被戴如煌拘拏，訛銀數千餘兩，私行釋放，凡有習教之人，無不遭其索詐，以致不能安身，遂萌異志。是戴如煌實爲邪教啟釁罪魁，不可不嚴加懲治。此時戴如煌尚在重慶地方逗遛，著勒保即行提至軍營，將戴如煌在達州任內，借查拏教匪爲名，勒索銀兩及激變起事緣由，逐一詳悉研鞫，速行按律定擬具奏。（仁宗七二、六）

（**嘉慶一〇、五、戊子**）諭內閣：前因方維甸密奏，都爾嘉辦事紛擾，聲名平常，當派特清額馳赴西寧查辦。嗣據特清額奏稱，訊明都爾嘉疏縱屬下，收受贓罰屬實，業經降旨，將都爾嘉革職拏問，交特清額會同慶炆，嚴審具奏。茲據特清額等奏稱，提齊人證逐一根究，供認贓款數千兩。復經特清額等訪知該處在籍參將何守林，向任哈密，與都爾嘉熟識。本年三月間，有將銀寄放之事，特清額等親往搜查，起獲木匣六箇，共銀六千六百八十兩，統計贓銀一萬一千餘兩。當即提出都爾嘉家奴康恒山、候喜，嚴加刑訊。據供此項寄頓銀兩，大概俱係收受各廟喇嘛，及蒙古贓款等語。都爾嘉身係宗室，從前屢獲罪愆，荷蒙皇考高宗純皇帝逾格矜全，朕復施恩棄瑕錄用，授爲西寧辦事大臣，稍有人心，自應激發天良，痛加湔濯，勉圖自贖，乃輒敗檢營私，向各廟喇嘛及蒙古等任意勒索，贓款至一萬數千兩之多，實屬有玷宗潢。設因此釀成事端，則其罪更甚。負恩無恥已極，斷難輕宥。前據特清額等奏到大概情形，曾降旨將都爾嘉家產查封，尚未即行抄沒，並將伊弟都爾哈家產加恩給還。今查出贓私已有萬餘，且恐尚有不實不盡之處。除諭令特清額等再行詳細鞫實定擬具奏外，所有前次查封都爾嘉家產及任所貲財，均抄沒入官，以儆貪私。至伊所得贓銀，既向熟識之何守林私行寄頓，則伊弟都爾哈及其孫布扎納在京，豈有不將銀兩隨時寄付之理？朕不爲已甚，姑免深究。但伊二人亦何顏復玷居官職，都爾哈、布扎納，均著革職，作爲四品閒散宗室。告病參將何守林，私行寄頓贓銀，自亦必有分肥情事，著革職歸案審訊。筆帖式誠福、松齡，既據訊出都爾嘉分給贓銀，亦著一併革職交特清額等嚴訊，分別定擬具奏。至青海衙門額設筆帖式三員，此案均經革職。現在當差乏人，著理藩院即照例遴派三員迅速前往供職。（仁宗一四三、六）

（**嘉慶一〇、六、己亥**）又諭：那彥成、百齡參奏玩視刑獄濫羈人犯，並任聽蠹役、官媒私押男婦，致斃多命之縣令，請旨革職一摺。地方官私設班館，本干例禁。粵東獄訟繁興，省城首縣，即因待質人犯較多，自應稟知該管上司妥爲辦理，設法羈押，乃南海一縣，設有班館三處，差役私館五十處；番禺縣則有帶候所一處，差役私館十二處，且任聽蠹役於各館安設木柵，四圍堵塞，將訛詐不遂之人閉錮其中，竟同黑獄。致令無辜拘繫，瘐死多人。甚至將各案未結女犯，發交官媒收管，設之女館名目，遇有年少婦女，官媒竟逼令賣姦得贓。該令等置若罔聞，尤爲可恨。州縣爲親民之官，似此藐法殃民，該督等僅請將該令等褫職，辦理尚輕。南海縣知縣王軾、番禺縣知縣趙興武，均著革職，發往伊犁效力贖罪；前任督撫等近在同城，漫無覺察，竟同木偶，倭什布、瑚圖禮、孫玉庭及前任臬司、該管道府，著一併交部嚴加議處；並著該督那彥成，即將該二縣私設班館，起自何年何人任內，詳細查明，據實速奏；並將歷任知縣，及失察各上司查明參奏。至那彥成、百齡到任未久，即能查出劾參，整飭吏治，實屬可嘉，均著交部議敘。（仁宗一四六、一九）

（**嘉慶一〇、九、丙辰**）諭內閣：宗人府將情實應絞官犯已革西寧辦事大臣都爾嘉，原犯案情黃冊進呈。都爾嘉前在將軍任內，曾因貪婪獲罪，復經加恩，棄瑕錄用，洊擢至副都統，派往西寧辦事。自應感戴恩施，諸事謹慎。乃竟不知悛改，仍前任意枉法，婪索銀二千餘兩，又因祭海，指稱蒙古王公等派差不公，藉端勒索蒙古貝子旺沁丹津，及蒙古王公等共銀一萬一千餘兩。幸蒙古等恭順淳謹，尚未滋事，儻彼時致滋事端，更不成事體矣。似此負恩枉法，若係平人，即當依律立絞，姑念都爾嘉究係宗室，著加恩免赴市曹絞決。著派左宗人永珠、刑部侍郎貢楚克扎布，將都爾嘉帶至伊祖墓前，監令自縊。(仁宗一五〇、五)

(嘉慶一二、三、丙午) 諭軍機大臣等：松筠奏，訪察玉慶劣蹟據實嚴參，就近暫令廣厚前往確查一摺。玉慶人本喜事，素不安靜，自簡任新疆辦事後，屢欲討好見長，紛更舊制，是以特降諭旨，令松筠隨時訪查。今果查出款蹟種種，實屬任意妄爲。如土爾扈特汗台吉兄弟二人爭產一事，玉慶擅令丹津旺濟勒，幫助伊兄納木扎勒多爾濟，每年給與元寶八錠，大緞十匹，並令出具印文。彼家事與玉慶何干？朕並未派玉慶管理土爾扈特汗家務，原可置之不問。即果骨肉分爭，具稟控訴，亦應秉公辦理，乃妄逞臆斷，勒令出銀幫助，恐玉慶亦不免有希圖藉端分肥情事。又玉慶向丹津旺濟勒要猞猁猻皮一百二十張，當時雖據巴桑覆稱不能找得，是否隨後覓送，尚未可知，但以辦事大臣向該管汗索取皮張，實屬卑鄙。又據防禦扎克桑阿稟稱，已革把總方天印哭訴，以玉慶先曾令伊尋覓騙騾，因未應承，隨即藉事參革。並稱玉慶勒索當鋪銀兩，係該處胡千總攢收，送給玉慶收受等語。此時方天印已解至蘭州，松筠行知陝甘總督截留詳訊，即著松筠飛咨該督，將方天印速解伊犁，歸案審訊，務須徹底根究，俾無遁飾。現在松筠令廣厚以查臺爲名，前赴彼處查訊，著即交廣厚將玉慶先行解任，審訊大概情形，帶同人證解往伊犁，會同松筠秉公審訊。如訊出婪贓確據，即將玉慶革職拏問，按律定擬具奏。(仁宗一七六、二)

(嘉慶一四、四、己酉) 諭內閣：朕聞給事中英綸巡視東漕，聲名狼籍，查勘泉源，勒索使費，南糧過濟，勒索幫銀，並私喚妓女至署唱曲、住宿等事，當降旨令馬慧裕、吉綸確查具奏。茲據馬慧裕奏，英綸查勘泉池，有泉河通判徐肅隨往，歸時曾言及該巡漕任意挑剔，喜怒不常，似有需索使費情節。又查據東昌衛守備符包等僉稱，聞英綸勒索幫銀，自揚州二至長淮三等共八幫，因畏其陵虐，各送銀一百餘兩，不知確數。至該巡漕經過汶上及在濟寧時，曾令家人、並開藥鋪之馬奉書，喚妓唱曲、住宿，皆有妓者之名，並欲買妓作妾，致令其母帶伊女逃避等語。披覽之餘，殊深詫異。本年因廣興赴東審案，性情乖戾，威嚇取財，甫經懲辦，英綸身爲言官，欽命巡漕，竟罔知儆惕，輒敢效尤，任意挑斥，爲需索地步，得受幫銀，已據運官稟覆，確有證據，如出一轍，甚至喚妓住宿，有玷官箴，較之廣興品行更爲卑鄙不堪。廣興係高晉之子，英綸係溫福之孫，世家大族，竟同匪類，此而不加之懲治，何以肅法紀而正官方？英綸著即革職拏問，交軍機大臣會同刑部審訊，並著步軍統領衙門，將英綸家產查抄。(仁宗二一〇、七)

(**嘉慶二四、八、己未**) 陝甘總督長齡奏：審擬千總金天桂詐贓漁利一案。得旨：此案金天桂以現任千總，輒敢捏詞向蒙古郡王詐得贓銀千兩，辭官漁利，實屬藐法。金天桂著即處絞。(仁宗三六一、二七)

(二) 勒索屬員，苦累商民

(**康熙四、一二、壬子**) 諭吏部等衙門：總督、巡撫皆係倚任重臣，必秉公清正，爲下官表率，使民生得所，方副倚任之意。乃督撫反以餽送禮物爲常例，稱某州縣上等，某州縣下等，按定數目，公然收受。州縣官員俱自民間派取，以致百姓困窮。嗣後各督撫如再不改此等弊端，仍然踵行，著科道官採訪，指名糾參，定行從重治罪。若司道府廳各官仍取之州縣，州縣各官仍私派百姓者，著督撫不時嚴察參奏。若徇情不行參奏，經科道官糾參或旁人出首，將不糾參之督撫一并從重治罪。爾部院通行直隸各省曉諭。(聖祖一七、一二)

(**康熙三九、三、庚子**) 又[刑部等衙門]會題工部右侍郎羅察等奏審原任四川巡撫于養志疏參提督岳昇龍一案：查岳昇龍係邊疆大臣，應勤任事務，報答皇上超拔之恩，乃向革職土司高一柱面言"我用摺子啓奏，令爾戴罪護理"，希圖酬謝；又給銀與閭國耀等建州販鹽；又因茶馬之事，指稱部內使用，令屬員議湊銀兩；四月初十日發兵，至十四十五日始移咨督撫；將伊瘦馬交屬員勒取價值；又取各營官隨身兵糧多寡不等，俱玷職任，應革職。所取兵糧馬價及家人一百五十名，不當差遊擊韋元鼎等家下不當差之糧，俱交該部照數追入官。閭國耀等違禁販鹽應擬杖，其餘諸欸俱虛，應無庸議。……得旨：岳昇龍著革職，餘依議。(聖祖一九八、一〇)

(**康熙五二、八、辛卯**) 戶部議覆：山東道監察御史李景迪疏言，京師五城地方，設立司坊，共十五員。所居房屋，各極宏敞，每年租價，均合計之幾至千有餘兩。司坊官私派總甲，總甲私派居民，甚至供輸不給，有追呼紛擾之弊。請敕行裁革。嗣後司坊官等所居房屋，皆令捐俸自租，不得私派，累及小民。應如所請。從之。(聖祖二五六、五)

(**康熙五八、一〇、甲寅**) 吏部等衙門議覆：差往貴州審事刑部員外郎齊克坦等疏言，查貴州巡撫黃國材進京陛見時，布政使遲炘指貴陽等十一府屬官役俸工，借與藩庫銀二萬五千二百餘兩一案。據黃國材供，司道各府聞知進京陛見，共送盤費銀一萬四千兩，總督亦幫盤費銀一千兩是實，並無借藩庫銀兩之處。巡撫黃國材將各官所送盤費即行收受，不合，應照例降三級調用，其所受銀一萬五千兩，追取入官；布政使遲炘係專管庫帑之員，私將庫銀指俸工借給，應照例降三級調用；總督蔣陳錫係封疆大臣，不據實陳奏，應降一級調用。俱應如所擬。得旨：黃國材著解任；蔣陳錫著降一級，免其調用；遲炘著降三級調用。（聖祖二八六、三）

（乾隆一三、八、辛亥）諭曰：江南巡撫開泰，於周學健原籍，查出伊弟周學伋書札。內有請託自陳薦舉，許謝兩干（千）之札。朕命大臣喚問周學健，乃供有屬員餽送之事，及將原札令其細閱，始供係丁憂充沂曹道吳同仁所致。周學伋亦供認確鑿。（高宗三二三、三七）

（乾隆一七、三、乙丑）諭曰：廣東巡撫蘇昌參奏按察使汪德馨勒派屬員供應，收受書役規禮、船戶賄賂，違例貪營等款。汪德馨著革職，交該督。並案內有名人犯，一併嚴審定擬具奏。（高宗四一〇、三）

（乾隆二二、六、壬戌）又諭：前據郭一裕參奏恒文，令屬員買金，短發金價，巡閱營伍，沿途縱容家人收受屬員門禮等款，朕以恒文歷任封疆，受恩最重，當不應至此，是以特命劉統勳會同定長前往查察。今據劉統勳等奏到，恒文買金一事及縱容家人收禮，俱屬確實。恒文身為大臣，自應潔己率屬，乃簠簋不飭一至於此，實為深負朕恩。恒文著革職拏問，其案內有名之汪筠、羅以均等，著一併革職，嚴審究擬具奏（高宗五四〇、二）

（乾隆二二、六、癸亥）諭軍機大臣等：昨劉統勳審訊恒文短發金價、縱容家人款跡屬實，已降旨將恒文革職拏問矣。恒文身為大臣，藉口進獻，勒派屬員，短價取利，其罪固屬難逭。但據恒文供，金鑪式樣得之郭一裕，現有領鑪樣之中軍明柱可證等語。果如恒文之言，則是郭一裕先以鑪式示恒文，繼乃以購金參劾，又明知金鑪不可進獻，必奉嚴飭，乃告以今年不進，竟似恒文全墮其術中者。此乃市井所不為，豈大吏同事一方，而竟出此？或郭一裕先曾製鑪備貢，後因恒文紛紛購金，闔省喧傳，恐彼此俱致敗露，遂不復入進，而轉以參劾恒文為先發計，亦未可知。但恒文之金既資購買，豈郭一裕製鑪之金獨不需購買乎？其購買屬之何人，未進之金鑪何在？亦不得因係先參，遂置之不問。若劉統勳等因有此旨，又誤會謂因郭一裕有鑪不進，復加窮詰，則更失之逺也。總之此二人雖共事日淺，未必素無嫌怨，閱郭一裕所參及恒文所供，彼此俱不無構陷挾嫌惡習。著傳諭劉統勳務將此中實在情節，悉心詳審，即行具奏。（高宗五四〇、八）

（乾隆二二、九、辛丑）諭曰：郭一裕參奏恒文一案，已據劉統勳、定長審擬奏到。恒文令屬員買金，短發金價，及巡查營伍縱容家人勒索門禮等款，俱屬確實。而郭一裕始則亦令屬員買金製鑪，迨見恒文短價，闔屬喧傳，恐事由伊始，因而先發制人，以自爲掩覆之計，皆其實情。恒文身爲大臣，不能正己率屬，乃以進獻爲名，短價勒屬，私飽己橐，現據所查，任所貲財至數萬餘兩。恒文非素封之家，其歷任封疆，不過二三年，養廉所入，除足敷一歲公用及往來盤費外，即極爲節嗇，亦何能若是之多？是其平日居官之簠簋不飭，不待言矣。(高宗五四六、二二)

(**乾隆二五、一二、甲戌**) 諭軍機大臣等：前經降旨，令劉統勳等將董榕虧空之處詳悉確查，或係阿思哈科派需索，以致賠累，俱未可知。今據方觀承奏稱，准咨查訊董榕家屬，據供：上年董榕差人赴粵，代阿思哈置買物件甚多，約覈其值不下數千金，而所發價銀僅止二百兩、一百六十兩，則其科派賠累，已屬顯然，果不出朕所料。著傳諭劉統勳等，將供單內所開詳加研訊，務得實情，一併定擬具奏。(高宗六二六、四)

(**乾隆二九、四、辛亥**) 諭軍機大臣等：舒赫德等奏，查訊道府廳員，供有與總督楊廷璋墊買物件銀四千餘兩一摺，此項並非黃仕簡前奏、溫泰所開總督一萬、巡撫八千之本文，係屬案外支節。但既經訊出，自不應置之不問。昨傳諭舒赫德等，一切受收實據，應向溫泰究詰。如果該督一萬之數，實無指證，而現在墊買之項，特係府廳以陋規爲之墊辦，在該督原有應得之咎，朕亦不能爲之迴護。即審擬之大臣，亦安得謂之吹求，況督撫等在地方買辦物件，其勢即不能不需人代購。第以上司而派委屬員，即已自干不合，況價值更有賠墊，情事既確，安得復貸其處分？然其獲譴之重輕，究以原參收受本款，是實是虛，爲之關鍵。舒赫德等不將此處詳明剖悉，設使屬員等轉將自行侵蝕之貲，希圖開入添辦之內，於事理殊未清晰。至摺內定長並無墊買之事，於理更不應解任，此時正當交還印信，令其照常任事。若此旨未到之前，已訊出八千圓，果有染指，自當令去官，於事體方爲合宜。朕所慮者，閩省濱海之區，民俗刁悍，現在劣員奸吏，已因關務，釀出督撫重案。欽差大員正宜靜鎮妥辦，不得稍涉張皇，別滋株累。舒赫德等務將本案要議，嚴訊溫泰以辨虛實。其各件代辦之銀，雖與原參另爲一節，亦須一一查究明確，據實具奏，候朕降旨。其單中各件，應行詳詢之處，已令楊廷璋即速回閩，以便查辦。將此詳諭舒赫德等知之。(高宗七〇九、一六)

(**乾隆二九、七、辛亥**) 又諭：前黃仕簡參奏廈門洋船陋規，內總督每年得受銀一萬兩，巡撫每年得受銀八千兩等語。朕以當此法紀肅清之日，督撫受恩深重，何至任意貪婪若此？如果屬實，則大奇之事，亦必重治其罪。但不得不徹底根究，以覈虛實。是以命舒赫德等前往，據實查辦。嗣據舒赫德等節次查奏，該提督所參一萬八千陋規之說，俱屬子虛。是楊廷璋等尚不致罔顧朕用人顏面，無所忌憚。至購買燕窩等物，定長惟沿習向例給價，而楊廷璋於此外復有令屬員墊買人蔘、珊瑚、珍珠等物，僅照所開平價給發，致屬員添價墊買，爲婪收陋規藉口。楊廷璋溺職負恩，罪實難逭，但此等陋習，料非僅福建一省爲然，別省幸而不致敗露，則亦姑置不究。今既訊有確據，豈可不示以創懲？楊廷璋擢任封疆以來，尚能實心任事，是以簡用大學士，仍留總督之任，乃不能正己率屬，致啓屬員巧爲逢迎，借端欺蝕之漸，不但不堪表率封疆，即令其還京供職，亦有何顏面復廁綸扉耶？姑念其宣力有年，齒復衰邁，不忍遽加擯斥，若加恩賞給散秩大臣，來京效力。定長本無大過，著從寬留任。（高宗七一四、一）

（乾隆二九、七、癸丑）諭：前黄仕簡參奏，廈門洋行陋規，有總督每年得受銀一萬圓，巡撫每年得受銀八千圓等語。朕以此案關係督撫婪索多贓，實堪駭異，非徹底根究，無以肅法紀而昭創懲。因命舒赫德等前往查辦。舒赫德等自應向温泰究詰原單所開總督一萬、巡撫八千之數，實在有無收受確據。如彼毫無指證，然後逐層研究，遞及道、府、廳員勒索陋規，墊買物件各情由，方合讞案重輕先後。乃舒赫德等初至閩省，置原參一萬、八千之陋規虛實於不問，輒縱起獲底簿，將屬員代買物件枝節推尋，所辦未得窾要。竟似朕差伊等赴閩，專爲查訪督撫過失，無怪乎楊廷璋前次之不能允服，轉疑舒赫德等有意吹求也。節經朕降旨示以端緒，伊等詳悉研訊，黄仕簡據温泰所開督撫收受陋規數目，全屬子虛，惟究出屬員等代購物件一節，自應分別辦理。朕前命舒赫德赴閩時，曾面諭以此案如果督撫婪贓屬實，必當重治其罪，定長或有應行質訊之處，即可傳旨將伊解任聽審，其巡撫印務，令裘曰修暫行署理。原以封疆大臣，受恩深重，設罔顧國憲，貪黷公行，則其身家性命尚不能保，更何有於一官。若黄仕簡所參既無確據，定長惟發價購買燕窩呢羽等物，亦係沿習舊例，初無不可輕貸之處。則從前舒赫德等之遽令解任，尤爲誤會朕意矣。至楊廷璋令屬員代買人蔘、珊瑚、珍珠等物，衆供僉同，固已毫無疑義，若不加之懲創，則他省或效尤滋甚，豈可爲訓。朕特念楊廷璋年齒就衰，平時尚能實心任事，不忍遽加擯棄，從寬授以散秩大臣，令其自效。此朕格外加恩，薄懲示警。伊前此嘵嘵剖辯，今如此辦理，尚能更置一詞耶？且知感恩抱愧否耶？督撫中似楊廷璋此等情事，實不能保其必無，特未經發覺，朕亦不肯臆度深究。但督撫令屬員購買物件，究非體制所宜。或有謂若非委之屬員，恐假手家人胥役，益致借端滋擾。不知屬員中賢否不齊，此端一開，必啓逢迎賄謁之弊，不可不防其漸。

若以土貢方物，原屬有司分內應辦之事，遂致購覓一切什物，悉託下僚混濫，皆所不免。即如程霖等代楊廷璋所買各項內，並有將自用人蔘等件，亦託名列入者，其流弊更無所底止，豈可不早爲禁飭？使不肖之員藉口爲罔利營私地乎？朕辦理庶務，一秉至公，從不豫設成見，或致稍有軒輊。此案舒赫德等查辦，入手未得關鍵，節經訓示更正，及審明定讞，則楊廷璋之罷斥總督，解退閣務，及定長之從寬仍留原任，皆視其所自取。恐中外之人未能深晰此中就裏，特將案情原委，明白宣諭知之。(高宗七一四、三；東、二一、五)

（乾隆三六、二、甲申）又諭［軍機大臣等］：據高晉奏，查審知府李枝昌，代屬員認補虧空一案。李枝昌呈出原審之饒九道汪鍾，於前任南昌府時，給伊書札一封，令各府公幫，南昌、新建兩縣，墊用修理撫署等銀五千餘兩。詢據汪鍾開出墊款內，前任巡撫明山修理書房，並明德修理大堂頭二門等處，用銀一千兩等語。撫署書房，理應自行修理，何得派令屬員代辦，至有捐墊公幫之事？現嚴飭高晉等，秉公查審。著傳諭明山，將前任巡撫時，是否實有此情節，速行據實明白回奏，毋得稍存欺飾，致取重戾。(高宗八七八、二二)

（乾隆三七、一二、乙酉）兩廣總督李侍堯、廣東巡撫德保奏：審明廣州將軍秦璜婪索各款屬實。除各輕罪不議外，其因挑送驍騎校，收受領催馬文舉銀錢二百四十圓，應照枉法贓例與馬文舉同擬絞監候。協領楊茂春、舒九思等，聽從賄囑，謀升沙坦，應分別軍流，下刑部議。尋議：秦璜及各協領等，婪索舞弊，均應如該督等所擬治罪。從之。(高宗九二三、三三)

（乾隆四六、五、戊寅）諭曰：各省督撫管門家人，有向屬員需索門包陋習，而司道以下家人，亦相率效尤，積弊相沿，不可不力爲飭禁。業經明降諭旨，令各督撫嚴行禁止，並著於年終彙奏一次。近又聞各省上司留待屬員飯食，有押席銀兩一項，更不應有此等陋習，其事尤可鄙笑，直隸自高斌罷之後，方無此者。可知各省爲督撫者，欺朕即位初政，未查及此，遂漸無忌，今亦不追問矣。督撫等養廉優厚，用度寬餘，即司、道、府、廳等官，所得分例，亦不爲薄，乃既聽家人索取門包，而又收受屬員押席銀兩，此必督撫先開其端，以致上行下效，甚屬無恥，實非整飭官方之道。況上司屬員宴會，本干例禁，若藉此爲婪取屬員之地，尤大不可。此在巧於逢迎者，必欣然樂就；而無力者或轉以爲苦，甚至力有不支，取資百姓。則更於吏治民生，大有關係，自應一體嚴禁。著再通飭各省督撫，務率屬員，一體遵照裁革。亦入於年終彙奏。如有陽奉陰違，仍蹈故轍，或經科道參奏，或

於別事發覺，亦惟該督撫是問。（高宗一一三〇、一四）

（**乾隆四九、五、癸未**）諭……茲據薩載奏到，查得郝碩聲名甚屬平常，性情猜忌，竟有勒派屬員之事。現據藩司馮應榴等說出，郝碩前因進京陛見，短少盤費，又因應交海塘公項，屢次向各司、道及各府州、縣等勒派銀各一千餘兩至數百兩不等。其各府、州、縣所送銀兩，先後交南昌府知府湯夢棠、黃良棟，南昌縣知縣龔珠、富森布、同知鄭邦柱、徐聯奎、李洗心等收存。隨時取用等語。……（高宗一二〇七、五〇）

（**乾隆五三、二、壬戌**）又諭曰：柴大紀在任兩年之內，已婪索金銀五六萬之多，且因臺灣逆匪滋事，豫行寄信家中，囑伊子先行防備。現據琅玕在其屋後地平之下，起出金錠銀兩。可見柴大紀居心狡詐，任意貪黷。若非私令兵丁渡回內地，貿易牟利，並勒索所屬，剝削兵民，焉能擁有厚貲？是柴大紀玩法營私，貪婪激變，種種款蹟，已確鑿可據。柴大紀業經革職拏問，應俟解到後，交部照律定擬，明正其罪。……（高宗一二九九、二四）

（**乾隆五三、三、癸未**）諭軍機大臣等：前據琅玕奏。查抄柴大紀家產，詢據該犯家屬，供出柴大紀在臺灣任內，前後所得出息，共有五六萬金。若僅止如鄭名邦所供，得受兩外委贓賄，不過番銀二百餘圓，為數無幾，焉能如此之多？此外賣官鬻爵，婪得多贓，必更有大於此者，不可不徹底根究。現在應行提訊人證內微末員弁，即行照例咨革外，如續有查出玩法營私之文武各員，即一面解任嚴訊，一面具摺參奏，毋任稍有隱飾。此案並著徐嗣曾會同審辦。徐嗣曾係本省巡撫，與柴大紀係屬同鄉，柴大紀種種貪劣款蹟，更無難查訪得實也。（一三〇一、一七）

（**乾隆五三、一二、庚寅**）又諭：據塔琦奏，和闐領隊大臣錦格報稱，格繃額巡察六城，收受回子伯克羊馬綢緞，又令眾伯克辦交元寶，取用阿布都喇瑪銀兩綢緞，貨買海龍皮張，臣現往和闐察查等語。實堪駭異！駐劄回城大員，理應潔己奉公，今格繃額種種向伯克等婪索銀物，甚屬無恥。若果如此，自應重治其罪。今錦格揭報甚是。塔琦即赴和闐亦好。此事業經敗露，著交塔琦務須秉公究訊，如若得實，即行從重治罪，作速奏聞。（高宗一三一八、四）

（**乾隆五三、一二、乙酉**）諭軍機大臣等：據塔琦奏，接奉明亮寄到達福參奏格繃額借用邁瑪第敏普爾錢文一案，從前伊未行參奏等語。格繃額身為領隊大臣，向所屬伯克借用錢文，甚屬卑鄙，塔琦既向錦格詢出，自應查辦。乃塔琦惟恐邁瑪第敏妄生疑懼，又恐長回眾揭告之風，並未查究，竟不成話。從前新疆領隊大臣內，有卑鄙見小，經將軍參贊等密奏徹回者，特因並無實據,若諄諄向所屬回衆厄魯特等輾轉詢問,恐長伊等誣告之習,非欲息其婪索實事也。塔琦業將格绷額借用邁瑪第敏錢文一案詢明,並未參奏,顯係迴護,尚欲向朕前巧辯耶。著嚴行申飭。此案朕已派福崧前往審辦,此時諒已到彼。塔琦若將此案審訊明確,尚可稍從末減,倘仍不肯據實訊究,有意瞻徇,經福崧查出,恐不能任其咎也。將此傳諭福崧知之。(高宗一三一九、一七)

(嘉慶四、三、甲子)諭內閣:有人條奏外省積弊四項。一係督撫司道,經過所屬州縣,隨從動百餘人,公館至五六處,需索規禮供應。以致州縣藉詞派及閭閻。一係由京出差大員,經過省分,督撫司道,差人迎送,逐日隨行,途中致送筵席,每站勒索分例。此等家人之費,浮於所應之差。一係督撫司道衙門到任鋪設器用、修理房屋,餧養馬匹,以及涼棚、煤炭,皆由首縣承辦,攤派各邑,其各府由首縣承值者,弊亦相等。一係設宴徵歌,廣覓優伶,另集成班。官爲豢養,亦由首縣承值。一宴犒賞,費數百金,陪席屬員,深以爲苦。甚或蓄養優童,任情妄費等語。所言皆切中時弊,朕所素知。各省督撫、藩臬、道府,俸廉優厚,理應潔己奉公,正色率屬。即遇事公出,自當輕騎減從,過境差員,何必遣人迎送?至衙署鋪設器具,一切用費,尤宜淳樸。自出餘廉,何得令首縣承值?以致攤及通省。若宴會之事,本干功令,乃竟蓄養戲班,開筵聚飲,以屬員之犒賫,肥優伶之橐囊。如王亶望、福崧等事,更屬不成政體。況州縣爲牧養百姓之官,上司有稽查倉庫之責,大吏不能體恤屬員,以致虧缺公帑,是無異自取家資以供浪費也;州縣無以供應大吏,以致剝削民膏,是無異自朘子孫以肥祖父也。試問小民不安室家,屬員致有虧缺,甚或釀出事端,致成大費,地方長吏,獨能逃罪乎?特此明白宣諭,嗣後督撫、藩臬、道府各員,務當力加整頓,改滌前非。經此次訓誡之後,儻敢視爲具文,仍蹈故轍,一經覺察,或被人指參,必當重治其罪,不稍寬貸,毋謂教之不豫也。將此通諭知之。(仁宗四〇、一〇)

(嘉慶一一、四、癸巳)諭內閣:馬慧裕參奏,河督李亨特勒索派累廳員,及因借貸不遂,抑勒廳員告養各款一摺。據稱,李亨特防汛駐工,每日需銀六七十兩,勒令下北廳同知墊發,並未給還;凡遇臨工,每廳每次勒要門包二百七十兩;今春勒派曹考廳通判,於曹汛十堡創造公館一所,計房六十餘間,催令於端陽前完竣,以便住彼過節;並令於考城舊有公館內,添建房屋二十餘間,亭子一座,俱不發價;又派令下南廳同知,將祥符上汛八堡及陳家寨舊有小房一所,俱改建大房,有水處俱種荷花,該廳因無銀置買磚瓦木料，惟恐催問，甚爲惶懼，又原任協備傅文杰，係李亨特母舅，因伊迴避，告病離任，強派在睢寧廳同知處管總，每年勒幫銀四百兩；又李亨特從前緣事在京，有通判華燦進京引見，李亨特曾向借銀三千兩，湊交賠項，華燦無銀借給，因此挾嫌，一經到任，查該通判有老親迎養在署，即勒令告養；又將不諳河務之同知錫福、通判王相綸，委用河廳，幾誤要工；於人地是否相宜，並不與巡撫及該管道員虛衷商酌等語。李亨特由臬司經朕特擢河道總督，理應小心敬慎，潔己奉公，於一切工段斟酌機宜，覈實辦理，不令工員稍有侵冒。若己身不正，肆意勒派，黷法營私，勢必巧取迎合者，曲予優容，而不善趨奉者，故爲屈抑。不論河務之緩急，工程之虛實，高下在手，准駁隨心。其弊將何所不至？李亨特挾私妄爲，遇事並不與撫臣及該道員虛公商搉，假剛愎以便其贓私，此而不嚴行懲辦，何以儆貪邪而肅法紀？現在馬慧裕參劾各款，俱有廳員及該管道員可以質證，無難研訊得實。著派侍郎托津、廣興、吳璥馳驛前往，傳旨將李亨特革職拏問。先將任所查抄，秉公嚴審，從重定擬具奏。所有河東河道總督員缺，著吳璥補授。此旨即著托津等親齎前往，屆時再行明發。(仁宗一五九、一五)

（嘉慶一一、五、甲寅）諭軍機大臣等：托津等奏，嚴訊李亨特被劾各款，並查封任所貲財，先將大概情形奏聞一摺。李亨特勒索派累各廳員及借貸不遂抑勒廳員告養等款，種種黷法營私，前經馬慧裕列款參奏，自非無據。今托津等向伊審問，伊概不承認，自因目前尚無質證，任意支飾，殊不可信。且即就伊現在所供而論，如所稱上年駐工供應，按日發銀四兩，由該廳代辦一節，試思總河在工駐劄，隨帶多人，焉有每日發銀四兩即敷支應之理？又如伊家人祥林供認收受各廳門包銀數十兩不等，是需索門包實有其事，不過李亨特尚未肯供認知情，即果如所云，其失察之咎已重。又任所物單內，開有玉器二百三十九件，伊由臬司擢升總河，現在並無呈進貢件之事，所存玉器，安得有如許之多？又錦緞呢羽等項多至四百七十件，此外寶石碧霞玒等朝珠有二十掛，其餘物件亦皆稱是。若非任意婪索，焉得有此厚貲？所有原參各款內，如抑勒廳員告養以及題署各缺准駁工程等事，均有文稿冊檔及人證帳目可憑，其查工所到之處，添蓋房屋，尤不難一望而知，無可抵賴。托津、廣興一面將現調人證卷宗，與之對質，一面俟吳璥到河南確實履勘知會到日，向其究詰，自當水落石出，盡得實情，再遵照前旨，嚴行定擬具奏。將此諭令知之。(仁宗一六〇、八)

（嘉慶一八、八、乙未朔）諭軍機大臣等：前據步軍統領衙門查訊興奎第三子額僧保，據供本年三月間，伊自烏嚕木齊進京時，伊父給伊銀二千八百兩，令其帶回生息。當經降旨交留京王大臣等，傳到額僧保訊問伊父得銀來歷，及署內尚有存銀若干。本日留京王大臣等覆奏，傳訊額僧保，據供伊父除交給銀二千八百兩帶京外，任所約尚有存蓄銀三千餘兩。伊父每逢年節，綠營官員公送禮物，間有銀一二百兩不等，伊父俱行收受。其州縣等官年節送禮，只收綢緞食物，從未收受銀兩等語。興奎以都統大員，不思潔己奉公，收受綠營官員餽送銀兩，殊屬貪鄙。除已降旨吉綸等，令將興奎及伊子額僧保名下，在京貲産籍沒外，松筠、長齡二人到彼後，即著傳旨將興奎革職，並將伊任所貲財嚴密查抄。現在興奎任所貲財，是否僅如額僧保所供之數？興奎平日有無得受州縣餽送銀兩？及此外另有婪索之處，均再查訊明確。據實奏聞。勿任支飾。至此外恒傑所控各款，如矢公教，並上元節點放烟火，及協領成格醉罵公堂各款，現在訊問額僧保俱屬有因。惟與原控情節輕重互異，並著松筠等同其餘所告各款，一併徹底究明，覈實辦理。將此諭令知之。（仁宗二七二、三）

六、學政科場等違紀貪污

（一）學政科場徇情納賄

（**康熙五二、二、癸酉**）刑部等衙門會議：順天鄉試中式第一名查爲仁之父查日昌倩人爲伊子代筆，賄買書辦傳遞文章，事發後又脫逃被獲，應斬監候；查爲仁中式情弊，雖由伊父主使，而通同作弊，又相隨脫逃，希圖漏網，其書役冀大業收受賄賂，傳遞文章，俱應絞監候；代查爲仁作文之舉人邵坡，應革去舉人，杖徒；失察之監察御史常泰、李弘文，應罰俸一年。從之。（聖祖二五三、一六）

（**雍正一二、三、丙申**）刑部議奏參革河南學臣俞鴻圖受賄營私，應擬斬立決。得旨：俞鴻圖著即處斬。學政科場，乃國家興賢育才之要政，關係重大。十餘年來，各省試官，不聞有婪贓敗檢之劣迹，朕心頗喜，以爲試事漸次肅清。今觀俞鴻圖贓私累萬，則各省學政之果否澄清，朕皆不敢深信矣。蓋學政與督撫同在一省，學政之優劣，督撫未有不深知者，祇因督撫有所請託分潤，代爲隱瞞，朕復何從而知之？嗣後各省若有考試不公，徇情納賄者，經朕訪聞，除將學臣從重治罪外，該督撫亦必照溺職例，嚴加處分。（世宗一四一、九）

（**乾隆三、六、乙巳**）禁扣舉人坊銀。諭：前據御史甄之璜條奏，各省鄉試中式舉人，例給坊銀二十兩，而遠省遵行不實，如貴州則給發三分之一，廣西則全行扣留。經部議令該省巡撫、藩司確查報部，迄今一載有餘，尚未結案。今朕訪聞得遠省中式舉人，有應領之坊銀，每見主考長途跋涉，即以恩賞之項行其束修之敬；而識見淺小之考官，亦遂收納不辭。此風行之已久，今若追溯從前，一一清查，徒滋案牘之繁，未免擾累，究於舉子無補，著從寬免其查問。嗣後考官等各宜恪遵功令，不許收受此項銀兩，該藩司亦必照數給發，不得絲毫扣留。務使中式舉人，實霑恩澤。（高宗七一、一五）

（**乾隆四、一二、壬寅**）署福建巡撫布政使王士任奏：革職發審之漳州府知府王德純於閩縣人何承玉冒考武童，得贓五百二十兩，汀州府貢生余體元爭祠地案，索借銀六十兩，又在漳府任內私狎戲旦，有玷官箴。臣不能確查揭報於前，何敢再有瞻徇干譴？得旨：知道了。今差御史朱續晫審理此案，自然明白矣。（高宗一〇七、二四）

（**乾隆六、七、甲子**）刑部議奏參革山西學政喀爾欽，賄賣生童，縱僕營私，違禁漁色一案。准欽差吏部右侍郎楊嗣璟審奏，應將喀爾欽擬斬立決，解部正法。得旨：喀爾欽著解部即行正法，餘依議。（高宗一四六、六）

（二）其他違紀貪污

（**順治一二、三、庚子**）初，吏科副理事官彭長庚、一等精奇尼哈番許爾安各上疏稱頌睿王元功，請復爵號，修陵墓，下議政王、貝勒、大臣會同斟酌密議具奏。至是，王等議長庚疏言：……睿王蓋造伊府及伊弟豫王與英王子勞親第宅，糜費帑金數百萬，以致兵餉空虛，給與他物抵充，周公又有此行乎？睿王於海子內起建避痘處所，私動內帑，擅差部員，苦累官工，夫皇上一切營建，止用內府工匠，而睿王私役官工，周公又有此行乎？……（世祖九〇、一三）

（**順治一四、二、壬午**）蘇松巡按李森先疏奏：犯役張電臣侵分漕折銀兩，追比清完，似應量從末減。得旨：貪婪官役，法當重懲，屢有明旨。張電臣侵蝕至一百二十餘兩，按律擬絞。原贓自應完納，何得藉稱完訖，輕請末減？李森先身任巡方，徇縱顯然。著革職提問。（世祖一〇七、五）

（**順治一五、一二、丁丑**）以山東濰縣等處欺隱廢藩地畝九百餘頃，降巡撫耿焞七級調用，其經管道府縣等官，俱下部議處。（世祖一二二、六）

（**康熙二八、六、戊子**）都察院遵旨議覆給事中錢晉錫、御史王君詔疏參廣東廣西總督吳興祚鼓鑄浮冒、戶部不行稽覈一案，查吳興祚先經題請鼓鑄銀兩，就本省司庫支銀三十萬兩，於康熙二十六七兩年，止奏銷十二萬九千餘兩，餘銀十七萬餘兩並未奏銷。又戶部據咨私撥江蘇銀三十萬兩，未經具題，並無著落。應將吳興祚降三級調用，其據咨撥給不行稽覈之原任戶部尚書科爾坤、見任尚書今陞吏部尚書鄂爾多、原任侍郎今陞總漕董訥、見任侍郎傅臘塔，俱降二級調用。得旨：鄂爾多、董訥，居官尚優，著帶所降之級留任，餘依議。(聖祖一四一、一〇)

（康熙五二、一二、癸巳）先是，九卿等遵旨會議，各省邊海地方設立戰船，以備急需應用。今江南江西總督赫壽因撥運米石，前赴廣東，奏稱京口戰船已屆大修之期，不能裝載米石。則平時修理船隻，皆係虛名，情弊顯然。應行查江南將軍、督撫等衙門，令各據實回奏。又山東、浙江、福建、廣東等省，凡設立戰船之處，俱應一體行查。奉有依議之旨。至是，據各省將軍、督撫等覆疏會覈，除山東等省戰船照常免議外，惟江南京口水師戰船，將軍侯馬三奇於從前承修之時，並未如式修造，又私買民船十隻，混入充數。戰船關係軍務，應將馬三奇照貽誤軍務例革職。該督撫等從前並未糾參，迨奉旨確查之後，始行陳奏。相應一體照例議處。得旨：馬三奇著革退將軍，以伊侯爵，隨旗行走。餘依議。(聖祖二五七、一五)

（雍正二、五、辛酉）諭四川、陝西、湖廣、廣東、廣西、雲南、貴州督撫、提鎮等：朕聞各處土司鮮知法紀，每於所屬土民，多端科派，較之有司徵收正供，不啻倍蓰。甚至取其馬牛，奪其子女，生殺任情。土民受其魚肉，敢怒而不敢言。孰非朕之赤子？方令天下共享樂利，而土民獨使向隅，朕心深為不忍。然土司之敢於恣肆者，大率皆由漢奸指使，或緣事犯法，避罪藏身；或積惡生姦，依勢橫行。此輩粗知文義，為之主文辦事，助虐逞強，無所不至，誠可痛恨。嗣後督撫、提鎮，宜嚴飭所屬土官，愛恤土民，毋得肆為殘暴，毋得濫行科派。儻申飭之後，不改前非，一經發覺，土司參革，從重究擬，漢奸立置重典，切勿姑容寬縱，以副朕子惠元元，遐邇一體之至意。(世宗二〇、一七)

（雍正四、七、乙巳）諭大學士等：據弘春所奏，阿其那曾得過允禵銀二十萬兩。塞思黑於康熙六十年，曾得過允禵銀六萬兩。阿其那偽為矯廉，而利允禵之貪惡，以供其多取。廉潔之人，乃忍心害理，至於此乎！且得銀如此之多，不審從前何功於允禵，而當之不愧，嗣後何以酬其贈，而受之不疑。至塞思黑，當康熙六十年得揆敘家之銀，已百餘萬。而允禵尚以六萬兩予之，塞思黑竟受之，均屬可詫。著將弘春此奏，及順承郡王問阿其那回奏之語，一併與滿漢各衙門觀看。(世宗四六、一六)

（雍正五、八、丁未）刑部等衙門議覆：雲南巡撫楊名時疏言，鎮沅府土知府刁瀚，姦占民妻，強奪田地，兇淫貪劣。應擬絞監候。鎮沅地方已經改土爲流，應將刁瀚家口，遷住省城，無留土屬滋事。應如所請。得旨：疏內所稱將刁瀚家口遷住省城之處，朕思伊之家口，若仍留本省，管束太嚴，則伊等不得其所，若令疎放，恐又復生事犯法。刁瀚之家口，著遷往江寧省城，令該督酌量安頓，務令得所。凡有改土爲流之土司，其遷移何處，及如何量給房產，俾得存養之處，著九卿酌量該土司所犯罪案，分別詳議具奏。(世宗六〇、二三)

（**雍正五、九、戊寅**）刑部疏參蔡珽從前四川巡撫任內，屢蹈重罪，部議革職。及威逼屬員蔣興仁自盡，部議斬罪。悉蒙聖慈寬宥，擢授左都御吏，洊至兩部尚書，兼漢軍都統，署理直隸總督，仍敢肆行無忌。種種不法，復蒙矜宥，調授奉天府尹。乃尚不知改悔，挾詐懷私，罪案山積。今將蔡珽所犯諸罪，謹列陳之。……私受夔州府知府喬鐸夔關稅銀一千八百八十兩，富順縣知縣劉上馴鹽規銀五千兩，婪贓入己，其罪十三。捏造公用名色，冒銷藩庫銀三萬兩，其罪十四。收受貪殘不法之程如絲銀六萬六千兩，金九百兩，貪賄庇姦，懷欺保舉，其罪十五。交結大逆不道之查嗣庭，其罪十六。黨庇行止妄亂之戴鐸，其罪十七。……所犯諸罪，均干大辟。蔡珽應斬立決，伊妻子入辛者庫，財產入官。今伊現在四川質審，應行文四川巡撫，將伊作速鎖解來京正法。得旨：蔡珽從寬改爲應斬，著監候秋後處決，餘依議。(世宗六一、二七)

（**雍正一三、一一、丙辰**）諭總理事務王大臣：向來文武科場，需用食物、器皿等項，定例俱係順天府派委大、宛二縣，動用錢糧，分發各行戶備辦。近聞承辦之員，不能料理妥協，以致各行戶未領銀之先，吏胥有折扣價值、需索規禮之弊，及至發價之時，又復任意短發，扣剋中飽，甚屬可惡。著曉諭順天府尹，嚴飭大、宛二縣，即將前項情弊，立即革除。倘仍蹈故轍，一經發覺，定將該管各官一併議處。(高宗七、一九)

（**雍正一三、一二、辛卯**）又諭［總理事務王大臣］，朕前聞蔣國祥居官聲名不好，是以諭令解任，來京引見。今據巡鹽御史三保參奏蔣國祥扣剋傾銷銀兩、苦累工匠等情，蔣國祥著革職，並伊家人，交與該督李衛，審明定擬具奏。若蔣國祥任內再有虧空、挪移、勒索等弊，著三保一併查明題參。(高宗九、三三)

（**乾隆五、五、庚申**）閩浙總督宗室德沛奏：署福建巡撫王士任，納賄婪贓，訊証明確，相應列款糾參。得旨：這所參王士任著革職。并案內人犯，著該督會同將軍策楞，嚴審定擬具奏。福建巡撫員缺，著廣東布政使王

恕署理。廣東布政使員缺，著程仁圻署理。(高宗一一七、七)

（乾隆五、閏六、辛酉）諭八旗大臣陽泰、塞爾德：身爲副都統，不以公事爲事，復敢營私舞弊，實負朕恩，著革職，交刑部議罪具奏。協領蘇通阿等，亦舞弊營私，著交兵部嚴加察議具奏。其辦理不清之協領鐵圖等，並令家生子披甲之該管官員等，本應交部察議，但人數衆多，且伊等亦係聽從陽泰、塞爾德所使，著從寬免其交部。至將軍乃一省之表率，固當如是辦理。然施恩則在朕躬，嗣後右衛官兵，當感念朕恩，遵奉將軍法令，改過急公，竭力奮勉，則於爾等生計有益，亦可永受朕恩矣。該部知道。(高宗一二一、一〇)

（乾隆五、八、戊辰）署福州將軍策楞奏：福州駐防四旗，從前上司屬員，均以宴會餽遺相尚。現嚴行禁遏，積習稍悛。惟旗營馬匹，竟有不肖兵丁，或私自售賣，或暗行宰殺，捏報病倒。且旗下兵丁，膽敢開設馬湯鍋，至二十餘家。已嚴拏究辦，概行禁止。得旨：如此實心任事，方是。(高宗一二五、一九)

（乾隆八、五、甲申）諭軍機大臣等：原任福建巡撫王士任，居官劣跡種種，朕從寬令其在工程上效力贖罪。乃伊不知感激朕恩，狡詐百出，並不實心承辦。今發往臺站，仍不知力圖報效，殊屬可惡。可寄信喀爾吉善，將伊原籍所有貨產，密行查勘，據實奏聞。但王士任詐僞多端，不無豫行寄頓隱匿，務須留心訪查。(高宗一九二、二)

（乾隆一二、七、庚子）諭：據江蘇巡撫安寧奏稱，布政司王師於江陰縣丞俞鐙採辦硝斤一案，俞鐙因帶辦私硝，圖利遲延，又經鋪匠人等控告扣剋，該司並不詳揭；又原署阜寧令馮觀民，經道府揭報虧空，該司瞻顧同鄉，委稱年款不清，不行詳揭；又江蘇鼓鑄，該司瞻徇姻親范商，違例不令爐頭加色；又清理錢糧，係該司專責，乃一切詳稟，浮泛不切，錯謬難行；又王德純冒領庫銀一案，最爲易結，該司以姜順蛟係伊門生，恐罹重處，輾轉駁詰，至今懸案。該司辦事遲留，居心詐僞等語。王師係朕特用之員，自宜秉公率屬，實心任事，奮不顧身，以圖報稱。今據安寧所奏，是不稱江蘇藩司之任，著解任來京候旨。其江蘇布政司員缺，著愛必達前往署理。(高宗二九四、一六)

（乾隆一五、七、丙午）又諭：據兩廣總督陳大受參奏：丁憂糧驛道明福，在任勒令州縣折交糧價，婪收入己，計銀二萬七千餘兩，又侵蝕浮銷驛站銀一千四百餘兩等語。披閱之下，不覺駭然。朕於上年勾到，辦理侵貪各案，謂婪贓錮弊，可以稍戢，乃不意以一道員，竟敢婪入多贓，且出自滿洲大族,實堪髮指。明福著革職。伊既恣意貪饕,必多方巧爲隱匿營運,著交該旗查明家產,毋令絲毫滲漏寄頓。伊現在房山,著侍衛鄂實、德山,即速前往,將明福鎖拏,及伊經手之家人,一併押解進京,交莊親王等,會同軍機大臣,審明定擬。如贓私入己屬實,即解赴原任地方治罪。(高宗三六八、六)

(乾隆一七、二、癸卯) 諭:據工部回奏,盛京領取廣鍋,運價多於鍋價之處。事雖瑣而實不當於理。鐵鍋乃日用必需,奉屬旗民家有其物,斷無如此浮費之理。此不過據咨支放,草率因循,任其浮費。或且故留有餘以爲支銷之地。工部積習,亦非僅此一事也。著將該堂官交部察議。至各衙門赴該部咨取物件,類此者甚多。著軍機大臣會同通行查覈,立定章程,以昭節慎。(高宗四〇八、二六)

(乾隆一八、四、丙午) 諭軍機大臣等:方觀承題參古北城守營軍器被竊,請將千總碩來革職、都司劉壽議處一本。方觀承辦理此案,甚屬寬縱。軍器關係緊要,該弁等均有典守之責,若平時稍一留心稽查,何至屢行被竊?且失去鳥鎗至一百餘桿,廢鐵至一千餘觔之多,此必非一朝一夕之事。而兵丁張德復將礆位肆行售賣,尤干法紀。該弁等漫無覺察,直至該提訪聞盤驗,始行查出,玩縱已極。看來此案,非可僅照尋常失察被竊之例,劾參一二員弁,希圖了事者。著傳諭方觀承,令其將該營軍械被竊始自何時,及該弁等有無知情故縱之處,詳悉嚴查,另行據實題參。原本著駁回。(高宗四三七、七)

(乾隆二一、三、庚辰) 諭軍機大臣等:圖桑阿婪贓至二千餘兩,乃僅交銀六十兩,竟以無力題請豁免。該犯曾爲知府大員,俸廉不薄,且所得贓私爲數亦多,若果毫無貲產寄頓,則伊之俸廉、贓項歸於何處?是原參贓款,竟係懸坐冤抑矣。應令刑部,將該犯詳加詰訊,如伊任內所得之項,實係花費無存,則花費亦必有項,應令伊開出。且此等劣員,亦不應僅以取結完案,仍聽在旗,即當發往拉林阿勒楚喀種地。可傳諭該部知之。(高宗五〇八、二二)

(乾隆三三、一、壬寅) 諭軍機大臣等:昨經降旨,令彰寶會同四達,速將鹽政達色一案,查審完結,即來京請訓,前赴山東新任。再歸化城商民,控告浮徵稅課之事,業經交與該撫會同審訊。著傳諭彰寶等,將此案亦即速行查審完竣,再行來京。(高宗八〇二、二九)

(乾隆三三、一〇、辛未) 又諭曰:吳紹詩奏查審舒善參案各緣由一摺,所辦甚屬非是。如所稱,盤碗盃碟一千餘件,係自己留用等語,即荒唐不可信。日用磁器,所需約署可計,即在食指浩繁之家,亦未必能踰數百件。舒善僅一監督，何至備用如許之多？不過欲寬餘留存，以圖售賣得價耳。又如該監督每年所進，無過數十件，又何得以備貢爲詞？昨查伊家中託人售賣磁器，乃至萬餘件，豈盡伊自行燒造，挑存次色者。即此可見其妄。而所稱餘剩各器二千餘件，賣價一百四十餘兩，亦豈有此等賤值？種種俱非確情。吳紹詩初辦此案，尚似認真。今乃節節巧爲開脫，妄冀化大事爲小事。此等伎倆，豈能於朕前嘗試？該撫平日尚屬小心誠實，是以加恩委任封疆，何亦漸染外省沽名惡習？竟至於此，看來竟欲負朕委任之恩矣！吳紹詩著傳旨申飭，仍將此案另行詳查，確訊覈實，定擬具奏。尋奏：舒善前供挑存次色磁器，自行燒造之處，實屬虛捏。查出在京變賣一萬餘件外，又運廣變賣八千餘件，均應交官項，隱匿未吐。並與書吏等於正耗餘平外，加徵朋分，計共虧公項一萬數千兩，現訊明定擬。得旨：該部嚴察議奏。（高宗八二一、七）

（**乾隆三七、八、丁丑**）諭：據彰寶奏，易門縣知縣卜貽直，有經管廠務之責，乃於課長私採礦砂，輾轉偷販，茫無知覺，任聽長隨書辦乘機受賄隱匿，顯有情弊，請旨革審等語。卜貽直著革職，交該撫同案內有名各犯，一併嚴審定擬具奏。（高宗九一四、三三）

（**乾隆六〇、四、己丑**）諭軍機大臣等：户部議覆，滸墅關徵收稅課短少盈餘銀兩，請著落照數賠補一摺。從前該關經奇豐額署任兩月，按日比較，有盈無絀，而五德接徵後，上年奏報，即短至三萬九千餘兩。曾加恩止令賠銀二萬兩，餘俱寬免，並嚴飭該監督實心妥辦，毋得仍前虧短。乃此次所短之數，至九萬八千餘兩，較之上年，虧短幾及兩倍。即謂上年直隸、山東、河南等省，間被水災，川廣米貨，多赴各該省售賣，到蘇較少，豫東二省，豆船赴蘇省者亦稀。然從前此五省，亦間有偶歉之年，該關盈餘銀數，亦不至虧短如此之多。五德未放職造時，即常患病，後因一時乏人，又看其病已就愈，是以令伊前往。近聞其自抵任以後，時常患病，且於眷屬、長隨，不能約束。此次關稅盈餘短絀甚多，非該督辦理不善，即係長隨等串同胥役，致有侵蝕情弊。蘇凌阿上年查辦福英九江關稅課虧短一事，尚屬認真，著傳諭蘇凌阿即速親赴滸墅關嚴查密訪，據實具奏，勿得稍存迴護，致負委任。至奇豐額與五德，近在同城，且曾經署印，滸墅關稅務情弊，豈得諉爲不知？自係因同屬包衣之人，不無瓜葛，心存袒庇。現有旨，令奇豐額暫署織造監督事務，著該撫將五德任內虧缺情弊，據實查奏。奇豐額前署兩淮鹽政，於巴寧阿與商人交結聯宗一案，經朕降旨詢問，並不據實查奏，本應與董椿一律治罪，朕以其究係巡撫，曲加寬貰，已屬格外施恩。若此次仍

不據實查辦，稍有瞻徇，必當加倍治罪。恐不能如董椿之從輕褫革也。將此各諭令知之。(高宗一四七六、七)

(**乾隆三八、五、己巳**) 軍機大臣等奏：審訊內閣中書慶常，係原任果毅公阿靈阿姪孫，串通熟識之民人李德，假稱保人，捏造果毅公使用太監百福借伊父阿密爾圖銀九千兩領券，詐索百福之姪白殿臣，擬罪具奏。得旨：慶常以世家子弟，且身為職官，與井市奸猾匪徒往來交結，捏寫假領控告，訛詐平民，不特玷伊祖父家聲，並有靦滿洲淳樸之習，甚屬不堪。慶常著革職，重責四十板，發往伊犁，枷號二、三年後，交與該將軍嚴行約束，折磨差使。北路同知謝洪恩於慶常誣控一案，能審出實情，具詳順天府，實屬秉公，無所顧忌。著賞給緞一疋，以示獎勵。至此案，既經順天府批發查辦，迨謝洪恩審明詳報，即當據實參奏。乃並未奏聞，此必正當裘曰修病劇之時，吉夢熊模稜寡斷，其因何不行參奏之處，著軍機大臣，查明具奏。餘依議。(高宗九三四、一三)

(**乾隆四九、五、癸未**) 諭軍大臣等：郝碩前已令其來京候旨。於五月初四日，在江西起程，此時諒已行抵山東直隸一帶，著傳諭劉峩、明興，即速沿途偵探迎截，將郝碩傳旨革職，拏解熱河，審明治罪，並將伊隨身所帶貲財行李，一併嚴密查封，毋稍徇隱。再郝碩係漢軍人員，父子久任督撫，直隸地方伊家所置田地房產及寄存物件諒亦不少，並著傳諭劉峩飭屬詳細查明，盡數入官，勿致稍有遺漏。將此由五百里各傳諭知之。(高宗一二〇七、五二)

(**乾隆五一、二、戊子**) 諭軍機大臣等：據慶桂參奏環縣知縣汪琳，因縣民俄其盛承辦鹽引，欠課不完，另將殷戶王登第等押充代完，旋將俄其盛商名革退。續因練總李漢耀、蕭玉文以環縣民少屯多，欲令屯民均納，捏寫民戶慕銳等姓名，公呈投遞，該縣輒將李漢耀杖責致斃，請將汪琳革審等語。練總李漢耀等，因欲將民屯均勻完納鹽課，輒敢捏寫姓名具呈投遞，原有應得之罪。但該縣民戶俄其盛，充商辦課，已非一日，或因辦鹽賠累，私賄該縣革退商名，而該縣復派令殷戶，押充代完，以致練總李漢耀等捏呈投遞，釀成事端，其間恐有藉端派累，分肥入己情事，自應革職研審。現在福康安不日即可回蘭，著將此案人犯提集，嚴切究訊，務得確情，據實定擬具奏。將此傳諭福康安並諭慶桂知之。(高宗一二四八、二七)

(**乾隆五一、一〇、壬戌**) 諭軍機大臣等：據海紹奏，協造德純自縊身死，遺存訴呈一紙，自認侵用、浮開各弊不諱，現將應訊經手書役、匠頭等申送撫臣審訊，並將馳赴景德鎮檢點窯廠庫存物件等語。協造德純承管窯廠，所有燒造瓷件，係前任監督虞禮寶自出己貲捐辦，但已發過工價銀四千數百餘兩，辦理已屬裕如，該協造尚可藉資霑潤，何至侵用官項，又復畏罪自戕？其中恐另有別情。著傳諭何裕城，率同該道，將應訊經手書役人等，嚴切究訊，據實覆奏。(高宗一二六七、一四)

(乾隆五七、一〇、癸巳) 又諭曰：步軍統領衙門奏，陝西蒲城縣監生糧正馮廷璉，呈控該縣匿災不報，且於徵收錢糧，額外多收，放賑時從中剋扣，又藉軍需之名，雇覓騾頭，科派鋪戶銀錢，及藉修文廟，累及閭閻各款，請欽派大臣前往查審等語。朕軫念民依，凡遇地方有水旱偏災，一經奏聞，無不蠲賑兼施，恩膏立沛。本年直隸、河南因旱歉收，早經先事綢繆，截漕躪緩，節諭該督撫實心經理，勿使一夫失所。今馮廷璉所控蒲城縣年歲旱荒，捏報收成各款，如所控屬實，地方官吏，諱災不報，已屬玩視民瘼；若復於應收錢糧，加徵戥頭，更干例禁；至辦理軍需等項，皆係開支帑課，從無累及閭閻，何得藉端科斂。案關重大，其虛實不可不徹底究辦。著派蘇凌阿、張若淳即日馳驛前往，秉公嚴審，定擬具奏。其隨帶司員，並著一體馳驛。原告馮廷璉，即交帶往質訊。……(高宗一四一五、二八)

(嘉慶三、七、丙子) 諭軍機大臣等：伯麟奏查明蘭第錫原籍財產無幾一摺。前因蘭第錫賠項較多，是以查其原籍田產，以便酌量加恩。茲據奏，查明房間地畝，僅值銀一百四十餘兩。蘭第錫平日居官，尚稱清慎，今身後遺產，僅值此數，亦覺可憫，自不忍再令賠繳，竟應寬免，以示體卹。將此傳諭知之。(仁宗三二、五)

(嘉慶一〇、九、甲子) 諭內閣：據那彥成奏，已革南海、番禺二縣知縣王軾等被劾不甘，稟出百齡在巡撫任內自製聯枷，將犯人枷斃二命，又派伊妾弟任二管門，傳令兩首縣家人代辦供應食物並一切應用物件，共用銀一萬一千五百餘兩。百齡僅發過銀一百兩。並於離任時，將一切紫檀、玻璃等項什物搬運下船，價值終未給發。並據那彥成奏，伊與百齡聯銜參劾首縣私設班館及英德縣逼勒銀匠墊辦錢糧二摺，又百齡具奏巡撫衙門例摺，回粵遲延。詢據摺差稟明，係百齡到湖北後，諭令黃梅縣將該摺差截留，令其由驛齎至武昌省城，百齡將硃批奏摺留下，僅抄錄行文移知等語，殊堪駭異。此案關係重大，而其最重者，尤在截留硃批奏摺一款。現派直隸總督吳熊光、侍郎托津，馳驛前往查辦。著伊二人先至湖北省城，傳旨訊問百齡。伊已升任湖廣總督，前在廣東與那彥成聯銜各摺，係廣東應辦之事，因何繞道截留，及拆閱後又不將原奉硃批諭旨交回，此內若有密交那彥成硃諭，伊自必擅行拆閱，殊出情理之外。又伊在廣東任內，派令妾弟任二管門，需索兩首縣供應什物等項，用銀至一萬一千餘兩之多，何以百齡在任，僅發價銀一百兩？及升任時，復將紫檀、玻璨及一切什物，概行搬帶下船？伊既參奏南、番兩縣私設班館，何以復製造非刑，聯枷斃命？種種貪縱款蹟，令其逐一登答，並將任二嚴行審訊，如訊出確據，即傳旨將百齡革職拏問，將任所貲財查抄。所有湖廣總督印務，交瑚圖禮暫行兼署。一俟審得大概情形，先行具奏，再赴粵東查辦。……（仁宗一五〇、一七）

第三節　清政府的各類官吏、胥役違紀貪污事例

一、大學士、尚書等大員違紀、貪污的事例

（一）堂官希福納等虧空草豆銀兩案

（**康熙四九、七、丁亥**）刑部議覆：都察院左副都御史祖允圖疏參戶部內倉虧空草豆一案，審據書辦胡文思、沈遵泗供稱，每年買賣人等所領銀兩，有送堂司官公費，其銀數賬目，俱存買賣人金璧處。隨傳問金璧，取出康熙四十五、六、七、八等年，送堂司官銀數賬簿。內開得銀之堂官希福納等、司官根泰等共六十四員。此等堂司官員，俱應革職拏問。尚書張鵬翩等雖無入己之贓，但伊等家人有與買賣人要銀之處，應否將伊等一并革職拏問，請旨定奪。得旨：國家錢糧，關係重大。見今俱已發露，必從設立監督之年稽察，著此案內無名之九卿大臣官員公同秉公審理。本身不曾得銀，家人得銀者免其革職拏問。餘如議。（聖祖二四二、二一）

（**康熙四九、七、戊子**）上諭大學士等曰：據刑部摺奏，戶部虧空辦買草豆銀兩一案，干連甚衆。大臣官員等不能潔己革除積弊，今事已敗露，誠爲可恥。朕昨覽此事，終夜無寐，反覆思維，姑開以自新之路。見在得贓人員，於未審之前，若將自身所得之銀，即行賠完，則免其革職拏問。爾衙門即將此旨，驛發刑部。（聖祖二四二、二一）

（**康熙四九、七、戊子**）上出行宮前，諭扈從大臣官員等曰：副都御史祖允圖爲戶部內倉虧空買辦草豆銀兩事，參劾希福納等共侵欺銀二十餘萬兩。朕以希福納年久能辦事，故用之。今事已如此，朕亦無如何也。朕反覆思之，終夜不寐。若將伊等審問，獲罪之人甚多矣。今觀戶部弊端，始自尚書科爾坤、佛倫，後之諸臣，皆循伊等所行，以至於此。今與以自新之路，

暫停革職拏問。凡爲大臣者，理應廉潔自守，黽勉從事，方無忝厥職也。（聖祖二四二、二二）

（**康熙四九、九、辛亥**）九卿等議奏：臣等遵旨查自康熙三十四年戶部設立辦買草豆監督起至康熙四十四年止，據買賣人金璧等供稱，得銀之堂司官共一百十二人，共侵蝕銀四十四萬餘兩，并前查出康熙四十五、六、七、八等年希福納等侵蝕二十萬餘兩，均應勒限賠完，免其議處。上諭大學士等曰：凡事有罪雖大而情可恕者，有罪雖小而情不可恕者。即如督撫居官清廉，則屬員交相效法，皆爲良吏。部院衙門，實爲本原之地。希福納身爲大臣，操守不能清廉，豈可恕耶？希福納即著革職，餘如議（聖祖二四三、一六）

（二）尚書隆克多挾勢婪贓案

（**雍正四、一、辛酉**）刑部等衙門議奏：隆科多挾勢婪贓，差家人王五、牛倫陸續索取揆敘家人安圖名下騾馬、緞疋、古玩等物，併銀十四萬兩。此外復收取趙世顯、滿保、甘國璧、蘇克濟、程光珠、姚讓、張其仁、王廷揚、年羹堯等金八百兩，銀四萬二千二百兩。隆科多世受國恩，貪婪犯法。應將尚書、一等公并世職俱行革去，照大不敬律，擬斬立決。得旨：隆科多婪贓犯法，即應按律治罪。但其才尚有可用，朕心憫惜，著革退吏部尚書，令其料理阿爾泰等路邊界事務。已另降諭旨。儻能盡心辦理，尚可贖其前愆。如稍有怠忽，定難寬貸。伊家人牛倫從前犯罪應死，彼時交與隆科多，自行處置。乃隆科多徇私容留，實屬可惡。今招搖受賄諸事又復敗露，再難寬宥。著將牛倫即行正法，其餽送銀兩之奉天府府丞程光珠，著革職，從寬留任。准徐道張其仁、濟南府知府姚讓，著調來引見。（世宗四〇、三三）

（**雍正五、一〇、丁亥**）順承郡王錫保等遵旨審奏隆科多罪案。大不敬之罪五，欺罔之罪四，紊亂朝政之罪三，姦黨之罪六，不法之罪七，貪婪之罪十六。……索詐安圖銀三十八萬兩，貪婪之罪一；收受趙世顯銀一萬二千兩，貪婪之罪二；收受滿保金三百兩，貪婪之罪三；收受蘇克濟銀三萬六千餘兩，貪婪之罪四；收受甘國璧金五百兩，銀一千兩，貪婪之罪五；收受程光珠銀五千兩，貪婪之罪六；收受六格貓睛暎紅寶石，貪婪之罪七；收受姚讓銀五百兩，貪婪之罪八；收受張其仁銀一千兩，貪婪之罪九；收受王廷揚銀二萬兩，貪婪之罪十；收受吳存禮銀一萬二千兩，貪婪之罪十一；收受鄂海銀一千五百兩，貪婪之罪十二；收受佟國勤銀二千四百兩，貪婪之罪十三；收受佟世祿銀二千兩，貪婪之罪十四；收受李樹德銀二萬一千四百餘兩。貪婪之罪十五；收受菩薩保銀五千兩，貪婪之罪十六。以上罪狀昭著。隆科多應擬斬立決，妻子入辛者庫，財產入官。疏入，上召議政王大臣、內閣、九卿等，諭曰：隆科多所犯四十一款重罪，實不容誅。但皇考升遐之日，召朕之諸兄弟及隆科多入見，面降諭旨，以大統付朕。是大臣之內承旨者，惟隆科多一人。今因罪誅戮，雖於國法允當，而朕心則有所不忍。隆科多忍負皇考及朕高厚之恩，肆行不法，朕既誤加信任於初，又不曾嚴行禁約於繼，今惟有朕身引過而已。在隆科多負恩狂悖，以致臣民共憤，此伊自作之孽，皇考在天之靈，必昭鑒而默誅之。隆科多免其正法，於暢春園外附近空地，造屋三間，永遠禁錮。伊之家產，何必入官？其應追贓銀數十萬，尚且不足抵賠。著交該旗照數追完。其妻子亦免入辛者庫。伊子岳興阿，著革職；玉柱，著發往黑龍江當差。（世宗六二、六）

（三）大學士兼總督李侍堯貪縱營私案

（**乾隆四五、二、乙亥**）諭軍機大臣等：據李湖奏，拏獲雲南督標千總張曜、承差尹适，訊係李侍堯差伊送銀五千二百餘兩并玉器十件回家，並有家人張永受等托帶銀七千餘兩并書信什物，同摺差劉鳳翼等，自京起程回滇，赴府河驛借馬，當經委員截留，解省審訊一摺，所辦甚好。此項差弁，於正月十七日出京，在李侍堯事未發覺以前，自可信其非送信之人，若此後再有擅借驛馬之人，則其爲透漏消息無疑，自應嚴行根究，毋稍疎縱。至李侍堯在京管事家人八十五，前據英廉查訊，有本年正月初間，張永受寄來銀五千兩之供。今據李湖奏，李侍堯寄銀五千餘兩之外，又有張永受託帶銀七千兩，從前未據八十五供出，必須將張曜等解京，與八十五質對，始無遁飾。著傳諭李湖，即速派委妥員，將劉鳳翼、張曜、尹适，嚴行管押解京，交英廉質訊。將此由六百里傳諭李湖知之。（高宗一一〇一、一二）

（**乾隆四五、二、乙亥**）又諭曰[軍機大臣等]：李湖奏，鹽法道紀淑曾等，截拏雲貴總督差弁劉鳳翼、雲南巡撫承差尹位等，訊係齎摺回差。上年十一月內，自滇齎摺進京。又有千總張曜、承差尹适等，供稱李侍堯差送銀五千二百餘兩，并玉器十件回家；又家人張永受托帶銀七千兩；又永昌府知府特昇額托帶銀一千兩，於正月到京，將銀兩玉器各交清等語。前據英廉查訊李侍堯家人八十五，據供張永受寄銀五千餘兩。今據張曜等供，除李侍堯寄銀五千兩外，張永受又托帶銀七千兩。何以前此八十五止供出五千餘兩，而張永受所托帶之七千兩，並未供及？其中顯有隱匿情事。現已諭令李湖將劉鳳翼、張曜、尹适等派員嚴行押解進京，著傳諭英廉，詳悉研訊，質對明確,務使水落石出,毋致稍有遁飾。又李侍堯久任封疆,聞其家人多擁厚貲,即如張永受現寄銀七千兩,奴隸賤人,何以積銀如許之多?連國雄是否知情,尤不可不徹底根究。英廉務將連國雄等嚴加訊詰,盡行追出,毋使隱匿。至李湖所奏,永昌府知府特昇額交張矅帶回銀一千兩,不過所積廉俸,寄爲家用之資,業經伊家收領,自可無庸查辦。將此由六百里傳諭英廉知之。(高宗一一○一、一三)

(**乾隆四五、三、辛巳**)諭軍機大臣等:昨據和珅奏到摺內,有李侍堯家人七十五名字,大約即係八十五,伊係李侍堯得用之人,其私蓄必肥。且伊等每藉家主勢力,積蓄私財,盈千累百。及至家主遇有事故,又復脫然事外,另投一主,甚爲可惡。英廉前次審訊時,並未根究及此,殊屬疎漏。即查辦李侍堯家產時,亦未將八十五等財產,一併辦及。著傳諭英廉,即將八十五嚴行審訊,並將其所有貲財,嚴密查封。又李侍堯家人張永受,前寄銀至七千兩之多,連國雄亦係伊家得用家奴,所有伊二人財產,並著一併嚴密查抄,毋任絲毫偷漏寄頓。(高宗一一○二、二)

(**乾隆四五、三、丁酉**)又諭曰:李侍堯由將軍用至總督,歷任各省二十餘年。因其才具尚優,辦事明幹,在督撫中最爲出色,遂用爲大學士。李侍堯具有天良,自應感激朕恩,奉公潔己,以圖報效。乃昨據海寧呈稟李侍堯貪縱營私各款,因命侍郎和珅、喀寧阿前往查辦。今據和珅等查奏,訊據李侍堯家人張永受并廠員素爾方阿等供,各相符合。隨詰訊李侍堯,據供收受題陞迤南道莊肇奎銀二千兩,素爾方阿銀三千兩,汪圻銀五千兩,臨安府知府德起銀二千兩,東川府知府張瓏銀四千兩,交與佐雜孫允恭,赴蘇帶往。此內汪圻銀五千兩,因伊從前送過金如意三柄,發還後又變價送來。又於前年差家人張永受進京修屋,素爾方阿送銀五千兩,德起送銀五千兩,俱在板橋驛交張永受收受。又據張永受供,發交珠子二顆,一賣給昆明縣知縣楊奎,勒要銀三千兩,一賣給同知方洛,銀二千兩各等語。披閱之下,不勝駭異,李侍堯身爲大學士,歷任總督,乃負恩婪索,盈千累萬,甚至向屬員變賣珠子,贓私狼藉,如此不堪,實朕夢想所不到,不特朕用人顏面攸關,即各省督撫聞之,諒無不慚愧痛恨矣。李侍堯著革職拏問,按察使汪圻、迤南道莊肇奎、原署東川府知府張瓏、降調通判素爾方阿、丁憂同知方洛、昆明縣知縣楊奎,俱著革職,交與和珅等,一併嚴審定擬具奏。(高宗一一○三、六)

(**乾隆四五、三、丁酉**)又諭:據和珅等奏,李侍堯於審辦納樓土司命案,起出金六百兩、銀一千兩,與巡撫會銜具摺內,私將金數改寫六十兩,銀數改寫七千五百兩等語，顯係有心吞隱，自應著落根究。又據奏，現存司庫金六百兩，銀一千兩，一併歸官等語，自應如此辦理。李侍堯於查出應行入官金銀實數，膽敢任意改易增減，即此案審結時，將銀七千五百兩，全數實解。而其隱匿金數五百四十兩，合算價值，豈僅止所增銀六千五百兩之數？巧爲侵蝕，鬼蜮伎倆，朕早已鑒其隱微，和珅等卻未計及此耳。著傳諭和珅等，即將是否如此，向李侍堯嚴行究訊，務得實情，毋令稍有遁飾。將此由六百里諭令知之。（高宗一一〇三、九）

（**乾隆四五、三、丁酉**）又諭：據和珅等奏，嚴訊李侍堯家人張永受。據供，劉鳳翼所帶銀七千兩係伊主發出，帶京還帳，並非己貲。又供，京中有住房二十餘間，取租住房十八間，地一頃有餘，并有木器，此外別無貲產等語。張永受帶回己貲七千兩，前據英廉，在京審訊八十五等供詞，已俱有著落；又查出伊有自置房産六處，地畝一處，借出帳目銀四千兩。（高宗一一〇三、一〇）

（**乾隆四五、三、戊戌**）諭據和珅奏：自李侍堯婪索屬員，贓私狼籍，雲南通省吏治廢壞，聞各府州縣，多有虧空之處，必須徹底詳查，清釐積弊等語。朕思李侍堯以大學士兼任總督，倚藉恩眷，任意貪婪，盈千累萬。如按察使汪圻等，仰承意指，爭餽多金，若非侵漁屬員，安所取資？則各府州縣中之虧空，勢所必有，不可不嚴行根究，以清庫項而整官方，惟現在尚未發覺，朕不忍窮究，聊開一寬容之路。著俟福康安到任後，將通省各府州縣倉庫錢糧，逐一詳加查察，彼時倘仍有虧空之處，立即嚴行參奏，定當按律究擬。毋謂朕之不教不恕也。（高宗一一〇三、一一）

（**乾隆四五、三、辛丑**）諭曰：李侍堯所出係漢大學士缺，現在嵇璜，甫經協辦，漢尚書中亦未得協辦之人。英廉係内務府人，伊本姓馮，協辦歷年亦久，可補用漢大學士缺。其户部尚書員缺，著和珅補授，和珅未到任以前，户部尚書事務，仍著英廉管理。其户部左侍郎員缺，著金簡轉補。右侍郎員缺，著福長安補授，福長安未到任以前，錢法堂事務，亦仍著金簡管理。（高宗一一〇三、一八）

（**乾隆四五、三、辛丑**）又諭：據楊魁將李侍堯差委在蘇，稱辦物件之經歷孫允恭，典史顧廷煊二員拏獲，解交軍機處訊問。據孫允恭供稱，李侍堯委赴蘇州，採辦物件，當領九八色銀二千兩，於四十四年正月到蘇，有雲南東川府知府陳孝昇滙在張源處銀兩。允恭陸續向領九八平銀五千八百七十一兩九錢等語。……（高宗一一〇三、二一）

（**乾隆四五、三、丙午**）諭軍機大臣等：據英廉奏，訪得張永受原係鑲紅旗漢軍人，隨經提訊郭全，究出張永受本姓祝，改爲張姓，同妻在李侍堯任所服役，現有其母與弟，在易州山中居住。當即派員拏護張永受之母蔣氏，及其弟四人，查出住房三十餘間，地四、五頃，現在嚴審等語。張永受既係旗人，因何同妻逃出，甘心在李侍堯處充當長隨，且據伊母蔣氏供稱，張永受係前母張氏所生。於十七歲逃出，並無信息，及乾隆四十三年，伊父祝致清故後，回來殯葬，復行出門等語。……（高宗一一〇三、二六）

（**乾隆四五、五、乙酉**）又諭：大學士九卿覈議尚書和珅等，定擬李侍堯貪縱營私各款，將原擬斬監候之處，改爲斬決一摺。李侍堯歷任封疆，在總督中最爲出色，是以簡用爲大學士。數十年來，受朕倚任深恩，乃不意其貪黷營私，婪索財物，盈千累萬，甚至將珠子賣與屬員，勒令繳價，復將珠子收回，又廠員調回本任，勒索銀兩，至八千餘兩之多。……（高宗一一〇六、一二）

（**乾隆四五、一、戊申**）安徽巡撫閔鶚元奏。……各省督撫覈擬李侍堯罪名一案，俱已到齊。李侍堯以大學士兼管總督，受恩最深，乃敢營私敗檢，驕縱妄行，實出意料之外。覈其情罪，非僅如彰寶之因病縱性，致家人勒索供應者可比。較之從前恒文、良卿，貪婪肮法，致罹刑憲，情節實約署相等。惟恒文等，甫任督撫，即肆意婪贓，平日又無出力辦事之處。李侍堯則身任總督，二十餘年，如辦理暹羅，頗合機宜；緝拏盜案等事，亦尚認真出力，且其先世李永芳，於定鼎之初，歸誠宣力，載在旂常，尤非他人所可援比。是以前於尚書和珅，照例定擬斬候，大學士九卿請改立決時，朕復降旨令督撫等，各抒己見，確議具題，原欲以準情法之平，茲各督撫，大率以身在局中，多請照大學士九卿所擬。而閔鶚元則以李侍堯歷任封疆，勤幹有爲，爲中外所推服，請援議勤議能之文，稍寬一綫具奏。是李侍堯一生之功罪，原屬衆所共知，諸臣中既有仍請從寬者，則罪疑惟輕，朕亦不肯爲已甚之事。李侍堯著即定爲應斬監候，秋後處決。……（高宗一一一六、四）

（**乾隆六〇、一、辛卯**）又諭曰：李侍堯前在雲貴總督任內，婪索屬員，革職治罪，並將伊所襲伯爵另襲。嗣因其辦理臺灣軍務，尚知奮勉，加恩賞還。今雲貴小錢充斥，經福康安查明，皆係從前局鑄偷減所致。富綱才具平庸，其不能整頓，無足深責。李侍堯是朕深知能辦事之人，乃與局員上下通同牟利，偸減錢法滋弊，使其身尚在，必當從重治罪。今雖已故，豈可令伊子嗣復邀五等之封？但其伯爵乃伊祖功勳世襲罔替之職，不忍革除，所有李侍堯子毓秀現襲伯爵，著即革退，仍留侍衛當差。交該旗查明應襲支派，另行揀選襲替，以爲督撫大員辜恩溺職、有心貽誤者戒。（高宗一四六八、九）

（四）大學士和珅、尚書福長安等貪黷營私案

（**嘉慶四、一、丁卯**）革大學士和珅、户部尚書福長安職，下獄治罪。（仁宗三七、二七）

（**嘉慶四、一、庚午**）諭内閣：和珅受大行太上皇考特恩，由侍衛洊擢至大學士，在軍機處行走多年。叨沐殊施，在廷諸臣無有其比。……今和珅情罪重大，並經科道諸臣列款參奏，實有難以刻貸者。……昨將和珅家產查抄，所蓋楠木房屋僭侈踰制，其多寶閣及隔段式樣，皆仿照寧壽宫制度，其園寓點綴，竟與圓明園蓬島、瑶臺無異，不知是何居心。又所藏珠寶内，珍珠手串二百餘串，較之大内多至數倍，並有大珠，較御用冠頂尤大。又寶石頂，並非伊應戴之物，伊所藏真寶石頂數十餘箇，而整塊大寶石不計其數，且有内府所無者。至金銀數目，尚未抄畢，已有數百餘萬之多。似此貪黷營私，實從來罕見罕聞。以上各款，皆經王大臣等公同鞠訊，和珅俱供認不諱……（仁宗三七、三二）

（**嘉慶四、一、辛未**）又諭：張家口稅務監督和精額，前經餽送和珅銀兩，既經查出，著傳諭察哈爾副都統錦良，即行派員押解和精額來京候旨。（仁宗三七、四〇）

（**嘉慶四、一、甲戌**）又諭：昨經降旨，將和珅罪狀，宣諭各督撫，令其議罪。兹據直隸總督胡季堂奏稱，和珅喪盡天良，非復人類，……請依大逆律凌遲處死。並查出和珅薊州墳塋，僭妄違制，及附近州縣置有當鋪資財，現飭查辦各等語。又據連日續行抄出和珅金銀等物，特再行諭衆知之。……昨將和珅家產查抄，所蓋楠木房屋僭侈踰制，其多寶閣及隔段式樣皆仿照寧壽宫制度。其園寓點綴，竟與圓明圓蓬島、瑶臺無異，不知是何肺腸，其大罪十三。薊州墳塋，居然設立享殿，開置隧道，附近居民有和陵之稱，其大罪十四。家内所藏珍寶，内珍珠手串竟有二百餘串，較之大内多至數倍。並有大珠，較御用冠頂尤大，其大罪十五。又寶石頂並非伊應戴之物，所藏真寶石頂有數十餘箇，而整塊大寶石不計其數，且有内府所無者，其大罪十六。家内銀兩及衣服等件，數逾千萬，其大罪十七。且有夾牆藏金二萬六千餘兩，私庫藏金六千餘兩，地窖内並有埋藏銀兩百餘萬，其大罪十八。附近通州、薊州地方，均有當鋪錢店，查計資本，又不下十餘萬。以首輔大臣，下與小民爭利，其大罪十九。伊家人劉全，不過下賤家奴，而查抄貲產，竟至二十餘萬，並有大珠及珍珠手串，若非縱令需索，何得如此豐饒？其大罪二十。其餘貪縱狂妄之處，尚難悉數，實從來罕見罕聞者。著將胡季

堂原摺,發交在京文武三品以上官員,併翰詹科道閱看。即著悉心妥議具奏。此内如有自抒所見者,不妨另摺封陳。若意見皆合,即連銜具奏。至福長安……現在查抄伊家資物,雖不及和珅之金銀珠寶數逾千萬,但已非伊家之所應有。其貪黷昧良,僅居和珅之次。並著一併議罪。(仁宗三七、四六)

(嘉慶四、丁丑)諭內閣:大學士、九卿、文武大員、翰詹、科道等定擬和珅、福長安罪名,請將和珅照大逆律凌遲處死,福長安照朋黨律擬斬,請即行正法等因一摺。和珅種種悖妄專擅,罪大惡極,於法實無絲毫可貸。……姑念其曾任首輔大臣,於萬無可貸之中,免其肆市。和珅著加恩賜令自盡。此朕爲國體起見,非爲和珅也。至福長安……所抄資產,究不及和珅十分之一二。和珅現已從寬賜令自盡,福長安亦著從寬改爲應斬監候秋後處決。並著監提福長安,前往和珅監所,跪視和珅自盡後,再押回本獄監禁。(仁宗三八、二)

(嘉慶四、一、丁亥)又諭:從前已故御史曹錫寶,曾經參奏和珅家人劉全,倚勢營私,家資豐厚一事。彼時和珅正當聲勢薰灼之際,舉朝並無一人敢於糾劾。而曹錫寶獨能抗辭執奏,殊爲可嘉,不愧諍臣之職。今和珅治罪後,查辦劉全家產,竟有二十餘萬之多。是曹錫寶前此所劾,信屬不虛,自宜加之優獎,以旌直言。曹錫寶著加恩追贈副都御史銜,並將伊子照加贈官銜給予廕生。該部照例辦理。(仁宗三八、二七)

(五)欽差大臣廣興婪索供應案

(嘉慶一四、一、壬申)諭內閣:吉綸等奏,查明嘉慶十一年,廣興來東審案,經知府張鵬昇、金湘聯銜向前任藩司邱庭漋,於庫存節省項下,借領銀四萬九千九百餘兩,以備供應等語。奉差大員,應得夫馬廩給,俱有定例,何至濫行供應,需數萬兩之多?今廣興赴東審案,已革知府張鵬昇、金湘因需費繁多,輒聯銜稟明藩司邱庭漋,借領庫項,並不慮其駁斥,邱庭瀧亦竟聽屬員之言,如數支發,殊出情理之外。藩司經理錢糧,絲毫皆關國帑,即因公挪移,尚干例禁,況不過供給所需,竟敢擅發庫項,以資豫備公館食用,希圖見好於欽差,實爲外省惡習。且藉此爲名,浮冒多銷,從中侵蝕,未必果係辦差之用,似此相率效尤,非虧短庫項即攤派閭閻,弊竇叢生,何所不至?此而不加以懲治,何以杜逢迎而飭法紀?朕又豈能因此停派欽差審案,一任民間冤抑,不爲申理乎?所有此案濫支庫項之前任山東布政使邱庭漋,著革職拏問,交大學士等會同刑部,提同另案問以杖徒在部待質之張鵬昇、金湘,嚴審加等,定擬具奏,爲天下直省袛知逢迎,罔顧名義,

無恥小人之戒。……（仁宗二〇六、一五）

（**嘉慶一四、一、壬申**）又諭：清安泰奏，密查廣興從前赴豫審案，婪索款蹟一摺。據稱廣興初次赴豫，除公送盤費銀二千兩外，實不聞另有餽送；第二次赴豫，據巴哈布供，該省司道以前送盤費二千兩，尚不滿意，當即另湊銀一萬兩，交巴哈布寄送；三次赴豫，因藩司齊布森向臬司諸以謙、道員呂昌會，談及上次曾有司道公送廣興程儀一萬兩之事，此次祇好照前辦理，隨與臬司諸以謙、道員呂昌會、知府阿勒景阿湊銀一萬兩仍交巴哈布轉寄，並據稱前兩次巡撫馬慧裕均送盤費銀五百兩等語。廣興任性作威，肆意婪索，前在山東審辦李臨控案，恐嚇取財，數至累萬，茲據清安泰查明，伊二次、三次赴豫，又得受程儀二萬兩，經朕親加廷訊，業據供認屬實。除已降旨將廣興正法外，所有致送程儀之馬慧裕、齊布森、諸以謙、呂昌會、阿勒景阿均著交部嚴加議處，巴哈布前因爲廣興豫備公館，已照部議降三級調用，今又查出兩次寄送銀二萬兩，著再交部嚴加議處。（仁宗二〇六、一七）

（**嘉慶一四、一、壬申**）又諭：廣興前在東、豫兩省審辦控案，任意威嚇，婪索贓銀，數至累萬，經朕親加廷訊，已降旨將廣興處絞。廣興種種貌法營私，伊雖已身罹重典，尚覺罪浮於法。廣興之子蘊秀，現係通政司學習經歷，並著革職發往吉林充當苦差，以示懲戒。（仁宗二〇六、一八）

（**嘉慶一四、一、丙子**）諭軍機大臣等：昨經降旨，將邱庭漋革職拏問，交大學士刑部嚴訊。本日據奏，訊問邱庭漋供稱，欽差到濟寧時，張鵬昇等稟請暫借各府州縣養廉以備支應，邱庭漋因關繫庫項，曾經具稟長齡，長齡當下將稟帖交還，旋於是晚差家人告知藩司，令其暫行借給，邱庭漋隨借給銀四萬九千餘兩，伊任內尚未歸款完結，並據張鵬昇、金湘同供伊等曾將支借養廉、墊辦供應回明巡撫等語，實出情理之外。庫項關繫國帑，絲毫不容挪移，如果藩司違例借支，巡撫尚當加之參劾，豈有藩司徑稟巡撫，巡撫遽准藩司將庫項借給屬員，俾資供應欽差之理？廣興貪婪不法，恣意橫行，固屬可恨，而外省一味以供應欽差爲名，擅動庫項，上下一氣，扶同弊混，該省吏治又豈可問？究竟伊等平日辦理地方公事有何弊竇，慮其指摘，而爲此逢迎消弭之舉？此而不嚴行懲辦，法紀安在？現在和寧已卸烏嚕木齊都統之任，將屆回京，著伊於接奉諭旨後，即速馳驛前往蘭州署理陝、甘督篆，一面傳旨將長齡革職拏問，嚴行審訊具奏。如果長齡供認屬實，並無狡賴，即定擬發往伊犁，由驛具奏，將長齡監禁候旨；如長齡堅不承認，竟與邱庭漋等供詞互異，即一面具奏，一面派員將長齡押送來京，與邱庭漋等對質，另候覈辦。將此諭令知之。（仁宗二〇六、二〇）

（嘉慶一四、一、庚辰）諭內閣：朕恭閱聖祖仁皇帝實錄，內載前明宮內每年用度金花銀九十餘萬兩，光祿寺每年送內所用各項錢糧二十四萬餘兩，每年柴炭等項又不下數萬兩。維時康熙年間，宮中用度已大加刪減，較前明宮用尚不及十分之一。我皇考高宗純皇帝臨御六十年，恪守前規，益加儉約，比較康熙年間宮用更爲減省。朕紹膺丕緒，家法祇承，屏斥浮靡，躬行節儉，一切宮中支用，均照乾隆年間舊例遵行，罔敢稍逾，誠以一人恭己，百爾承風，惟恐稍涉紛華，易滋煩費。若臣工等果能仰體朕意，共礪廉隅，亦何致有簠簋不飭之事？即如廣興前赴東、豫二省審辦控案，貪黷款跡種種，旋因逮問伏法，皆由伊不自檢束，狎玩優伶，任意花消，勢必須婪索多贓，供其揮霍。殊不知一經敗露，憲典難寬，脂膏轉不能以自潤，此縱欲敗度者之所以自貽伊戚也。且廣興奉差審案，原令其詳覈獄情，訪查弊竇，乃該省地方官輒以供應餽遺，希圖見好，伊等平日辦理地方公事，若果無可指摘，又何必爲此逢迎消弭之舉？此明係屬吏長官扶同一氣，稔知廣興素性貪鄙，又喜多言，遂爾指捐養廉，竭力彌縫，飽其慾壑，罔知節省。該員等所得廉俸，原以贍其身家，潔其操守，今既需浮濫支應，自必所費不敷，擅挪庫項，即使事後歸還，而以有定之俸廉，供無窮之糜費，勢不能不派累閭閻，多方朘削，迨至劣款發覺，與受俱有應得之罪。揆厥所由，總由諸務不加撙節之故，嗣後內外大小臣工，惟應交相勸勉，儉以養廉，毋蹈浮靡覆轍，以副朕整飭官方至意。將此通諭知之。（仁宗二〇六、二四）

（嘉慶一四、二、壬寅）諭內閣：朕勤求民隱，整飭官方，惟恐下情不能上達，遇有直省控案，或關涉官吏營私、民情屈抑者，特派大員前往讞辦，實不得已之苦心。該大員仰承簡命，必應自矢潔清，虛公聽斷，方爲不負委任。前此山東省控牘頻仍，朕以山東雖距京較近，何以小民來京控訴者，比之直隸、山西、河南諸近省獨爲繁多，自由該省吏治廢弛之故，因派周廷棟、廣興前往審訊，其該省續控之案亦即令其接辦。廣興兩次在東，居住多日，不料其恣法貪婪、縱欲敗度，竟至斯極，業已明正典刑，用昭炯戒。惟是廣興性本貪鄙，又喜多言，東省官吏遂極意逢迎，飽其慾壑，希冀代爲彌縫掩蓋。廣興之禍，雖由自作，實東省大小官吏釀成，終亦不免革職發遣，陷人終自陷耳。若該省官吏等，平日悉皆奉公守法，無可指摘，亦何至畏懼廣興如此之甚乎？即如山東州縣中原遂志、孫良炳、董鵬翱，不肯趨奉廣興，廣興亦不能將其任內事件，格外搜求。乃不肖官吏，祇知逢迎，罔顧廉恥，屬員公然以差費爲名，具稟上司，上司公然商同挪移庫項，攤捐歸款，究其攤還之項，亦不知出自何所。若謂自捐廉俸，盡出己貲，則又何須先挪庫貯耶？似此上下交通，斂財取悅，吏治豈復可問？實屬卑鄙無恥已極。況廣興任性作威，貪以酷濟，伊等或尚以此藉口，若如額勒布、金光悌等，赴東審案，其供給俱經發價購辦，何以亦浮開差費至三千兩？可見外省官吏，竟樂以辦差爲糜費開銷之地，名爲利人，實則利己，竟成貪官要錢之一巧法，此等惡習，實堪痛恨。嗣後欽差官員，至所差省分及經過地方，永不許有差費名目。其該省督撫大吏，除應請聖安者，照例親身出迎，此外概不准差人迎送，如有違例供給迎送者，欽差官員即指名參奏，若欽差例外需索，著該督撫指名參奏。但不得因有此旨，於欽差官員應得夫馬廩食，任聽州縣官短缺稽遲，致誤郵傳，如有遲誤，亦准欽差官員參奏。並聞外省督撫及司道等官，因公經過所屬地方，其夫馬公館供應尤爲不貲，外省大僚過境，本省上官遣人迎送，其所遣之人，沿途需索夫馬供應，且有得受站規等事，均不可不嚴行飭禁。若有前項弊端，不即革除舉發，經朕查出，必當從嚴治罪，決不寬貸。……此次辦理廣興一案，在廷臣工，實已共見共聞，恐外省官吏狃於習俗，尚有不知懲儆者，特再明白宣示，俾大小臣工，交相勸勉，砥礪廉隅，以飭官常，以正風俗，朕實有厚望焉。將此通諭知之。（仁宗二〇七、一一）

二、總督、巡撫等要員違紀貪污事例

（一）山東巡撫耿焞婪索案

（順治一七、一、辛未）刑部奏言：原任山東巡撫耿焞，婪贓六千有奇，鞫審真確，情罪重大，應立斬，家產籍沒入官；濟南知府買一奇爲耿焞心腹，婪贓六百餘兩，應立斬；濟南同知楊桂英婪贓一千五百有奇，應立斬，家產籍沒入官；中軍張有才過付銀兩，濰縣知縣尚祜卿擅動庫銀，媚獻耿焞，俱應立絞。疏入，下三法司核擬。（世祖一三一、九）

（順治一七、四、戊子）三法司覆議：原任山東巡撫耿焞貪婪情實，應照初議立斬，籍沒。得旨：據審耿焞被參各款，進香用庫銀不准開銷，送家眷用民車不發工錢，票取濰縣庫銀。此三款俱有供證，而耿焞未經招承。其餘各款，俱稱審無實據，今遽擬斬決，以示嚴懲。但事關重辟，應加詳慎。著併買一奇、楊桂英、張有才等，再行詳審確供具奏。（世祖一三四、五）

（順治一七、五、丙子）三法司會題：覆審耿焞進香動用庫銀僱夫，不准開銷一款，雖供曾給銀一半，實未准開銷；送家眷用民車不發工錢一款，雖不承認，然前供可據，未給工價情真；票取濰縣庫銀一款，堅供並無此事。耿焞等俱應仍照前議。得旨：這案內貪贓各款，耿焞始終尚未招認，供證亦未明確。事關重辟，必須招證明白，方可定案。還著再加詳審，務取確供定擬具奏。（世祖一三五、一〇）

（順治一七、一二、甲申）內大臣會同刑部審奏耿焞一案：以耿焞已經病故，相應免議；賈一奇贓數太多，應擬絞監候；楊桂英貪贓十兩以上，應革職，免籍沒，責四十板，流徙寧古塔。尚祐卿送耿焞銀兩涉虛，張有才轉送銀兩與耿焞亦虛，俱應免議。得旨：貪官本身既經流徙者，免其家產籍沒。今耿焞未經流徙，病故，應否籍沒家產，著再行確議具奏。（世祖一四三、三）

（二）山西巡撫噶禮等貪婪案

（康熙四二、一二、壬辰）四川道監察御史劉若鼐疏參山西巡撫噶禮貪婪無厭、虐吏害民，計贓數十餘萬；太原府知府趙鳳詔爲噶禮心腹，專用酷刑，以濟貪壑。得旨：著噶禮明白回奏。（聖祖二一四、二一）

（康熙四五、九、庚午）先是，山西巡撫噶禮因浙江道御史袁橋疏參其貪婪各款，遵旨回奏。得旨該部察議具奏。至是，吏部察議：噶禮回奏疏內，雖稱被參各款皆屬虛誣，而御史袁橋參疏內，稱各款俱有證據。事之虛實，難以懸議，請差大臣察審。上諭大學士等曰：此事或有私情題參，或據實題參，著九卿、詹事、科道，會同秉公議奏。（聖祖二二六、一三）

（康熙五一、二、丁巳）江蘇巡撫張伯行疏參江南江西總督噶禮得銀五十萬兩，徇私賄賣舉人程光奎、吳泌等，不肯審明。請將噶禮解任嚴審。得旨：噶禮著解任。此事著張鵬翮會同總漕赫壽確審具奏。江南江西總督印務，著江西巡撫郎廷極署理。（聖祖二四九、八）

（康熙五一、二、丁巳）江南江西總督噶禮疏參江蘇巡撫張伯行誣臣私賣舉人，得銀五十萬兩，乞賜對質。得旨：張伯行著解任。此事著張鵬翮會同總漕赫壽確審具奏。江蘇巡撫印務，著浙江巡撫王度昭署理。（聖祖二四九、八）

（康熙五一、二、丁巳）諭九卿等：噶禮、張伯行互參一案，噶禮有辦事之才，用心緝拏賊盜，然其操守則不可保。張伯行爲人老成，操守廉潔，然盜刼伊衙門附近人家，尚不能查拏。噶禮曾參原任知府陳鵬年，陳鵬年居官雖善，乃一膽大强悍之人。噶禮、張伯行互相不睦者，皆陳鵬年慫恿所致。據張伯行參疏云，噶禮得銀五十萬兩，未必全實，亦未必全虛。即噶禮所參張伯行之事，亦必有兩三款是實。至海賊一案，命江南、浙江、福建三省督撫前往，乃皆畏懼推委。惟噶禮至盡山花鳥，緝拏賊盜。因此各省督撫甚怨噶禮。此案察審實難，若命滿大臣審，則以爲徇庇滿洲，若命漢大臣審，則以爲徇庇漢人。至張伯行題參疏內，連及張鵬翮者，意欲審理此事時使張鵬翮迴避。故朕仍令張鵬翮前往，從公審理。（聖祖二四九、九）

　　（**康熙五一、九、壬戌**）吏部等衙門遵旨再議：解任江南江西總督噶禮、江蘇巡撫張伯行，俱係封疆大臣，不思和衷協恭，互相訐參，殊玷大臣之職。應將噶禮、張伯行俱革職。但地方必得清正之員，方不貽累百姓。張伯行應否革職留任，伏候聖裁。得旨：噶禮著革職，張伯行著革職留任。（聖祖二五一、十四）

　　（**康熙五四、一〇、丁亥**）户部尚書趙申喬疏言：臣子山西太原府知府趙鳳詔居官不肖，受贓三十餘萬兩。撫臣列參，臣不能教子，求賜罷斥。得旨：朕禮遇諸大臣甚優，自始至終，無不期其保全。凡官員才守及居官之處，靡不詳察。朕曩巡狩至龍泉關，駐蹕之日，曾面詢趙鳳詔，噶禮居官何如，趙鳳詔奏稱，噶禮爲山西第一清廉官。朕以趙鳳詔乃趙申喬之子，斷不欺朕，因擢噶禮爲江南總督。趙鳳詔又以居官受賄，比之婦女失節，朕諭爾言雖鄙俚，誠能如此存心，甚佳。逮噶禮事敗後，朕以趙鳳詔居官處詢尚書張鵬翮，而張鵬翮言其貪婪。近晉撫蘇克濟參奏趙鳳詔受賄甚多。今閱趙申喬所奏，其詞意忿激，殊非大臣之體。著飭行，仍令在任供職。（聖祖二六五、一八）

　　（**康熙五五、三、壬午**）刑部等衙門議覆：奉差山西審事湖廣總督額倫特疏言，原任山西太原府知府趙鳳詔，巧立稅規，勒索銀兩，應照枉法受贓例擬絞。但趙鳳詔受恩深重，不便照此例議罪。應將趙鳳詔擬斬，監候秋後處決。其贓銀十七萬四千六百餘兩，照數追取入官。應如所擬。得旨：著九卿等會同確議具奏。尋九卿等議覆：趙鳳詔應即行正法。上諭大學士等曰：趙鳳詔前者自謂清廉，一文不取，取錢無異婦人失節，又奏噶禮爲第一清官，甚屬欺妄。伊父趙申喬居官尚廉，趙鳳詔如此貪濫，不忠不孝極矣。似此不忠不孝之人，應當正法。九卿議立決甚是，但伊贓銀其多，不可不追，著照數追比。此本著暫收貯。（聖祖二六八、一〇）

　　（**康熙五七、二、壬寅**）九卿等議覆：趙鳳詔由縣令越陞太原府知府，不思潔己，共婪贓一十七萬四千六百兩零，歷審情實。應擬斬立決。從之。（聖祖二七七、二十）

（三）川陝總督年羹堯貪黷案

（**雍正三、四、乙酉**）戶部議覆：署山西巡撫伊都立，參奏原任川陝總督年羹堯，擅給鹽商印票，增引十萬道，既非部頒之引，無從稽核；且將應行收貯正課，並不請撥，擅自動用；又差咸寧知縣嚴士俊於山西拏獲私茶，越境提入，將茶變價五萬兩；又擅罰茶犯王欽菴等銀九萬兩，私令贖罪；隨保題嚴士俊為河東運同，假捏商名，私佔鹽窩，招搖生事。應特遣大臣前往確審。得旨：遣吏部左侍郎史貽直、刑部右侍郎高其佩，前往審理（清世宗三一、二四）

（**雍正三、五、己酉**）鑲白旗漢軍都統范時捷，參奏原任大將軍川陝總督年羹堯欺罔貪婪五款。一、運米至軍前，侵蝕腳價銀四十餘萬兩。一、管理捐納駝米，勒取私費，婪銀三十萬兩。一、違旨勒派屬員公捐俸工。一、與將軍、督撫文書，擅用令諭，直書官名。一、保舉題補各官，悉多營私受賄。應將年羹堯，并通同欺罔之桑成鼎、金啟勳、胡期恒及伊家人魏之耀、嚴大等，一併敕部提拏，嚴行審究治罪。得旨：著年羹堯明白回奏。（世宗三二、六）

（**雍正三、七、辛亥**）都察院參奏：據趙弘煒首告伊姪趙之垣侵吞家產。趙之垣具呈陳辨，并首告年羹堯，將清理伊叔趙弘燮虧空銀四十萬兩，侵欺入己，李維鈞朋比為姦。請交部嚴審定擬。得旨：康熙六十一年冬，朕即位後，趙之垣、李維鈞同來陛見，朕於倚廬召見二人。諭趙之垣曰，皇考念爾祖舊日功勳，加恩後裔，爾父、爾叔皆任以節鉞，爾叔趙弘燮在直隸時，聲名甚屬平常，且未完公項纍纍，皇考特予保全，是以爾叔身歿，隨命爾署理直隸巡撫印務，以完爾叔未完之項。乃爾蒞任以來，未能改易前轍，朕仰體皇考優待功臣後裔之意，諄切訓誡。爾當竭誠黽勉，以蓋前愆。又諭李維鈞曰，爾係趙弘燮屬官，在直隸居官年久，諸事諳練。爾於趙之垣，不可拘上司屬官之分，當如骨肉相待，諸事竭力規正，使彼不至隕越，以上成皇考保全功臣之意，並副朕仰體皇考之心。比時李維鈞回奏云，臣惟有盡心竭力，以幫助趙之垣等語。次年二月，年羹堯進京，面奏趙之垣庸劣紈袴，不可以膺巡撫重任。朕諭之曰，趙之垣為人，朕亦素知，但伊之署理巡撫乃皇考保全功臣後裔之盛心。去冬伊等來京，朕已諄切訓誡之矣。年羹堯見朕意不為搖動，一月之後，復奏云，趙之垣斷不可令為巡撫。伊從前居官，不過庸劣。今自皇上訓誡之後，不惟不凜遵明旨，反大肆貪婪。以進上為名，向各屬私派銀三十萬兩，並勒索從前未收之規禮，朕聞之駭異，亦不深信。越七八日，趙之垣果具摺進銀三十萬兩，朕始以年羹堯之言爲實。特將趙之垣解退，令年羹堯帶往陝西，以清趙弘燮虧項。及至去年冬，年羹堯又將趙之垣帶至京師，再四懇求引見，力保其可用。年羹堯前後語言顛倒，殊不可解。今據趙弘燁首告，又經都察院奏趙之垣控訴原委，年羹堯欺罔奸詐，設局誘陷，情弊顯然。著將此摺抄發年羹堯、李維鈞，令其明白回奏。（世宗三四、一一）

（**雍正三、七、庚申**）吏部議覆：河南巡撫田文鏡疏參，年羹堯鹽場遍置私人，私鹽充斥。又以印票運茶，違廢茶引。應將年羹堯二等公降爲三等公。從之。（世宗三四、一九）

（**雍正三、一二、甲戌**）議政大臣刑部衙門題奏：年羹堯反逆不道，欺罔貪殘，罪蹟昭彰，彈奏交至，案牘等邱山之積，罪惡踰谿壑之深。臣等謹將其罪案列款陳之。其大逆之罪五……；其欺罔之罪九……；其僭越之罪十六……；其狂悖之罪十三……；其專擅之罪六：

一、郃陽縣建築城堡，不行題請，擅發銀兩。一、將侍衛李峻等題請委署守備，奉旨不准題補，又不即行調回。一、擅用私票一萬二千張，作引十二萬道行鹽。一、將奉旨停捐雍正二年俸工，仍令照舊公捐。一、挐獲私鹽李乾勝，擅令銷案。一面囑董玉祥將患病守備何天寵不令照例填註軍政。囑李維鈞勒令陸篆接受王允猷虧空；其貪黷之罪十八：一、題補官員，受謝儀四十餘萬兩。一、勒索捐納人員額外銀二十四萬兩。一、受趙之垣金珠等物，值銀二十萬兩。一、取受樂戶寶經榮銀兩。一、受宋師曾銀一萬兩，並玉杯等物。一、遍置私人，私行鹽茶。一、私占咸寧等十八處鹽窩。一、取受葛繼孔餽送古玩。一、受傅澤淐賄，明知虧空，不行查參。一、勒令四省效力人員，每員幫銀四千兩。一、受參革知府欒廷芳賄，欲帶往陝省。一、將搶掠各番衣服等物，奄爲己有。一、私征新撫各番雍正二年租糧。一、蒲州盤獲私鹽，計值一萬兩入己。一、差家人高四販買馬匹。一、令家人顏泰將馬匹發興安各鎮，勒取重價。一、委典史朱尚文販買木植。一、令馬起龍賣茶，得銀九萬九千餘兩。其侵蝕之罪十五。一、冒銷四川軍需一百六十餘萬兩，又加派銀五十六萬兩。一、冒銷西寧軍需四十七萬兩。一、運米四萬石至軍前，冒銷腳價四十餘萬兩。一、侵用康熙六十年起，至雍正三年俸工銀十四萬九千餘兩。一、借名建築布隆吉爾城垣，冒銷錢糧。一、隱匿夔關歷年稅銀八萬八千兩，又加派軍需糧規五萬餘兩。一、將挐獲私茶，罰贖銀四萬餘兩入己。一、侵用河東鹽政盈餘捐修銀五萬六千餘兩。一、將現貯西安未運米一萬石，捏稱運至西寧，冒銷腳價四萬六千餘兩。一、將寧夏各衛所貯倉耗一萬四千石，並不題報，併留寧拴養馬匹工料銀一萬五千兩入己。一、侵用城工餘剩銀一萬六千餘兩。一、買貯咸、長等八縣米浮銷價銀一萬五千餘兩。一、抄沒塔兒寺硼砂茜草等物，私自變價一萬四千餘兩。一、侵用紀廷詔等捐解銀一萬兩。一、砍取桌子山木植，借稱公用，存貯入己；其忌刻之罪六：一、現任職員，陵虐遣調，任用私人，奪缺委署。一、軍前官兵支給口糧，不先咨明晉撫，欲致其遲誤獲罪。一、將綽奇會商軍餉清字咨文，差趙成謊說非交代事件，欲致岳鍾琪遲誤軍需。一、捏參程如絲販賣私鹽，殺傷多人。一、欲薦李維鈞爲巡撫，設計誘陷趙之垣。一、遏抑阿炳安等軍功共六案；其殘忍之罪四。一、出示訪拏曹豬頭，該縣將馮豬頭錯解，並不覆實，即行枉殺。一、無故將筆帖式戴蘇鎖拏監禁。一、急欲出缺，劾參金南瑛等七員庸劣病廢。一、將台吉濟克濟扎卜等，不善於安輯，致伊等困苦失所。以上各款，供狀昭著。謹按律內：凡謀反不分已未行，皆凌遲處死；又大不敬者斬；詐傳詔旨者斬；大逆知情故縱隱藏者斬；官員交結紊亂朝政者斬，妻子爲奴，財產入官；官吏人等挾詐欺公，妄生異議，擅爲更改，變亂成法者斬；造讖緯妖書妖言者斬；假與人官者斬；僞造茶鹽引者斬；在外大小各衙門官，但有入遞進呈實封公文至御前，而上司官令人於中途邀截取回者斬；侵盜錢糧入己數滿三百兩者斬。有一於此，法所不宥。而年羹堯所犯至九十二大罪，內外文武諸臣，合口齊聲，恥同覆載。伏請皇上將年羹堯立正典刑，以申國法。其父及兄弟、子孫、伯叔、父、兄弟之子，年十六歲以上者，俱按律斬，十五歲以下及母女妻妾姊妹及子之妻妾，給付功臣之家爲奴。正犯財產入官。仍將臣等審訊年羹堯惡蹟，昭示中外，以爲天下萬世人臣反逆不道、欺罔貪殘者戒。得旨：年羹堯不臣之心顯然。但因喪心病狂、昏憒顛倒之所致，鄒魯乃無知小人，相與謀逆之情雖實，而事蹟尚未昭著。朕念年羹堯青海之功，不忍加以極刑。著交步軍統領阿齊圖，令其自裁。年羹堯剛愎殘逆之性，朕所夙知，其父兄之教，不但素不聽從，而向來視其父兄有如草芥，年遐齡、年希堯皆屬忠厚守分之人。著革職寬免其罪。一應賞賚御筆、衣服等物，俱著收回。年羹堯之子甚多，惟年富居心行事，與年羹堯相類，著立斬。其餘十五歲以上之子，著發遣廣西、雲、貴極邊煙瘴之地充軍。年羹堯之妻，係宗室之女，著遣還母家去。年羹堯及其子所有家貲，俱抄沒入官。其現銀百十萬兩，著發往西安，交與岳鍾琪、圖理琛，以補年羹堯川陝各項侵欺案件。其父兄族人，皆免其抄沒。年羹堯族中有現任候補文武官者，俱著革職。年羹堯嫡親子孫，將來長至十五歲者，皆陸續照例發遣，永不許赦回，亦不許爲官。有匿養年羹堯之子孫者，以黨附叛逆例治罪。著内閣明白記載。鄒魯著改爲立斬，其親弟兄弟子姪，著僉妻發往黑龍江，給與披甲之人爲奴，其餘皆從寬免。（世宗三九、六）

（四）浙江巡撫盧焯受賄營私案

（乾隆六、三、己卯）〔左都御史劉吳龍〕又奏：聞得浙江巡撫盧焯，營私受賄，有准理嘉興府桐鄉縣汪姓分家一案。該府楊景震，收受銀三萬兩，汪姓即托楊景震轉送巡撫盧焯銀五萬兩，物議沸騰。隨經督臣德沛檄委嘉湖道呂守曾查訪該府劣蹟，盧焯一聞消息，懼事發干己，星夜出本，將楊景震題參。又參劾湖州府烏程縣革職道員費謙流輕信誣姦一案，幕客得銀五百兩，聽其賄囑，顛倒是非。又運判員缺，嘉興縣知縣閻沛年，親送盧焯銀二千兩，即爲題陞。凡委署州縣，俱有餽送，以缺之大小，爲數之多寡。以上各款，既有風聞，不敢隱默，請旨密查……（高宗一三八、二三）

（乾隆六、七、乙酉）諭軍機大臣等：盧焯貪婪各款，已有實蹟，現交德沛等審理。其贓私纍纍，即汪姓一案内，婪贓已至五萬兩之多，其餘受賄之處，不一而足。因查伊京中所有家貲封貯，以備抵償官項，乃僅止萬金。則其性情狡猾，巧於隱藏可知。可寄信德沛、旺扎勒，務將盧焯任所私藏，逐細查勘，毋令隱匿，或寄頓他處，亦必一一查明，勿使遺漏。（高宗一四七、一二）

（乾隆六、一一、庚寅）諭大學士等：德沛、旺扎勒承審盧焯婪贓一案，種種不協之處，已屢降旨訓諭矣。近又聞原任山西布政使呂守曾，已經自縊。此固本人畏罪所致，亦由承審官辦理不善故也。又聞初審時甚爲嚴刻，案外拖連多人。案内要犯，監斃數人。且有嚴刑疊夾，腿骨已碎，尚未招認者。既如此嚴刻矣，而德沛又將皮綿衣服數十件，送與盧焯家，是又何意？又聞德沛私借鹽道庫銀八千兩，捐給書院膏火，此事果有之乎？清正大臣行事，斷無擅動公帑，以博私譽之理……（高宗一五五、一八）

（乾隆六、一一、辛卯）閩浙總督宗室德沛、副都統旺扎勒奏：盧焯案内原任山西布政使呂守曾畏罪自盡。得旨：雖係如此，亦汝等辦理不妥之所致也……（高宗一五五、二四）

（乾隆六、一一、辛卯）〔閩浙總督宗室德沛、副都統旺扎勒〕又奏：會審盧焯案，有百姓數百人，喧言求釋盧巡撫，推倒副都統衙門鼓亭柵門。得旨：此固刁民滋事，亦汝等辦理不妥所致。屢有旨諭，尚未知耶？且朕早知汝等必有此激出事故也，可早爲結案耳。（高宗一五五、二四）

（乾隆七、四、丁巳）刑部等部會題參革浙江巡撫盧焯等營私受賄各款一案。據調任閩浙總督宗室德沛、欽差副都統汪扎爾疏稱，臣等逐一訊明，分別按擬。除盧焯事後受財，求索借貸等輕罪不議外。應如所題。盧焯、楊景震俱依不枉法贓律，擬絞監候，秋後處決。呂守曾亦應照律擬絞。已縊死，無庸議。但伊身任監司，婪贓逾貫，原係應擬死罪之犯，自不得援照身死勿徵之條寬免。仍著落嫡屬勒追入官。得旨：盧焯、楊景震俱依擬應絞，著監候，秋後處決。餘依議。（高宗一六五、二二）

（乾隆二二、六、庚午）諭：今日召對西安布政使劉藻，據奏，盧焯在西安巡撫任內，遇有進貢方物，祇量給薄值，實皆派辦，及調任湖北，向借庫銀一千兩，未曾應付等語。盧焯乃獲罪廢斥之員，朕念伊尚係舊人，加恩錄用，適因一時乏人，令以京卿署理撫篆，旋復實授。理宜感激朕恩，勉圖報效，不意其卑鄙性成，不知悛改，尚復如此。督撫進貢一事，朕屢經降旨停止，概不得有所進獻。其各省方物，不逾柑、茗、香、蠲之屬，以備賚予，此則伊古有之，不在禁例。從前皇考世宗憲皇帝時，覈定督撫養廉，洞悉下情，是以從優賞給，諭旨中亦屢及此。此與發價令伊等承買何異？伊等每年所貢方物幾何，原可從容備辦，即不備辦，亦不強也。乃以此為囊橐中物，專己自封，而又藉進獻之名，派累所屬，為漁利計。寧屬員之養廉，顧為資助督撫設耶？因問及陳宏謀，據劉藻云，伊辦貢皆出自養廉，如數給發。是可見鄙吝之與自好，存乎其人。嗣後督撫各宜自量，如以養廉自辦，毫無累及所屬，循例可也，藉曰不能，則如勿進。若如盧焯及近日恒文之藉口自肥，則斷不可。督撫之優劣，自由績效，於進獻毫無干涉，此亦天下所共知者。而旁人之指摘、議論，必不可掩，彼受派累者，不且怨及君上耶？至庫項，絲毫均關國帑，乃竟欲私相授受，公然向藩司借貸，其罪更不待言矣。盧焯深負朕恩，著革職，發往巴里坤效力贖罪。并將此通行傳諭知之（高宗五四〇、二三）

（五）參贊大臣富德扣罰士兵鹽菜銀兩、收受饋金案

（乾隆四一、二、己未）又諭：據桂林奏，前經將軍阿桂奏交，詳查富德所奏扣罰士兵鹽菜銀兩，充抵賞需一案。調取各站員支收底案，並管理土兵員弁扣罰檔冊，逐一查對，復將該員弁，隔別詢問，皆與富德原奏，多有不符。查富德原以節省帑項為詞，今覈其節省之法，一則將底旺例不應支之項冒支，一則將明正例不應扣之項濫扣，並非實有節省。並訪知富德一路，所用賞需過多，除由省中調取綢緞布匹烟茶及軍營辦買牛羊燒酒等物，值銀一萬九千餘兩，復向隨營糧員，取用銀一萬一千餘兩。因慮及事後追賠，急

欲設法彌補，遂將土兵不應支扣糧銀，輾轉扣罰。又恐私下抵還，難免物議，是以奏明補交二千之外，又暗繳銀一千兩。假節省之名，償其過用之數。則富德添用土兵，似已先存借此彌補之心等語。此事實出情理之外。富德爲人小氣，其沽名市惠，遇事取巧，固朕所深知。且其屢次奏摺，常將賞給兵丁之語附奏，焉知不豫爲開銷地步。軍營賞項，自有節制。即如阿桂一路，弁兵屢立戰功，尚不見其多有賞賫，富德並未寸進，何獨於兵丁動輒多賞。即使所賞屬實，而格外濫賞，又擅行違例支扣彌縫，已有應得之罪。若更藉名賞用，而與所賞之人，暗地分肥，則其罪更不可逭。今所取用支扣之項，俱有案册可查，已無疑義。至其每次所賞何人，賞用何物，計共需銀若干，均無難查訪覈實。富德曾獲重譴，復加恩棄瑕錄用，即或所至立功，而有冒濫侵肥之事，尚不能相抵，況此次並未著有勞績。若此案查有情弊，則其罪由自取，更不能稍爲寬貸矣。又桂林摺片奏，總兵英泰向隨富德軍營辦事，此案原委，自所深知，即富德原奏，亦有公同商議之語。乃面詢該鎭，但含混其詞，不肯實告。而詢之管理土兵守備李瑞、王朝貴，堅稱扣罰俱係隨時稟交該鎭，均經該鎭諭令轉交都司陳維耀存貯，並註明檔册。復據陳維耀稟稱，此項銀兩收發，俱回明英泰。今衆證確鑒，該鎭猶一味含糊，希冀置身事外，殊屬巧詐不堪，且恐其中不無另有別情等語。英泰經手收發之處，既已衆供僉同，自難諉爲不知。或與富德通同舞弊，亦未可定，均不可不徹底清查。著交阿桂，豐昇額、明亮、會同文綬、富勒渾，逐一秉公查覈，務得實情。如有應革職審訊者，一面辦理，一面奏聞。看來桂林此奏，未必有虛假之處。今派令阿桂等會同該督等查審，自無難水落石出。但朕知阿桂素與富德不和，而豐昇額之父阿里衮，更與富德不和。若僅交阿桂等審辦，恐無識之人，妄謂阿桂藉此事洩忿。而豐昇額等，不免隨聲附和，轉無以服富德之心，因派袁守侗前往會同查辦。其有應行提訊之人，應得查覈之案，阿桂等可先行提齊查辦，俟袁守侗到川省公同定案。計袁守侗到四川省城時，阿桂等亦可回成都，公同查訊此案，尚可不誤將軍等凱旋郊勞之期。至袁守侗與富德，素非交好，自屬空空洞洞，不肯稍存瞻徇。若富德果無情弊，阿桂等自無從加以深文，如或情真罪當，袁守侗亦不能稍爲開脫。其是非曲直，俱難逃朕之洞鑒。朕惟一秉大公，從不豫設成見，阿桂等皆所深悉。并將面諭此事原委，令袁守侗見阿桂等時傳諭，更可得其中詳晰矣。將此由六百里加緊諭令知之。桂林摺，並著鈔寄閱看。(高宗一〇〇三、八)

（乾隆四一、三、戊戌）諭軍機大臣曰：阿桂等奏，查審富德扣罰土兵鹽糧銀兩一案，其不應支領而領及藉端罰扣，以爲彌補賞需。衆口如一，實已毫無可疑。是富德冒濫行私，朦混欺詐，其罪已干重辟。至所賞銀兩綢緞，俱係零星分洒，以爲人數衆多，難於逐一查訊。而管理賞需之李萬年等，堅稱並無他故，或因富德尚爲參贊大臣，心存顧忌。富德亦未肯遽吐實情。已將富德革職嚴訊等語。自應如此辦理。至所稱英泰於富德冒支濫扣之處，曲爲承順，已屬不堪，及訊以富德有無侵漁情弊，一味諉爲不知，更爲蒼猾取巧，並將英泰解任嚴究等語。英泰竟當革職嚴訊，已於摺內批示矣。富德將賞需銀兩綢緞，零星分散，以冀人衆難查，此即富德私詐用巧，豫爲地步，必有與衆人私分之事，而藉賞多恐罹罪爲賠補，仍可令衆人感激，爲之抱屈，其情尤爲可惡。此事虛實，止須嚴究富德，即可令其水落石出，並無庸遍質衆人。前據舒赫德、英廉查富德於上年十月內，差家人徐九之子，自軍營送銀兩綢緞等物兩車到京。徐九旋於閏十月內，赴涿州置地七、八項等語。地價每項以二、三百金而計，所值亦在二千金內外。昨海蘭察自軍營赴行在，詢以所得鹽菜銀兩，每月不過二十餘兩。富德同係參贊大臣，其得項相等。即以到軍營後兩年餘所得之銀，全數寄回，尚不及千數，安得二千餘兩之多？且富德家產，向曾查抄，焉能復有蓄積？而軍營甫寄銀兩回家，即置地畝，其情節更屬顯然。止須問以此項銀兩，從何而來，諒富德斷不能復有支飾。至綢緞等項，皆非參贊分例所應支，更當問富德從何而得，是其侵肥情弊，尤難隱遁。且現已傳諭舒赫德、英廉，將富德家人，概行拘拏嚴訊，自可得其底裏。著阿桂等，即將富德切實嚴審，務得確情，即行定擬具奏。其英泰等，並著一併嚴審具奏。將此由六百里加緊發往傳諭知之。仍著將訊明緣由，迅速覆奏。(高宗一〇〇五、三〇)

（乾隆四一、四、乙巳）諭：據舒赫德等奏稱，查抄富德家產，將伊家人，俱交刑部審明取供，一并奏聞等語。看來富德扣取賞號銀兩入己等款，已皆屬實。富德前獲重罪，朕復施恩，用爲參贊大臣，遣往軍營。伊不知感激，反行此卑鄙無恥之事，實屬喪盡天良，有負朕恩，斷難輕宥。富德所行之事，伊子富哈善自無不知，現既將富哈善革職交部。伊家人如有不能細知之事，即嚴審富哈善，務必究出確情，不可稍涉姑息。至富德家人穆特布、趙亮供詞內稱，現在抄出緞三十餘匹，皆係相識之人饋送，並非官物，此亦難信。恐亦係軍營賞緞，藉端入己者，亦著詳悉研審具奏。再，現隨富德家人趙清，盡知此案備細，已降旨隆安，將趙清拏解送京。俟趙清解到時，舒赫德等，即歸案詳細質訊。(高宗一〇〇六、七)

（乾隆四一、四、辛亥）諭軍機大臣等：本日據舒赫德等奏，審訊富德家人穆特布供出，從軍營帶回金子二十兩；又據趙亮供出，帶回金子五十兩等語。更出情理之外，實屬自取其死。富德寄回綢緞銀兩等物，尚係從賞號內侵肥剋扣，至金子一項，又從何處而得。即或伊帶兵攻獲寨落，搜取番人藏蓄，侵匿不報，亦所不免。然通計富德攻克寨落甚少，得金安能如許之多，此必係向明正、巴旺、布拉克底各土司等勒索，其罪更重。將來富德解到時，徹底嚴訊，自無能復有捏飾。但袁守侗差往川省，會同將軍等查審此案時，何以不將此等情節，詳細審明，任其供詞含混，致有不實不盡之處。在阿桂，必自念伊係原參，避嫌不肯深究；豐昇額辦事本不能細致。若袁守侗，素屬明練，且係軍機大臣，專差審理大案，自應詳細研求，何以竟不將富德寄回金銀綢緞之事，逐一審出，并究其物所自來，輒爾顢頇完案。袁守侗實難辭咎。朕閱阿桂奏摺，於富德一事，言外有引而不發之情。諒富德侵扣婪索諸罪蹟，阿桂俱有真知灼見，特因上年袁守侗同阿揚阿審辦冀國勳虧帑一案，與阿桂所奏情節不符，阿桂因此引嫌，不肯顯然抉破耳。今富德諸事俱已敗露，豈復能稍有隱諱？著傳諭阿桂，即將所知富德勒索侵剋各款蹟，逐一據實具奏。將此由五百里諭令知之，仍即由驛覆奏。（高宗一〇六、一九）

（乾隆四一、五、戊寅） 刑部奏：審訊已革參贊富德，扣罰土兵鹽菜銀兩，彌補賞需一案。富德仰蒙廷訊，俯首認罪，無可置喙。查富德於賞需項下，扣得元寶六個入己。又收受保舉知府曾承謨餽金五十兩。又任性參革副將廣著，不候明旨，即令充當兵丁，致廣著自戕身死。以上各款，業已罪有應得。至密封清字奏單，所稱阿桂手持黃帶，口發狂言一節。據供，因被嚴參，自知必死，心懷憤恨，砌款陷害等語。富德屢獲重罪，蒙恩復用，並不奮勉立功，猥鄙貪詐，至將狂悖大逆之詞，寫列參單，上達御座，以律應寸磔之罪。有心誣陷，應照誣告大逆律擬斬，請旨即行正法。至已革總兵英泰，於富德剋扣兵糧，通行舞弊，應發往伊犁，充當苦差。開泰，係富德保舉陞用，於參奏廣著，徇私附和，及押解富德時，並不嚴加管束，一任伊家人前站騷擾。迨恐彰著難掩，始以一稟塞責，實屬狡詐，應發往烏嚕木齊當差。候補知府曾承謨，因富德之母生辰，餽送金兩，殊屬不合，應請交部嚴加議處。得旨：富德著即處斬。英泰、開泰、曾承謨，均如所議行。（高宗一〇八、一八）

（六）山東巡撫國泰貪縱營私、勒索屬員案

（乾隆四七、四、壬申） 諭軍機大臣等：昨據御史錢灃參奏國泰、于易簡等貪縱營私，遇有題陞調補，勒索屬員賄賂，以致歷城等州縣倉庫虧空，

請旨嚴辦一摺,已面降諭旨,令和珅等嚴切查究,自能遵照辦理。朕輾轉思維,摺內所稱倉庫虧空至八、九萬兩不等,和珅等到彼時,迅速逐一比對印冊盤查,自無難水落石出,此事尚屬易辦。至各屬以賄營求,思得美缺一節,不特受賄者,不肯吐露實情,即行賄各劣員,明知與受同罪,亦豈肯和盤托出?即或密為訪查,尚恐通省相習成風,不肯首先舉發,惟在委曲開導,以此等賄求,原非各屬所樂為,必係國泰等抑勒需索,致有不得不從之勢,若伊等能供出實情,其罪尚可量從末減。和珅等必須悉心明白曉諭,務俾說合過付,確有實據,方成信讞,此事業經舉發,不得不辦。然上年甘省一案,甫經嚴辦示懲,而東省又復如此,朕實不忍似甘省之復興大獄,和珅等惟當秉公查究,據實奏聞。將此由六百里傳諭知之。(高宗一一五四、一〇)

　　(**乾隆四七、四、甲戌**)諭軍機大臣曰:安徽按察使呂爾昌,從前曾任山東府道,屢經國泰保奏,昨御史錢灃參奏國泰貪縱營私,勒索屬員,遇有陞調,惟視行賄多寡,以致歷城等州縣虧空,或八、九萬或六、七萬之多。布政使于易簡,亦縱情擾賄,與國泰相埒等語。已差尚書和珅、左都御史劉墉等前往審辦矣。呂爾昌係國泰用人,且在東省歷任府道。錢灃所奏國泰等種種劣蹟,呂爾昌斷無不知之理。著將原摺鈔寄薩載,即傳呂爾昌到省,傳旨令其將錢灃所參款蹟,伊在山東時,所見國泰、于易簡如何貪縱營私、并伊如何與國泰交結、國泰何以信任保奏伊之處,逐一據實指供,毋許絲毫欺隱。伊若能據實供吐,其罪尚可量從末減;若稍涉徇隱,將來和珅等審明,果有其事,是呂爾昌於本罪外,又加欺罔,伊試自度量,能當此重罪乎?薩載訊明呂爾昌後,即將伊所供情節,迅速馳奏。(高宗一一五四、一二)

　　(**乾隆四七、四、己卯**)諭:昨御史錢灃參奏山東巡撫國泰、布政使于易簡,貪縱營私,勒派所屬州縣,以致歷城等處倉庫多有虧空各款蹟一摺。特派尚書和珅、左都御史劉墉、並帶同御史錢灃,馳赴山東省城,嚴查辦理。今據和珅等奏,先將歷城縣庫盤查,查出該縣知縣郭德平虧空銀四萬兩,有挪移掩飾之弊。並詢問國泰,任意婪索各屬員,盈千累萬各款蹟,亦俱承認。俱係調任漳州府前任濟南府知府馮埏經手,從前係呂爾昌經手。又于易簡身任藩司,一任縣庫虧空,扶同弊混,甚至見巡撫時,長跪回話,卑鄙無恥。其餘案內款蹟,現在徹底嚴究等語。國泰、于易簡、呂爾昌、馮埏、郭德平均著一併革職拏問,交和珅、劉墉嚴切訊究定擬。並著薩載派員將呂爾昌,迅速解往山東,歸案辦理。所有山東巡撫員缺,著明興補授,即赴山東新任,接印辦事,俟此案結後,再赴熱河陛見請訓,明興未到之前,

著諾穆親暫行署理。直隸布政使員缺,著陝西布政使祥鼎調補,所遺員缺,著西安糧道圖薩布署理。(高宗一一五四、一五)

(**乾隆四七、四、己卯**)諭軍機大臣等:據和珅等奏,查辦御史錢澧參奏山東巡撫國泰一案,於初八日到省。詢問于易簡,稱國泰聞欽差前來之信,就對我說,我有交州縣變賣物件銀子在濟南府裏,歷城現有虧空,教且挪動頂補,該縣郭德平隨向馮埏府庫要去銀四萬兩,挪移掩飾。又詢梁肯堂,稱國泰勒派屬員銀兩,俱係馮埏經手,隨詢據馮埏、郭德平,供認相符。并據馮埏呈出各府州縣幫費清單,復令于易簡等,當面質證國泰,據伊供認前情不諱等語。此事實屬大奇,除明降諭旨,將國泰、于易簡、馮埏、郭德平并陞任按察使呂爾昌革職拏問外,國泰身任巡撫,竟敢明目張膽,逼勒派累,任意婪索,通省官員俯首聽從。今據馮埏呈首幫費清單,止係伊任內經手之事,其從前呂爾昌任內,如何勒派之處,著傳諭和珅,嚴行訊問國泰,務令逐一供吐。至藩司于易簡,專管錢糧,乃於歷城縣庫,一任虧空,復扶同弊混,又向國泰長跪回話,實屬卑鄙,並著和珅等逐層根究。至錢澧原參于易簡勒索屬員之處,何以並未問及?于易簡設果無其事,何不問之錢澧?著一併嚴究。得實後,即一面奏聞,一面著和珅,押帶國泰、于易簡於五月初間到京,候朕親訊。其餘案犯交劉墉會同諾穆親并新任巡撫明興辦理。又國泰、于易簡供內,有欽差過境,恐有盤查等事,此係何人與信,必當究出實情,毋任捏飾。又錢澧原奏虧空係歷城、東平、益都、章邱四州縣,今歷城既經查出,其餘三州縣,著劉墉一律查辦,務使水落石出,不可顢頇了事。至通省州縣人數眾多,與歷城等州縣,指實被參者不同,前所降諭旨,原云除一、二正犯外,朕實不忍似甘肅之復興大獄,蓋東省各州縣,被上司抑勒需索,原與甘省之上下通同一氣,公然冒賑殃民者有間,此朕不為已甚之心,和珅等自能遵照妥辦也。再梁肯堂由直隸州縣,不數年間擢為臬司,伊到東省數月,於國泰勒派銀兩及各屬虧空之事,既有見聞,何以不行陳奏?並著和珅等詢問明白,令其自行據實覆奏。將此傳諭知之。(高宗一一五四、一六)

(**乾隆四七、四、己卯**)諭軍機大臣等:……又錢澧原奏虧空,係歷城、東平、益都、章邱、四州縣,今歷城既經查出,其餘三州縣,著劉墉一律查辦,務使水落石出,不可顢頇了事。……(高宗一一五四、一八)

(**乾隆四七、四、庚辰**)諭軍機大臣等:昨和珅查奏國泰、于易簡一案,已降旨將國泰等革職拏問,傳諭和珅等遵照研訊矣。國泰此案,即勒派通省屬員,婪索銀八萬兩,從前不知凡幾,較之李侍堯在滇省索取礦廠餘息者,其罪較重。且此銀數,乃據馮埏呈出本年經手之件,其從前呂爾昌經手者,又有若干,務須逐一根究,不得將就了事……(高宗一一五四、一九)

　　(**乾隆四七、五、己亥**) 又諭曰:國泰在山東巡撫任內,婪索屬員銀兩,盈千累萬,現據尚書和珅等審訊得實,按律定擬,已批交大學士九卿覈擬具奏矣。國泰性情乖張,經軍機大臣阿桂、福隆安、和珅等密爲陳奏,欲以京員調用,清弭其事。朕以爲無此辦法,因諭令藩司于易簡來京面詢以國泰居官如何,其有無婪贓不法款蹟,令其據實直陳。乃于易簡稱,國泰馭下未免過嚴,遇有辦理案件未協及詢問不能登答者,每加訓飭,是以屬員畏懼,退有後言,其實並無別項款蹟等語。又詢以國泰屢經保薦呂爾昌,有無徇庇交通之事,據稱呂爾昌與國泰均係刑部司員出身,委審案件,屬員中最爲得力,是以保薦,未有瞻徇賄通之弊各等語。朕以于易簡爲于敏中之弟,又係朕特用之人,其言自屬確實,其所稱國泰待下過於嚴厲,亦切中國泰之病,其聲名狼籍或屬員中有受屈參處者,造作浮言以洩私忿,均未可知。且朕從不肯以封疆大吏,憑軍機大臣數人陳奏,爲進退之理,是以嚴飭國泰,令其反躬循省,隨時留心改悔,照舊供職,庶幾可以仰承恩眷。設其時于易簡將國泰貪婪款蹟,據實陳奏,不但國泰營私不法之事,可以早行敗露,而于易簡秉公持正,朕必特加褒獎,乃竟敢於朕前飾詞容隱,朋比袒護,其居心實不可問。外省藩臬兩司,俱有奏事之責,遇有督撫不公不法之事,原准其飛章上達,況經朕之覿面詢問乎?若外省盡如于易簡之欺罔,則督撫藩臬上下聯爲一氣,又將何事不爲?朕於諸臣罪案,必悉心權度,不肯稍涉顢頇,此案于易簡及國泰等應得罪名,俟大學士九卿覈覆具奏時另降諭旨外,先將此通諭中外,并將軍機處所問于易簡之語及申飭國泰之廷寄,俱發鈔,令衆知之。(高宗一一五六、一一)

　　(**乾隆四七、六、丙子**) 諭:前據大學士九卿等覈議國泰,于易簡等貪婪欺飾各款,請旨即行正法。曾經降旨,俟呂爾昌解到,歸案質訊明確,再降諭旨。茲據留京辦事王大臣等,審訊呂爾昌等從前在濟南府任內,聽從國泰勒索,並代屬員李濤等彙送金銀物件屬實,一併定擬具奏前來,此案國泰貪縱營私,勒索各屬員財物,以肥囊橐,實屬目無法紀,非李侍堯之僅收受礦課餘息者可比,其罪自難寬貸。但念其所得贓私,尚與枉法鬻爵者有間,國泰著從寬改爲應斬監候,秋後處決。于易簡身任藩司,受恩最爲深重,明知國泰種種不法款蹟,既不行據實參奏,復敢於朕前欺隱,其罪較重,但國泰既邀寬典,于易簡亦著一併從寬,改爲應斬監候,秋後處決。(高宗一一五八、一〇)

(乾隆四七、六、丙戌) 諭軍機大臣等：山東通省各州縣虧空，前經降旨，令明興詳查商辦，與以二、三年之限，令其自行彌補。該撫於接奉此旨後，自當詳悉訪查，覈實辦理。但迄今已兩月，尚未據該撫查明覆奏。此案因通省人數衆多，且並非侵冒入己，與甘省監糧之案不同，茲予以期限，令其自行彌補，實係朕格外施恩。各該員等，自應各據天良，急爲填補庫項。現在明興查辦此案，是否已有就緒，覈計通省各屬，實在虧空總數若干，將來是否能於二、三年内，一律彌補全完。俾通省倉庫款項，實貯無虧。著傳諭明興，即行據實查明覆奏。尋奏：訪查通省虧缺，約二百萬兩，因爲數過多，嚴飭各屬，再行據實盤查。嗣據先後稟覆，計通省虧缺一百三十餘萬兩，令藩司孫士毅面詰各地方官，何以前後不符？據稱實因害怕，各行設法歸項，共補銀五十餘萬兩，現實虧空一百三十餘萬兩，復勒限彌補。自七月至歲底，約可彌補五六十萬，餘七八十萬，請稍寬限，期以來歲一年內補完。得旨：如此亦可，但國泰、于易簡之罪，益無可逃矣。(高宗一一五九、九)

(乾隆四七、七、己亥) 又諭曰：明興奏，查明通省虧缺情形，勒限彌補一摺。內稱伊到任後，訪查通省虧缺，約有二百萬兩，深爲疑惑，曾飭藩司前往盤查，虧短之數與各州縣所稟不符，即參革治罪。嗣據稟覆通省倉庫，實祇共虧缺一百三十餘萬兩，係該州縣等陸續竭力彌補，是以虧缺之數，比前較減，似無徇隱。現在復督藩司，勒限一二年內，可彌補完竣等語。如此辦理亦可，東省虧空至二百萬兩之多，殊出情理之外，國泰、于易簡平日所司何事？其罪益無可逃，已於摺內批示。明興摺著鈔寄留京辦事王大臣、刑部堂官，即監提國泰、于易簡，令其閱看，訊供具奏外，所有該省應行彌補虧短之數，著傳諭明興即按照虧缺多寡、員缺大小，覈定限期之遠近，統於一、二年內，全數彌補，以清帑項。如此辦理，已屬朕格外施恩，若再不知感懼，上緊實力彌補，則是天良盡喪，自取罪戾。明興等即據實嚴參，從重治罪，再不能曲爲寬貸矣。(高宗一一六○、一二)

(乾隆四七、七、癸卯) 諭曰：國泰、于易簡，前在山東撫藩任內，朋比營私。國泰身任封疆，勒派通省屬員，婪索得贓，數至累萬；于易簡係大學士于敏中之弟，加恩用爲藩司大員，乃一味逢迎阿附，及朕降旨令其來京，面加詢問，伊甘蹈欺罔，不肯實言，並令軍機大臣，詳加開導究詰，伊始終爲之庇護。昨經御史錢澧參奏，命和珅、劉墉等，前往查審，贓私敗露，依律問擬斬候，復命大學士九卿等會覈，請旨即行正法，維時以六月停刑，從寬仍改爲應斬監候。茲又據明興奏，查辦山東各屬虧空，竟至二百萬兩之多，實堪駭異。因命留京辦事王大臣等，將明興查辦東省虧空奏摺，令國泰、于易簡閱看，訊供具奏。據國泰、于易簡同供，自乾隆三十九年，因辦理王倫逆案，有豫備守城，不准開銷之項，各州縣因公挪移，致有虧空等語。王倫滋事之案，辦理不及一月，即使因公挪移，何致有二百萬兩之多？況伊等身爲撫藩，如果查係實在公用挪移，即應據實奏明，朕必降旨加恩准其報銷。若係州縣藉詞侵冒，亦應據實嚴參治罪。乃國泰、于易簡，但知罔上行私，通同舞弊，而於屬員虧空帑項，概置不問，其罪實與王亶望、蔣全迪相埒。即立予棄市，原所應得，但尚有王倫一案，藉詞卸罪，較之王亶望等，又可略寬一綫。國泰、于易簡著加恩賜令自盡。派侍郎諾穆親前往宣旨監看，並將此通諭中外知之。（高宗一一六〇、一九）

（乾隆四七、七、甲辰）又諭：各省督撫，每逢年節及朕萬壽，呈進貢物，原以聯上下之情，在伊等本任養廉，原屬優厚，除贍給身家及延請幕賓支用外，出其贏餘，備物申悃，固所不禁。而伊等之陞遷倚任，則全不係乎此也。從前尹繼善、梁詩正、高晉諸人，或由封疆簡任綸扉，或由卿貳晉參密勿，伊等並不以貢獻見長，此天下所共知，亦屢以申諭矣。即如李侍堯，久任總督，其所辦貢物，較他人爲優，但實因其才堪任事，是以簡畀封疆，前以收受礦課盈餘，一經發覺，朕即治以應得之罪，未嘗稍事姑容。適有上年蘇四十三之事，軍務倥偬，一時不得其人，是以棄瑕錄用，令其自効，然僅予以三品頂帶署理總督，以贖前愆，自蒞任以來，查辦監糧冒賑一案，不避嫌怨，積弊一清，實不負朕加恩復用之意，是以昨始降旨，賞還現任頂帶，並非因從前呈進貢物較優，疊邀恩眷也。至國泰，在山東巡撫之任，其所辦貢物，亦較他人爲優，伊小有聰明，辦事尚屬勇往，朕本欲造就其材，因伊所進過多，屢加當面訓飭。上年伊父文綬獲罪，發往新疆効力，伊奏請捐廉四萬兩，爲伊父贖罪。朕以國泰果能實力察吏安民，即可爲父幹蠱，但罰彼父而不及彼。初不料其公然勒派屬員，毫無顧忌，昨經御史錢灃參奏，命和珅、劉墉等前往查審得實，復命大學士九卿覈奏，依律問擬斬決，尚加恩改爲監候。茲又據明興，查出通省各州縣虧空庫項，竟有二百萬兩之多，則國泰之罪，更無可逭。昨已明降諭旨賜令自盡，何嘗以國泰平日用心貢獻，遂可邀恩倖免耶！至于易簡，係大學士于敏中之弟，由微員加恩用爲藩司、藩臬大員，原係幫助巡撫辦事之人，理應秉公守正，遇有督撫貪婪敗軌之事，自當據實直陳。乃于易簡經朕面詢國泰款蹟，復令軍機大臣開導究詰，伊竟始終掩飾，甘蹈欺罔，則國家亦安用此藩司爲耶？是以一併賜令自盡，以昭懲儆。總之督撫大吏，惟當正己率屬，潔清自矢，庶不負察吏安民之任。若專以進獻爲能事，已非大臣公忠體國之道，況又藉名以爲肥身之計。督撫取之屬員,屬員必取之百姓,層層朘剝,閭閻生計,尚可問乎?且督撫呈進方物,原以廉俸有餘,藉抒忱悃,若仍輾轉取之民間,朕又何難明加賦歟?而必假手於督撫,朕必不爲也。(高宗一一六〇、二四)

（乾隆四七、一〇、丁丑）山東巡撫明興奏,山東各州縣虧那倉庫,其本任虧那,勒令彌補外,惟查前任虧缺各員,平日既任意花消,臨去復嫁禍後任。並聞有倉庫本無虧短,恃有上司庇護,於離任時,假捏虧數若干,移交後任,以爲肥橐之計。後任因上司逼迫,隱忍接收,而去任之員,竟得坐擁厚貲,置身事外。訪聞接收虧缺,大半立有欠約,請將來如查有前任虧缺,後任有欠約可憑者,除於接收後任名下,勒令彌補外,並飛咨前任各員任所原籍,照數追繳入官,庶短交濫接之弊可除,於吏治較有裨益。得旨嘉獎。(高宗一一六六、三〇)

（乾隆四七、一〇、丁亥）山東巡撫明興奏:東省州縣,積習相沿,竟有原裝原卸之說,祇望得缺到手,無論虧短盈千累萬,一力擔承。及至接印任事,以盈餘爲本分應得之財,不知饜足,以短少爲前任虧那之數,付之漠然,偶因事故離任,縱使囊橐有餘,亦必照數短交,上司亦因平日交結夤緣,礙難查辦,仍復勒交後任,輾轉蔓延,迄無底止。將來如遇有此等不肖州縣,惟有嚴參究辦,以冀將原裝原卸惡習,永絕根株。得旨:公論,知道了。又批,此乃作弊,自應嚴處。(高宗一一六七、一五)

（七）浙江總督陳輝祖抽換王亶望查抄貲財案

（乾隆四七、九、辛亥）諭:前因陳輝祖查抄王亶望貲財一案,彼既恣貪侈用,而呈覽物件,無甚入觀者,疑有抽換情弊,然朕本不欲辦,但不可不明此疑。因傳諭盛住,留心察訪。嗣據盛住奏,查出王站柱底册,有金葉、金條、金錠等,共四千七百四十八兩,查對解繳內務府進呈册內,並無此項金兩,第多列銀七萬三千五百九十四兩,係將金易銀。又底册內有玉山子瓶等件,亦未載入進呈册內,顯有抽換那掩情弊。因派喀寧阿、福長安前往查辦,並傳諭阿桂,先行詢問王站柱,據實覆奏。茲據阿桂奏,訊據王站柱供稱,上年查抄王亶望貲財,會同府縣佐雜,每日親往點驗,交府縣各官收管,金約有四千數百餘兩,銀約有二、三萬兩,玉器甚多,當即造有三分底册,我於六月初九日,起身進京陛見,即將底册一分呈送總督,其餘兩分,分存藩司糧道衙門,我若果有不肖之心,豈肯將底册留於浙省,作爲後人把柄?至我查辦時,總督陳輝祖,曾弔取備用物件閱看等語。王亶望入官物件,該省竟敢抽換藏匿,公爲欺罔,殊出情理之外,此事朕本不欲辦,今

既查有實據，不得不徹底根究……（高宗一一六五、四）

（**乾隆四七、九、丙辰**）諭：前因浙省查抄王亶望貲財一案，疑有抽換情弊。……茲據陳輝祖奏，以銀易金一款，查抄時，據調任布政使國棟，面稟商換，并言及金色低潮，恐解京轉難適用，不如易換銀兩，較爲實濟，遂爾允行等語。所奏全不成話，陳輝祖不過因事已敗露，無可解免，欲藉此搪塞耳。如果陳輝祖欲易銀爲塘工之用，即使豫行奏明，其事已屬矯強。況當日並未具奏，竟與國棟商同舞弊，是此項金兩，全係陳輝祖、國棟二人，抽換抵兌，分肥入己，自屬顯然。此事大奇，爲從來所未有，國棟著革職拏問，交阿桂等歸案審辦。至朕辦理庶務，推誠布公，斷不忍以此疑及大臣，是以於盛柱奏到時，仍降旨令陳輝祖會同審辦，不謂竟係伊與國棟起意營私。陳輝祖係協辦大學士陳大受之子，父子皆任總督，世受國恩，最爲深重，何至喪良無恥，至於此極！是王亶望所爲，係明火執仗，而陳輝祖竟同穿窬行徑矣。……（高宗一一六五、一三）

（**乾隆四七、一〇、戊辰**）又諭：據王進泰等奏，查審陳輝祖抽換王亶望貲財一案，將王站柱原抄底册，與咨送内務府、崇文門，暨外估各册，悉心覈對，尚有底册開載之物，而解京及外估各册内，並未造入者，計一百宗。有底册本無，而解京及外估各册内造入者，八十九宗，名色不符者二宗，其爲當時有心抽匿抵換，顯而易見。請將始終經手檢查造册之知府王士澣、楊仁譽、同知楊先儀、知縣張焘，革職拏問嚴審一摺，已明降諭旨。看來此案，陳輝祖首先起意，以銀易金，並抽換王瓶玉山子等件。而經手之各委員等，遂爾通同舞弊，肆行抵換隱匿，已無疑義，自應徹底根究，勿致絲毫遁飾。至陳輝祖稱物件繁多，爲時匆遽，未及逐件親驗均係何物，無由知悉等語；王亶望貲物係上年閏五月查抄，遲至十二月始行起解，半年之久，何致辦理匆遽？陳輝祖此時，尚欲遁詞支飾乎？至王進泰等，於陳輝祖以銀易金一節，並未訊問覆奏，自係因阿桂等不日到浙，是以尚未逐細研究。阿桂等到彼，即遵照節次所降諭旨，逐層嚴切訊問，迅速覆奏。又本日閱薩載詢問國棟供詞内，有陳輝祖稱，王亶望查抄時，曾求過總督，説金子太多，恐怕礙眼，不如照依時價易銀，將來辦理順易。國棟原曾勸阻，陳輝祖執意要換等語。此事大奇，王亶望舛法肆貪，罪惡已極，乃陳輝祖於查抄時，尚敢聽其囑求，爲之挪換掩飾，推此則何事不可爲？陳輝祖受恩最深，乃竟如此昧良欺罔，朕將何以用人乎？況王亶望乃被抄有罪之人，豈有向承抄大臣講話之理？此必當嚴問者。又國棟稱、陳輝祖曾說，王亶望抄出朝珠，甚屬平常，難以呈進，諭令委員，購買數盤添入，又將自己朝珠，挑選添入，國棟亦曾勸過等語。此更不成話，亦斷無此情理，必係陳輝祖將抄出朝珠之佳者，私自藏匿，反將平常不堪之物，當衆人耳目，挑選添入，以爲抽換地步。又國棟供稱，目擊委員購買朝珠，也曾問過委員，價值係委員自備等語，更奇。是陳輝祖竟令委員墊銀舞弊，委員等隱匿偷換，又將何所不至乎？又國棟稱，陳輝祖向楊先儀要進金子五百兩，過了數日，又經退出，或係總督聽見國棟查問，不敢存留等語，此一節更屬可笑，自係陳輝祖有心侵用，亦應詳訊。又國棟所稱，陳輝祖將多寶櫥內玉器取出後，止總開列玉器等語，是陳輝祖竟明目張膽，作此穿窬行徑，其侵貪劣跡，較之王亶望更爲不堪可鄙！又國棟稱，陳輝祖逐日將查抄之物，分類取進署內查看。……（高宗一一六六、九）

（**乾隆四七、一〇、乙亥**）諭軍機大臣等：據阿桂等奏，先後抵浙，將陳輝祖查抄王亶望貲財、抽換抵兌一案，查審大概情形，先行奏聞一摺。內稱易金銀兩係仁、錢兩縣，分作五次於上年十二月以前國棟任內，交納齊全，是以銀易金一事，尚無虛列抽抵等弊等語，已於摺內批示。陳輝祖如果無侵蝕金兩之事，則是聽王亶望之請託，爲之營私舞弊，所關甚大，陳輝祖取死之道，實在於此。王亶望觗法肆貪，身犯重罪，革職查抄。陳輝祖尚敢受其囑託，推此又將何事不可爲乎？況王亶望貪縱婪索，家貲至三百餘萬之多，又何在此數千兩之金？有之罪不能增，無之罪亦不能減，陳輝祖何意而欲爲之易換乎？且王亶望係已獲死罪查抄之人，陳輝祖豈肯代伊擔承如此干係、爲之彌縫掩飾之理？必係陳輝祖希圖侵蝕，將金兩入己。聞有交盛柱密行訪查之信，始行陸續吐出。況係交仁、錢兩縣承辦之事，何弊不可爲？即有庫收，安知無倒提年月等事？阿桂等一到，何遽信以爲眞？此一節係此案最要關鍵，應嚴訊陳輝祖，並經手之仁、錢二縣，令其據實供吐。再阿桂等稱，金兩並未短少，即如李封前奏，曾因嫁女，換金五十兩，而陳輝祖解交內務府册內，亦有金葉九兩三錢，自係在四千七百餘兩之內，何以並未扣除？由此推求，是此二項金數又在四千七百餘兩之外，究係何項？況李封尚得金兩，其餘經手之人如國棟、楊仁譽等，其所買之數，自必更多。李封原摺，又曾鈔寄閱看，阿桂等何未辦及？輒稱尚無虛列抽換等弊耶？此事甚不妥。再李封所稱，陳輝祖曾與司道言及王亶望朝珠，並無好者，要將自己朝珠，添入更換，尤不成話，斷無此情理。必係陳輝祖欲換王亶望之物，先設此語，以爲授意迎合之地。阿桂等到浙，何不先向陳輝祖嚴切究問此語乎？現在陳輝祖已經查抄，即可將伊任所物件與王站柱所造底册，詳悉覈對，並令王站柱識認，如有王亶望之物在內或名色相同者，即可從此一款根究，其餘無難水落石出。至朕於此案，不過欲究明情弊，並非於貲財物件斤斤計較。朕向來辦理庶務，一秉大公至正，即一介小民，尚不肯令其屈抑，況督撫大員乎？……（高宗一一六六、二三）

（乾隆四七、一二、辛未） 又諭：本年九月內，據該撫奏……今查抄陳輝祖名下財產，現存銀兩及各案估變物件，又約共銀六、七萬兩，亦可歸入南巡應用項下。……（高宗一一七〇、一六）

（八）閩浙總督富勒渾家人恣意婪索案

（乾隆五一、五、丙午） 又諭：據曹文埴等奏，續查過寧、台、衢、處四府庫項倉儲，連前七府，共虧缺銀二十七萬二千餘兩，覈之冊報數目，有減無增。現飭將各州縣存貯之銀，盡數提歸藩庫，並與藩司一切卷宗，逐款覈對等語。自應如此，與竇光鼐和衷詳查辦理。……阿桂接奉此旨，即行速赴浙省，會同曹文埴等徹底查辦。庶主持定見，能仰體朕意，妥協辦理，不蔓延，亦不至疎漏，方可。至竇光鼐摺內所稱，盛住上年進京，攜貲過豐，外間頗有煩言。又督臣過往嘉興、嚴、衢上下游地方，供應浩繁，門包或至千百等語。此事大有關係，不可不嚴切查究。現已降旨，將盛住解任候質，令和琳暫署織造事務，並俟福崧到京，就近詢問。盛住以藩司兼管織造，養廉本屬豐厚，若伊進京攜帶係屬己貲，雖至十萬何妨？亦不致外間嘖有煩言。若有勒索之事，豈可不問？竇光鼐摺內，即有上司進京，屬員餽贐之語，是竇光鼐之奏，即係因盛住而發。昨歲盛住進京，止經由嘉興一府，無難就近根究得實。現已將伊解任候質，該府等自無所容其瞻顧，代為掩飾也。至富勒渾家人在粵，有招搖婪賄之事，朕意富勒渾到粵不過數月，何以家人貲產，即有數萬兩之多？必係其在閩浙任內，任聽家人婪索所積。節經降旨令孫士毅嚴訊確情，先行覆奏。今據竇光鼐所奏，則此事已屬有據。富勒渾前年來京與千叟宴時，嘉興為必由之地；而回任赴閩，嚴衢一帶，又所經過。其家人收受門包，勒索銀兩各情節，嚴訊上下游各州縣，無難水落石出。福崧、盛住，與阿桂毫無瓜葛。富勒渾雖係阿桂族孫，阿桂斷不至稍存迴護之見，致負委任。此二事總俟阿桂到彼後，會同查照竇光鼐原奏，逐款嚴訊，據實覆奏。……（高宗一二五四、三）

（乾隆五一、五、丙辰） 又諭：前據孫士毅奏，富勒渾家人殷士俊等有招搖婪索之事。降旨將富勒渾解任，令舒常會同孫士毅秉公審究。並諭四德、長麟，將殷士俊蘇州原籍家產，嚴密查抄。茲據四德等奏，前赴該犯住居常熟地方，於住房內，查出現存並借出銀錢，共二萬餘兩、田六百三十餘畝、房屋三所。並起出殷士俊之子殷孝基捐監部照一張等語。……富勒渾著革職。若此時孫士毅已另行審出別項情節，即發交阿桂等辦理。孫士毅接奉此旨，即派委妥幹道府大員，將富勒渾解往浙江，交與阿桂等，秉公質訊審辦。至富勒渾到粵未久，殷士俊所得銀錢，必係在閩浙地方勒索者居多。著阿桂等就近徹底查究，據實定擬具奏，毋得少有徇隱。再昨廣東右翼鎮總兵施國麟，來京陛見，朕面加詢問。復令軍機大臣詳詢。據稱富勒渾縱容家人，及家人李姓狂妄滋事等語，並將原詢奏片，發交阿桂等閱看，歸案質審。著將此旨，由六百里傳諭阿桂、孫士毅等，並令舒常毋庸前赴廣東，即赴浙江，會同阿桂等審辦。將此通諭知之。（高宗一二五四、一五）

（**乾隆五一、五、己巳**）諭軍機大臣等：據孫士毅奏，審訊富勒渾家人殷士俊等婪索各款。如巡捕伍光玉供稱，富勒渾到任，衆商餽送家人李世榮花錢一千圓，方准各回安業等語。又洋商潘文巖等稱，殷士俊勒派各商，分買人葠一觔，浮賣價銀四千七百兩。又李世榮令洋商購買物件，短發價值一百圓。又點派口岸，令書巡等繳銀一萬九千六百餘兩，交殷士俊、李世榮，轉交內署各款蹟。俱經殷士俊、李世榮供認不諱。殷士俊等係富勒渾家人，乃勒派需索洋鹽兩商，贓款累累，若非倚仗主勢，何至恣肆自由，全無忌憚若此。至勒派各口岸銀兩，富勒渾先以幫貼公費爲詞，收受入署，迨發覺之後，將前項銀兩，交監督衙門解京充公。明係事已敗露，自知不可掩飾，爲此先侵後吐之計……又據富勒渾奏，吳胡氏託殷士俊照應退埠一節，係四十九年批准之案，伊尚未到粵。又陳通照，爲積債託殷士俊照應，給予花錢四百圓一節，係撫臣批結之案。陳通照既託殷士俊照應，孫士毅因何不據實將此案敘入，轉輕輕帶過，代爲掩飾等語。此二案，如果與殷士俊無涉，何以富勒渾身未履任，長隨即可先有關說受謝之事？而以數年已結之案，富勒渾初到，即有意爲之翻案，又於摺中隱躍其詞。所言督撫，非舒常、孫士毅而何？揆其意，伊本疑舒常首先舉發，又恨孫士毅據實查辦，故於解任後。爲此一齊拖入之舉，所謂欲蓋彌彰，適足以自益其罪耳。又據孫士毅奏，訪查富勒渾應解河南省充公銀二萬兩，暗派督標千總楊中興等，往閩省，向省城道員衙門支取，私下繞道，押赴河南兌繳等語。富勒渾已離閩省半年有餘，何以尚有私囊寄存閩省道員衙門？以上各條款，著傳諭孫士毅，嚴切根究，暨常青等嚴密查辦。並傳諭阿桂等，於富勒渾解到時，逐款詳晰質訊，務期水落石出……（高宗一二五五、一二）

（**乾隆五一、五、庚午**）諭：……今據孫士毅節次查奏，則富勒渾竟與殷士俊等關通婪索，贓蹟累累。如殷士俊、李世榮聽從吳胡氏、陳通照囑託照應，得受花錢，及派洋商分買人葠、購買鐘表等物，浮賣價銀、短發價值等事，即云該家人等營私舞弊，富勒渾漫無覺察，已屬形同木偶。乃富勒渾因點派各口岸，令書役等攤繳銀一萬九千六百餘兩，交進督署。又因應解河南充公銀二萬兩，暗令督標千總楊中興等，潛赴福建，向省城道員衙門支取解豫。是富勒渾一則先侵後吐，一則身已離閩，尚有私囊存寄。其操守果不可問矣。前已降旨將富勒渾革職，令孫士毅詢問確實，解往浙省，交阿桂等歸案審辦。乃富勒渾心疑舒常、孫士毅、穆騰額等有心傾陷，於孫士毅傳旨詢問時，疑怒交作，其忿戾之氣，形於詞色。且於解任後，並不自知悔懼，靜候質訊，猶復以從前案件，嘵嘵置辯。並因署南雄府孔繼棟，於孫士毅查辦殷士俊贓款時，將富勒渾幕友行李截留，心懷嫌恨，欲將孔繼棟另案參革。經孫士毅札阻不允，竟以解任之後，單銜瀆奏。且於事已發覺，將勒派各口岸銀一萬九千餘兩，交監督衙門解京，以掩飾其先侵後吐之跡。且其信任家人李世榮等關通說合，聲名狼籍。即大學士嵇璜、學政竇光鼐、總兵施國麟，眾口一詞，是孫士毅查奏各情節，實係遵奉諭旨，秉公查辦，確有證據之事，並非有意吹求。而富勒渾受朕深恩，種種情節，殊出情理之外。此皆由富勒渾辜恩昧良，天奪其魄，是以所爲顛倒錯亂，自速其罪，乃至如此。朕從來不肯存逆詐億不信之見，而不肖者營私舢法，自然敗露，朕亦不能稍爲曲貸。此實朕用人不得已之苦心，中外臣工，所共見共聞。然朕細思之，爲大臣而受家人之累者不少，而惟旗人更多。即如福隆安家人富禮善毆命頂兇一案，福隆安心存庇護。經朕特派大臣審明，將富禮善抵法，並將福隆安治罪。此亦福隆安平日不能管束家人，致伊等恣意妄爲，自蹈法網，累及伊主，并致家遭回祿，身亦短折。可見此輩宵小奴隸，獲罪於天，福善禍淫之理，捷如影響，其實欲庇護家人，適足自貽伊戚，而蔑法家奴，仍致自罹大辟。福隆安幸而在京供職，近在輦轂之下，是以敗露旋踵。若使擢用外任，則富禮善之恣縱妄爲，豈在殷士俊等之下？而福隆安之受其累者，亦未必不如富勒渾之甚，而朕亦不能曲護也。特此明白宣諭內外大臣，嗣後務須正躬潔己，嚴肅馭下，當以前事爲戒。設有不知儆懼，仍蹈覆轍，當事情敗露之後，朕必不肯僅令罪坐奴隸，置家長於不問。而爲家主者，亦何所愛護，而輕以身家爲奴隸計也？將此通諭中外知之。（高宗一二五五、一八）

（**乾隆五一、六、辛丑**）諭曰：富勒渾久膺簡畀，歷任封疆，方資倚毗，初不料其縱容家人，恣意婪索，又關口勒派銀兩，先侵後吐，款蹟纍纍，實屬昧良負恩。朕於春間，曾經密諭雅德，將富勒渾在任操守若何，有無家人在外滋事之處，令其密查覆奏。乃雅德不但不能據實查明，而且力爲保奏。

伊豈不見諭旨內,有並諭孫士毅詳查之語,能保不別處發覺,而竟甘心徇隱,此其面欺之罪,已百喙難辭。及富勒渾諸事敗露,雅德方覺從前保奏之非,即以汀州鎮總兵武隆阿,在任七年,廢弛營伍,嚴行參奏,以顯其諸事留心,爲救過見長地步。因查閱伊去歲所奏,福建總督兵考語單內稱,武隆阿實心任事,營伍整肅、今以該鎮在任七年。廢弛怠玩參奏,不自知其自相矛盾,是其所爲顛倒錯亂,止圖補過一時,而武隆阿之是否廢弛,尚難憑信矣。又本日據常清等查奏,富勒渾差委弁員,向閩省取銀,解交河工一事。係富勒渾調任兩廣時,將應繳分賠豫省河工銀一萬五千兩,發交藩庫收貯。又雅德陸續扣存司庫養廉銀一萬兩,係抵還富勒渾借項等語。督撫大員,同膺封疆重寄,有互相稽查之責,如有營私舞弊情事,理應據實糾參。方爲不負委任。若如富勒渾雅德之通那扣抵,則督撫聯成一氣,不但婪贓納賄,可以彼此通同,甚至交結情深,又何事不可爲,朕將何以用人乎?即此一事,雅德之過甚大。在富勒渾人本粗疎,用度奢侈,其縱容家人婪索多贓,及勒派書役銀兩,先侵後吐各情節。尚爲從前犯案所有。若雅德以密諭傳詢之事,竟敢昧良徇隱,公然飾詞保奏,且爲富勒渾代還借項,是止知下睦,而不顧大義,其情節較富勒渾尤爲可惡矣。若尚因循留任,督撫不知懲創,從而效尤,流弊伊於何底。此而不加嚴辦,何以飭吏治而整官方。雅德著革職,所有閩浙總督事務,著常青兼署,並令常青派委妥員,將雅德解送浙省。(高宗一二五七、二五)

(乾隆五一、七、己卯) 又諭:據常青、徐嗣曾奏,查出富勒渾家人李世榮,跟隨富勒渾上年自京回閩,並自閩入粵,沿途需索州縣站規,共花銀一千七百餘圓。已飛咨阿桂等查辦等語。總督家人,經過州縣,輒敢需索銀數十兩至百餘兩不等,李世榮家貲富厚,看來自不獨上年在閩粵二省,招搖婪索。今款蹟業經敗露,定案時,已應問擬大辟。所有常青等查出該犯得受站規花銀一千七百餘圓,即無此項銀兩,李世榮之罪,並不能輕減,有之亦無可加重。即富勒渾縱容家人之罪。亦不能更加其身犯之罪。前經降旨,傳諭阿桂等,於雅德等解到時,速將此案定擬具奏。即行起程。著即遵旨迅速定案,不必因常青等此次查出李世榮需索銀數,輾轉詰訊,致稽時日,況李世榮係應解交刑部之犯,即有不實不盡,將來解京後,不難就近審訊,無須阿桂等在彼躭擱也。至富勒渾呈出廣東藩臬兩司,親送供詞一款,其時富勒渾尚未解任,藩臬俱其屬員,將所訊殷士俊等供詞,索看送與,尚屬人情之常,並非此案緊要情節,若因此而究詰不已,勢必將藩臬兩司,解任質對,則此案何時完結?再前據孫士毅奏,富勒渾曾有將來致我離任,必使衆官皆受拖累之語，此係富勒渾暴戾乖張，口出不遜之言。伊一到浙省，即呈出口供底稿，由此觀之，未爲不欲行其一齊拖入之計。況與富勒渾之罪名，無關輕重。計此時雅德等早已抵浙，阿桂等即可定擬完結。發摺後，阿桂即遵旨速赴清口，會同李世傑等查勘漫口工程。(高宗一二六〇、二五)

(乾隆五一、一〇、庚申)訓飭封疆大吏。諭：向來督撫大臣中，營私骫法、貪縱婪索者，惟王亶望奇貪殃民，是以即行正法。其餘因其曾爲大臣，祇賜令自盡，不忍肆諸市曹。而其中情罪可原、本可不至予勾者，亦必先期降旨，免其綁赴市曹，不令與衆囚爲伍。此朕明罰勅法中，仍寓養恥之道也。富勒渾於督撫中資格較深，歷練亦久，是以由閩浙調用兩廣，委以海疆繁劇重任，以爲將來能勝任陝甘總督者，尚無出其右。今春舒常回京，於五臺途次偶爾詢及，舒常即稱富勒渾操守不敢深信，朕猶疑信兼半，初不料其有貪婪侵隱款蹟也。又值穆騰額來行在陛見，復經面詢。據奏富勒渾操守平常，且有不能約束家人之語。復令軍機大臣詳加詢問，方將伊家人長隨在外居住，招搖生事情節指出。夫以封疆大臣，其聲名操守之平常，經兩人具奏不謀而合，則其言必非無據，朕若置之不問，又何以肅吏治而儆官邪？是以密諭孫士毅據實查奏。彼時和珅即在朕前奏稱，不如將富勒渾調回，徐行查察，即可不至邊興大獄。是和珅未免意存消弭，爲迴護富勒渾地步。及孫士毅節次查奏富勒渾縱容家人殷士俊等關通婪索、招搖舞弊，富勒渾漫無覺察，已屬形同木偶，且家人贓蹟纍纍、家私巨萬，焉得委爲不知？又因點派各口岸，令書吏攤繳銀一萬九千六百餘兩，交收入署，豫備賠補關稅。迨事已敗露，始行奏請歸公，明係本欲希圖肥橐，先侵後吐。試思管理關務各員，豈有先歛銀入己，而藉口爲將來短少彌補之地，有是辦法乎？及派阿桂前往審訊定案時，止稱其未經豫先奏明，於先侵後吐之處，並未切實根究。而又於伊家人擬罪，失之寬縱。且富勒渾在粵時，經孫士毅參奏後，朕諭令查訊，即係特派之人，富勒渾身爲大臣，理應安分待罪，聽候質訊，乃敢咆哮剖辯，悖戾之氣形諸詞色。並有我若得罪，合省官無一得免者，此何言耶？是今日富勒渾之隨同衆囚綁赴市曹者，實阿桂、和珅心存迴護，有以釀成，而亦富勒渾罪由自取，自不顧顏面，朕尚爲存其顏面乎？然究念其非賣官鬻爵，貪贓不法，且歷任封疆，宣力有年，尚知奮勉，而當金川用兵時，督辦糧務，亦有微勞，是以從寬免其勾决，仍牢固監禁。富勒渾才具本不如李侍堯，且性情剛愎，將來斷不能復思又邀錄用。令其待罪囹圄，愧悔思過。朕敬思皇考世宗憲皇帝臨御十三年，綱紀肅清，內外臣工，亦俱小心惕勵。其時封疆大臣以奸貪犯法者，止年羹堯一人。朕御極五十餘年，未嘗不時時以整飭官方爲務,而貪縱骩法如恒文、蔣洲、良卿、方世儁、王亶望、國泰、陳輝祖、郝碩諸人,接踵敗露,此皆朕水懦民玩,而用人不當,未嘗不引以自愧。嗣後各省督撫,務宜整躬潔己,嚴肅馭下,以前事爲戒。設有不知儆懼,仍蹈覆轍,一經敗露,朕必執法重懲。毋謂寬典可以倖邀,朕恩可以長恃也。將此通諭知之。(高宗一二六七、五)

三、藩司、布正使等官員違紀貪污的事例

(一)布政使錢度尅扣庫銀婪索案

(**乾隆三七、三、壬寅**)諭軍機大臣等:據圖思德奏,錢度家人張林、顧安,管送箱籠赴滇,帶有金玉器件,該省截留,將該家人解滇查辦等語。此事殊堪駭異。錢度係停給養廉之人,何得有金器四百餘兩,計值銀數約在四五千兩以上?苟非婪索屬員,取自暮夜,安能有此?其爲貪贓敗檢,已可概見。著將原摺清單,鈔寄彰寶、李湖,即將錢度嚴行審訊,務得確實情節,迅即從重定擬,由驛奏聞。袁守侗此時自已至雲南,亦著會同查辦,將此并諭知之。(高宗九〇四、一二)

(**乾隆三七、三、丁巳**)又諭:據海明奏,德化縣知縣,拏獲錢度家丁王壽等八人,查出銀二萬九千餘兩,並錢度親筆家信,有趁王壽回南,寄歸二數,好爲收貯,或做地窖,或做夾壁,以作永久之計等語。批閱實堪駭異!錢度在布政使任內,計三四年不給養廉,前經黔省查出金玉器件,約值銀四五千兩以上,已出情理之外。茲王壽等帶回寄家銀兩,復至二萬九千之多,若非婪索多贓,安得有如許積聚?必係慮事將發覺,豫遣人寄歸,蓄積埋藏,以圖三窟之計。且縱子售賣玉器,數復盈萬,並其家人亦私蓄銀六百餘兩,是其贓私狼藉,已非一日。初不意錢度之負恩敗檢,竟至於此,……(高宗九〇五、一五)

(**乾隆三七、三、丁巳**)又諭:前因錢度在雲南布政使任內,經廠員朱一深揭報,贓款纍纍,已傳諭高晉等,將伊原籍家產貲財,嚴密查封。今據海明奏到,江西德化縣地方,拏獲錢度家丁王壽等八人,查出攜帶銀二萬九千餘兩,並錢度親筆家信,有趁王壽回南,寄歸二數,好爲收貯,或作地窖,或做夾壁,善爲籌畫,以作永久之計等語。覽奏實深駭異!錢度係數年不給養廉之人,若非恣意婪贓,安得有如許積蓄?初不意錢度之負恩敗檢,竟至於此,伊信內既有藏埋地窖夾壁之語,則其從前之詭秘隱匿,定復不少。伊本籍常州府城,又復寄居江寧,其多營狡窟,更可概見。著再傳諭高

晉、薩載,即將錢度所有兩處財產,嚴密查封,並將伊家屬,嚴行究訊,逐細詳搜,毋使稍有藏匿寄頓。倘不實力查辦,或致尚有透漏,將來別經發覺,惟高晉、薩載是問。將此由六百里傳諭知之。(高宗九〇五、一七)

（乾隆三七、四、丁亥）諭軍機大臣等:據袁守侗等奏,審擬錢度婪索多贓一案,所訊情節,尚多不實不盡,欲圖草率了事,甚屬非是。錢度贓私累累,實出意料之外,不可不徹底嚴究。袁守侗等,祇就江西截封銀二萬九千餘兩之數,遂據錢度所供剋扣銅本平餘,及勒派屬員售價數目,遷就附合,希圖完事。不知其江寧原籍,復據高晉等於其書房地窖內,起出銀二萬七千兩,並寄頓金二千兩,合計不下五六萬兩。此二項又從何來?可見該侍郎等所訊,及錢度所供,均不足成信讞,而贓據實在,斷不能巧爲掩飾。錢度若仍茹供不吐,是自索刑求。該侍郎等,若稍瞻徇面情,亦自貽伊戚。著傳諭袁守侗等,另行嚴訊確供,據實覆奏。至錢度身爲藩司,且屢次獲罪,經朕格外宥原,理應潔清自勵,乃於給發辦銅工本等項平餘,匿不報出,扣充私橐,又將玉玩等物,勒派屬員,婪索重價,即此已屬罪不容誅。乃該侍郎等,不就此二款情節,從重定罪,轉以上年所辦金玉器件價值,何處置買,何處打造爲訊,首列問條,伊等將此爲能問事乎?抑別有意見乎?上年恭逢聖母萬壽,各省藩臬,職分原不當貢祝,業已通諭飭禁。嗣因福建藩司錢琦,代母進貢,曾酌留香錦一二事,然因其列有金器,即降旨申飭。並因督撫中有以金器爲貢者,亦明降諭旨,嚴切申禁,乃中外所共知。至錢度上年亦因其代母恭進,准留如意藏香等五件,以備慈覽,餘俱發還,其貢單現在,收存之件,有圈可考,並著發去令伊等閱看。不知該侍郎等,沾沾以此爲首務,是誠何心?著袁守侗、彰寶、李湖明白回奏。至錢度剋扣銅本平餘,勒屬售買物件,多至數萬,不能掩眾人耳目,彰寶、諾穆親身爲督撫,均有統轄稽查之責,豈容諉爲不知?況彰寶與錢度,又同在永昌,朝夕共事,何至漫無聞見?似此肆行貪黷,封疆大吏,竟置之不問,所謂整飭官方者何在?已有旨令諾穆親自議其罪,並著彰寶明白回奏。錢度負恩貪黷,實爲近年來未見之事,自當速正刑章,以申國法而儆官邪。然贓款甚多,不可不逐一嚴鞫,令皆水落石出,不得任其絲毫支飾。但此等重大案情,恐外間不肯盡心研究。該侍郎等,或果據實勘問,案無遁情,抑或意存瞻徇顧頇,率皆不能逃朕之洞覽。前已降旨令該侍郎等於訊明定案後,即將錢度父子,分別管押解京,著袁守侗等迅速詳細嚴訊明確,仍遵前旨,派委妥員,押解送京。仍飭沿途加意防範,如或稍有疎虞,致令畏罪自戕,恐伊等不能任此咎也。將此由六百里傳諭知之。尋袁守侗等奏:錢度在滇省兩任藩司,其貪婪劣跡，久未敗露，茲因廠員告發，臣等正在按款根究。旋經江西省截封銀二萬九千餘兩，當即悉心究訊，詎錢度將此項銀即係扣剋平餘勒賣貨物等項供吐，再三嚴鞫，終無異詞，臣等遂據供冒昧定擬。及四月十一日拜摺後，二十三日接准兩江督臣高晉咨會，於錢度書室地窖內，起出銀二萬七千兩，並寄頓金二千兩。實不料錢度蒼滑狡飾如此！臣等拘泥初供，牽連錄敘，實屬不知輕重，愧悔無及。得旨：袁守侗、李湖皆新進，或不諳事體，彰寶罪無辭。著各議奏罰來。（高宗九〇七、二二）

（乾隆三七、四、丁亥）又諭：前據海明奏，查獲錢度家人王壽，攜帶銀二萬九千餘兩，爲數甚多，因思錢度在滇，尚有應賠之項，何以不行交納，曾經諭令李湖查數具奏。今據奏稱，錢度名下應賠銀兩，尚未完銀一萬三千五百五十九兩零等語。此項關係滇黔兩省銅鉛軍需正項，自宜按數各歸本款。所有江西省截抄錢度銀兩，前已有旨，令海明解交內務府。今錢度在滇，既有未完賠項，著傳諭海明，即於江西查獲項內，照數截存歸款，並行移咨滇省知照，俟便搭解以清款項，其餘仍照例解內務府查收。將此併諭李湖知之。李湖摺，並鈔寄海明閱看。（高宗九〇七、二六）

（乾隆三七、五、丙辰）又諭曰：袁守侗等查辦錢度貪婪不法一案，審出錢度遇藩庫支放銀兩，每百兩扣平餘銀一錢七八分不等，計前後放過銀二千二百餘萬，共扣平四萬餘兩，其支放時係家人掌平，隨時帶進等語。錢度身爲藩司，支放庫銀，竟敢扣平如許之多，可見天理難容，自然敗露。藩庫放銀，雖不經督撫抽驗，而積久扣剋，豈竟毫無見聞？滇省既有此等情弊，各直省藩司，恐亦難保其必無。著傳諭各督撫，將該省藩司如何支放，有無扣收餘平及家人掌平之事，即行查明據實覆奏，毋得稍有瞻徇諱飾，自干咎戾。將此遇有奏事之便，傳諭知之。（高宗九〇九、一二）

（乾隆三七、七、戊午）軍機大臣等奏：審訊原任雲南布政使錢度，侵欺勒索贓私屬實，應請即行正法。從之。（高宗九一三、一七）

（二）甘肅藩司王亶望等私收監糧折色、捏災冒賑案

（乾隆四六、五、丙申）諭軍機大臣：前王廷贊有奏繳積存廉俸銀四萬以資兵餉一摺。因思王廷贊僅任甘肅藩司，何以家計充裕？甘省地方本爲瘠薄，而藩司何以僉稱美缺？若云有營私貪黷之事，何以王廷贊在任多年，並無聲名不好之處？即從前王亶望在甘省藩司任內，亦未必竟敢勒屬員，以肥己橐。但王亶望於捐辦浙省海塘工程案內，竟捐銀至五十萬兩之多。伊在浙未久，其坐擁厚貲，當即在甘省任內所得。因思甘省收捐監糧，其中必有私

收折色，多得平餘情弊。且聞向來監糧係各州縣分收，而近來則全歸省城。即使多收折色平餘，而在部報捐者，亦未嘗不收盈餘。若甘省所收平餘較多，則捐監者自不樂從。何又紛紛向甘肅遠省捐監，並稱較部捐便宜，其故實不可解。若云該省監糧實係收納本色，而本色又如何多得盈餘？其中情節，總未能深悉。著傳諭阿桂、李侍堯，即將王廷贊因何家道充餘，是否即於捐監一事有染指情弊，或另有巧取之處。嚴密訪查，據實覆奏，不可稍涉瞻徇。（高宗一一三一、一八）

（乾隆四六、五、丁巳）諭軍機大臣：前以阿桂覆奏，甘肅收捐監糧，係王亶望任藩司時慫慂勒爾謹奏請開例。一面奏立規條，一面即公然折色包捐，故王亶望得擁貲而去，衆人多有如此議論等語。因令刑部堂官提訊勒爾謹，供稱我從前奏請復捐監糧時，並無折銀之事，後來風聞有折色之處，因王亶望說並無其事，遂信爲實，直至王廷贊向我告訴，我纔知道。又恐各州縣折色收捐，不肯買糧，王廷贊說不如專交蘭州府承辦，大家公議，每名定銀五十五兩，并稱此項即從首府分發各州縣，并不解司，院裏更不經手等語。甘省復准捐收監糧，原爲邊地倉儲，應行充裕，是以准行。今公然以折色包捐，且並未奏明，殊干例禁。此事既係王亶望任藩司時，慫慂辦理，而折色又出伊主意，明係伊借此爲分肥入橐之計，不可不徹底根究。著傳諭楊魁會同陳輝祖，即向王亶望嚴行訊問，令其據實供出，不得稍存徇隱，如果有通同舞弊情事，即將伊拏交刑部治罪。現在海塘工程，陳輝祖督辦頗爲妥協，並不少王亶望一人也。至楊魁，前曾諭令往福建署理巡撫，換富綱來京陛見，嗣以福隆安染病，或督撫大員內有需更調之處，復經傳諭楊魁暫停前往。今福隆安病已就痊，著諭令楊魁於審訊王亶望此案完竣後，仍往福建署理巡撫，令富綱來京陛見。（高宗一一三二、二三）

（乾隆四六、六、辛巳）［軍機大臣等據］又諭：昨王廷贊來至熱河，因令軍機大臣會同行在大學士九卿傳旨，以私放馬明心子壻及守城獨自居功二條，俱從寬不究，惟監糧私收折色一事，令其據實陳明。據王廷贊供，到任後原不許折色，因無人報捐，只得仍如此辦，又恐各州、縣短價勒買糧石之事，是以定數五十五兩。甘省糧價較賤，足敷定額。又因捐生多在省城，改歸首府收納，仍將銀兩發給各州、縣，買補還倉，按季申報，並有道府加結等語。所供殊不足信。甘肅收納監糧，原爲倉儲賑濟起見，自應收本色糧石，何得公然定數，私收折色，且從無一字奏聞？若云甘省糧賤五十五兩已符定額，足敷採買，則該處收成自必豐稔，何以每年又俱需災賑？如災賑屬實，糧價必昂，則五十五兩之數又斷不敷採買，二者均不可解，可見所供盡屬支離，其中恐有竟不買補，虛開賑濟，冒銷情弊。且捐監一事，自應聽本生自行平買，交納糧石，何以必欲官爲收銀并交首府總辦，明係官則折收於前，又復冒銷於後，兩邊俱得便宜，而百姓仍從中受累。此事情弊甚大，不可不徹底清查。此時惟阿桂、李侍堯爲中外最能辦事之人，且於此事又從未經手，毫無迴護。著傳諭伊二人即將此案實在情形詳悉查明，據實具奏，并嚴查有無弊竇，將此等情節四面較勘，無難水落石出，不可稍涉顢頇，致他日復滋流弊。但恐如此徹底一辦，合省地方官皆爲有罪之人，伊等合成一氣，察弊殊非容易，然此事終不可不辦，想伊二人斷不肯爲他人擔此干係也。（高宗一一三四、一五）

（**乾隆四六、六、甲申**）又諭：據陳輝祖奏，查訊王亶望在甘肅藩司任內私收監糧折色一事。既據王亶望供稱，風聞有折色之事，當經責成道府，查禁結報，且意在捐多穀多，以致一任通融辦理等語。彼時道府，係屬何人，如何假捏結報？王亶望何以並不據實供明？著傳諭陳輝祖再行審訊王亶望，將彼時道府何人，如何私收捏報各情弊，令其逐一供明覆奏。并傳諭阿桂、李侍堯，亦即將王亶望在甘肅時結報監糧各道府，查案具奏。至捐收監糧，原爲倉儲起見，今既稱私收折色，仍行買補穀石還倉。且以捐多穀多爲能事，是該省之糧石充足可知，何以每年又須賑卹？即云各府豐歉不齊，譬如河西各屬被災或致穀少，則河東各屬豐收地方，百姓自將糧石赴糶，欲得貴價，此亦流通便民之事，百姓亦自知也，何必輾轉經手官吏收買，致令短價勒買，官得便宜而民仍受派累？此事理之顯然者，且即欲收捐，亦當聽本生自行交納本色，或者捐監之人，不致抑勒百姓，百姓仍得貴價也，何須官爲包攬，以致弊竇百出？朕於監糧一事，本爲甘省地瘠民貧，每歲不惜百十萬賑濟，以惠養窮黎。若以惠民之事，而轉爲累民之舉，徒令不肖官員借端肥橐，所關甚大。況此事不發則已，今既經發覺，自應根求到底，令其水落石出。此事積弊已久，通省大小官員，無不染指有罪，但亦斷不能因罰不及衆，輒以人多不辦爲詞。即從前之結報各道府，此時已經陞調人員，亦屬無幾，無難治罪。況中外人材不乏，斷無少此數人便不能辦事之理。此而不嚴行查辦，將何事不可爲也？著傳阿桂、李侍堯，務將此事如何舞弊分肥，如何冒銷勒買各情弊，並向來朦混出結之道府，嚴切根究，據實指名參奏。倘阿桂等此次稍存瞻徇，代爲擔承，將來別經敗露，伊二人其何以對朕耶？（高宗一一三四、一九）

（**乾隆四六、六、己丑**）諭軍機大臣：前據陳輝祖奏，審訊王亶望私收監糧折色一事，未將結報之道府何人逐一供明，業經傳旨，令其即行覆訊。

此事私收折色於前，勒買冒銷於後，情節已屬顯然，即王亶望亦不虞其始終狡展。但楊魁、陳輝祖等向其訊問，並無證據，未必肯據實供吐。著傳陳輝祖即派妥員，將王亶望拏交刑部嚴審，並飭沿途小心防護，毋致疎虞。(高宗一一三五、五)

(**乾隆四六、七、乙巳**)諭：前以甘省收捐監糧一案，私收折色，冒賑浮銷，上下通同舞弊，既經發覺，不可不徹底查辦。因屢傳諭阿桂等嚴切詳查，據實參奏。今據阿桂等，將折收銀兩，在省包辦，冒銷賑糧種種弊端，已全行查出。此時即將甘省大小各員，一併革職審究，亦皆罪所應得。但此事總在藩司爲政，其次則首道、首府、首縣，勾通侵蝕，爲弊較多。此外各道、府、州、縣，雖弊實亦皆不免，而此時尚未查明，毋庸遽行辦理。所有前任蘭州府知府蔣全迪、前任皋蘭縣知縣程棟，自當革職，拏解蘭州嚴審。此外各員，著交吏部查明。其曾任蘭州本道、首府及首縣者，著即一體革職，拏解蘭州審訊。其餘各道、府、州、縣，並加恩免其提訊，著該部查明，再降諭旨。至王廷贊前來行在時，令軍機大臣傳旨，訊以監糧一案，伊堅稱並無情弊。後遣令回京候旨，又令留京王大臣會同刑部堂官覆訊，並傳示硃批諭旨，以伊之生死，在實供與否，令其自定，朕不食言。乃伊仍祇供辦災以少報多，以輕報重，難保必無，而於一切情弊，始終不肯供吐。今阿桂等業已根究明確，弊實甚多，是王廷贊之罪，更不能復加寬貸。王廷贊著革職拏問，解交行在，俟王亶望解到時，交軍機大臣，一併會同行在大學士九卿質訊。(高宗一一三六、八)

(**乾隆四六、七、丁巳**)諭軍機大臣等：甘省收捐監糧改收折色一案，經阿桂等查明，王亶望任內，改收折色，冒賑開銷，上下通同一氣，贓私纍纍。已將王亶望勒爾謹、王廷贊等拏問治罪矣。此案情弊，畢沅久任西安，既係鄰省，又各屢署總督印務，況畢沅明白曉事，非勒爾謹竟如木偶者可比，何以置若罔聞，並不據實參奏？朕不欲因此更興大獄，試令畢沅撫心自問，此案伊能脫身事外，毫無干涉，公然養尊處優，於心安乎？著傳諭畢沅，令其自行議罪，此朕格外加恩，是以如此辦理，畢沅應有良心，當自知之。尋奏：臣在陝八年，兩署督篆，於王亶望等監糧舞弊一案，並未參奏，獲戾甚重，可否墾恩格外矜全，容臣繳銀三萬兩，再於養廉內罰銀二萬兩，以贖前愆。得旨：覽。(高宗一一三七、四)

(**乾隆四六、七、庚午**)又諭：行在大學士九卿會審勒爾謹、王亶望、王廷贊等，捏災冒賑，侵蝕監糧，通同舞弊營私各款，按律定擬，請旨即行正法一摺。朕酌覈三人情罪，即予駢誅，亦所應得，但其中稍有區別，不得不爲明白宣示者。甘省收捐監生，本欲藉監糧爲備荒賑恤之用，乾隆三十九年，經勒爾謹奏請開例，議准允行。原令祇收本色糧米，其時王亶望爲藩司，即公然私收折色銀兩，勒爾謹竟如木偶，毫無見聞，於是王亶望又倚任蘭州府知府蔣全迪，將通省各屬災賑，歷年捏開分數，以爲侵冒監糧之地。自此上下勾通一氣，其至將被災分數，酌定輕重，令州、縣分報開銷，上侵國帑，下屯民膏，毫無忌憚。嗣後王廷贊接任藩司，既知折色之弊，雖稟商該督欲請停捐，乃仍復因循觀望，並不據實陳奏，且將私收折色一事，議定改歸首府辦理，而一切弊竇，仍未革除，若非朕特降諭旨，令阿桂等密行查辦，則始終蒙蔽。王亶望諸人，竟得安然飽其慾壑，倖逃法網，有是理乎？今王亶望、勒爾謹、王廷贊等，拏解行在審勘，所有伊等冒賑分肥，婪贓舞弊各款，俱一一供認明確，俯首無詞。夫國家任用總督藩司，本欲令其糾察屬吏，遇有積蠹病民之官，隨時舉劾，俾民瘼得以上陳，而恩膏得以下逮。朕臨御四十年以來，無日不以敬天勤民爲心，凡各直省偶遇偏災，即飭地方大吏，加意撫綏，降旨賑卹，此中外臣民所共知共見者。即查辦此案，朕早有風聞，猶恐各督撫或誤會朕意，因噎廢食，致將災賑之事，靳固不舉，是以遲回未發者，已二、三年矣。今諸弊已露，若再不辦，是朕不能懲貪察吏，朕豈肯受此？從前恒文、方世儁、良卿、高積、錢度等，俱以婪贓枉法，先後伏誅。然尚未至侵蝕災糧，冒銷國帑，至數十萬金，如王亶望之明目張膽、肆行無忌者。王亶望由知縣，經朕加恩用至藩司巡撫，乃敢負恩喪心至此，自應即正典刑，以彰國憲，王亶望著即處斬。至勒爾謹，本一庸懦無能之人，因其平日尚屬小心勤慎，用爲總督，從前逆回一事，原因勒爾謹養癰貽患所致，即收復河州，亦係布政使福崧在彼籌畫，幫同辦理，勒爾謹失機貽誤，本即應正法，彼時朕尚從寬改爲監候。今又於王亶望私收折色，冒賑婪贓一案，全無覺察，且已亦收受屬員代辦物件，一任家人等從中影射侵肥，種種昏庸貽誤，罪更難逭。但朕究以用人不當，自引爲愧，未肯即令肆市，勒爾謹著加恩賜令自盡。至王廷贊，以微末之員，擢至藩司，受恩甚重，乃於接任王亶望交代時，不惟不據實參奏，且效尤作弊，雖未收受屬員銀兩，亦有派買物件，並加收心紅紙張銀兩之事，其罪亦難末減。況從前令留京辦事王大臣，及刑部堂官審訊時，令其將此案冒賑私收及王亶望婪贓等款，詳悉供吐，並硃筆傳諭王廷贊，伊之生死，總在此番實供與否，令伊自定，朕不食言，乃竟始終匿飾，不吐實情，豈非自取其死？但究念蘭州守城微勞，免其立決，王廷贊著加恩改爲應絞監候，秋後處決，交刑部按例趕入秋審。朕辦理庶務，一秉大公至正，此事既經發覺，自不得不徹底查辦。嗣後內外大小臣工，益當互相砥礪，各凜冰淵，共矢愛民潔己之誠，毋蹈簠簋不飭之戒。所有辦理此案情節，著通行曉諭中外知之。（高宗一一三七、四四）

（乾隆四六、八、甲戌）又諭：甘省大小各員，將災賑監糧，侵吞舞弊，上下聯爲一氣，茲阿桂等在甘查辦，其積弊始得盡破，現在阿桂等屢次查奏，俱已得實。朕向有句云，不爲已甚去已甚，今甘省積弊，竟至已甚，不可因罰不及衆，仍存姑息，朕實無可如何矣。所有捏報各道、府，直隸州知州內，除按察使福寧首先供出，且經手事件較多，暫行留任外，其現任甘省道員奎明、文德、王曾翼、永齡四員，現任甘省各知府及署任知府宗開煌、彭永年、彭時清、鍾賡起、汪皋鶴、張金城、郭奭、李本楠，又現任甘省直隸州及署任知州侯作吳、黎珠、趙明旭、興德、謝桓、宋學淳、董熙、厲學沂，俟簡放分發人員到省，即著阿桂等傳旨，將該員等一併革職，歸案審辦。其已離甘省各員，現任鹽運使程國表，原任布政使福明安、現任道員觀祿，前任甘肅知府及現任知府潘時選、黃元圮、周人傑、諾明阿、富斌、德明、郭昌泰、觀亮，前任甘省直隸州知州及署知州博赫、彥方、奇明、姜興周、朱蘭、王汝地各員，又在京供認捏災冒賑、及餽送王亶望銀兩之前任武威縣知縣朱家慶一員，俱革職，交留京辦事王大臣及任所原藉各督撫，將各該員提訊，錄取確供具奏。（高宗一一三八、九）

（乾隆四六、八、己卯）諭：甘肅監糧，並未實貯在倉，朕早有風聞。特因監糧爲災賑而設，恐各省督撫，或誤會朕意，致將災賑之事，靳固不舉，轉非朕查辦冒賑，使百姓得受實惠之意。今諸弊已盡行敗露，若再置而不問，何以懲吏而整法紀？至袁守侗、阿揚阿，係朕特派前往盤查監糧之人，豈無耳目，乃一任各州、縣通同蒙蔽？計前此監查時，距開例未及三年，而開銷監糧至六百餘萬石之多，亦應問其故也。至舊存常平倉，又銷去一百三十餘萬石，其中弊端疑竇，何以並未察及？阿揚阿人本見小護短，不知大體。若袁守侗，則未必至此。且阿揚阿前於朕前奏，曾盤驗常平倉穀，今據阿桂等查奏，情節已屬失實。袁守侗、阿揚阿，查辦此案，均難辭咎，著交部嚴加議處。（高宗一一三八、一八）

（乾隆四六、八、戊子）諭：據吳玉綸條奏，甘省自三十九年以後報捐監生，每名令其補繳銀六十兩，所見甚小。王亶望等私收折色一案，朕本不欲辦，恐各省因此諱災。今種種弊端水落石出，伊等於光天化日之下，竟敢明目張膽，網利鬻官，致朕不得不辦。朕之苦衷，天下後世共見之。然侵漁各員，已將伊等平日私收冒銷婪得贓私，查抄入官，亦足抵該省浮開冒賑之數。若又令各捐生紛紛補繳，是轉開錙銖較利之端，於國家政體甚有關係，朕不爲也。吳玉綸此奏不准行，至該生等，明知折色違禁，乃相率報捐，亦不可不示懲，儆所有乾隆三十九年甘省開捐以後，報捐監生者，停其鄉試三科；已經中式舉人者，停其會試三科；其加捐職官現任者，罰俸三年；捐納職官未經銓選者，俟到班三年後，方准銓選；其在各館充當謄錄者，著五年期滿後，再效力三年，俱以奉旨之日爲始，查明扣算；其止捐監頂帶榮身者，著加恩毋庸查辦。(高宗一一三九、四)

(乾隆四六、八、癸巳) 又諭：據阿桂等將甘省捏報災賑、侵蝕帑項之各州、縣，奏請一併革職拏問一摺。所辦甚屬公當，此案係前任藩司王亶望與前任蘭州府知府蔣全迪，通同舞弊，首先作俑，以致通省效尤，習爲固然，實有不得不辦之勢。至各州、縣雖職任大小不同，但國家設官分職，均宜潔己奉公，廉隅自勵，豈有因上司勒令報荒，遂爾朋分侵蝕之理？況道、府、州、縣，即無奏事之職，遇此等事件，原可直揭部科，使累年積弊，早經破露，亦不至貽罪多人，朕必嘉其公正，特加擢用。乃竟聯爲一氣，恣飽慾壑，置民瘼於不問，此而不辦，何以肅吏治而儆官方？現據阿桂等，查明此案，俱已水落石出，朕之辦理，實出於不得已。且各員等入己贓私，俱自行供認，將來定案時，朕惟於輕重權衡，折衷至當，於按律定擬之中，仍寓法外施仁之意。至有旨詢問，而其人仍狡供者，必不恕也。所有阿桂等，此次查明參奏之知府前任知縣楊賡颺、伍諾璽，同知前署知州韋之瑗，同知前任知縣閔鵷元、孟衍泗、趙杭林，同知善達、顧芝、張春芳，通判賈若琳、經方、博敏、佛保、謝廷庸，知州那禮善、伍葆光、覺羅承志、陳常，知縣陳鴻文、王臣、李元椿、邱大英、詹耀璘、陳澍、伯衡、舒攀桂、萬人鳳、杜耕書、舒玉龍、福明、陳韶、楊有澳、林昂霄、彭永和、徐樹楠、尤永清、丁愈、錢成均、章汝楠、黃道煛、蒲蘭馨、顧汝衡、孫元禮、宋樹穀、趙元德、萬邦英、沈泰、王旭、夏恒、陳金宣、華廷颺、墨爾更額、王瑤、龐檦、申寧吉、史堂、李弼、葉觀海、何汝楠、鄭科捷、陳起撝、陶士麟、麥桓、景福、布瞻、成德、王夢麟、麻宸、呂應祥、陳嚴祖、廣福、劉治傳、州同前知縣王萬年，州判前署知州吳詵，州判前署知縣薛佩蘭，布政司經歷前署縣丞許士梁，縣丞前署知縣周兆熊、閔焜，縣丞史載衡、李立，經歷前署知縣張毓琳等，業經降旨革職拏問。其已離甘省及陞任別省各員，俱著各督撫迅速派員解赴蘭州，交阿桂、李侍堯，歸案審明，分別定擬具奏。(高宗一一三九、二三)

(乾隆四六、九、庚子朔) 諭：甘肅捏災冒賑，侵吞監糧一案，自乾隆三十九年以後，通省各官，聯爲一氣，朋分公帑。經大學士公阿桂等，在甘查辦，節次訊錄確供，奏請將該員等革職拏問，並請將任所原籍貲財，一併查封，以抵官項，業經降旨允行。此案自王亶望、蔣全迪等首先倡率，以致闔省效尤，通同弊混，各州、縣亦視侵冒官項爲故常，竟無一人潔己奉公。庸中佼佼者，此而不治，以廉弊吏之謂何？今既查辦確實，不得以罰不及衆竟置不問。朕前降旨云，辦理此案，實出於不得已者，正謂此也。朕既不能道之以德，不得不齊之以刑。而無恥之徒，方且仍冀其苟免也，世道人心，澆薄至此，朕甚愧之。現在直省各督撫，遵旨將各該員家產查封，陸續開單具奏。但念此事發覺已久，其案內人犯，前聞王亶望等拏問之信，知事已敗露，豫爲隱匿寄頓，誠不能保其必無。而在各督撫查辦此等貪吏，自不敢貤法徇情，自干愆咎。顧若以查抄嚴密之故，或株連拖累，有意苛求，別生枝節，致令外間無識之徒，妄滋竊議，則各督撫之不能深體朕意也。況此等婪得贓私，理無久享，此時即有隱藏，其子孫亦斷無安坐而食之之理，此天道之昭然不爽者。朕之辦理此案，權衡審慎，祇欲使貪黷營私之吏，知所炯戒，庶可以勵官常而振法紀，非真藉錙銖籍沒之貲財，抵償官項也，所謂不爲已甚去已甚。朕之辦理庶務，始終期以此意而已，將此通諭中外知之。（高宗一一四〇、一）

（**乾隆四六、九、癸卯**）又諭：據阿桂等查奏，甘省折收冒賑一案，酌議條款，將侵蝕銀數至一千兩以外者六十六員，均擬斬監候等語。此等侵冒各犯，其情罪本無可貸，但一千兩以上者，一律問擬斬候，則各犯內侵蝕一千數十兩至數萬兩者，無所區別。且問擬斬候人數，未免太多，朕心有所不忍。此時阿桂已經起程，李侍堯即當遵照前降諭旨，其贓私入己至二萬兩以上者，問擬斬決；二萬兩以下者，問擬斬候，入於情實，並將其入己銀兩數目，另開清單，於各該犯名下註明；其自一萬兩以下，亦應問擬斬候，請旨定奪，候朕酌覈情罪輕重，分別辦理。至折色冒賑各犯內，如有得贓本多，又復借添建倉廠，侵蝕公帑，則其罪更重。即使折收冒賑，得贓較少而又借建倉侵蝕者，亦應從重問擬。將此二項，另歸一案辦理，不得統入冒賑案內，致滋牽混。又阿桂等另摺所奏，王亶望等囑託屬員填給實收之人，案卷內無從查覈，即爲王亶望填送實收者，詰其係何姓名，亦不能記憶，俟查辦得實續行具奏等語。該員等既爲王亶望等填送實收，該捐生等係何姓名，其經手之人，豈有全無記憶、案卷內無從查覈之理？現已交部詳查，即使朦混一時，將來必致爲人告訐，或別經發覺，亦斷不能始終弊混也。又阿桂等所奏，秦雄飛請交銀三萬兩一摺。秦雄飛業經查抄，即劉光昱、文德等，亦均

已查辦，其所請那借賠繳之處，亦可無庸置議。將此由六百里傳諭李侍堯，並諭阿桂知之。（高宗一一四〇、九）

（乾隆四六、九、甲辰）諭：昨據阿桂等奏，甘肅收捐監生，歷任正署藩司，給發實收，俱有加收心紅紙張銀兩。達爾吉善於前署甘肅藩司任內，曾給發實收三千九百餘張等語。此案私收監糧折色，并加收心紅紙張銀兩，該省歷任藩司，通同弊混。達爾吉善身係滿洲，乃署任內，亦復扶同相沿陋例，並未據實陳奏，實大不是，豈可仍留藩司之任？達爾吉善著革任，仍加恩賞給三品頂戴，令其備資斧，即赴和闐辦事，所有前經派出之成策，不必前往。其直隸布政使員缺，著明興補授。（高宗一一四〇、一二）

（乾隆四六、九、戊申）諭曰：王廷贊接任甘肅藩司，於王亶望通同屬員，捏災冒賑一案，並不據實參奏，及早清釐，乃轉踵行其弊，仍將監糧私收折色，且改歸首府辦理，又每名加收心紅紙張銀一兩，并派屬員買辦物件。及事已發覺，經朕硃筆訓諭，令其據實供吐，尚敢支吾狡飾。前據行在大學士九卿會審，按律問擬斬決，本屬罪所應得，因念其本年三月蘭州守城微勞，姑從寬典，改為應絞監候。茲續據阿桂等查奏，甘省浮銷賑糧腳價一項，王廷贊將腳價銀二萬八千餘兩，發交楊士璣收存，為辦公之用。當經傳諭留京辦事王大臣，提訊王廷贊。據供：原知此項冒開，因勒爾謹說有應辦公事，遂准其領去，楊士璣並未分晰具報是實等語。此案王廷贊始終混捏，踵弊效尤，即其派令屬員買辦物件一事，向來藩臬不准進貢，屢經降旨嚴飭，更非如勒爾謹身任總督，尚可藉口年節辦買土貢者可比，是其婪索勒派，種種情罪，百喙難辭。目下已屆官犯勾至之期，王廷贊係情實官犯，著即行處絞。仍將此通諭中外知之。（高宗一一四〇、二〇）

（乾隆四六、九、己未）諭曰：巴延三等奏，傳訊原任甘肅靖遠縣知縣麥桓，據麥桓供，於乾隆三十八年在河州州判任內，因靖遠縣缺出，囑託省城素識之翟二楠，轉求蘭州府蔣全迪、鑽營王亶望，指缺求補，司府各許銀四千兩。又議定本年辦災使費，司府各四千兩。五月奉文赴任時，蔣全迪即豫填實收六百張，勒令補印收捐，造入季報以抵前欠等語。（高宗一一四一、一三）

（乾隆四六、九、甲子）又諭：據英廉奏，查抄甘肅捏災冒賑案內之陞任運同富斌，家中起出銀二萬五千五百餘兩。此案前據巴延三等奏，傳富斌供稱，本年正月，差家人劉三保，帶回銀二萬四千兩，即係在甘省冒捐所婪之贓。今英廉向其家中查出銀較多三千二百餘兩，訊據其子，則已於其父二萬四千中，用去一千餘兩，所多者乃係富斌衆家人帶回銀兩等語。富斌不過一運同，其家人已帶回銀至三千二百餘兩，是外省家人長隨等。依藉本官婪索，種種貽累地方，已可概見，吏治如此，冰懦民玩，朕實愧之。甘省既然，恐他省大率相同，特未如甘省之甚。亦幸尚未敗露耳。……（高宗一一四一、一六）

（乾隆四六、九、己巳）又諭曰：李侍堯奏，查出蘭州府填捐實收弊竇一摺。據稱實收改歸首府之後，諸弊從此而生。所發實收，各縣尚有未捐而捏報已捐者；有此縣所捐銀兩，竟爲彼縣那用者；又有此縣已捐銀兩，業爲彼縣那用，而仍將報捐糧數，於賑案內開銷者，現在查明辦理等語。實收改歸首府，總由王廷贊舛法營私，楊士璣勾通捏冒，以致百弊叢生，各州縣視國帑爲私財，任意騰那，輾轉侵蝕，實屬從來未有之奇事。但王廷贊已經正法，楊士璣亦被賊害，伊二人之子，均已發往伊犁，充當苦差，於法無可復加，惟當視王亶望之例，雖遇赦不許復回耳，此事著該部記檔。至所有那用監銀，開報虛糧入己，究係何員任內，自應詳查的實。著傳諭李侍堯，將那用虛開入己之各州、縣，詳悉查覈。此內已於前案定擬，分別辦理者若干員。其未經定擬者，並著李侍堯按照實在入己贓數，仍遵前旨，分別定擬具奏。（高宗一一四一、三二）

（乾隆四七、一〇、庚寅）諭：甘省收捐監生，本欲藉積貯監糧，爲備荒賑卹之用。前次開捐時，已不免稍有弊端，經大學士舒赫德奏請停止。至乾隆三十九年，該省復奏請開例，彼時大學士于敏中管理戶部，即行議准。又以若准開捐，將來可省部撥之煩，巧詞飾奏，朕誤聽其言，遂爾允行，至今引以爲過。其時王亶望爲藩司，恃有于敏中爲之庇護，公然私收折色，將通省各屬災賑，歷年捏開分數，以爲侵冒監糧之地。設此時于敏中尚在，朕必重治其罪。姑念其宣力年久，且已身故，是以始終成全之，不忍追治其罪。蓋自此次開捐監糧以後，甘省上下，勾通一氣，竟以朕惠養黎元之政，爲若輩肥身利己之圖，侵帑殃民，毫無忌憚，天下無不共知，朕亦早有風聞。而內外臣工，並無一人言及，思之實爲寒心。直至上年辦理蘇四十三一案，據阿桂等屢次奏報得雨，降旨查詢，始悉歷年該省旱災請賑，全屬虛捏。此皆由各該犯昧良舛法，天理難容，惡貫滿盈，自然敗露。因令阿桂等徹底查辦，種種情弊，和盤托出，實爲從來未有之奇貪異事。此案若照侵盜錢糧一千兩以上應斬正例，則所有各犯，皆應寘之重典。特以人數衆多，不忍一概駢誅。因照侵冒銀數多寡，稍爲區別。並因蘭州被賊滋擾時，曾有守城等事微勞者，格外貸其一死。除侵冒銀數在二萬兩以上者，業經陸續正法，及降旨加恩免死發遣各犯外，本日朝審勾到尚有二十三犯。內陳起撝、史載衡、伍諾璽、孫元禮、吳鼎新等五犯，侵冒銀俱在一萬兩以上，又無守城微勞，法無可貸，見已予勾。其餘各犯，侵冒銀在五千兩以上及五千兩以下之奇明、周人傑、楊廣颺、布瞻、景福、顧芝、廣福、吳應祥、李立、佛保、劉炯、郭昌泰等十二犯，及捏結收受餽送之陳之銓、潘時選、熊啟謨等三犯，俱著加恩免死。內旗人奇明等五犯，著照善達等之例，發往極邊烟瘴地方，雖遇大赦，不得援照寬釋。所生親子，著交該旗存記。除親軍、護軍、披甲等差使，准其充當，其有頂帶職分，概不准其挑補。漢人周人傑等十犯，著照萬邦英之例，發往黑龍江充當苦差，雖遇大赦，不得援照寬釋。該犯等所生親子，不准應試出仕。至成德、陳嚴祖二犯，尤非他人可比。成德係高晉之子，書麟之弟。陳嚴祖係陳大受之子，陳輝祖之弟，該二犯世受國恩，身為大員子弟，尤當潔己奉公，以圖報效。見有通省貪婪舞弊情事，若能直揭部科，朕必優加獎擢，乃亦憨不畏法，隨同侵帑殃民。雖該二犯冒賑銀數在五千兩以下，但係大臣子弟，昧良負恩，情罪尤重，是以予勾。俾大臣子弟等知所儆懼，即為大臣者，亦當引以為鑒，嚴教子弟。又巴彥岱一犯，收受餽送，代屬員擔承虧空，尚屬甘省故習，及事敗露，又瞻徇隱匿，有心袒護，是以予勾。此案陸續正法者，前後共五十六犯；免死發遣者，共四十六犯。似此通省捏災冒賑，蔑法營私，案情重大，朕心有所不忍，因於萬無可寬之中，曲貸其一死，實仍不免失之姑息，引以為愧。朕矜慎庶獄，凡大小案件，無不準情酌理，權衡至當。內外大小臣工，見此案內之身受大辟者，即當知畏，其得邀免死者，當知愧，而不當以為幸。經此番懲創之後，務須各凜冰淵，共矢小廉大法之誠，副朕明刑弼教之意。若再有憨不畏死，以身試法者，即當按法處治，斷不能如此次之曲為寬貸也。所有辦理此案緣由，著通行曉諭中外知之。（高宗一一六七、一八）

（三）福建藩司伍拉納侵吞倉穀庫項案

（乾隆五六、八、癸亥）諭：據伍拉納等奏清查各屬倉庫錢糧一摺，內稱閩省共缺額穀六十四萬九千六百餘石，雜項銀三十六萬三千二百餘兩。詳加察訪，倉穀一項，緣歷來採買，不無日久懸宕。嗣因臺匪滋事，碾運兵米，間有越例多給。其雜項銀兩，因公動缺，事所難免。兼之五十一、二等年，辦理軍需，不無通融墊給。所有不准造銷之項，皆應於承辦各員名下，著追歸款。懇請各歸各任，於三年內全數完繳。如逾限無完，及無可著追者，在該管道府名下分賠等語。所辦非是，殊欠公允。前此臺匪滋事，所有軍需款項，經特旨撥解數百萬帑金，發給應用，其口糧兵米，亦由四川江浙等省，運往支放。即有例外多支，一時通融墊發，事後不准造銷，亦係在撥解銀米內。虧短數目，與該省倉庫實貯之款，原無干涉。今該督撫等清查各屬錢糧，惟以墊辦軍需爲辭，明係藉端影射。況各屬虧短銀穀，不下數十萬，該管道府，職分較小，廉俸無多。若所屬各州縣，應賠無著之項，悉令道府賠繳，帑項仍屬虛懸。所有閩省查明虧短銀穀，即照該督等所請，統限三年，著落全數完繳。其有拖欠未完，及抵變不敷，並道府不能完繳者，均著閩省歷任督撫藩司，於限內分賠完繳。如再逾限不能清款，惟該督撫藩司是問，必將伊等從重治罪。不稍寬貸也。（高宗一三八五、六）

（**乾隆六〇、五、己卯**）諭曰：魁倫等奏，閩省倉庫虧缺，從前奏過穀六十四萬餘石，銀三十六萬餘兩，本非實數，又有續虧。前後約共二百五十萬兩以上。現查明省城兩廳、兩縣虧空倉穀五萬三千餘石，庫項七萬八千餘兩。請將現在閩省之告病同知李振文、邵武縣知縣李堂、將樂縣知縣路釗、降調知縣郭廷魁、上杭縣知縣姚鶴齡革職嚴審定擬。查明任所貲財變抵。其已離閩省之方維憲、秦爲幹等十二員，亦飛咨各旗籍查明家產，追出歸款等語。此事大奇。各省倉庫，帑項攸關，豈容絲毫虧短？乃閩省各廳、州、縣任意侵那，省城兩廳兩縣已虧空倉穀五萬三千餘石、庫項七萬八千餘兩之多。其餘各處更可不問而知。歷任督、撫、藩司以及該管道、府，並不隨時揭報查參，所司何事？且恐其中有通同染指情弊。此而不徹底究辦，其何以重倉庫而儆官邪？魁倫等所奏尚爲允當。李振文、李堂、路釗、郭廷魁、姚鶴齡均著革職拏問，交與該署督撫，提同經手書吏人等嚴審定擬，仍按數追賠。至臺灣餘匪，已節報拏獲，將次淨盡，並無必須楊廷理在彼幫辦之事，前已簡發京察記名道府十六員，並令馳驛前往，即日可到。知縣一項，本年大挑亦已發去五十餘員儘敷補用。楊廷理及知府鄧廷輯、徐夢麟，知縣張映斗、盧焌，亦著革職拏問。交該署督撫審辦。其臺灣道、福州府知府員缺，即著該署督撫於發往京察人員內揀選二員奏明補授。其已離閩省各員，即照現任人員一體查辦。伍拉納前已革職，計此時伊已可內渡，亦著拏問。浦霖、伊轍布前已革職，令吉慶傳飭沿途截解回閩，並著拏問，一併交該署督撫歸案審辦。（高宗一四七九、二〇）

（**乾隆六〇、七、癸丑**）又諭曰：長麟等奏訊問浦霖、伊轍布供情一摺，內稱周經係伍拉納任審司時充當庫吏，伊轍布任內已經報滿，在外開張銀店，常有領出傾銷之項。因交代時查出尚有未交銀八萬五千二百兩之數，恐新任不肯接收，當即勒追。除已現交銀四萬五千二百兩外，尚有四萬兩無從措繳。恐庫中正項有缺，即將辦賑餘存項下銀四萬兩代爲措墊等語。看此情形,伍拉納之罪更重於浦霖。周經以藩司庫吏,竟敢在外開張銀店,短缺庫銀至八萬五千餘兩之多。伍拉納先係福建藩司,旋擢浙閩總督,每年具奏銀號並無舞弊,及接收盤查時,何以俱未查出,任其虧缺?必係周經爲伍拉納私人,有通同侵用情弊。著傳諭長麟、魁倫,即嚴訊周經所短庫銀四萬兩,在何處用去?倘周經支吾不吐,即加之刑訊,自無難水落石出。一經究得伍拉納有從中侵用情節,立即據實具奏。倘長麟、魁倫意存袒護,代爲消弭,伊二人自思當得何罪。凛之,慎之!(高宗一四八二、一二)

(**乾隆六〇、一〇、戊戌**)又諭曰:長麟等覆奏,庫吏周經與伍拉納等通同弊混一摺。周經以微末庫吏,侵虧帑項多至八萬餘兩,實屬目無法紀。審明後即於該處正法,以示炯戒。至此案魁倫以將軍署理督篆,於地方事務未能諳悉,長麟久任封疆,經朕特派前往查辦,乃一味沽名取巧,殊負委任,是以降旨革職,實爲權衡公當。想長麟亦自當心服也。(高宗一四八九、一七)

(四)松江鹽道運使柴楨虛冒挪移鹽課案

(**乾隆五七、一二、丙子**)又諭曰:全德參奏,運使柴楨將商人王履泰等應納錢糧,在外截留,作爲已收,私自移用,共二十二萬兩。庫官黃德成曾稟請該運使明示,因柴楨告以急用暫那,當即設措歸款,黃德成隨聽其作弊。又隨訊之該運使家人柏順,供稱實因柴楨浙江交代未清,恐浙省參奏,是以私那十七萬兩,前往補填,其餘五萬,係自己侵用等語。此事大奇,殊出情理之外。已明降諭旨,將柴楨革職拏問,並將該庫官黃德成革職,交書麟、奇豐額、全德嚴審定擬矣。柴楨以貴州舉人,用至運司,其前任浙江鹽道,即係美缺,迨調用兩淮,缺分尤好,該員以邊省寒畯,坐享豐膴,亦當知足安分,謹守出納,何得將商人應交錢糧,私自那移至二十二萬之多。即據伊家人供稱,該員自用銀止五萬兩,其餘十七萬兩,係送往浙江,補填交代。柴楨調任兩淮未久,何以即用銀五萬兩。且浙江鹽道,養廉亦厚,又何以交代未清,多至十七萬兩。種種情節,殊堪駭異。除另降諭旨,交福崧在浙省就近查明,明白回奏。並令馮光熊,於該員本籍,一併查封外,著傳諭書麟、奇豐額接奉此旨,即速赴揚州,同全德將該員因何那移,作何支用,會同確切查訊,務得實情。書麟辦事素軟,此係特交查辦之件,尤宜秉公確查,據實辦理,不得稍涉迴護。如該員實係侵蝕入己,現距年節不遠,著傳旨即將該員一面正法,一面奏聞,以爲運使大員侵帑不法者戒。至柴楨現經全德摘取印信,派員看守,如該員有聞風畏罪自戕等事,則惟書麟、奇豐額、全德三人是問，恐書麟等不能當此重戾。其庫官黃德成，雖係微末之員，但典守者不得辭其責，因何任令該運使私自那移，不行申報，亦應訊明治罪。全德雖經查明參奏，第近在同城，不能先事覺察，致令那移至二十餘萬之多，亦有應得之咎。統俟定案後，再降諭旨。（高宗一四一八、二三）

（乾隆五七、一二、丙子）又諭曰：全德參奏，運使柴楨虧空庫項一摺。已明降諭旨，將柴楨革職拏問，交書麟等嚴審定擬具奏矣。至摺內稱，商人王履泰等應納錢糧，因何聽運使截留在外，私自那用，應押令該商先行賠出，以清庫項等語。尚不足以示懲。從前高恒於侵用提引餘利一案，商人江廣達據實證明，曾特加恩賞給該商布政使職銜，以示獎勵。今柴楨將應納錢糧，截留移用，商人王履泰等若能據實稟知鹽政查辦，不特得免罪戾，並可仰邀恩獎。乃明知運使截留移用，隱匿不報，其咎甚重。今不將該商等一併治罪，已屬格外從寬。所有柴楨移用銀二十二萬兩，應罰令王履泰等加倍繳出，以示懲儆。並著全德，傳集該商等，將此旨明白曉諭。以前此江廣達邀賞一事，伊等皆所共知，何以於柴楨移用帑項，並不早行稟知，代人受過。若鹽務官員，相率效尤，私向商人那移，該商等俱為隱忍，移累豈不更多。嗣後遇有此等侵那情事，該商等務須各知利害，及早呈首，既免罰賠，又可得賞。不特運使為然，雖鹽政有私那勒索等弊，該商等即不便在鹽政處呈告，儘可赴督撫衙門控訴，毋得仍前容隱，自取罪愆也。（高宗一四一八、二六）

（乾隆五七、一二、壬午）又諭曰：書麟等奏，訊據柴楨供稱，在浙江交代時，因陞了運司，令將鹽道庫內無著銀二十多萬兩交出，是以到揚州後，私向眾商暫那課銀十七萬兩，趕送浙江。又曾將玉器等件，留於浙江道庫，押抵銀三萬五千兩，後來浙江定要現銀，及解往浙省銀須加色，是以復那課銀五萬兩，共是二十二萬兩等供。但所供難以遽信，事涉兩省。懇請欽派大臣，提同質審等語。所奏可笑。奇豐額甫經擢用巡撫，未曾歷練，遇事或不能確有把握。書麟簡任封圻年久，於此等重大案件，既經全德移交審辦，自當秉公嚴鞫，據實辦理，何得輒請欽派大臣，意存推諉。試思伊等皆係督撫，尚非大臣乎，何其甘自居於不是人，一至於此。書麟、奇豐額，俱著傳旨嚴行申飭。此事全德奏到後，朕即以書麟辦事素軟，早經派令慶桂、長麟前往會同審辦。今觀其如此無用，竟不是人，果不出朕所料。此項銀兩，既據柴楨供明，俱係那往浙省填補，揚州無可查辦。著傳諭慶桂、長麟，接到此旨，途次加緊行走，到揚州後，亦無庸在彼耽擱，即將柴楨帶往浙省質審。務將浙江鹽庫，因何虧缺二十二萬兩之多，柴楨離任時，如何移交，新任如何接收，又如何自認填補。此舉福崧自然知情染指，著即革職，逐一嚴鞫，務得實情，迅速據實具奏。若尚支飾，著慶桂帶一干犯速來京，朕將親審。將此由六百里加緊傳諭慶桂、長麟等知之。（高宗一四一九、五）

（**乾隆五七、一二、癸未**）諭軍機大臣等：昨據全德奏，向來各商上納錢糧，或用商夥，或用家人，赴庫兌交，本商並不親到，並有交與銀店代納者。此次柴楨移用銀兩，即係向商夥家人等，說明那用等語。已降旨飭諭全德，因又詢問伊齡阿前在鹽政任時，其商人交納錢糧，如何辦理。據稱，兩淮商人上納錢糧，其在揚州府城者，俱係本商自行赴庫兌交；其籍隸山西、陝西、安徽等處之商人，多在原籍居住，應納錢糧，俱係商夥在揚州代爲交兌等語。所言自係實情。該商人等如係揚州本商，一切行運事宜，俱係自行經理，則於交納錢糧時，近在本城，自應親身到庫，兌交上納；其籍隸山西、陝西、安徽等省之商人，所有營運等事，係交商夥代辦，本商多在原籍居住，相距較遠，其上納錢糧，若必令本商自行赴庫兌交，轉啟藉端需索等弊，亦非恤商之道。嗣後兩淮商人交納錢糧，除住居本城者，自應責令親身赴庫兌交，毋得瞻徇情面，致滋弊竇外，其籍隸外省之商人，不可因有昨旨，一概拘泥，務令本商自行赴揚州到庫交兌，以免滋擾而示體恤。再長蘆鹽務，有無前項等弊，並著傳諭穆騰額隨時留心查察，其交納錢糧時，如有籍隸外省商人，亦著一體遵照辦理。（高宗一四一九、九）

（**乾隆五七、一二、庚寅**）諭軍機大臣曰：柴楨所那揚州帑課銀二十二萬兩，前據書麟等奏，訊之柴楨供稱，內十七萬兩，係分作四次送往浙江，填補交代。又五萬兩，亦係送往浙省，贖回抵押珠串、玉器，既添補銀色之用。何以福崧所奏，柴楨名下共止應賠銀七萬八千餘兩。並經該護道明保催收清楚，結報無虧，鹽道張慎和到任交盤，亦結報並無虧短。與柴楨所供，殊不相符。且福崧摺內，亦無一字認罪之處，實大不是。已明降諭旨，將福崧革職拏問矣。所有柴楨一犯，業交慶桂等帶往浙省，四面質對，無難水落石出，該護道明保及鹽道張慎和，因何結報無虧，亦應訊問。明保丁憂回旗，現查明尚未到京。著傳諭慶桂、長麟不拘於何處遇見明保，即一面向該員詳細研訊，一面帶往浙省，以便候質。如明保、張慎和有通同弊混之處，亦即據實嚴參，勿任徇隱。（高宗一四一九、一五）

（**乾隆五八、一、己亥**）又諭［軍機大臣］曰：……本日據慶桂等奏，訊據柴楨供出，前在浙江鹽道任內，福崧曾向婪索金銀，及派辦物件，不發價銀，通共用去銀十一萬五千餘兩等語。此事前據全德奏到時，朕以福崧若非與柴楨通同染指，何以肯代爲隱匿不奏，今果不出朕之所料，汝姪竟至如此，可恨可愧。現據慶桂等將柴楨帶往浙省質審，無難水落石出。所有慶桂等奏摺，並柴楨供詞，俱著鈔寄閱看。將此諭令知之。(高宗一四二○、七)

(乾隆五八、一、辛亥) 又諭〔軍機大臣等〕：據慶桂等奏，審明福崧、柴楨侵婪各款蹟，於原參二十二萬兩之外，又經供出侵用掣規值月差費等項，共銀六萬六千餘兩。質之福崧，伊亦無可置辯等語。是此案福崧、柴楨侵那各款，已經審訊明確。其柴楨所供，福崧曾向伊要過金子二百兩，福崧止認得過金子一百兩，與原供不符一節，現已行文察哈爾都統，將經手轉送之歸景照，解京質訊，自可無從遁飾。福崧侵婪銀兩，爲數甚多，其罪名輕重，亦不在此金兩一款。著傳諭慶桂等，即就現在審明情節，將福崧、柴楨按律從重定擬，迅速結案。(高宗一四二一、七)

(乾隆五八、二、己巳) 諭：前據全德參奏，運使柴楨那移商人鹽課二十二萬兩，解送浙江，彌補鹽道庫內短缺銀兩一案。事關侵那帑項，不得不切實嚴究。特派慶桂，會同長麟前往查審，彼時朕不但不疑福崧於此案有通同侵染情弊，即柴楨由貴州舉人，用至府道，擢授運使，該員以邊省寒畯，得此優厚俸廉，已爲逾分，亦不應再有敗檢營私之事。今據慶桂等審明福崧、柴楨侵婪各款，於原參二十二萬之外，又審出福崧侵用掣規月費等銀六萬餘兩，殊爲駭異，實出意料之外。經慶桂等將福崧、柴楨及案內各員，按律分別定擬具奏。現據軍機大臣，會同大學士九卿覈議，請照慶桂等所奏，將柴楨擬斬，即於浙省犯事地方正法。福崧亦擬斬，即行正法，均屬罪無可逭。……(高宗一四二二、一○)

四、知府、司書等吏役違紀貪污的事例

(一) 貴州鎮遠府知府蘇墧侵匿稅銀，捏報反噬案

(乾隆四○、九、辛酉) 諭：前因刑部奏，有鎮遠府知府蘇墧用六百里驛遞，揭告該省督撫藩臬等串通一氣，袒庇劣員等情。彼時以事關通省大員，自應徹底查究，因派侍郎袁守侗、阿揚阿馳驛前往查辦。旋細閱蘇墧揭帖，其措詞矛盾處甚多，即疑其或因上司有將伊劾參之信，故爲先發制人，計圖反噬。今據圖思德參奏，該員於鎮遠府任內，浮收稅銀，勒索船戶客民，及得受本地鄉紳餽金前往弔奠，種種婪贓卑鄙，均有證據。並稱委員訪查，於八月十五日抵鎮遠，蘇墧即於十九日封發六百里馬遞公文，通揭部科等語。是其捏詞反噬，果不出朕所料，而於稅口例外浮徵一、二倍之多，尤屬目無法紀，實出情理之外。蘇墧著革職，交與袁守侗、阿揚阿將所參各款

及有名犯證，一併嚴審，定擬具奏。……（高宗九九一、一）

（乾隆四〇、九、辛酉）諭軍機大臣等：前據貴州鎮遠府知府蘇墧，將署總督圖思德與署藩司國棟、署臬司國棟、貴州道佛德等通同一氣，袒庇劣員席纘，欲爲開脫各情節，由六百里馬遞，直揭部科。據刑部等衙門轉奏，如果所言非妄，則是黔省各官，上下扶同，徇私舞弊，於吏治大有關係，不可不徹底根究。特派侍郎袁守侗、阿揚阿前往查辦。復思該府即負冤直揭，亦當差人賫投，有何迫不及待，而由六百里星馳遄遞？必係聞督撫將欲劾參，捏詞反噬，以圖先發制人，故情急計出於此。曾向軍機大臣一再言之。復閱其原揭，前稱改委席纘世交素好之貴東道佛德承審，後云佛德以案情不實，不肯依辦，即屬自相矛盾。曾諭令袁守侗、阿揚阿詳細研鞫，務使其事水落石出。今據圖思德參奏蘇墧例外徵收關稅，贓款纍纍，乃聞該署督差人到府訪查，即由六百里遞發印文通揭。其挾嫌反噬，果不出朕所料。蘇墧將通省上司全行訐告，即使所揭之事，審皆屬實，朕亦另有辦法，斷不肯因此邊加擢用，致啟澆風。乃浮徵稅課如許之多，復敢逞其鬼蜮伎倆，揭告上司，情罪甚爲可惡。關稅俱有定額，各省司榷務者，從不敢違例多徵。今蘇墧於額報數外，浮收一、二倍之多，其罪甚重。袁守侗等審明確實，自應即以此款作爲重罪，問擬斬決具奏。其蘇墧原揭之案，如或審有確據，亦當分別辦理，不可因蘇墧已經獲罪，竟將原揭置之不問。至蘇墧贓數甚多，其稅銀現有草薄底簿可憑，諒非虛妄。所有蘇墧任所貲財，著袁守侗等即將帶往司員內，派出一人，並同該督撫派委道員一人，同往該府查封。如審明定案，應行入官，即一面辦理，一面奏聞。將此同明發諭旨，由六百里一併發往，諭令袁守侗、阿揚阿知之。仍即將到黔後查審大概情形，先行具奏。圖思德摺並鈔寄閱看。（高宗九九一、三）

（乾隆四〇、九、壬申）諭軍機大臣等：前據圖思德參奏知府蘇墧於例徵關稅外，數倍浮收、贓款纍纍等因一摺，韋謙恒雖亦會銜具奏，實係圖思德巡閱黔省營伍入境後，訪查而得，並非發自韋謙恒，其情節已屬顯然。巡撫有察吏懲貪之責，鎮遠距黔省會城不遠，耳目易周。今蘇墧浮收關口稅銀，勒索客民船戶及得受本地鄉紳餽金，贓私狼藉若此，韋謙恒近與同省，何竟漫無覺察，任其貪汙無忌？而圖思德一入黔境，便有風聞，即行訪查參奏。則韋謙恒平日所司何事？且知府貪劣，本省巡撫不行查參，直待督臣訪劾，巡撫雖同列銜，亦難辭咎。而韋謙恒自與圖思德會銜之後，若無其事者然，既不專摺特參，亦不自請議處。今日奏到各摺，謂必係補奏蘇墧之事，乃竟無一字提及，實大不是。韋謙恒著傳旨嚴行申飭，並著明白回奏。（高

宗九九一、二八)

（**乾隆四〇、一〇、己卯**）諭軍機大臣等：據周元理奏查封革職知府蘇墧原籍家產一摺，據審訊伊子及家人供，蘇墧從前歷任知縣、通判，各任用度不敷，尚有借貸，至乾隆三十七年陞任鎮遠府後，上年兩次寄回銀四千九百兩，今年又送到銀四千二百兩，通共計銀九千一百兩。除還賬及用度外，實無絲毫隱寄等語。蘇墧歷任縣令、府倅時，所入尚不敷用，自陞任知府後，三次寄回原籍銀至九千餘兩，因查該府每年養廉僅一千三百，統三年而計，尚不及所寄之半。今寄回銀兩至如許之多，其爲浮收關稅及各項貪婪贓款，已屬顯然。（高宗九九二、六）

（**乾隆四〇、一〇、庚子**）諭軍機大臣等：據袁守侗等奏查審蘇墧浮收關稅銀兩，訊據關書等供出，每年除報解正額外，納餘銀四五千兩不等，並訊明收受周大年家點主餽金各情節屬實，現在審明定擬等語。蘇墧侵蝕稅課，數已逾萬，其得受所部鄉紳餽金，亦供認不諱，其罪實無可逭。自應將派累客戶、商人各款，一併審確，從重定擬，以儆官邪。至此項浮收稅銀，據關書等僉供，每年除報解正額七千餘兩外，約餘銀四五千兩不等，三處關口火食、束修、役食等項，俱於此內支發等語。是此項盈餘銀兩，竟似相沿陋習，若歷任所餘，俱係此數，則其弊不始於蘇墧，自未便置已往於不問；若蘇墧作俑多收，實屬目無法紀。抑或因向來有火食等項零星餘款，蘇墧遂借名額外浮收，則是蘇墧加徵肥橐，不可不嚴示懲創。至各省大關稅權，正額之外，例報盈餘，黔省向來作何辦理？或聽各員任意開銷，竟不申報，抑或因餘款無多，僅報該上司查覈存案。此等情節，皆不可不逐一訊明。此案既已敗露，自當徹底清釐，使之水落石出。著傳諭袁守侗詳細查明，據實覆奏。袁守侗現署撫篆，所有查審冀國勳一案，昨已有旨，令阿揚阿就近馳往，秉公審辦，著阿揚阿即遵前旨，迅即赴川可也。（高宗九九三、二七）

（**乾隆四〇、一〇、壬子**）諭：刑部等衙門議覆侍郎袁守侗等查審蘇墧侵匿稅銀等款，照侵盜錢糧擬斬，幷請旨即行正法，於定罪尚未允協。向來侵盜錢糧之罪，止於斬監候。蘇墧欺隱稅課雖多至一萬二千餘兩，但外省似此侵貪者亦所常有，俱係照例問擬，不必因此將蘇墧獨行加重。而蘇墧必不可逭之罪，則在探知該督欲將伊贓蹟參劾，輒捏砌虛誣之款，計圖陷害上司，擅用六百里揭報部科，爲先發制人之計。其乖張傾險，實出情理之外。當今政治肅清，豈容此憸邪之臣子？蘇墧著照法司所擬，即行正法。至韋謙恒，獲理撫篆，與蘇墧止在一省，乃於其侵課婪贓之事，漫無覺察，直待圖思德巡查入境，據實參奏，韋謙恒僅以附銜了事，已屬昏憒；轉因蘇墧揭內,有干涉伊審案之語,輒復嘵嘵奏辯,而於不早查參蘇壋之咎,不置一辭,其獲罪乃在於此。是以將伊革職,發往軍臺效力贖罪。朕辦理庶務,一秉至公,輕重惟視其人之自取。將此通諭知之。(高宗九九四、一五)

(二) 哈密通判經方侵盜庫銀票

(乾隆四六、一〇、丁亥) 諭軍機大臣等:據佛德等奏,查辦冒賑之哈密通判經方,任所貲財,查出該員經管應存庫項銀二萬三千餘兩,用去無存,非尋常虧空那移者可比,不可不徹底嚴查,另案專辦。該員現在解赴蘭州審訊,著傳諭李侍堯即親提該犯,用刑嚴鞫何以侵用官項至如許之多,將來定案時,又當以侵盜庫銀爲重,不得歸入冒賑各犯案內,僅按銀數多寡爲定罪之輕重也。至此項庫存銀兩,該員使用無存,佛德、哈靖阿近在同城豈無見聞?乃直至此時查辦,始行和盤托出,平日所司何事?佛德、哈靖阿,即著革去職銜,其經方侵用之庫項二萬三千餘兩,並令伊兩人照數分賠。至奎林曾任烏魯木齊都統,所有各屬員經管之項,尤應留心稽查,乃一任劣員侵用花消,全無覺察,其不是更大?並著奎林仍將此項銀兩,照數賠繳,其該管之道府,並著李侍堯查明,令其一併賠繳,以示懲儆。嗣後新疆各處,所有錢糧庫項,除本管該都統,應行實力查驗,不得僅以道、府盤查結報塞責。其有侵那虧缺等弊,惟該都統是問外,其駐劄同城之辦事大員,並著一體稽查,毋分畛域。其餘新疆凡有文職經管倉庫者,其同城辦事大員,俱著照此一體辦理,以專責成。將此由五百里傳諭李侍堯,並諭奎林等知之。(高宗一一四三、八)

(乾隆四六、一一、癸卯) 諭軍機大臣等:前以哈密通判經方,侵用庫項銀二萬三千餘兩,非尋常那移虧短者可比,降旨令李侍尭一面查訊,一面派員將該犯解交刑部,審擬治罪矣。本日又據佛德等查奏,經方任內,尚有司庫領回未入月報銀六萬一千三十餘兩,現在庫內無存,實係經方虧空等語,此事尤可駭異。經方以通判微員,經手錢糧倉庫,輒敢任意侵虧,數至八萬餘兩之多,實屬目無法紀。除該犯到京,交刑部嚴切審訊外,計該犯此時已到甘肅,著傳諭李侍堯即行親提嚴訊,將該犯到任以後,如何肆意侵吞此項庫銀,作何花費逢迎,現在隱寄何處,逐一鞫訊,取具確供。一面具奏,仍一面遵照前旨派委妥幹員弁,迅速解京,勿使稍有疎虞,將此由五百里傳諭知之。(高宗一一四四、一五)

(乾隆四六、一一、己酉) 又諭曰:李侍堯奏,查參革通判經方,於庫貯銀兩花費二萬三千餘兩,續准哈密來咨,又查出經方任內,有司庫領出未入月報各項銀六萬一千餘兩，亦俱無存，自當徹底嚴查，押送赴京辦理等語。經方於通判任內，膽敢將庫貯銀兩虧空至八萬餘兩，又圖思義奏經方虧缺庫項，并豆草腳價，共十三萬六千餘兩，是於李侍堯所奏八萬之外，又有數萬兩，實堪駭異。前經佛德等訊，據經方供，係在省還債使用等語。經方並非滿洲大族，向人借貸，焉能借至鉅萬？即自行浪費，亦何至花消如許之多？殊非情理所有，其中必另有隱匿寄頓等弊。著傳諭李侍堯，於經方解甘時，先行嚴切究訊，務將如何虧短花費緣由，究明下落，毋使稍有捏飾，一面審明具奏，一面派委妥員將經方解京訊問，毋致疎虞。再李侍堯定擬離甘各員摺內，佛保一員，誤書佛德，殊爲疎忽，已用硃筆點出，著將此一併諭令知之。（高宗一一四四、二四）

（**乾隆四六、一一、乙卯**）又諭：據明亮及佛德等奏，續行查出哈密通判經方，任內虧缺糧石草束，覈計價銀六萬七千餘兩，連前共虧缺庫項十五萬兩有餘等語。經方係一通判微員，竟至侵虧帑項至十五萬餘兩，此事實屬大奇，已於摺內批示，該犯將監守官項，任意盜用，數至十五萬餘兩之多，何以直至此時，始行陸續查出？無論索諾木策凌、奎林係該管都統，平日毫無覺察，所司何事？自應分賠。即佛德、哈靖阿，近在同城，豈無見聞？必至查抄經方任所家財，始行和盤託出，具爲有心徇隱，實屬顯然，亦應查明，令伊二人分賠。但查佛德、明亮等，前後具奏數目不符，難以辦理，著傳諭李侍堯，查明究係實數若干，具奏到日，再令軍機大臣合符銀數，令索諾木策凌等，照股分攤賠繳歸款，以示懲儆。至經方在任五年，如何盜用官項至十五萬餘兩之多，並著明亮、李侍堯悉心訪查，據實具奏。再經方一犯，前已降旨，令李侍派委妥員解京審訊。著傳諭該督，如該犯尚未起解，即迅速解京，如已起程，並飛咨沿途督撫及飭該解員小心管解，務於年內趕到，毋得遲誤，將此由六百里各諭令知之。（高宗一一四五、四）

（**乾隆四六、一二、癸酉**）又諭：前據圖思義等查奏參革哈密通判經方，虧短庫貯銀至十五萬餘兩，業經降旨，將經方解京嚴審，並令李侍堯等，詳查如何虧短花費緣由，據實具奏。今據李侍堯奏，查經方在哈密通判任內，節次由道庫司庫及接收上任交代銀，共四十七萬九千餘兩。其作何支銷之處，緣口外各廳、州、縣，一切動用銀兩，自四十二年經烏嚕木齊都統索諾木策凌奏准，由該處經行報銷。所有經方任內支收細數，總督衙門無從稽覈，其如何花費，哈密距省較遠，一時未能悉其底裏，現在另行訪查具奏等語。口外各廳、州、縣，經管庫項銀兩，其支收數目，自應隨時詳報總督，方足以資稽覈，乃索諾木策凌奏由該處徑行報銷，以致總督衙門，無從查考。經管之員，得以任意支銷，侵虧鉅萬，實由索諾木策凌辦理不善所致，著交部嚴加議處。嗣後口外地方，一切請領接收銀兩及作何動用之處，並著會同該督，查覈詳確報銷，著爲令。該部知道。（高宗一一四六、一二）

（**乾隆四六、一二、戊寅**）刑部議覆：哈密通判經方虧缺庫項，請旨即行正法，其收受食物之前任都統索諾木策凌，並請按律治罪。得旨：經方以通判微員，經手庫項，膽敢任意虧空至十五萬餘兩之多，實非尋常侵貪者可比。經方著即處斬，伊子重慶，著銷去旗籍，發往伊犁，給厄魯特爲奴，以示炯戒。前任都統索諾木策凌，本應照部議定擬治罪，但究係收受食物等項，並未婪得屬員贓私，姑從寬免其革任，仍註册。（高宗一一四六、一九）

（三）司書王麗南私雕假印串通舞弊案

（**嘉慶一一、八、乙未**）諭内閣：本日裘行簡奏，藩司查出司書假雕印信，串通銀號，虛收解款，舞弊侵用緣由一摺。並據慶格同日具奏，究出司書私雕假印，勾串舞弊緣由。據稱，司庫歷年出入銀數，轇轕不清，司書狡黠支吾，因弔齊册檔案據，詳悉稽覈，查出歷年地糧耗羨以及雜稅銀兩，均有虛收之款。隨又親提各州縣奉到司發批收，逐加覈對，竟有假印貼改諸弊。隨查傳承辦司書王麗南等，隔別研訊。歷年以來，該犯等有將司發庫收小數貼改大數者，有將領款抵解錢糧，又蒙混給發者，有串通銀匠，給與假印批收者，爲弊不一。共虛收過定州等十九州縣地糧正耗、雜稅等銀二十八萬餘兩，并起出藩司及庫官假印二顆等語。直隸司書王麗南等，敢於私雕藩司及庫官印信，與銀匠等串通舞弊，將各州縣批解銀糧，任意侵盜，數至二十八萬餘兩之多，作奸犯科，至於如此，爲從來未有之案，實出情理之外。案關重大，不可不嚴行根究，辦理示懲。著派協辦大學士尚書費淳、尚書長麟，帶同明幹司員，即行馳驛前赴保定，查明款項，提集犯證，逐一嚴訊，秉公定擬具奏。其畏罪潛逃之司書陶源即陶含輝，著該督等即行嚴拏務獲，歸案辦理。至此事該司書等串通侵盜，舞弊有年，將庫項種種糾纏，以致漫無稽考。該藩司慶格，於到任後悉心查覈，詳細勾稽，今將弊混查出，認真可嘉。慶格著加恩交部議敍。（仁宗一六五、二六）

（**嘉慶一一、九、己酉**）又諭：費淳、長麟奏審訊大概情形，並究出串通舞弊之各州縣，請旨革職拏問一摺。據稱司書王麗南等私雕假印舞弊營私一案，查明自嘉慶元年起，至本年止，地丁耗羨雜款項下，俱有虛收，虛抵重領，冒支等弊，計有二十四州縣，共侵盜銀三十一萬六百餘兩。此内竟有與州縣講明，每虛收重抵冒支銀一萬兩，給與司書及説事人使費銀二三千兩不等,各州縣實省解銀六七千兩。當經費淳等逐細研鞫,按冊覈稽,究出串通知情之州縣張麟書等十一員。其現任者均經提傳質審,各認通同舞弊屬實等語。閱之殊堪駭異,實爲我朝未有之事。從前外省不肖官吏,作奸犯科,如甘肅捏災冒賑之案,最爲重大,然祇藉辦賑爲名,虛報侵肥,從無有身任州縣,與胥吏等勾連一氣,公然將正項錢糧,私雕假印挖改公文,虛捏報解,抵冒分肥至三十餘萬兩之多。若似此朋比爲奸,將各直省應徵錢糧,奸胥劣員得以任意乾没,綱紀何在?亟應徹底訊究,加等嚴行懲辦。所有現已究出之知州陳錫珏、知縣徐承勳、陳孚、蕭泗水、范穀貽、魏廷鑑,均著革職鎖拏,同已經參革之知州王盛清、知縣任銘獻一併鎖拏監禁,交費淳等悉心研審。如有狡展,即當加以刑訊,務得確情,按律加等定擬具奏。該革員等任所原籍及病故之知州張麟書、知縣鄒試、丁履端各原籍貲財,一併嚴密查抄。並查明該革員等子孫,有捐納官職者,悉予褫革。其訊不知情之各州縣,亦尚未可盡信,仍當詳加確訊,毋任稍有不實不盡,以成信讞。(仁宗一六六、一〇)

(**嘉慶一一、九、癸丑**)諭內閣:據費淳、長麟奏,連日審辦直隷省官吏勾通侵帑一案,除州縣短解司書、銀匠侵蝕之外,尚有知情分贓之各幕友、長隨人等。現已咨部斥革,分別提拏押解歸審。又究出正定縣知縣戴書培,曾經借領司庫銀一千六百餘兩,經司書王麗南串通,將借領案卷銷燬,戴書培允從,給與酬謝銀四百兩。幕友余用甫索分銀一百兩,已提到質審屬實。又任縣知縣馬河,有應解地糧銀五千兩,經長隨賴錦堂串通司書,以實解銀五錢誆出真印庫收,挖改爲解銀五千兩。現在訊據賴錦堂,先供官不知情,又供官祇給銀二千五百兩,供詞兩歧等語。並查明歷任總督、藩司各任內,虛收銀兩數目及失察虛收銀數,開繕清單呈覽。知縣戴書培以借領司庫之項,竟敢與司書串通,將領案銷燬,圖免解還,私給與王麗南酬謝銀兩,目無法紀,至於此極,實堪令人髮指。前任正定縣知縣今升昌平州知州戴書培,即著革職,鎖拏到案嚴訊。一面將伊任所及本籍貲財先行查抄,知縣馬河所解銀五千兩,雖據長隨賴錦堂供稱係與司書串通,以實解銀五錢,將庫收挖改,但供詞閃爍,前後不符,亦應歸案嚴訊。任縣知縣馬河著解任,一併質訊。其串通得贓之幕友、長隨人等,現經費淳等分別提拏,均著迅速鎖拏到案,嚴加根訊。將來定案時,均應計贓論罪,再加等問擬。至該省官吏幕友、長隨人等,敢於勾通一氣,將國家正帑,任意侵吞,明目張膽,毫無忌憚,歷任總督、藩司,憒然不知,竟同木偶,所司何事?爲從來未有之案,朕不得不從嚴加重辦理。毫無良心之歷任庸碌無能督藩,實堪痛恨。而朕不知人之咎，惟自怨耳。閱費淳等呈覽單內，查出各任虛收銀兩，及失察虛收數目，此時懲辦之法，亦應按其虛收失察數目之多寡，以分其獲戾之輕重。所有各藩司任內虛收之數，瞻柱計有十九萬餘兩，數目最多。其次即係顏檢任內虛收六萬三千餘兩，鄭製錦任內虛收二萬二千餘兩，同興任內虛收二萬餘兩，又均在顏檢之次。其失察虛收之各總督，則顏檢失察藩司虛收銀二十萬八千餘兩，爲數最多，胡季堂失察虛收銀六萬二千餘兩，梁肯堂失察虛收銀二萬二千餘兩，陳大文失察虛收銀七千餘兩，熊枚失察虛收銀二千六百餘兩，姜晟失察虛收銀一千五百餘兩，除病故各員外，均交部分別嚴加議處。顏檢本係在直隸總督任內獲咎之人，經朕節次施恩，棄瑕錄用，賞給同知，發往南河效用。今伊在總督、藩司任內，復有此重大之案，實再難曲爲寬貸。顏檢著革去頂帶，著鐵保派員押送來京，聽候部議。山西巡撫同興，亦著開缺來京，聽候部議。袠行簡在藩司任內，曾虛收銀一萬一千餘兩，其署督任內亦失察藩司虛收銀一萬六千餘兩，但爲數較少，再伊於升署總督之後，因藩庫款項未清，曾奏明同慶格再行查辦，尚未出結。此時慶格接手查辦，方能鏧出弊端。袠行簡免其嚴議，著交部議處。慶格任內亦有虛收一萬二千餘兩，但此案係伊查明舉發，功過尚足相抵。慶格前經交部議敘，即著撤回議敘，免其交部議處，所有現在查出侵虧各數，將來各任總督、藩司名下，俱應分賠。著費淳、長麟，於定案時，查明各該員在任月日，並虛收失察銀數之多寡，分別著賠。其已故各員，亦當責令各家屬名下，按數追繳。至吳熊光前任總督、藩司，何以未列單內？吳熊光前任藩司，係接鄭製錦之任，所有鄭製錦虛收之數，伊到任後未經查出，追簡放總督，於前任各藩司虛收銀數，亦未查辦，將來結案時，自均有失察之咎。至伊藩司本任，竟無虛收之數，其任總督時，亦無失察本任藩司虛收之事。是否單內遺漏，抑係該書吏等因其查察較嚴，不敢舞弊，並著費淳、長麟，提集司書人等，一併訊明，據實具奏。尋議上，得旨：顏檢著革職，發往烏嚕木齊效力贖罪，同興照議革職，姜晟、陳大文、熊枚，降四品京堂，袠行簡革職留任，吳熊光交部議處。（仁宗一六六、一九）

（**嘉慶一一、九、癸酉**）諭內閣：瑚圖禮奏，司庫清查節年未解錢糧，究出銀匠、縣書侵虧舞弊，現在嚴行審辦一摺。據稱藩司章煦到任後，清釐庫項，因民欠較多，本年奏銷時，完解不及八分，恐有以完作欠之弊。且查上年台斐音任內，有銀匠陳信義虧挪大冶、棗陽等縣錢糧五千餘兩並未詳辦一案，隨又徹底清查，復經查出武昌、通城、棗陽、光化、穀城等縣，已解嘉慶六、七、八、九等年地丁正、耗內有二萬五百餘兩，司庫並未兌收，隨密調該縣等庫收照票,與司庫收簿覈對,所有棗陽縣照票庫收,竟係將一千兩洗改五千兩,十月洗改八月。其武昌等縣庫收照票,或將銀數挖改,以少填多,或將舊存照票洗改年月。訊出各該縣錢糧,均交銀匠陳信議傾鎔代解,節次侵挪。上年慮恐敗露,業經服毒身死。伊子陳士芳亦已在逃,現在嚴拏審辦各等語。各州縣徵解錢糧,關繫國帑,豈可率委書吏、銀匠之手,任其侵蝕舞弊?近日直隸省官吏串通侵帑一案,即係司書王麗南起意將庫收挖改,與州縣通同冒領虛收,種滋弊竇。今湖北省武昌、通城、棗陽、光化、穀城等各縣錢糧,亦由銀匠等將照票內銀數挖改,並將舊票洗改年月,作爲新票,侵虧至二萬五百餘兩,作僞多端,其奸巧如出一轍,實可痛恨。該州縣承解書吏,固難免勾串分肥情事,即該州縣於應解銀兩,得有庫收,亦當親自查閱,如果並不知情,則所解者少,而庫收數目轉多,何以不詳請覈對?恐該州縣等亦不免有知情串通之事,不可不徹底究明,以懲奸蠹。著全保、瑚圖禮,率同章煦,提集案內人等,嚴加審訊,務得實情。其在逃之陳士芳,並著飭緝務獲,歸案審辦,定擬具奏。所有武昌、通城、棗陽、光化、穀城等各縣,著查明係何人任內之事,如現任該省者,即行解任質訊。如業因事故離省,著即行文提至該省,一併訊辦。此外有無不實不盡之處,並著詳查辦理,審明結案時,從重定擬具奏。至前任藩司台斐音,於查出陳信義虧挪庫項畏罪自盡一案,輒因正犯已故,查無家產,僅於互結之銀匠名下賠完銀兩,並不據實詳辦,顢頇不職,莫此爲甚。該撫僅請交部議處,其咎豈止於此?台斐音現在新疆辦事,著革職,交奇臣派員拏解刑部,審訊治罪。(仁宗一六七、一七)

(嘉慶一一、九、癸酉)又諭:本年八月間,甫據直隸藩司慶格查出司書、銀匠串通州縣等,將應解藩庫正雜銀兩,侵欺舞弊一案,特派費淳、長麟前往審辦。將作弊官吏大加懲治,速行審結。而本日又據瑚圖禮奏到,藩司章煦查出湖北省武昌等五縣節年解司地丁正耗銀兩,銀匠陳信義亦有任意侵欺,私將庫收照票洗改之事,實可駭異。藩司衙門收支出納,自應有一定章程,鉤稽考覈,豈容稍有弊混?即州縣等於應解帑項,亦當加意慎重,豈容率交書吏人等,不加查覈?以致有省城銀匠包攬交收,通同舞弊情事,甚至不肖州縣等,亦竟與之勾通分肥。今數旬之間,連破兩案,可見外省積習顢頇,平日並不認真綜覈。書吏等乘機作弊,肆意侵欺,所在皆有,殊難憑信。前經特降諭旨,通飭各省藩司,將章程有未善者,妥爲覈辦。著再傳諭各該省藩司等,即將平日收支庫項,有無似此弊混之處,各行詳細確查,早爲釐剔。亦不限以時日,一經查有弊竇,隨時稟明督撫,迅即奏辦,不可稍存迴護。即查明實在並無弊端，亦著遵照前旨，將該省收銀章程，妥爲籌議，以期經久無弊。勿致劣員蠹胥等因緣爲奸，再釀成此等重案，庶不負朕諄諄訓誡至意。將此通諭知之。（仁宗一六七、二〇）

（嘉慶一二、二、己丑）諭內閣：據景安奏縣書私雕假印，詆收花戶錢糧、契稅，現在查辦情形，幷將捏詞具稟，及漫無覺察之知縣，請旨革審一摺。此案武陵縣糧書蕭嗣隴等，膽敢私刻假印，在於糧串、稅契，任意蓋用，詆騙多銀。並將武陵縣起解地丁正項錢糧，侵用至二千兩之多。用藩司假印捏造批迴，膽大不法，莫此爲甚。現據蕭嗣隴供認不諱，案情已無不實，但該犯等私刻假印，係在嘉慶九年冬間，事越兩載，蓋用必多，其詆騙錢糧、稅契銀兩，尚恐不止此數，即州縣解司銀兩，其侵蝕者亦未必止此一次。且恐此外另有串通作弊之人，案關重大，不可不徹底根究。著該撫親率兩司，嚴行審訊，據實定擬，以成信讞。（仁宗一七五、五）

（嘉慶一二、九、辛酉）諭內閣：上年直隸省州縣勾串司書侵吞庫項一案，當經降旨，以各犯侵盜之多寡，定罪名之輕重，將侵銀二萬兩以上者，立置重典；侵銀一萬兩以上者，亦於上年秋審予以勾決。尚有侵銀在一萬兩以下之陳錫鈺等五犯，亦俱問擬斬候，入於本年秋審情實辦理。各該犯串通書吏，肆意侵吞，其朦蔽分肥情節，均屬罪無可逭，特以朕上年定讞此案，悉遵照從前皇考高宗純皇帝辦理甘肅捏災冒賑之例，分別問擬，查前此捏冒案內侵銀不及一萬兩之各官犯四十餘名，亦經刑部問擬情實，均蒙皇考法外施仁，免死發遣。茲陳錫鈺等情罪與前案相類，亦尚可寬以一綫。所有直隸省侵帑案內各官犯，除徐承勳一名業經病故外，陳錫鈺、馬河、戴書培、魏廷鑑四犯，著加恩免其勾決，發往黑龍江充當苦差。此乃朕祇遹前謨，於無可寬貸之中，曲爲貰宥。嗣後各省州縣等，益當激發天良，奉公守法，毋謂寬典之可屢邀也。（仁宗一八五、二二）

（嘉慶一五、一、壬戌）諭內閣：吏部議處失察假印、冒領庫項各員一摺。此案書吏等通同舞弊，私雕假印，冒領各處庫項至十四次之多，非尋常疏玩可比，所有部議革職、降調、降留各員，俱著照所議行。國家設官分職，大小臣工，均應殫心竭力，剔弊鋤奸，乃近日各部院衙門，因循怠玩，相習成風。推原其故，由於各大臣等，思避專擅之跡，惟以含容博寬大之譽，推諉邀安靜之名，虛稱辦事，實則廢弛，不肯正色率下，綜覈名實，一切文移奏牘，委之司員，而司員中又無實心任事之人，一切委之胥吏，聽其播弄，畫諾施行。胥吏等蔑視日久，舞文玩法，舞所不爲，漸至肆無忌憚，朋謀盜竊，成此巨案。試思朝廷政柄，操之自上，若大臣盜權壞法，則爲太阿倒置,今幸綱紀肅清,大臣等尚無此弊,而大臣委權於所司,所司委權於書吏,若輩奸猾性生,勾結朦混,竟層層受其欺蔽,無一人能摘奸發伏者。部院衙門如此,則外省吏治尚可問乎?經此次嚴懲後,部院諸臣,各宜洗心滌慮,振刷精神,視國事如家事,堂官嚴率所屬,司官嚴察吏胥,大小相維,賢愚有別,庶人舉其職,不難諸弊澄清,日臻上理矣。將此通諭中外知之。(仁宗二二四、五)

(四) 松岡站員冀國勳侵虧軍需銀兩案

(乾隆四〇、五、乙亥) 諭:據富勒渾奏,前經管理松岡站員通判冀國勳擅詳雇募夫役,每名日發工價一兩或五錢不等,口糧或二升或升半不等,明係有心侵欺,因委知府王立柱嚴查。茲據詳報,冀國勳虧缺軍需銀八萬九千餘兩,經管積貯米石,又有黴爛及騾夫領運虧短米二千餘斛,請旨將冀國勳革職拏問,並請將王立柱一併革職審訊等語。侵虧軍需,情罪最為重大。今冀國勳竟敢借加給為名,以致缺短銀米累萬盈千,藐法侵冒,實出情理之外。冀國勳著革職拏問,交與署川督文綬,即速提集經手書役人等,嚴行審擬具奏。其北路總理龍安府知府王立柱,平日豈毫無聞見?直至富勒渾批查後,始行詳揭。顯係知情徇隱,亦屬罪無可寬。王立柱並著革職,併案審訊。(高宗九八三、二〇)

(乾隆四〇、六、丙戌) 諭軍機大臣曰:巴延三奏,查抄虧缺軍需站員冀國勳家產,訊據伊親弟冀國維供稱,伊弟兄四人,長國勳、次國猷嫡出,次國維、國紀庶出。國紀早故。國勳於乾隆十六年分析家產,國猷挈家赴京,在胭脂衚衕放賬生理。國勳將所有家私,於十七年變賣,攜帶眷口,赴京選官。歷任山東縣丞、貴州州同、四川通判,從未回家,總於京城居住,原籍並無財產存留等語。冀國勳虧缺軍需至八萬九千餘兩之多,必有隱匿寄頓情事。今查封本籍,祇有伊庶出分居之弟國維在家,所存僅破屋數間,而國勳所有田產,久經典賣,是冀國勳現無本籍貲財。據冀國維供稱,國勳久住京師,伊同母之胞弟國猷,亦挈眷在京放賬生理。冀國勳家屬,或現與伊弟同住,或各有往宅,託國猷為之照料,甚至侵蝕軍需銀兩,暗中寄京,交國猷代為收存營運,均未可定。著傳諭英廉,即速確查冀國勳在京家產,并拘冀國猷到案,嚴切訊鞫,一一究追,毋得稍有隱匿。仍即據實覆奏。至冀國勳侵虧累萬,或因川省程途遙遠,仍在任所藏匿寄頓,亦情理所必有。並傳諭文綬,嚴密究追,毋使貪黷之人,得遂侵虧私計。巴延三奏摺,並著鈔寄閱看。(高宗九八四、八)

（乾隆四〇、六、辛巳）又諭［軍機大臣等］：據鄂寶、顏希深奏松岡站員冀國勳侵虧軍需銀兩一摺，內稱不敢以事隸川省咨明督臣查辦，所奏甚屬取巧，已於摺內批示。此事前據富勒渾參奏，冀國勳蔑法侵帑至八萬九千餘兩，實出情理之外，已諭令文綬將冀國勳革職，迅速嚴訊。審明之日，即將該犯正法，俾眾知儆戒。所有冀國勳任所、原籍貲産，嚴行查抄。並將北路總理知府王立柱革職，將任所及在京貲産，一併查封，以備抵補冀國勳貲財之不足。但該犯侵虧銀米爲數甚多，恐王立柱查封貲財不敷抵補。鄂寶、顏希深係北路總理糧餉大員，稽查是其專責，況該犯冀國勳承辦松岡站務已歷三載，似此侵虧至累萬盈千，鄂寶等豈竟毫無見聞？直至富勒渾查參，始爲此奏塞責，伊等在彼所司何事？至鄂寶、顏希深二人各有分管地方，松岡站究係何人所管，自應該本管大員出名具奏，何以鄂寶、顏希深二人聯銜具摺，顯有諉過卸責之心，殊屬非是。著文綬即行查明松岡站係鄂寶、顏希深二人何人所轄，據實具奏。至各路派出管理糧站大員，並非止稽查糧運遲速，凡銀糧各項有無虧短之處，皆其責成。今冀國勳虧至八萬九千餘兩，鄂寶等豈能脫身事外？至該省督臣，糧務雖其統轄，但相隔尚遠，非若該管大臣之可以就近稽查，自應稍示分別。所有冀國勳虧短銀兩，如該犯家産及王立柱貲財不敷抵補，即將所餘之數，著鄂寶、顏希深分賠十分之七，富勒渾、文綬分賠十分之三。若西路糧臺，則係富勒渾、劉秉恬專責，將來設有虧缺等弊，除本犯及該管之員查抄賠補外，亦著將不敷之項，令富勒渾、劉秉恬分賠十分之七，文綬分賠十分之三，以昭平允。著傳旨申飭鄂寶、顏希深，並令文綬詳晰查辦，兼諭富勒渾、劉秉恬知之。尋文綬奏：查顏希深駐覺木交一路，距松岡較遠，鄂寶駐卓克采一路，距松岡甚近。是松岡站應以鄂寶爲專轄。得旨：知道了。如應分賠，汝即照此辦理，咨部可也。（高宗九八四、二）

（乾隆四〇、一〇、庚辰）諭軍機大臣等：據富勒渾參奏站員冀國勳虧短銀米一案，若照原參所稱，冀國勳例外加給夫價口糧、添改糧運，並不詳明上司，任意糜費至六萬餘兩之多。借軍需爲名，從中染指，其情罪甚重，即應在軍營正法示眾，難以姑寬。因降旨將冀國勳革職拏問，查抄家産，並令該督嚴審定擬具奏。嗣據文綬奏，審明冀國勳以北路軍營糧運緊要，恐致貽誤，因加價雇夫，並自買騾頭趕運。是該員不但非侵冒營私，且知急公辦事，情有可原，是以於軍機大臣會同刑部覈擬覆奏時，特降明旨，免其死罪。第因未經詳稟上司，予以枷責薄懲，仍留軍營，自備資斧效力，以觀後效。朕辦理庶務，一秉至公，遇有應行治罪之案，惟視其人之自取，從不稍參絲毫成見。正今日軍機大臣述旨之時,又據富勒渾奏,冀國勳雇覓人夫,任意加價,擅將帑項借與腳戶三萬餘兩,又置買馱騾,任聽灌縣截留輓運,種種情節甚多。而承審之知府李永祺,並不切實審究,率行定案,相應一併參奏等語。與文綬所審,情節迥不相符。而富勒渾摺內,又祇稱該參員避重就輕,反覆狡卸,將虧侵之項,盡作為趕辦軍需用去。各種疑竇,俱未根究確實。咨明文綬,另委員將該府李永祺有無徇縱之處,一併查奏。而並未將冀國勳實在侵虧柄據,一一指出,仍難憑為信讞。朕於匹夫匹婦之獄,尚不肯畸重畸輕,況係辦理軍需,有關吏治,尤不可不徹底清查。因將此旨未發。富勒渾與文綬素不相協,動輒齟齬,此乃其意見之偏,尚不足深責。此案情節,若照富勒渾所奏,則冀國勳萬無生理;若照文綬所審,則冀國勳又無死法。此等死生出入所關,紀綱法度所在,豈可少涉顢頇,致有枉縱?袁守侗、阿揚阿現在貴州查審蘇墧一案,無難即行訊鞫,盡得實情。著傳諭袁守侗等,於查審結案時,即由黔省就近赴川,速將冀國勳之案,逐細秉公詳審,務令水落石出,期無偏徇。朕辦理此案,並無成見,袁守侗等奉命往查,自當虛衷準理,使無遁情,斷不可稍存左袒,為他人任咎也。至阿桂現在軍營,此事情節,自所深悉,惟此時正在進兵攻勦,自未暇辦及此事。大功告竣,阿桂即當整旅凱旋,若於過成都時,酌計查辦此事,不致稽誤郊勞日期,即就便查明,一併覆奏,以便覈其是非虛實。將此由五百里傳諭袁守侗、阿揚阿,並附軍報,諭令阿桂知之。所有富勒渾、文綬前後奏摺及軍機大臣會同刑部定議之摺,並昨日所降諭旨,著一併鈔寄阿桂及袁守侗等閱看。(高宗九九二、八)

(**乾隆四○、一一、壬寅**)諭軍機大臣等:據袁守侗到川會同阿揚阿奏查審冀國勳一案,內稱加價雇用短夫一節,總不能徹底明晰。其所審冀國勳供內,稱前因各州縣解到長夫,多有病逃,屢催不補,纔詳明解送津貼,代雇應役。再雜項差使內,如過兵每百名,准銷夫八十名,或用至一百二、三十名。我摺報內,照例只開銷八十名。至解到津貼,我歷次收過銀五千一百八十餘兩,歸在公項。其未解銀兩,如今算出,墊用銀二萬五千餘兩。至實在加價,雇用短蠻夫及茂州夫、客夫等項,共虧空多少銀兩,未及算賬等語。所奏供情,甚屬遊移。站員自不止冀國勳一人,其上下各站,皆如是墊用虧帑乎?此亦易查之事也。此案冀國勳加價短雇之虛實多寡,自應將該站長夫是否足額,詳晰覈實。即用夫時多時少,夫數遞增遞減,俱有按旬摺報可查。其津貼加價,亦必有經手之家人書役存記賬目,可以覈對。其如何侵冒花銷,亦有在站經手之人,可以查審。細心確覈,無難水落石出。至虎保供情，尤關緊要。前據阿桂稱，面訊虎保，共得過冀國勳加價銀二萬餘兩，甚爲確鑿，今又稱細想總數，約略有二萬多銀子，實在記不得確數等語。南卡朋等供亦相同。虎保係松岡站頭人，領銀發價，俱有衆夫頭經手，其實共領銀若干，自必有領狀賬目文案可據。若逐一調查，無難清理，何得任意狡卸？即虎保不能逐案親身赴領，亦必有同充頭人赴站領銀確據。至查禮，身任道員，非虎保等頭人可比，且此案從前經該員稟詳，知之自必甚悉，其如何侵蝕浮濫，自應秉公據實查稟。若稍有瞻顧迴護，意存遷就，欲圖完案，則查禮之不是更大。總之此案屢經降旨，嚴切訓示，袁守侗、阿揚阿等自當一秉公正，覈實辦理，務期審出實情，以成信讞。有一是，必有一非，事難兩立，斷不可存偏向調停之見，自取咎戾。將隨軍報發往，諭令袁守侗、阿揚阿據實查辦，並傳諭查禮知之。（高宗九九七、二四）

（**乾隆四〇、一二、丙午**）諭軍機大臣曰：袁守侗、阿揚阿等查審冀國勳虧短軍需銀兩一案，查出發米底簿，總計短蠻夫浮加銀四萬三千四百餘兩，騾運浮加銀一萬五千七百餘兩，茂州夫浮加銀四千一百餘兩。覈之原審浮加之數，實多銀一萬四千零等語。袁守侗等辦理此案，查出底簿實據。又買騾幫運，且於原參四萬八千餘兩之外，又查出一萬四千有零。其草簿字跡，均係隨時登記原本，並非事後添造，似可憑信。從前文綬審辦此案時，承審官員何以不將底簿查出覈對？至松岡站領運夫頭虎保究係實領過銀若干，更須根究明確。況各站辦理糧運官員甚多，何獨冀國勳一站，遂至濫行加價，虧短銀數萬餘兩之多？必須逐層根究，務得切實憑據，方足以成信讞。袁守侗、阿揚阿承辦此事，原屬局外之人，自應一秉虛公，毫無成見，將應查應詰之處，悉行根究明確，斷不可少存偏向，意在調停了事。倘辦理草率，不實不盡，致結案之後，復留疑竇，致他人更生議論，則咎有攸歸，惟伊二人是問。將此由六百里傳諭袁守侗、阿揚阿知之。（高宗九九八、四）

（五）諸官家人需索案

（**乾隆三二、八、辛巳**）又諭曰：方世儁奏，審綏寧縣耙沖地方開礦一案，內稱赫昇額因欲調劑鼓鑄，固執己見，任意詳開。研訊各犯，俱供赫昇額除聽家人藉端索賕外，別無請託受賄之處等語。所訊供詞，未可盡信。開礦係湖南公事，並無迫不及待之勢，赫昇額既已調任湖北，何以當離任之時，急欲趕辦，詳請撫臣批准。即云赫昇額志切辦公，亦何至急遽若此？此中情節，恐或有未實未盡之處。赫昇額現在刑部監禁，著傳諭刑部堂官就近確切嚴訊，據實具奏。方世儁摺並著鈔寄。（高宗七九三、六）

（乾隆五一、六、丁亥）諭軍機大臣等：據御史曹錫寶奏，和珅家人劉禿子，本係車夫，浹管家務，服用奢侈、器具完美，苟非侵冒主財，剋扣欺隱，或借主人名目，招搖撞騙，焉能如此一摺，當即面詢和珅，據奏劉禿子名全兒，並無禿子之名。本係世僕，有旗檔可查，因家人衆多，宅內不敷棲止，是以令其在宅西附近興化寺街居住。一向派在崇文門稅務上照管一切，素昔尚爲安分樸實，平時管束家人甚嚴，向來未聞其敢在外間招搖滋事。或因扈從出外日多，無人管教，漸有生事之處，亦未可定。請旨飭派嚴查重處等語。和珅家人全兒，久在崇文門，代伊主辦理稅務有年。其例有應得之項，稍有積蓄，亦屬事理之常。若伊倚藉主勢，實有招搖撞騙，或於額稅之處，擅自加增，以肥私橐，或如富禮善，殿斃人命頂兇各情節，亦未可知。應令曹錫寶指出實據。若徒空言，何以入人以罪乎？著留京辦事王大臣，會同綿恩、都察院堂官。即傳曹錫寶，令其逐條指實。如果有以上情節，即一面從嚴審辦。一面據實具奏。或曹錫寶及伊親友，有應過稅之物，全兒多索稅銀，或有挾伊不肯免稅之嫌，架詞聳聽，尚爲情理所有。若曹錫寶竟無指實，不過摭拾浮詞，博建白之名，豈有以無根之談。遽入人罪之理，況曹錫寶與和珅之家人，何能熟識，伊於何處得知詳細，亦應詳問實在，方成信讞。並據和珅稱，家人全兒，因有家務，已於十三日起身前來熱河。現在未到等語。伊既不在京中，若有情弊，更可不致聞風掩飾，尤易查辦。著將原摺，發交留京王大臣，除伍彌泰、係和珅至親，應行迴避外。著添派綿恩，及都察院堂官，簽派番役，嚴行訪察。如全兒果有借端撞騙情事，即據實糸奏，從嚴辦理，不可因和珅稍存迴護也。（高宗一二五六、二六）

（乾隆五一、六、庚寅）諭：留京辦事王大臣等奏，傳詢御史曹錫寶所有糸奏和珅家人全兒車服房舍一摺。據曹錫寶稱，我與和珅家人全兒向來從不認識，即伊在崇文門管理稅務，我亦並不知道，伊於額稅之外有無擅自增加。及別項情弊，亦未有人說過，我因聞全兒住屋服用，甚是完美，於路過興化寺街，留心察看，見其房屋甚是高大。我想伊係家奴，焉有多貲，造此華屋，恐有借主人名目，招搖撞騙之事，是以具奏等語。曹錫寶既云全兒情弊，從未有人說過，又未親到伊家，何以又稱聞全兒住房服用，甚是完美，究竟聞自何人，必有著落。若非有人說過，則曹錫寶何以知全兒住在興化寺街，而經過時即留心察看，況京城內外大街小巷，房屋甚多，御吏又無逐戶查問之理，若非中有成見，何以獨於全兒住屋，如此留意耶。看來該御吏意欲參劾和珅，而又不敢明言，故爲此奏，隱約其詞，以爲旁敲側擊之計。及傳旨詢問，則又遁詞掩飾，不自覺其自相矛盾。殊不知朕辦理庶務，於是非虛實，總須徹底究明，從不肯顢頇完結，示人疑案。著留京王大臣等，再行詳詢曹錫寶。如果和珅有營私舞弊欵蹟，不妨據實指出。朕必質詢明確，如果得實，不妨將和珅治罪。仍著王大臣等，將全兒滋事不法之處，究竟聞自何人，據實明言，毋再任其狡飾。至天下各處關榷，不免則有羨餘。況全兒代伊主辦理稅務多年，稍有積蓄，蓋造房屋數十間，亦屬人情之常。現在內外旗員大臣中如阿桂、福隆安、福康安、德保、豐紳濟倫、金簡、李質穎、伊齡阿、承安等或久居顯要，或洊歷封疆，或曾任鹽榷，或家本充饒，其管事家人住屋如全兒者，諒亦不少。即承安家之管家安岐，亦未聞康熙年間，有以家貲富厚參劾者。著都察院堂官，並令綿恩，派步軍統帥衙門司官一員，帶同曹錫寶先至全兒家，看視住屋，究有若干。並告以不過履勘房屋，並非查抄家產，不必疑畏。倘伊家有高樓廣厦，儼同府弟之處，即其罪案。若不過照常齊民房舍，稍覺整齊，亦難律以專條。再至阿桂等管家及用事家人住處，周歷查看。並傳諭各家主僕，告以此故，不必心存畏懼。如各大臣家人住居，並無如全兒之多，即治以越制之罪，伊亦無從置喙，若阿桂等各家管事家人住房，有比全兒多且大者，則當詰詢曹錫寶，何以轉不參劾之故。一經比較，情僞立見。且如楊州鹽商，皆係平民。因擁有厚貲，其居室園囿，無不華麗崇煥。即安瀾園、寄暢園等處，雖云爲朕巡幸而設，豈非伊等之產而何？山西富戶，百十萬家貲者，不一而足，亦豈得概以華侈富厚而罪之乎？朕任用大臣等辦事，而大臣等亦不能無驅使之僕。若無似殷士俊等之招搖滋事，實據真贓，而第以睢盱浮言，遽將中外大臣家人概行查拏治罪，有是爲政之理乎？將此通諭知之。仍著留京辦事王大臣等將查看詢問情形，即行由驛覆奏。（高宗一二五七、四）

　　（**乾隆五一、一〇、癸卯**）諭曰：……曹錫寶參奏和珅家人全兒一事，以下賤奴僕，委辦崇文門稅務，藉霑餘潤，有數十間住屋，於國計民生，有何關係？即現在查抄特成額家產，其家人黃永等名下，俱有房屋、貲財典當，價值累萬，該御史又何以置之不問耶？……（高宗一二六六、一五）

　　（**嘉慶四、一、丁亥**）又諭：從前已故御史曹錫寶曾經參奏和珅家人劉全倚勢營私、家資豐厚一事，彼時和珅正當聲勢薰灼之際，舉朝並無一人敢於糾劾。而曹錫寶獨能抗辭執奏，殊爲可嘉，不愧諍臣之職。今和珅治罪後，查辦劉全家產，竟有二十餘萬之多。是曹錫寶前此所劾，信屬不虛，自宜加之優獎，以旌直言。曹錫寶著加恩追贈副都御史銜，並將伊子照加贈官銜給予廕生。該部照例辦理。（仁宗三八、二七）

　　（**嘉慶一四、四、甲寅**）諭内閣：前因慶惠出差西藏，伊家人有得受沿途站規之事，降旨令該督撫等詳細確查，據實具奏。茲據方維甸奏稱，上年慶惠同滿珠巴咱爾、隆福赴藏時，自潼關入境，至寧羌出境，沿途各廳州縣之辦差家人等，因慶惠家人丁二、苗八過站時，稱沿途辛苦，欲爲幫補，俱稟明本官，各給予使費銀十二兩至二十兩不等，轎夫飯錢，自五千文至八九千文不等，至滿珠巴咱爾家人並未得受銀兩，轎夫亦得飯錢，隆福則本無轎夫，亦無家人需索使費情弊等語。外省吏治廢弛，各州縣專以逢迎爲事，其卑鄙惡習總不悛改，實深痛恨。本年廣興、英綸兩案先後破露，豫、東兩省官員，均有餽送交接，而現在查出慶惠出差過陝之時，其家人、長隨等，又有得受使費之事。欽差大臣過境，地方官或畏其聲勢，恐被陵辱，因而曲意迎合，已屬卑污，至於欽差之家人、長隨等，不過廝隸賤役，更有何聲勢足畏？乃一聞其需索幫補，即紛紛送給使費，加給飯錢，惟恐稍拂其意。其卑鄙成風，恬不爲怪，一至於此！必應嚴行懲辦，用淸積習。所有此次方維甸摺內單開送給慶惠家人、長隨使費銀兩，折給轎夫飯錢之署潼關同知試用同知沈相彬、署華陰縣候補知縣孫晉元、華州知州姚令俞、渭南縣知縣奎豐、臨潼縣知縣林延昌、前任咸寧縣知縣莊逵吉、前任長安縣知縣何承薰、署咸陽縣知州張利溥、興平縣知縣馮光燕、署武功縣知縣周賽、前任扶風縣知縣謝時懋、岐山縣知縣朱紹穎、署鳳翔縣候補知縣徐潤、署寶雞縣候補知縣朱椿齡十四員，無論其曾有軍功與否，均著革職；各驛站辦差家人，俱著枷示兩月，責打釋放，驅逐出境。此後欽差過境，有似此濫給使費者，即照此辦理，其未給使費祇給轎夫飯錢之鳳縣知縣丁貴興、留壩廳同知任奎光、褒城縣知縣唐錫鐸、署沔縣候補知縣汪錫華、寧羌州知州鄭緒章五員，均著交部嚴加議處。至方維甸自請與臬司及派出護送各道員議處之處，方維甸前於慶惠等過境時，祇邀請喫飯一次，未曾致送銀物，尚爲得體，此次失察處分，著加恩寬免，其臬司陳祁，及道員明信、常發祥、何銑，失察沿途地方官濫給使費飯錢，均著交部議處。至隆福年逾六旬，長途騎馬行走，不耽安逸，兼能約束家人並無需索情弊，甚爲可嘉，著施恩賞給都統銜，以示獎勵。其滿珠巴咱爾家人等，雖查明未得使費，但伊正在壯年，本不應坐轎，又任令轎夫沿途得受飯錢，殊屬不合，前已降旨飭詢，至今尚未奏到，著俟行查覆奏到時，另降諭旨。（仁宗二一〇、一七）

（嘉慶一四、四、丁巳）諭內閣：成寧奏，查明慶惠出差西藏，路過山西，其家人得受沿途站規銀兩一摺。據稱上年慶惠自平定州入境，至永濟縣出境，沿途各州縣內，有榆次、介休、太平、曲沃、徐溝、祁縣、靈石、洪洞、臨汾、聞喜、安邑、臨晉等十二縣，各給伊家人銀十二兩至十六兩不等，其餘平定等七州縣俱未給銀，其滿珠巴咱爾、隆福家人，各州縣委未送銀。又慶惠、滿珠巴咱爾各帶轎夫，內盂縣、壽陽、榆次、徐溝、祁縣、介休、靈石、霍州、趙城、洪洞、臨汾、太平、曲沃、聞喜、安邑、臨晉等十六州縣，均給過飯錢三千六百至七千四百文不等，並聲明因慶惠齎帶賞件，恐途次遺失，均有干繫，是以送給該家人等茶資，欲其照料，非由該家人倚勢勒索等語，實屬胡說，總緣家人貪利，長隨借本官之資財，濫行應付，慷他人之慨，轉得圖利，惡習實在可恨。此次慶惠出差西藏，係與滿珠巴咱爾、隆福三人同行，所有齎去賞件，何獨需慶惠家人沿途照料？地方官私行給與茶資，自由該家人有倚勢勒索情事，該州縣畏其聲勢，是以給與。殊不知慶惠有何聲勢？即如伊此次所過各省州縣，直隸省即全未給與站規，山西州縣中亦尚有不給者，伊亦不能不趲行過境，其回京之日，又豈能將給與站規之州縣，在朕前稱譽，其不給站規之州縣，即加以參劾乎？若敢如此亂言，朕必將伊正法。又如伊等所用轎夫，設不給予飯錢，亦不能駐足不進，總由外省積習，每遇欽差過境，相率逢迎，甚至家人、轎夫向其勒索，亦皆曲意周旋，殊爲卑鄙。所有山西省私給站規並給飯錢之榆次等十二縣，均著查明咨部革職，其但出飯錢未給站規之盂縣、壽陽、霍州、趙城四州縣，著查明咨部嚴加議處。各驛站辦差家人，均著枷示兩月，責打釋放，驅逐出境。至該撫雖未私送銀兩，但慶惠及滿珠巴咱爾回京時，曾各送車騾二頭，亦屬不合，又失察所屬私出站規、飯錢，著與臬司並護送過境之道府等各職名，一併咨部議處。（仁宗二一〇、二三）

（嘉慶一四、五、乙丑）諭內閣：勒保奏，查覆慶惠出差赴藏時，其家人有得受站規等情一摺。所奏甚屬含混。據稱上年慶惠到川時，聞其隨從人多，管束不甚嚴緊，雖無格外騷擾情弊，但沿途收過使費，或十餘兩二十餘兩不等，其轎夫飯食，亦係沿途給發；滿珠巴咱爾家人亦曾給與使費，其數減於慶惠；而隆福家人或給或不給，爲數更屬無幾。沿途州縣，皆爲貼補從人飯食，並託其照料馬匹起見，係外省惡習，嗣後惟有力爲查禁以肅郵傳等語。勒保既知慶惠隨從人多，管束不能嚴緊，上年即應參奏，何以代爲容隱？明係伊與慶惠誼屬親戚，聽其所爲，不復過問，以致其家人等任意妄爲。至沿途州縣，於欽差過境時，私給其家人等使費飯錢，曲意逢迎，豈可不加懲處？乃勒保並不參辦，亦並不自請議處，摺內輕描淡寫，竟視爲尋常慣有之事，無足深究，惟請嗣後力爲查禁一片虛詞搪塞，豈遂能了此一案耶？勒保本有失察之咎，又送給慶惠、滿珠巴咱爾皮統、玉玩、馬匹等件，均屬不合，著交部議處。藩司姚令儀，雖曾爲保寧屬員，從前與慶惠認識，亦不應私送藏香，並著交部議處。其經過州縣內，著勒保再行詳細確查，除內有未給使費飯錢各員無庸議外，其餘著照陝西、山西二省沿途州縣之例，一律懲辦，將給過使費飯錢者，無論所出多寡，均咨部革職，其但給飯錢未出使費者，咨部嚴加議處，並將各驛站辦差家人，枷示兩月，責打釋放，驅逐出境。其失察沿途州縣出給使費飯錢之大員，並著咨部議處，再行據實奏結。至慶惠，雖訊無知情授意情事，但沿途多帶家人轎夫，全不留心管束，任令私得使費飯錢，又年輕之人，性耽安逸，坐轎行走，膽大謬妄，甚屬可惡。慶惠前已革職，著發往盛京充當苦差，交該將軍嚴行管束，並著留心察看，如尚不知悛改，在彼滋事，即行隨時參奏，從重治罪，如果愧悔知改，安靜奮勉，著於三年後據實奏聞請旨。至滿珠巴咱爾，亦係年輕之人，平日又素善騎馬，乃上年亦復坐轎，貪圖安逸，已屬不合，現在勒保摺內，亦查其家人有得受使費之事，而本日伊自行覆奏之摺，尚一片虛詞搪塞，並不自請議處，咎實難辭，本應革黜，姑念其究係蒙古藩王，著從寬交理藩院議處具奏。至隆福，家人雖亦不免得受使費，但為數無幾，且伊以年老之人，尚能騎馬遠行，不耽安逸，殊為可嘉，前經加恩賞加都統銜，並著免其議處。至此案慶惠家人苗八，業已監斃，其丁幅等，著即按律定擬具奏。（仁宗二一一、一○）

（嘉慶一四、一一、庚申）又諭：初彭齡奏，審擬降調平魯縣知縣王敏樹等藉口辦差賠累，挪用公項一摺。成寧前在山西巡撫任內，赴省北閱兵，何以該縣備辦公館、鋪墊等項，竟至用錢二百三十餘千？且需用騎馬七十九匹、駝騾二十頭、大車七輛之多？又家人錢四，需索門包銀五十兩，種種均干例禁。著成寧明白回奏，其應得何罪之處，並著自行具奏。前任藩司金應琦，於王敏樹、孫燿二員虧空數目既已失察於前，又復任其藉詞抗延；接任藩司劉清，於孫燿之母具呈控訴時，經成寧面交，亦不據實揭參，轉令承牷代為消弭，均屬不合。除劉清現已降補員外郎外，金應琦著交吏部議處，餘著刑部覈議具奏。（仁宗二二○、一○）

（嘉慶二○、五、癸丑）諭內閣：御史張鑒奏嚴禁封疆大員家人需索站規一摺，據稱，雲貴總督伯麟，居官廉平練達，惟家人跟隨該督於經過州縣地方有需索站規、滋擾多取之事，請旨飭令嚴行禁止等語。伯麟如果縱容家人勒索滋事，致被屬員控訐，自當按款究治。今該御史所奏毫無指實，豈能以一紙空言訓飭該督，令其約束僕隸？著該御史將伯麟家人於何年需索站規，某州縣被其擾累，其家人係何姓名，訪明具奏，再行覈辦。（仁宗三○六、二一）